少年法講義

武内謙治 Takeuchi Kenji

日本評論社

はしがき

本書は、日本の少年法に関する教科書です。本書では、少年年齢にある者による非行や逸脱行為とそれへの対応に関する基本的な事項を、主として法的観点から、そして補足的には刑事政策的・犯罪学的観点から、説明・検討しています。本書は、まずもって、法学部や（法科）大学院で少年法の授業を受講される学生・院生の方々を読み手として念頭に置いて書かれています。また、法曹や隣接諸科学を勉強されている方々、対人支援専門職の方々、その他お仕事やボランティア活動として少年司法とかかわりをもたれている方々にも手に取ってもらえることを願いながら筆を執りました。大学・（法科）大学院で開講されている少年法やそれに隣接する分野に関する講義、ゼミナール、リカレント教育、研修、勉強会などの機会に読んで頂くようなことがあれば、著者としては大変うれしいです。もちろん、一般市民の方々にも手に取って頂けるようなことがあれば、これに勝るよろこびはありません。

少年法の問題を取り巻く状況は、近時、激動といってよいほどに、大きく変化しています。まず、少年法は、激しい立法の時代を迎えています。1948年の制定以来大きな改正を経ずに発展してきた現行の少年法は、2000年以降、今日まで立て続けに4度の大法改正を経験しました。少年矯正の領域でも、同じ年に制定された少年院法が、2014年に成立した同名の新法でとってかえられることになりました。同時に、少年鑑別所法も新たに制定されました。裁判員裁判の開始に象徴されるように、少年司法とかかわり深い刑事司法の領域でも、並行して、急激な改革が進行しています。他方で、1980年代以降、少年司法の分野では在野の担い手や民間の新しい関与者が登場してきています。特に弁護士の方々による付添人活動が活況を呈してきており、担い手の裾野は一昔前から比べると格段に拡がってきているといえるでしょう。さらに、これもまた1980年代半ば以降のことですが、子どもの人権や少年司法運営にかかわる国際人権法が、急速かつ著しく発展を遂げてきています。研究面に目を向けても、経験的手法を用いた犯罪学的実証研究や歴史研究の知見が新たに蓄積されてきています。それを法学領域における少年法の研究に活かし、高等教育の場に還元すべき時期が、すでに到来しています。

変革の時代を迎えて、高等教育や専門教育の場では、新たな知見を智識として伝達するにとどまらず、それをも踏まえて、そもそもの問題の構造と法の本質や基本的な仕組み、前提にある事実認識、価値選択を理解した上で、自分のあたまで思考してもらうことが、ますます重要になっています。問題提起も含めて、少年法の領域でそのための素材を提供したいというのが、本書を執筆した大きな動機です。それは、法学部や（法科）大学院における4単位の授業での使用に耐える内容をもちながらも、制度や考え方の根本にまで遡るような問いを発し、またそのような問いを新たに喚起・誘発できるような「対話」相手の役割を本書に担わせたいという願望、ともいい換えることができます。果たして少年司法制度とそれを支える原理や原則は、なぜ、そしてどのように確立してきたのか、その背後にある事実（認識）や価値（選択）はどのようなものか、その事実（認識）は現在なお妥当しており、その価値（選択）はなお妥当すべきものであるか、そうでないとすれば、かわりにどのような事実（認識）や価値（選択）に基づき、どのように制度を設計し直すべきなのか、などなど。こうした根本的な問いは、立法論や政策論においてだけでなく、解釈論を展開するにあたっても、本来、常に意識の根底に置いておくべきものです。

本書は、法学セミナーに連載した「少年法の基礎」（687号［2012年］～710号［2014年］、全24回）を土台としています。しかし、この連載では、重要な問題でも十分に取り上げきれないところがありました。また、連載終了後に、少年法の大きな改正と少年院法（新法）・少年鑑別所法の制定が行われました。そのため、本書では、これらに対応できるように、連載に大幅に手を入れるとともに、体系性を高めることができるよう体裁を整えました。それでも、とりわけ比較法にかかわる知見は、私自身の能力不足からほとんど反映させることができていません。今後の大きな宿題とせざるをえません。また、本書は、本来様々な角度から論じることができ、またそうすべき少年非行や少年法の問題を、法学や刑事政策学、犯罪学というごく限られた覗き穴からみているにすぎません。さらに、本書は、本来、実践を踏まえるべきであり、歴史的にもそのようにして発展してきた少年法を、主には理論的な角度からみているにすぎません。様々な領域の専門家の方々と対話を重ねながら、多様な声を響き合わせて、できるだけ広い視野から様々な alternative を示していくことも、私自身の大きな課題です。

本書には、法学セミナーの連載とは別のタイトルを付しました。「法学部生のみなさんが少し背伸びをして読むことができ、実務家や研究者の方々に読んで頂くに耐えられる内容をもつもの」をコンセプトとしていた法学セミナーの連載は、当初「少年法講義」と題する心づもりでした。しかし、よくよく考えてみると、この表題は、大阪少年審判所において夜間審判や日曜審判を実施するなどして（旧）少年法制の発展に尽力し、自由を重んじる立場から少年法のあり方を論じた永田三郎（第3代目大阪少年審判所長）がものした連載と全く同じものです。そのことを想起すると、同名のタイトルを浅学非才の私が用いることには、さすがにためらいをおぼえました。そこで、前提的な基礎問題から考える姿勢をせめて表現したいという願望から、連載には「少年法の基礎」というタイトルをつけました。今回の書籍化にあたり、その名を冠することにはなお畏怖の念を抱くものの、本書が大学や（法科）大学院における講義経験から生まれたことを名に表すことは許されるのではないかと考え、思い切って「少年法講義」とのタイトルを与えることにしました。しかし、そのことで連載時からの問題意識を捨てたわけではありません。本書では必ずしも基礎的な問題だけでなく、実務・理論上の先端に位置するような問題をあえて取り上げている部分もあります。しかし、そのような問題を説明・検討するにあたっても、基礎から考え、またそこに立ち戻る姿勢を失わないように記述するよう努めました。

本書は、実に多くの方のお力添えと稀有な僥倖に恵まれて、成り立っています。

少年法研究の第一線に立たれている斉藤豊治先生と前野育三先生による少年法の講義を学部学生・大学院生時代に直接受講させて頂けたことは、文字通りの僥倖でした。また、少年法の歴史的な沿革を逐条的に明らかにすることをテーマとした土井政和先生による大学院の授業での経験は、本書の重要な基礎になっています。在外研究期間中、少年法の領域でも傑出した業績を残されている Wolfgang Heinz 先生に講義とゼミナールへの参加をお許し頂いたことも、大変な幸運でした。Heinz 先生には、最新の研究成果を反映・還元することにこそ高等教育の責務があり、そのためにも教壇に立つ者自らが一線級の研究業績を残す努力をしなければならないことを、授業を通して教えて頂きました。同時に、少年非行への対応や少年司法のあり方をめぐる議論が法律家の自己満足であってはならないという Heinz 先生のお教えは、本書の執筆にあたっても常に心に留めたことでした。守屋克彦先生にご指導を頂く機会に恵まれたことも、人生を左右する大きな出来事であったといわざるをえません。守屋先生には、理論と実務を架橋することの大切さ、理論の発展には実践が不可欠であるとともに実践が力を得るためには理論の後ろ盾が須要であることを、教育の場でも伝えていくことの重要性について、教えて頂いてきました。服部朗先生と葛野尋之先生のお教えに浴する機会に恵まれてきたこと、少年法の領域において（も）優れた業績を残されている同世代の研究者のみなさんと大学院生の時分から率直な意見交換をさせて頂けていることも、私にとっての幸運です。三島聡先生をはじめとして、多くの研究者の方から、講義案や連載について、貴重なご意見やご質問を頂くこともできました。研究会や勉強会の場で、生きた法を教えて下さっている各領域の専門家・実務家の方々、そして生きた人間を取り巻く法の現実の姿を伝えて下さっている当事者の方々との出会いにも感謝しなければなりません。

私は、2001年の10月の着任以来、本務校である九州大学の法学部と法科大学院で、各々４単位と２単位の少年法の講義を担当する機会に恵まれてきました。非常勤も含めて、多くの熱心な受講者の方々と出会うことがなければ、授業のために準備した講義案がこのような書に姿を変えることはありませんでした。拙い講義に参加して頂いただけでなく常に講義（案）の改善を促して頂いたみなさんに、お礼を申し上げます。そして、その講義案を、連載や書籍という形に昇華させ、形を与えて下さったのは、日本評論社の上村真勝さんです。上村さんは、遠路遥々福岡まで何度もお越しになり、連載や書籍の執筆を渋る私の背中を強力に押して下さっただけでなく、執筆に必要なあらゆるサポートをして下さいました。私が担当した授業の参加者の方々を本書の母とするならば、父とすべきは間違いなく上村さんでしょう。心から感謝申し上げます。串崎浩社長、法学セミナーの編集長を上村さんから引き継がれた柴田英輔さんはじめ、励ましの言葉とともに出版を後押しして下さった日本評論社のみなさんにも、お礼を申し上げなければなりません。

大谷彬矩さん（九州大学大学院法学府・博士後期課程）、杉直晟さん、馬淵実裕紀さん、佐藤香織さん、新開梨花さん（九州大学法学部）には、本書の校正をお手伝い頂きました。本書から誤記が減り、多少なりとも読みやすくなっているとすれば、それはお手伝い頂いたみなさんのおかげです。記して感謝を申し上げます。もとより、本書に誤りがあれば、それはすべて筆者の責に帰すべきものです。今後、本書、そして筆者自身が成長していくためにも、読者のみなさまからご批判を頂くことができれば、幸いです。

最後に、本書の執筆中（も）機嫌が斜めに傾きがちであった私に、あきれながらもつきあってくれ、励ましを与え続けてくれた家族にも感謝します。

2015年２月

大震災から４回目の春を目の前に
可也のふもとにて

武内謙治

目　次

第Ⅱ編 少年法による保護の対象

第Ⅲ編 少年司法制度における少年の保護

第Ⅳ編　刑事司法制度における少年の保護

第Ⅴ編 社会からの保護と社会による保護

凡 例

法令略語

・少年法（昭和23年７月15日法律第168号）は、特に制定時のものを指す場合、「1948年法」と表記する。
・少年法等の一部を改正する法律（平成12年12月６日法律第142号）は、「第一次改正法」と表記する。
・少年法等の一部を改正する法律（平成19年６月１日法律第68号）は、「第二次改正法」と表記する。
・少年法の一部を改正する法律（平成20年６月18日法律第71号）は、「第三次改正法」と表記する。
・少年法の一部を改正する法律（平成26年４月18日法律第23号）は、「第四次改正法」と表記する。
・その他の略語は、以下の通りとする。

［国内法］

医療観察	心神喪失等の状態で重大な他害行為を行った者の医療及び観察等に関する法律
学校教育	学校教育法
旧少	少年法（旧少年法）（大正11年４月17日法律第42号）
刑	刑法
刑事施設処遇	刑事収容施設及び被収容者等の処遇に関する法律
刑訴	刑事訴訟法
刑訴規	刑事訴訟規則
憲	憲法
更生	更生保護法
児福	児童福祉法
裁	裁判所法
裁判員	裁判員の参加する刑事裁判に関する法律
少	少年法
少院	少年院法（昭和23年７月15日法律第169号）
少院処規	少年院処遇規則
少鑑処規	少年鑑別所処遇規則
少警規	少年警察活動規則
少審規	少年審判規則

新少院	少年院法（平成26年6月11日法律第58号）
新少鑑	少年鑑別所法（平成26年6月11日法律第59号）
精神保健福祉	精神保健及び精神障害者福祉に関する法律
道交	道路交通法
犯捜規	犯罪捜査規範
犯非処遇規	犯罪をした者及び非行のある少年に対する社会内における処遇に関する規則
民	民法

［国際人権法］

意見10号	一般的意見10号「少年司法における子どもの権利」
意見14号	一般的意見14号「自己の最善の利益を第一次的に考慮される子どもの権利（第3条第1項）」
グライフスヴァルト	グライフスヴァルトルールズ（制裁または措置を受ける少年の法違反者のための欧州規則）
子ども条約	子どもの権利条約（児童の権利に関する条約）
ハバナ	ハバナルールズ（自由を奪われた少年の保護に関する国連規則）
北京	北京ルールズ（少年司法運営に関する国連最低基準規則）
やさしい司法	子どもにやさしい司法に関する欧州ガイドライン
リヤド	リヤドガイドラインズ（少年非行防止に関する国連ガイドライン）

裁判例――――――――

・日本の裁判例については、読者の便宜を考え、元号表記にしたほか、一般の例にならい、以下のように略記した。

例：最決昭58・10・26刑集37巻8号1260頁／家月36巻1号158頁（最高裁判所昭和58年10月26日判決、最高裁判所刑事判例集37巻8号1260頁、家庭裁判月報36巻1号158頁）

・裁判例集は、以下のように略記した。

下刑集	下級裁判所刑事裁判例集
刑集	最高裁判所刑事判例集および大審院刑事判例集
高刑集	高等裁判所刑事判例集

高検速報	高等裁判所刑事裁判速報集
家月	家庭裁判月報
刑月	刑事裁判月報
集刑	最高裁判所裁判集刑事編
東高刑時報	東京高等裁判所刑事判決時報
判時	判例時報
判タ	判例タイムズ
民集	最高裁判所民事判例集

文献

・文献の引用は、以下の略記法によった。それ以外は、通常の引用法にしたがった。

概説書

[旧少年法]

岩村	岩村通世『少年法』(日本評論社、1928年)
鈴木・概説	鈴木賀一郎「【附】少年法概説」『子の爲めに泣く』(章華社、1934年) 333-375頁
森山	森山武市郎『少年法』(日本評論社、1938年)

[現行少年法]

市村	市村光一『少年法概説』(かんらん社、1954年)
柏木・概説	柏木千秋『新少年法概説』(立花書房、1949年)
柏木・改訂概説	柏木千秋『改訂新版少年法概説』(立花書房、1949年)
菊田	菊田幸一『概説 少年法』(明石書店、2013年)
最高裁判所・概説	最高裁判所事務総局家庭局編『少年法概説』(家庭裁判資料14号、1951年)
澤登・入門	澤登俊雄『少年法入門[第5版]』(有斐閣、2011年)
服部=佐々木	服部 朗=佐々木光明『ハンドブック少年法』(明石書店、2000年)
平場・旧版	平場安治『少年法』(有斐閣、1963年)
平場・新版	平場安治『少年法[新版]』(有斐閣、1987年)
丸山	丸山雅夫『少年法講義[第2版]』(成文堂、2012年)

註釈書

[旧少年法]

草刈・詳解	草刈 融(山岡萬之助校閲)『少年法詳解』(松華堂、1922年)

[現行少年法]

コンメンタール少年法	守屋克彦=斉藤豊治編集代表『コンメンタール少年法』(現代人文社、2012年)
裁判例コンメンタール	廣瀬健二編『裁判例コンメンタール少年法』(立花書房、2011年)
条文解説	田宮 裕編『少年法 条文解説』(有斐閣、1986年)
團藤=内藤=森田=四ツ谷	團藤重光=内藤文質=森田宗一=四ツ谷巌『少年法』(有斐閣、1956年)
團藤=森田	團藤重光=森田宗一『少年法[第二版]』(有斐閣、1984年)
注釈少年法	田宮 裕=廣瀬健二編『注釈少年法[第3版]』(有斐閣、2009年)

立法資料集

制定関係資料集	法務省刑事局『少年法及び少年院法の制定関係資料集』(少年法改正資料1号、1970年)
立法資料全集(上)	森田 明編『日本立法資料全集18 大正少年法(上)』(信山社、1993年)
立法資料全集(下)	森田 明編『日本立法資料全集19 大正少年法(下)』(信山社、1994年)

法改正の解説

第一次改正法解説	甲斐行夫=入江 猛=飯島 泰=加藤俊治「少年法等の一部を改正する法律の解説」『少年法等の一部を改正する法律及び少年審判規則等の一部を改正する規則の解説』(法曹会、2002年)1-326頁
第二次・第三次改正法解説	久木元伸=飯島 泰=親家和仁=川淵武彦=岡﨑忠之「少年法等の一部を改正する法律の解説」『少年法等の一部を改正する法律の解説(平成19年法律第68号 平成20年法律第71号)及び少年審判規則等の一部を改正する規則の改正』(法曹会、2011年)1-174頁

第四次改正法解説	中村功一＝檞 清隆「少年法の一部を改正する法律について」法曹時報66巻8号（2014年）39-94頁

研究書・論文集

岡邊・少年非行	岡邊 健『現代日本の少年非行——その発生態様と関連要因に関する実証的研究』（現代人文社、2013年）
京・要支援	京 明『要支援被疑者の供述の自由』（関西学院大学出版会、2013年）
葛野・再構築	葛野尋之『少年司法の再構築』（日本評論社、2003年）
葛野・参加と修復	葛野尋之『少年司法における参加と修復』（日本評論社、2009年）
斉藤・研究①	斉藤豊治『少年法研究1——適正手続と誤判救済』（成文堂、1997年）
斉藤・研究②	斉藤豊治『少年法研究2——少年法改正の検討』（成文堂、2006年）
澤登・法的統制	澤登俊雄『少年非行と法的統制』（成文堂、1987年）
武内・構造	武内謙治『少年司法における保護の構造——適正手続・成長発達権保障と少年司法改革の展望』（日本評論社、2014年）
中川・事実認定	中川孝博『刑事裁判・少年審判における事実認定——証拠評価をめぐるコミュニケーションの適正化』（現代人文社、2008年）
服部・司法福祉の展開	服部 朗『少年法における司法福祉の展開』（成文堂、2006年）
平川・憲法的刑法学	平川宗信『憲法的刑法学——仏教思想を基盤として』（有斐閣、2014年）
本庄・刑事処分	本庄 武『少年に対する刑事処分』（現代人文社、2014年）
森田・歴史的展開	森田 明『少年法の歴史的展開——〈鬼面仏心〉の法構造』（信山社、2005年）
守屋・非行と教育	守屋克彦『少年の非行と教育』（勁草書房、1977年）
守屋・非行と少年審判	守屋克彦『現代の非行と少年審判』（勁草書房、1998年）
山口・国際人権	山口直也『少年司法と国際人権』（成文堂、2014年）

あらたな展開	猪瀬愼一郎＝森田 明＝佐伯仁志編著『少年法のあらたな展開』（有斐閣、2001年）
課題と展望①	斉藤豊治＝守屋克彦編著『少年法の課題と展望 第1巻』

	（成文堂、2005年）
課題と展望②	斉藤豊治＝守屋克彦編著『少年法の課題と展望 第２巻』（成文堂、2006年）
検証と展望	葛野尋之編著『少年司法改革の検証と展望』（日本評論社、2006年）
裁判員裁判	武内謙治編著『少年事件の裁判員裁判』（現代人文社、2014年）
司法福祉の焦点	加藤幸男＝赤羽忠之＝野田正人編著『司法福祉の焦点――少年司法分野を中心として』（ミネルヴァ書房、1994年）
少年司法と国際準則	澤登俊雄＝比較少年法研究会編『少年司法と国際準則――非行と子どもの人権』（三省堂、1991年）
非行事実の認定	荒木伸怡編著『非行事実の認定』（弘文堂、1997年）

雑誌連載論文

［旧少年法］

永田・講義	永田三郎「少年法講義」（第１回～第22・最終回）：①会報（日本少年保護協会大阪支部）大正15年９月号（1925年）、②会報昭和２年２月号（1927年）、③：会報昭和２年５月号（1927年）、④：昭和２年９月号、⑤：昭和３年５月号（1928年）、⑥：昭和３年５月号、⑦：我か子１巻４号（1929年）、⑧：１巻７号、⑨：１巻10号）、⑩：２巻３号（1930年）、⑪：２巻８号、⑫：２巻11号、⑬：３巻１号（1931年）、⑭：３巻３号、⑮：３巻５号、⑯：３巻７号、⑰：４巻２号（1932年）、⑱：４巻５号、⑲：５巻１号（1933年）、⑳：５巻４号、㉑：５巻９号、㉒：６巻１号（1934年）

［現行少年法］

川出・入門講義	川出敏裕「入門講義少年法」（第１回～第18・最終回）：①法学教室331号（2008年）、②333号、③335号、④337号、⑤339号、⑥341号（2009年）、⑦343号、⑧344号、⑨345号、⑩346号、⑪347号、⑫348号、⑬349号、⑭350号、⑮351号、⑯352号（2010年）、⑰353号、⑱354号

実務書

植村・実務と法理	植村立郎『少年事件の実務と法理――実務「現代」刑事

	法』(判例タイムズ社、2010年)
川村・手引き	川村百合『弁護人・付添人のための少年事件実務の手引き』(ぎょうせい、2011年)
実務講義案	裁判所職員総合研修所監修『少年法実務講義案(再訂補訂版)』(司法協会、2012年)
動向と実務	河村博編著『少年法――その動向と実務[第3版]』(東京法令出版、2014年)
豊田・実務	豊田晃『実務少年法』(春日書院、1953年)
二弁・実務ガイド	第二東京弁護士会子どもの権利に関する委員会編『新・少年事件実務ガイド[第3版]』(現代人文社、2015年)
福弁・マニュアル	福岡県弁護士会子どもの権利委員会編『少年事件付添人マニュアル[第3版]』(日本評論社、2013年)
法律相談	村山裕=伊藤俊克=宮城和博=山下幸夫編著『新版 少年事件の法律相談』(学陽書房、2008年)

裁判例集

50選	廣瀬健二編『少年事件重要判決50選』(立花書房、2010年)
実務と裁判例	『少年法――その実務と裁判例の研究』(判例タイムズ社、別冊判例タイムズ6号、1979年)
百選	田宮裕編『少年法判例百選』(有斐閣、別冊ジュリスト147号、1998年)

雑誌

家月	家庭裁判月報(最高裁判所事務総局)
関学	法と政治(関西学院大学法政学会)
熊法	熊本法学(熊本大学法学会)
刑ジ	刑事法ジャーナル(イウス出版)
刑弁	季刊刑事弁護(現代人文社)
刑法	刑法雑誌(日本刑法学会)
ケ研	ケース研究(東京家庭裁判所家庭事件研究会)
現代	現代刑事法(現代法律出版)
甲法	甲南法学(甲南大学法学会)
静法	法政研究(静岡大学法経学会)
自正	自由と正義(日本弁護士連合会)
ジュリ	ジュリスト(有斐閣)
曹時	法曹時報(法曹会)

司福	司法福祉学研究（日本司法福祉学会）
犯刑	犯罪と刑罰（刑法読書会）
犯社	犯罪社会学研究（日本犯罪社会学会）
犯非	犯罪と非行（日立みらい財団）
判時	判例時報（判例時報社）
判タ	判例タイムズ（判例タイムズ社）
ひろば	法律のひろば（ぎょうせい）
法教	法学教室（有斐閣）
法時	法律時報（日本評論社）
法政	法政研究（九州大学法政学会）
法セミ	法学セミナー（日本評論社）
法総研報告	法務総合研究所研究部報告（法務総合研究所）
法と心理	法と心理（法と心理学会）
法民	法と民主主義（日本民主法律家協会）

本書の構成

本書は、基礎的な問題に立ち返りながら少年法の問題を考えてもらう目的から、次のような構成をとっています。

(1) 説明・検討の視点

多角的に問題をとらえることができるよう、法制度や考え方の説明と検討にあたっては、特に、以下の４つの点を明確にするよう努めました。

①法の歴史：現在の制度は、どのような考えや事情に支えられて、つくられ、発展してきたのか。また、それにはどのような考えが対立してきたのか。

②少年非行現象とそれへの対応に関する事実・経験科学上の知見：経験科学からみて少年非行はどのような性質をもつものなのか。また、実際の法の運用はどのようになっており、それはどのように機能しているのか。

③子どもの人権と少年司法制度（運営）に関する国際人権法：国際人権法は、子どもの人権保障や少年司法制度（運営）について何を求めているのか。また、日本の制度やその運営をどのように評価しているのか。

④法的な体系性：少年法は、総体として、どのような仕組みをとっているのか。また、体系上、どの問題がどの問題とどのようにつながっているのか。

(2) 章立て

本書は、全28講に分けて記述しています。また、それをさらに以下の５つの編に分けています。

第Ⅰ編：少年法による保護の基礎（第１講〜第７講）

第Ⅱ編：少年法による保護の対象（第８講〜第11講）

第Ⅲ編：少年司法制度における少年の保護（第12講〜第22講）

　第Ⅳ編：刑事司法制度における少年の保護（第23講～第25講）
　第Ⅴ編：社会からの保護と社会による保護（第26講～第28講）

第Ⅰ編では、少年法をめぐる問題を考えるにあたっての、いわば「基礎の基礎」になる問題を検討しています。ここでは、(1) に掲げた4つの視点の重要性を確認してもらうために、それぞれを掘り下げて検討してもいます。その後に、第Ⅱ編で実体的・手続的問題の基礎となる問題を理解してもらい、第Ⅲ編と第Ⅳ編で手続の流れにしたがって制度の説明と問題の検討を行っています。第Ⅴ編では、少年法の社会的なあり方にかかわり、近時重要性を増している新しい問題を取り上げて検討しています。

本書では、どの講・編から読んで頂いてもある程度まとまりのある内容になるように記述しています。しかし、もし第Ⅲ編～第Ⅴ編の記述の前提や根本的な部分に疑問が生じた場合には、第Ⅰ編と第Ⅱ編に立ち返ってみて下さい。体系的な理解を深めることができると思います。

(3) 本講で考えること、Keywords、見出し

本書では、各講の導入部分に「本講で考えること」と「Keywords」を掲げています。また、各講中の見出し（1、2…、[1]、[2] …、(a)、(b) …、(i)、(ii)…）を疑問文で記しています。

「本講で考えること」では、その講で取り上げる問題が全体において占める体系的・手続的な位置を確認しています。また、その講で議論する事柄をまず自分で考えてもらうための要約的な問いを投げかけています。「Keywords」には、各講の鍵概念が掲げられています。

復習の際には、「本講で考えること」や見出しの問いかけに答えることができるかどうか、そしてまた「Keywords」を正確に説明できるかどうかを試した上で、本文を読んでみて下さい。自学自修時の理解の深度を確認することができます。

(4) 項目番号

本書では、本文中の一定のまとまりをもった記述ごとに、小見出しとともに項目番号をつけています。この項目番号は、本書の全体を横断した通し番

号になっており、1から663まであります。

本書では、この番号を使い、関連する記述同士をクロスレファレンス（相互参照）させる仕組みをとっています。（⇒*）のマークで示された項目番号を追って、関連する通し番号の箇所を併せて読んで頂ければ、体系的な理解をより一層深めることができます。

(5) 文献註

本書では、制度の理解の仕方や考え方が分かれる問題、新しく提起されている問題を中心として、脚注に重要な文献を示しています。文献の明示は、先行業績の知的営為に敬意を払う意味をもつにとどまらず、どの時代に誰によりどのような主張が行われてきたのか、制度と考え方の「出所」やその手がかりを明らかにすることにもなります。そのことが、結局、結論だけを丸暗記するのではなく、議論や制度が発展してきた過程を理解し、理路を追いながら思考を深めてもらうのに有益であると考えました。読者のみなさんにも、是非原典を直接手にとって頂きたいと願っています。そうすると、少年非行や少年法をめぐる問題の奥深さをより一層理解して頂けるのではないかと考えています。

(6) 問題の構造

具体的な法的・政策的問題を検討するにあたっては、そもそもなぜそれが問題になるのか、できるだけ基本的で根本的なところから「問題の構造」を説明するようにしました。現在の法制度のあり方や「通説」・「(裁) 判例」と呼ばれる考え方も、なぜそのような形・理解になっているのか、できるだけ掘り下げて記述するように努めました。「通説」や「(裁) 判例」という文字を目にして思考停止するのではなく、(1) で記したような視点からできるだけ多角的に検討し、いったん相対化した上で、それが「通説」や「(裁) 判例」となっている理由とその理路の合理性いかんを考えてみて下さい。

(7) 筆者の見解

立法論・解釈論上の具体的な問題の検討にあたっては、できるだけ筆者自身の考えも併せて示すように努めました。「はしがき」に記したように、読者のみなさんに主体的な思考を求める以上は、筆者自身も思考の筋道を示す責任があると考えたからです。ここでは抽象的にだけ記すにとどめますが、筆者の思考の基点は、人生行路（ライフコース）の中における人間の成長と発達に着目して、社会的な相互作用の中で非行現象を理解するとともに、権利保障のあり方を考える、という点にあります。こうした執筆方針をとった結果、本書の記述には濃淡と厚薄が生じたきらいがあるかもしれません。この点も含めて、本書を手にとって頂いたみなさんのご批判を仰ぐことができれば幸いです。

第Ⅰ編

少年法による保護の基礎

第１講　少年司法制度の概観

●本講で考えること

六法を開いてみると「少年法」という名前の法律があります。この法律は、刑罰法令に触れる行為に及んだり、将来においてそのおそれがあったりする少年について、刑法や刑事訴訟法による場合とは違った取り扱い方を定めています。

それでは、この少年法は、どのような点でどのように少年を特別扱いしているのでしょうか。また、その特別扱いは、どのような考えを背後にもつものなのでしょうか。さらに、本書を開いているみなさんが「少年法」を学修することには、どのような意味があるのでしょうか。

本講では、特に刑事司法制度と対比させて、1948年に制定された少年法の骨格を、それを支える考えと併せて、確認します。その上で、少年法を学修する意味を考えてみることにします。

● Keywords

全件送致主義、家庭裁判所先議制度、保護処分優先主義、変態（メタモルフォーゼ）

1　少年法はどのようなつくりをしているか

1　少年法の章立て　罪を犯し、刑罰法令に触れ、あるいはそのおそれのある少年を取り扱う法制度のあり方は、一般に、「少年司法制度」や「少年法制」という言葉でいい表されている。現在の日本における「少年司法制度」や「少年法制」の中で重要な位置を占めているのが、「少年法」（1948年７月15日公布（法律第168号）、1949年１月１日施行）である。

まず、六法を開き、少年法の章立てを眺め、その大まかなつくりを押さえておくことにしよう。少年法は、「総則」、「少年の保護事件」、「少年の刑事事件」、「雑則」という４つの章と「附則」から成っている。少年法には、法の目的や「少年」、「保護者」の定義規定からなる「総則」のほか、少年に対する保護手続や保護処分のあり方や、刑事手続や刑事処分のあり方、さらには推知報道の禁止にまで至る規定が置かれている。つまり、少年法は、罪を犯したり、刑罰法令に触れたり、あるいはそのおそれがあったりする少年に関して、成人に対するものとは異なる特別な取り扱いを、実体法的な要素と手続法的なそれとを複雑に絡ませる形で、包括的に、定めているわけである。成人を念頭に置いて犯罪現象に対する一般的な対応として刑事手続や刑事制裁のあり方を定めているのは、刑法と刑事訴訟法である。犯罪行為やそれに近接する逸脱行為への対応に焦点をあてれば、少年法は、少年年齢にある者ついて、これに対する特別法を形成しているということができる(1)。

2　少年法は（なぜ）必要か

2　量的問題　それでは、この特別法である少年法が必要である理由はどこにあるのであろうか。読者の中には、年齢層に着目するのであれば、なぜ「少年法」だけが存在し、例えば「高年法」といったものがないのか、不思議に思う人がいるかもしれない。少年法を学修する意義を確認することにもつながるので、ここで少し考えておくことにしよう。

---

(1)　もっとも、これはあくまで「犯罪行為やそれに近接する逸脱行為」に着目した理解である。自立支援への必要性に着目して、児童福祉法制の特別法として（も）少年法をとらえることは、理論的にありうることである（⇒**16**）。

【図1】一般刑法犯検挙人員（年齢層別）

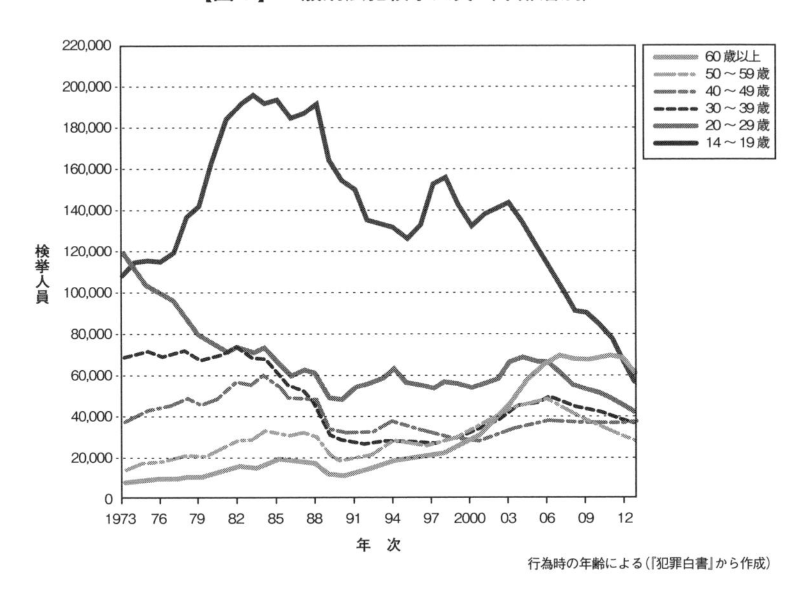

行為時の年齢による（『犯罪白書』から作成）

【図2】一般刑法犯検挙人員の年齢別構成比

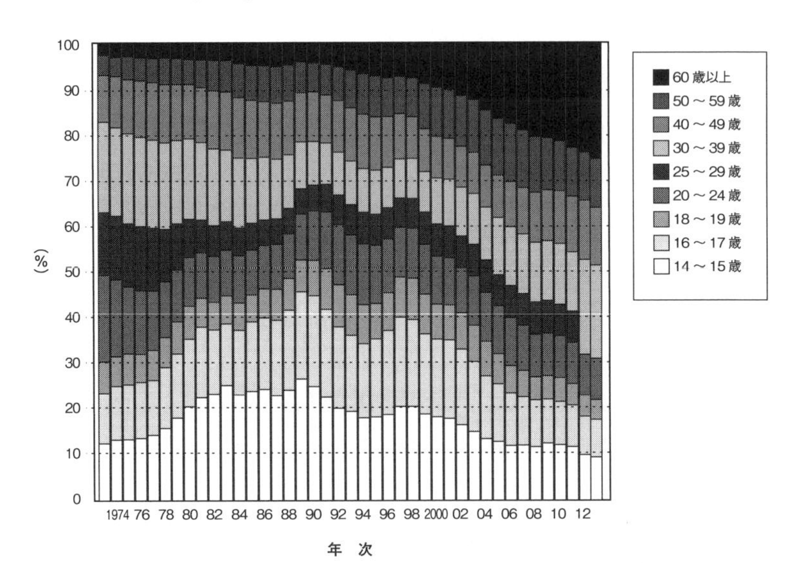

行為時の年齢による（『犯罪白書』から作成）

日本の犯罪現象を量的にとらえた場合に、少年による犯罪行為はどのように位置づけられるか、確認しておこう。犯罪白書付録のCD-ROM所収の統計データから算出してみると、2013年の一般刑法犯（刑法犯から自動車運転過失致死傷等を除いたもの）検挙人員のうち20歳以上の者205870人に対して14歳以上20歳未満の者は56953人であり、全体における少年比は21.7％である。少年年齢にある者の人口が減少していることもあり、この少年比は長期的には低下傾向にあるが、それでも「犯罪」とされる行為に及んだ疑いで検挙された者のうちの５分の１強を少年が占めていることになる。量的にみた場合、司法制度の中で実際に少年をどのように扱うかは、瑣末な問題ではない(2)。

3　質的問題　　さらに問題なのは、どのような目的や関心から、逸脱行動に及んだ少年を特別扱いするのかである。「高年法」がないことをも考え併せれば、治安維持の関心との関連が推測できるかもしれない。いうまでもなく、少年は、これから大人になろうとする年齢層にある。その少年の年齢層にある者が、量的には、検挙者中、小さくない割合を占めているのである。現在または将来における社会の安全を確保するという観点から、少年の逸脱行動を社会の安全に対する脅威とみて、これを早期に封じ込めるために若い年齢層にある者に特別な対策を講じるという発想が出ても、おかしくはない。

それに対して、少年が成長過程にあることに着目して、この年齢層にある者による逸脱行動の原因やその意味合いが成人によるものとは異なることに特別扱いの根拠を求める発想も、当然にありうるところである。一般的・類型的にみれば、少年年齢にある者は成人同様の合理的判断を行うことが難しく、社会環境の影響も受けやすい。また、逸脱行動が本人の抱える困難や生きづらさの表れであることも珍しくない。少年年齢にある者については、画一的な扱いではなく、個人が抱える困難を解決するのにふさわしい個別的な対応がより一層必要であり、これを可能にする制度が刑事司法制度とは別に求められると考えるわけである。

歴史的にみれば、少年司法制度は、19世紀末葉から20世紀初頭にかけて、

---

(2)　この数値は、14歳未満の触法少年の補導人員を含める場合にはさらに高くなる。2013年における触法少年の一般刑法犯補導人員は12592人である。

【図3】少年司法制度の概観

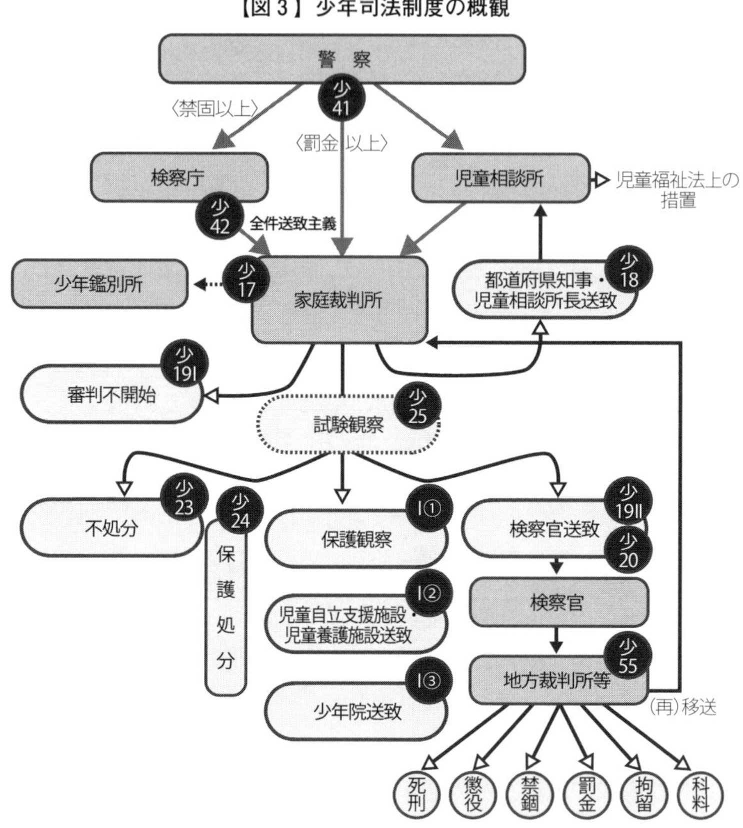

社会の近代化や工業化、都市化に伴う犯罪や非行の爆発的な増加に直面する中で誕生している。少年司法制度が、一方で、犯罪・非行の予防という刑事政策上の関心や、社会防衛・社会秩序維持の関心を多少なりとももっていることは、歴史や社会的事実としてみれば否定できない。しかし、他方で、それは、同時に、刑事司法制度の人道主義的改革や児童救済運動、そして近代化に伴う不平等の拡大といった社会矛盾の是正を目的とする社会国家思想の興隆をも背景として生まれている。少年司法制度は、多かれ少なかれ、こうした刑事的な関心・性格と福祉的なそれとを併せもっている。

4　少年司法制度を支える視点の対立と問題の広がり　この2つの関心の内実と相互関係をどのように理解するのかは、少年法の根本的な問題である（⇒100〜111）。少年事件への個別具体的な対応においてのみならず、例えば、民法上の成人年齢引き下げに連動させて少年法の対象年齢の上限を20歳から18歳に引き下げるべきか、といった立法問題を考える際にも、この根本的な問題は立ち現れてくる。

加えて重要なのは、現在日本で深刻になっている高齢者犯罪やいわゆる累犯障がい者への対応など、年齢や資質など一定の個人的属性に着目し、それを類型化して特別な対応措置を考える場合にも、この（対立）図式があてはまるということである。例えば、心神喪失または心神耗弱の状態で一定の重大な犯罪行為に及んだ者に対する、「心神喪失等の状態で重大な他害行為を行った者の医療及び観察等に関する法律」によるいわゆる医療観察制度は、少年司法制度をモデルとしてつくられている(3)。この制度の理解に関しても、社会防衛や治安の維持に引きつけるのか、行為者本人の福祉に結びつけるのかは、理論と実務の双方において、本質的な問題であるといえる。

刑事の視点からみて「罪を犯した」と評価される者が、福祉の視座からみれば「支援を必要とする困難や生きづらさを背負っている」ととらえられる個人であることは、まったく珍しくない。司法と福祉との関係性は、どのように理解されるべきか。そしてまた、司法による対応は、どこまで個別化されるべきか。こうした問いは、刑事司法一般においても、本質的な問題なのである(4)。

3　現行の少年司法制度はどのような特徴をもっているか

[1] 現行少年法の目的・対象・処分にはどのような特徴があるか

5　刑事司法制度との目的の違い　それでは、現行の少年司法制度は少年をどのように特別扱いしているのであろうか。少年法は2000年代に４度の大改正を経験している。しかし、その骨格は、1948年に制定された法律ない

---

(3)　少年司法制度が医療観察制度のモデルになりうるのは、刑事的視点からみて、それが限定責任能力者の触法行為に対応する制度としてもとらえられうるからでもある。現に、旧刑法はこのような考え方をとり、16歳以上20歳未満の者について刑を一等減じるものとしていた（⇒32）。

(4)　ドイツ語圏では、少年司法は「先駆的機能（Vorreiterfunktion）」をもつといわれることがある。歴史をみてみれば、刑事政策の先進的な取組みが少年司法から始まることは珍しいことではない。

しはその施行直後の改正により形づくられたものをなお維持しているといえる。そこで、ここでは、1948年法の骨格を中心として刑事司法制度と対比する形で、その特徴を概観しておくことにしよう。

少年司法制度と刑事司法制度とは、すでに目的からして異なっている。刑事訴訟法が、「公共の福祉の維持と個人の基本的人権の保障とを全うしつつ、事案の真相を明らかにし、刑罰法令を適正且つ迅速に適用実現することを目的とする」（刑訴1条）のに対し、少年法は、「少年の健全な育成を期し、非行のある少年に対して性格の矯正及び環境の調整に関する保護処分を行うとともに、少年の刑事事件について特別の措置を講ずることを目的と」している（少1条）。ここでは、少年自身にかかわる事柄に関心が向けられている。それと対立しうる「公共の福祉の維持」といった事柄について直接的な言及がみられないことが、大きな特徴である。

6　刑事司法制度との対象の違い　目的の違いは、法適用の人的対象の違いにも反映している。刑事司法制度は、刑事責任年齢である14歳に達し（刑41条）、犯罪行為に及んだ疑いのある者を対象にしている。それに対し、少年司法制度は、14歳以上で罪を犯した少年（＝**犯罪少年**。少3条1項1号）のほか、14歳未満で刑罰法令に触れる行為をした少年（＝**触法少年**。同2号）、特定の事由があって将来罪を犯しまたは刑罰法令に触れる行為をする虞のある少年（＝**虞犯少年**。同3号）をも対象にしている。すでに犯罪行為に及んだ疑いのある者だけでなく、これから犯罪におよぶ危険性をもつ者にまで関心を向けているわけである。

7　刑事司法制度との処分の違い　処分に関係する制度はどうであろうか。日本の刑事司法制度の制度上・運用上の最大の特徴は、**起訴裁量主義**（**起訴便宜主義**）がとられており、裁判所による事件処理前に（不）起訴権限をもつ検察官が事件のふるい分けを行う点にある。2013年度の検察統計年報によれば、総数で約6割（起訴523434人、不起訴874152人）、刑法犯で8割程度（起訴184143人、不起訴705721人）の人員が不起訴処分となっている。量的にみた場合、この不起訴処分が重要な役割を演じていることが分かる。そして、「犯人の性格、年齢及び境遇、犯罪の軽重及び情状並びに犯罪後の情況により訴追を必要としないとき」（刑訴248条）が不起訴基準に据えられていることからも窺われるように、起訴と不起訴の振り分けには、犯罪に対する責任の軽重と、犯罪予防・治安維持上の関心が強く反映している。刑事公判手続において有罪が認定されて量刑が問題になる場合でも、事情に大きな違いはない。日本の刑法は量刑基準に関する規定を置いていないものの、実際上中心的な考慮要素になっているのは、犯罪行為に及び、法益侵害の結果を生じさせたことに対する責任である。つまり、刑事司法制度は、過去の犯罪に対する責任を明らかにし、それに見合う刑罰の種類と量を選択することを基本としているわけである。判決前調査制度が採用されていないこともあり、刑罰法令に触れる行為が本人のこれまでの生活においてもつ意味や、刑罰による対応が今後の人生でもつ意味が、人間行動科学領域の専門家や対人援助職にある者の関与を通して個別的に考慮されることは、刑事司法（運営）の中では、稀である(5)。

これに対して、少年司法制度では、犯罪の嫌疑があるかまたは虞犯として審判に付すべき事情がある限り、警察や検察は事件を家庭裁判所に送致しなければならず（少41条、42条）、事件を送致しないことは許されない。こうした制度のあり方を**全件送致主義**という（⇒**234**）。この原則が妥当しているため、捜査機関による不送致権限が否定され、家庭裁判所に事件が一元的に集約されることになる。それでは、なぜ、このような仕組みがとられているのであろうか。それは、やや抽象的にいえば、対象となる少年が抱える個別的な事情を考慮し、それに見合った対応をとることを少年法が重くみているからである（**個別処遇原則**）。これを具体的にみると、家庭裁判所では、少年鑑別所による資質鑑別（⇒**254**）や家庭裁判所調査官による社会調査（⇒**309～310**）という人間行動科学領域の専門的な知見をも踏まえて処分が選択されることになる。少年法の世界には「要保護性」という言葉がある。これは、少年がどのような困難や問題を背負っており、それが非行とどのように結びついているのか、少年司法制度はそれにどう対応できるのかといった事柄を表現するための言葉である（⇒詳細は**123～124**）。資質鑑別や社会調査で

(5)　刑事訴訟手続において精神鑑定が行われることがあるが、これは犯罪行為時点における責任能力を判断するためのものである。人間行動科学の専門家が情状鑑定を行うことは、数としてみればなお稀であるといえる。

は、この要保護性が明らかにされる。処分を選択する際、この要保護性は、非行事実と同様あるいはそれ以上に重要な役割を果たすことになる[(6)]（⇒詳細は**128〜131**、**406**）。外形的な非行事実がたとえ軽微であったとしても保護を要する状態が深刻である場合、あるいはその逆の事態は、実際にも考えられる。こうした要保護状態の確認を重視しているからこそ、少年法は人間行動科学分野の専門家を手続に関与させ、その専門家を擁する家庭裁判所へすべての事件を送致しなければならないという原則をとっているわけである。

家庭裁判所は、保護観察（少24条1項1号）、児童自立支援施設・児童養護施設送致（同2号）、少年院送致（同3号）という保護処分の決定を行うほか、都道府県知事または児童相談所長送致（少18条）や検察官送致（少20条）といった他機関に事件を送致し、最終的な処分の選択を委ねる決定を行うことができる。また、非行の内容や少年が保護を要する状態をみて、少年審判を開かずに事件を終局させる決定（審判不開始決定。少19条）や審判を開いても定式的な処分を加えない決定（不処分決定。少23条）を行うこともできる。さらには、終局的な処分を決定する前に、必要がある場合には、一定期間、家庭裁判所調査官による試験的な観察（試験観察。少25条）を行うこともできる（⇒**396**）。ここからも窺われるように、家庭裁判所が自身で刑罰を科すことはない。少年に対する刑事裁判所の審理や刑罰賦課も、人間行動科学の知見を踏まえて家庭裁判所が検察官送致の決定（少20条）を行うことが前提となる。つまり、全件送致主義と併せて考えてみれば、少年にふさわしい処分の判断はまず検察官が行う（**検察官先議主義**）のではなく、家庭裁判所が行う制度がとられていることになる（**家庭裁判所先議主義**）。さらに、刑事裁判所は、審理の結果、保護処分が相当と考える場合には少年の事件を家庭裁判所に移送することができる（少55条）。別角度からみれば、少年に対して刑事処分が科されるのは、その少年に対して刑事処分が相当であるということが、家庭裁判所と刑事裁判所により二重に肯定された場合に限定されていることになる。このように少年司法制度全体をみた場合、刑罰よりも保護処

(6)　非行事実に関する警察や検察による捜査の結果が法律記録として纏められるのに対し、資質鑑別や社会調査の結果は社会記録に綴られる。刑事訴訟手続とは違い、少年保護手続ではいわば2系統の記録が用いられることになる（⇒詳細は**122**）。

分が優先される仕組みがとられていることになる（**保護処分優先主義**）（⇒**523**）。

1948年法は、刑事裁判所が刑罰を言い渡す場合でも、行為時18歳未満の者に対しては、処断刑が死刑のとき必要的に無期刑に、処断刑が無期刑のときには10年以上15年以下の有期刑に必ず（＝必要的に）緩和するようにしていた（少51条）[(7)]。少年に対する処断刑が長期３年以上の懲役または禁錮である場合、短期が５年、長期が10年を超えない範囲で、不定期刑が言い渡されるものとされていた（少52条）[(8)]。また、宣告刑が無期刑である場合（死刑を緩和して無期刑を宣告する場合も含む）には７年、無期刑を緩和して言い渡した有期刑の場合には３年、不定期刑の場合には短期の３分の１の期間を経過した時点で、仮釈放を行うことができるものとされた（少58条）[(9)]。

［2］少年保護手続はどのような機能をもっているか

8　少年保護手続の機能と終局処分　実際の家庭裁判所の事件処理はどのようになっているであろうか。司法統計年報の少年編を手がかりとして2013年の統計を確認しておこう。車両運転による業務上（重）過失致死傷事件、自動車運転過失致死傷事件、危険運転致死傷事件を除いた「一般保護事件」の既済人員総数40987人のうち検察官送致が530人（うち刑事処分相当165人、年齢超過365人）、保護処分総数が14149人（うち保護観察10989人、児童自立支援施設・児童養護施設送致228人、少年院送致2932人）、知事・児童相談所長送致241人となっており、量的にみると保護処分で終わったものが、検察官送致を大きく凌駕している。しかし、さらに大きな特徴は、審判不開始

---

(7)　2000年の第一次改正は、無期刑の場合の必要的・義務的な緩和を裁量的な緩和に改めている（⇒**13**）。また、2014年の第四次改正は、無期刑の緩和により宣告する有期刑を10年以上20年以下に改めている（⇒**25**）。

(8)　第四次改正法は、「３年以上」か否かにかかわらず処断刑が有期の懲役または禁錮となる場合のすべてを不定期刑の対象としている。また、不定期刑の上限を短期10年、長期15年とした上で、原則的に、長期の２分の１（長期が10年を下回るときは、長期から５年を減じた期間）を下回らない範囲内において短期を定めるように改めている（⇒**25**）

(9)　第一次改正法は、死刑を緩和して無期刑を宣告する場合に仮釈放に必要な期間を、刑法の原則通り10年（刑28条）とした（⇒**13**）。また、第四次改正は、無期刑を緩和して言い渡した有期刑の場合に仮釈放に必要となる期間を刑期の３分の１に改めている（⇒**25**）。

（17631人）と不処分（8493人）の数が多いということである。この両者で一般保護事件の既済人員の63.7％を占めている。

こうした運用は、少年司法制度に全件送致主義が妥当している、ということから説明できるかもしれない。軽微事件は、刑事手続では起訴猶予とされる可能性が高いが、全件送致主義をとる少年保護手続では捜査機関の司法前処理が否定されることから、審判不開始や不処分が多いのは当然であるという説明である。しかし、このように非行事実の軽重に着目するだけでは、現在の運用を十分には説明できない。実際には、手続過程において、多くの教育的な働きかけがインフォーマルな形で行われており、そのことで非行と結びつきをもつ少年の問題や困難（「要保護性」⇒**123**）が解決されることが少なくない。要保護状態が解消・軽減された以上、わざわざ保護処分に付し、さらなる国家的介入を行う必要はない。不処分や審判不開始の多さは、こうした考えに支えられている。

9　司法機能と福祉機能　ここからも分かるように、現行の少年司法制度は、家庭裁判所という司法機関が事件を扱うことから導かれる**司法機能**にとどまらず、個人が直面している困難を解決するという**福祉機能**（**ソーシャル・ケースワーク機能**［**ケースワーク機能**］、**教育機能**）をも有している。換言すれば、少年法を用いた非行対応は、事実の認定、法令の適用、処分の決定という司法機関に共通する作用を家庭裁判所が営み、確定した処分が執行されるという司法過程としてだけではなく、手続自体の中で少年に相互作用的な働きかけを行う教育的な過程としてもとらえられる。全件送致主義と家庭裁判所先議主義、保護処分優先主義は、特に福祉機能が十分に発揮されることを制度として担保しているといえる[10]。

［3］少年審判はどのような基本構造をとっているか。また、それはどのような考えに支えられているか

10　少年保護手続の機能と審判手続の基本構造　こうした少年司法制度

⑽　もっとも、このことが、司法機能の内実となるべき適正手続保障を少年に対して実質化するためにも不可欠であることには、十分な注意を払っておく必要がある（⇒**110～111**）。

の特質は、審判手続の構造にも反映している。刑事公判手続では被告人と公益を代表する訴追官である検察官が対峙する**当事者主義**がとられている。それに対し、「懇切を旨として、和やかに行う」（少22条１項）少年審判手続では**職権主義**がとられており、1948年法は検察官の関与も認めていなかった(11)。また、刑事公判手続では、起訴状一本主義がとられ、伝聞証拠排除法則も適用される。そのため、予断が排除された状態で公判手続が始まり、証拠能力に絞りのかかった証拠を積み上げる形で事実の認定が行われることになる。それに対し、少年審判手続では、審判官が審判開始前に記録を精査し、**蓋然的心証**（将来における少年の反論によってそれが崩れる可能性は留保しつつも手持ちの証拠では非行の存在を認めることができる程度の心証）を抱いて、少年審判を開いている（⇒**409**）。職権主義をとる少年審判手続では、伝聞証拠も排除されていない。これは、沿革としては、衡平法に基づく「国親（パレンス・パトリエ）」の思想を背景にしており、国が親に代わって子どもを保護するのであるから、両者は対立関係にないとの考えに支えられているといえる。

しかし、制度として少年を対象にする手続が刑事手続から完全に切り離されているかといえば、そうではない。手続としてみれば、少年の特別な扱いに関する少年法上の規定には、かなりの濃淡がある。例えば、家庭裁判所が事件を受理する前の手続段階に関しては、事件の送致（少41条、42条）や勾留を制限する規定（少43条、48条）を除いて特則がない（⇒歴史的な理由は**201**、**210**）。そのため刑事責任年齢に達している犯罪少年については、刑事訴訟法が適用されることになり、実際にも捜査の局面で成人と同様の扱いがされることが珍しくない。また、刑事公判手続に至った段階についても、その審理方式について少年法はわずか１条を置くだけである（少50条）。実際にも、少年に対する刑事公判手続は、公開の法廷で成人事件とほとんど径庭なく行われている。

4　少年に対する手続ではどの段階でどの法令が適用されるか

11　少年事件のメタモルフォーゼ　少年法中の規定に濃淡があるという

---

(11)　2000年の第一次改正は、一定の重大事件について、検察官の審判関与を認めている。

ことは、手続段階により前面に出てくる適用法令が異なり、形式的には事件の性質が変わってくる、ということでもある。

特に犯罪少年の事件は、事件が家庭裁判所に受理されるまで形式上は刑事事件として扱われ、「犯罪」に対する捜査が行われることになる。捜査を遂げた結果、事件が家庭裁判所に送致され、それが受理されると少年保護事件として扱われ、調査と審判が行われる。刑事処分が相当であると判断して家庭裁判所が検察官送致の決定を行うと、事件は刑事手続にのり、刑事事件として扱われる。起訴を受けた刑事裁判所が当該事件について保護処分相当と判断し、事件を家庭裁判所に移送した場合、事件は再び家庭裁判所における保護事件として扱われる。

このように、現行法の下では、形式的にみれば、事件の性格が刑事事件から保護事件へ、保護事件から刑事事件へ、そしてまた刑事事件から保護事件へと変化していくことになる。しかし重要なのは、こうした形式的な事件の性格の変化にもかかわらず、手続は実質的には連続しており、その対象は変わらず同じ少年である、ということである。例えば、家庭裁判所に送致される前の手続段階において、事件の性格が形式的には刑事事件であるからといって、少年に対する捜査や身体拘束を成人に対するものと径庭なく行ってよいわけではない。同様に、検察官送致決定を経て、事件が家庭裁判所の少年保護手続から刑事裁判所の刑事訴訟手続に移った後、形式上事件の性格が刑事事件に変わったからといって、刑事公判手続を成人の場合と同様に進めてよいということにはならない。いうまでもなく、刑事手続にのせられることで、少年年齢にある者が自動的に成人になるわけではないのである。要するに、同じ少年を対象にしている手続なのであるから、その形式的な性格にかかわらず、制度理解・法解釈・法運用のいずれにおいても、少年の特性を十分に踏まえる必要がある点に違いはない。少年事件の形式的性格の変化を、生物学領域の術語を借りて同一物の「**変態**（**メタモルフォーゼ**）」[12]といい表すことがあるのは、まさにこの趣旨を表現するためである。

---

(12)　平場・新版421頁。

第2講　少年法の現在の姿
——2000年代の少年法改正問題

●本講で考えること

前講（第1講）では、刑事司法制度と対比させる形で、1948年に制定された少年法の骨格を確認しました。しかし、少年法は、2000年以降、今日に至るまで4度の大改正を経験しています。

それでは、その4度の大改正は、どのような背景事情から、どのような目的と趣旨で行われたのでしょうか。また、その大改正は、前講（第1講）で確認した1948年法の骨格や基本的な原則とどのように関係しているのでしょうか。

本講では、2000年以降行われた一連の法改正の内容を概観し、少年法の現在の姿を大づかみにしてみることにします。

● Keywords
第一次（2000年）改正、第二次（2007年）改正、第三次（2008年）改正、第四次（2014年）改正、適正手続保障、非行事実の認定、被害者保護、厳罰化、応報、モラル・パニック、Penal Populism、エビデンス・ベイスト・ポリシー

1　第一次改正（2000年改正）はどのような内容をもつか

[1] 1948年法の保護処分優先主義と教育主義はどのような仕組みと結びついているか

12　少年保護手続と刑事手続の基本的な関係　前講で確認したように、1948年法は家庭裁判所先議主義と全件送致主義をとり、保護処分優先主義を担保する仕組みをとっていた（⇒7）。少年による事件が刑事手続にのったり、少年に対して刑事処分が科されえたりするのは、それが相当であるという家庭裁判所の判断を経て初めて可能になることである。

また、審判手続は、職権主義をとっており、伝聞証拠排除法則の適用もなかった（⇒10）。その理由は、刑事訴訟のように形式ばった手続構造では、審判手続過程そのものを教育的に形成することが難しいことにある。審判が

裁判官１名による単独体で行われ、検察官の関与が許されていなかったことも、この教育主義の表れと考えられる。

しかし、こうした制度のあり方には、特に1990年代から強い異議が唱えられるようになる。それを立法で実現したのが2000年の第一次改正であった。

[2]　第一次改正はどのような内容をもつか。また、法改正の背景にはどのような事情があるか

13　第一次改正の内容　　立法時の説明によれば、第一次改正は、①「非行事実認定手続の一層の適正化」、②「被害者等への配慮の充実」、③「少年の処分等の在り方の見直し」を柱にしている。

やや細かくなるが、主要な改正点を具体的に挙げてみよう。①「非行事実認定手続の一層の適正化」は、㋐非行事実認定を目的とする観護措置の特別更新制度の創設（少17条４項）、㋑観護措置決定および延長決定に対する異議申立て制度の導入（少17条の２、17条の３）、㋒裁定合議制の導入（裁31条の４第２項、同第３項）、㋓検察官の審判関与（少22条の2）、㋔検察官による抗告受理の申立て制度の創設（少32条の4）、㋕検察官の審判関与時および抗告受理申立て受理時における国選付添人制度の導入（少22条の3、32条の5）、㋖不処分決定に対する一事不再理効の付与（少46第２項）、㋗保護処分終了後の保護処分取消し制度の創設（少27条の2第２項）からなっている。

②「被害者等への配慮の充実」は、㋐被害者等による記録の閲覧・謄写（少５条の2）、㋑被害者等の申出による意見の聴取（少９条の2）、㋒被害者等に対する通知（少31条の2）という各制度の創設である。

③「少年の処分等の在り方の見直し」は、㋐保護者に対する措置の導入（少25条の2）、㋑検察官送致決定の対象年齢の引き下げ（少20条１項）と少年院収容受刑者制度の創設（少56条３項）、㋒いわゆる「原則逆送」制度の導入（少20条２項）、㋓処断刑が無期刑の場合における刑の緩和の裁量化（少51条２項）、㋔無期刑に刑が緩和された場合における仮釈放要件の修正（少58条２項）を内容としている。

14　第一次改正の背景と処方箋　　第一次改正時の少年法の「なやみ」は、少年審判手続において非行事実認定をどのように行うべきかという点と、少

年司法制度と刑事司法制度、特に保護処分と刑事処分の関係をどのように考えるべきかという点にあった。

第一の背景として、草加事件(1)（1985年7月)、調布駅前事件(2)（1993年2月)、山形事件(3)（1993年1月）といった事件がある。これらの事件では、捜査段階で自白した少年が審判段階で否認に転じ、その自白に対して裁判所が与えた評価が異なっている。そのため、審判構造の問題として、少年が否認に転じた場合などに真実発見に支障をきたすことが主には裁判官から主張された。また、検察官（や時には弁護士付添人）が関与しない少年審判で審判官は「一人二役（三役)」を果たさなければならず、司法機関の中立性を保つことが困難であることも、指摘された。他方、予断排除がなく、伝聞証拠も排除されないことの人権保障上の問題が弁護士付添人経験者から指摘され、捜査段階の可視化をも含めた制度改正の必要性が主張された(4)。

第一次改正は、前者の主張に軸足を置く形で、非行事実認定が困難な事案における「**対峙状況の回避**」と「**多角的視点の確保**」を目的として、1人の裁判官と少年が向き合う審判の構造を改めた。裁判所の裁量により合議制をとれるようにし、職権主義的審問構造を維持しながらも、検察官に事実認定手続への関与と抗告受理申立ての権限を認めたのは（①㋒、㋓、㋔)、この観点からの改正である。また、事実認定に争いがある場合には審判中の身体拘束のあり方が課題になるとして、観護措置を最長8週間まで延長できる制度（㋐）が導入されている。他方で、こうした措置は少年にとって不利益性が高いため、国選付添人制度（㋕）と観護措置・延長決定に対する少年側の異議申立て制度が併せて導入されている（㋑)。また、一事不再理（㋖）と保

---

(1) 事件の概要は、特集「草加事件で裁かれるもの」法セミ547号（2000年）5-45頁を特に参照のこと。

(2) 事件の概要は、特集「なぜ少年たちは2度裁かれるのか」法セミ490号（1995年）38-79頁、山下幸夫「調布駅南口事件刑事補償請求逆転勝訴の意義」刑弁29号（2002年）20頁を特に参照のこと。この事件では、不利益変更禁止原則に関係する最高裁判所による重要な判断も示されている（⇒**502**)。

(3) 新倉修＝佐々木光明「山形マット死事件から学ぶ」法セミ517号（1998年）68頁、北澤毅＝片桐隆嗣『少年犯罪の社会的構築』（東洋館出版社、2002年）を特に参照のこと。

(4) この時期の改正論議は、荒木伸怡編『非行事実の認定』（弘文堂、1997年）で概観することができる。

護処分終了後の保護処分の取消し（㋗）に関する改正が行われており、それまで適正手続保障の観点から指摘されていた問題に一定の手当てがなされている。確かに、以上の改正措置は要保護性認定や処分決定には関係せず、職権主義の維持と裁判官の裁量による判断も前提にしているものの、「和やか」な審判を求める教育主義と緊張関係に立つ。

第二の背景には、1990年代末から2000年にかけて起こった重大事件がある。神戸事件（1997年2～5月）、光市事件（1999年4月）、豊川事件（2000年5月）、佐賀事件（2000年5月）、大分事件（2000年8月）といった事件は、犯罪被害者等への関心をも含めてメディアで大きく報じられただけでなく、衆議院議員総選挙と時期が重なったこともあり、政治問題として大きく取り上げられた。そこでは、事実とは無関係に、少年非行の増加と凶悪化が喧伝されるとともに、民事訴訟による賠償請求の円滑化をも含めて犯罪被害者等の利益保護の必要性が指摘された。上記②「被害者等への配慮の充実」と③「少年の処分等の在り方の見直し」は、こうした状況の中で出てきた改正である。

③「少年の処分等の在り方の見直し」としては、少年の「規範意識の覚せい」の必要性が主張され、検察官送致決定の対象年齢を16歳以上から14歳以上に変更するとともに（㋑）、一般に「原則逆送」として説明される制度（⇒**526**、**532**）が導入された（㋒）。保護処分優先主義（⇒**7**）と抵触しかねないこの措置は、より頻繁で長期の刑事制裁の賦課が犯罪抑止に有益であるとの考えに基づいている。処断刑が無期刑の場合における刑の緩和が裁量化されたこと（㋓）や、無期刑に刑が緩和された場合の仮釈放に必要な期間の経過が7年から刑法上の原則通りの10年（刑28条）に改められたこと（㋔）にも同様の考えが窺われる。少年が16歳に達するまで刑の執行を少年院で行うことができるという少年院収容受刑者制度（⇒**591**）は、従前検察官送致決定の対象とはならなかった年齢層の者を受刑されることの弊害を一定程度緩和しようとするものではある。しかし、これは、一般予防や峻厳な刑事制裁の効果を過大評価した政策の弥縫策にすぎないともいえ、却って少年院の性格を混乱させる危険性をもっている。

[3] 第一次改正の措置は相互にどのように結びついているか

15　第一次改正の発想　非行事実認定の問題は遅くとも1990年代半ばから問題として浮上しており、①「非行事実認定手続の一層の適正化」と②「被害者等への配慮の充実」の㋒被害者等に対する通知に焦点をあてて、1998年7月から同年12月まで開催された法制審議会少年法部会の審議を経て作成された法案が、第145回国会に提出されていた。それが廃案になった後、大きく政治問題化した③「少年の処分等の在り方の見直し」と、犯罪被害者保護二法の成立を受けた②「被害者等への配慮の充実」の㋐被害者等による記録の閲覧・謄写と㋑被害者等の申出による意見の聴取の部分も併せた法案が、第150回国会に議員立法として提出され、成立している。

法制審議会による審議の有無に着目して、①「非行事実認定手続の一層の適正化」と②「被害者等への配慮の充実」、③「少年の処分等の在り方の見直し」とを切り離す理解もありうる。しかし、①「非行事実認定手続の一層の適正化」も観護措置による身体拘束期間の長期化を含んでいる。また、非行事実認定が困難とされた事例について指摘された捜査段階の問題には全く手がつけられていない。つまるところ、①「非行事実認定手続の一層の適正化」の措置は、審判廷における子どもの自白撤回に対する不信を基盤にしているともいえ、被暗示性が強く誘導されやすい少年が審判廷においてようやく自白の撤回に至ること自体を難しくする危険性ももつ。子どもに対する不信の上で、子どもの声を聴き届けにくくするという点では、①「非行事実認定手続の一層の適正化」の措置も、刑事処分による犯罪予防効果の過大評価の上で非行結果の大きさを重視する③「少年の処分等の在り方の見直し」の措置と共通した問題をもっている。

2　第二次改正（2007年改正）はどのような内容をもつか

[1] 1948年法における少年司法と児童福祉との関係はどのようなものか。また、それはどのような考えに支えられているか

16　少年司法と児童福祉の基本的な関係　第1講では、犯罪行為や逸脱行為への対応に焦点をあてた場合、少年法は刑法や刑事訴訟法に対する特別法ととらえられうることを指摘した（⇒1）。しかし、多くの場合非行が子

どもの生きづらさの表れであり、自身の生活の支障でもあることに着目すれば、少年法は困難を抱えた子ども一般を対象とした福祉的な措置のあり方を規律する児童福祉法と共通性を強くもつといえる[(5)]。実際にも、少年法上の犯罪少年、触法少年、虞犯少年（少３条１項）が同時に児童福祉法でいう「要保護児童」（児福６条の２第８項）にもあたることは珍しくない。

非行のある少年が「要保護児童」でもある場合、少年司法制度と児童福祉制度との調整が問題になる。戦後の法制度は、刑事責任年齢に達していない14歳未満の子どもにつき、要保護児童として児童福祉法制で取り扱うことを優先させることで調整を図っている。例えば、警察が、刑罰法令に触れたり、将来そのおそれがあったりする子どもを発見した場合でも、その者が14歳未満であるときには、これを要保護児童として児童相談所などの児童福祉機関に通告しなければならない（児福25条）。その際、警察は捜査を行うことはできず[(6)]、児童福祉機関への通告の準備行為ができるにとどまると考えられてきた。通告を受けた児童福祉機関は、必ず事件を家庭裁判所に送致しなければならないわけではない。それは、児童福祉機関がとりうる多様な措置の１つにすぎない（児福26条、27条を参照）。つまり、14歳未満の子どもの扱いについては、児童福祉機関の判断が優先され、それが家庭裁判所送致を選択した場合に限り、家庭裁判所はその子どもの事件を扱うことができる仕組みがとられているわけである（**児童福祉機関先議主義**）。

[2]　第二次改正はどのような内容をもつか。また、法改正の背景にはどのような事情があるか

17　第二次改正の内容　　第166回国会で成立した第二次改正法の柱になっているのは、①触法少年の事件に対する「調査」[(7)]権限の捜査機関への付与と、児童相談所から家庭裁判所への送致手続の変更（少６条の２～６条の

---

(5)　もっとも、児童福祉法上の児童とは18歳未満の者をいい（児福４条１項）、20歳未満とされている少年法上の少年年齢（少２条１項）とは齟齬がある（⇒**137**）。

(6)　刑事責任年齢に達していない14歳未満の者による刑罰法令に触れる行為は「犯罪」とはならない（刑41条）。刑事訴訟法上の捜査は「犯罪」に対して行われるものである（刑訴189条２項を参照）。したがって、刑事未成年者に対して「捜査」を行うことはできないわけである。

(7)　ここでいう「調査」は家庭裁判所調査官が行う社会調査（少８条、９条）とは別のものである。

7)、②少年院収容年齢の引き下げ、14歳未満の少年の少年院送致(少24条1項但書)、③保護処分としての保護観察時における遵守事項違反に対する施設送致(少26条の4)、④国選付添人制度の範囲拡大である。

第二次改正時の少年法の「なやみ」は、狭い意味での少年司法制度と児童福祉法制との関係、そして保護処分としての保護観察のあり方にあった。

18　第二次改正の背景　この背景にあるのも、2000年代前半に起こった重大事件である。長崎事件(2003年7月)や佐世保事件(2004年6月)、高田馬場事件(2004年6月)といった刑事未成年者による重大事件は、マスコミにより大々的に報じられ、児童相談所によって正確な非行事実の調査・認定ができるかという問題や、児童福祉法上の開放施設である児童自立支援施設で重大結果を伴う非行に及んだ児童の処遇を行うことが適切なのか、という疑問が提起された。法改正の作業は、2003年12月の「青少年育成施策大綱」や「犯罪に強い社会の実現のための行動計画」をも下敷きにしながら、2004年10月から2005年5月まで開催された法制審議会少年法(触法少年事件・保護処分関係)部会による議論を経てはいる。しかし、佐世保事件後の、「親を市中引き回しの上打ち首に」という発言を行った当時の防災担当相・青少年育成推進本部副部長が「少年非行対策のための提案」(2003年9月)を公表したように、この改正論議もまた、低年齢化や凶悪化の言説を伴って非行対応が急激に政治問題化する中で進んでいった。

触法少年の扱いに関する部分は、児童福祉法の大幅な改正ではなく、児童福祉機関を挟み込む形での少年法改正により制度変更を行った点に特徴をもつ。一方で、児童相談所の前段階で、警察が押収・捜索・検証・鑑定嘱託といった対物的な強制処分や実質的な取調べを「調査」として行えるようにし、他方で、児童相談所から家庭裁判所への事件送致の段階で、結果重大事件の場合に、児童相談所は原則として家庭裁判所に事件送致しなければならないものとされた。国会審議において、「調査」につき少年と保護者は付添人選任権をもち、質問は強制できないことを明記する修正が入ったものの、黙秘権の告知や保護者・児童福祉司・弁護士の取調べへの立会いやビデオ録画は、主として真実発見を阻害するという理由から規定されていない。この改正措置が要保護児童の心身の特性からみてふさわしいのかは、当初より、児童福祉の専門家からも、懸念が表明されていた点である[8]。

②少年院収容年齢の引き下げと14歳未満の少年の少年院送致は、少年院収容の対象を「おおむね十二歳以上」に引き下げるものである（少院2条2号参照）。「おおむね十二歳以上」という年齢は、下限を定めていなかった政府案が衆議院で修正されて規定された。これは従前児童福祉法上の開放施設である児童自立支援施設で処遇を受けてきた刑事未成年者について、少年院における処遇を可能にするものである。もっとも、その処遇の内容は、児童自立支援施設において確立されてきた、家庭的な雰囲気をもつ「育ちなおし」の処遇を、東西4つずつの少年院で行うというものである。そうすると、なぜわざわざ児童自立支援施設ではなく少年院で処遇を行う必要があるのか、結局のところ強制的な自由の拘束自体を期待した制度改正なのではないかという疑問が生じる。

この疑念は、③保護処分としての保護観察時における遵守事項違反に対する施設送致にも共通する。③は、保護処分としての保護観察中に遵守事項違反の程度が重く、保護観察によっては対象者の改善・更生を図ることができないと認められる場合に、保護観察所の長による警告のほか施設収容の保護処分（児童自立支援施設・児童養護施設送致と少年院送致）を行うというものである。この措置は、保護観察の枠内で処遇の実効性を担保し、少年に遵守事項を守る義務があることを自覚させるためのものであると説明されている。しかし、立法論議においては、これが「二重処罰」に当たるのではないかという疑問が呈されている。その他、本来少年が抱えている問題を解決するための保護処分である少年院や児童自立支援施設・児童養護施設への収容が威嚇手段となったり、遵守事項違反や保護観察制度に対象者が背を向けた姿に対してこそケースワーカーの共感的理解や援助が必要であるともいわれてきた保護観察が不寛容主義で対象者の監視を強めることになったりする危険性を、この改正措置は内包しているといえる。

---

(8)　社会保障審議会児童部会第21回会議（2004年9月30日）議事録、社会保障審議会児童部会社会的養護のあり方に関する専門委員会第9回会議（2004年10月21日）議事録を特に参照。

3　第三次改正（2008年改正）はどのような内容をもつか

[1] 1948年法における非公開原則と審判出席者の限定はどのような考えに支えられているか

19　少年審判への出席者の限定　1948年法には、公開せずに審判手続を行う**非公開原則**が妥当していた。少年やその保護者のほか審判に在席できるのは、裁判長の許可を得た「少年の親族、教員その他相当と認める者」に限られていた（少審規29条）。

伝統的に審判が非公開で行われ、出席者も少年に近しい者に限られていたのは、要保護性が検討される関係で、少年自身も知らないような出生・生育・資質にかかわる情報が審判廷に出てくることが珍しくなく、プライバシーと情操の保護が必要だからである。また少年が真実を語り、内省を深める機序を考えても、和やかな雰囲気の中で少年が萎縮することなく主体的に手続に参加し、適正なコミュニケーションが確保されなければならない。

[2] 第三次改正はどのような内容をもつか。また、法改正の背景にはどのような事情があるか

20　第三次改正の内容　第三次改正は、①被害者等による記録の閲覧および謄写の範囲の拡大（少５条の２）、②被害者等の申出による意見の聴取の対象者の拡大（少９条の２）、③一定の重大事件の被害者等が少年審判を傍聴することができる制度とこの場合における必要的な国選弁護士付添人制度の創設（少22条の４、22条の５）、④家庭裁判所が被害者等に対し審判の状況を説明する制度の創設（少22条の６）、⑤成人による刑事事件の管轄の移管等を内容としている。

21　第三次改正の背景　非公開原則に関係するこの改正措置は、被害者団体の代表も委員として参加した法制審議会少年法（犯罪被害者関係）部会の審議を経て、第169回国会で成立した。その契機は、第一次改正法が施行５年後の運用状況の検討と制度整備を規定したことにあった（附則（平成12年12月６日法律第142号）３条）。いわゆる「原則逆送」規定など多くの見直し課題が指摘されていたものの、実際に焦点が当てられたのは被害者等への配慮措置の拡充であった。この間、2004年には犯罪被害者等基本法が成立し

ており、2007年6月の刑事訴訟法改正でも、被害者等が刑事裁判へ参加し、被告人への質問や証人尋問、独自の求刑を行えるようになっていた。

この流れの中で、第三次改正は、第一次改正で「被害者等への配慮の充実」として導入されていた措置を拡充するとともに、少年審判への傍聴制度を導入した（③）。もっとも、被害者関与の時期が少年と被害者の双方にとって早すぎるのでないかという懸念が示されたほか、「健全育成」という少年法の目的との関係で調整が必要であることが指摘された。国会審議でも、付添人の意見聴取が要件として加えられたり、審判状況の説明制度が導入されたりする（④）などの修正が行われている。

4　第四次改正（2014年改正）はどのような内容をもつか

[1] これまでの国選付添人制度・検察官の審判関与制度と少年に対する刑事処分はどのようなものであったか

22　国選付添人制度と検察官の審判関与の制度　1948年法には、国費で弁護士の付添委任を選任する国選付添人制度が存在しなかった。しかし、この制度は、第一次改正から第三次改正までの法改正によって、要件を満たす場合には必要的・義務的に弁護士の付添人を選任しなければならない形態（必要的国選制度）とその選任が家庭裁判所の裁量による形態（裁量的国選制度）をとって発展を遂げてきた。第一次改正は、①検察官関与が行われる場合と、検察官が家庭裁判所の判断に対して申し立てた不服（抗告受理の申立て）が高等裁判所に受理された場合における必要的国選制度を創設した（少22条の3第1項、32条の5第1項）（⇒**13**、**14**）。第二次改正は、②少年鑑別所送致の観護措置をとられた犯罪少年事件と触法少年事件のうち一定の重さのものを対象とする裁量的国選制度をつくった（少22条の3第2項、32条の5第2項）（⇒**17**）。そして、第三次改正は、被害者等による審判傍聴を認める事件を対象とする必要的国選制度をつくっていた（少22条の5第2項）（⇒**20**）。

検察官が審判手続に関与する制度も、1948年法には存在しなかった。先述の通り、第一次改正法はこれを改め、検察官の審判関与を認めた。それは、犯罪少年による「故意の犯罪行為により被害者を死亡させた事件」または「死刑又は無期若しくは短期2年以上の懲役若しくは禁錮に当たる罪」の事件を対象とした（⇒**13**、**14**）。

23 不定期と早期の仮釈放　他方、1948年法は、少年（この場合には判決宣告時に20歳未満の者）に対して有期刑で処断すべきときには、軽微な事件（長期３年以上の有期自由刑よりも軽いもの）を除いて、10年以下の長期と５年以下の短期を定めた（相対的）不定期刑を言い渡すことにしていた（52条）（⇒**7**）。これは、成長発達過程にある少年の変わりやすさ（可塑性）に相応して、刑の執行段階でも刑期を柔軟に変更できるようにするためであった。

この不定期刑は、短期の３分の１が経過した後には仮釈放が可能になるものとされた（58条１項３号）。そのため、最も重い不定期刑の場合でも、１年８月の経過後というかなりの早期に社会移行（復帰）が可能になっていた（**早期の社会移行（復帰）原則**）。反対に、刑事施設において少年の更生に向けた改善が進まず仮釈放されなかった場合でも、長期の上限である10年が経過した後には社会の中に生活の場を移すことができる。そのため、少年はどんなに遅くても、30歳に達する前には社会に戻ってくる仕組みがつくられていたことになる。

24 死刑と無期刑の扱い　処断刑が有期刑にとどまらずに死刑や無期刑である場合、1948年法は、死刑を無期刑に、そして無期刑を10年以上15年以下の定期刑に必要的に緩和するものとしていた（少51条）。そして、死刑を緩和した無期刑は７年で、無期刑を緩和した定期刑は３年で仮釈放を可能としていた（58条１項１号、２号）（⇒**7**）。不定期刑ほどに早期ではないにせよ、重大な犯罪に及んだ少年の場合でも、早い段階で社会に戻す制度がとられたのは、刑事施設における身体拘束が成長発達を阻害し、ひいては再犯のリスクを高めることが経験的に知られていたからにほかならない。

第一次改正法は、こうした少年に対する刑事処分のあり方を一定程度改めた。そこでは、無期刑の有期刑への緩和が必要的・義務的なものから裁判所の任意・裁量によるものに改められた（少51条２項）。また、死刑を緩和して無期刑を宣告する場合を無期刑仮釈放の早期化の対象から除外する改正が行われ（少58条２項）、仮釈放のための要件が従前の７年から刑法の原則通りの10年（刑28条）に改められた（⇒**13**、**14**）。

[2] 第四次改正はどのような内容をもつか。また、法改正の背景にはどのような事情があるか

25　第四次改正の内容　第四次改正は、①観護措置時の裁量的国選制度と検察官関与制度の対象の拡大と②不定期刑制度の見直し、そして③少年に対する刑の引き上げを行っている。

①第二次改正において創設された観護措置時における裁量的国選制度は、㋐故意の犯罪行為により被害者を死亡させた罪、㋑その他死刑または無期もしくは短期2年以上の懲役もしくは禁錮にあたる罪の事件に対象を限定していた（⇒**17**）。第一次改正で導入された検察官関与の対象事件も同様であった（⇒**13、14**）。第四次改正は、この両制度の対象範囲を「死刑又は無期若しくは長期三年を越える懲役若しくは禁錮に当たる罪」にまで拡大するものである。

②不定期刑制度の見直しとしては、㋐不定期刑の適用要件、㋑不定期刑の長期と短期の上限の引き上げ、㋒不定期刑の長期と短期の定め方が改められている。すなわち、㋐従前、処断刑が3年以上の懲役または禁錮とされていた不定期刑の適用要件は、有期の懲役または禁錮に改められた。また、㋑不定期刑の上限は、長期10年・短期5年から、長期15年・短期10年に引き上げられた。さらに、㋒従来特段制限がなかった不定期刑の長期と短期の幅について、長期の2分の1（長期が10年を下回る場合には長期から5年を減じた期間）を下回らない範囲で短期を定めることにされた(9)（少52条1項）。

③無期刑の緩和刑制度の見直しとしては、㋐無期刑を緩和して宣告される有期刑の上限の引き上げと㋑仮釈放要件が改められている。すなわち、㋐無期刑を緩和する場合に10年以上15年以下の範囲内で定期刑を宣告するものとされていたものが、10年以上20年以下の範囲内に改められた（少51条2項）。また、㋑3年の経過とされていた無期刑の緩和時における有期刑の場合の仮釈放要件が、刑法上の原則（刑28条）に倣い、刑期の3分の1の経過に改められた（少58条1項2号）。

---

(9)　不定期刑の短期については特則が設けられており、「少年の改善更生の可能性その他の事情を考慮し特に必要があるときは、処断すべき刑の短期の二分の一を下回らず、かつ、長期の二分の一を下回らない範囲内において、これを定めることができる」ものとされている（少52条2項）。

26　第四次改正の背景と処方箋　こうした改正措置もまた、第三次改正法に盛り込まれていた施行３年後の運用状況の検討と見直し規定（附則（平成20年６月18日法律第71号）３条）を受けた一連の立法の流れの上にある。この規定を受けて設置され、2012年３月から７月まで全６回開催された法曹三者による「平成20年改正少年法等に関する意見交換会」後、2012年10月から2013年１月まで法制審議会少年法部会が開かれ（全４回）、2013年２月８日の法制審議会総会第168回会議で採択された第四次改正の要綱（骨子）を踏まえて、法案が作成されている。この法案は、第186回国会に提出され、2014年に成立している。

①観護措置時の裁量的国選制度と検察官関与制度の対象の拡大の背景には、弁護士付添人活動の拡がりがある。国選付添人制度は、第一次改正や第二次改正における制度創設・拡充時からすでに、触法少年事件を除いて、観護措置時における裁量的国選制度の対象範囲は検察官関与と重ね合わされていた。それは、国選で弁護士付添人が選任されたことで非行事実が争われるような場合に、検察官関与の対象外となれば、国費による制度のあり方として疑問が生じるとされたからであった。それでは、被害者をはじめとする国民の納得を得られないと主張されたわけである。

その上で、第四次改正が対象範囲を「死刑又は無期若しくは長期三年を越える懲役若しくは禁錮に当たる罪」にまで拡大したのは、被疑者国選弁護制度と対象を重ね合わせるためである。被疑者国選弁護制度は、2006年の刑事訴訟法改正で導入され、2009年５月に裁判員裁判が開始されたことに伴って対象範囲が拡大された。従前は、この被疑者国選弁護制度と裁量的国選制度の対象範囲が違っていたことから、家庭裁判所の事件受理前まで弁護人として少年を支援していた弁護士が、事件受理後に私選によらない限り付添人となれず、被害者との損害賠償や学校・職場などと環境調整ができない事態が生じていた。第四次改正の措置により、窃盗、恐喝、詐欺、傷害、過失運転致死傷などが新たに裁量的国選制度の対象に含まれることになり、両制度の対象の齟齬が解消されることになったわけである。

しかし、第四次改正は、これと歩調を合わせて検察官関与の範囲も同時に拡大している。しかも、第一次改正時には、検察官関与という少年の成長発達権を阻害しかねない制度を導入するがゆえに、その権利擁護策として必要的国選制度が導入されたのに対し、第四次改正では、少年の権利保障のための裁量的国選制度を拡充するがゆえに検察官関与制度の対象も拡大することになっており、そのベクトルはいつの間にか逆を向いてもいる。

②不定期刑制度の見直しと③少年に対する刑の引き上げの背景には、裁判員裁判と、2004年の刑法改正で有期刑の上限が15年から20年（死刑または無期刑を減軽して有期刑とする場合および有期刑を加重する場合の上限は30年）に引き上げられたことで成人と少年との間で大きくなった「較差」の問題がある。少年と成人の共犯事件において両者間に不均衡が生じうることや、不定期制度が裁判員に分かりにくいことが職業裁判官から指摘されるようになったわけである⑽。

②のうち不定期刑の適用要件の改正は、可塑性に富む少年の改善効果への期待は処断刑が３年以上の懲役または禁錮の場合に限定されないはずであるという理由づけによっている。確かに、この問題意識は厳罰志向とはいえない。しかし、③刑の上限の引き上げに関しては、無期刑との乖離が大きいことや、共犯事件における成人共犯との不均衡が理由づけとして強調されている。その根拠づけは成長発達の途上にある少年の特性に着目しているものではなく、厳罰志向に支えられているといえる。

この改正については、少年に対する科刑を「一般的」または「一律」に引き上げるものではないため、「厳罰化」ではないと評価する見解もある⑾。要するに、個別具体的な事件において裁判官が判断を行う余地が残されているために「厳罰化」ではない、というわけである。しかし、一律の措置ではないとしても、従前よりも刑を重くする方向で裁判官の裁量行使を認めることに変わりはない。身体の拘束を長期化し、早期の社会移行（復帰）を難しくすることは、個別具体的な少年の成長発達を害する危険性も高くもってお

⑽ 特に八木正一「少年の刑事処分に関する立法論的覚書」判タ1191号（2005年）64頁、同「少年の刑事処分に関する立法論的覚書」『小林充先生 佐藤文哉先生古稀祝賀刑事裁判論集 上巻』（判例タイムズ社、2006年）632頁、角田正紀「少年刑事事件を巡る諸問題」家月58巻６号（2006年）12頁、植村・実務と法理347頁を参照。

⑾ 川出敏裕「少年法改正のあゆみ」ひろば67巻９号（2014年）11頁、中村功一「少年法の一部を改正する法律の概要」ひろば67巻９号（2014年）16頁を特に参照。

り、少年法の個別処遇原則で正当化することも難しい。裁判所が少年の成長発達権保障の義務を負うと考える場合（⇒74~75、83、91）、なおさらこの疑念は大きくなる。

第四次改正における不定期刑の見直しと少年に対する刑の上限の引き上げは、第一次改正と相俟って、少年の最善の利益を実現し、少年を早期に社会内に迎え入れ、社会に包摂するための仕組みを、さらに切り崩しているといえる[12]。

5 2000年以降の法改正から何を考えるべきか

27 少年法が直面する理論問題 2000年以降に少年法が直面した問題は、①正確な事実認定と適正手続保障、②保護処分・刑事処分・児童福祉法上の措置の意味と非行予防効果、③犯罪被害者の利益保護、そして④応報思想であった。その中で、福祉的措置の拡充や捜査の改革といった課題には手つかずのまま、法改正が行われた。一連の改正では職権主義的審判構造と保護処分優先主義、児童福祉機関先議主義、審判の非公開原則、そして早期の社会復帰原則の意味が問題となったが、主要な改正措置についてはいずれも最終的には家庭裁判所や児童福祉機関の裁量が留保され、刑事裁判所の判断の余地が残されているため、少年法の理念と基本構造に変更はないというのが立法当局の説明であった。

28 少年法の理念（の明確化）の重要性 しかし、一連の法改正により導入された措置が、総じて、非行結果の重大性や被害者への関心を前にして、少年本人が背負う問題への関心を相対化する危険性をもつことは否定できない。それゆえ、「少年の健全育成」という法目的の内実や法の理念がいかなるものであり、それを具現する基本枠組みや法の体系的な構造がどのように形成、維持されてきたのかを理解し、今後どのようなものであるべきなのかを考えることが、一層重要になる。立法当局の説明を前提にする場合でも、事情は同じである。少年法の理念と基本構造が維持されているといえるためには、裁量行使が法目的に適っていることを不可欠の前提とすることになる。

⑿ 本庄武「刑事司法の中での少年法の理念」法セミ714号（2014年）24頁。

法目的の明確化は、この場合でも、やはり不可欠なのである。

法の目的や理念、基本構造を明確化することは、実は、法改正による措置相互の体系的な整合性を考える際にも重要になる。例えば、第一次改正時に導入されたいわゆる「原則逆送」制度は、被害者等による刑事裁判の傍聴可能性——裏を返せば少年審判で傍聴ができないこと——を理由の１つとしていたにもかかわらず、第三次改正法による被害者等の審判傍聴制度の導入後も維持されており、両者の関係は不明確なままである。一連の法改正における少年院収容の位置づけにも政策的に一貫した説明が見られない。改正措置の体系上の位置づけを明確化するためにも、法目的や理念の確認が不可欠になるのである。

29　経験科学による事実の重要性　法改正にあたっての経験的事実の扱いについても考えておく必要がある。2000年代の法改正を推進したのは少年非行の増加・凶悪化・低年齢化という言説であった。しかし、これには科学的、客観的な裏づけがない（⇒**65〜66**）。同様に、峻厳な刑事制裁の一般予防効果に科学的、客観的根拠を与えるのは難しい（⇒**76〜77**）。にもかかわらず、なぜ2000年以降の一連の少年司法改革が行われたのであろうか。結局、一連の立法は、**モラル・パニック**の現象として説明されるべきであろう。モラル・パニックとは、「普遍化した軽微な逸脱行為や社会問題を契機として、それらが誇張され、“偽りの危機（pseudo disaster）”と“集団的幻惑（collective delusion）”が創出されることを通じ、社会の激情的で過激な反応が導き出される過程を捕捉する概念」である[13]。その上で考える必要があるのは、なぜ、過剰な反応が立法に結びつくのか、という問題である。その機序については、**Penal Populism** の議論が参考になる。この言葉は、「法と秩序」の強化を求める市民グループ、犯罪被害者の権利を主張する活動家やメディアが、一般市民の代弁者となり、政府の刑事政策に強い影響力を持つようになる一方で、専門家の意見が尊重されなくなる、という1990年代から先進諸国で観察される現象をとらえるものである。これと同様の現象は日本でも観察される[14]。

⒀　藤本哲也編『現代アメリカ犯罪学事典』（勁草書房、1991年）39頁［竹村典良］。

30 刑事・少年法立法の土台　しかし、特に犯罪予防効果を求めて新たな立法を行う場合、果たして何を前提に据えるのが合理的であろうか。やはり立法の前提となる事実と、導入する措置により期待される効果、この双方に科学的な根拠がなければならない。そうでなければ、結局法改正後の運用や効果を科学的に検証することが難しくなり、効果的な施策の経験的な積み上げと社会的な共有も不可能になるからである。そうなれば、結局のところ科学的根拠をもって犯罪被害を減らすことも困難になり、社会生活の質の低下を招く根拠のない犯罪不安だけがもたらされることにもなりかねない。導入される政策（インプット）とその直接的帰結（アウトプット）、直接的帰結がもたらす最終的結果（アウトカム）などを明示して、インプットとアウトプット、アウトプットとアウトカムの間にある因果関係について実証的・科学的根拠を要求することにより、当該政策の有効性や政策形成過程の妥当性を検証しようとする指向を**エビデンス・ベイスト・ポリシー**（Evidence Based Policy、EBP）という[15]。2000年代から、日本でこのEBPの重要性が強く指摘されていることには必然性があるのである[16]。

⒁　浜井浩一＝トム・エリス「日本における厳罰化とポピュリズム」犯罪社会学会編『グローバル化する厳罰化とポピュリズム』（現代人文社、2009年）118頁は、被害者支援運動を中心とする市民運動的な厳罰化を検察官が積極的に支持した点を日本の特徴として指摘する。検察官が官僚として立法作業に大きくかかわるという特性は、少年法改正の歴史分析に関連しても指摘されている。守屋克彦「少年法改正の歴史と少年法」課題と展望①33頁。

⒂　2000年代の刑事政策関連立法と施策の分析については、犯社30号（2005年）の課題研究を参照。

⒃　本講での概観でも分かるように、2000年以降の一連の少年法改正では、改正法の附則に「検討・見直し」規定が置かれることが通例となっている。しかし、本来「検討・見直し」の対象となるべきものものが議論の俎上にあげられることは少なく、「検討・見直し」作業が新たな法改正の契機となっていることをみて取ることができる。これは、まさに「検討・見直し」が実証的に行われていないことの証左であるといえる。

第3講　少年法の生育歴

●本講で考えること

前々講（第1講）では1948年法の骨格を、前講（第2講）では2000年以降の一連の改正を経た少年法の現在の姿を、確認しました。しかし、実のことをいえば、1948年法は日本の歴史の中で2番目の少年法であり、最初の少年法（旧少年法）は1922年に制定されています。

それでは、旧少年法や1948年法は、一体どのような歴史の上で出現したものだったのでしょうか。それは、そもそもどのような問題に対処しようとした法律であったのでしょうか。また、1948年法の制定後2000年代に至るまで、立法をめぐってどのような動きがあったのでしょうか。

1948年法の骨格と2000年代の一連の改正の意味をより明確にするために、本講では、明治以降、日本において少年法の基本的な仕組みがどのように形成され、現在までどのような問題に直面してきたのか、少年法の「生育歴」をたどってみることにします(1)。

● Keywords
感化法、旧刑法、旧少年法、少年法改正構想、少年法改正要綱、４Ｄ主義、刑罰にかえて保護処分、刑罰にかえて不処分

1　旧少年法はどのような動きの中で制定されたか

[1] 感化法が制定されるまでどのような動きがあったか

31　明治時代における少年の扱い　日本で最初の少年法は、1922（大正11）年に制定された。それでは、それ以前は、少年をどのように法的に特別扱いしていたのであろうか。

明治維新政府下の刑法典にあたる仮律令、新律綱領（1870年）、改定律例

---

(1)　日本の少年法の歴史については、特に守屋・非行と教育、守屋克彦「少年法改正の歴史と少年法」課題と展望①１頁以下、徳岡秀雄『少年法の社会史』（福村出版、2009年）を参照。

（1873年）は、高年者とともに若年者を特別扱いする律令時代以来の伝統を継承していた。新律綱領や改定律例では、７歳以下と90歳以上が絶対的無能力、８歳以上15歳未満と70歳以上90歳未満が相対的責任能力とされ、その中でも年齢段階ごとに寛刑差が設けられていた(2)。

他方、行刑関係では、コモンロー法制の影響を受けた監獄則並図式（1872年）が、未決監・已決監・女監・病監とともに懲治監を設けた。この懲治監への留置の対象とされたのは、①20歳以下の満期被釈放者のうち「悪心未タ悛ラサル者」または「貧窶営生ノ計ナク再ヒ悪意ヲ挟ムニ嫌アル者」や②21歳以上の者で「悪意殺心ヲ挟ム者」、③親族の出願があった素行不良の子弟（請願・出願懲治人）、④贖罪金を納付できず懲役実決の処分に切り替えられた平民、⑤脱籍無産で復籍できない満期被釈放者であった。この制度は、満期被釈放者で犯罪傾向の強い者や環境上再犯のおそれの強い者に対する予防拘禁としての性格を強くもっていたといえる。

32　旧刑法と改正監獄則　この状況は、日本における最初の近代的な刑法典である旧刑法（1880年）の制定により変化する。旧刑法は、①12歳未満の者について刑法上の罪は問わないものの、８歳以上の者については、情状により、16歳に達するまで懲治場に留置できるものとした（79条）。また、②12歳以上16歳未満の者で「是非弁別なく」罪を犯した者については刑法上の罪を問わないものの、この場合にも、情状により、20歳に達するまで懲治場に留置可能とした（80条）。さらに、③16歳以上20歳未満の者については、刑一等を減じるものとした（81条）（図１）。

旧刑法施行に伴う改正監獄則（1881年）は、留置場・監倉・拘留場・懲役場・集治監のほか懲治場を監獄として規定し、上記①②のほか④８歳以上20歳以下の「尊属親ノ請願ニ由ル放恣不良ノ子弟」を「矯正帰善」のため懲治場に収容するものとした（18条、19条）。これらは、懲治監とは異なり、被釈放者ではなく非科刑の者を対象とする刑罰を補充する意味合いが強い制度であったといえる(3)。他方、③刑一等が減じられるものとされた16歳以上20歳

(2)　10歳以下と80歳以上は、人を殺して死罪に当たる場合には上裁を請い、盗罪や傷害のときには「収贖」（罰金）とされ、70歳以上と15歳以下は、流刑以下の罪を犯した場合には「収贖」とされた。年齢は行為時を基準とした。

【図1】旧刑法における刑事責任能力

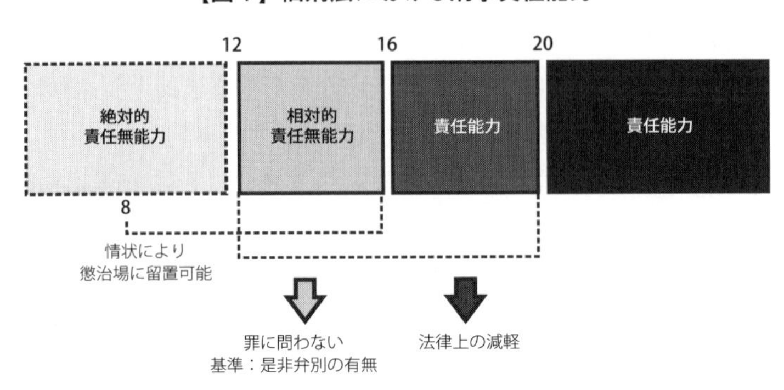

未満の者は、既決囚（已決囚）として懲役場に収容され、監房は別であるものの成人と同様の処遇を受けることが原則とされた。

しかし、旧刑法は刑の執行猶予制度をもたず、治罪法や旧旧刑事訴訟法では起訴法定主義がとられてもいた(4)。こうした旧刑法の刑罰主義＝実刑主義が引き起こしたのは、監獄への在所者数の増加であった。また、責任能力の判断基準も、是非弁別能力のみによっており、制御能力が問題にされなかった。そのため、未成年者が監獄に収容され、成人に対する自由刑と大同小異の劣悪な条件下で処遇を受けることが少なくなかった。そのことで現実に帰結されたのは、少年の犯罪性が強化されるという逆効果であった。このことが、一方では、起訴猶予や執行猶予制度の誕生や活用を促し、他方では、若年者にふさわしい教育による処遇を求める**感化院設置運動**や、そこから強い影響を受けた幼年囚の分離処遇、幼年監・懲治場の独立設置といった監獄改良の動きへとつながった。

[2] 感化法と現行刑法はどのような事情から制定されたか

33　感化院設置運動　民間篤志家による感化院設置の動きは、請願・出

---

(3)　被釈放者については別房監置の制度が設けられたものの（監獄則30条）、改正監獄則（1889年）で別房留置制は廃止され、情願懲治人も懲治場収容対象から除外された。

(4)　執行猶予制度が導入されたり、起訴猶予の言葉が使われ出すのは1905年のことである。また、起訴便宜主義が明文化されるのは1922年の旧刑事訴訟法においてである。

願懲治人や出獄後身元引受のない者の扱いもが問題になる中で、大阪における池上感化院の設立（1883年）を皮切りとして各地に広がった[5]（⇒**443**）。

これを受けて制定された**感化法**（1900年）は、①８歳以上16歳未満で適当な親権行使者・後見人がなく、放蕩・乞丐を行い、悪交があると地方長官が認めた者、②懲治場留置の言渡しを受けた幼者、③裁判所の許可を経て懲治場に入るべき者を対象として、普通教育、実業教育、道徳教育からなる感化処遇を行うことを構想した。①②については、子どもが満20歳を迎えるまでの期間収容しえ、内務省所属の地方長官がいつでも仮退院・退院させることができた。ここでの主たる対象は、犯罪は犯していないもののその危険性がある不良少年と孤児・貧児であった。しかし、道府県が財政を負担することとされたこともあり、法の要請とは裏腹に、実際に感化院を設置したのは２府３県（東京、神奈川、埼玉、大阪、秋田）にとどまった[6]。

34　現行刑法・監獄法の制定と感化法の改正　こうした状況が変化する契機になったのは、現行刑法（1907年）と監獄法の制定（1908年）である。前者は、刑事責任年齢を14歳に引き上げるとともに、懲治場留置制度を廃止した。後者は、懲治場を廃止するとともに、18歳未満の者をそれ以上の者と分界処遇し、特設少年監に収容することとした。

これらの措置により、14歳未満の触法行為者や従来懲治処分を受けていた者の新たな受け入れ先をつくる必要が生じたため、刑法施行に伴い、感化法が改正された（1908年）。これにより感化法の対象となる者が16歳未満から18歳未満に引き上げられるとともに、司法大臣訓令を根拠として、14歳未満の者に対する処遇施設としても感化院が利用された。感化院の設立にあたっては国庫補助を行うものとされ、この改正後３年でほぼ全国の道府県に感化院が設立された。

しかし、ここにも、なお３つの問題があった。まず、①社会の近代化に伴って増加をみせる少年犯罪の数に比して、感化院はいずれも小規模であった。

---

(5)　児童福祉法上の施設である児童自立支援施設における処遇の源流となった北海道家庭学校も留岡幸助により巣鴨家庭学校（1889年）の分校として1914年に設立されている。

(6)　公的レベルでの感化法制定の動きに関しては田中亜紀子『近代日本の未成年者処遇制度』（大阪大学出版会、2005年）を参照。

【図2】現行刑法における刑事責任能力

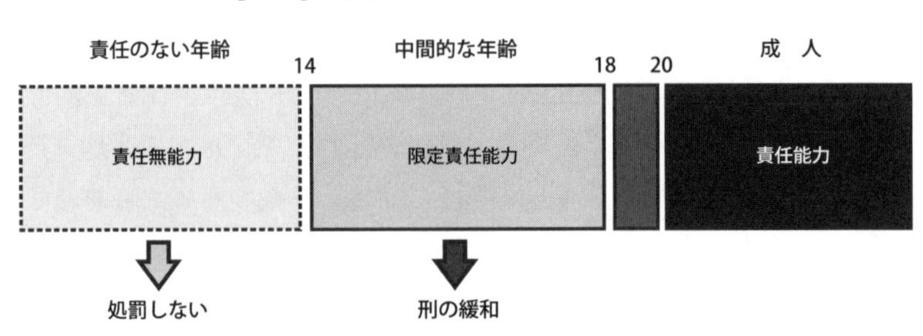

また、②旧刑法とは異なり、中間的な刑の軽減制度をすべてなくした現行刑法の下で、多くの少年は起訴猶予や執行猶予を受けて事実上放置されるか、科刑される状況にあり、いわば「全部かゼロか」の選択肢しかない状況であった。さらに、③若年者の犯罪予防として処遇段階のみで対処することにも、限界があった。こうしたことから、1899年にアメリカのシカゴで誕生し、世界的な注目と広がりをみせていた少年裁判所制度が関心を惹くことになり、少年に見合った処分とそれを選択するための特別な手続の採用が検討されることになったのである。

2　旧少年法はどのような特徴をもっていたか

35　旧少年法の内容　とはいえ、旧少年法の起草・制定作業が順調であったというわけではない。起草作業は、アメリカを始めとして多くの西欧諸国の少年法制を参照する形で進められたものの、刑事司法制度の枠内で若年者の逸脱行為に対処する考えと感化思想の延長線上で福祉的にとらえる考えとの対立、そしてそれらを代表する司法省と内務省との対立が激しかったことから、旧少年法案は数度の廃案を余儀なくされ、難産の末に誕生している(7)。

旧少年法は、①審判機関として行政機関である**少年審判所**を設置し、②18歳未満の刑罰法令に触れた行為に及んだ少年のほか罪を犯すおそれのある虞犯少年をも少年審判の対象とした（4条1項）。また、③少年手続には人格

(7)　旧少年法の起草作業については、森田・歴史的展開が詳しい。

調査を行う少年保護司[8]（23条）を関与させ、審判は資格を裁判官に限定しない少年審判官に単独で行わせた（19条、21条）。④少年審判所が言い渡すことができる保護処分は、㋐訓誡、㋑学校長訓誡、㋒書面による改心の誓約、㋓条件付の保護者引渡し、㋔寺院・教会・保護団体・適当な者への委託、㋕少年保護司の観察、㋖感化院送致、㋗矯正院送致、㋘病院送致・委託の9種類[9]とされた。これらの保護処分は、併課できたほか事後的な取消しや変更を行うことができた（4条、5条）。㋕のように、社会内処遇が保護処分に含まれたことは、処遇の個別化の推進とともに収容万能主義からの脱却ともいえる。さらに、⑤勾留状発付の原則禁止や他の被告人との分離（67条）、行為時16歳未満の者に対する死刑・無期刑の適用の制限（7条1項）、不定期刑の採用（8条）などにより、刑事手続・処分における少年の特別な扱いも確立された。

司法機関として、裁判所ではなく行政機関である審判所が設置されたのは、一般人が裁判所に抱く悪印象を払拭して「保護」の実をあげる必要があったからである。このことは、非行少年を認知した一般人に対する通告の義務づけ（29条）とも結びついていた。しかし、旧少年法は同時に、⑤審判機関よりも先に検察官が事件処理の実質的判断を行う**検察官先議主義**をとり、死刑、無期または短期3年以上の懲役・禁錮にあたる罪を犯した少年や、16歳以上の罪を犯した少年については、検察官からの送致がなければ少年審判所の審判に付することはできないものとしていた（27条）。

36　旧少年法の問題と限界　旧少年法は、少年に対して、広い範囲で、刑罰を科すことに代えて、多様な保護処分を柔軟に加えることを可能にした。その意味で、旧少年法は、「**刑罰にかえて保護（処分）**」の考え[10]の上に立っていたということができる。しかし、少年審判所による手続は、検察官先議主義を前提にするがゆえに、広い意味での不起訴相当の判断を経た事件を対

---

(8)　少年保護司には専任と嘱託とがあり、調査を担ったのは専任の少年保護司であった。それに対し、嘱託の少年保護司は、観察の業務に従事した。

(9)　民間の少年保護団体は矯正院を代替する役割を果たした。学校長訓誡は少年が退学処分を受ける可能性が高いためほとんど用いられなかった。

(10)　守屋・非行と教育170頁。

象としており、刑事訴訟手続に従属するものであった。旧少年法の少年司法制度は、実質的には、なお刑事司法の枠内にあったといえる。また、旧少年法は、不処分決定を制度化していなかった。少なくとも制度としては、手続を経る過程で定式的な処分を要しなくなる事態が生じうることを予定しない点で、少年審判手続は保護処分決定を行うためのものであった[11]。さらに、行政機関であったこともあり、少年審判所による保護処分決定に対する不服申立ても、制度化されていなかった。

旧少年法は1923年から施行されたものの、財政的理由から、当初少年審判所が設置されたのは東京と大阪のみであり、その管轄も東京、神奈川、大阪、京都、兵庫の3府2県に限られた。保護処分が全国実施されたのは1942年のことであった。もっとも、そこには「少年保護」を名目として若年者を労働力や兵力として活用し、少年司法制度に戦争遂行の下支えを積極的に行わせるという国家政策も反映している。このことは、旧少年法下の実務が「愛護」の精神を理念としながらも、法の目的に関して明文規定をもたず、実質的にも個の尊重という価値の支えがなかったという事情とも関係していると考えられる。このように考えるとき、戦時体制下の「少年保護」思想を単に「変質」とだけみてよいかどうか、疑問が残る。この点は、少年法の理念や目的を考える際にも、前提的な歴史認識として、問われてくることになる(⇒**93～97**)。

3　現行少年法(1948年法)はどのような特徴をもっているか

37　1948年法の内容　旧少年法と対比した場合、現行少年法は次の点に特徴をもつ(表1)。①審判機関が司法機関となり、**家庭裁判所**が審判と処分決定を行うようになり、②少年法適用対象者の年齢の上限が20歳まで引き上げられた。また、③家庭裁判所に属する人間行動科学の専門家として調査官(法制定時は少年保護司)制度が設けられるとともに、法務省管轄の少年鑑別所(法制定時は少年観護所と少年鑑別所)が設置された。④不処分決定が

(11)　もっとも、こうした法制度がとられたために実際上困難が生じることが指摘されており、実務における工夫として審判不開始や不処分と同視できる運用もあった。

制度化されるとともに、家庭裁判所が言い渡すことができる保護処分が、㋐保護観察、㋑児童自立支援施設（法制定時は教護院）・児童養護施設送致、㋒少年院送致の３つに限定された（少24条）。これらの保護処分は併課できず、また司法機関による決定である以上、事後的な取消しと変更は原則的にできないようにされた。また、これらの保護処分に対しては抗告による不服の申立てが可能になった（少32条）。さらに、⑤死刑や無期刑を科しえない年齢も行為時18歳未満に引き上げられ、少年に刑事処分を科す場合の特別な扱いが強化された。現行法は、⑥**家庭裁判所先議主義**も採用し、20歳未満の少年の事件を家庭裁判所の専属的管轄としたことで、刑事裁判所に少年事件を係属させる場合でも、まずもって家庭裁判所の判断を経なければならない仕組みをとった。少年法の目的についても、⑦「少年の健全な育成」との言葉で、明文規定が置かれた（少１条）。

38　1948年法の基本構造の相互関係　上記のような特徴をもつ1948年法は、自由権的な人権保障と福祉的措置の拡充とを同時に図ったものといえる。重要なのは、1948年法の基本構造の支柱となっている事項が相互に密接に関連しているということである。一方で、①家庭裁判所が管轄をもつことで、④司法機関が言い渡すにふさわしい内容に保護処分が限定されるとともに、不服申立て権が保障されている。同様に、法的安定性を確保する趣旨から、保護処分の変更は許されていない（**決定と執行の分離**）[12]。他方で、⑥家庭裁判所先議主義、それを担保するための全件送致主義、そしてそれらからの帰結となる**保護処分優先主義**（⇒**7**）の枠組みの中で、③新設された少年鑑別所や家庭裁判所調査官による人間行動科学の専門的知見は、処分決定に存分に反映されうるようになった。これが個の尊重を前提とするソーシャル・ケースワーク理論の裏打ちを得るとともに④不処分決定の制度化と結びつくことで、手続過程における科学的で教育的な働きかけによる積極的な要保護性の解消を法的にも承認し、不処分決定により事件処理することを可能にした。この点で現行法は、「刑罰にかえて保護（処分）」から「**刑罰にかえて不処**

---

(12)　そのため、柔軟な対応の確保は中間決定として行う必要が生じ、試験観察制度（少25条）が採用された（⇒**415**）。

分」の考えにまで歩を進めたといえる(13)。

39　1948年法への批判　1948年法の制定は、一方では、戦後改革の一環として日本国憲法秩序に少年法制を適合させることを目的としていた。家庭裁判所の創設も、保護処分が身体の自由にかかわっていることと関係している。「少年の健全な育成」という法目的の設定も新憲法の精神を反映したものであった(14)。その反面、明るい雰囲気の新しい裁判所をつくることが強調されてもいる(15)。他方で、制定時の説明によれば、それは特に年長少年による犯罪の増加への対処を目的としていた。少年非行の増加と「質の悪化」は戦後の混乱と不十分な教育によるものと考えられた。この1948年法の制定にあたりGHQが強力なイニシアティヴを発揮したことは、確かである。しかし、少年法適用年齢の20歳までの引き上げや家庭裁判所先議主義の採用など、旧少年法下で実際に審判に携わった裁判実務家により要望されていた事項が1948年法で立法に結実したものも少なくない。

しかし、現行少年法は、施行直後から2つの異なる懐古主義に直面する。1つは、決定と執行が分離されたことや審判官の資格が裁判官に限定されたことにかかわる。これは現行法では保護の一体性・継続性が失われたという評価につながった。もう1つは、検察官先議主義が捨てられ、少年審判への検察官の立会いもない制度がとられたことに関係する。これは治安維持の要求となって表れ、1948年法施行直後から繰り広げられた、検察による家庭裁判所先議主義と全件送致主義への批判や、「失地回復」の動きへとつながっていった。

4　少年法改正構想と改正要綱はどのような特徴をもっているか

40　少年法改正構想と改正要綱の背景　1948年法は、旧法下では制度の対象とされなかった18歳以上20歳未満の年長少年に対して施行2年後から少年法を適用することを予定した。そのため、立法時の説明とは裏腹に、少年

---

(13)　守屋・非行と教育171頁。
(14)　森田宗一『砕けたる心 下』（信山社、1991年）130頁。
(15)　宇田川潤四郎『家裁の窓から』（法律文化社、1969年）121頁以下は、家庭裁判所の性格を独立性・民主性・科学性・教育性・社会性という語を使って説明している。

【表１】旧少年法と1948年法の対比

	旧少年法	1948年法
法の目的	規定なし（「愛護」）	「少年の健全な育成」
少年年齢	18歳未満（旧少1条）	20歳未満（少3条）
事件送致	検察官先議 刑事処分（刑罰）優先	家庭裁判所先議 保護処分優先
	不起訴処分がなされる場合で、保護処分が相当である場合に限り、検察官が少年審判所に事件を送致（旧少27条、62条）	全件送致主義（少41条、42条）
少年事件の管轄	少年審判所	家庭裁判所
調査	少年保護司（専任）	家庭裁判所調査官 少年鑑別所
保護処分	９種類	３種類
	①訓誡 ②学校長による訓誡 ③書面による誓約 ④保護者への引渡し ⑤保護団体等への委託 ⑥少年保護司の観察 ⑦感化院送致 ⑧矯正院送致 ⑨病院送致・委託	①保護観察 ②教護院・養護施設送致（後に、「児童自立支援施設・児童養護施設」に名称変更） ③少年院送致
抗告権の保障	なし	少年側に保障（少32条）
保護処分の取消し・変更	原則自由（旧少5条）	原則認めず →保護処分の取消し（少27条、27条の２）
		試験観察（少25条） 児童福祉機関に対する保護措置の指示（少18条） 保護観察所長に対する報告・意見提出請求（少24条２項） 少年院長による収容継続決定申請（少院11条） 保護観察所長による保護観察中の少年に関する通告（犯罪者予防更生法42条→更生68条）
死刑・無期刑を科しえない年齢	16歳未満（旧少7条）	18歳未満（少51条）

司法制度による対応可能性を不安視する声が、治安維持の観点からあげられた。こうした声はいったん立ち消えになったものの、年長少年による凶悪犯罪、特に性犯罪の警察統計上の増加を背景として、1966年の法務省による**少年法改正に関する構想**（**改正構想**）と1970年の**少年法改正要綱**（**改正要綱**）として再び姿を現した。

41　少年法改正構想　「青少年法」構想と「別案」を用意した改正構想は、「**青年層**」を新たに設置し、それとの関連で手続と処分のあり方を再構成しようとするものであった。

「青少年法」構想の骨子は、①18歳未満を「少年」、18歳以上23歳未満程度を「青年」と定義し、青年の手続は原則として刑事訴訟手続によるものとすることにあった。②検察官が保護処分相当と認めるときは家庭裁判所に保護処分の請求を行い、青年の審判には検察官が出席して意見を述べるとともに処分決定に対して抗告権をもつものとされた。さらに③保護処分を多様化させ、その併課を認めるとともに、④家庭裁判所調査官制度や少年鑑別所制度を再編した独立の総合調査機関の設置が構想された。「別案」は、検察官が青年を不起訴処分にした場合に家庭裁判所に保護処分を請求できるようにする点に違いをもっていたが、これは青年について旧少年法と同様の構造をとろうとするものであった。

42　少年法改正要綱　改正構想が1948年法施行からすでに15年余りの運用実績をもっていた裁判所からも強い批判を浴びた後、適正手続論を大義名分として装いを新たに登場したのが、改正要綱である。

改正要綱の柱は、①「青年」を18歳以上20歳未満の者と定義し直し、青年の手続は原則として刑事訴訟手続によるとした上で、②少年と青年の刑事事件の管轄を家庭裁判所がもち、家庭裁判所は一定の重罪を除いて、刑の言渡しに代えて保護処分を選択できるようにしたことにあった。③検察官も関与する少年審判における供述拒否権・附添人選任権告知規定の創設、国選附添人制度採用などの**適正手続保障**のほか、④保護処分の多様化や取消し・変更制度の採用も謳われた。また、⑤全件送致主義を変更し、捜査機関による不送致、不起訴処分が認められるべきものとされた（**司法前処理構想**）。⑥改正構想でみられた独立総合調査機構構想は盛り込まれず、刑事事件における**判**

決前調査制度が構想された[16]。

改正要綱の背景には、改正構想の後に、アメリカにおいて適正手続保障に関する連邦最高裁判所判決が出され、大統領特設諮問委員会報告書「自由社会における犯罪の挑戦」で提言された**4D主義**[17]の政策が展開されていたことがある。しかし、こうしたアメリカの動向が巧みに説明に用いられはしたものの、改正要綱もまた、治安維持の観点から全件送致主義や家庭裁判所先議主義を切り崩し、少年事件処理における検察官の影響力強化を企図するものであった。そこでは、例えば、適正手続保障が「少年保護」理念の否定を意味し、「手続の厳正化」を前提にすると理解された上で、検察官の審判関与との抱き合わせが図られた。また、非行少年の処遇にかかわるのは家庭裁判所だけでなくてもよいとの考えを軸として、ダイバージョンが捜査機関による処遇を伴う「司法前処理」といい換えられた。

43 中間答申　この流れの中で法制審議会少年法部会が1970年７月から開かれたものの、青年層に関する賛否の対立が激しかったため、改正要綱への賛否を措き中間的に意見を取りまとめることになった。最高裁判所の基本方針賛成への転換を経て、少年法部会の中間報告を受けた法制審議会総会は、1977年６月に法務大臣あてに**中間答申**を行った。その柱は、①少年の権利保障の強化および一定の限度内における検察官関与の両面から現行少年審判手続の改善を図ること、②18歳以上の年長少年については、少年審判の手続上18歳未満の中間・年少少年の事件とはある程度異なる特別の扱いをすること、③一定の限度内で捜査機関による不送致を認めることとすること、④保護処分の多様化および弾力化を図るものとすること、にあった。

44 実務による少年法改正　弁護士会や家庭裁判所の現場にも少年法改正への反対が強く、またその間に年長少年の検挙人員が減少したこともあり、その後2000年の第一次改正まで表立った法改正の動きはなかった。しかし、

⒃　この時期までの動きは、宮澤浩一編『少年法改正』（慶応通信、1972年）、澤登俊雄『犯罪者処遇制度論（上）』（大成出版社、1975年）117頁以下を特に参照。

⒄　４Ｄ主義とは、due-process（適正手続保障）、decriminalization（非犯罪化）、diversion（ダイバージョン）、deinstitutionalization（非施設化）の頭文字をとった自由権的権利保障を基調とする政策のことをいう。

中間答申のうち、③④は実務運用で実現されている。③は一定程度非行結果が軽微な事件については書面のみを送致・審査し、審判不開始決定を行うという簡易送致（⇒**237**）の範囲拡大で実現されている。④は法務省の通達により保護観察や少年院の処遇区分の細分化が行われたことで現実化している（⇒**428**、**449**、**453**）。①についても、確かに非行事実の告知や弁解の聴取、黙秘権の告知などは家庭裁判所の実務運用や裁判例で認められてはいる。しかし、それが、少年の権利保障の脈絡の上にだけあるものなのかには疑問がある。中間答申の後の家庭裁判所実務では、少年法改正論議期に「司法機関」としてのあり方を検察＝法務当局から厳しく問われたことを受けて、少年が抱える個別的な問題ではなく、外形的な非行事実を基準とする「**同質事件の同質処理**」が重視された。家庭裁判所調査官の統制をも伴った非行結果重視と審判結果の統監は、個別処遇を後退させ、少年に対する適正手続保障の地盤を掘り崩しているとみることもできる[18]。この時期から、在野法曹である弁護士による付添人活動が活発になったものの、法運用（や法改正）の基調はむしろ個別処遇原則（⇒**7**）と適正手続保障から離反する方向性をとっているとみることができる。

5　生育歴からみた場合、少年法にはどのような課題があるか

45　統制の網の拡大と刑事司法からの分離　少年法誕生の前史をたどれば、若年者の特別な扱いへの関心は、実体法的側面では刑事責任無能力や相対的責任能力にあり、処遇法的側面では予防拘禁から刑罰の補充へと変遷していた。ここまでは、若年者の特別な扱いが**統制の網の拡大**（**ネット・ワイドニング**）となって表れていたともいえる。感化法による不良行為者への対処やその影響を強く受けた監獄改良による分離処遇を経て旧少年法に至ると、検察官による事件の振り分けに依存する枠組みにとどまりながらも、この歩みは刑罰に代わって保護処分を課す制度にまで進むことになる。1948年法は、

⒅　こうした現象は、「**家裁の変質**」という言葉でいい表わされることもある。これについては、全司法労働組合編『家裁少年審判部』（大月書店、1984年）、寺尾絢彦『家裁調査官が見た少年法50年』（現代人文社、2003年）を参照。当時の司法行政のあり方について、守屋克彦編『日本国憲法と裁判官』（日本評論社、2010年）を特に参照。

【図3】刑事司法制度からの分離

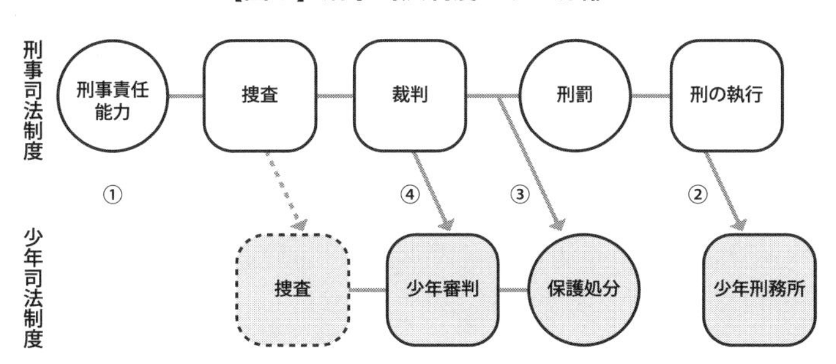

家庭裁判所先議主義と全件送致主義をとることで少年審判手続を刑事訴訟手続への従属から解き放つ段階にまで至っている。ここでは同時に、科学的な鑑別や社会調査、そして不処分決定が制度化されることで、教育（ソーシャル・ケースワーク）機能（⇒**9**、**101**）が発揮される条件が整えられている。現行法は、「刑罰にかえて不処分」の段階にまで至ったとの評価が可能である。

では、何が刑事司法から少年司法を離脱させてきたのか。その磁場は、刑罰の弊害と個別的な教育的・福祉的対応の有効性の認識にあったといえる。日本の場合、近代化の過程で国家が中央集権的に法制度整備を牽引した側面は否定できないものの、感化院設置運動にみられるように、社会国家思想の高まりを背景にして、時にはそれと対抗する形で民間篤志家が大きな役割を果たした事実も重要であろう。

46 課題　他方で、現行の制度にも課題が残されている。まず、責任能力、処遇の分離や特別な施設の設置、保護処分、少年審判手続と続いてきた刑事司法制度からの分離の積み上げという少年保護の歩みは、まだ特別な審判を行う段階までで止まっており、捜査段階の分離がなお歴史的な課題として残されている[19]（図3）。

自由権的権利保障と福祉的措置（ソーシャル・ケースワーク）との同時拡充

(19)　このような少年法の歴史の見方については、斉藤豊治「日本における少年司法の形成とサイクル」甲法50巻4号（2010年）291頁以下を特に参照。

という現行法の特徴が、その後果たして維持・発展されてきたのかについても検討が必要である。「少年の健全育成」という法目的をもつ現行法は、伝統的には①治安維持・社会防衛と②適正手続保障との、近時に至っては③非行事実認定、④被害者問題、そして⑤応報との関係を問われてきた。2000年代の一連の改正は主には①③④⑤の観点からのものであった（⇒**13～26**）。「適正手続保障」の一部は実務運用や裁判例で認められ、2000年の第一次改正や少年審判規則改正で明文規定化されたとはいえ、国選付添人制度の整備（⇒**654～656**）など、中間答申を基準に考えても②は十分なものではない。非行結果などの外形的な事実への着目や単なる刑事司法制度への再接近ではなく、少年司法の独自性を担保する形で、ソーシャル・ケースワークと同時に適正手続保障をいかに拡充させていくか、この点でも、残されている課題は大きい。

第4講　国際人権法と少年法

●本講で考えること

前講までに、少年法の骨格（第1講）とその現在の姿（第2講）、そして少年法の生育歴からみた現在の課題（第3講）を確認しました。しかし、若年者の逸脱行為への対応は、国内法規範によってのみ規律されるわけではありません。国際人権法が飛躍的な発展を遂げている現在、少年非行への対応や少年司法のあり方を考える際にも、これを無視するわけにはいきません。言葉を換えれば、今日少年非行への対応を考える際に国内法規範のみを参照していたのでは、不十分です。

それでは、子どもの人権や少年司法運営に関係する国際人権法規範には、どのようなものがあるでしょうか。また、それらはどのような内容をもっており、日本の少年司法制度やその運営にどのような課題を突きつけているのでしょうか。

本講では、国際人権法に目を向け、国際条約や国際準則が少年の逸脱行為への対応をどのように求めているのか、確認してみることにします。

● Keywords
子どもの権利条約、権利基盤型アプローチ、北京ルールズ、ハバナルールズ、リヤドガイドラインズ

1　国際人権法はなぜ重要なのか

[1] 少年司法に関係する国際人権法規範にはどのようなものがあるか

47　国際協調主義と国際人権法規範　　日本国憲法は、基本的人権の尊重を原則にするとともに国際協調主義をとる（憲98条、前文）。そのため、「非行」や「犯罪」現象への対応のあり方を考える際にも、国際人権法規範が重要な意味をもつ。特に第二次世界大戦後、人権保障に関係する国際条約や、これと密接にかかわる国連で採択された準則は、めざましい発展を遂げている。例えば、市民的及び政治的権利に関する国際規約（「自由権規約」、「B規

約」と称されることもある。1966年に国連総会で採択）や拷問等禁止条約（1975年採択）、さらに、日本は批准していないものの、自由権規約の第2選択議定書（死刑廃止議定書。1989年採択）の名前は、読者も耳にしたことがあるに違いない。

48　子どもの人権・少年司法運営に関係する国際人権法規範　こうした国際人権法の発展は、子どもの領域にも及んでいる。その中心にあるのは、1989年11月に国連総会で採択され、日本も1994年に批准している**子どもの権利条約**[(1)]である。これを土台として、子どもの逸脱行為への対応や少年司法のあり方に関するルールを定める国連規則として、①少年司法の運営に関する国連最低基準規則（**北京ルールズ**。1985年に国連総会で採択）、②少年非行の防止に関する国連ガイドライン（**リヤドガイドラインズ**。1990年採択）、③自由を奪われた少年の保護に関する国連規則（**ハバナルールズ**。1994年採択）がある。この3つの国連規則は、条約とは異なり署名や批准の手続はないものの、国連総会で採択されている。あらゆる生活領域をカバーし、包括的な権利章典の性格をもつ子どもの権利条約を機軸として、3つの国連規則が役割分担をしながら「三位一体」となって、少年の逸脱行為への対応と少年司法のあり方を包括的に描く構造がとられていることになる[(2)]。

これらを土台として、近年、例えば、欧州評議会レベルでは、制裁または措置を受ける少年の法違反者のための規則（グライフスヴァルトルールズ）（2008年）や子どもにやさしい司法（child-friendly justice）に関するガイドライン（2010年）が作成されている。これらは、日本に対して効力をもつもの

---

(1)　政府訳は「児童の権利に関する条約」である。なお、日本政府は批准にあたり37条（c）に留保を、9条1項・10条1項に解釈宣言を付している。37条（c）に関する留保は、「日本国においては、自由を奪われた者に関しては、国内法上原則として20歳未満の者と20歳以上の者とを分離することとされていることにかんがみ」てのことであり、これが子どもの権利条約の規定趣旨および目的と合致すること自体は日本政府も確認している。この条約の締約国・地域は、2015年にソマリアが批准したことで現在195となっている。アメリカは、署名は行っているものの批准していない。南スーダンは署名も批准もしていない。なお、子どもの権利条約は18歳未満の者を「子ども」と定義している（1条）（⇒**137**）。

(2)　斉藤豊治「少年司法と国際条約」犯非90号（1991年）98頁、同「『少年非行の防止に関する国連ガイドライン（リヤド・ガイドライン）』および『自由を奪われた少年の保護に関する国連規則』の特徴と意義」少年司法と国際準則153頁、山口・国際人権9頁を参照。

ではないものの、これまでの国際条約・準則の延長線上にあるため、その規範内容の理解にあたっても重要な役割を果たしうる。

[2] 国際人権法規範は法的な拘束力をもつか

49 国際条約の法的拘束力　国際人権法規範は、国際協調主義の観点からのみならず、法的拘束力の点でも重要性をもつ。

批准の手続を経た国際条約は、法律の上位に立つ国内法規範としての効力をもつ（憲98条２項)。国際人権条約が、具体的な裁判の場で適用される法規範（裁判規範）として、国内法規範を通して適用されうること（間接適用）に問題はない。条約それ自体を直接に適用できるかどうか（条約の直接適用可能性・自動執行性）には議論があるものの、①条約の規定や起草過程などからみて、直接適用性を否定しているとは考えられないこと、②条約の規定が、特定事案の事実関係において、当事者の権利義務関係を明確に定めているとみなされること、③その規定を適用することに憲法などの法令上の障碍がないこと、という条件が満たされる場合には一般的にこれが肯定される。例えば、徳島地判平８・３・15判時1597号115頁は、刑事施設における被収容者の接見交通権の保障に関して、自由権規約の直接適用可能性を肯定している。

適用する条項により議論の余地は残るものの、子どもの権利条約にも直接適用性が認められる。名古屋高判平12・６・29民集57巻３号265頁／判時1736号35頁／判タ1060号197頁［木曽川長良川事件］は、推知報道の禁止（少61条）に関係して、自由権規約と子どもの権利条約、北京ルールズを参照している（⇒**621**)。

50 国際準則の法的拘束力　署名や批准の手続がない国際準則は、それ自体としては国内法としての効力をもたない。しかし、国際準則は、実質的には条約の規定と密接に関連し、その規範内容を敷衍、具体化したものが多い。そのため、国際準則に規定された措置への違反は、実質的にみて国際条約違反となりうる。

後述するように、北京ルールズ、リヤドガイドラインズ、ハバナルールズといった国連規則は、子どもの権利条約の内容を具体化しており、条約実施の審査にあたっても重視されている。最判平24・2・20集刑307号155頁［光市事件第二次上告審判決］の宮川光治反対意見も、行為時少年年齢にあった者に対する死刑適用の可否に関して北京ルールズに論及し、法的拘束力はないものの「我が国は、指導理念としてこれを尊重し、実現に向けて努力すべき」ことを確認している。

51　人権保障のガラパゴス現象　もっとも、日本の裁判所はこれまで国際人権法規範の参照や適用にかなり消極的であったといわざるをえない。「国際社会において、名誉ある地位を占め」る（憲法前文）ためにも、普遍的に求められるはずの人権保障を弱める方向での「ガラパゴス現象」は解消されなければならない。

[3] 国際人権法規範に実効性をもたせるための国際的実施措置にはどのようなものがあるか

52　総括所見制度と一般的意見制度　国際人権法規範を画餅とさせないためには、その実効性を担保するための手段が必要になる。そこで、国内法としての効力とならんで重要になるのが、子どもの権利条約が採用している定期的な**政府報告審査制度**である(3)。総括所見と一般的意見がこれを実質化している。

総括所見は、締約国の報告に対する審査結果に基づいて、**国連子どもの権利委員会**（**CRC**）により示される。締約国は、条約発効から2年以内に18人の専門家で構成されるCRCに対して実施状況を報告しなければならない。その審査結果に基づいた総括所見で指摘された問題を締約国は、条約実施上の当面の優先課題としなければならず、それを踏まえた条約の実施状況を再びCRCに報告することになる。第1回審査後は、この報告と審査が5年ごとに繰り返される。

一般的意見とは、条約実施の促進や締約国による報告義務履行の援助などを目的として、CRCが締約国の報告審査などに基づいて採択した正式の文

---

(3)　なお、子どもの権利条約は、他の人権条約と異なり、政府報告審査以外に条約の履行を担保する制度をもたなかった。しかし、2011年12月に、国連総会は、個人通報制度などを定める第3議定書を採択した。

書である。一般的意見は、条約実施機関の有権的な解釈指針として位置づけられる。

少年司法にかかわり深いものとして、一般的意見10号「少年司法における子どもの権利」[4]が2007年に、一般的意見14号「自己の最善の利益を第一次的に考慮される子どもの権利（第3条第1項）」が2013年に、出されている。上記の国際条約・準則の規範内容を確認する際には、この一般的意見を参照することが不可欠である。

2　子どもの権利条約と国連規則はどのような関係に立つか

[1] 子どもに対する国際的な人権保障は歴史的にどのように発展してきているか

53　2つの子どもの権利宣言　子どもの権利条約は、少年司法の領域でも、国際人権法規範の中心的な位置を占める。当然のことながら、子どもの人権を国際的に保障する仕組みは、ある日突如出現した、というわけではない。

子どもの人権に関する国際的保障の萌芽は、1924年と1959年に国連総会で採択された「子どもの権利宣言」に求めることができる。それぞれ、人類を未曾有の災禍に巻き込んだ世界大戦終結直後に出されたこの2つの権利宣言は、ともに「人類は子どもに対して最善のものを与える義務を負っている」ことを確認している。この歴史自体が示唆しているように、子どもは、女性などとともに、普遍的なものであるはずの人権保障の忘れ去られていた享受主体であったばかりでなく、生命や生存を容易に脅かされ、成長発達の途上にもあることで、独自の権利保障を必要とする存在でもある。

54　子どもの権利条約の成立　こうした権利宣言から権利条約に発展させようとする動きは、1978年にポーランドが、翌年の「国際子ども年」に向けて、子どもの権利宣言をそのまま条約に昇格させようとする提案を国連人権委員会で行ったことに端を発する。宣言と条約との形式的・実質的違いか

(4)　日本語訳は、アジア・太平洋人権情報センター編『アジア・太平洋人権レビュー2009』（現代人文社、2009年）130頁以下［平野裕二］を参照。

ら、この提案自体は退けられたものの、子どもの権利の現代的課題に応えうる条約を作成する動きは継続された。その後、1979年にポーランドが国連人権委員会に提出した新しい原案をたたき台として作業が進められ、10年間の審議を経た案が、1989年11月20日に国連総会で採択されている。日本は、1990年にこの条約に署名し、1994年に批准している。

[2] 子どもの権利条約にはどのような基本原則があるか。また、これらの基本原則はどのような権利と結びつくか

55　子どもの権利条約の基本原則　子どもの権利を国際的に保障しようとする仕組みづくりの歴史的な背景事情を考慮すれば、子どもの権利条約が、あらゆる差別を禁止し（2条）、生命・生存・発達を保障するとともに（6条）、子どもの最善の利益を保障し（3条）、子どもの意見表明権を保障すること（12条）を一般的な原則に据えていることは、ごく自然なことである。子どもの人権保障は、いわゆる発展途上国に限定して問題になるわけでは決してない。

56　幸福追求権保障と成長発達権保障　それでは、なぜこれらの原則が重要になるのであろうか。また、これらの原則相互の関係は、どのようなものであろうか。日本国憲法上の幸福追求権保障（憲13条）を軸として、人権保障における成人と少年との異同を考えてみよう。

一般的にみて、成人は、自律した人格をもち、心身が成熟している。この場合、幸福追求権は、本人の自己決定を最大限尊重することを通して最もよく実現されることになろう。それに対し、未成年者は、類型的にみて、心身がなお未成熟で、生存や発達の確保も他者に依存するところが大きい。この場合、自己の最善の利益を実現させる際にも、成長発達の過程にあることへの配慮が必要となる。もっとも、最善の利益が、成長発達に配慮する側から自足的に判断できるわけではないから、その土台として、自己に関係する問題に関して意見表明できる権利の保障が不可欠である。

このように、幸福追求権を保障するにあたり、成人の場合には自己決定の尊重を中心とするのに対し、未成年者の場合には成長発達過程にあること自体を考慮する必要が出てくる。実体と手続の関係にある**最善の利益保障**と**意**

見表明権の保障を尽くしながら成長発達過程にあることそのものの考慮を求める権利を成長発達権と呼ぶとすれば、この**成長発達権保障**は今ある人格の尊重として必須のものである。それにとどまらず、この成長発達権保障が尽くされてこそ、子どもは自己決定できる主体へと人格を発展させうるともいえる。

前述の通り、日本の裁判所は、国際人権法規範に言及すること自体が稀ではある。先に触れた名古屋高判平12・6・29は、この成長発達権の権利性を認めた、数少ない裁判例である。

57 権利基盤型アプローチ こうした子どもの権利条約の原則と精神を国内の立法や施策に反映させるための方法として、近時提唱されているものに、**権利基盤型アプローチ**（the right-based approach）というものがある。これは、「①国際人権法の目的および諸原則を充分に踏まえ、②条約締約国としての実施義務・説明責任を前提として、③条約および関連の国際人権文書の各規定の有機的関係に留意しつつ包括的視点でとらえながら、④権利の保有者を軸とした対話、参加、エンパワーメントおよびパートナーシップの精神にのっとって、⑤子どもの人権および人間としての尊厳の確保につながる変革をもたらそうとするアプローチ」(5)のことをいう。

これは「恩恵型アプローチ」と対照をなすものであり、文字通り、子どもの権利を基盤として、子ども中心で立法や施策を行うことを求めるものである。国家のみならず民間の機関も、子どもの権利条約の実践として、このアプローチをとることが求められる。

[3] 子どもの権利条約と国連規則は少年司法（運営）のどの部分とかかわっているか

58 子どもの権利条約40条と37条 子どもの権利条約は、40条と37条において、少年司法と深くかかわる条項を置いている。前者は少年司法手続を中心とする少年司法運営における権利保障と基本制度のあり方に、後者は身

---

(5) 平野裕二「子どもの権利条約実施における『権利基盤型アプローチ』の意味合いの考察」子どもの権利研究5号（2004年）78頁。

【表1】子どもの権利条約37・40条の内容

<table>
<tr><td rowspan="4">37条</td><td colspan="3">(a)</td><td>拷問の禁止、残虐・非人道的・品位を傷つける取り扱いや刑罰の禁止</td></tr>
<tr><td colspan="3">(b)</td><td>不法または恣意的な自由剥奪の禁止
逮捕・抑留・拘禁の適法性、最終手段性、最短性</td></tr>
<tr><td colspan="3">(c)</td><td>年齢を考慮した固有の尊厳の尊重
成人との分離原則、家族との接触を維持する権利</td></tr>
<tr><td colspan="3">(d)</td><td>弁護人による援助を受ける権利の保障
公正な裁判を受ける権利の保障</td></tr>
<tr><td rowspan="13">40条</td><td colspan="3">Ⅰ</td><td>尊厳および価値についての意識の促進、他者の人権および基本的人権の尊重の強化、社会復帰および社会における建設的な役割の促進</td></tr>
<tr><td rowspan="9">Ⅱ</td><td colspan="2">(a)</td><td>事後法の禁止</td></tr>
<tr><td rowspan="8">(b)</td><td>(ⅰ)</td><td>無罪の推定</td></tr>
<tr><td>(ⅱ)</td><td>被疑事実の告知を受ける権利、法的援助を受ける権利</td></tr>
<tr><td>(ⅲ)</td><td>公平な権限のある独立の機関による公正な審理を受ける権利、法的支援者または親もしくは法的保護者の審判立会権</td></tr>
<tr><td>(ⅳ)</td><td>自白強要の禁止、自己負罪拒否特権、反対尋問権、証人喚問権</td></tr>
<tr><td>(ⅴ)</td><td>再審理を受ける権利（不服申立て、上訴、再審）</td></tr>
<tr><td>(ⅵ)</td><td>無償で通訳を受ける権利</td></tr>
<tr><td>(ⅶ)</td><td>プライバシーの尊重</td></tr>
<tr><td colspan="2" style="display:none"></td></tr>
<tr><td rowspan="2">Ⅲ</td><td colspan="2">(a)</td><td>刑事未成年制度（最低年齢）</td></tr>
<tr><td colspan="2">(b)</td><td>司法外の処遇（ダイバージョン）</td></tr>
<tr><td colspan="3">Ⅳ</td><td>多様な処遇プログラムの準備</td></tr>
</table>

体拘束処分時の権利保障に関係している。

具体的にみてみれば、40条は、Ⅰ項で「尊厳および価値についての意識を促進するにふさわしい方法で取り扱われる権利」を子どもがもつことなどの基本原則を確認した上で、Ⅱ項において各論的な具体的な権利のカタログを規定している。Ⅲ項とⅣ項では、刑事司法制度として備えるべき基本的制度が提言されている。

それに対し、37条は、身体拘束の局面に焦点をあてた人権カタログを規定する。このことは、特に身体拘束処分が心身を傷つけやすいものであるがゆえに人権保障の必要性が高いことを示唆している（表1）。

59　少年司法における子どもの権利条約と国連準則の結びつき　子どもの権利条約37条と40条は、各々、ハバナルールズと北京ルールズによって敷衍

【図1】国際人権法規範の守備範囲

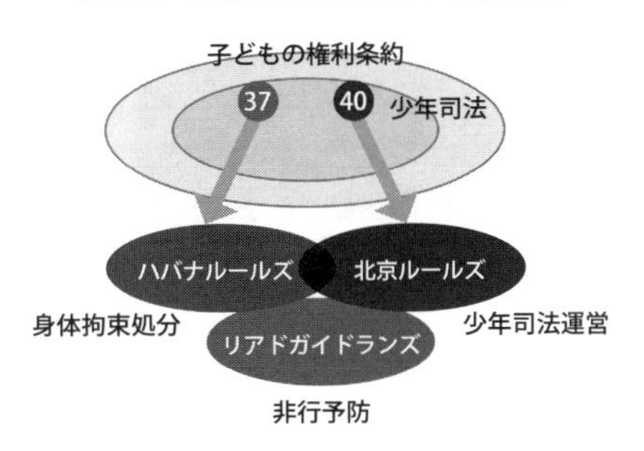

され、政策実施上の提言へと具体化されている。非行予防については、直接関係する条項を子どもの権利条約が置いているわけではないものの、基本原則を骨組みとして、リヤドガイドラインズが具体的に展開している。

これを守備範囲という観点から再整理してみれば、非行予防のあり方はリヤドガイドラインズが、少年司法手続を中心とした少年司法制度と運営は子どもの権利条約40条と北京ルールズが、そして身体拘束時の権利保障は子どもの権利条約37条とハバナルールズが、各々射程に収めていることになる（図1）。

3　国際人権法における非行・予防・少年司法像はどのようなものか。また、それらは相互にどのように関連しているか

60　国際人権法の少年非行・非行少年像　国際条約や国際準則が拠って立つ少年非行像は、一方で、少年非行は人間の成長過程において遍在する一過的・エピソード的なものである、というものである（リヤド5条（e））。しかし他方で、「**社会的に危険な状況におかれた少年**（Juvenile at social risk）」が非行に及びやすく、生存や育ちに必要な環境が保障されない無権利状態が加害と被害の原因になるという考えもみられる（リヤド2条、5条）。矛盾するかのようにみえるこれらの像は、むしろ国際条約が犯罪原因に関する統一的な一般理論からは距離を置いていることの反映であり、上記の像は、少年期における「非行」現象のスペクトラムの広さを投影している。

61　国際人権法の非行予防・少年司法像　こうした少年非行・非行少年

【図2】国際人権法における論理連関

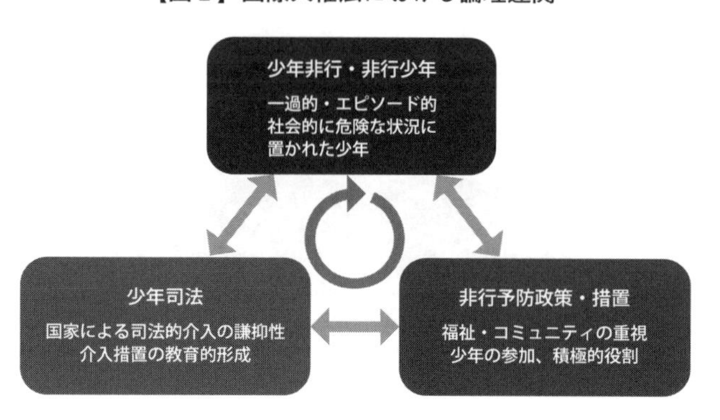

像は、「子ども中心（child-centered）」の考えや成長発達権保障を軸として、非行予防や少年司法のあり方と結びついている。

リヤドガイドラインズは、非行を効果的に防止するためには、幼児期から子どもの人格を尊重し、調和のとれた思春期の成長を確保するように社会全体が努力する必要があり（2条）、幼少期からの福祉をあらゆる非行防止プログラムの中核とすべきである（4条）との基本認識の上に立つ。そこから子どもの参加と社会における積極的な役割の遂行を視座に据えて、子どもが社会化を遂げる過程において家庭・教育・コミュニティ・マスメディアが果たすべき役割を論じている。青少年のニーズに応えることや援助・教育機会の提供、青少年の総合的な利益を追求した公正・公平な介入、すべての青少年の福祉、成長発達、権利・利益の保障、そしてラベリングの回避といったリヤドガイドラインズが求める非行予防政策・措置（5条）は、北京ルールズが描く少年司法のあり方ともつながる。

北京ルールズが求める措置は多様であるが、その基本は、少年の福祉の増進（5条、17条）、適正手続保障（7条、15条）、子どもの主体的参加（14条）、ダイバージョンの活用（11条、18条）、手続の迅速性の確保（20条）、身体拘束の最小化・最短化（13条、19条）、関係者の専門性の確保（12条、22条）にある。その基軸は、国家による司法的介入の謙抑性と、介入措置の教育的な形成にある。

62 少年非行・非行少年像、非行予防像、少年司法像の論理連関 これらの相互の論理連関は次のようなものである。少年非行は一過的・エピソード的である一方で、社会的に危険な状況に置かれた子どもは非行の危険にさらされている。したがって、非行予防は福祉的措置を核心とすべきであり、少年の成長と権利を保障するコミュニティへの参加や社会で積極的な役割を果たすための措置が必要になる。そのために、国家による司法的介入は謙抑的であるべきであり、介入するのであればそこでの措置は教育的に形成されなければならない（図２）。

4　国際人権法は少年司法運営にどのようなインパクトを与えるか

［1］国際人権法から少年法の理念と（社会的）役割はどのようにとらえられるか

63 「物の見方」へのインパクト　国際条約・準則が描くこうした少年非行・非行少年像や、非行予防政策、少年司法の姿は、個別的な措置についてはもちろん、少年司法制度の総体としてのあり方に大きなインパクトを与える。

１つは、「物の見方」である。「少年の健全な育成」という現行少年法の目的は、成長発達権保障という権利論からとらえ直されるべきことになるであろう（⇒**99**）。また、謙抑的でありながらも、司法が介入する際にはその措置を教育的に形成すべきであるという要請や、少年非行の多くは一過性・エピソード性をもつものでありながらも「社会的に危険な状況におかれた少年」による無権利状態の表れでもあるという視座は、少年司法制度の司法機能や福祉機能の内実（⇒**103〜106**）や、全件送致主義と家庭裁判所先議主義で担保されている保護処分優先主義（⇒**7**）の意味内容をとらえ直す契機を与えることになる。少年司法制度の総体としての性格も、福祉の網からこぼれ落ちた子どもに対するいわば「最後のセーフティーネット」としての性格をももつものとしてとらえ直されなければならないであろう。

［2］国連子どもの権利委員会（CRC）による総括所見は日本の少年司法制度とその運営、改革をどのように評価しているか

64 CRC 総括所見のインパクト　もう１つは、より直接的なもので、

CRCによる総括所見がもつインパクトである。日本政府はCRCによる審査を過去に3度（1998年・2004年・2010年）受けている。少年司法に直接関係する問題に絞っても、総括所見（CRC/C/15/Add. 90、CRC/C/15/Add. 231、CRC/C/JPN/CO/3）に示された懸念と勧告は、多岐に渡っているだけでなく、国際人権法との適合性など本質にかかわる指摘を含んでいる（表2）。例えば、代用監獄問題や審判前の勾留を含めた身体拘束処分のあり方、法的支援の不十分さについては懸念と勧告が繰り返されている。また、2000年代の一連の少年法改正、特に第一次・第二次改正に対しては、観護措置期間の延長や検察官送致決定の対象拡大、いわゆる「原則逆送」といった「目玉」とされた措置について個別的な批判が向けられているだけでなく、国際人権法の原則や精神との適合性のレベルから根本的な批判の眼差しが向けられている。

前講までに確認したのは、2000年代における一連の少年法改正が1948年法の原則や骨格と厳しい緊張関係に立つ一方で、捜査段階の改革や福祉的措置の拡充、そして適正手続保障に歴史的な課題を残しているということであった（⇒**27**、**46**）。CRCの総括所見中で示された懸念と勧告が示すように、同様の事柄は、国際人権法からみても問題や課題となるわけである。

【表2】CRC総括所見に示された懸念と勧告

	第1回	第2回	第3回
条約・準則との適合性 少年司法改革の評価	【懸】条約・準則による基準と実態の適合性 【勧】条約・準則の精神に従った少年司法制度の見直し	【懸】少年司法改革の多くが条約・準則の原則・精神にのっとっていない 【勧】条約・準則の全面的実施	【懸】懲罰的なアプローチが採用され、少年の権利と司法上の保障が制限（第一次改正） 【勧】国連基準との全面的一致を目的とした少年司法制度の運用の再検討
監視手続など	【懸】独立した監視手続・適切な不服申立手続が不十分 【勧】手続の創設		
捜査 代用監獄	【懸】代用監獄の実態 【勧】実態に特別の配慮		【懸】特に自白の強要と不法な捜査実務、手続的保障（弁護士にアクセス

	が払われるべき		する権利を含む）が制度化されていない
身体拘束（審判前含む）	【懸】最終手段としての拘禁と審判前の身体拘束に代わる措置が不十分 【勧】代替措置の創設	【懸】審判前の身体拘束期間が4週間から8週間へ引き上げ 【勧】身体拘束（審判前の身体拘束を含む）に代わる手段の利用の増強	【懸】少年が審判前に成人と勾留される可能性、審判前の勾留期間が4週間から8週間に延長 【勧】（審判前および審判後の）自由の剥奪が最後の手段、可能な限り短期間で適用されること、自由剥奪が中止の観点から定期的に再審査されることの確保、自由を奪われた子どもが、審判前勾留の時期も含め、成人とともに収容されず、教育にアクセスできることの確保 【勧】可能な場合には常に、保護観察、調停、地域奉仕命令、自由剥奪刑の執行停止のような、自由の剥奪に代わる措置を実施
法的支援など		【勧】法的手続全体を通した法的援助の提供	【勧】現行の法律扶助制度の拡大等により、手続のあらゆる段階で法的その他の援助を提供
刑事処分対象年齢の引き下げ 刑事裁判所への送致		【懸】刑事処分対象年齢の16歳から14歳への引き下げ 【懸】成人として裁判を受けて拘禁刑を言い渡されている少年が増加 【勧】16歳以上の少年に対する逆送の見直し	【懸】刑事処分対象年齢の引き下げにより、教育的措置の可能性が低くなり、14-16歳の多くの子どもが矯正施設への収容対象とされている 【懸】重罪を犯した16歳以上の子どもが刑事裁判所に送致される可能性、成人刑事裁判所に送致される少年の人数が顕著に増加 【勧】刑事処分が科され

			る最低年齢との関連で法律を見直し、従前の16歳に引き上げることの検討
裁判員制度			【懸】非職業裁判官制度である裁判員制度が、罪を犯した子どもを専門の少年裁判所が処遇することの障碍となっている 【勧】法に触れた子どもが常に少年司法制度で対応され、専門裁判所以外の裁判所で成人として審理されないことの確保、裁判員制度の見直しの検討
終身刑		【懸】少年が終身刑に付される可能性 【勧】少年に対する終身刑の廃止	
矯正施設における暴力			【懸】少年矯正施設における被収容者への暴力が高い水準にある
子どもの問題行動・刑事未成年と少年司法		【懸】問題行動を示す子どもが罪を犯した少年として扱われる傾向 【勧】犯罪者として取り扱われないことの確保	【勧】刑事責任年齢に達していない子どもが刑法犯として扱われ、矯正施設に送られないこと
非行予防・再統合		【勧】リハビリテーション・再統合のためのプログラムの強化	【勧】刑事司法制度との接触につながる社会的条件を解消するための家族・コミュニティの役割を支援するような防止措置、スティグマの回避措置
専門家の研修			【勧】すべての専門家が関連の国際基準に関する研修を受けることの確保

【懸】：懸念

【勧】：勧告

第５講　少年非行の性格と少年司法の役割

●本講で考えること

「ベッドに人を合わせる」のではなく、「人にベッドを合わせる」のが正しいとよくいわれます。同様の事柄は、少年非行と少年司法制度の関係にもあてはまります。少年司法制度のあるべき姿を考えるためには、少年非行がどのようなものなのか、そしてまた「非行少年」とされるのがどのような人たちなのか、事実を踏まえる必要があります。

それでは、大量観察からみて、少年非行にはどのような特徴があるのでしょうか。また、人生行路の中でみた場合、少年非行はどのような性格をもっているのでしょうか。少年司法とかかわりをもつことになった少年にはどのような特徴があるのでしょうか。さらに、事実としてみた場合に、少年司法制度はどのような役割を果たしえ、また果たすべきなのでしょうか。

本講では、少年非行の性格を把握した上で、それと照らし合わせた場合の少年司法制度の役割を考えてみることにします。

● Keywords
認知、検挙、少年犯罪の一過性・エピソード性・自然治癒性、ライフコース

1　大量観察からみた場合、少年非行にはどのような特徴があるか

[1] 非行名と年齢からみて少年非行にはどのような特徴があるか

65　少年非行の波と少年非行の軽微性　まず大量観察に基づき少年非行の性格を把握してみよう。戦後の少年非行の検挙件数をみた場合、３つないし４つの波が認められる（図１）。1950年をピークとする第１の波は、終戦直後の社会混乱や生活物品の不足を背景としており、いわば「生きるための非行」の色彩が強かったといわれる。1963年を頂点とする第２の波は、強姦をはじめとする「凶悪犯罪」の増加を特徴とする（図２）。第３の波は、1983年をピークとしており、軽微な「遊び型非行」を特徴とする。第４の波

【図1】少年検挙人員（刑法犯）

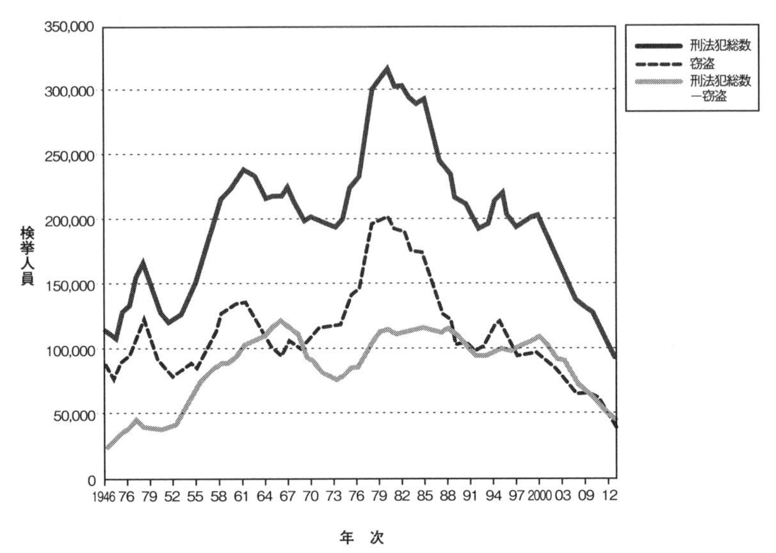

『犯罪白書』から作成

【図2】少年検挙人員（殺人・強盗・強姦・放火）

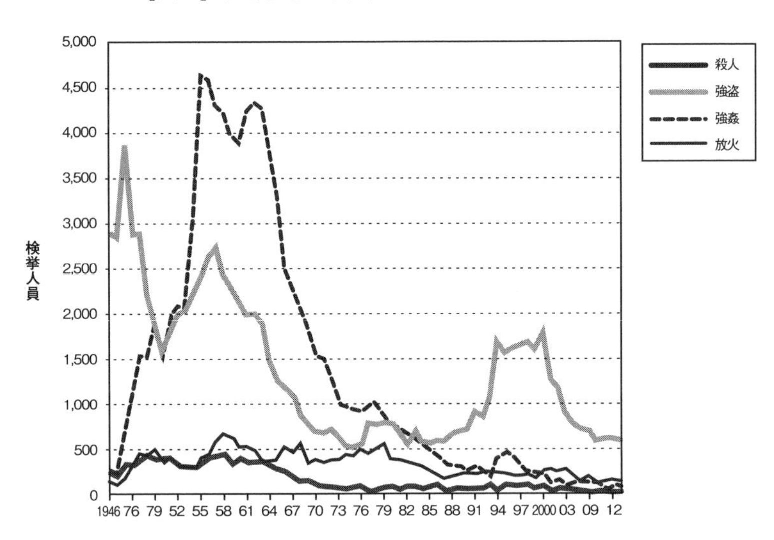

『犯罪白書』から作成

ともいわれる変動は、1998年頃を頂点としており、強盗の増加が指摘される。

しかし、刑法犯総数から窃盗による数を減算すると、検挙件数は大幅に低い値になるとともに、「波」が消え、グラフは平坦に近い形を描くようになる。このことは、検挙される少年非行の多くは窃盗などの比較的軽微な類型であり、これが統計上の検挙件数の「波」をつくっていることを意味する。反対に、警察統計上「凶悪犯罪」として定義される殺人[1]、放火、強盗、強姦は、この30年はいずれも安定して低い値にとどまっている（図2）。大量観察としてみれば、多くは、軽微な非行ということになる（**少年非行の軽微性**）。

66　年齢層別検挙・補導人員　次に、年齢層別の検挙・補導人員[2]をみてみる。行為時点を基準としてこれをみると、年少（14・15歳）・年中少年（16・17歳）が触法（14歳未満）・年長少年（18・19歳）の数を上回っている。しかし、検挙・補導人員が全体として減少する中で、触法・年長少年の数は比較的安定して推移している（図3）。このことは、一般に喧伝されるような非行の「低年齢化」ではなく、逆に相対的な「高年齢化」が起こっていること、しかしながら、年齢が上がるにつれて検挙される者の数が減る現象が安定してみられることを意味している。

年齢が上がるにつれて検挙者数が減ることは、各々の年齢層に属する者の一般刑法犯検挙・補導人員の人口比（10万人あたりの人員）を算出した「非行少年率」からも確認できる（図4）。年齢が上がるにつれて検挙者数が減っているということは、高い年齢層にある者が非行に及びにくかったり、非行に及んだとしてもそこから離脱したりすることが多いということを示唆している。つまり、非行は少年期に特有の一過的・エピソード的な現象であり、加齢とともにそこから「卒業」していくものとしてとらえられるわけである（**少年非行の一過性・エピソード性・自然治癒性**）。

---

(1)　警察統計上、殺人には、通例、死亡結果を伴わない未遂や予備も含まれる。また、教唆・幇助のほか、自殺関与・同意殺人も含まれる。

(2)　14歳未満の者は、刑事責任年齢に達していないため、その行為は「犯罪」とはならない（刑41条）。そのため、これらの者については、捜査を経た「検挙」ではなく、補導が可能になるにすぎない（⇒**175**）。

【図３】一般刑法犯の年齢層別検挙・補導人員

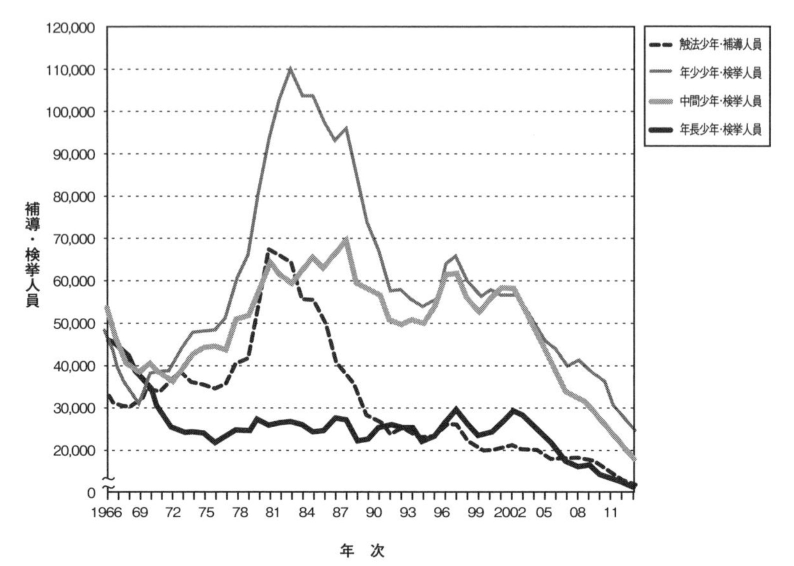

『犯罪白書』から作成

【図４】非行少年率の推移

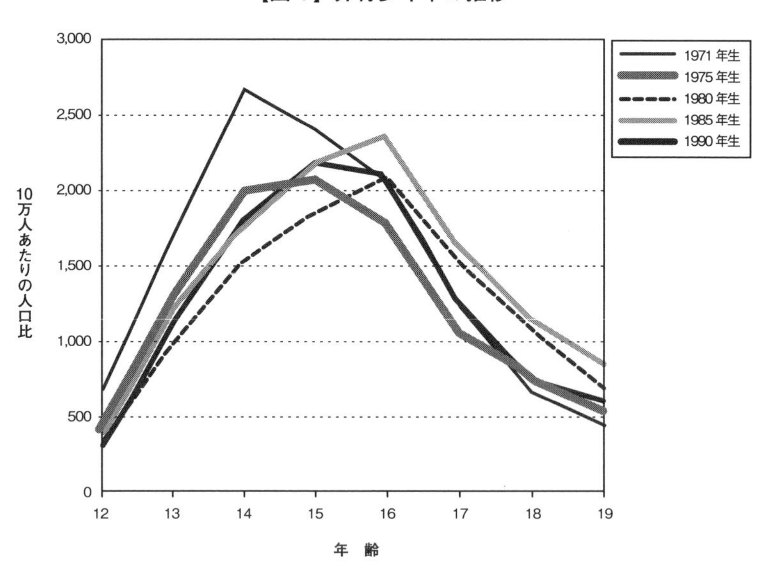

『犯罪白書』から作成

[2] 大量観察にあたってどのような事柄に注意すべきか

67 認知と検挙　しかし、特に警察統計を用いて大量観察を行う場合、注意を払うべき事項がある。それは、認知や検挙の数は、社会で起こっている逸脱行為の実数ではないということである。

「**認知件数**」とは、犯罪について、被害の届出、告訴、告発その他の端緒により、警察等の統制機関が発生を認知した事件の数をいう。また、「**検挙件数**」とは、統制機関が犯罪について被疑者を特定し、送致などに必要な捜査を遂げた事件の数をいう（「犯罪統計細目」1971年10月26日警察庁訓令16号2条を参照）。

68 認知と検挙に影響を与えるもの　犯罪発生から検挙までは、通例、被害者などによる届出→統制機関による犯罪の認知→捜査→検挙、という過程をたどる。つまり、認知は、被害者などの届出行動に、そしてまた検挙は、届出行動や認知方法、捜査活動などに影響されることになる。警察統計を解釈する際に、これらの要素を捨象することはできない。特に軽微な非行類型は届出行動や捜査活動の変化の影響を受けやすい。強盗は統計上1990年代後半に大幅に増加しているようにみえる（図2）。この背後にも犯罪統制活動の変化が窺われる[3]。それを考慮することなしに、犯罪統計上の変化を実数の変化に直結して解釈することは、慎重でなければならない。

[3] 少年事件において共犯率が高いのはなぜか。また、少年事件の理解においてどのようなことが重要か

69 共犯率の高さ　行為の態様をみてみれば、少年事件は共犯の割合が高い。司法統計年報によれば、2013年の一般保護事件終局人員39569人のうち共犯者ありの人員は19865人（50.2％）であり、年齢別の内訳は14歳未満0.4％、14歳24.2％、15歳25.6％、16歳22.6％、17歳13.5％、18歳8.4％、19歳5.2％となっている。非行名別に共犯率をみると、集団強姦95.7％、強盗致死88.9％、強盗致傷88.8％、暴力行為等処罰ニ関スル法律86.8％、詐欺74.8％、

---

(3)　浜井浩一『実証的刑事政策論』（岩波書店、2011年）14頁以下を特に参照。暗数の把握方法なども含めて犯罪統計を使用する際の留意点に関しては、同編著『犯罪統計入門［第2版］』（日本評論社、2013年）を特に参照。

住居侵入73.8%、強盗73.3%、往来妨害70.6%、恐喝70.2%、傷害致死69.2%、軽犯罪法64.4%、窃盗57.7%などとなっている。

70　少年の特性とその法的理解　共犯率の高さは、少年期の特性から理解できる。少年期は他者との交流が盛んな時期である。他者と行動を共にすることは、人格的な成長を果たすために必要なことであるともいえる。こうしたことを考えると、形式的に共犯であることを、例えば法益侵害の危険性の高まりや、「口裏合わせ」の危険性を理由とする勾留要件である罪証隠滅のおそれに直結することは、本質を外した理解を導く危険性をもつ（⇒**211**）。

また、共犯事件では、偶発的な契機から虚勢の張り合いなどが起こり、集団のダイナミズムの中で重大結果が生じることも珍しくない[4]。少年非行の評価に際しては、少年年齢にある者の行動特性を踏まえることが不可欠であるとともに、当該集団の性格や少年が果たした役割などを個別具体的に検討することが必要である。

他方、少年は、一般に被暗示性が強く、圧力や利益誘導に弱い。そのため、共犯者の自白の扱いが成人以上に深刻な問題になる。逮捕や勾留の要件を吟味するにあたっては、この特性が十分に考慮される必要がある（⇒**207**、**211〜212**）。また、少年の自白を法的に評価する際には、少年の特性に配慮した取調べの方法やそのための環境整備の有無、少年による自白が獲得された過程自体を慎重に検討する必要性がある。少年による自白の任意性や信用性の評価にあたって取調べ状況をめぐる事実の変化や自白内容の変遷への細やかな配慮が不可欠になる所以である[5]。

---

(4)　少年の非行や行動特性に対する理解の有無は、時に選択すべき処分に関する理解の差を生むことがある。例えば、名古屋地判平元・6・28判時1332号36頁／判タ711号266頁と名古屋高判平8・12・16高検速報平成8年148頁／判時1595号38頁との差には、この違いも反映しているとみることができる（⇒**615**）。

(5)　捜査機関によっても、こうした迎合性などの少年の特性が踏まえられていないことが冤罪の1つの原因と分析されている。神奈川県警察「横浜市立小学校に対する威力業務妨害被疑事件における警察捜査の問題点等の検証結果」（2012年）（刑弁73号（2013年）149頁所収）。

2 人生行路（ライフコース）の中でみた場合、非行の性格はどのようにとらえられるか

71 犯罪原因論の諸相 非行・犯罪の生起や終息のメカニズムについては、犯罪学の分野に知見の蓄積がある。

非行・犯罪の原因に関する理論やパースペクティヴ（犯罪原因論）には、様々なものがある。大まかにみるだけでも、①個人の人格的特性や資質（例えば染色体や性ホルモン、神経生理（脳波・脳障がい）の異常）に着目する見解、②環境的特性が個人に影響を与え、犯罪は学習されると考える見解（「朱に交われば赤くなる」。分化的接触理論）、③社会的な絆（心理的情緒的愛着、合理的な損得感情、打ち込み、信念）が非行を防ぐよう作用していると考える見解（ボンド理論）、④均等に開放された目標とその合法的な達成機会の不均衡な分布に目を向け、合法的な機会に恵まれない層に無規範状態（アノミー）がもたらされると考える見解（アノミー理論）、⑤下流階級の少年非行は、「経済的成功」といった目標ではなく、伝統的な文化への敵対感情から生じる副次文化の中で非行集団内での地位を向上させることが目標として設定されると考える見解（非行副次文化論）、⑥「犯罪」や「非行」はレッテル貼りによって初めてそれになるとともに、そのレッテル貼り自体が、それらの人々を犯罪や非行に陥りやすい環境に追い込むことになると考える見解（ラベリング・パースペクティヴ）、⑦人間は合理的で自由な意思に基づいて犯罪を選択しており（合理的選択理論）、ふさわしいターゲット、動機づけられた違反者、有能な監視者の不在が犯罪の要素であると考える見解（ルーティン・アクティヴィティ理論）などがある[6]。

これらのアプローチは、「犯罪なし」群との比較で「犯罪あり」群の特徴を析出する手法（**横断的分析**）をとるものといえる。

72 発達犯罪学（ライフコース論）の知見 近時、これらの議論を踏まえながらも、人生の中で犯罪経歴の継続と離脱の要因を析出するアプローチ（**縦断的分析**）をとる**発達犯罪学**（**ライフコース論**）が注目を集めている。そ

---

(6) 犯罪原因論の詳細については、例えば、J・ロバート・リリーほか、影山任佐監訳『犯罪学［第5版］』（金剛出版、2013年）など、犯罪学の概説書を参照してもらいたい。

れを代表するサンプソンとラウブの研究は次のような知見を提供している(7)。①児童期・青年期の非行は、家庭や学校によるインフォーマルな統制の良否でよく説明できるが、それには出身家庭の社会・経済的地位などの社会構造的な要因が影響を与えている。②反社会的行動は児童期から成人後まで**継続**することが多い。その機序としては、自己統制力の低さなど幼少期に形成された犯罪促進要因が継続性をもって逸脱行動につながっていることのほかに、過去の非行がその後のライフチャンスに悪影響を与え、累積的に社会的絆を弱めていることが考えられる。③過去の犯罪経歴にかかわらず、職業への愛着や結婚など、成人期における重要なできごとやそれに伴う社会的絆の形成がある場合、成人後ではあっても犯罪経歴からの**離脱**が促進される。

人間を成長や発達を遂げる存在とみて、人生という時間軸を組み入れて犯罪・非行現象をみた場合、個人的資質や環境的要因の重なりで幼少期から問題行動がみられる場合でも、犯罪経歴からの離脱は可能であり、そこでは、**社会資源**（ソーシャル・リソース）や**社会関係資本**（ソーシャル・キャピタル）との結びつきが鍵になっているわけである(8)。

73　縦断的研究からみた日本における少年非行　縦断的分析の手法をとる研究は日本でも行われており、興味深い知見を提供している。例えば、ある都道府県の1986年１～10月出生コーホートの非行記録を用いて、出生日から17年間分のデータを分析した研究(9)では、17歳未満で１度でも非行に及んだことがあるのは、男子で10人に１人、女子で24～25人に１人の割合であり、男女ともにそのうち４人に１人の割合において14歳未満で初回非行を経験し

---

(7)　原田豊「ライフコース論と犯罪対策」刑法38巻３号（1999年）101頁以下を特に参照。関連する**離脱**（desistance）や**回復**（resilience）、**リカバリー**（recovery）、**立ち直り**に関する研究については犯社34号（2009年）の特集およびシャッド・マルナ、津富宏＝河野荘子監訳『犯罪からの離脱と「人生のやりなおし」』（明石書店、2013年）を特に参照のこと。

(8)　非行の一過性・エピソード性・自然治癒性も雇用などの社会的な受け皿の存在や社会資源、社会関係資本の厚さと関係していると考えられる。これについては、浜井・前掲註3)（2011年）360頁以下、原田豊「少年非行と大人の犯罪」矢島正見編著『生活問題の社会学［新版］』（学文社、2001年）29頁を参照。この意味で、非行・犯罪現象への対応を考えるにあたっては、「**社会の『立ち直り』**」の視点が不可欠である。「社会の『立ち直り』」の視点に関しては、岡邊健編『犯罪・非行の社会学』（有斐閣、2014年）268頁［平井秀幸］を特に参照。

(9)　岡邊・少年非行35頁、61頁。

ていた。また、非行の反復として、男子では、第1回非行に及んだ少年のうち27.1%が第2回非行を、そのうちの41.9%が第3回目非行を、うち48.5%が第4回目非行、さらにそのうちの57%が第5回目非行に及んでおり、回数が増すにつれて次の非行発生の割合が高くなっていた。

こうした研究からは、少なくない数の少年が非行を経験しているものの、多くはそこから離脱すること、しかしながら、非行を繰り返すごく少数の少年がいることが示唆される。初発年齢の低さ、初回非行の凶悪粗暴さ、親の不在、問題のある養育、学校不適応が再非行リスクを高める要因としても指摘されている[10]。その背後にはやはり社会資源や社会関係資本の問題を窺うことができる。

3　非行少年はどのような社会的プロフィールをもっているか

74　教育程度と保護者の状況　それでは、非行少年として実際に少年司法制度の中に取り込まれた少年はどのような社会的プロフィールをもっているのであろうか。

司法統計年報に基づいて教育程度を大量観察してみてみると、総数では小中学在学と高校在学・中退が多いものの、例えば少年院送致決定や検察官送致を受けた者では小中学卒業や高校中退の割合が多い（表1）。これは、少年のライフチャンスの問題を反映するとともに、施設内で処遇を行う処分を選択する際に保護状況に着目している実務の発想を映し出していると解釈できる。また、矯正統計年報を用いて、少年鑑別所新収容者の保護者をみてみれば、保護者が実父母となっている数は、2013年で4893人、総数中の39.1%である（図5）。長期的にみれば、その数と割合は減少傾向にあり、代わって実母のみが保護者となっている少年の数が増えている（2013年で36.4%、4553人）。

75　被害体験　暴力などの被害体験はどうであろうか。法務総合研究所の調査[11]によれば、2000年7月17日現在、全国少年院の中間期教育課程に在

⑽　岡邊・少年非行113頁。

⑾　松田美智子ほか「児童虐待に関する研究（第2報告）」法総研報告19号（2002年）。

【表１】家庭裁判所における一般保護事件の終局人員の終局決定別教育程度 内訳（%）（2013年）

	終局人員総数	小・中学		高校			大学		その他	不詳
		在学	卒業	在学	中退	卒業	在学	中退		
総数	40377	29.3	12.0	33.9	16.2	5.6	2.4	0.1	0.5	0
検察官へ送致（刑事処分相当）	165	0	28.5	4.2	43.0	15.8	3.6	2.4	2.4	0
保護処分	14149	27.8	17.8	24.5	23.5	4.8	1.2	0.1	0.3	0
保護観察	10989	29.1	14.8	27.2	21.8	5.3	1.3	0.1	0.3	0
児童自立支援施設送致	228	99.1	0	0	0.9	0	0	0	0	0
少年院送致	2932	17.7	30.5	16.0	31.5	3.2	0.6	0.1	0.4	0
知事・児童相談所長送致	561	84.7	7.5	4.8	2.9	0	0	0	0.0	0.2
不処分	2258	1.6	35.6	18.8	38.6	4.1	0.8	0.1	0.4	0
審判不開始	43	0	58.1	7.0	30.2	2.3	0	0	2.3	0

『司法統計年報』から作成

籍する全少年の53％にあたる2354名（男子：2125名、女子：229名）のうち90％が身体的暴力（軽度・重度）や性的暴力（接触・性交）の１つでも受けた経験をもち、80％が少なくとも１つ以上の反復経験も有していた。男子の60％は、身体的暴力等の反復被害経験はあるが性的暴力の被害経験のない者であり、女子の40％は、身体的暴力と性的暴力双方の反復被害経験がある者であった。

また、2001年４月１日以降５年間の重大事犯少年408人について同じく法務総合研究所が行った調査によれば[12]、保護者が実父母である少年の比率は

【図5】少年鑑別所新入所者の保護者

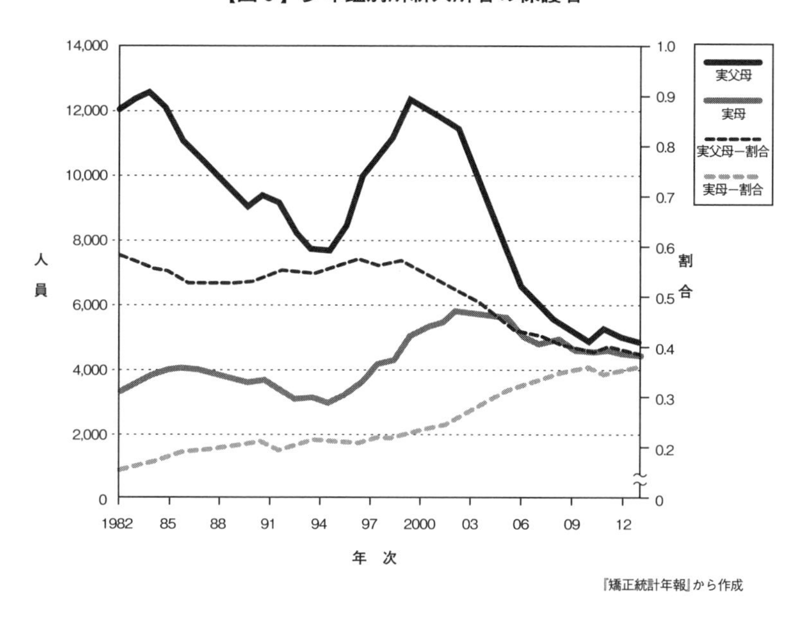

『矯正統計年報』から作成

56.6％であり、37％が両親の離婚を、40.4％が家庭内葛藤を抱えていたほか、20.3％が虐待被害の経験をもち、33.2％が経済的困窮にあった。また57.8％が不登校歴を、26.7％がいじめ被害経験を有していた。

さらに、1997年から2000年までに単独で殺人事件を起こした10人と集団で殺人事件・傷害致死事件を起こした少年10人について分析を行った家庭裁判所調査官研修所の研究[13]では、歪んだ男性性へのあこがれのほか、追い詰められた心理、現実的問題解決能力の乏しさ、自分の気持ちすら分からない感覚、自己イメージの悪さが、共通して見られる特徴として指摘されている。

例えば、一人親家庭での生育や被虐待経験が必ず非行を引き起こすわけではないことには、重ねて注意しておく必要がある。しかし、「非行少年」として少年司法制度に取り込まれた者の多くが、社会的負因や生きづらさを抱

⑿ 近藤日出夫ほか「重大事犯少年の実態と処遇（第2報告）」法総研報告35号（2007年）15-21頁。
⒀ 家庭裁判所調査官研修所『重大少年事件の実証的研究』（司法協会、2001年）。

え、社会資源・社会関係資本の蓄積やライフチャンスという点で不利な状況に立たされている存在でもあることには、十分な注意を向けておく必要がある⒁。

4 少年司法制度はどのような役割を果たしうるか。また、どのような役割を果たすべきか

[1] 少年司法制度はどのような意味で予防の効果をもちうるか

76 一般予防と特別予防 刑法学で用いられている「予防(抑止)」には、一般予防と特別予防がある。一般予防とは、行為者以外の者による犯罪の予防である。それに対し、特別予防とは、行為者本人による再犯の予防である。

こうした一般予防と特別予防は、さらに手段に着目して、各々消極的なものと積極的なものとに分けられる。消極的一般予防は威嚇によるのに対して、積極的一般予防は規範の確証を通じて、法的信頼を市民に与えることを通して、犯罪予防を図る。また、消極的特別予防は行為者を社会から隔離したり無害化したりすることを手段とするのに対して、積極的特別予防は教育や処遇による再社会化・社会的統合を図ることで再犯を防ぐものである。

しかし、特に厳しい刑や罰を手段として犯罪や非行を防ぐという一般予防の効果は、積極・消極を問わず、実証されていない⒂。消極的特別予防は、社会から物理的に隔離している期間中は、当然のこととして、この効果が認められる。しかし、社会との隔離は、進学や就職にマイナスの影響を与えることで社会資源や社会関係資本の減少やそれとの断絶を招き、結局のところ社会移行(復帰)後の再犯のリスクを高める。それに対し、処遇は、対象人数が少なく、高い量と質をもち、内面的な変化ではなく社会資源や社会関係資本の蓄積に焦点をあてるような場合であれば、再犯防止に有効であること

⒁ 窃盗など一過性の非行の大部分ですら、特定の階層出身の少年に偏って生じており、「非行の一般化」論の妥当性が小さいことを実証的に明らかにするものとして、岡邊・少年非行96頁を特に参照。

⒂ 本庄武「刑罰の積極的一般予防効果に関する心理学的検討」法と心理2巻1号(2002年)76頁以下、宮澤節生「法の抑止力」木下冨雄＝棚瀬孝雄編『法の行動科学』(福村出版、1991年)284頁以下、津富宏「厳罰化の時代に」国際関係・比較文化研究1巻1号(2002年)13頁以下を特に参照。

が明らかにされている。もっとも、施設内処遇は、社会内処遇よりも質と量が多く、対象者も少ないために集中的な処遇を可能にする反面、罰としての色彩をもてば施設収容自体が社会資源や社会関係資本との断絶を促す側面をもつことが知られている[16]。

77 厳罰化の非行抑止効果 少年非行に引きつければ、2001年4月1日以降に犯した重大事犯により、観護措置として少年鑑別所に入所し、2004年3月31日までに家庭裁判所の終局処理決定により少年鑑別所を退所した278人（男子256人、女子22人）を対象とした意識調査[17]がある。ここでは、「あなたは、被害者を死亡させた事件を起こした16歳以上の少年は、原則として大人と同様に地方裁判所で裁判を受け、刑務所に入るなどの処分を受けることを知っていましたか」との質問に対し、少年院在院者の47.5％と刑務所在所者の51％が「まったく知らなかった」と回答している。これも、やはり厳罰化改正に非行抑止効果を期待する見解の前提自体を疑わせている。

[2] 少年司法制度が果たしうる役割はどのようなものか。また、果たすべき役割はどのようなものか

78 少年非行・非行少年の実像と非行予防 本講で検討した事柄を確認しておこう。非行は、多くの少年にとって一過的・エピソード的であり、離脱可能なものである。しかし、一部の少年について、非行は、社会資源や社会関係資本に恵まれていない状況を反映しているだけでなく、非行そのものがさらに社会的な絆を弱め、将来のライフチャンスに悪影響を与える性質をもつ。また、現在の実証研究から予防効果を期待できるのは、社会資源や社会関係資本の整備を視野に入れた本人の離脱・回復・立ち直り支援という形態での特別予防である。

79 少年非行・非行少年の実像と少年司法のあり方 このことを土台にして少年司法制度の役割を考えると、どのようになるであろうか。

少年司法制度は、非行を事前予防するための道具にはなりえない。処分の

---

(16) 津富宏「犯罪者処遇は有効である」犯非110号（1996年）98頁以下を特に参照。
(17) 園部典生ほか「重大事犯少年の実態と処遇」法総研報告31号（2006年）43頁以下。

言渡し自体に一般予防効果を期待することはできないし、社会関係資本の偏りなどの社会病理を少年司法制度が根治できるわけではない。非行の事前予防の局面で必要なのは、ライフチャンスを開き、社会資源や社会関係資本を蓄積させ、少年の選択肢を拡げることができるような福祉措置である。

少年司法制度が担うことができる役割は、非行が起こった後の事後的な対応である。もっとも、少年司法制度が公正さを本質とする司法を制度基盤としており、なおかつ「少年の健全な育成」を目的としている制度である以上、すでに起こった非行に対応する局面において、社会関係資本の厚薄や偏りを個人の負担に帰するという矛盾を少なくとも拡大することは許されないであろう。特別予防効果を期待できる再非行防止策の具体的なあり方を考えても、同様のことがいえる。そうすると、補整や埋め合わせまでは無理であるとしても、現存する社会資源や社会関係資本の調整や現実的な可能性のある資源・資本の開拓は不可欠であるということになる。そのためにも、どのような構造から何を契機として少年が非行に及び、そこから離脱するために必要な社会資源や社会関係資本の厚みがどれだけのものであるのか、何をどう調整すればその厚みを増すことができるのかを客観的に把握することが必要である。少年司法が科学的な調査機構を制度として備えることは、実は、この点でも合理性をもつ。

もっとも、社会資源や社会関係資本に厚みをもたせる活動は、時間を限定した「点」ではなく「線」や「面」として行われることが望ましい。この点、家庭裁判所は調査・審判機関として各機関・関係者の調整はできても自らは中長期的なかかわりをもちえない。そのため、少年司法制度は、社会の中での継続的な支援を担える民間の担い手を、例えば付添人などの形で、制度の中に組み込むことが不可欠となる（⇒648）。

国際人権法からは、成長や発達を法的権利として承認することの重要性が示唆された（⇒55〜57、60〜64）。成長や発達に着目して、人生行路の中で非行をとらえることは、犯罪の予防や離脱・回復・立ち直りの効果を考える上でも不可欠である。成長発達や社会資源・社会関係資本の問題を度外視することは、少年自身の福祉を害するだけでなく、結局のところ再非行のリスクを高め、社会の安全を脅かすことにもつながるのである。

第６講　少年の「保護」と「健全育成」

●本講で考えること

少年法は、「少年の健全な育成を期し、非行のある少年に対して性格の矯正及び環境の調整に関する保護処分を行うとともに、少年の刑事事件について特別の措置を講ずることを目的とする」とその目的を定めています（少１条)。しかし、「健全な育成」や「保護」という言葉の中身は、それ自体として明らかなものではありません。

それでは、果たして、「健全な育成」や「保護」という言葉は、どのようなことを意味すべきものなのでしょうか。また、その性格を考える際に、どのようなことに注意すべきでしょうか。

本講では、前講までみてきた歴史・国際人権法・犯罪学の知見を踏まえながら、少年の「健全な育成」という概念の中身や「保護」のあり方を考えてみることにします。

● Keywords
広義・狭義・最狭義の少年法、国親思想、成長発達権、侵害原理（ハームプリンシプル、ミル原理）、保護原理（パターナリズム）、道徳主義（モラリズム）、最善の利益原則

1　少年司法において「保護」はどのように位置づけられるべきか

［1］諸外国における少年法制はどのような形態をとっているか

80　少年法制のバリエーション　少年を「保護」するための法制度である少年法を刑事特別法的なものとみるか、それとも福祉法の一環をなすものと理解するかは、法制度の性格や運用にかかわる本質的かつ根本的な問題である（⇒ **3 ～ 4**)。そして、生誕時の性格に着目してみれば、諸外国の少年法制は、３つの型に分類可能である[(1)]。

諸外国の制度をみると、少年司法制度の母法というべき英米型の少年司法

---

(1)　平場・新版17頁。

【図１】少年法の位置づけ

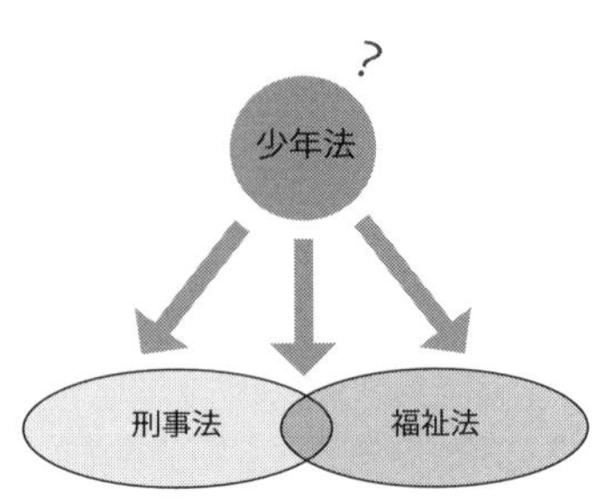

制度は、元々、要保護児童をも少年裁判所の管轄に含めるなど、福祉モデルをとってきた。それに対し、欧州の大陸型は、刑事裁判所の特別部の色合いが濃い機関が犯罪少年に対し保護処分と刑罰を選択的に科しうるなどの点で、刑事特別法的色彩を強くもって誕生している。北欧型は、行政機関である児童福祉委員会を保護処分決定機関とするなど独自の制度を発展させてきている。

81　諸モデルの共通点　　これらの少年司法制度は様々な点で違いをもつものの、過酷な刑罰を克服する人道的博愛主義や、社会の近代化・工業化・都市化に伴う矛盾の是正を試みる社会（福祉）国家思想・社会改良思想に支えられて誕生した点では共通する(2)。この点は、日本についても一定程度妥当する（⇒**33**）。

ただ、少年を「保護」、「教育」するという考えは、1970年代以降は適正手続保障、1990年代以降は厳罰化、犯罪被害者の利益保護、そして応報との関係を問われてきている。特に近時は、新自由主義の政治思潮の世界的な広がりを受けて、英米型と大陸型は刑事司法制度に軸を移すような形で接近をみせているともいえる。そしてここでもまた、同様の問題状況が日本にも妥当するといえる（⇒**46**）。

この状況で、「保護」を理論的にどのように再構成していくのかが問われているわけである（図１）。

---

(2)　大陸型に属するドイツなどと異なり、憲法に社会権条項を置いていないアメリカでは、少年司法制度に関係する問題の解決にあたり、社会国家原則が表に出にくい。しかし、少なくとも沿革としてはこれと共通する思想を根底に置いているといえる。

[2]「少年法」とはどのような制度を指す概念か

82　形式的意義と実質的意義、広義・狭義・最狭義の少年法　少年法制を刑事法制と福祉法制のどちらに引きつけて理解するかということは、いかなる実質をもつものを「少年法」と呼ぶのかという問題でもある。形式的意義での少年法とは、日本では、1948（昭23）年7月15日法律第168号の「少年法」という名称の法律のことである。しかし、これだけでは、少年司法制度の本質が何か、解答を得ることができない。そこで実質的意義の少年法とは何かが問題になる。

有益なのは、少年法の概念を広義・狭義・最狭義に分ける方法である⑶。**広義の少年法**とは、少年を対象とする総合的な法体系のことをいう。親権者による子の監護・教育の権利・義務（民820条）や親権の停止（民834条の2）・喪失（民834条、835条、837条）、義務教育制度（学校教育16条、29条、45条）などもこの意味での少年法に含まれる。**狭義の少年法**とは、少年を国家の直接の保護のもとに置く法体系である。歴史的には**国親**（**パレンス・パトリエ**［parens patriae］）の考えの下で、「親の保護の下に子どもを置く」という民法上の原則に対する例外として社会法の形態をとることで特徴づけられる。この意味での少年法は、国家的施設による監護（児福35条以下）や児童虐待防止法制を含む。それに対し、**最狭義の少年法**とは、犯罪予防の見地から国家の特別の保護のもとに置く少年をめぐる法体系のことをいう。この意義における少年法は、犯罪予防の観点を含み、この意味で刑事特別法的色彩を帯びるのが特徴である。

83　広義・狭義・最狭義の少年法と成長発達権保障　本書の中心的な検討対象は、最狭義の少年法である。しかし、ここまでの議論が示唆するように、最狭義の少年法も孤立したものではなく、児童福祉法制などと共通の土台をもっている。特に、子どもを成長発達の権利主体として承認するとともに、社会資源や社会関係資本とのかかわりから人間の成長発達を視野に入れて非行現象をとらえる場合（⇒**55～57、60～63、72～73、78～79**）、この広義・狭義・最狭義の区分は、国家が少年に対して負う成長発達権保障の義務の体

⑶　平場・新版1頁。

【図2】広義・狭義・最狭義の少年法

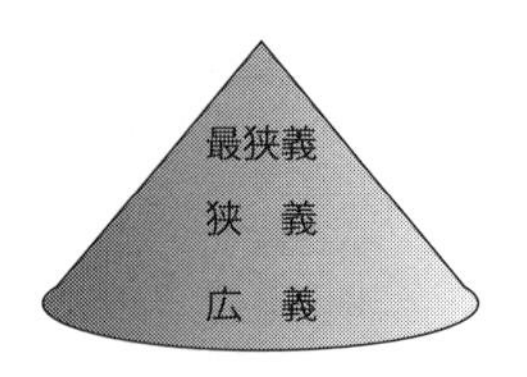

系として読み換えられうる。最狭義の少年法で保護される少年は、質量の差こそあれ、これまでの人生行路の中で、広義・狭義の少年法制により成長発達権保障が十全に行われるべきであった、にもかかわらずそうされてこなかった存在、そしてそれゆえに今現在、あるいは近い将来においてなお一層その権利保障が必要な存在である。最狭義の少年法における犯罪予防の見地が、成長発達を保障すべき国家の義務を捨象して、それのみ突如出現するわけではないことには、注意しておく必要がある。

2　「少年保護」の主体となるのは誰か。また、「少年保護」にはどのような側面があるか

84 「保護」の主体　広義の少年法概念からも示唆されるように、「少年保護」の主体は国家機関に限定されず、私人や社会的存在である団体なども含まれる。NPOによる子どもシェルターや自立援助ホームの運営、ボランティアによるピア・グループの社会移行（復帰）支援などはこの例である。少年法の歴史をみた場合、児童救済運動や感化院設置運動などの私人による活動が端緒となり公的な「少年保護」が形成されたという経緯がある（⇒33）。また、元々旧少年法下の少年審判所は「社会機関」としての役割を果たすことが起草作業にあたった者から期待されてもいた[(4)]。社会資源・社会関係資本の問題や継続的なかかわりを視野に入れる場合、国家以外の担い手による「保護」活動は、実際にも国家によるそれの補完を超えて重要な意味

⑷　泉二新熊「少年法の使命遂行」徳風8号（1934年）16頁。泉二は「この少年審判所の活動中心をもう少し社會の中心に移さなければならぬ。少年審判所といふものをもつと社會化する必要がある。やはりそれが役所といふことではなくて、もう少し社會的機關として認められる必要があります」と述べていた。

をもつ（⇒**79**）。

85　国家による狭義の少年法を用いた保護の特徴　国家による狭義の少年法を用いた保護の特徴は、強制力のある保護処分をも手段とする点にある。しかし、保護処分には児童福祉法上の施設である児童自立支援施設や児童養護施設への送致が含まれており（少24条1項2号、児福41条、44条）、狭義の少年法と児童福祉法とが密接に関連づけられている。また、現行法は、審判や保護処分に付するのが相当でない場合の審判不開始（少19条）や不処分（少23条）をも法制度として承認している[(5)]。これは、要保護性の解消手段という点で、個人や社会により行われる事実的な保護と国家による保護処分とを同一平面上でとらえることを前提としているといえる。そうすると、法的に強制力をもつ国家による保護が、どの範囲で必要になり、どのような根拠と形態であれば許容されるのかが問題になってくる。国家による保護の許容原理が重要な問題になるのは、そのためである。

86　保護の両義性　加えて、保護という行為自体がそもそも両義的なものでもある。保護とは、ある人をある人や物事から護ることである。それは同時に、ある人を取り巻く関係性の中に保護主体が入り込むことでもある。保護主体の主観とは異なり、保護される者やその者と一定の関係性をもつ者の側からみれば、保護が権利や利益の侵害を伴う介入となることもありうる。例えば、親子関係において親は子に対して親権をもつ。そのため、この関係性への介入は子を保護する行為であっても、親権との調整を必要とすることがある。特に、保護行為の主体が国家などの公的機関である場合、その正当化や許容性の根拠が必然的に問われてくるわけである。

両義的な関心は、少年法の整備過程の歴史の中でも認められる。少年司法制度の整備は、人道的博愛主義や社会（福祉）国家思想だけでなく、増加する少年犯罪を前にして都市部の貧しい危険な階層を統制しようという支配層による安全と秩序維持の関心の反映とみることもできる[(6)]（⇒**3**、**45**）。

こうした両義性に目を向ける場合、「少年保護」の理念は正しいとしても、

---

(5)　このことは、旧少年法と対比した場合の現行少年法の特徴でもある（⇒**36**）。
(6)　徳岡秀雄『少年司法政策の社会学』（東京大学出版会、1993年）97頁以下を特に参照。

その名を語りさえすればいかなる権力作用でも無条件に認められるわけではない、ということになる。殊に公的機関を主体とする保護の場合、その理念の実現とともに、その介入過程における権力作用をチェックすることが、理論上も実際上も重要な課題になる。

3　国家による「少年保護」はどのような原理に基づき許容されるのか

87　介入原理の諸相　それでは、国家による保護はどのような原理の下で許容されるのであろうか。

国家機関や公的機関による個人の自由の制約を許容(7)する原理としては、ⓐ**侵害原理**（**ハームプリンシプル、ミル原理**）、ⓑ**保護原理**（**パターナリズム**）、ⓒ**道徳主義**（**モラリズム**）が考えられる。ⓐ侵害原理は、他者の利益が侵害または危殆化されたことに介入の許容性根拠を求める。それに対し、ⓑパターナリズムは、介入される本人の利益の保護に目を向ける。本人が自らの利益を損なわないように、本人のために介入する、というわけである。ⓒ道徳主義は、これらの利益保護とは直接的には無関係に、社会全体の道徳秩序の維持という観点から、介入を認めることになる。

88　非行の他害的性格と自損的性格　個人が自由に人格を発展させることを承認している自由社会においては、不道徳であるというだけで公的機関の介入を許すべきではない。価値観が多様化した社会ではなおさら、道徳を理由とする介入には疑問がある。この点は、少年司法制度についても同じである。ⓒ道徳主義には問題がある。

それでは、ⓐ侵害原理とⓑパターナリズムのどちらの介入原理を正当と考えるべきであろうか。この問題は、非行や子どものとらえ方とかかわる。個人的法益を侵害する形態の場合、非行は他者の利益の侵害（他害）の側面をもつ。この点への着目は、ⓐ侵害原理と結びつきやすい。他方、非行の中には、薬物の自己使用のように、それ自体は他者の利益を侵害または危殆化せ

---

(7)　どのようなものであれ、国家的介入が全面的に「正当化」されうるかには疑問がある。そのため、本書では、差し当たり「許容」するための原理として問題をとらえておきたい。

ずに、自己の健康を害するにすぎないものがある。こうした類型に限らず、非行一般が、社会的なマイナスのレッテル貼りを引き起こすなどして社会資源との関係を弱くしたり社会関係資本を薄くしたりして、少年自身の将来のライフチャンスを狭める性質をもっている（⇒**72**、**73**）。これは自己利益の侵害（自損）の側面である。この側面の重視は、ⓑパターナリズムと親和する。

また、少年が十全に意思決定できる能力と状況の中で自由な意思と自己決定に基づいた合理的な判断に基づいて非行に及んでいるとみれば、ⓐ介入原理を、そうではないと考えれば、ⓑパターナリズムを、正当と考えやすいであろう。

89　制度説明としての許容原理　現行制度の説明として、完全にⓐⓑのどちらかだけによるのは難しい。現行制度は、それ自体として刑罰法令に触れるわけではないものの将来その危険性がある少年を虞犯少年（少３条１項３号）として保護の対象に含めている（⇒**6**、**132**、**151**）。これを他者への直接的な危害と理解するのは困難である。また、児童福祉法上の施設である児童自立支援施設・児童養護施設への送致が保護処分の一内容として定められている（少24条１項２号）。この処分を侵害原理で説明するのは難しい。反面、現行法は「罪質及び情状に照らして刑事処分を相当と認めるとき」に家庭裁判所が検察官に事件送致することを認めており（少20条）、少年に対する刑罰賦課の可能性を完全には排除していない（⇒**5**、**523**）。現行法は対象を限定しつつも、行為時に少年年齢にある者にも死刑適用の可能性を残している（少51条１項を参照）（⇒**612**）。こうした根源的な価値である生命まで剥奪する制度をパターナリズムで説明することには無理がある。

90　理念としての許容原理　他方、理念にかかわる基本原理としてどちらに軸足を置いて制度を理解するべきかということは、将来の立法や法運用のあり方にもかかわる重要問題である。各々の長短を突き詰めれば、ⓑパターナリズムは「被介入者のため」になることを介入主体に考えさせる理論的契機を内在する反面、介入の「行き過ぎ」に対する歯止めの論理を必ずしも内蔵してはいない。ⓐ侵害原理の場合、これが逆になる。つまり、この原理は、過去における他者の利益の侵害または危殆化に着目するため、害悪を与える行為と介入行為との均衡を導きやすく、介入に対する歯止めはかけやすいものの、「介入される者のため」になることを介入者に考えさせる理論的契機は内包していない。そうすると、ⓐ侵害原理自体からは「何のために介入するのか」という展望的な目的を導くことができないことになる。この場合、保護処分の執行段階である矯正教育まで含めて一貫した原理で説明することも、また、難しい(8)。

91 最善の利益アプローチと子どもとの対話の確保 それでは、理念として、許容原理の問題をどのように考えればよいであろうか。憲法上の権利である幸福追求権（憲法13条）を出発点に据えて考えてみよう。

成人の場合、自律的な人格に基づく自己決定を最大限尊重することが、自由社会における幸福追求権保障として最良の方法であろう。しかし、少年非行の性格や少年の成熟性を考えた場合、長期的にみて人生行路における選択肢を著しく狭めたり、人生構想を自律的に描き追求する能力自体を損ねたりするおそれがある場合に介入することは、本人自身が人格的な発展を遂げるためにも必要なことである。本人の自由制限の側面だけでなく本人の自律的な自由を補い、発展可能性を確保する促進的な側面があることに鑑みれば、ⓑパターナリズムに軸足を置いて少年司法制度を理解するのが妥当である。

しかしこの場合でもなお、介入者の側が「子どものため」になることを勝手に判断してしまい、子どもの声を必ずしも聴かなくてもよいという自足に陥るという問題が、原理の上ではなお残る。これは、侵害原理の場合も同様である。他者の利益を侵害ないしは危殆化している以上介入を許すのが、この原理であるからである。そうすると、両原理ともに、子どもとの対話を拒絶する可能性を残すことになる。厳罰化の問題の核心が子どもとの対話の拒否にあるとすれば、両原理は、実は、厳罰化に杭打つ原理を内在させない点で共通していることになる(9)。

---

(8) 新江正治「少年矯正と法的統制（一）〜（三・完）」刑政104巻7号（1993年）80頁以下、8号78頁以下、9号96頁以下、上野友靖「『少年矯正における法的統制』再論」『少年法の理念』（現代人文社、2010年）263頁以下を参照。

(9) 詳細については、大江洋「子どもの権利条約と子どもの権利」日本教育法学会年報35号（2006年）116頁以下、同「子どもの権利再考」都市問題研究58巻2号（2006年）40頁以下を参照。葛野・参加と修復347頁以下も参照。

この問題を克服するには、声を聴き届けることを含めて少年本人の権利主体性を承認し、その主観的利益と介入主体が考える少年の利益との調整を行う仕組みが必要である。直接の介入理由となる非行の背後に少年の成長発達の阻害があり、その意味で成長発達権を保障する国家の義務が必ずしも果たされてこなかった構造があるのであれば、なおさらそうである（⇒**74〜75**）。それを踏まえて、実体論としては、「被介入者自身の善き幸福な生き方についての全体的長期的構想に即して、本人の身になって内在的に判定ないし推定」するという「本人の最善の利益アプローチ」を基礎として、「被介入者の自由の制約が最も少なく、本人の全体的長期的な人生構想の促進と人格的統合の発達・維持に最も役立つ措置」[(10)]を選択することが必要である。

このように考える場合、調査制度は、本人の身になって内在的に正当化できる措置の内容を主観と客観の両面において確認するためのものとして、制度内的な有機的連関とその存在と役割の論理的な必然性をもって不可欠のものとして位置づけられる。手続論としては、本人の意見表明権（子ども条約12条１項）と主体的な手続参加の保障が不可欠なものになる（⇒**56**）。

92　許容原理論の射程　もっとも、こうした少年保護の許容原理に関する議論の射程には、注意しておく必要がある。この議論は、国家などの公的機関による介入を念頭に置いている。これらの原理に関する議論は、必ずしも私人による保護や社会的な団体の支援活動まで説明しようとするものではない。その意味で、「保護」活動のすべてを、この議論が語り尽くしているわけではないのである。

4　「健全な育成」とはどのような中身をもつ概念なのか

[1]「健全な育成」はどのような構造をとっているか

93　法目的に関する議論の重要性　許容原理論の射程の限定性を考慮し

---

(10)　田中成明『現代法理学』（有斐閣、2011年）183-184頁。パターナリズムについては中村直美『パターナリズムの研究』（成文堂、2007年）を、刑事法領域における統制原理については、澤登俊雄「犯罪非行対策とパターナリズム」同編著『現代社会とパターナリズム』（ゆみる出版、1997年）125頁以下、澤登・法的統制210頁、福田雅章『日本の社会文化構造と人権』（明石書店、2002年）56頁以下を特に参照。

た場合により一層重要になるのが、法目的の具体的な中身である。これは、少年司法制度の段階や領域を問わず、また制度への関与者の公私を問わず、共有されるべきものであるからである。

94　現行法の目的　現行少年法は、①「少年の健全な育成を期し」、②「非行のある少年に対して性格の矯正及び環境の調整に関する保護処分を行う」とともに、③「少年の刑事事件について特別の措置を講ずること」を目的とする（少1条)。②と③は①の目的を達成するための具体的な手段であると考えられる。しかし、①の「健全な育成」という言葉は抽象的であり、その意味内容は自明のものではない。

「健全な育成」の意義に関しては、ⓐ少年が将来犯罪・非行を繰り返さないようにすること、ⓑ少年が抱えている問題を解決して、平均的ないし人並みの状態に至らせること、ⓒ少年がもつ秘められた可能性を引き出し、個性味豊かな人間として成長するよう配慮すること、という積み上げがあるといわれてきた。そして、少年法における「健全な育成」はそのうちどの段階のものをいうのか、という形で、これまで議論が行われてきた(11)。

95　法目的の歴史と変遷　1922年に制定された旧少年法は目的規定を置いていなかったものの、実務上は、刑罰に対し保護処分を優先させる「愛の法律」として、「同情仁愛の精神」や「慈愛」、「愛護」が指導理念とされていた。しかし、戦中期において、この理念は、忠良な臣民として教化育成することや皇国臣民の育成に、実質的に転換された。再犯防止や刑罰に対する保護処分の優先も、この文脈の上に置かれた(12)（⇒**35～36**)。

戦後の現行法の制定過程において、「少年の健全な育成を期」するとの表現は、「犯罪性のある少年に対し、仁愛の精神に基づき」、「これを健全な社会人に育成する」（少年法改正草案［1947年1月7日]）、「少年の将来性と心身の特質に鑑み民主国家の権威と責任において、基本的人権を尊重しつつ而も強力に、少年の性格の矯正及び環境の調整を図る」（少年法第三改正草案

---

(11)　荒木伸怡「少年法執行機関による働きかけとその限界についての一考察」『青少年』（ジュリ増刊総合特集26号、1982年）290頁、澤登・入門38-39頁、澤登・法的統制210頁を参照。

(12)　守屋・非行と教育132頁以下、森山武市郎「少年保護制度の運用に關する諸問題」『少年保護論集』（司法保護研究所、1944年）57頁以下を特に参照。

［1948年1月20日］）との言い回しを経て出現している[13]。この「健全な育成」という法目的の設定は、新憲法の精神を反映している（⇒**39**）。同時代に制定された狭義ないしは広義の少年法（⇒**82〜83**）を形成する諸法との関係をも踏まえてみれば、この法目的は、個の尊厳や少年の主体性の尊重を打ち出したものといえる。教育基本法（1947年3月31日法律25号）は、教育は「個人の価値をたっとび（…）自主的精神に充ちた心身ともに健康な国民の育成を期して行われなければならない」（旧学校教育法1条）ことを規定していた。また、児童憲章（1951年5月5日）は「児童は、人として尊ばれる」ことや「児童は、社会の一員として重んぜられる」こと、「個性と能力に応じて教育され、社会の一員としての責任を自主的に果たすように、みちびかれる」ことを謳っている。現行少年法の「健全な育成」という目的にも、これらと同様の精神が流れていると理解するのが素直である。

96　少年法における「健全育成」の内容　もっとも、その上でも最狭義の少年法における「健全な育成」が狭義ないし広義のそれと全く同じレベルにあるものなのかどうかということには、なお検討の余地がある。というのも、一方で、最狭義の少年法による「健全な育成」を家庭や学校教育によるそれと同じであると考えれば、犯罪予防目的から内心への立ち入りを認めるなど、却って国家による過介入を招く危険性があるからである。忠良な臣民としての教化の推進という戦中期の経験は、その危険性を物語っている。他方で、単に将来の犯罪・非行防止というところに「健全な育成」の意味がとどまることになれば、その効果の有無や高低のみに焦点があてられることになり、少年司法制度が刑事司法制度と径庭のないものになりかねない。

それでは、この問題をどのように考えればよいであろうか。まず、性格の矯正だけでなく環境の調整をも視野に入れて「少年の健全育成」を達成しようとしている少年法の構造（少1条）に鑑みれば、この目的は少年本人だけでなく、社会資源や社会関係資本への働きかけ、そして「社会の『立ち直り』」（⇒**72**）をも視野に収めるものでなければならない[14]。また、少年の個

---

(13)　この表現が初めて現れた少年裁判所法第一次案（1948年4月5日）では、調査機構の整備が行われるとともに、「なごやかなふん囲気において、懇切を旨として」審判を行う旨の規定も現れている。

の尊厳と主体性の承認を前提とし、個性と能力に応じて社会の一員として重んじ、責任を自主的に果たすよう導き、同様の事柄が被害者などにも妥当することを理解させることは、憲法的価値秩序からみても許容されうる⒂。この意味で、ⓑ「少年の健全育成」とは、少年が抱えている問題を解決して平均的ないし人並みの状態に至らせることをいうと理解する見解が、基本的に妥当であると考えられる。

もっとも、ⓐ少年が将来犯罪・非行を繰り返さないようにすること、ⓑ少年が抱えている問題を解決して、平均的ないし人並みの状態に至らせること、ⓒ少年がもつ秘められた可能性を引き出し、個性味豊かな人間として成長するよう配慮すること、というⓐⓑⓒの関係は、本当にⓐ→ⓑ→ⓒの積み上げという形態のみをとり、ⓑ→ⓐやⓒ→ⓐという形はないのか、改めて問い返してみる価値がある。というのも、近時の実証研究の成果に鑑みれば、本人の幸福追求の支援なしに犯罪からの離脱や回復が可能なのか疑問があるからである（⇒**72**）。仮に「健全育成」の意義をⓐの意味に限定する場合でも、そのための手段が必然的に問題になるために、結局同じ問題に直面することになる。

97 「健全育成」の実現方法　非行の防止手段は、憲法的価値と経験科学上の実証的なエビデンス、双方の縛りを受けると考えるべきであろう。先にみたような、少年の個の尊厳と主体性の承認を前提とする働きかけは、法的価値からも許容される。他方、エビデンス・ベイスト・ポリシーの考え（⇒**30**）からは、経験科学の上で確認された事実の裏づけがある手段が選択されなければならない。そして、現在の実証的な知見を基盤とすれば、最も期待できる（再）非行防止手段は、少年の主体性の承認を前提とした、社会資源や社会関係資本の調整を行うような形態の働きかけである（⇒**72〜73**、**78〜79**）。規範の問題としても事実の問題としても、将来の犯罪・非行防止は、本人の主体的な問題克服を前提とせざるをえない。

⒁　コンメンタール少年法37頁［守屋克彦］。
⒂　平川宗信『刑事法の基礎［第2版]』（有斐閣、2013年）300頁を参照。

[2]「健全育成」は権利性をもつか。また、成長発達権は権利性をもつか

98 学習権の権利性　少年保護の許容原理の問題とも関連して、こうした「健全育成」が権利性をもつのかが問題になる。最高裁判所の裁判例では、「国民各自が、一個の人間として、また、一市民として、成長、発達し、自己の人格を完成、実現するために必要な学習をする固有の権利を有すること」が、学習権（憲法26条）の脈絡で承認されている（最大判昭51・5・21刑集30巻5号615頁［旭川学力テスト事件］）。

99 成長発達権の権利性　もっとも、この裁判例が、少年司法とのかかわりでどのような意義をもつかは明らかではない。また、国際人権法の発展を前にすれば（⇒**48**、**55~57**、**63**）、この学習権も子どもの成長発達権の１つとして再構成することが必要である。果たして成長発達権が少年司法とのかかわりで具体的に何を求めるのかということをも含めて注目されるのが、名古屋高判平12・6・29民集57巻3号265頁／判時1736号35頁／判タ1060号197頁［木曽川長良川事件］である[(16)]。この裁判例は、推知報道の禁止（少61条）に関係して、次のように述べている（⇒**621**）。「少年は、未来における可能性を秘めた存在で、人格が発達途上で、可塑性に富み、環境の影響を受けやすく教育可能性も大きいので、罪を問われた少年については、個別的処遇によって、その人間的成長を保障しようとする理念（少年法一条「健全育成の理念」）のもとに、将来の更生を援助促進するため、社会の偏見、差別から保護し、さらに、環境の不十分性やその他の条件の不充足等から誤った失敗に陥った状況から抜け出すため、自己の問題状況を克服し、新たに成長発達の道を進むことを保障し、さらに、少年が社会に復帰し及び社会において建設的な役割を担うことが促進されるように配慮した方法により取り扱われるべきものである。そして、このような考えに基づいて少年に施されるべき措置は、翻って言えば、少年にとっては基本的人権の１つとも観念できるものである」。

ここで示されているように、成長発達権は少年にとって基本的人権の１つ

---

(16) 上告審である最判平15・3・14民集57巻3号229頁／家月55巻11号138頁は匿名性の問題に焦点をあてて別の結論をとっているが、引用した判示部分には触れておらず、この権利性に関する議論を否定しているわけではない。

に数えられるべきものである。少年司法制度との関係では、少年は、社会とのつながりを保ち続け、社会に移行（復帰）するために最善の利益に適う個別処遇を求める権利を一貫してもっと理解すべきであろう[17]。

⒄　同様の観点から社会的包摂理念を基軸に矯正教育のとらえ直しを図る注目すべき見解として、中島学「保護処分としての施設内処遇の新たな在り方について」刑政122巻11号（2011年）26頁を参照。

第7講　少年司法の機能

●本講で考えること

前講（第6講）では、「少年保護」のための介入が許容されるための根拠・原理や「少年の健全な育成」という法目的の中身を検討しました。

それでは、そうした介入原理や法目的の下で、少年司法制度は一体どのような社会的な役割や機能を果たすべきでしょうか。そして、その役割や機能は、どこから出てくるのでしょうか。

本講では、少年司法制度がもつべき機能とその中身を検討します。その上で、これと密接に関連する手続法上の適正手続保障の問題と、実体法上の責任の問題を検討することにします。

● Keywords
司法機能、福祉機能、ソーシャル・ケースワーク、適正手続保障、手続参加、責任、応報

1　少年司法制度はどのような機能をもつか

[1] 福祉機能と司法機能はどこから導かれるか

100　少年司法制度の目的と機能　少年司法制度は、「健全な育成」を目的として、少年の非行に司法の介入を許す制度である。そのため、少年保護手続は、司法過程であると同時に教育過程でもあり、司法機能と福祉・教育機能を併せもつことになる[(1)]。

101　福祉機能　福祉機能は、教育機能、（ソーシャル）ケースワーク機能ともいい換えられる。ケースワークとは、「社会病理問題に直面して苦悩する人を対象とし、専門家が科学的技術と方法をもって問題解決を援助する個別的処遇の過程」[(2)]をいう。これは、1920年代にアメリカで確立されたも

---

(1)　平場・新版72頁。これまで、司法機能と福祉機能は少年審判の機能として語られることが多かったが、本書では少年保護手続全体にかかわる機能として考えることにする。

(2)　山口透編『少年保護論』（有斐閣、1974年）192頁［山口透］。

のであり、日本においても家庭裁判所調査官や保護観察官実務における主要な専門的技法とされてきた。

ケースワークの技法は、すでに旧少年法下の実務でも注目を集めたものであった。しかし、それが実務に定着し、少年保護手続の機能として正面から承認されたのは、戦後の現行少年法下においてである。先に確認したように、「少年の健全な育成」という法目的は、個の尊重という価値に支えられている（⇒**95**）。この価値を触媒として、信頼関係（ラポール）を軸に自立的な問題の克服を側面援助するケースワークが、戦後においては思想としても受容されたといえる[3]。現在、家庭裁判所実務において多くの事件が審判不開始決定や不処分決定で終局している。これは、少年保護手続がそれ自体として教育的でケースワーク的な働きかけの過程として機能している証左ととらえられる（⇒**8**、**399**、**414**）。手続過程における個別的な働きかけの結果、少年が抱える問題が解決され、保護を要する状態が改善されれば、それ以上の保護的な介入は必要なくなる、と考えられるからである。

102　司法機能　他方、司法機能も、審判機関と審判官の資格の変化に伴い、戦後に至り強く認識されるようになった。旧少年法下でも審判の公正さへの関心はあったものの、審判機関は行政機関である少年審判所であり、審判官も司法官に限定されていなかった（旧少21条）。それに対し、現行法下で少年事件を管轄するのは司法機関である家庭裁判所であり、審判官も司法官に限定されている（少4条、裁31条の2、31条の4を参照）（⇒**35**、**37**、**327**）。

こうした福祉機能と司法機能をともに備えた少年保護手続は、刑事訴訟手続と比して、画一性よりも個別的な柔軟性を重んじる「個別化された司法」としての独自性をもつ（個別処遇原則）（⇒**7**）。しかし、この両機能が各々いかなる実質をもち、どのような相互関係に立つと考えるかには、少年司法制度の本質理解を直接反映して、見解の対立がある。まず司法機能・福祉機

---

(3)　守屋・非行と教育171頁以下。ケースワークが個別化・意図的な感情の表出・統制された情緒的関与・受容・非審判的態度・クライアントの自己決定・秘密保持を原則とする相互作用であることについては、F・P・バイステック、尾崎新ほか訳『ケースワークの原則』（誠信書房、2006年）を参照。

【図１】司法機能と福祉機能

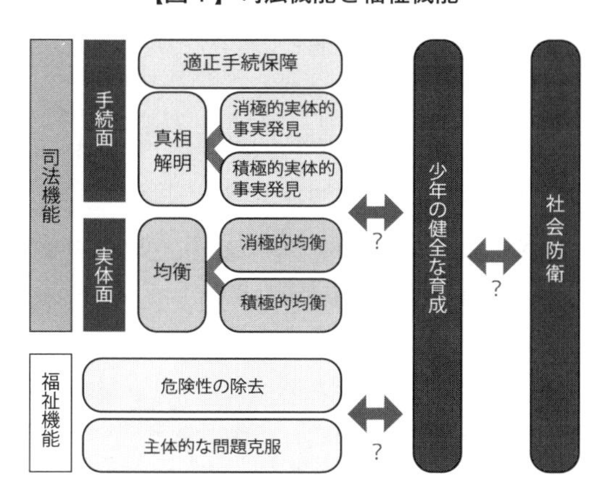

能という基本的な概念の中身から検討することにしよう。

［2］司法機能と福祉機能の内実はどのようなものか

103　司法機能の内実　司法機能の概念内容をめぐる核心的な問題は、それを⓪手続面でとらえて適正手続（デュー・プロセス）保障の意味に限定するのか、それともⓑ実体面をも考慮して社会防衛や応報の意味を加えるのか、である(4)。両者の大きな違いは社会防衛の位置づけにある。

ⓐ手続面に着目し、司法機能を適正手続の意味に限定して理解する見解は、ケースワークが十全に果たされ、非行にまつわる少年の困難や生きづらさが解決・克服されることで再非行が防止され、社会の安全が確保されると考える。社会防衛を司法機能ではなく、福祉機能の延長でとらえるわけである。誤った事実認定により無辜に介入しないという消極的実体的真実主義の意味での真相解明を司法機能として認める場合にも、同様の結論になる。

それに対し、ⓑ実体面をも考慮する見解は、処分を非行事実と均衡させることを通じて直接社会防衛の達成を図るものである。そこには、裁判所の処

(4)　問題の整理は、守屋・前掲註3）331頁以下、服部・司法福祉の展開１頁以下を特に参照。

分宣告で犯罪が抑止されるという一般予防、あるいは応報的なジャスト・ディザートの発想がある。ここでは、過去の非行と均衡した処分を裁判所が選択し、宣告すること自体が重要な意味をもつことになる。すべての真実を究明し有罪者を逃さないという積極的実体的真実主義の意味での真相解明を司法機能として認める場合も、これと同様の問題関心につながっていく。

104 福祉機能の内実 司法機能の把握の仕方は、福祉機能の中身やそれとの関係性、家庭裁判所の性格づけにも影響を及ぼす。

司法機能についてⓑ実体面をも考慮する見解であっても、適正手続保障の必要性や重要性を否定はしないのが通例である。しかし、この見解は、社会防衛ないしは応報をも司法機能の内実として承認することから、まず司法機能の内部において適正手続保障の要請が相対化される。加えて、このⓑ実体面をも考慮する見解では、司法機能として、非行事実と処分の均衡を通して社会防衛が達成されるべきものとなるから、福祉機能が司法機能に従属させられ、その内実も犯罪的危険性の除去と大差ないものとなりやすい。家庭裁判所の役割について、この立場は、(非行事実と均衡した) 処分の決定機関であることに重点を置くことになる。

これに対し、ⓐ手続面に着目し、司法機能を適正手続の意味に限定して理解する見解は、福祉機能の内実を主体的な非行克服のための働きかけととらえる考えと整合する。ここでは、司法機能と福祉機能が「健全な育成」という法目的を達成するための両輪と位置づけられる。家庭裁判所の役割としても、処遇機関としての役割が重視される。

105 理論の歴史と位相 現行少年法施行直後の時期から、審判や処分決定において少年その人を重視すべきか (**人格重視説**)、それとも非行事実を重くみるべきか (**非行重視説**) の対立があった[5]。しかし、この時代の非行重視説の関心は、「保護」を名目とする国家による過介入を避け、自由権的人権を保障することに向けられたものであった。つまり、実体的には消極的均衡に、手続的には公正さを担保するための手続保障にこそ焦点があてられたのであり、応報や一般予防を念頭に置いた積極的均衡への関心は希薄であ

---

(5) この論争は、直接には、審判対象論として現れた (⇒**119**)。

った(6)。このことを考え併せてみても、家庭裁判所実務は、伝統的にⓐ手続面に着目し、司法機能を適正手続の意味に限定して理解する見解に近い立場をとってきたといえる。

司法機能について実体面をも考慮するⓑの見解は、少年法改正構想や改正要綱において検察＝法務当局のものとして、強く打ち出されたものであった。最高裁判所や家庭裁判実務（家）は、当初こうした考えに反対していた。しかし、少年法改正論議期に「司法機関」としてのあり方を検察＝法務当局から厳しく問われたことを受けて、裁判実務は外形的な非行事実を基準とする「同質事件の同質処理」を重視し始め、1980年代以降、非行事実（認定）の重要性や司法への社会的信頼の確保などを理由として、司法機能に実体面をも盛り込むⓑの見解に近い立場をとるようになる（⇒**44**）。例えば、次のような説明は、この転換を顕著に示している。「少年事件においても、司法機関として、非行事実の有無を認定することは当然であり、また、処分を決めるに当たって、少年の健全育成を目的としながらも、社会、公共の安全と無関係ではありえない」、「ケースワーク機能は、司法的機能の準備的役割を担い、司法的機能と密接不可分の関係に立ち、したがって家庭裁判所における司法的機能から離れて独立に存在するものではない」(7)。

106　理論的検討　しかし、ⓑのように社会防衛を司法機関の役割として積極的に承認することには問題がある。刑事訴訟手続で仮にこれが認められるとしても、少年法は「刑罰法令を適正且つ迅速に適用実現すること」（刑訴１条）を目的に数えていない。そもそも非行事実と均衡した処分の賦課による社会防衛の達成という命題の実証性にも疑問がある（⇒**76〜77**）。市民による司法への信頼の確保も、そのために重要なのは裁判官と地域社会との間で情報伝達のギャップを埋めることであることが指摘されている(8)。ⓑは、過去の非行と均衡した処分を裁判所が宣告すること自体で、いわば自足的にこの信頼が確保できると考えることになるから、この立場では、そのための努力が却って導出できないことにもなる。これでは、Penal Populism

---

(6)　小野慶二「少年保護事件における犯罪事実の意義」家月12号（1950年）132頁以下を特に参照。
(7)　矢口洪一「家庭裁判所の三十周年を迎えて」家月31巻９号（1979年）９頁。
(8)　服部・司法福祉の展開309頁以下を参照。

（⇒**29**）の克服も難しい。「少年の健全な育成」の内実を成長発達権保障と解し、子ども中心の制度運営の実現を図る本書の立場（⇒**57**、**91**、**99**）からは、ⓐ司法機能を適正手続の意味に限定して理解する立場が妥当である。

もっとも、非行事実と処分の均衡には、非行事実に見合った重さの処分を必ず課さなければならないという必罰（必保護）主義的な積極的均衡の側面だけでなく、非行事実以上の介入を許さないという消極的均衡の側面もある。「保護」の両義性（⇒**86**）を考える場合、国家による過介入への歯止めを準備することにも重要な意義があり、このための均衡は司法機能の実体面として承認するに値する。しかし、改めて問題を考えてみると、謙抑性は、教育的・福祉的な働きかけにおいても不可欠の要素である。このことに鑑みれば、謙抑性を司法機能の中に位置づける必要は必ずしもないように思われる。福祉機能を主体的な問題克服のための支援ととらえることを前提に、過介入の歯止めとなるべき謙抑性の原理は、まずは福祉機能に内在するものとして位置づけるべきであろう。

国際人権法は、少年司法システムを少年の福祉に重点を置いたものでなければならず、あらゆる反作用や選択された処分が犯罪行為だけでなく行為者に関する状況やニーズに比例していなければならないとしている（北京5条、17.1（a）、意見10号 para. 71）。先の理解は、こうした国際人権法の考えにも合致する。

2　少年保護手続において適正手続保障はどのようになされるべきか

[1] 少年保護手続において適正手続保障のあり方がなぜ問題になるのか。また、そこにはどのような背景事情があるか

107　歴史的背景　　適正手続保障がなぜ少年保護手続において必要になるのかは、重要かつ制度の根本的なあり方を問う理論問題である。というのも、適正手続保障の理論は、刑罰賦課をめぐり個人が国家と厳しく対峙する刑事訴訟法の領域において発展を遂げてきたからである。このことから、これが少年を「保護」するための手続や制度と矛盾しないのかが、原理的に問題になるわけである。

旧少年法下や1948年法施行直後の時期でも、公正な手続の保障のあり方に

関する問題関心が少年審判官たちになかったわけではない(9)。しかし、これが少年司法運営の（最）重要課題の１つとして認識されたのは、1960年代半ば以降のことである。その背景には、アメリカ連邦最高裁判所の動きがある。少年手続における「デュー・プロセス革命」の波は、ケント事件判決（1966年）（記録閲覧権・弁護人の意見陳述権の保障と決定理由の明示）、ゴールト事件判決（1967年）（非行事実の告知・弁護人依頼権・黙秘権・対質権の保障）、ウインシップ事件判決（1970年）（合理的な疑いを超える程度の証明）に結びついた。この動きを受けて、日本でも少年法改正要綱（1970年）が「適正手続保障」を謳った。もっとも、これは、検察官の審判関与との抱き合わせで保障されるべきものととらえられており、要綱の主目的は検察官の審判関与制度の導入こそにあった（⇒**42**）。その後、1983年の流山事件最高裁判所決定（最決昭58・10・26刑集37巻８号1260頁／家月36巻１号158頁）が証人尋問権に関連して（⇒**373**）、また柏の少女殺し事件最高裁判所決定（最決昭58・９・５刑集37巻７号901頁／家月35巻11号113頁）が保護処分取消しの再審的機能に関係して（⇒**515**）、適正手続保障の必要性を認めている。

［2］適正手続保障はどのように根拠づけられるべきか

108　不利益性への着目とその理論的背景　　適正手続保障の根拠づけとして、角度が異なる幾つかのアプローチが考えられる。まず、ⓐ「保護」の理念と現実との落差に着目する考えがある。これはケント事件判決やゴールト事件判決の骨格となった論理である。「保護」の理念自体は否定せず、この理念に処分がいわば追いついていない現実があること、処分が現実問題として不利益性をもっていることを問題とするものである。これに対し、ⓑ少年法改正要綱のように、適正手続保障は厳正な手続・処分と不可分のものであり、「保護」の理念自体を否定するという考えがある(10)。この見解によれば、適正手続保障は処分や手続の刑法化・刑事訴訟法化を不可欠の前提とする。

---

(9)　旧少年法下の永田三郎や終戦直後の沼邊愛一の議論が、その代表である。沼邊の主張については、沼邊愛一『少年審判手続の諸問題』（司法研究報告書７輯１号、1954年）を特に参照のこと。
(10)　木村榮作「少年法改正要綱の基本問題」ジュリ463号（1970年）58頁以下、同「少年法の理念」警察研究43巻２号（1972年）３頁以下も参照。

これと類似して、ⓒ制裁機能という点で少年手続が刑事手続と同質性をもつと考える見解もある。この見解によれば、「適正手続保障」は幅をもつ概念である。告知と聴聞にとどまらずに刑事訴訟法上と同等の弁護人依頼権まで求められるのは、少年手続が烙印押し（スティグマ）と自由の制約を科すという点で刑事訴訟手続と機能的同質性をもつがゆえのことである[11]。その特徴は、正面から「制裁機能」を認める点にある。

この問題の核心にあるのは、少年保護手続や保護処分の本質をどのように考えるべきかという本質論である。その意味で、この問題は、少年法の理念やその現実に関する認識と評価を問う側面をももっている。もっとも、ここでみた見解が、形は違っていても、いずれも保護処分の不利益性をもち出していることには、処分や手続の本質論とはまた別の配慮も働いているといえる。それは31条以下に示されている日本国憲法の適正手続条項がまずもって刑事訴訟手続を念頭に置いた規定ぶりをとっているということである。そうすると、法の解釈・適用の技術としては、これらの憲法規範の直接的な裏打ちを得るために、刑事訴訟手続との共通性や類似性を指摘する必要が出てくるわけである。

109　不利益性の考慮の仕方　それでは、この問題をどのように考えればよいであろうか。理念と現実の問題をいったん分けて考えるべきであろう。

まず、理念の問題として、「保護」の理念自体を否定するⓑの見解や、制裁機能という刑事手続との同質性を強調するⓒの考え方は、妥当でない。確かに、これらの立場では、刑事訴訟手続で認められているのと同様の「適正手続保障」を少年保護手続でも認め、これを根拠づけることは容易になる。しかし、理念は、法を運用する際の到達目標である。利益性を理念のレベルで完全に否定するのであれば、「その少年のため」になることを行う努力が導き出されなくなってしまう。これらの立場をとる場合、「適正手続保障」と引きかえに、福祉機能の大幅な後退と少年司法制度の総体としての性格の変容を覚悟しなければならないことになろう。少年法改正論議期における

⑾　佐伯仁志「少年保護手続における適正手続保障と弁護人の援助を受ける権利」曹時48巻12号（1996年）1頁以下。この見解は、保護処分を刑罰と同様に侵害原理と責任で根拠づける立場（⇒**115**）から主張されている。

「実質的人権保障」の考え方[12]などを通して確認されてきたように、単純な刑事訴訟法化を招くような形式的な「適正手続保障」は、成長発達の途上にある少年の特性への配慮を欠くことになる危険性が高い。そうなると、結局のところ、自由権保障としても却って十全に機能しないことになる危険性があることになる[13]。少年保護の理念を否定しないものとして適正手続保障をとらえた上で[14]、両者の実質的な関係を考えていく方向性が妥当である。

このように考える場合でも、強制力をもって少年の自由を制限していることや、社会的事実としてのレッテル貼りといった点で、保護処分が現実的に不利益性をもつことは問題にすることができるし、またそうすべきである。その意味で、不利益性の考慮にあたっては、ⓐ少年保護手続や保護処分の理念と現実との落差に着目したアプローチをとるべきであろう。

110　ケースワーク的要素への着目　　他方、「適正手続保障」の要請は、果たして（現実論をも含めた）処分の不利益のみから導かれるのかということは、再検討する価値がある問題である。この点で注目されるのが、適正手続保障に限定した司法機能とケースワークを内実とする福祉機能との調和を図る見解である。例えば、ⓓ上記流山事件最高裁判所決定（最決昭58・10・26）の團藤重光補足意見は、少年保護手続における適正手続保障は憲法上の適正手続条項からだけでなく、少年法１条が宣明する少年法の基本理念から発するものであると理解し、「少年に対してその人権の保障を考え納得の行くような手続をふんでやることによつて、はじめて保護処分が少年に対して所期の改善効果を挙げることができる」と指摘している。名古屋家決昭49・３・20家月26巻12号99頁の理路もこれと重なる。この裁判例は、違法な捜査の結果得られた証拠の排除が問題となった事案において、「人権保障、真実発見および教育的、福祉的配慮の三つの理念のもとに少年保護のための適正

⑿　四ツ谷巌「少年法改正問題管見」判タ287号（1973年）14頁、團藤重光『実践の法理と法理の実践』（創文社、1986年）110頁を特に参照。守屋・非行と教育339頁も参照。

⒀　こうした「実質的人権保障」の考え方は、当初は法制審議会の場で最高裁判所によって主張されていたものでもあった。同時代にこれと類する考えを示すものとして、和田忠義「少年審判の運営について」法時46巻４号（1974年）124頁も参照。

⒁　松尾浩也「少年法と適正手続」ジュリ464号（1970年）82頁以下、田宮裕「少年審判とデュー・プロセス」家月24巻12号（1972年）１頁以下、團藤・前掲註12）79頁以下を特に参照。

な手続が確立されなければなら」ず、「手続の違法と当該証拠の排除を少年、保護者の前に明らかにすることが、少年の人権保障に必要であるばかりでなく、市民としての健全な権利意識を育成すると共に司法に対する国民的信頼を確立するという教育的観点からも必要である」と判示している（名古屋家決昭49・3・7判タ316号304頁も併せて参照のこと）。

これらの裁判例は、教育的見地からも適正手続保障の必要性をとらえようとするものである。近時は、さらに歩を進めて、ⓔ少年にふさわしい形での適正手続保障のあり方を論じる見解もある。その代表となるものは、適正手続保障の核心を手続参加に求め、コミュニケーションを必須の要素とみた上で、少年にふさわしい形での適正手続保障のためにはケースワークの要素が不可欠であると考える見解である[15]。上記ⓐⓑⓒの見解が不利益な処分の賦課へ対抗するための形式的なハードルとして適正手続保障をとらえるのに対し、ⓔは保護処分が少なくとも不利益性一色に染まるべきでないことを前提に、被介入者自身の最善の利益を確保するための手続として適正手続保障をとらえている。この見解では、適正手続保障とケースワークは相互補完的な関係に立つことになる。

111　理論的検討　身体の拘束や社会的な烙印押し（スティグマ）、理念との齟齬など事実として存在する不利益性は、もちろん直視する必要がある。しかし、保護処分による身体拘束は、本来、それ自体が目的なのではなく、教育のための手段にとどまるべきものである。スティグマも、本来は払拭されるべきものである。求められるのは、保護の理念を捨て、当事者にとって不利益な現状を肯定することではないはずである[16]。少年保護手続における適正手続保障は、現実の不利益性を根拠に憲法31条以下によって要求されるにとどまらず、その現実の中でも処分の最善の利益性を担保するために、憲法13条を基盤として、成長発達権保障の一環として「保護」や「教育」から

---

(15)　前野育三「少年審判の構造と適正手続」関学43巻1号（1992年）205-206頁、服部・前掲書130頁以下、葛野・再構築407頁、中川・事実認定181頁、210頁を特に参照。これらの見解も着目する「傾聴」が伝統的に家庭裁判所実務で重視されてきたことについては、和田・前掲註13）120頁などを参照。

(16)　「先駆的機能」（⇒**4**）をもつ少年法が、刑事司法領域の人道主義的改革を牽引してきたことも忘れるべきではない。

本質的かつ内在的に要請されるものであると理解すべきであろう。その核心は、個の尊厳を基盤とする個別処遇原則とケースワークに下支えされた手続参加権や意見表明権の保障にある。このように理解してこそ、公正な手続のために実効的な参加と理解に満ちた雰囲気を求めている国際人権法の要請（北京14条、意見10号 para. 46）にも応えることができる。

3　少年の責任はどのように考えられるべきか

[1] 刑事責任の本質は何か

112　問題の構造　少年司法制度が社会的にどのような役割を果たすべきかという問題は、実体面においては、責任による制度の根拠づけの適否の問題として現れる。一方で、少年司法制度を用いた保護も国家的介入であるため、それに対する歯止めが非行事実との消極的均衡として課題となる。他方で、それが非行現象とかかわることから、何らかの形で社会的反作用に制裁の色彩をもたせるべきか否かが問題になる。また、現在の制度では家庭裁判所による検察官送致決定（少20条）（⇒**523、527**）を経由させて、事件を刑事訴訟手続にのせ、少年に刑罰を科すことがなお許されている。刑事処分を科す際には、少年の刑事責任が問題になる。

113　刑法学における刑事責任の本質論　刑法学の分野においては、刑事責任の本質論として、道義的責任論と社会的責任論の対立がある。人格形成責任論や実質的行為責任論など対立の止揚・緩和を図る試みもあるものの、責任の本質論の基本となるのはこの２つの立場である。

古典学派（旧派）の立場から主張される道義的責任論は、意思自由論（非決定論）の上で、他行為が可能であったにもかかわらず、あえて構成要件に該当する違法な行為に及んだ点で、行為者は道義的に非難されなければならないと考える。したがって、ここでの制裁の本質的性格は、（個別の）行為に対する非難を体現する応報刑となる。それに対し、工業化や都市化による累犯の増加を受けて登場した近代学派（新派）の社会的責任論は決定論に立つ。そこでの責任とは、社会的に危険な行為者がその性格の危険性（悪性）に対する社会防衛のための措置を受けるべき地位であり、その危険性を除去するための特別予防的な社会防衛処分（保安処分）が制裁の本質となる。

[2] 刑事司法制度における少年の責任はどのように理解されるべきか

114　少年の刑事責任　それでは、少年が刑事手続にのせられた後に刑罰を科される際の責任について、どのように考えればよいであろうか。

上記の刑事責任の本質に関係するいずれの立場をとったとしても、少年の刑事事件における責任は、一般には成人より低減すると考えられる。道義的責任論において国家が成人と全く同様の振る舞いを少年に期待することには無理がある。成長発達の過程にある少年の是非弁別能力や制御能力は成人より乏しいのが普通であろう。また、少年は、未成熟さや周囲の環境の問題から、極めて狭い選択肢の中で合理的判断に基づかずに非行に及んでいるのが通例である。社会的責任論から人格的危険性に焦点をあてるとしても、少年期にその固着をみることは困難であろう。人格的危険性も、生物学的因子のみで判断することは難しく、対象者の成育歴や生活状況、人的・社会的関係性といった社会的因子を踏まえて予測的に判断することが必要になる。子どもの「危険性」を根拠づけるものとされる因子は、実は、「社会的な冷遇」といい換え可能なものでないのかという、根本的な疑問がある。

[3] 少年司法制度における少年の責任はどのように理解されるべきか

115　応報で根拠づける見解　刑事罰の文脈を超えて、家庭裁判所が言い渡す処分についてはどうであろうか。果たしてこれを責任で根拠づけるべきかが、そもそも問題になる。

近時、少年法と刑法を侵害原理と責任で基礎づけられる同質のものととらえ、保護処分と刑罰のどちらを選択するかは、少年の責任の量と処遇の適合量から決めるべきであるという問題提起が行われている(17)。実は、保護処分と刑罰を同質のものととらえる考えは、比較的古くから存在する。例えば、新社会防衛論(18)は、刑罰をも社会復帰の手段ととらえ、これを保護処分に引きつけて理解したのであった。上記の見解は、これとはちょうど逆に、少年

---

(17)　佐伯仁志「少年法の理念」あらたな展開35頁以下。この議論は、国家の刑罰目的としての応報と刑罰の配分原理としての応報を区別し、刑罰の配分原理を応報に求める一方で、その目的としては犯罪予防を承認する。なお、この議論は、子どもの権利主体性を責任主体性に直結することを前提としている。

司法制度を刑事司法制度に引き寄せる形で、両制度を一元的にとらえる点に特徴をもつ。

116 理論的検討 しかし、現行少年法の説明としてみれば、この見解は妥当でない。というのも、介入の許容原理を侵害原理に求める理解と同様に、虞犯少年が審判の対象とされていることや、児童福祉法上の施設である児童自立支援施設・児童養護施設への送致が保護処分の一内容とされていること（少24条1項2号）を説明できないからである（⇒**89**）。また、手続過程における教育的な働きかけにより要保護性が小さくなったことを理由として、審判不開始決定や不処分決定を多用している現行法下での運用にもそぐわない。

立法論としてみても、応報と責任を基礎とすれば、家庭裁判所の処分は過去の非行への反作用となることから、少年の将来に着目する要保護性の概念（⇒**123**）は意味をもたなくなる。そうすると、事後的な変化に着目した柔軟な対応は難しくなる。審判不開始や不処分の性格は、起訴猶予や執行猶予と類似したものになるであろう。そしてまた、鑑別や社会調査も制度内的な有機的連関をもつのが困難になるであろう。犯罪予防の観点を追加的、補充的に加味するとしても、責任の量と処遇の適合量のどちらが優先的に考慮されるのか理論上の問題が残る。

応報を基礎づける道義的責任論は、確かに、刑罰を科そうとしている国家に果たしてそれほどの資格があるのかを問い返す理論的契機を内在しえ[19]、この点で評価すべきものをもっている。しかし、まさにその資格が問われるからこそ、成長発達権保障の義務を何時も免れえない国家は（⇒**83**、**99**）、少年に対しては応報でのぞむ姿勢を後退させているとみるべきである。少年と国家との関係は、「規範意識を備えた人格（…）を形成することへの期待に背いている少年の状況と、反対にそのような人格の持主として成長・発達することを実質的に保障し得ていない国家・社会との関係」[20]ととらえられるべきであり、単純な非難・被非難の関係ではない。

---

(18) 新社会防衛論に関する総合的な検討として、澤登俊雄『新社会防衛論の展開』（大成出版社、1986年）を参照。澤登俊雄『少年法入門［第5版］』（有斐閣、2011年）はこの体系を背後にもっている。

(19) 真鍋毅『現代刑事責任論序説』（法律文化社、1983年）13頁。

結局、道義的責任に基づく応報であれ社会的責任に基づく予防であれ、責任により制度を根拠づける場合には、本人が抱える生きづらさや困難も、動機や行為態様、他行為可能性、是非弁別・制御能力あるいは人格の危険性といった刑法的な概念とかかわる限度で考慮されるにとどまることになる。しかし、本人の離脱・回復・立ち直りと、それを通した社会の安全のために必要なのは、本人の生活や人生の中で非行がもつ意味をとらえた上で、本人の幸福追求を基盤として質量の両面に渡って社会資源や社会関係資本を厚くする支援なのである（⇒**72～73、78～79**）。

本人の更生や立ち直りには、反省や内省が必要になることもあるであろう。しかし、そのためには、責任をとったことにする外形ではなく、自らそれに向き合い、引き受けることができる状況や環境を整える必要がある[21]。少年法は、責任を外から負わせるのではなく、それを内から引き受けることができるように、規範的解決に満足せずにあえて実体的解決を図るための教育的な方法をとっているとみるべきである[22]。非行事実と処分の消極的均衡も、第一次的には少年が背負う問題との内的関連性の問題ととらえた上で[23]、本人の納得や教育措置の謙抑性と関係づけて理解しておくべきであろう（⇒**128～131、406～408**）。

適正手続保障論であれ責任論であれ、不利益性に着目する場合、「…である」という事実と「…であるべきである」という当為のどちらとしてそれを語っているのか、そして理念の問題として不利益性が払拭されるべきなのかを、明確にする必要がある。この問題の核心は、何を理念として少年司法制度を論じるのかにあるのである。

---

(20)　全国裁判官懇話会「非行の軽重と処遇の相関性」判時1489号（1994年）６頁。こうした関係は、修復的司法に関していわれる応答責任についても同様に妥当すると考えるべきであろう。実証的にみて「非行の一般化」論の妥当性が小さく、非行が特定の階層出身の少年に偏って生じているのであれば（岡邊・少年非行96頁）、なおさら、少年と国家の間柄を単純な非難・被非難の関係ととらえることは不適当ということになる。

(21)　船山泰範「少年の責任と少年法」『刑事法学の現実と展開』（信山社、2003年）636頁以下を特に参照。

(22)　この観点から体系化を図る司法福祉学における少年司法制度のとらえ方については、司法福祉学会編『司法福祉』（生活書院、2012年）21頁［服部朗］を特に参照。

(23)　全国裁判官懇話会・前掲註20）６頁以下を参照。

第Ⅱ編

少年法による保護の対象

第８講　少年保護手続の対象
——審判対象論

●本講で考えること

少年審判は裁判の１つです。前講（第７講）で確認したように、少年保護手続が司法機能をもつとされるのも、そのためです。そのため、この裁判の対象が何かが問題になります。しかし、少年司法制度は、保護処分や他の機関への送致処分など、刑事司法制度とは異なる多様な処分を準備しています（第１講）。そうすると、少年を保護するための処分を言い渡すために少年保護手続において存在を確かめ、吟味しなければならない事柄は、刑罰の賦課を問題とする刑事訴訟手続におけるものとは、自ずと違ってくると考えられます。

それでは、少年司法では、裁判として終局的な処分を言い渡すために、果たして何が実体的な要件とされるべきなのでしょうか。また、家庭裁判所は、果たして何を対象として審判を行えばよいのでしょうか。

本講では、審判対象論と呼ばれる問題について、検討を加えることにします。

● Keywords

審判対象、非行事実、要保護性、三要素説、犯罪的危険性、矯正可能性、保護相当性

1　少年保護手続において審判の対象となるのは何か

[1] 審判対象が問題になるのはなぜか

117　問題の構造　刑事司法制度では、実体法規範である刑法典に犯罪構成要件と刑罰が規定されており、これにあてはめる形で被告人の罪責が問われる。この前提で、刑事手続では、捜査機関と被疑者・被告人により証拠が収集され、公益を代表する訴追官である検察官が訴えを訴因として明示して（刑訴256条３項）、当事者主義による公判手続での攻防を通してその存否が明らかにされる。

しかし、少年司法は被疑者・被告人の罪責を問う刑事司法と制度のあり様を異にしており（⇒**5**～**6**）、これと同様の原理で規律されるのも妥当な制

度のあり方ではない（⇒**87〜92**、**115〜116**）。そうすると、少年司法制度において一体何を法律要件・効果と考え、何を対象として審判を行えばよいのかが問題になる。これが「審判対象論」と呼ばれる問題である。

118　審判対象論の複雑さの理論的な背景事情　この審判対象論はいささか複雑な様相を呈している。それは、まず、審判対象論は、㋐少年法における実体的な法律要件と法律効果は何か、㋑手続論としての審判の対象や「立証のテーマ」は何か、㋒処分選択の基準は何か、といった実体的問題と手続的問題が交錯する実践的にも重要な問題と関連しているからである[(1)]。

また、少年法上の処分には、保護処分（少24条）のように実体的な権利義務関係に変動を及ぼすものと審判不開始（少19条）や不処分（少23条）のように必ずしもそうではないもの、さらには都道府県知事・児童相談所送致（少18条）や検察官送致（少20条）のように最終的な処分決定は他機関が行い、家庭裁判所はいわば「振り分け」を行うにすぎないものとが混在している。そうすると何を「法律効果」と考えるのか自体について多様な理解がありえ、それに相応する法律要件の理解も変わりうることになる。

さらに、刑事司法制度とは異なり、少年司法制度には調査制度が存在し、少年鑑別所が少年の資質の鑑別を行ったり（⇒**254**）家庭裁判所調査官が少年が生育した社会環境の調査を行ったりする（⇒**309〜310**）ことになっている。この調査がどのような性質の専門的知見に基づくもので、その結果がどのような形で家庭裁判所の判断資料とされるべきなのかも、要保護性の要素と関連して大きな問題になる。

最後に、この問題は、元々少年法を用いた国家による「保護」の介入原理の問題（⇒**87〜92**）や少年法が果たすべき役割（⇒**76〜79**）とも深く関連している。

審判対象論が複雑にみえるのは、それがこうした少年法理論の体系と本質にかかわっているがゆえのものである。

119　審判対象論をめぐる歴史　審判対象論は、少年法の歴史の中で、形

---

(1)　これはさらに不告不理の原則の適否（⇒**225**）や一事不再理（類似）効（少46条）（⇒**455**）、余罪の考慮の範囲（⇒**392**）に直結する理論問題である。

を変えながら一貫して問われ続けてきた理論問題であるといえる。

現行法施行直後の時期、刑事司法制度との関係で少年司法制度をいかにとらえるべきかが理論と実践の両面における重要課題であった。ⓐ両者の相違を重く考えてその少年その人をみるべきであるという人格重視説と、ⓑ主には「保護」を名目とする国家による過介入を避ける自由権的人権保障上への関心から非行事実を重視する非行事実重視説との対立が生じ[(2)]、審判対象論もその重要なテーマとして論じられた（⇒**105**）。1960年代半ばからは適正手続論の中で非行事実認定の重要性が認識された（⇒**40～43**、**107**）。その後家庭裁判所実務における非行事実重視の流れの中で[(3)]（⇒**44**）、また1990年代半ば以降に至ると今度は厳罰化潮流の中で、少年保護のあり方が問われ、審判対象が重要な理論問題として浮上しているといえる（⇒**46**）。

[2] 家庭裁判所における審判の対象は何か

120　理論の諸相と展開　　審判対象に関しては、現行法施行当初から、人格重視説と非行事実重視説の争いと結びついたⓐ要保護性対象説とⓑ非行事実対象説の対立があり、その止揚を図る形で、ⓒ非行事実・要保護性対象説が唱えられている。

ⓐ要保護性対象説は、人格重視説から唱えられた。少年法には、「（少年司法制度による）保護が必要か」否かを把握する「要保護性」という概念がある。主には家庭裁判所調査官による社会調査や少年鑑別所の法務技官による資質鑑別を通して明らかにされるこの要保護性こそが審判対象であると考えるのが、この要保護性対象説である。この説は、まず、実体的な権利義務関係の変動をもたらしうる保護処分（少24条）を法律効果ととらえた上で、この法律効果を与えるにふさわしい実体的要件が要保護性であると考えた。したがって、少なくとも実体的な要件と法律効果の土俵では、非行事実は中心

---

(2)　家月12号（1950年）所収の人格重視説に立つ内藤文質「刑事処分か保護処分か」（155頁以下）と非行事実重視説をとる小野慶二「少年保護事件における犯罪事実の意義」（132頁以下）の論争は、その後、入江正信「少年保護事件における若干の法律問題」家月5巻7号（1953年）1頁以下と裾分一立「要保護性試論」家月5巻4号（1953年）19頁以下の論争に継承された。

(3)　笠井勝彦「保護処分の選択決定における非行事実の持つ機能」家月37巻6号（1985年）111頁以下、山名学「少年審判と非行事実」調研紀要52号（1987年）47頁以下を参照。

的な意味を担わないことになる。すなわち、この説において非行事実は、審判条件などの手続法上の要素となり、実体的には要保護性調査の方向性を示す程度の役割を担うにすぎないものとして位置づけられた。

それに対し、ⓑ非行事実対象説は、非行事実重視説から唱えられた。この説も、保護処分（少24条）を法律効果に据える点ではⓐ要保護性対象説と共通している。しかし、この法律効果を導くための実体的要件を非行事実であると考えたわけである。この立場から非行事実こそを審判対象とすべきことが主張されたのは、元々は、消極的均衡を担保する歯止めの論理を設定することを狙ってのことであった（⇒**105**）。

各々の説の長短には、国家の介入原理に関するパターナリズムと侵害原理のそれに重なる部分がある（⇒**87**）。ⓐ要保護性対象説では、刑事司法から離れた少年司法独自の理論構成が可能になる一方で、過介入の阻止が課題となる。非行事実が実体的要件ではないということは、家庭裁判所における実体審理の対象にはならないことを意味するから、ⓐ要保護性対象説においては、非行事実の存否に関する家庭裁判所による吟味が十分に担保されない危険性もある。さらにまた、人間行動科学の発達水準からみて、非行事実から離れて非行要因や必要な対応が果たして導出されうるのか、という根本的な疑問も呈されている。他方、ⓑ非行事実対象説では、非行事実を実体審理の対象とすることができ、その非行事実と均衡を失した法律効果を認めない点で、実体領域でも過介入への歯止めの論理を用意できる。しかし、この立場は、反対に、非行事実に見合った処分を科さなければならないという積極的均衡に転じる危険性をも抱え込む。

そこで、各々の短所を克服すべく、ⓒ非行事実と要保護性の両方が実体的要件で、保護処分が法律効果であるという考えが出てくることになる（非行事実・要保護性対象説）。

しかし、司法過程であると同時に教育過程でもある少年保護手続の特性から、実際の少年法実務では、保護処分（少24条）のみならず不処分（少23条2項）や審判不開始（少19条1項）も重要な役割を果たしている（⇒**8**）。そこで、今度は、法律効果の方を再考する動きが出てくることになる。非行事実と要保護性の両方を実体的要件と考えることを前提として、法律効果をⓓ

少年法上の保護一般と考える説や、ⓔ試験観察や観護措置といった中間決定を含まない終局決定に限定する考え[4]、さらには、ⓕ福祉処分と実体的権利変動を生じさせる保護処分に絞る考え[5]が登場している。家庭裁判所が実体判断を行えば、司法機関が行った判断としてそれを尊重し、容易に変更しないようにするために、法的安定性を確保することが必要になる[6]。法律効果に関する見解の分岐は、こうした効力を与えるのにふさわしい処分は何か、という問題に関する評価の差によって生じているということができる。

121　理論的検討　法律効果に関する理解にはなお細かな部分で争いが残っているものの、非行事実と要保護性の双方が法律要件であるという考え自体は現在の通説・実務の考えとなっている。これは、ⓐ要保護性対象説とⓑ非行事実対象説の長短と、相互補完の可能性を考えると、十分に理由のあることである。もっとも、非行事実と要保護性の両方を審判対象とする考えにも課題は残されている。折衷的思考一般に妥当することではあるものの、この考えをとるだけで両者の相互関係が明らかになるわけではない。特に要保護性の要素の問題と処分選択の基準をめぐる問題では、この相互関係が問われることになる（⇒**123**、**128〜131**、**406〜407**）。

［3］審判の対象に相応して少年保護手続ではどのような資料が作成・使用されるか

122　法律記録と社会記録　非行事実と要保護性の双方が法律要件であるという考えが通説的地位を占めていることを反映して、現在の実務では、２系統の資料が作成され、少年審判に提出される（図１）。１つは少年保護事件記録（法律記録）であり、刑事事件と同様に、警察や検察により作成され事件とともに家庭裁判所に送致される（少審規８条２項）。もう１つは少年調査記録（社会記録）である。これには、少年鑑別所の資質鑑別や家庭裁判

⑷　この変遷は、平場・旧版34頁から平場・新版64頁への見解の変化である。

⑸　斉藤豊治「少年事件における非行事実と要保護性」『鈴木茂嗣先生古稀祝賀論文集［上巻］』（成文堂、2007年）699頁以下、守屋・非行と少年審判48頁。

⑹　一事不再理効（⇒**455**）は、こうした法的安定性を与えるための仕組みととらえられる。したがって、ここでの見解の分岐は、一事不再理効を生じさせる法律効果は何かという問題としてもとらえることができる。

【図１】２系統の記録

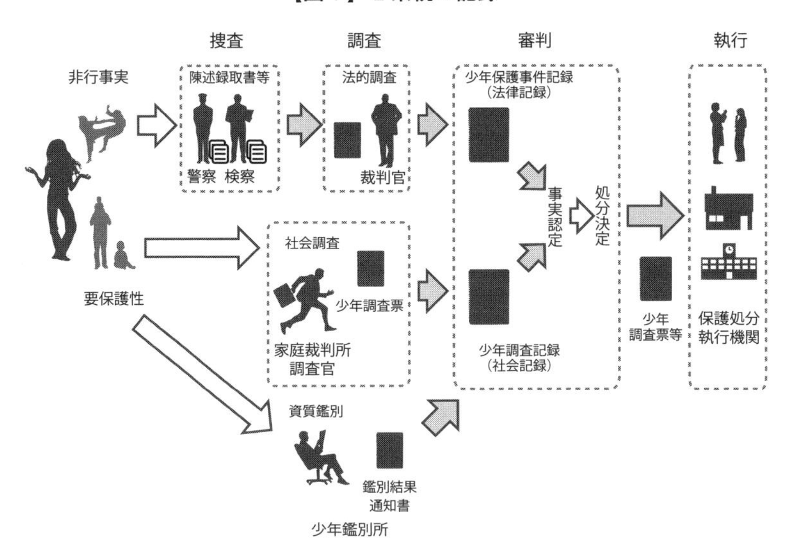

所調査官による社会調査を踏まえた記録が綴られる。

両記録は、様々な点で扱いが異なっている。まず、①少年審判では、主に、法律記録は非行事実の認定のために使われる。それに対して、社会記録は要保護性を確認するために用いられる(7)。また、②審判関与者による閲覧や謄写の範囲も記録の種類によって異なっている。例えば、付添人は、法律記録に関しては閲覧と謄写の双方ができるものの、社会記録については閲覧のみが許される（少審規７条２項）。被害者等は、法律記録の閲覧および謄写はなしうるものの、社会記録の閲覧と謄写はできない（少５条の２第１項）(8)。③両記録は、審判後の用いられ方にも違いがある。社会記録に綴られる記録は、審判後も参考書類として保護処分執行機関に送付されうるものであり（少審規37条の２）、そこでの処遇の基礎にもなる(9)。しかし、法律記録は、保護処分執行機関に送付されない。

---

(7)　社会記録を非行事実認定に用いてよいかには、理論・実務の上で争いがある（⇒350～353）。

(8)　法律記録と社会記録とでこうした違いが出てくるのは、社会記録が少年やその家族のプライバシーの深部に分け入る鑑別や調査に基づき作成されているからである（⇒254、310）。

2　要保護性は何を要素とするか

[1] 三要素説とは何か。また、それにはどのような問題があるか

123　要保護性要素をめぐる議論とその展開　通説的見解は、非行事実と要保護性を審判対象と理解している。それでは、「要保護性」とはどのような内実をもつ概念であり、どこから導出されるものなのであろうか。その要素（＝**要保護性要素**）となるのは何かが問題になる。

少年法理論において「要保護性」という言葉で呼んでいるのは、少年が（少年司法制度による）保護を必要とする状態にあるか否か、ということである。しかし、その概念理解は一様ではない。要保護性の要素として伝統的に認められてきたのは、①「犯罪危険性」（「非行性」、「累非行性」）と②「矯正可能性」である。

①**犯罪危険性**は、（最狭義の）少年法による「保護」が非行のある少年を対象としており、多かれ少なかれ（再）非行の防止を目的としていることから導かれる。これは過去の歴史的事実である非行行為そのものではなく、人格や環境からみて当該少年が将来非行を繰り返す危険性を問う展望的な予測判断である。したがって、要保護性の判断の基準となる時点は、非行時点ではなく、家庭裁判所の処分判断時となる(10)。

②**矯正可能性**は「性格の矯正及び環境の調整」（少1条）手段である保護処分をはじめとする少年法上の処分で矯正が可能か否かを問うものである。少年法は国家による少年保護のための一手段であるから、そもそもこの可能性が欠けるような場合、少年法で少年を保護することはできない。

現在の有力な考え方は、これらに③**保護相当性**を加えている。これが、ⓐ

---

(9)　検察官送致決定（少20条）後の少年に対する刑事訴訟手続では、量刑資料として社会記録が用いられることがある。しかし、有罪が認定され、自由刑が言い渡される場合に、刑罰の執行にあたってこれらの記録が刑事施設に送付されるわけではない。ここにも、少年院における処遇と（少年）刑務所における処遇の違いがある（⇒**590**）。

(10)　そのため、非行後の心身や環境の変化、捜査手続や家庭裁判所の手続の保護的効果も要保護性を基礎づける事実となる。また、将来の進学・就職などの環境の変化、少年の人格の成長なども、現在において予測される限り要保護性判断の基礎とできると理解されている。守屋・非行と審判48頁。少年司法運営において審判不開始決定（少19条）や不処分決定（少23条）が多用されているのは、こうした判断の上で、要保護性が低減または解消したと判断される事案が多いことを意味している。

【図２】要保護性に関する三要素説

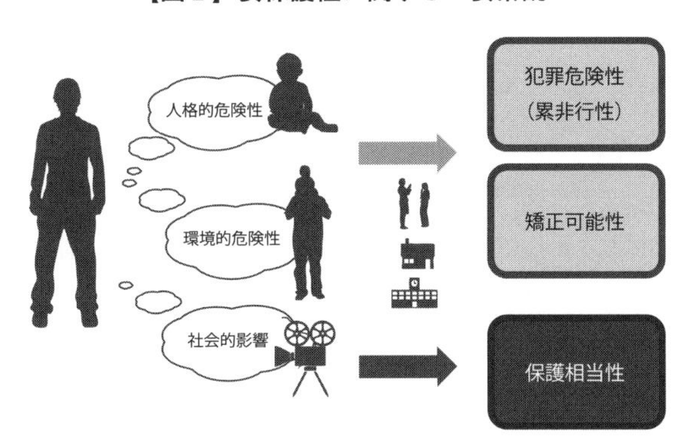

三要素説と呼ばれる見解である（図２）[11]。この保護相当性は、少年法上の処分が保護手段として最も適切か否かを問うものである。換言すれば、①犯罪危険性と②矯正可能性が人間行動科学を活用した事実判断であるのに対し、③は規範的な価値判断である。この概念は、保護処分による矯正が可能であるものの、これを行うべきでない、という判断を許すよう機能しており、またそれを主眼として登場したものであった。ここで主に念頭に置かれるのは、結果が重大で社会的な反響や影響が大きい事件である。要するに、人間行動科学上の知見では保護が可能であると判断できるものの、社会的な反響や影響が大きく、あるいは社会感情が悪いために、保護に適さない事案を少年司法の埒外に置く（刑事司法を用いた対応を行う）役割を担って、③保護相当性の概念は登場したといえる。

124　三要素説の問題　　しかし、保護相当性の概念には問題がある。

社会感情の考慮を安易に認めることは、本人が抱える問題に見合った処遇選択を難しくし、結果としてエビデンスや効果のない再非行リスクが高い処遇を選択させ、社会を危険に陥れる事態を生じさせる。

また、考えなければならないのは、２系統の記録の作成過程からも分かるように（⇒**122**）、要保護性を裏づける資料の収集やその判断には、少年鑑別

(11)　平井哲雄「非行と要保護性」家月６巻２号（1954年）19頁。この考えが示された経緯の分析に関しては、澤登俊雄ほか編『展望少年法』（敬文堂、1968年）311頁以下［中原尚一］も参照。

所や家庭裁判所調査官による人間行動科学の専門的知見が大きな役割を果たしているということである[12]。そもそも、社会的影響や社会感情は客観的・科学的な把握が難しい。事後的な検証や跡づけも困難であり、要保護性判断の中でそれを考慮することは調査領域の専門性に大きな混乱をもたらす。科学主義（少８条、９条）に基づき事実判断が必要とされる領域で、社会的影響や社会感情を理由として保護処分を行うべきか否かいう価値判断の要素を容れることは、少年鑑別所や家庭裁判所調査官に、本来人間行動科学の専門性で担保しえないはずの事項について判断させ、そうでありながらあたかも専門的な裏づけがあるかのような装いを与えることにもつながる[13]。これでは、少年法が人間行動科学の専門家を制度に組み入れていることの意味は小さくなり、却って科学的専門性自体に対する信頼が危うくなる。Penal Populism の原因の１つが専門的判断の軽視にあるとすれば（⇒**29**）、なおさら専門的判断を歪めやすい要素は排除されなければならない。

むろん、人々の信頼保持は社会制度の存立にとり不可欠である。しかし、その信頼確保のために必要なのは、本来専門的判断ができない事柄を「科学」の名を用いて粉飾することや、少年法上の処分で矯正が可能であるにもかかわらずそれを行わないことではない。科学的判断を歪めることは、司法への信頼確保のために埋めるべき市民と専門家との情報較差の問題をさらに捻れさせることになる（⇒**106**）。

[2]　どのようにすれば三要素説の問題点は克服されうるか

125　要保護性と処遇決定上の概念を区別する試み　　三要素説の問題点を克服しうるものとして、ⓑ審判対象としての（広義の）「要保護性」と処遇決定上の「相当性」を区別する考えがある[14]。この考えは、審判対象としての「広義の要保護性」の要素を、非行反復の人格的・環境的危険性である

⑿　その判断は、少年鑑別所や家庭裁判所調査官の処遇意見として表明されることになる。

⒀　現在、少年に対する刑事裁判において「保護不能（保護可能性）」判断のみならず「保護不適（保護許容性）」判断まで含めて家庭裁判所の専門性の尊重が強調されることがある（⇒**545～546**）。そこでの議論の混乱の源は、この問題にある。

⒁　平場・新版67頁。

「非行性」と狭義の要保護性である「保護欠如性」という事実判断に限定する。その上で、この要保護性とは区別された価値判断を含む処遇決定上の概念として、それぞれの終局処分の「相当性」を措定する。

この考えによる場合、資質鑑別や社会調査は人間行動科学領域の事実判断にいわば純化できることになる。その一方で、どの処分がふさわしいかという価値判断を含む「相当性」判断は、法律家である裁判官が、要保護性判断とはまた別の位相にある処遇決定にあたって行うべきものになる。

この立場をとる場合でも、裁判官が行う処遇選択上の概念である「相当性」の内実が自動的に明らかになるわけではない。要保護性判断については事実判断に純化できているものの、処遇選択の局面ではなお価値判断が許されており、その点になお不明確さが残っているといういい方もできる。

126　要保護性と処遇決定を事実判断で一元化する試み

そこで出てくるのが、裁判官の処分選択まで人間行動科学上の事実判断で拘束しようという考えである。ⓒ人格的・環境的危険性を内実とする「犯罪的危険性」を審判対象とする一方で「保護適合性」を処遇選択基準に据える説[15]は、この方向性をもつ。この説では、要保護性判断も処遇選択も、ともに事実判断に基づいて行うべきことになり、その意味で両判断は一元的にとらえられることになる。

127　理論的検討　ⓑ要保護性と処遇決定上の概念を区別する見解と、ⓒ要保護性と処遇決定を事実判断で一元化する見解との違いは、処遇決定の局面でⓑが規範的な価値判断を認めるのに対し、ⓒは可能な限りそれを排除し、人間行動科学による事実判断で拘束しようとする点にある。

有効性の観点から少年が抱える問題と処遇内容とを直結できるのは、ⓒの考えである。ただ、この場合、果たして過介入を許さないほどに人間行動科学の知見が確実性を現在もつことができているのかが問題になる。このことを踏まえると、有効性の枠組みの外で歯止めの論理を確保することも必要になる。

そこで過介入への歯止めの論理を準備すべく、ⓑの立場をとるとともに、

⒂　澤登・入門146頁。

その価値判断の中身を明確にすることが考えられる。具体的には、最善の利益原則（子ども条約3条）や身体拘束処分の最終手段性という憲法・国際人権法上の価値序列の中で（⇒**61**）、処遇選択の相当性判断を行うことが考えられる。反面、ⓑの立場をとったとしても、価値的検証が困難である社会感情を相当性判断に入れることは許されないと考えるべきであろう。

3　非行事実と要保護性の関係はどのように考えられるべきか

128　問題の構造　通説や実務の立場に立ち、非行事実と要保護性の双方を審判対象と考える場合、両者の相互関係をどのように考えるべきかが、要保護性の認定範囲と処分選択に関連して特に問題になる。殊に家庭裁判所が認定した非行事実は重大であるが要保護性は小さい場合、そしてその反対の場合が、これまで問題にされてきた。この問題は、現行法施行直後の人格重視説と非行事実重視説が対立した主戦場で（も）あり、現在の実務でもしばしば問題にされている。その意味で、処分選択の基準をめぐる問題は古くて新しいものであり、実践上の意味も小さくない。処分選択の基準は、審判に関連して取り上げるが（⇒**406〜408**）、基礎理論と密接に結びついているため、ここでも検討を加えることにしよう。

129　裁判例　裁判例では、非行事実は比較的軽微ではあるものの、前歴や要保護性を重視して少年院送致を選択した例がある（長崎家佐世保支決平22・12・24家月63巻8号76頁［下着の窃盗未遂］、東京家決平22・6・10家月63巻1号149頁［葉巻1箱の窃取］、大阪家決平22・1・20家月62巻8号97頁［食料品の窃取］、長崎家決平19・9・27家月60巻3号51頁［養父の管理する金員の窃盗］、東京家決平19・2・23家月59巻9号54頁［吸引用途のライター用ボンベの窃取］、新潟家決平17・6・30家月57巻11号140頁［漫画本1冊の窃盗未遂］など）。その一方で、要保護性の問題に触れながらも、実質的には非行事実との比例性を考慮して処分の著しい不当を理由に家庭裁判所の決定を取り消したと考えられる事例も存在する（広島高岡山支決平16・11・8家月58巻2号187頁［釣り竿の詐取］、大阪高決昭59・4・25家月36巻10号113頁［自転車とアイスクリームの窃取］など。要保護性を詳細に検討したものとして大阪高決平2・12・17家月43巻10号82頁［建造物侵入とシンナー1缶の窃取］）。

130　考え方の分岐点　非行事実と要保護性の関係については、ⓐ要保護性を通さずに非行事実が直接処遇選択に影響すると考えるアプローチがありうる。しかし、そうすると要保護性を審判対象に据えている意味が失われることになる。反対に、ⓑ要保護性のみが処分選択を左右すると考える方向性もありうる。しかし、そうすると当該非行に関係しない事項を無限定に要保護性に取り込む危険性が生じることになってしまう。

そこで出てくるのが、非行事実は要保護性を通して処遇選択に影響を与えうるという考えである。要保護性の中心的な要素は、当該少年が将来非行を繰り返す危険性が存在するか否かを展望的に予測する「犯罪危険性」（累非行性）であった（⇒**123**）。この「犯罪危険性」（累非行性）は、範囲無限定に認定されえず、過去に生起した客観的な事実である非行事実に枠づけられると考えるのが自然であろう。

しかし、問題はその「枠づけ方」である。これについて、ⓒ非行事実を要保護性の排他的推定根拠とみる考えがある[16]。この考えによれば、少年が要保護状態にあることは非行から推定され、かつ他の根拠からは推定されないことになる。非行があっても犯罪を反復する危険がないことや、保護環境が整い非行が防止できることが明らかになれば、この推定は破られることになる。

しかし、この考え方も、次のような問題をもつ。まず、①非行事実と要保護性の判断基準となる時点は異なっている。非行事実の存否の判断基準となる時点は、当然のことながら、行為時であるのに対し、要保護性のそれは判断時（審判時）である。そしてまた、要保護性は将来の予測判断でもある。そうすると、両者は、刑法学における構成要件該当性と違法性のような表裏一体の関係にはないのではないか、という疑問が出てくることになる。また、②処分の選択に関係して、非行事実から何らかの要保護性の存在を推定できたとしても、必要となる処遇の内容まで導出できるわけではない。必要となる処遇の内容は少年自身のニーズと見合うものである必要があるわけである

---

(16)　平場・新版98頁（平場・旧版65頁）。早川義郎「少年審判における非行事実と要保護性の意義について」家月19巻4号（1967年）12頁。

が、そのニーズは、必ずしも非行事実に凝縮されているわけではないからである。さらに、③「推定」は、結局のところ処分の軽重や「不利益性」の大小に還元され、非行事実が重大であれば処分も重くすべきであるという積極的均衡の肯定につながる危険性もある(17)。「推定」が手続法的に何を意味しているのかも、実は明確ではない。

131　理論的検討　それでは、この問題をどのように考えるべきであろうか。前提にかかわる問題として、要保護性は、個別処遇原則（⇒**7**）の下では本来質的概念であり、「大小」で表される量的概念ではないのではないかという疑問がある(18)。確かに、要保護性要素の１つである「犯罪危険性」は、大小や高低で表される量的概念でありうる。しかし、その危険性は、個別具体的な事実の蓄積の上でしか語りえないものであり、最終的にはそれに保護可能性もが加えられるわけであるから、総体としての要保護性は本質において当該少年の問題を少年司法上の（どの）処分が解決しうるかを問う質的な概念であるはずである。処分選択にとって重要なのは、この（個別具体的な）要保護状態を解消できるか否かにある。

他方、この問題で特に念頭に置かれている少年院における処遇は、社会資源や社会関係資本とのつながりを断ちやすいリスクを本質的に抱えており、現実には社会的な烙印押し（スティグマ）も伴う。国家が準備しえている処分は、要保護状態の教育的解消を目的にしているとはいえ、なお全面的な利益処分とはなりえていない（⇒**450**）。この意味での侵襲性や不利益性をとらえて補充性や非行事実との比例性を求めることは許され、また必要でもあろう。国家の成長発達権保障義務を捨象して、少年（非行）を取り巻く社会矛盾を子どもに実質的に押しつけることは許されない（⇒**79、83**）。

以上を踏まえて整理すれば、非行事実の存在は、まずプライバシーの深い領域に入り込む要保護性に関する調査・認定を許す糸口となり、当該非行事実と犯罪学的類型を異にするような認定を許さないという意味での内的関連

---

(17)　斉藤・前掲註5）713頁、全国裁判官懇話会「非行の軽重と処遇の相関性」判時1489号（1994年）12頁。なお、田中壮太「少年保護事件における非行事実と要保護性の関係」実務と裁判例209頁以下も参照。

(18)　正木祐史「20条２項逆送の要件と手続」検証と展望34頁を特に参照。

性を担保する機能を与えられるべきである。しかし、処分の選択そのものは、非行事実との内的関連性を保ちながらも、人間行動科学を踏まえた資質鑑別や社会調査の結果に基づく要保護性を基準として行われるべきである。その処分で具体的にどのような問題を解決しうるのかは、手続面の問題として、少年自身の十分な納得を得ることが不可欠である（⇒**91**）。

しかし、その上で、司法作用としての処遇選択として、少年法より上位の法規範であり価値検証も可能である憲法や条約で規整される価値判断を、いわば最終的な調整のために行いうると考える余地はある（⇒**96～97**）。具体的には、国際人権法上処分決定の指導原理として確認されている①比例原則、②最小限の自由制限の原則、③福祉目的の原則が指針となる（北京17.1）[19]。身体拘束処分は最終手段として補充性をもたなければならず、選択されるべき処分は、犯罪行為だけでなく行為者に関する状況やニーズに比例していなければならない（北京５条、17条）。社会のニーズが考慮されるとしても、それは長期的ニーズである（意見10号 para. 71）[20]。この価値序列から外れるような、軽微非行に対する身体拘束処分の選択は、実際にも少年の納得を得がたいばかりか、本人の意思や選択の外にある社会矛盾を個人に押しつける危険性が高く、根本的な解決にもなりにくいであろう。

⒆　少年司法と国際準則104頁を特に参照。

⒇　「非行事実が重大な場合には、少年の要保護状態が反応を抑制する方向で機能し、非行が軽微な場合は、非行事実の軽微さが国家的保護、とりわけ介入度の高い処分を抑制する役割を果たす」（斉藤・前掲註5）721頁）というのがその趣旨である。前野育三「司法福祉論と少年法」司法福祉の焦点38頁が「非行の重さは処分の倫理的限界を画し、要保護性は処分の必要性の限界を画す」と指摘しているのも同様の関心に立つものであろう。国際人権法のこうした考えが、これまでの経験や実証研究の蓄積の上で価値として確認されてきたものであることにも注意が必要であろう。

第9講　少年司法の人的対象(1)
——少年年齢と犯罪少年

●本講で考えること

前講（第8講）では、審判対象について検討しました。これは、家庭裁判所はどのような「物」について審判を行えばよいのかという、少年保護手続の物的対象の問題であるということができます。

それでは、家庭裁判所は一体どのような「人」について審判を行うことができるのでしょうか。言葉を換えれば、少年法が対象とする「少年」とは、一体誰のことをいうのでしょうか。

この問題は、少年保護手続の人的対象の問題であるということができます。少年法は、犯罪少年、触法少年、虞犯少年を審判に付すると定めています（少3条1項1号～3号）。本講では、少年保護手続の人的対象の問題として、少年年齢の基準と犯罪少年をめぐる問題について検討を加えることにします。

● Keywords
少年年齢の基準、行為時説、判断時説、犯罪少年、責任能力

1　審判の対象となる「少年」とは誰か

[1] 犯罪少年・触法少年・虞犯少年とはどのような少年のことをいうのか

132　少年法上の保護の対象　　少年法において「少年」は「二十歳に満たない者をい」う（少2条1項）ものと定義されている。その上で、①「罪を犯した少年」（＝**犯罪少年**）、②「十四歳に満たないで刑罰法令に触れる行為をした少年」（＝**触法少年**）、③特定の事由があって「その性格又は環境に照して、将来、罪を犯し、又は刑罰法令に触れる行為をする虞のある少年」（＝**虞犯少年**）が「家庭裁判所の審判に付する」少年とされている（少3条1項1号～3号）。①犯罪少年と②触法少年は、刑罰法令に触れる行為に及んでいる点では共通しており、年齢が異なっているだけである。それに対し、③虞犯については、将来犯罪に及ぶ危険性という状態が問題にされている点で、

【図１】犯罪少年・触法少年・虞犯少年

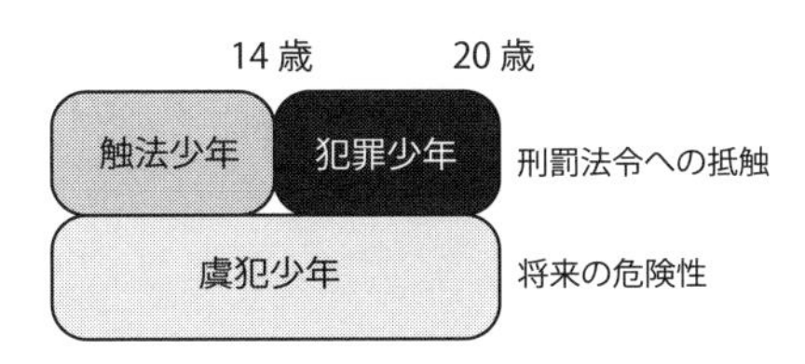

①犯罪少年や②触法少年の場合とは異なる（図１）。

133　旧少年法との比較からみた現行法の特徴　旧少年法は、保護処分をなしうる対象として、「刑罰法令ニ触ルル行為ヲ為シ又ハ刑罰法令ニ触ルル行為ヲ為ス虞アル少年」（旧少４条）を掲げた。それに対し、現行法は、「家庭裁判所の審判に付する」対象として、①犯罪少年、②触法少年、③虞犯少年を区別しており、特に前二者の相違を明確に掲げる体裁をとっている。

現行法は、規定形式として、保護処分の対象としてではなく、家庭裁判所の審判に付する対象としてこれらの少年を挙げている。ここには、旧少年法では制度として正面からは承認されていなかった不処分決定が現行法では認められたこと（少23条）など、体系的な制度変更の反映も窺われる。別言すれば、現行法は、実体的な保護処分のみならず、少年保護の手続過程自体をも保護の手段として重視しており、それを法的にも重くみているといえる（⇒**8**、**45**、**325**、**408**）。

［2］狭義の少年法で保護の対象となるのはどのような少年か

134　隣接領域における保護の対象　もっとも、少年年齢にある者の逸脱行為への対応は少年法のみによるわけでなく、広義や狭義の少年法にあたる他の法規範が、①犯罪少年、②触法少年、③虞犯少年のほかに保護の対象となる少年を規定していることがある（⇒**83**）。例えば、児童福祉法は、18歳未満の「保護者のない児童又は保護者に監護させることが不適当であると認められる児童」が「要保護児童」（児福６条の３）として福祉的措置の対象になることを明らかにしている。したがって、逸脱行為のある子どもが少年法３条１項各号に該当すると同時に、児童福祉法上の要保護児童であることはありうることであり、その場合には少年法と児童福祉法のどちらを優先的に適用すべきかが問題になる（⇒**173～174**）。

また、国家公安規則である少年警察活動規則は、①犯罪少年、②触法少年、③虞犯少年という「非行少年」には該当しないものの、「飲酒、喫煙、深夜はいかいその他自己又は他人の徳性を害する行為（…）をしている少年」を「不良行為少年」と、「犯罪その他少年の健全な育成を阻害する行為により被害を受けた少年」を「被害少年」と定義した上で（2条）、補導などの働きかけの対象としている。

特に少年警察活動規則上の「不良行為少年」の概念は、「非行少年」ではない少年への警察力を用いた前倒し的な介入と結びついている。警察力を用いた「保護」がどこまで許容されうるかは、法律のレベルで法的根拠が存在していないことや「保護」の両義性（⇒**86**）に鑑みると、少年の自由権・成長発達権保障の必要性との関係で重大な問題になる。

2　少年法上の「少年」とは何歳から何歳までの者をいうか。また、その基準となるのはどの時点か

［1］現行法の年齢規定にはどのような特徴があるか。また、少年年齢の上限と下限はどのようになっているか

135　現行法の年齢規定の特徴　旧少年法は18歳未満の者を「少年」と定義した上で（1条）、「刑罰法令ニ触ルル行為ヲ為シ又ハ刑罰法令ニ触ルル行為ヲ為ス虞アル少年」（4条1項）を保護処分の対象と定めていた。これと対比した場合、現行法は、犯罪少年と触法少年を区別するとともに、少年年齢の上限を20歳まで引き上げた点に特徴をもつ。

136　年齢の下限　少年法が適用される下限については明文規定がない。しかし、実務上は、11歳程度が保護処分の下限とされている[(1)]（11歳の少年の虞犯事件で審判を開いた上で児童自立支援施設送致とした例として、東京家八王子支決平17・9・9家月58巻7号82頁、同平17・7・4家月58巻7号76頁）。

137　年齢の上限　上限は、明文規定で20歳とされている。しかし、近

(1)　刑事責任年齢が14歳に設定された経緯については、渡邊一弘『少年の刑事責任』（専修大学出版局、2006年）を参照。

時、「日本国憲法の改正手続に関する法律」や法制審議会民法成年年齢部会の最終報告書は、18歳以上の者を投票権者や民法上の成年とした。これと歩調を合わせて、少年法適用年齢の上限を18歳未満に引き下げる構想がありえないわけではない。

少年年齢に関する歴史を振り返ってみれば、少年法改正構想や要綱は、治安維持の観点から18歳以上の青年層を少年司法制度から一定程度切り離すことを構想した（⇒**41〜42**）。しかし、法学や（児童）精神医学など多方面からの批判を浴び、この案は実現を阻まれている。

さらに歴史を遡れば、旧少年法は、欧州諸国を参照して少年年齢を18歳未満に設定した。しかし、その施行直後から、少年司法上の処分に犯罪予防の高い効果が期待できることを理由に、少年年齢の上限を引き上げるべきことが、法制定作業に深く携わった者から指摘されてきた[(2)]。その後、旧少年法の運用に直接携わった裁判実務家からも、検察官先議主義を少年審判所先議主義に改めるべきことと併せて、同様の事柄が主張された[(3)]。こうした議論の蓄積が、1942年の朝鮮少年令を経由して、現行少年法の少年年齢の上限設定に結実したと考えられる[(4)]。20歳という少年年齢の上限の設定は、歴史的な蓄積をもっているわけである。

子どもの権利条約や北京ルールズなどの国際人権法も、18歳未満の者を「子ども」と定義しているものの、少年年齢の上限引き下げを望ましいと考えているわけではない。

[2]「少年」年齢は何を基準とするか

138　考え方の分岐点　少年法上の措置の対象となる「少年」は、どの時点を基準とすべきであろうか。このことは、特に少年年齢の上限との関係で問題になる。ⓐ行為時やⓑ家庭裁判所の事件受理時が基準であると考えれ

---

(2)　泉二新熊「少年法の通過に際して（完）」法律及政治１巻２号（1922年）34頁。

(3)　司法大臣官房保護課編『少年審判所長矯正院長會同議事録（昭和十七年四月二十三日-二十四日）』（司法保護資料第30輯、1942年）66頁。もっともその背景には、戦時下における人的資源の供給の問題もあった。

(4)　森田宗一『砕けたる心 下』（信山社、1991年）119頁、中川衛ほか「［座談会］少年法50年を回顧して」ケ研126号（1971年）21頁。

ば、例えば、終局決定前の調査や審判の段階で少年が20歳に達した場合でも、家庭裁判所はなおその事件の管轄権を保持し、その者を保護処分に付すことができる。しかし、ⓒ処分時を基準とするとなると、この場合、家庭裁判所は成人年齢に達した者の事件の管轄権を失うことになる。

通説・実務は、ⓒ処分時説に立っており、当該裁判の時点まで20歳未満であることを求めている。そのため、先の例のような場合、家庭裁判所はこの「成人」事件の管轄権を失い、事件を検察官に送致する扱いになっている（＝**成人逆送**。少19条2項も参照）[(5)]。2013年の司法統計年報の数値によれば、業務上（重・自動車運転）過失致死傷、危険運転致死傷および道路交通法などを含まない刑法犯総数、特別法犯総数および虞犯の合計数値で、簡易送致事件などを除いた「少年保護事件」のうち365人が「年齢超過」で検察官送致となっている。また、検察官送致決定を受けた後刑事裁判所の審理中に20歳に達した場合、刑事裁判所は、この者に家庭裁判所移送決定（少55条）や不定期刑の宣告（少52条）をなしえないと解されている。

139　理論的検討　確かに、責任原理を1つの土台として制度構築しているドイツが年齢基準につき行為時説を採用していることを考えると、非行事実のみならず要保護性をも審判対象とする日本の通説・実務がⓒ年齢基準に関して処分時説をとっていることは自然にみえる[(6)]。検察官送致決定後の手続において、現行法が死刑や無期刑の緩和（少51条）に関して「罪を犯すとき」との表現でわざわざ行為時基準を明示していることも、この場合にのみ例外的に行為責任に焦点をあてたがゆえのこととも考えうる。また、少年保護手続に目を向けても、試験観察制度を採用するなどして刻一刻と変化し、動態的性格をもつ要保護性の把握に強い関心を寄せる現行法は、ⓒ処分時説

---

(5)　そのため、実務上「年齢切迫」事案は特に迅速に処理すべきものとされている。ただし、少年保護手続の抗告審は、基本的には事後審であるから（⇒**494**）、原決定時が年齢基準となる（最決昭32・6・12刑集11巻6号1657頁／家月9巻9号38頁）。同様の理由で、刑事裁判における控訴棄却時の基準も第一審判決時であるが（最決昭34・7・3刑集13巻7号1110頁／家月11巻9号124頁、最決昭29・6・30家月6巻7号89頁）、破棄自判時の場合は自判時となる（最判昭26・8・17刑集5巻9号1799頁）。しかし、この結論と理路が今日合理性をもつかどうかには、再検討の余地がある（⇒**597**）。

(6)　川出・入門講義④「審判過程（1）」法教337号（2008年）135頁を参照。

と馴染みやすい構造をとっているといえる。しかし、保護のためにいったん差し伸ばした手を形式的理由から引くことになるⓒ処分時説の帰結には、素朴な疑問がある。最高裁判所の裁判例によれば、刑事処分は保護処分と比べて一般的・類型的に不利益である（最判平９・９・18刑集51巻８号571頁／家月50巻１号166頁［調布駅前事件］）（⇒**502**）。これを前提にすると、処分時説では、制度に取り込んだ時点で少年であった若年者を形式的理由から類型的に不利益な処分にしか付しえなくなる事態が生じる。この枠組みでは、成人年齢切迫時に少年が十分に時間を掛けて事実関係を争ったり権利を主張したりすることができなくなるおそれもある。これでは、少年の手続参加権や成長発達権を十全に保障することが難しくなる。

こうしたことを考えれば、立法論として、法制審議会の中間答申のように、管轄権留保規定を設ける構想が出てくることはごく自然なことである[(7)]。また、近時、さらに進んで、適正手続保障の脈絡から、解釈論としてもⓒ処分時説によらない可能性を示す見解[(8)]が登場していることにも理由はある。

歴史を遡れば、ⓒ処分時を年齢基準とする見解は、旧少年法制定過程の初期段階から確認でき[(9)]、その理解が現行法にも継承されていると考えられる。現行法下で通説・実務が処分時説を採用していることには、歴史的にも理由があることになる。しかし、調査着手後に成人年齢に達したとしてもなおその者を保護の対象にすべきことが、旧少年法制定作業に最初期の段階から携わった者から主張されていたことにも、注意が必要である。その解釈論上の理由は、①18歳を超えても23歳に至るまで少年審判所は保護処分の取消し・変更ができること（旧少５条）と、②少年年齢を定めた旧少年法１条が基準を明示していないのは「各場合に依り一定すること能さるに因る」からであ

---

(7) 中間答申は、「送致の時に20歳未満の少年については、20歳に達した後も一定期間内は家庭裁判所において審判することができることとすること」を謳った。

(8) 岡田行雄「少年法における年齢超過逆送規定等の解釈について」熊法122号（2011年）308頁。もっとも、その歴史的な事実の理解と根拠づけには疑問が残る。

(9) 例えば、「少年犯罪ニ関スル法律案特別委員会」の第４回目会合（1914年３月１日）の谷田三郎発言（立法資料全集（上）331頁）。旧少年法下の大審院裁判例（大判昭15・10・31大刑集19巻728頁、大判昭10・11・16大刑集14巻1206頁、大判昭10・４・４大刑集14巻381頁、大判大４・２・５大刑集４巻39頁）も同様の理解に立つものであった。

ることに求められている[10]。①の理由は、そのままではないものの、少年院への収容継続を最長26歳まで家庭裁判所が決定する形で現行制度に継承されており（少院11条、新少院138条、139条）、②の根拠づけと同様の立法態度は、現行法2条1項に引き継がれているとみることができる。審判機関の管轄の基準年齢と要保護状態・処分の判断基準との結びつきも、相関はしても必然とまではいえないであろう。加えて、現行少年法の19条2項と23条3項が、少年法27条の2と同じく（⇒**513**）、戦後の混乱期における年齢詐称への対応策として、1950年の「少年法の一部を改正する法律」（法律第98号）によって設けられたという、そもそもの立法の経緯を確認しておく必要もある。問題の根本的な解決を図るためには、立法により管轄権留保規定を創設することが望ましいものの、解釈・運用論としても実質的考慮から少年審判機関の管轄権留保を認める可能性を否定すべきではない。将来、仮に立法により少年年齢が引き下げられる事態が起これば、こうした解釈・運用をとる必要性は、より一層高まることになる。

3　犯罪少年とはどのような少年のことをいうか

[1] 犯罪少年に関する現行法の規定の特徴はどこにあるか

140　旧少年法との比較　　先述したように、旧少年法は、「刑罰法令ニ触ルル行為ヲ為シ」た少年（旧少4条1項）との表現で、保護処分の対象として犯罪少年と触法少年とを区別せずに規定していた。それに対し、現行法は、犯罪少年について「罪を犯した少年」、触法少年に関して「十四歳に満たないで刑罰法令に触れる行為をした少年」と規定することで、刑事責任年齢である14歳（刑41条）を境界として、犯罪少年と触法少年とを明確に書き分けている。

---

(10)　泉二新熊「少年法の施行に際して」法曹会雑誌1巻1号102-105頁。少年年齢を20歳未満に据えることとともに行為時基準によるべきことは、花井卓蔵によっても主張されている（立法資料全集（上）365頁、367頁）。

[2] 犯罪少年に責任能力は必要か

(a) なぜ責任能力が問題になるのか

141 問題の構造 「犯罪少年」とは「罪を犯した少年」(少3条1項1号)のことをいう。刑法学上、「罪」は構成要件に該当し違法・責任が認められる(あるいは違法・責任阻却が認められない)場合に成立する。そのため、審判の対象となる少年のうち特に犯罪少年について、責任能力の要否が問題になる[11]。

①この条文の規定形式のほか、②保護処分の本質的性格に関する理解や③少年司法上の「保護」を用いた介入の許容(正当化)原理をどのように考えるかの違い(⇒**87~92**)を反映して、「犯罪少年」として審判の対象とするためにⓐ責任能力が必要であるという考え(責任能力必要説)とⓑ不要であるという説(責任能力不要説)が対立している。こうした見解の対立は、㋐これが欠ける場合でもなお「犯罪少年」として家庭裁判所はこの者に対し実質判断を行いうるかという管轄権の問題と、㋑処遇選択の条件や基準という2つの段階で問題になる。ⓐ責任能力必要説によれば、㋐管轄権を取得できるか否かという問題の段階で、責任無能力者は「犯罪少年」ではなくなる。それゆえに家庭裁判所は管轄権をもちえず、実質的な処遇選択判断を行うことなく審判不開始または不処分の決定を行うことになる。反対に、責任能力が肯定される場合、㋑処遇選択の段階でも「責任」が処遇選択原理として作用するのが必然ではないにせよ自然であろう。それに対し、ⓑ責任能力不要説は、責任無能力者についても家庭裁判所の管轄権を肯定することになる。

②保護処分の本質を不利益処分ととらえ、③侵害原理に基づき「保護」を許容(正当化)する立場は、それを本人が甘受しなければならない理由を求めるために(⇒**145**)、必然ではないとしても、ⓐ責任能力必要説と親和する。反対に、②保護処分を本質的には利益処分ととらえ、③パターナリズムを

---

(11) 親族相盗例(刑244条1項)などの処罰阻却事由は、犯罪の成立に影響しない。そのため犯罪少年としての扱いに支障はないと考えられている。養父が管理する金員の窃盗事案として長崎家決平19・9・27家月60巻3号51頁がある。なお、審判能力の問題は、理論上責任能力の問題とは区別されうる。飯野海彦「少年保護事件における審判能力について」『激動期の刑事法学』(信山社、2003年)511頁以下、山﨑俊恵「少年の訴訟能力と審判能力」法学69巻5号(2005年)67頁以下を参照。

「保護」の許容（正当化）原理ととらえる立場は、ⓑ責任能力不要説に馴染みやすい。

旧少年法とは異なり現行法が犯罪少年と触法少年を書き分けたこともあり、現行法下の学説としてはⓐ必要説が登場[12]した後、審判対象論の展開と並行してⓑ不要説が唱えられた[13]。その後、一方では適正手続保障や国家的介入への歯止めを重視する流れの上で、他方では厳罰化潮流や医療観察法の制定などの新しい動きの中で、少年司法制度における「責任」の位置づけが問題となっている。それと密接に関連するこの問題の重要性も増している[14]。

142　考え方の分岐点　それでは、各々の考え方の根拠は、どこにあるのであろうか。ⓐ責任能力必要説は、①「罪を犯した」という法律上の文言のほか、②保護処分が自由の制限を伴う点で不利益性をもつ以上、それを正当化するためには非難の契機が必要であることや、③責任無能力の場合に保護処分では対応が困難なことを根拠とする。他方、ⓑ責任能力不要説は、①現行法上の14歳以上・未満の書き分けは、児童福祉法との関係における手続の区別にすぎず、実体的な責任能力の問題とは関係しないこと、②刑事未成年者である触法少年や犯罪を構成しない虞犯が審判や保護処分の対象となることが条文上明らかであるにもかかわらず、犯罪少年だけに責任能力を認めることは体系性を欠くこと、③少年院法は「心身に著しい故障のある者」を医療少年院（新制度下では第三種少年院）の対象として予定しており（少院2条5項、新少院4条1項3号）、責任能力を求めていないと理解できることを理由としている。

ⓐ責任能力必要説の主たる狙いは、国家的介入の根拠を明確にし、過介入への歯止めの契機を確保することにある。それに対し、ⓑ責任能力不要説は、処遇の選択可能性をできるだけ広く家庭裁判所に残しておくことを意図しており、責任能力の要否の問題を処遇論の脈絡でとらえる傾向にある。ⓐ責任

---

(12)　柏木・概説41頁、市村32頁、團藤＝内藤＝森田＝四ツ谷90頁［森田宗一］など。

(13)　裾分一立「要保護性試論」家月5巻4号（1953年）24頁、入江正信「少年保護事件における若干の法律問題」家月5巻7号（1953年）30頁、平井哲雄「非行と要保護性」家月6巻2号（1954年）4頁など。

(14)　学説・実務の展開については、特に多田周弘「非行と責任能力」判タ996号（1999年）324頁以下、三宅孝之「少年審判における責任能力」同志社法学56巻6号（2005年）586頁を参照。

能力必要説では、責任能力がない場合、それだけで「家庭裁判所審判に付する」ことはできず、処遇に関する実質的な検討ができないことになる。そうなれば不都合が生じる、とⓑ責任能力不要説は考えるわけである。両説は捜査機関の事件送致義務にも影響を与えると考えられる。家庭裁判所への事件送致前に少年に責任能力がないことが明らかになったとき、ⓐ責任能力必要説では、この少年が「犯罪少年」とならないために、捜査機関が家庭裁判所への事件送致を行わないことが許されることになりそうである。それに対して、ⓑ責任能力不要説では、捜査機関がなお事件送致義務を負うことになろう[15]。

もっとも、近時は、これらのうちのどちらかを徹底するものは少なく、相互に修正の上、歩み寄りがみられる。一方で、ⓐ責任能力必要説から出発し、触法・虞犯少年にも共通する実質的な弁別・制御能力を求める見解[16]がある。他方で、ⓑ責任能力不要説に軸足を置きつつ、要保護性要素として「展望的責任」（保護処分による特別抑止を期待できる条件）や「刑罰適応性」とパラレルの「保護処分能力」を求める考えがある[17]。

(b) 責任能力に関して裁判例はどのように理解しているか

143　責任能力必要説の裁判例　心神喪失状態で殺人や傷害（致死）に及

⒂　関連して、捜査機関が家庭裁判所に事件を送致する前の段階で、責任能力の有無を確認するために、鑑定留置（刑訴224条、167条）の実施が、形式上は可能である。他方、家庭裁判所も事件受理後に鑑定を行いうる（少14条）。前者は、家庭裁判所による検察官送致（少20条）が行われた場合に備えて、責任能力に焦点をあてるものである。必然ではないものの、ⓐ責任能力必要説の立場であれば、前者の措置が重要なものとなるのに対し、ⓑ責任能力不要説の立場では、後者の措置が望ましいことになろう。家庭裁判所の事件受理後であれば、少年鑑別所による資質鑑別や家庭裁判所調査官の社会調査と並行させて鑑定を行いうる。児童精神医学の特質を考えても、後者の措置を原則と考えるべきであろう。

⒃　團藤＝森田49頁、東海林保「少年保護事件における責任能力をめぐる諸問題」家月48巻５号（1996年）15頁、佐伯仁志「少年法の理念」あらたな展開44頁など。

⒄　阿部純二「少年法三条一項一号の犯罪少年及び同項三号のぐ犯少年と責任能力との関係」家月35巻１号（1983年）159頁以下、岩井宜子「犯罪少年と責任能力」『田宮裕博士追悼論集 下巻』（信山社、2003年）671頁以下、町野朔「保護処分と精神医療」あらたな展開85頁以下、丸山雅夫「少年法における保護処分と責任要件」中谷陽二編『精神科医療と法』（弘文堂、2008年）85頁以下、小西和暁「『非行少年』と責任能力（3・完）」早稲田法学86巻４号（2011年）105頁、澤登・入門90頁など。

【図2】責任能力必要説・不要説・適合性必要説

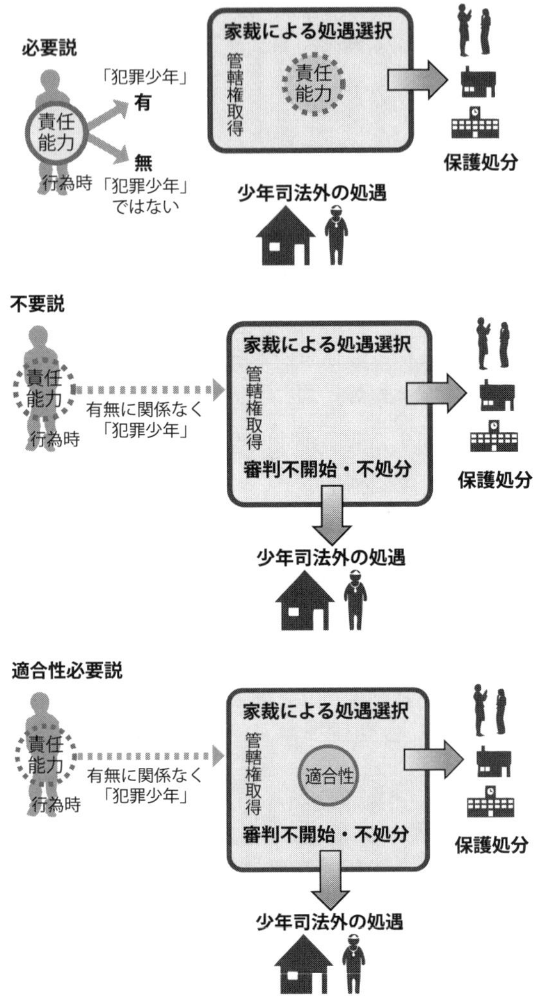

んだ事例に関する比較的最近の裁判例でも、見解が分かれている。ⓐ責任能力必要説の立場では、責任無能力の事案は、「審判に付することができ」ない場合（少19条1項、23条1項）にあたることになる。そのため、審判不開始や不処分の決定を行うことになる。審判不開始とした裁判例には、同時に精神保健福祉法上の措置入院（29条）の措置をとったもの（長崎家決昭63・

3・30家月40巻9号144頁、大阪家決昭42・3・13家月19巻12号80頁）と、入院措置をとったか否かは決定書からは不明なもの（福島家郡山支決平4・9・14家月45巻7号86頁）がある。また、不処分となった事案では、措置入院の措置をとった裁判例（静岡家決平7・12・15家月48巻6号75頁、岡山家決平7・3・27家月47巻7号196頁、広島家尾道支決昭60・4・25家月37巻10号131頁）のほか、同意入院の措置をとったもの（新潟家長岡支決昭39・8・6家月17巻3号79頁、津家決昭38・5・31家月15巻11号159頁）がある。入院措置がとられたか否かが決定書からは不明なものもある（金沢家決平12・10・18家月53巻3号100頁、大阪家決平10・12・14家月52巻10号102頁、神戸家決昭56・10・15家月34巻7号101頁［責任無能力を理由に虞犯性も否定］）。

このように、裁判例では、ⓐ責任能力必要説の立場をとる場合でも、実際には同意入院や措置入院の措置がとられている例が多くみられる(18)。

144　責任能力不要説の裁判例　他方、ⓑ責任能力不要説に立つ裁判例もある。医療少年院送致としたもの（東京家決昭60・1・11家月37巻6号96頁、盛岡家決昭34・5・19家月11巻7号86頁）のほか、「保護不適」と判断した上で遡って審判開始決定を取り消したもの（大阪家決平7・2・10家月47巻7号206頁）がある。また、ⓑ責任能力不要説に立った上で、不処分決定を行い、措置入院の措置をとったもの（松江家決昭39・4・21家月16巻8号138頁）や、試験観察後不処分としたもの（宇都宮家足利支決昭36・9・30家月14巻1号145頁［酩酊による意識混濁］）もある。

(c) 責任能力に関する問題はどのように整理できるか。また、責任能力の要否をどのように考えるべきか

145　責任の本質論　前提となるところから問題を整理しておこう。刑事司法の領域において（「犯罪」成立の要件として）責任能力が求められるのは、不利益処分たる刑罰を科するには、自らの自由な意思選択に基づいてあえて犯罪行為に及んだ、という「非難」を甘受すべき相応の事情の存在が必

---

(18)　反対に、これらの精神保健福祉法上の措置をとることができるがゆえに、ⓐ必要説に立っても実際に問題が生じることはないという実質的な思考も、裁判例からは窺われる。

要であると考えられるためである。責任能力が、事物の是非を弁識できる弁別能力とそれにしたがって行動できる能力である制御能力の両方がある場合に肯定されるのは、そのためである。そして、この責任能力判断にとって決定的に重要なのは、この能力が果たして犯罪行為時に存在していたか、ということである。犯罪行為時に焦点があてられるのは、責任能力が、他の行為を自らの意思で選択することが可能であったにもかかわらず、あえて犯罪行為に及んだという非難を甘受しなければならない事情があるか否かを問題にしているからである。

このことからも分かるように、ⓐ責任能力必要説が求めている責任能力は、元々は、行為時に存在すべきものである。ⓐ責任能力必要説は、まさに不利益処分を甘受すべき実体的要件として責任能力の問題をとらえているといえる。それに対し、ⓑ責任能力不要説から出発している見解がいう「展望的責任」や「保護処分適合性」は、保護処分を課することで将来立ち直ることができるかといったことや、保護処分として準備された処分で処遇が可能かということを問題とするわけであるから、必ずしも行為時に焦点をあてるわけではなく、むしろ審判時や処分決定時にこそ、存在することが求められるものである。この意味で、ⓐ責任能力必要説でいう「責任」とⓑ責任能力不要説におけるそれとは、言葉としては同じであっても、本来は判断時点も、概念の内容も異なっている。

この違いは、保護処分の本質的性格に関する理解の差から生じている。確かに、保護処分といえども、自由の制限を伴ったり、社会的に負のレッテル貼りを生じさせたりするなどの点で、社会事実のレベルでは不利益性をもっていることが否定できない。また、こうした意味での保護処分の不利益性を前提として、それを甘受しなければならない事情を求めることは、少年本人の納得を考えても重要である[19]。この脈絡において責任能力を求めることは、十分に検討に値する。しかし、理念としていえば、保護処分は、少なくとも中長期的にみれば利益処分であるべきものである。少年本人の納得も、責任

---

(19)　こうした観点から責任能力必要説に立つものとして、特に三島聡「責任能力」法セミ551号（2000年）24頁を参照。

能力の存在を認めなければ得られないというものでもないであろう。むしろ、不利益処分の甘受ということを強調するあまり、責任能力さえ認められれば子どもの声を聴く必要はないという自足に陥る危険性があることには注意が必要である（⇒90〜91）。本書では、犯罪行為の時点に存在が求められる刑事司法領域と同様の「責任能力」は必要ないと理解しておきたい。

146　家庭裁判所の管轄権の問題　　その上で、㋐管轄権取得の問題を考えてみれば、㋑処遇選択の局面で、少年が抱える問題に対応できる医療・教育措置を幅広く検討できるようにしておくためには、いわば「入口」にあたる㋐管轄権取得の問題の段階で、対象を狭く絞らずに保護処分の可能性まで留保し、各種処遇の比較と有効性判断を行う余地を残すことが望ましい。裁判例の事実関係を検討してみると、被害者が実（祖）父母で、医療上の問題のほかに監護者の確保や保護環境の調整が課題となったケースが少なくないことが窺われる。社会資源や社会関係資本の調整を少年司法の重要な役割と考える立場（⇒72）からは、ⓑ責任能力不要説が妥当ということになる。

147　処分選択の問題　　㋑処遇選択の問題を考えた場合、責任を処遇選択の原理として取り込むことは、触法少年や虞犯少年の扱いを考えても体系性を欠く。もっとも、過介入への歯止めの必要性というⓐ責任能力必要説の狙いは傾聴に値する。ただ、それは㋐管轄権取得の局面では難しいものの、㋑処遇選択段階における、有効性判断後の身体拘束処分の補充性・最終手段性を内実とする実体的な相当性判断（⇒131、406）で担いうる役割であるともいえる。少年司法による保護の前提としては、処遇が有効に働きうる適合性があれば足りるという考えが妥当であろう。

[3] 心神喪失者等医療観察制度はどのような制度か。また、少年はこの制度の対象に含まれるべきか

148　医療観察制度の概要　　責任能力の要否は、政策論や立法論としては医療観察制度のあり方とも関連する。医療観察法は、重大な他害行為（殺人、放火、強盗、強姦、強制わいせつ、傷害）に及び、心神喪失や心神耗弱を理由として刑法39条１項により無罪の確定裁判を受けた者や同条２項により刑を減軽する旨の確定裁判を受けた者を対象としている（２条)。しかし、

この制度の対象として、少年保護手続にある少年は除外されている。その理由は、①保護処分では医療的な処遇の必要性も考慮されており、②成人と異なり一般に親などの親族による適切な保護が期待でき、③精神障がいも初期の段階で不確定である場合が少なくなく、保護者から引き離す必要はないことに求められている[20]。

149　責任能力の要否をめぐる議論への影響　将来の可能性も含めて、少年を医療観察制度の対象とするか否かは、（犯罪）少年の責任能力の要否をめぐる議論にも影響を及ぼすと考えられる。仮に少年に対して医療観察法を適用する途が開かれるのであれば、精神保健福祉法上の入院措置のほかにも処遇措置が存在しうることになるため、ⓐ責任能力必要説に立ったとしても、選択しうる処遇措置の幅が拡がるようになると考える余地がある[21]。それに対して、ⓑ責任能力不要説の核心は、少年に対する最適な処遇選択の必要性をいう点にある。この点は、医療観察制度の適用可能性が出てきたとしても変わるところがない。こうした安定性をとらえて、ⓑ責任能力不要説の妥当性が、さらに強くなることを指摘する見解もある[22]。

150　照らし映される問題の前提　この問題は責任能力の要否をめぐる議論をさらに複雑にするようにみえるものの、却って責任能力や医療観察法をめぐる議論の前提を明らかにする側面をもつ。

その前提とは、第1に、責任能力判断の枠組みである。医療観察制度では、疾病性・治療可能性（治療反応性）・社会復帰（阻害）要因を踏まえて医療の

---

(20)　白木功ほか「『心神喪失等の状態で重大な他害行為を行った者の医療及び観察等に関する法律』の解説」『「心神喪失等の状態で重大な他害行為を行った者の医療及び観察等に関する法律」及び「心神喪失等の状態で重大な他害行為を行った者の医療及び観察等に関する法律による審判の手続等に関する規則」の解説』（法曹会［刑事裁判資料284号］、2013年）29-30頁（註5）。ただし、検察官送致決定後に刑事裁判所に起訴された少年に関しては医療観察法の適用可能性が残るものと理解されている。

(21)　コンメンタール少年法［加藤学］89頁を参照。もっとも、医療観察法上の通院・入院措置は、精神保健福祉法上の入院措置に優先されるため（精神保健福祉44条）、単純に選択肢が増えるわけではない。また、そもそも医療観察法で想定される医療措置が、未成年者に適合するのか、そのための確定診断をなしうるかという精神医学上の問題は、なお残る。

(22)　柴田雅司「犯罪少年と責任能力の要否についての一考察」『現代刑事法の諸問題 第1巻』（立花書房、2011年）441頁。なお、廣瀬健二「非行少年（1）」判タ1200号（2006年）89頁も参照。

必要性が判断されるが、その前提となる弁別・制御能力判断の実務上の枠組みは、統合失調症を典型的なモデルとしている。そのため、アスペルガー症候群などの場合には、これらの能力の限定が「著しくない」との理由で責任能力が肯定されることが多い(23)。自閉症スペクトラム障がい（広汎性発達障がい）や知的障がいなど、この議論の範疇に入りにくい問題への対応にも本来は目を向ける必要がある。

第2に、治療と教育の関係である。医療措置課程や特殊教育課程をもつ（医療［第三種］）少年院では、統合失調症のみならず知的障がいや自閉症スペクトラム障がいへの対応として治療と矯正教育が同時に行われている。これは医療観察法上の指定入通院医療機関とは必ずしも共通していない特性である。両者を比較するとしても、治療だけでなく矯正教育の側面にも光をあてる必要がある。

医療観察制度の是非を含めて、問題の背後には、保安処分論争のほか精神科緊急医療や児童精神医療体制の問題がある。社会的入院の問題に象徴されるように、社会資源の確保や社会関係資本の整備は、少年司法のみならず精神科医療においても重大な課題であり、収容処分のあり方を考える際にも日常の社会生活を支える資源の保持・確保の視点をもつことが不可欠である。

---

(23) 浅田和茂「刑事責任能力と発達障害」浜井浩一＝村井敏邦編『発達障害と司法』（現代人文社、2010年）141頁を参照。そのため少年の刑事裁判においては、責任能力は別に、期待可能性の有無が一段と重要な問題になる。

第10講　少年司法の人的対象(2)
——虞犯少年

●本講で考えること

前講（第９講）では、少年保護手続の人的対象のうち犯罪少年について検討を加えました。しかし、少年法３条１項は３種類の人的対象を掲げており、犯罪少年のほかに触法少年と虞犯少年も少年保護手続の対象になることを示しています。このうち虞犯少年については、犯罪少年や触法少年とは異なる特性をもつことから、「わが少年法制上の難所であり、同時に喜望峰」[(1)]であると評されることがあります。

それでは、虞犯少年は、どのような点で、犯罪・触法少年の場合とは異なっているのでしょうか。また、虞犯少年をめぐる問題はどのような点で「難所」であり、また「喜望峰」であるのでしょうか。

本講では、虞犯少年をめぐる問題を取り上げて検討を加えます。

● Keywords
虞犯少年、虞犯事由、虞犯性、横断的同一性、縦断的同一性、虞犯の補充性、虞犯の吸収

1　虞犯少年に関する現行法の特徴はどこにあるか

[1] 犯罪少年や触法少年と比べて虞犯少年に関する規定にはどのような特徴があるか

151　将来のおそれへの着目　　犯罪少年や触法少年と比べた場合の虞犯少年の特徴は、将来における犯罪・触法行為のおそれを問題にする点にある。要保護性に関する議論でみたように（⇒**123～127**）、元々少年法は将来における犯罪の危険性に強い関心を向けている。しかし、その上でも、前二者は非行事実として過去の行為という「点」に着目するのに対し、後者は危険な状態＝行状という「線」や「面」に着眼している。

---

(1)　全国裁判官懇話会「ぐ犯の今日的状況と課題」判時1425号（1992年）20頁［森田宗一発言］。

こうして将来の危険性との結びつきで行状に焦点をあてる場合、それを判断するための根拠が問題になる。そこで現行法は、①３条１項の柱書で「その性格又は環境に照し」た場合のおそれを求めると同時に、②同条同項のイからニの事由がなければならないことを明らかにしている。①を**虞犯性**、②を**虞犯事由**という。また、この２つを併せて**虞犯構成要件**と、これを根拠づける事実を**虞犯事実**と呼んでいる。①と②を併せた虞犯構成要件は、犯罪少年事件・触法少年事件における非行・触法事実にあたるものである。

[2] 虞犯少年に関する規定にはどのような歴史があるか。また、現在の制度は国際人権法からどのように評価されるか

152 旧少年法との比較　虞犯は、旧少年法でも保護処分の対象とされた（４条)。しかし、要保護少年をも少年裁判所の管轄に含めたアメリカ法の影響もあり、旧法に虞犯事由はなく、虞犯性のみが規定された。そのため、実際に審判にあたった少年審判官から「審判密行主義」と相俟って専断の危険性があることが指摘されもした[2]。現行法は、虞犯事由をも求めているが、虞犯性判断が将来の危険性を予測する本質をもつ点では旧法と変化がない。

他方、旧少年法は、保護処分のうちのいわゆる「継続的処分」(保護団体等委託、保護観察、感化院送致、矯正院送致、病院送致・委託）に虞犯少年を付す場合に、保護者の承諾を求めた（旧少55条)。これは家父長制の思想に支えられていたと考えられる。しかし、特に身体拘束処分を慎重にさせる仕組みを置いたという点では、現在なお示唆に富んでいる。

153 国際人権法からみた虞犯　国連子どもの権利委員会（CRC）は、2004年１月30日付の日本政府報告書に対する第２回審査の総括所見（CRC/C/15/Add. 231）において、「評判のよくない場所に頻繁に通うなどの問題行動を示す子どもが罪を犯した少年として扱われる傾向がある」ことに懸念を示し（para. 53)、「問題行動を抱えた子どもが犯罪者として取り扱われないことを確保すること」(para. 54（f））を勧告している。虞犯少年の扱いとも密接に関係するこの勧告は、前犯罪的な問題行動に対する手厚い福祉的対応

---

(2)　齋藤法雄「少年審判制度論」少年保護６巻３号（1941年）46頁。

【図1】家庭裁判所の終局処分 虞犯

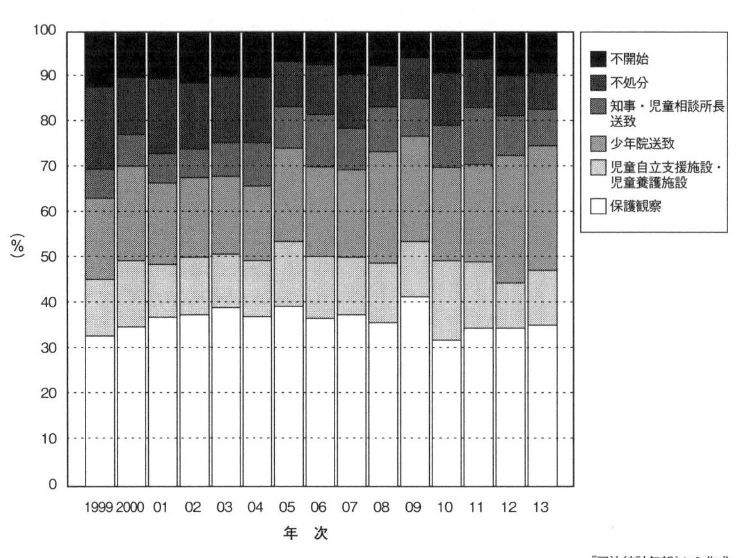

『司法統計年報』から作成

を求めたものと理解される。

2　虞犯制度の運用にはどのような特徴があるか。また、虞犯をめぐってどのような政策的課題があるか

[1] 虞犯の実務運用はどのようになっているか。また、その特徴はどこにあるか

154　家庭裁判所の事件処理　2013年の司法統計年報で家庭裁判所係属の虞犯事件の処理をみてみると、その特徴は、まず、終局処分にある。総数では、審判不開始と不処分が終局処分中63.7％に達する。しかし、虞犯ではこれらの処分が少ない反面（16.9％）、保護観察と少年院送致（35.9％と27.4％）の割合が高い（図1）。次に、虞犯では、観護措置（80.5％）や試験観察（15.7％）の割合が比較的高い。しかし、その反面、近年こそその値は高くなりつつあるものの、身体拘束処分と比べて弁護士付添人の選任率が高いとはいえない（71.4％）（図2を参照）。

人に着目した場合の特徴としては、女子（総数中43.2％）と年少者の割合

【図２】虞犯事件の処理（2013年）

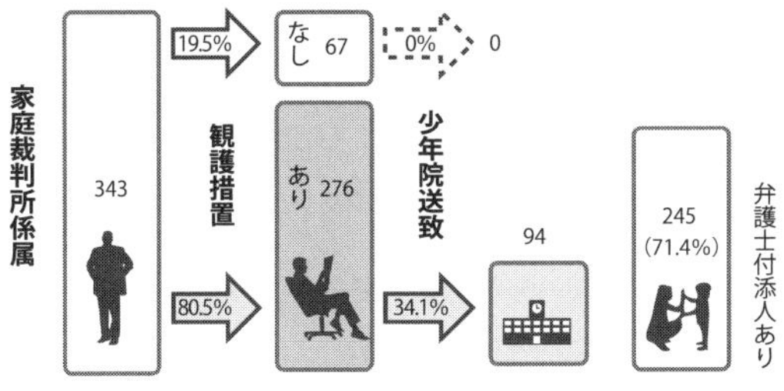

【図３】虞犯の家庭裁判所終局人員と女子比

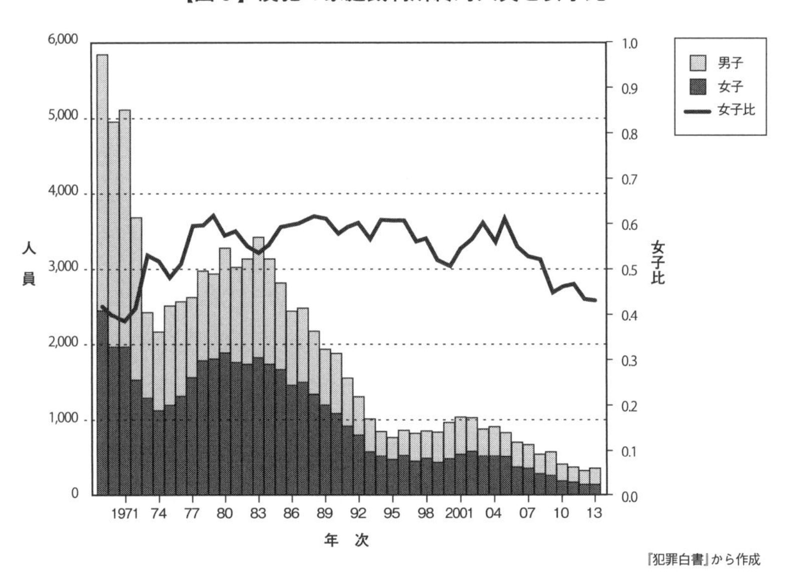

『犯罪白書』から作成

が高い（15歳以下が52.1％［女子少年総数中では51.4％］）（図３）。

155　実務運用を支える考え　　虞犯は犯罪を構成するものではない。そのため、施設内処遇を含めて保護処分が多用されていることを、他害という意味での非行結果の重大性を理由とした社会防衛的な運用の結果と解釈することは難しい。むしろ、処分決定にあたって保護的な思考が発揮されており、子どもが保護を要する状態にあること（＝要保護性）を重視する考えが、こうした運用に反映されていると理解すべきであろう。少年院送致の割合が高いことも、生活全体を教育的に包摂することで乱れた行状に規律を与える必要性が高い事例の多さを示唆していると理解できる。観護措置率の高さは、家出などにより緊急保護の必要性が高かったり、虞犯の背後にある問題を人間行動科学の知見により把握する必要性が高いと判断されたりする事案が多いことを表していると解釈できる。試験観察の割合が比較的多いことは、それだけ要保護性の解消手段の見極めが必要な事件が多いと理解可能である。女子少年や年少少年の割合が高いことも、同様の理由から、少年司法の保護的側面が強く前面に出ていると考えられる[(3)]。

もっとも、虞犯においては将来の予測判断が前面に出るだけに福祉機能が危険性除去と同視されれば、社会防衛のための措置に容易に転化する危険性をも有している。

[2] 虞犯の性格はどのように理解されるべきか。また、虞犯にはどのような制度上・運用上の課題があるか

156　虞犯に対する介入の許容原理　　このような特性をもつ虞犯への司法的介入は、非行の自損的側面（⇒**88**）や「社会的に危険な状況におかれた子ども」への危機介入（⇒**60～63**）、少年司法の福祉的性格を強調する場合には、積極的に評価されうる[(4)]。しかし、非行のエピソード性や予測判断の危うさ、公的介入による烙印押し（スティグマ）・ラベリング、そして少年司法の司法的性格を前面に出す場合、慎重に評価されるべきものとなる。少年司法による介入の許容根拠に引きつければ、前者はどちらかというと保護原理・パターナリズムと、後者は侵害原理となじみやすく（⇒**87～92**）、後者の立場を徹底すれば、立法論としては虞犯廃止論にまで至りうる[(5)]。

多くの虞犯少年が生活環境において社会資源や社会関係資本、ライフチャ

---

(3)　女子少年の場合、相対的にみて家出（20%、男子少年も含めた総数の場合14.1%）と「不純異性交遊」（同様に9.3%と5.2%）の割合が高い。これらの場合、被害者性を強く帯びる形態が多いと推測されるが、ジェンダー・バイアスの存否も検証の必要があろう。虞犯の特性については、やや古いものの、荻原由美子ほか「ぐ犯保護事件における『ぐ犯性』について」家月33巻7号（1981年）138頁、澤田直子「女子虞犯少年の特質」犯社7号（1982年）186頁を特に参照。

(4)　澤登俊雄「虞犯と少年法の基本的性格」『刑事法学の歴史と課題』（法律文化社、1994年）546頁。

ンスに恵まれていないことをとらえれば、虞犯は福祉領域における国家による成長発達権保障義務の不履行の反映ともみられる（⇒**83、91、99**）。例えば少年院を用いた「危機介入」も、窮極的には社会環境の調整や社会資源・社会関係資本の蓄積を伴わなければ、却って再犯リスクを高めることになりかねないことから、社会の中での自立に向けた支援過程の一環ととらえることが必要になる（⇒**72～73、78～79**）。終局処分中保護観察の割合が高いのも、経験上このことが知られているからであろう。CRCの勧告をも考え併せれば、虞犯は本来福祉により対応すべきであるという虞犯廃止論の主張は重く受け止められる必要がある。

しかし、その上でもなお、少年司法も責任原理で根拠づけるという虞犯廃止論の前提には疑問がある（⇒**115～116、145**）。現実的な効果として、虞犯が廃止された場合、排された司法的介入の空隙を行政警察活動で埋める可能性が高く、非行統制活動のコントロールが却って不透明なものにならないかも懸念される（⇒**198～199**）。

保護原理・パターナリズムの立場をとる場合でも、否、この場合にはなおさら、前司法的措置として福祉的対応を手厚くする必要がある。そしてこの立場でも、介入対象が曖昧であってよいわけではない。その外延を可能な限り明確に画するとともに、司法的介入による措置を現実的に少年の利益にすることが必要である。「保護」という言葉を口にするだけで介入措置が利益処分になるわけではない。そのため、個別的な介入においても、実体的には最善の利益原則による、手続的には参加原則による担保が必要になり、身体拘束処分は最終手段でなければならない（⇒**61、91**）。

157 制度運用上の課題　具体的な運用としては、年少者が多いことを考えても、少年院送致などの施設収容処分にあたっては必ず試験観察（少25条）を経ることが求められる[(6)]。虞犯の場合、本人の選択によらない環境の問題が大きく反映していると考えられるところからすれば、環境調整活動と、

---

(5) 前野育三「保護処分における非行事実と処分の重さ」関学43巻4号（1992年）233頁、佐伯仁志「少年法の理念」あらたな展開53頁。もっとも、これらの虞犯廃止論の歴史的文脈と意味合いは異なっている。

(6) 服部＝佐々木127頁。

手続における本人の納得を尽くす必要性はとりわけ高い。そのため、弁護士付添人の関与も不可欠である。観護措置も含めた身体拘束時には必要的に弁護士付添人が国費で選任される制度（国選弁護士付添人制度）が検討されてしかるべきである[(7)]（⇒**657**、**663**）。

3　虞犯にはどのような実体法的な問題があるか

[1] 虞犯少年に責任能力は必要か

158　虞犯の責任能力　　実体法的問題としては、犯罪少年の場合（⇒**141**）と連動して、虞犯についても責任能力の要否が問題になる。裁判例には、犯罪少年に責任能力が必要であることを前提として、虞犯行為そのものに責任能力は必要ないものの、将来犯すことが予測される「罪」には有責性が必要であると理解して、虞犯性を否定したものがある（神戸家決昭56・10・15家月34巻7号101頁）。予測判断に枠をはめる問題意識をもつ点で積極的な評価を与えうる考えではあるものの、虞犯性（⇒**151**）が導かれるのは「将来罪を犯し、又は刑罰法令に触れる行為をする虞」という文言からであることを考えれば、（触法少年に対しても責任能力が必要であるとの前提に立たないのであれば）解釈としては苦しいであろう。犯罪少年や触法少年の場合と同様に（⇒**145**～**147**）、（行為時に存在すべきものとされる）責任能力は不要であり、処分決定における適合性が問題になると考えるべきであろう。

[2] 虞犯少年というために必要な虞犯事由とは何か。また、虞犯性とは何か

159　虞犯事由　　虞犯は将来の危険性という予測判断を本質とする。そのため、介入対象の外延の明確化・客観化が不可欠である。

少年法3条1項のイからニに掲げられた虞犯事由は、審判機関を司法機関である家庭裁判所にした現行法で登場したという歴史的経緯からいっても、例示ではなく限定列挙であると解されなければならない。

最高裁判所の裁判例では、「保護者の正当な監督に服しない性癖」や「自

---

(7)　虞犯事案の付添人活動の実践例として、川村百合「性非行と家族病理」刑弁36号（2003年）152頁以下、五嶋俊信「試験観察に関わる活動」刑弁46号（2006年）98頁以下。なお、第四次改正を経てもなお、虞犯は国選弁護士付添人制度の対象に入れられていない（⇒**655**、**657**）。

己又は他人の徳性を害する行為をするおそれ」は過度に広範で不明確ではないと判断されている（最決平20・9・18家月61巻2号309頁）。それでもなお、規範的要素が含まれていることは否定できず、概念を可能な限り明確化していくことが課題になる。

160　虞犯性　同様の文脈で、虞犯性判断において予測される「罪」や「刑罰に触れる行為」の具体性・特定性が問題になる。学説は、適正手続論の浸透や非行事実の重視傾向にしたがって、ⓐ一般的な犯罪の蓋然性で足りるという考え(8)から、ⓑ具体的な犯罪の予測まで必要であるという考え(9)、あるいはⓒ刑事学的・犯罪学的な犯罪類型として予測できればよいという考え(10)へと変遷してきている。ⓐ一般的な犯罪の蓋然性説では、虞犯性を認定する際に、当該少年が将来何らかの犯罪に及ぶおそれがあればよいことになる。それに対し、ⓑ具体的犯罪説であれば、例えば「窃盗」や「傷害」のおそれが必要になる。ⓒ刑事学的・犯罪学的な犯罪類型説であれば、「財産犯」や「粗暴犯」といった類型で将来のおそれをとらえることになる。

ⓐ一般的な犯罪の蓋然性説では、虞犯に介入する際の明確性が、少なくとも実体的には十分に担保されないおそれがある。他方、現在の人間行動科学の水準からみれば、虞犯性判断を完全に科学法則に基づいて行うことは困難であり、経験則に基づくほかないと考えられる。そのため、科学的知見の積み上げを前提にしたとしても、ⓑ具体的犯罪説まで求めることは困難である。結論としては、ⓒ刑事学的・犯罪学的類型説が妥当であろう。近時の裁判例でも、ⓐ一般的な犯罪の蓋然性では足りないことを指摘した上で、例えば「窃盗『等』」という記載をとるものがある（不処分事案として、松山家西条支決平14・5・14家月54巻10号72頁、東京家決平12・10・3家月53巻3号106頁）。

[3] 虞犯事由、虞犯性、要保護性はどのような関係に立つか

161　問題の構造　先述の通り、虞犯性と虞犯事由をあわせたものを虞

---

(8)　阿部純二「虞犯少年の法的考察」家月13巻9号（1961年）10頁、平場・新版104頁。

(9)　内園盛久ほか『少年審判手続における非行事実認定に関する実務上の諸問題』（司法研究報告書37輯1号、1987年）21頁。

(10)　豊田健「虞犯をめぐる二、三の問題」家月29巻7号（1977年）10頁を特に参照。

犯構成要件と呼ぶ（⇒**151**）。この虞犯構成要件は、非行事実に関係するものであり、犯罪・触法少年事件でいう犯罪事実・触法事実にあたる。したがって、要保護性と非行事実をともに審判対象とする通説的理解（⇒**120～121**）を前提とすれば、虞犯事件では要保護性とならんで、虞犯性と虞犯事由の証明と認定が必要になる。そうすると、①共に予測判断を本質とする虞犯性と要保護性の関係と、②予測とその根拠という脈絡で虞犯性と虞犯事由の関係が問題になる。

162　虞犯性と要保護性の関係　①虞犯性と要保護性の関係に関しては、現行法施行から間もない時期に審判対象が問われる中で、虞犯性の要保護性への解消を試みる見解もあった[11]（⇒**119～120**）。しかし、条文構造上非行事実の要件としての虞犯性は要保護性と区別されるべきことや、虞犯性は虞犯事由存在時で、要保護性の犯罪的危険性（累非行性）は処分決定時で判断されるべきことから[12]、現在では両者を区別する考えが一般的である。

163　虞犯性と虞犯事由の関係　②虞犯性と虞犯事由の関係については、ⓐ虞犯事由は虞犯性の徴標・類型であり、前者に該当する事実の存在により後者が推定されるという考え[13]がある。この立場をとれば、家庭裁判所は虞犯事由を認定すれば虞犯性を独立させて積極的に認定する必要がなくなる。しかし、少年側から推定を破る事実が証明されない限り虞犯性が認定されることになるというのでは、少年側に多大な負担をかけることになる。「保護」とはいえ国家介入を許すか否かが問題となる局面なのであるから、虞犯性の認定は積極的になされなければならないはずである。他方、この場合、虞犯事由は虞犯性の徴標・類型にすぎないから、虞犯性を推定させる虞犯事由以外の事実関係からも虞犯性が認定される余地が残ることになる[14]。そうすると、虞犯構成要件の事実認定が総体としてゆるくなる事態が生じえ、虞犯事由が限定列挙と理解されている趣旨が没却されるおそれが生じる。

⑾　裾分一立「要保護性試論」家月5巻4号（1953年）22頁。

⑿　コンメンタール少年法92頁［加藤学］。

⒀　阿部・前掲註8）7頁。

⒁　実務講義案36頁は、実務上虞犯性認定は広く虞犯事由以外の事実も考慮に入れて判断していると指摘する。

結論としては、ⓑ虞犯事由が形式で虞犯性が実質であると考え[15]、両者の積極的な認定を求めるとともに、司法的介入の外延の明確化・客観化のために、虞犯性認定を虞犯事由から（排他的に）行うのが妥当であろう。と同時に、虞犯事由の規範的要素は、虞犯性を考慮に入れて解釈される必要がある。つまり「正当な監督に服しない」ことや「自己又は他人の徳性を害する」ことといった虞犯事由の規範的要素は、将来罪を犯す虞があると認められる程度の態様であることが必要である[16]。先の最決平20・9・18もこうした考えが前提とされてこそ許容されうるであろう。

4　虞犯事実を認定する際に、手続法上どのような問題が生じるか

[1] 虞犯は何を基準として1つと数えるべきか

164　同一性の問題が生じる構造　虞犯は、将来犯罪・触法行為に及ぶ危険性のある状態ないしは行状である。そのため、①同時期に複数の虞犯事由を裏づける事実が存在することや、②そうした状態が一定期間継続していることが珍しくない。そうすると、非行事実としての虞犯構成要件を考えた場合に、何を基準として「1つ」と数えればよいのか、それを事件としていわば「切り取る」基準が問題になる。この問題のことを「同一性」の問題と呼んでいる。そして、一定の時間幅の中で事実が併存する場合に、どこまでを1個の虞犯事実と考えるべきかという問題を**横断的（空間的）同一性**、時間軸上のどの時点で虞犯事実を画するのかという問題を**縦断的（時間的）同一性**と読んでいる[17]（図4・5）。

165　横断的（空間的）同一性　①横断的（空間的）同一性について、まず考えられるのは、ⓐ虞犯事由への該当やⓑ虞犯事由の種別（イ〜ニ）という形式的な事柄に着目して、これらを基準に据える考えである。しかし、虞犯の本質が過去の一回性の行為にではなく、一定の継続的な状態（＝行状）にあることに鑑みれば、これらの考えは不自然であるとの印象を拭えない。より実質的な事柄に着目する必要があろう。そうすると、ⓒ虞犯性で想定さ

⒂　平場・新版103頁。

⒃　コンメンタール少年法92頁［加藤学］。

⒄　これらの問題は、一事不再理効（少46条）の範囲にも直結してくる問題である（⇒**459**）。

【図４】虞犯の横断的（空間的）同一性

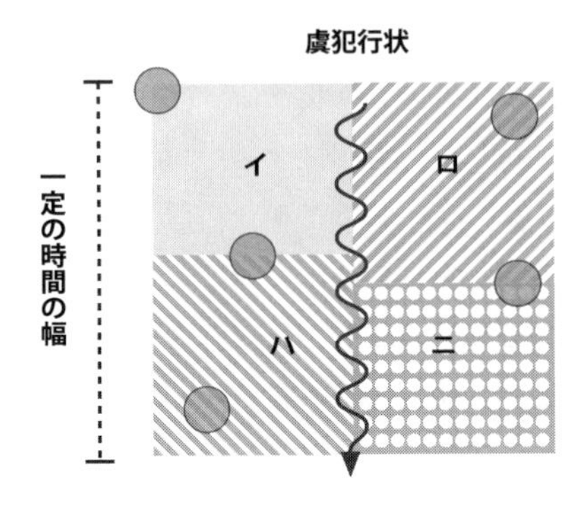

【図５】虞犯の縦断的（時間的）同一性

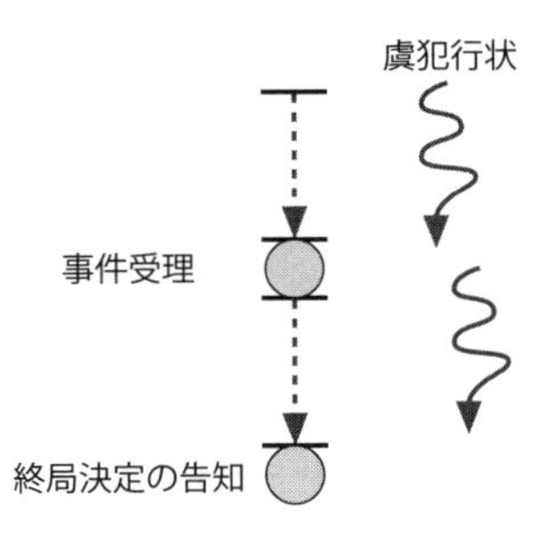

れた犯罪的危険性によるという考え(18)が思い浮かぶことになる。しかし、この場合でも、虞犯事由が競合する際にその「切り取り方」が同様の問題として残ることになる。結論として、ⓓ時間の幅を基準として一定時期に虞犯事実は１個しか成立しないと考えるべきであろう(19)。通説的理解は観護措置も事件を単位とするから（⇒**274**）、ⓓのように時間の幅を基準としなければ、事件の数が多くなりすぎ、その結果、観護措置による身体拘束期間が長くなることも考えられる。

166　縦断的（時間的）同一性　②縦断的（時間的）同一性に関しては、

---

(18)　内園ほか・前掲註9）27頁、豊田・前掲註10）10頁。

(19)　揖斐潔「虞犯と犯罪の吸収関係」家月37巻11号（1985年）141頁、栃木力「虞犯事件と少年法46条の類推適用」家月38巻２号（1986年）181頁、平場・新版160頁、加藤学「ぐ犯をめぐる諸問題」判タ996号（1999年）332頁、川出・入門講義⑪「審判過程（7）」法教347号（2009年）92頁。

裁判例でも、ⓐ家庭裁判所の事件受理時を基準とする考え（例えば、静岡家決平７・９・19家月48巻１号144頁、前橋家決平２・９・５家月43巻12号97頁）とⓑ家庭裁判所の終局決定告知時と考える説（例えば、東京家決平17・11・17家月59巻１号126頁、浦和家決平12・９・20家月53巻２号166頁）とが対立している。

この対立が特に現れるのは、少年が虞犯事実で送致され観護措置に付された後、観護措置終了後終局決定前（例えば試験観察中）に再び虞犯行状にあることが認められる場合に、新たに観護措置が認められるか、という問題においてである。ⓐ家庭裁判所の受理時説では、この場合に複数個の虞犯が認められることになるから、その個数分の観護措置がとられうることになる。行状を問題とする虞犯の本質や身体拘束期間を限定する必要性のほか、裁判所外部、特に少年本人からみた基準の明確性に鑑みれば、ⓑ家庭裁判所の終局決定告知時説によることが妥当であろう。

[2] 虞犯と犯罪はどのような関係に立つか

(a) どのような場合に虞犯事実は犯罪事実と同じといえるか。また、同じ事実が虞犯とも犯罪とも認定できる場合、家庭裁判所はどのようにすべきか。虞犯として受理した事件を犯罪として認定してよいか。逆の場合はどうか。

167　問題の構造　認定論においては、虞犯同士だけでなく虞犯と犯罪の関係でも難しい問題がある。司法機関としての公正さを担保するために、裁判所は外部からもち込まれ解決を求められた事案についてのみ審判を行うという原則を「不告不理の原則」と呼ぶ（⇒**225**）。そうすると、捜査機関などから送致された事実と異なる事実を家庭裁判所は認定することが許されるのか、許されるとすればどのような条件の下においてなのかが問題となる。伝統的にこの原則が認められてきた刑事訴訟手続では、起訴された事実と裁判所が認定した事実が異なっていても、両事実が公訴事実の同一性の範囲内にあり、かつ手続的に被告人の防禦権が侵害されていなければ、訴因変更の手続（刑訴312条）を通して、認定を替えることが認められている。

不告不理の原則は少年保護手続にも妥当すると考えられる（⇒**226**）。したがって、刑事訴訟法の考え方を流用して、犯罪・触法事実の場合、少年保護手続でも、それらの事実同士が実体的に同一性の範囲内にあり、かつ手続的に告知と聴聞を中心とする適正手続の保障があれば、認定替えが可能であり、家庭裁判所調査官による報告（少７条）などの立件手続を改めてとる必要はないと考えられる[20]（⇒**385〜386**）。ところが、犯罪・触法事実と虞犯事実との間の認定替えの場合、過去の一回性の行為ではなく行状・状態であるという虞犯の特性を反映した問題が生じることになる。

168　犯罪・触法事実との同一性と虞犯の補充性　まず問題になるのは、どのような場合に、虞犯事実と犯罪・触法事実との間に同一性があるといえるかということである。この問題に関しては、基本的事実が重なり合い、その事実が虞犯性の存否に決定的な役割を果たしているような場合、虞犯事実と犯罪事実の同一性が肯定されると考えられている（事実の同一性を否定し、傷害と虞犯の両事実を認定した例として、横浜家決平14・10・23家月55巻４号74頁）。

しかし、虞犯は、将来の危険性を前面に出している点で刑事政策的にみて前犯罪的性格をもっている。この意味で、虞犯は犯罪に対して補充的なものであるため、同一性のある事実を虞犯とも犯罪とも評価できる場合には、犯罪事実の認定を優先して行うべきであると考えられている（**虞犯の補充性**。虞犯の補充性が問題となった比較的最近の例として、大阪家決平12・４・28家月52巻11号70頁［虞犯認定あり］、山口家決平13・１・９家月53巻６号126頁［虞犯認定なし］）。このことは、将来の予測判断の正確性の問題や時間的・空間的な線引きの難しさを考えても支持できる。少年本人の納得性を考えても、判断の明確性を担保しておくことが必要である。

169　犯罪から虞犯への認定替え　もっとも、実務では、①犯罪行為の特定性を欠く場合や、②犯罪行為の証明を一部欠く場合のほか、③家庭内暴力など犯罪認定が相当でないと考えられる場合（例えば、神戸家決昭48・１・19家月25巻10号130頁）などに、犯罪として事件が送致されておりかつ犯罪事実と同一性があっても虞犯認定が行われることがある[21]。注意を要するのは、

---

(20)　虞犯から分離した窃盗に関し、立件手続なく少年に対する認定替えの際の非行事実の告知や弁解の聴取などの権利保障手続が履践されなかったことに法令の違反があるものとした裁判例として、福岡高決平18・3・22家月58巻９号64頁がある。なお、虞犯事実と犯罪事実の同一性の問題は、少年事件補償との関係でも問題になる。

【図6】虞犯・犯罪事実の認定替え

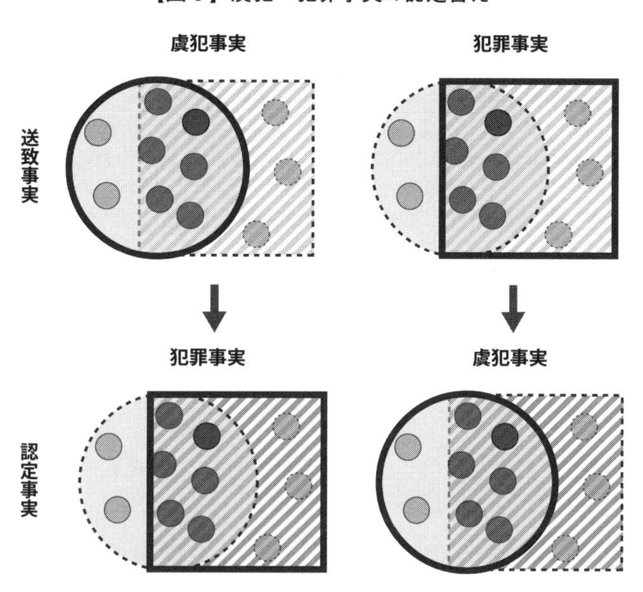

特に①②の場合、虞犯への認定替えのすべてが、「縮小認定」になるわけではないということである（「縮小認定」と理解した上で犯罪から虞犯への認定替えを行った例として、東京家決平13・5・8家月53巻11号137頁)。虞犯認定を行うには、虞犯性を裏づける行状を含めて積極的な証明が求められる（⇒**163**)。例えば、客観的な証拠を欠くために犯罪事実が認定できないような場合に、少年の供述のみで虞犯認定を行うことは安易にすぎよう。また、少年手続はそれ自体が教育的な作用を営んでおり、犯罪事件と虞犯事件とでは働きかけ方が違いうる。実質的にみて防禦の機会が保障されており「不意打ち」にならないとしても、認定替えにあたっては、例えば付添人活動への配慮も必要になる。

170 虞犯から犯罪への認定替え 反対に、虞犯送致がなされた事件の審判で犯罪事実が認定される例もある（例えば、福島家いわき支決平9・12・24

---

(21) 大塚正之「ぐ犯保護事件の法律上の諸問題」家庭裁判所調査官研修所編『ぐ犯保護事件の調査方法について』（法曹会［家庭裁判所調査官実務研究（指定研究）報告書2号]、1989年）269頁、三浦透「虞犯の機能に関する覚書」『現代刑事法の諸問題第1巻』（立花書房、2011年）457頁。

家月50巻6号114頁）。この場合でも、少年に弁解の機会を与え反証を促しさえすれば認定替えが許容されるわけではない。虞犯事件や触法事件の場合、捜査機関によって黙秘権告知なしに供述調書や申述書が作成されている可能性があることや、虞犯の場合には事件が警察から直接家庭裁判所に事件が送致され（少41条）検察官を経由（少42条）していないことがあること[22]など、個別事案の中で注意を向けるべき事情は多い。

(b) 虞犯の吸収とは何か。また、それはどのような場合に認められるべきか

171　虞犯の吸収の基準　虞犯事実と犯罪・触法事実が同時に家庭裁判所に係属した場合に、両事実に同一性がないときでも、虞犯の前犯罪的性格に着目して虞犯事実は犯罪事実に吸収されるという考え方がある。これには、ⓐ原則的に吸収されるという説[23]と、ⓑ（同一性は認められないとしても）犯罪が虞犯性の直接的な現れである場合に吸収を肯定する考え[24]（近時の裁判例として、横浜家決平21・7・31家月62巻2号151頁）、ⓒ吸収を否定する説[25]（近時の裁判例として、東京家決平7・5・23家月47巻8号97頁、東京家決平6・5・11家月46巻9号96頁）が対立している。

ⓐ原則的に虞犯の吸収を認める考えは、虞犯性の具体性・特定性について一般的な犯罪の蓋然性で足りるという考えを前提としている。この前提に疑問がある上（⇒**160**）、例えば不純異性交遊による虞犯行状がある少年が過失運転致傷事件にも及んでいる場合に、前者を後者に吸収させることには不自然さが残る。ⓑ犯罪が虞犯性の直接的な現れである場合に吸収を肯定するという考えに立つ場合、犯罪への吸収を認めたとしても、余罪の扱いと同じように（⇒**392〜393**）、虞犯事実は要保護性で検討されることになるであろう[26]。

---

(22)　大塚・前掲註21）270頁を参照。検察官から送致されていない事件について、家庭裁判所が禁錮以上の犯罪として事実認定することは、事後的に治癒が難しい手続上の瑕疵になると考えられる。

(23)　阿部・前掲註8）90頁。

(24)　川出・前掲註19）96頁。

(25)　平場・新版162頁、内園ほか・前掲註9）43頁、早川義郎「虞犯事実と犯罪事実の関係について」家月26巻1号（1974年）19頁。

しかし、その場合、この事実は要保護性を裏づけるほかの事実との関係で相対化される可能性が高い。少年が抱える問題を正面から取り上げるためにも、特有の属性をもつ虞犯を安易に犯罪に吸収させることは控えるべきであろう。その意味で、ⓒ吸収を否定する説が基本的に妥当である。

(26) もっとも非行事実を要保護性の排他的推定根拠とみる場合（⇒130）、要保護性として考慮できない可能性も残る。

第11講　少年司法の人的対象(3)
——触法少年

●本講で考えること

前々講（第９講）では、少年法３条１項に掲げられる少年保護手続の人的対象のうち犯罪少年を取り上げて検討を加えました。また、前講（第10講）では、虞犯少年に関する問題を検討しました。本講では、触法少年（少３条１項２号）を取り上げます。

触法少年は、14歳未満で刑罰法令に触れる行為に及んだ刑事未成年者です。戦後の法制度は、14歳未満という点に着目して、犯罪少年の場合とは大きく異なる手続をとっています。

それでは、そうした手続はどのような点に特色をもっており、その特色はどこから導かれるのでしょうか。また、こうした触法少年に関係する手続のあり方には、2007年の第二次改正で変更が加えられていますが、それはどのような変更であったのでしょうか。

本講では、この改正の内容を含めて、触法少年をめぐる問題について検討を加えることにします。

● Keywords
触法少年、要保護児童、児童福祉機関先議主義、第二次改正（2007年改正）

1　現行法の特徴はどこにあるか

[1] 触法少年と犯罪少年・虞犯少年とでは何が同じで何が違うのか

172　犯罪少年・虞犯少年との異同　　触法少年は、刑罰法令に触れる行為に及んでいる点で犯罪少年と共通しており、その将来のおそれにとどまる虞犯少年とは異なっている（⇒**132**）。他方、犯罪少年が刑事責任年齢である14歳（刑41条）に達しているのに対して、触法少年はその年齢に達していない、という違いがある。

[2] 児童福祉法上の要保護児童とはどのような子どもか。要保護児童と触法少年とはどのような関係に立つか

173 児童福祉法上の要保護児童との関係　少年法上の犯罪少年・触法少年・虞犯少年にあたる少年は、刑罰法令に触れる行為に及んでいるか将来そのおそれがある少年である。18歳未満である場合[1]、その多くは、児童福祉法でいう「保護者のない児童又は保護者に監護させることが不適当であると認められる児童」（＝**要保護児童**。児福6条の3第8項）にあたるといえる。

174 実体的問題　そうすると、実体法的には、少年法上と児童福祉法上の法的地位が重なり合うことになり、どちらの法律上の地位や措置を優先すべきか、その調整のあり方が問題になる。このことは、特に刑事責任年齢に達していない子どもについて大きな問題になる。刑事責任年齢に達していない以上、完全に福祉的対応をとるという法制度のあり方もありうる。しかし、この場合、刑罰法令に触れていることをどのように考えるのかが問題になる。反対に、刑事司法的対応をとろうとすると、刑事責任年齢が制度化されている意味がなくなる。こうしたジレンマは、実は、刑事司法ではなく、少年司法で対応する場合でもなお残ることになる。というのは、少年司法も、純粋な福祉法的性格に尽きずに刑事特別法的性格を併せもつからである（⇒**3～4、82**）。刑事未成年者の法に触れる行為（＝触法行為）に着目して、少年司法制度で（のみ）対応しようとすれば、どうしても（純粋な）福祉（法）的対応は後退することになるであろう。そのため、どの部分で要保護児童として福祉的対応を行い、どの部分で触法少年として少年司法を用いた保護を行おうとするのか、その条件設定の仕方や手続のあり方が極めて重要になるのである。ここでは、同時に、少年司法の性格、特に司法機能と福祉機能の理解も問われることになる。

175 手続的問題　加えて、手続法的な事柄として確認が必要なのが、刑事未成年者による刑罰法令に触れる行為は、「犯罪」にならない（刑41条）ということである。刑事訴訟法上の捜査は「犯罪」に対するものであるから（刑訴189条2項を参照）、これに対しては捜査を行いえない。そのため、刑事

---

(1) 児童福祉法上の「児童」は、18歳未満のものをいう（児福4条1項）。

未成年者である触法少年に対してどのような手続で対応すべきかが、実際上も極めて重要な問題になるわけである。

2　触法少年に関する規定はどのように変遷してきているか。また、現行制度の運用にはどのような特徴があるか

[1] 触法少年に関する規定はどのように変遷してきているか

(a) 旧少年法と制定当初・直後の現行法はどのような制度をとっていたか

176　旧少年法下の制度　刑事未成年者の非行対応における福祉措置と司法措置の関係については、旧少年法制定前から見解の対立があり（⇒**33〜34**）、その調整は大きな歴史的課題である。旧少年法は、「刑罰法令ニ触ルル行為ヲ為シ」た少年として、触法少年を犯罪少年と区別しない形で保護処分の対象とした上で（旧少4条1項）、14歳未満の者を少年審判に付す要件として地方長官からの送致を求めていた（旧少28条2項）。

177　現行法制定時と制定直後の制度　事件送致と（保護）処分という家庭裁判所における入口と出口のあり方は、現行法の立法作業時や施行直後の時期にも、重要な変遷がみられる（表1）。後に1948年法となる法案の審理を行った第2回国会（1948年）に提出された法案は、虞犯少年について、都道府県知事（以下「知事」と記す）や児童相談所長からの送致を必要としつつ、触法少年に関しては犯罪少年と同様にこれを不要とした。その一方で、虞犯少年をも含めて、14歳未満の者に対する保護処分を児童相談所送致に限定した。この案は国会において修正され、その結果、知事や児童相談所長からの送致が必要な者が虞犯のうち14歳未満の者に絞られた。また、少年院法により少年院送致の対象は14歳以上に設定されたものの、少年法上は年齢による保護処分の限定が外された。しかし、法施行後間もない第5回国会（1949年）に提出され、成立した案において再び制度が改められ、虞犯少年に加えて触法少年に関しても14歳未満の者には知事や児童相談所長からの送致が求められた(2)。

---

(2)　森田明「触法少年の法的取扱いについて」法教280号（2004年）40頁。第2回国会衆議院司法委員会議録第36号（昭和23年6月19日）、同第49号（昭和23年7月3日）、第5回国会衆議院法務委員会議録第9号（昭和24年4月23日）も参照のこと。

【表 1】触法少年の扱いに関する制度の変遷

	送致・受理（少３条）		処分の範囲（少24条）	
	触法少年	虞犯少年	14歳未満	14歳以上
第２回国会提出法案	犯罪少年と同じ送致・受理手続	18歳に満たない者については、都道府県知事・児童相談所長から送致を受けた場合に限り、審判に付する	児童相談所長送致	地方少年保護委員会の観察 児童相談所 教護院・養護施設 少年院
第２回国会修正案	↓ 変更なし	虞犯少年のうち14歳に満たない者については、都道府県知事・児童相談所長から送致を受けた場合に限り、審判に付する	地方少年保護委員会の観察 教護院・養護施設 少年院 （少年院法により14歳未満の少年については少年院送致が不可）	
第５回国会提出法案	都道府県知事・児童相談所長から送致を受けた場合に限り、審判に付する	↓ 変更なし	↓ 変更なし	
第二次改正 （第164回提出法案）	重大な触法行為については、児童相談所から家庭裁判所に「原則送致」	↓ 変更なし	保護観察 児童自立支援施設・児童擁護施設 少年院 （おおむね12歳以上の少年についても少年院送致が可能）（少年院法２条の改正）	

(b) 第二次改正により触法少年の扱いはどのように変わったか

178　第二次改正の概要とその問題　2003年の長崎事件や2004年の佐世保事件を契機とした2007年の第二次改正は、この上でさらに、児童福祉機関がかかわりをもつ前の段階において警察官による「調査」制度（少年法第２章第３節でいう「調査」とは別制度）を創設するとともに、結果が重大な触法事件に関する児童福祉機関から家庭裁判所への送致のあり方を改め、少年院送致対象の下限を14歳以上からおおむね12歳以上へ引き下げる少年院法改正も

【図２】触法少年事件の扱いに関する第二次改正前後の対比

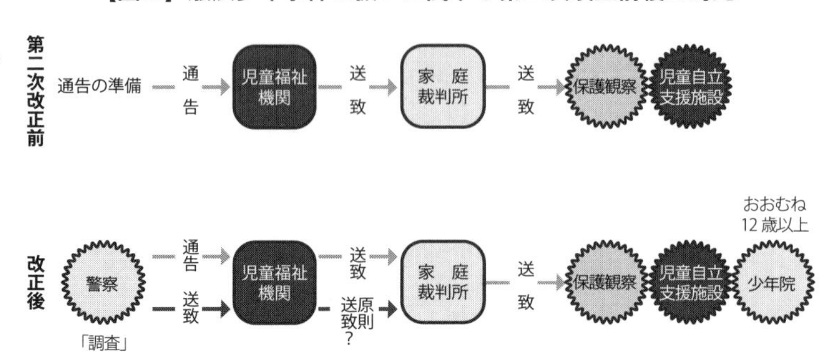

行った (⇒**17**、**450**)。図式化すれば、この改正は、児童福祉領域を挟み込む形で、少年司法上の措置を新たに創設し、また改正するものであるといえる (図２)。

後に検討するように、こうした制度の変遷は、犯罪少年や虞犯少年の場合にも増して、触法少年の扱いは、「福祉」と「司法」、各々の中身や相互関係 (⇒**9**、**82**、**100〜106**) を問うものであることを示している。第二次改正も、形式的にみてみれば、司法的対応を強める形で、触法少年に対する処遇の選択肢を増やした、といえないわけではない。しかし、問題は、ここでいう「司法」が人権保障や公正さの確保を意味しているかどうか、である。また、現実的な作用として、非行結果重視と福祉切り詰めの政策傾向の中で「司法」的対応が処遇の選択肢に加わることで福祉的なかかわりが狭められ、後退させられる危険がないかどうかも、問題である。少年に対する適正手続保障にはケースワーク的要素が不可欠であると考える立場 (⇒**110**) からみれば、刑事責任年齢に達していない少年に対する司法的介入は、ケースワーク的要素をより強くもつ必要がある。こうしたことを考えれば、適切な処遇選択や公正さの確保のみならず真実発見という点でも、第二次改正には疑問が残る。

国連子どもの権利委員会 (CRC) も、日本政府報告書の第３回審査の総括所見 (2010年) において「刑事責任年齢に達していない子どもが刑法犯として扱われまたは矯正施設に送られない」ようにすべきことを勧告している (CRC/C/JPN/CO/3, para. 85 (c))。

[2] 触法少年事件の実務上の処理にはどのような特徴があるか

179　補導人員と家庭裁判所の事件処理　犯罪白書によれば、2013年の触法少年の補導人員は、殺人3人、強盗17人、傷害671人、暴行636人、窃盗8069人などとなっている。長期的にみても「凶悪犯罪」は安定して少なく、窃盗などもむしろ減少傾向にある。第二次改正も、モラル・パニックの性格を強くもっている（⇒**29**）。

また、2013年の司法統計年報によれば、終局時年齢14歳未満の者の一般保護事件に関する終局処分人員（総数147人）では、児童自立支援施設・児童養護施設送致（85人）や知事・児童相談所長送致38人（うち強制10人、非強制28人）が多い。しかし、保護観察（7人）の他、第二次改正で可能となった少年院送致（11人）も用いられている。

3　児童福祉と少年司法との伝統的・原則的な関係はどのようなものか

[1] 児童福祉機関先議主義とは何か。また、それはどのような考えに支えられているか。その考えは現在でも維持されるべきものか

180　重なり合う法的地位とその調整　前述の通り、少年法上の「触法少年」は、多くの場合、児童福祉法でいう「要保護児童」（児福6条の3第8項）でもある。そうすると、この重なり合う少年法上の法的地位と児童福祉法上のそれとの調整が問題になる（⇒**173〜174**）。

この調整のあり方として、現行制度は、14歳未満の者については福祉的対応を優先させ、司法機関より児童福祉機関が先に判断を行わなければならないものとしている。この制度のあり方を、**児童福祉機関先議（優先）主義**と呼んでいる。

181　児童福祉機関先議主義を基点とした制度の概観　この原則があるため、児童福祉機関の前後における触法少年に対する手続も、独自性をもったものになる。

まず、警察が「捜査」を行うことができないことから（⇒**175**）、触法行為に関係する「証拠」の保全や収集のあり方が問題になる。そのため、警察は、14歳未満の触法少年・虞犯少年を要保護児童として児童相談所などの児童福

祉機関に通告（児福25条）するための準備を行いうるにすぎないことになる。

次に、通告を受けた児童福祉機関は、必ず事件を家庭裁判所に送致しなければならないわけではない。児童福祉法27条を瞥見するだけでも明らかなように、児童福祉機関は、自ら要保護児童に対して多様な措置をとることができる。言葉を換えれば、家庭裁判所への送致（児福27条1項4号）は、児童福祉機関がとりうる多様な選択肢の1つにすぎない。

182　児童福祉機関先議主義を支えている考え　こうした児童福祉機関先議主義は、どのような考えに支えられているのであろうか。1948年法の制定時の説明によれば、14歳未満の者については、「とにかく裁判所の力による強制ということは考えない方が適当」であり、「心身発育の過程から考えまして、十四歳以上の者とはおのずからその取扱いを別個に考慮する必要があ」る(3)、というのがこれを支えた考えである。個別処遇原則（⇒**7**）が妥当するところからも明らかなように、少年期にある者は、もとから個別的な配慮を必要とする。低年齢であればなおさらその配慮が必要である。非行や触法行為についても、外形的な事実を表面的になぞるのではなく、専門的知見を用いて、その子どもの生活を視野に入れて事実を把握し、意味づける必要があるわけである。

183　児童福祉機関先議主義の現代的意義　もっとも、この原則が現在でも意義を保ちえているかは、一応の確認が必要な事項である。

全国の児童自立支援施設入所児童を対象とした調査によれば、全児童のうち48.7%（総数1405人）が被虐待経験者であった。これらの児童の比率が有意に高かった施設生活上の問題には、①乏しい感情表現や表情、②誰とも親密な人間関係をもつことができない、③肯定的な自己概念をもてない、④理由が明らかでない嘘をつく、などがあった(4)。また、児童相談所の非行相談に関する全国調査によれば、31%が経済的に困窮した家庭、10%が生活保護受給家庭におり、83%の子どもが何らかの精神的問題を抱えている。この調

(3)　第2回国会衆議院司法委員会議録第48号（昭和23年7月2日）2頁［内藤文質説明］、第5回国会衆議院法務委員会議録第9号（昭和24年4月23日）3頁［殖田俊吉説明］を特に参照。

(4)　国立武蔵野学院『児童自立支援施設入所児童の被虐待経験に関する研究（第1次報告書）』（2000年）12頁、63頁。

査では、50%の子どもが養育者の変更を経験し、30%の子どもが被虐待経験をもち、10%の子どもがDV家庭で養育されていることも明らかにされている[5]。

こうした調査結果は、特に低年齢で非行の問題をもつ子どもは、社会生活や家庭、環境など育ちの上での困難を同時に抱えていることを示唆している。触法事実の存否を確認する局面において、こうした特性を理解した上で子どもの生活や育ちの中で非行事実を意味づけることができる機関を最初にかかわらせることには、今日でも合理的な理由がある。また、処遇面において、社会資源や社会関係資本を柔軟かつ継続的に蓄積・調整できる機関のかかわりを優先させることにも、なお合理性が認められる。むしろ、こうした「総体的事実把握」の方法こそが事実解明のために不可欠であることの確認が必要であろう[6]。

[2] 児童福祉機関はどのような措置をとりうるか

184 児童相談所 要保護児童への働きかけを行う児童福祉法上の中心的な機関は、都道府県に設置されるべきものとされている児童相談所である(児福12条)。行政職員のほかに精神衛生の知識のある医師や児童心理司、児童福祉司を擁し、行政機関としての措置機能と援助機関としての治療機能を併せもつ児童相談所は、養護・保健・心身障がい・非行・育成相談業務を担っており、近時は児童虐待対応の窓口としても大きな役割を担っている。

185 児童福祉法上の措置と家庭裁判所への事件送致 家庭裁判所への事件送致は児童相談所がとりうる選択肢の1つにすぎない(⇒**446**も参照)。すなわち、少年法上の触法少年にもあたる要保護児童が家庭裁判所に送られるのは、発見者から通告(児福25条)を受けた児童相談所が知事に報告を行い(児福26条1項1号)、知事が「家庭裁判所の審判に付することが適当であると認め」た場合(児福27条1項4号)である。児童相談所は、知事への報告のほか、児童福祉司などによる指導など(児福26条1項各号)を行うことが

(5) 犬塚峰子「児童相談所における非行相談」現代のエスプリ462号(2006年)127頁。
(6) 服部・司法福祉の展開236頁。

できる。また、知事も、家庭裁判所への送致のほかに、親権者等の同意(7)と児童福祉審議会の意見聴取（児福28条）を前提として、児童・保護者への訓戒、誓約書の提出や児童福祉司・知的障害者福祉司などによる指導などの措置（児福28条１項各号）をとりうる。

[3] 一時保護とは何か

186　一時保護　児童相談所は児童福祉法26条の措置を、知事は27条の措置をとるまで、児童の生活場所を保護者から一時的に離し、保護を加えたり、適当な者に委託を行ったりすることができる（児福33条１項および２項)。これを**一時保護**という。２月を原則とするこの措置に、親権者等の同意は不要である（児福33条３項ないし５項)。

児童福祉法上、「児童相談所は必要に応じ、児童を一時保護する施設を設けなければならない」（児福12条の４）とされている。しかし、2008年４月現在の調査で、一時保護所を併設している児童相談所は、全国197ヶ所のうちの約６割にあたる120ヶ所にとどまっている(8)。

一時保護は、警察に委託することができる。しかし、当然のことながら、保護の場所や方法に配慮が必要であり、時間も24時間以内の制限がある（「警察が行う児童の一時保護について」各知事あて厚生省児童局長通知昭26・１・17児発第12号、「児童福祉法第33条第１項に基づき警察が行う児童の一時保護について」平13・３・８警察庁丁少発第33号)。少年鑑別所への委託はできないと理解されている。

[4] 児童自立支援施設ではどのような処遇が行われるか

187　児童自立支援施設と児童養護施設　それでは、児童福祉機関が選択しうる措置の１つである児童自立支援施設や児童養護施設では、どのような

---

(7)　親権者等の同意がない場合でも、都道府県は、家庭裁判所の承認を得て児童福祉法27条１項３号の施設収容措置をとることができる（児福28条１項２号)。この場合、措置の期間は原則２年となる（同条２項)。

(8)　安部計彦編『一時保護所の子どもと支援』（明石書店、2009年）22頁。混合処遇の是非など一時保護所の課題を明らかにした調査内容についても同書を参照のこと。

処遇が行われているであろうか。知事は、児童福祉法27条1項3号に基づき、これらの施設に児童を入所させることができる。児童養護施設が主として保護者のない児童や虐待されている児童などを対象とする施設であるのに対し(児福41条)、児童自立支援施設は主に不良行為またはそのおそれのある児童を対象とする開放施設である(児福44条)。非行への対処も含めて、家族的な人間関係の中で暮らしや育ちを支援することで社会・資質上の問題の修復を図るというのが、これらの福祉施設における処遇の特徴である(⇒**443**)。全国に58施設ある児童自立支援施設の伝統的な形態は、夫婦が家族的な人間関係の中で少人数の子どもと昼夜を共にする「小舎夫婦制」である。もっとも、この方式をとる施設の数は年々減少しており、交代制をとる施設が増えている(⇒**444**)。

4 第二次改正による児童福祉と少年司法との新しい関係はどのようなものか

[1] 警察による「調査」とは何を趣旨とするどのような制度か。また、それにはどのような課題があるか

188 警察による調査とその趣旨 2007年の第二次改正は、以上にみてきた伝統的・原則的な関係を一定の範囲で改めるものである。

まず、児童相談所の前に位置する手続段階として、警察官は触法少年であると疑うに足りる相当の理由のある者を発見した場合、強制処分(**対物的強制処分**)としての押収・捜索・検証・鑑定嘱託を含む「調査」や呼出し・質問・報告を行うことができることになった(少6条の2、6条の4、6条の5)[9]。しかし、逮捕や勾留(**対人的強制処分**)の措置をとることはできない。こうした「捜査」に類似する「調査」の措置が新たに設けられた趣旨は、触法行為と近接した時点で証拠の収集保全を行い、「事実解明を徹底」することにある[10]。

触法事件に対する「捜査」はそもそも観念できない(⇒**175**)。そのため、

(9) 警察官による調査事項と児童相談所の調査・診断事項の比較については、遠藤洋二「重大触法事件対応における児童相談所の役割と実務上の課題」司福12号(2012年)85頁を参照。

(10) 第二次・第三次改正法解説31頁。

この「捜査」に類似する「調査」は、当然に行いうるものではなく、これらの規定の創設を受けて初めて可能になるものである[11]。

調査はあくまで「少年の情操の保護に配慮しつつ、事案の真相を明らかにし、もつて少年の健全な育成のための措置に資することを目的として行う」ものであり（少6条の2第2項）、質問の強制もできない（少6条の4第2項）。また、少年と保護者はいつでも弁護士である付添人を選任できる（少6条の3）。

189　警察による調査の課題　しかし、こうした調査制度も、多くの課題を残している。取調べにあたっての黙秘権告知や、弁護士付添人や児童福祉司などの立会い、全面的な可視化に関する明文規定が、法律上設けられているわけではない[12]。児童相談所への通告の準備過程で年少者の特性が踏まえられないばかりか自白の強要すらあった事例がみられることは、従前の冤罪事件の分析[13]でも指摘されており、この点の改善には大きな課題が残されている。

[2] 警察から児童相談所への事件送致制度と児童相談所から家庭裁判所への「原則送致」と呼ばれる制度はどのような制度か。また、それにはどのような課題があるか

190　警察から児童相談所への事件送致制度　第二次改正は警察による調

---

(11) 第二次改正の際の第164回国会提出案では、触法事件のみならず虞犯も警察の調査対象とされていたものの、強い批判を浴びた結果、削除された。しかし、その後改正された少年警察活動規則では虞犯に対する調査も盛り込まれている（27条以下）。補導法制の整備との関連（⇒**199**）でも、こうした動きには問題が大きい。

(12) もっとも、第二次改正に伴い発出された警察庁の通達では、保護者などの立会いに「配慮」すべきものとされている（⇒**204**）。警察の調査に弁護士付添人が立ち会った例として、神子貴士「事後強盗触法事件の付添人活動」刑弁64号（2010年）114頁。なお、児童相談所において弁護士付添人が職員の立会いなしに「秘密交通」をなしうるかは、理論・実務両面における重要な検討課題である。この問題については、村中貴之「児童相談所における弁護士付添人の面会」コンメンタール少年法137頁を特に参照のこと。

(13) 児玉勇二ほか「触法少年の人権」少年法通信37号（1988年）59頁、児玉勇二「触法少年の冤罪と適正手続」法時68巻12号（1996年）65頁、前野育三「触法事件と児童相談所」関学47巻1号（1996年）125頁、天方徹「違法ずくめの捜査を覆す」刑弁42号（2005年）109頁、川村百合「触法少年事件をめぐる問題」法民418号（2007年）46頁。

査の後の手続にも変更を加えている。まず、警察官が、一定の場合に事件を児童相談所に送致しなければならない制度が新たに設けられた。一定の場合とは、調査の結果、①故意の犯罪行為により被害者を死亡させた罪や、死刑または無期もしくは短期2年の懲役もしくは禁錮にあたる罪の場合(14)、その他、②家庭裁判所の審判に付することが適当であると思料するとき(少6条の6、22条の2第1項)、である。

警察による事件送致制度は、これまでにも制度として存在していた通告(児福25条)とはまた別に、これと並存する形で、創設されている。通告と送致の違いは、次の点にある。まず、通告の対象が「要保護児童」、つまり人であるのに対し、送致の対象は「事件」である。また、通告は、ある問題をある機関から他の機関に通報し、その職権行使を促す通知行為のことをいう。それに対して、送致は、ある問題をある機関から他の機関に移し、その権限行使に委ねる行為と説明される。送致が行われれば事件が相手機関に係属することになるのに対し、通告の場合には当然に係属するというわけではない(⇒**231**)。

191 「原則家裁送致」制度　その上で、児童相談所と家庭裁判所とをつなぐ手続にも変更が加えられている。すなわち、知事または児童相談所長は、①に該当する事件の送致を警察から受けた場合、家庭裁判所への事件送致の措置(児福27条1項4号)をとらなければならないものとされた。もっとも、調査の結果、その必要がないと認められるときはこの限りでないとされている(少6条の7第1項)。こうした制度は、児童福祉機関に対して、原則的に家庭裁判所に事件を送致させるものと理解されている。

第二次改正の特徴は、警察から児童相談所への事件送致制度といわゆる「原則家裁送致」制度、そして後述するおおむね12歳以上の少年に対する少年院送致制度(⇒**17**、**194**)を同時に導入した点にある。図式的にいえば、警

---

(14)　2007年の第二次改正時、少年法6条の6第1号は「第22条の2第1号各号に掲げる罪に係る」事件と規定していた。しかし、2014年の第四次改正により、検察官関与制度の対象事件が「死刑又は無期若しくは長期三年を超える懲役若しくは禁錮に当たる罪」にまで拡大されたものの(⇒**360**)、触法少年事件に関する家庭裁判所への送致事件の範囲まで拡大されるわけではないため、このような要件の記し方となっている。

察から児童相談所に送致された事件が、「原則家裁送致」制度を通して家庭裁判所に送られやすくするような（そして、その後に少年院に送致もできるような）制度設計が行われたわけである。

192　児童福祉機関先議主義との関係　新たに導入された制度と児童福祉機関先議主義との関係をどのように考えればよいであろうか。

第二次改正の立法過程において、適切な処遇選択の必要性や記録の閲覧・謄写を通した被害者等の利益保護が強調されたことから、この規定を重大事件について実質的に児童福祉機関先議主義を修正したものと理解する見解(15)もある。少年法上明記されている被害者等による記録の閲覧・謄写（少5条の2）は、事件が家庭裁判所に送致されなければ実現しない。したがって、それを理由としてもち出す以上は、児童福祉機関の判断を優先させ、その裁量で事件を家庭裁判所に送致するという児童福祉機関先議主義が修正されたと考えざるをえない、というわけである。しかし、第二次改正法は、児童福祉機関先議主義と抵触しないという説明(16)を前提として成立している。新たな措置でこの原則が修正されたと理解することは、立法時の説明と明確に齟齬をきたすことになり、許されないであろう。また、この理解に立てば、家庭裁判所に送致されない例外的な場合というのは、少年が児童福祉法上の措置を受ける利益と被害者等による記録の閲覧・謄写の利益を衡量して判断されることになるであろう。しかし、事件が家庭裁判所に送致されなければ被害者等による記録の閲覧・謄写は実現しないということを前提とする以上、果たしてこの議論の枠組みで、例外が認められることが実際に起こりうるのか、疑問が生じることになる。事実上例外が認められないことになれば、結果重大事件について、児童福祉による対応は、形骸化が進むことになる。

そこで考えられるのが、対象となる子どもの最善の利益をより慎重に診断・判断すべきことを求めたものとして、この規定を理解する方向性である。

---

(15)　川出・入門講義②「非行少年の発見過程」法教333号（2008年）99頁。少年法6条の7第1項の規定が一般に「原則逆送」として理解されている少年法20条2項（⇒**536**）と類似した表現をとっていることも、こうした理解を支えているといえる。この理解は、児童相談所での手続に用いられる記録が必ずしも被害者に開示されるわけではないことを背景としている。

(16)　例えば、法制審議会少年法（触法少年事件・保護処分関係）部会第3回会議記事録（2004年11月26日）。

つまり、非行結果が重大であることから、通常の事案よりも慎重な対応を求めた規定と理解するわけである[17]。この点で、厚生労働省雇用均等・児童家庭局総務課長事務連絡「少年法等の一部を改正する法律の施行に関する留意点について」（平19・10・26雇児総発第1026001号）が、参考になる。この通知は、「今回の改正では、警察官から一定の重大事件の送致を受けた児童相談所長は、事件を原則として家庭裁判所に送致しなければならないこととされ」たことに言及する一方で、「児童相談所は、児童福祉の専門機関として（…）本人の行動面や心理面の観察・診断・家庭環境等の調査・診断等を基にした総合的判定を踏まえて、本人にとって最善の利益を確保することとなる援助内容を選択・決定しなければならないこと」を児童相談所に求めている。少年法６条の７第１項の規定も、家庭裁判所送致という結論に重きを置いたものではなく、最終的な判断へと至るプロセスを重視し、児童相談所の裁量をなお確保しているものと理解すべきである。被害者等の記録の閲覧・謄写の問題も、少年の最善の利益の実現という脈絡でとらえ直される必要がある[18]。

193　家庭裁判所への送致規定の運用と課題　少年法６条の７第１項による家庭裁判所への事件送致制度の運用に関する近時の調査[19]は、児童福祉機関が、現在はまだ実質的・自立的な判断を行っていることを示唆している。しかし、人的・物的資源がもとから十分ではない上に児童虐待対応に追われている児童相談所が、これらの条件の不備のために非行結果のみをみて形式的判断を行う「原則家裁送致」の運用に転じる危険性は低くない。

コミュニティレベルにおける生活支援一般の重要性を考えても、児童福祉

---

(17)　この理解は、20条２項逆送を拡充して要保護性調査を求めた規定と理解するのと類似する（⇒**537**）。

(18)　第二次改正を受けて改定された厚生省児童家庭局長「児童相談所運営指針について」（平20・3・14雇児発第0331034号）は、「家庭裁判所の審判に付することが適当と認められる例」として、「非行の重大性にかんがみ、家庭裁判所の審判を通じて非行事実を認定した上で適切な援助を決定する必要性が高いと考えられる上、被害者保護という観点からも、少年法の手続によって事実解明等を行う必要があると考えられる場合」を付け加えている。これについても、少年の最善の利益を実現するという脈絡の上で理解される必要がある。

(19)　若穂井透ほか「『触法少年の送致と児童相談所の現状に関する調査』分析結果報告」全児相87号（2009年）91頁、髙橋幸成「重大触法事件に関する実証的研究」司福13号（2013年）10頁。

領域における人的・物的な環境整備を併せて拡充していくことが不可欠である。

[3] おおむね12歳以上の者に対する少年院送致はどのような制度か。また、それにはどのような課題があるか

194 少年院法の改正 第二次改正は触法少年に対する処遇のあり方にも変更を加えている。第二次改正は、少年院法を改正し、従前14歳以上とされていた（初等・医療）少年院（新制度では第一種・第三種少年院）の対象年齢をおおむね12歳以上に引き下げている（少院２条２項・５項）。この内容は、2014年に全面改正された少年院法によっても継承されている（新少院４条１項１号を参照）。「おおむね」とは１歳程度のことをいうと理解されている[20]。

14歳未満の少年を在所させる施設として指定されているのは８つの少年院である。そこでは、東西・男女それぞれに教科教育課程（赤城少年院・青葉女子学園、和泉学園・貴船原女子苑）・特殊教育課程（神奈川医療少年院・宮川医療少年院）・医療措置課程（関東医療少年院・京都医療少年院）をもつ少年院が指定されている。

特に小学生在院者に対しては、男女の法務教官を個別担任とする家庭的環境の整備や、精神科医師・心理学の専門知識をもつ者から構成される処遇チームによる指導などが行われることになっている（「14歳未満の在院者の処遇について（通達）」平19・10・19矯少6064矯正局長通達）[21]。

195 意義と課題 少年院で少年の処遇にあたる法務教官の施設間交流研修にみられるように、これらの措置は児童自立支援施設で行われてきた「育ちなおし」処遇を少年院でも取り入れる側面をもつ。これは第二次改正による枠組みの変更を前提とすれば、当然の措置であるとはいえる。しかし、少年院における処遇の本質は、個別的な事情に目を配りながらも集団のダイナミズムを生かした規律の重視にある。小学生で少年院送致になる事案は、あったとしても少数にとどまると考えられるから、こうした少年にこれまで

---

(20) 第二次・第三次改正法解説143頁。

(21) その概要については、大熊直人「14歳未満の少年に対する少年院における処遇の実情について」家月64巻９号（2012年）１頁を特に参照。

培われてきた少年院の処遇が最適合であるかには疑問が残る。これは、根本的には、他の同年代の子どもとの接触が事実上難しくなる枠組みをとってまでこうした処遇を児童自立支援施設ではなくあえて少年院で行わせることへの疑問につながる。いずれにしても、どの施設で処遇を行うにせよ、社会資源を繋留・蓄積させ、社会関係資本を厚くすることで、社会移行（復帰）後の生活まで継続して少年を支援する視点が、施設内処遇には不可欠である。退所後のかかわりも含めてどの施設でどの処遇が可能なのか見極めが必要であり、施設送致が自己目的化することがあってはならない。

196 実務運用　矯正統計年報によれば、2008年から2013年までの期間、14歳未満の少年院新入所者は、２人、３人、13人、７人、９人、11人となっており、増加傾向にある。

近時、13歳の少年に対して児童自立支援施設送致を選択した裁判例として東京家決平21・７・29家月62巻４号113頁［激発物破裂］が、初等少年院送致を選択した例として東京高決平20・11・17家月61巻２号310頁［放火］がある。13歳の少年に対する少年院送致決定を高等裁判所が取り消し、家庭裁判所に差し戻した事例も報告されている[22]。

---

(22) 水内基成「13歳の少年についての少年院送致決定を高裁が取り消し家裁に差し戻した事例」子どもの権利通信105号（2010年）16頁。

第Ⅲ編

少年司法制度における少年の保護

第12講　非行の発見と少年事件の捜査

●本講で考えること

国家による少年を保護するための手続は、発生した非行の認知、場合によっては非行発生の予防から、始まります。こうした保護を国家が行うためには、その少年が「非行少年」（＝犯罪少年、触法少年、虞犯少年）であり（第９～11講）、非行に及んだ事実と「非行少年」として保護が必要な状態にあること（＝要保護性があること）が必要です（第８講）。しかし、当然のことながら、これらの事柄は自然と明らかになるわけではありません。それを裏づける証拠を収集したり、保全したりすることが必要になってきます。さらに、保護のための手続を円滑に遂行するために、場合によっては少年自身の身体を拘束することが必要になることがあるかもしれません。

それでは、こうした非行の予防や、証拠の収集・保全、そして少年の身体の拘束は、どのように行われるべきでしょうか。

本講では、司法過程であると同時に教育過程でもあるこの手続の最初期段階、「ファースト・コンタクト」の段階で少年と国家との間で「保護」をめぐってどのような問題が生じるか、検討を加えます。

● Keywords
不良行為少年、補導、捜査、逮捕、勾留、やむを得ない場合、少年鑑別所における勾留、勾留に代わる観護措置

1　少年保護手続の中で非行（少年）の発見過程と捜査はどのような意義をもっているか

197　審判対象論からみた非行の発見・捜査の意義　通説的な理解では、少年審判の対象は要保護性と非行事実であるから（⇒**120～121**）、家庭裁判所における審判手続では、各々の存在につき証明と認定が必要になる。したがって、それを裏づけるための資料や証拠の収集・保全が、審判手続より前の手続段階で行われる必要がある。要保護性については、事件が家庭裁判所に

受理された後、少年鑑別所の資質鑑別（⇒**254**）や家庭裁判所調査官の社会調査（⇒**309〜310**）が行われることになっている。それに対し、非行事実については、成人に対する刑事手続と同様に捜査機関が捜査を行い、証拠を収集・保全することになる。

しかし、「少年の健全な育成」ということを強調していくと、非行が起こった後の事後対応では十分ではなく、非行認知の端緒となるような非行発見活動や非行を未然に防ぐための予防活動が必要であるとの認識が強まってくることになる。これらの活動には多様な形態と担い手が考えられるものの、実際には警察が重要な役割を担っている。

2　警察による非行予防はどのようなものか。また、それにはどのような課題があるか

[1] 警察による非行予防活動にはどのようなものがあるか

198　警察による非行予防活動　警察による非行予防活動には、「不良行為少年」に対する（街頭・継続）補導（少警規２条６号、７条、８条）や少年・保護者に対する相談（同８条）、「被害少年」に対する助言（同２条７号、36条）などの人を対象とした働きかけと、風俗規制・環境浄化活動・地域活動などの社会環境に対する作用がある。こうした非行予防活動は、少年警察活動と称されることもある。

補導の対象となる「**不良行為少年**」は、少年法上の犯罪少年・触法少年・虞犯少年である「非行少年には該当しないが、飲酒、喫煙、深夜はいかいその他自己又は他人の徳性を害する行為（…）をしている少年をいう」ものとされており、その対象は相当に広い。他方で、「非行第３の波」（⇒**65**）を受けた1980年代半ば以降、いずれの非行予防活動も強化されてきており、非行予防領域での警察活動の外延はその主体も含めて広汎かつ曖昧になっている[(1)]。

---

(1)　現在、継続補導などの措置は市町村などが設置している少年サポートセンターの少年補導職員（警察官を除いた都道府県警察の職員のうちから警察本部長が命じた者）が行うものとされている（少警規２条11号）。

[2] 補導とは何か。また、その法的根拠は何か。それにはどのような課題があるか

199　補導の法的根拠　**補導**は行政警察活動として、行政が私的領域に介入する措置である。そのため、法律留保の原則に基づき、法的根拠が必要になる。しかし、犯罪予防・鎮圧のための行政警察活動を規律する警察官職務執行法などの法律には、補導に関する規定がない(2)。この状況下、警察庁の「非行防止法制の在り方に関する研究会」による提言（「少年非行防止法制の在り方について」[2004年12月]）を受ける形で、奈良県では、少年補導条例が2006年に施行されている(3)。

補導に法的根拠が与えられていないという問題には、戦前期における人権蹂躙の反省から、戦後改革により警察組織の非中央集権化が図られるとともに行政警察権限が大幅に縮小されたという歴史的な背景事情が投影されている。戦後の早い段階から、補導が司法・行政の両警察活動を止揚するものであることが強調されたように(4)、少年警察活動の範囲拡大が、歴史的には「失地回復」の側面をもち、**警察消極の原則**と緊張関係に立つことは否定しがたい。というのも、この原則は、公共の安全や秩序を侵害する危険性が具体的に存在するときに、それを除去するためにのみ警察権限の行使を許すことを内容とするからである。

現在、年間809652人（2013年。警察庁の統計による）の「不良行為少年」が補導の対象になっている。しかし、補導には、「不良行為」概念の不明確さや、補導機関の民主的統制の必要性、補導を通して得られた個人情報の使用方法など、介入根拠の法定をめぐる問題以外でも、検討されるべき課題が多く存在する。また、根本的には、介入により却って社会的偏見が助長され自

---

(2)　風俗営業等の規制及び業務の適正化等に関する法律38条２項１号には少年指導委員による補導が定められているものの、警察官による補導の法的根拠はない。警察法２条に根拠を求める見解もあるが、組織法である警察法で法律留保原則を満たすことは難しい。

(3)　その具体的な問題については、武内・構造36頁を参照のこと。

(4)　林康平「保護のための警察」内藤文質ほか編『児童・青少年法講座Ⅲ 司法と警察』（新評論社、1955年）240頁、同「少年警察の推移」警察研究27巻６号（1956年）18頁。そのため、1958年の警察官職務執行法改正案における「強制保護」規定（３条）創設など、補導に法的根拠を与えようとする動きはこれまでにもあった。

立的解決が難しくならないかといった問題もある。個人情報の使用方法に関していえば、奈良県の少年補導条例も、「この条例の規定による警察職員の権限は、犯罪捜査のために認められたものと解してはならない」（5条2項）とは規定している。しかし、補導を通して得られた少年やその家族に関する情報が後に犯罪捜査で用いられる危険性は、なお残っている。

3　少年事件の捜査はどのように行われるか

[1] 捜査をめぐる原則にはどのようなものがあるか。また、少年事件においてそれはどのように修正されるか

200　少年事件に関する特則　　**捜査**とは、被疑事実に関する証拠を収集・保全し、その罪を犯した疑いのある者を摘発して、必要があればその身柄を確保する（捜査機関による）活動のことをいう(5)。

少年法は、事件が家庭裁判所に送致される前の捜査に関係して、勾留の制限（少43条、48条）を除いて特則を置いておらず、少年に対する捜査のあり方を体系化しているわけではない。このことは、歴史的な課題でもある（⇒**46**）。そのため、捜査は、形式上は刑事事件に対するものとして、一般法である刑事訴訟法により規整される(6)（⇒**11**）。

201　歴史　　捜査に関する部分に少年に対する特則をほとんど置いていないという現行法の基本的な仕組みは、旧少年法を継承している。旧少年法がこうした構造をとったのは、新しい制度の創設が広範囲にわたれば莫大な費用がかかり、少年法案の全体が潰れるおそれがあったためである(7)。しかし、検察官先議主義をとった旧法下でも、少年審判所が管轄をもちうる事件には捜査から特別な配慮が必要であり、成人と同様の捜査を行うことは少年法の精神を無視することになることが、旧少年法制定過程に当初から深くかかわった者から指摘されていた(8)。家庭裁判所先議主義と全件送致主義をと

---

(5)　そのため厳密な意味での捜査が問題になるのは犯罪少年（少3条1項1号）の場合である。

(6)　したがって法的援助者の法的地位も、少年法上の付添人（少10条）ではなく、刑事訴訟法上の弁護人である。同様の理由から、被疑者国選弁護制度（刑訴37条の2）の対象にもなる。

(7)　谷田三郎「少年法に就て」法曹記事31巻3号（1921年）14頁、同「少年法に就て」監獄協會雑誌34巻3号（1921年）71頁を参照。

る現行法下ではなおさら、さらにまた適正手続の実効的保障（⇒**110～111**）を考えればなおのこと、全事件で少年にふさわしい捜査が行われる必要がある。

202　捜査の原則とその修正　刑事手続における捜査の原則には、次のようものがある。すなわち、①任意捜査の原則（刑訴197条１項、犯捜規99条）、②令状主義（憲33条、35条）、③強制処分法定主義（刑訴197条１項但書）のほか、④捜査比例の原則、⑤関係者の名誉保護の原則（刑訴196条）、⑥物証中心主義、⑦公判中心主義である[9]。

こうした刑事手続における捜査の原則は、人権保障を実効化するために、少年（事件）の特性を踏まえて修正される必要がある。例えば、捜査遂行にあたり特に他人の耳目に触れないようにすることや少年の心情を傷つけないようにすること（北京10.3、犯捜規204条）、保護者などへの連絡（北京10.1、犯捜規207条）、プライバシーの保護（北京６条）、推知報道の禁止（少61条、犯捜規204条、209条）は、①任意捜査の原則や⑤関係者の名誉保護の原則を実効化するものである。身体拘束処分の最終手段性（北京10.3、13条、ハバナ17条、18条、犯捜規208条）や勾留の制限（少43条、48条）は②令状主義や④捜査比例の原則において考慮が不可欠である。さらに、被暗示性や利益誘導・圧力の受けやすさ、迎合的な供述の行いやすさという少年の特性や、共犯率の高さからくる「引っ張り込み」の危険性（⇒**70**）は、⑥物証中心主義のさらなる重視を求める[10]。

---

(8)　泉二新熊「少年法の施行に際して」法曹会雑誌１巻１号（1923年）122頁。同「少年法ト司法警察官吏」警察協会雑誌247号（1921年）15頁も参照。泉二は、「少年法ノ精神ヲ實地ニ體現セシムルニハ少年審判所ノ職員ハ勿論社會一般ガ能ク法律ノ精神ヲ了解スルコトヲ要スルノモ言フヲ竢タナイ所デアルガ直接ニ少年ニ接觸シ先ヅ第一ニ秩序維持ノ機關トシテ活動スベキ地位ニ在ル警察官吏ノ理解ト態度トガ其當ヲ得ナカツタラ到底少年法ノ目的ヲ貫徹スルコトハ出來ナイノデアル」とも述べている。

(9)　三井誠『刑事手続法（1）［新版］』（有斐閣、1997年）75頁。

(10)　最決平20・７・11刑集62巻７号1927頁［大阪地裁所長襲撃事件］の田原睦夫補足意見は、「事件関係者が、客観的証拠と明らかに矛盾する事実について、捜査機関の意向に迎合して、比較的安易に自白することがあり、殊に少年事件においては、そのような危険性が高い」がゆえに、「刑事事件、少年事件に関与する者には、証拠の評価、殊に自白と客観的証拠との関連性につき慎重な判断が求められる」ことを指摘している。

[2] 少年に対する取調べにはどのような問題があるか

(a) 取調べとは何か。また、取調べにあたって少年の特性はどのように考慮されなければならないか

203 問題の構造 **取調べ**とは、被疑者や第三者の供述を求め（刑訴198条1項、223条1項）、その答えや説明を調書として証拠化することをいう。この調書は、後の手続段階において裁判所による事実認定のための証拠となりうる。

この取調べは、少年に対して、どのように行われるべきであろうか。少年は、成長発達過程にあり、未熟で、被暗示性、利益誘導・圧力を受けやすく、迎合的な供述の行いやすい特性をもつ（⇒**70**）。そのため、取調官と少年との適正なコミュニケーションの上で取調べが行われる必要性は、成人の場合より一層高いといえる。この要請を満たすためには、まず、少年の特性や心情を理解できる者が取調官として取調べに従事することが重要である。しかし、コミュニケーションの適正さを担保するためには、それでもまだ不十分である。というのも、取調べが「密室」で行われれば、その結果得られた供述が本当に任意で行われたのかを事後的に検証することが困難であるからである。そこで、取調べを「密室」で行わせないための方策を講じることが、人権保障の観点からも真実発見の観点からも、重要になる。

(b) 少年の取調べに弁護人や保護者は立ち会うことができるか。また、その法的な根拠は何か

204 少年の取調べへの弁護人・保護者の立会い それでは、そのための方策として、少年の取調べに対して弁護人や保護者の立会いは可能であろうか。可能である場合、法的根拠は何に求められるべきであろうか。

被疑者の取調べに弁護人や保護者が立ち会ったり、録音・録画によりその全過程を可視化したりする制度は、少年の場合であっても現在のところ法律に明記されているわけではない。少年法6条の3は、少年および保護者はいつでも弁護士付添人を選任できることを定めるものの、立会いまでは明記しておらず、かつその対象を6条の2第1項の触法少年に対する調査に限定している。

少年の特性への配慮を規定している法令は、現在のところ国家公安委員会規則や通達のレベルに限られる。すなわち、犯罪捜査規範は、「少年の特性にかんがみ、(…) 取調べの言動に注意する等温情と理解をもつて当たり、その心情を傷つけないように努めなければならない」と規定している(204条)。また、第二次改正に伴い発出された「少年警察活動推進上の留意事項について(依命通達)」(平19・10・31警察庁乙生発第7号警察庁次長通達)は、犯罪少年について、「少年に無用の緊張を与えることを避け、真実の解明のための協力や事後の効果的な指導育成の効果を期待するという趣旨」から、「少年の被疑者の取調べを行う場合においては、やむを得ない場合を除き、少年と同道した保護者その他適切な者を立ち会わせることに留意するものとする」と述べている(強調傍点引用者。第5 犯罪少年事件の捜査 4 取調べ (2) 立会い等)。また、触法少年に関して、「少年に質問するに当たっては、当該少年に無用の緊張又は不安を与えることを避け、事案の真相を明らかにし、事後の効果的な指導育成に資するよう、少年の保護者その他の当該少年の保護又は監護の観点から適切と認められる者の立会いについて配慮するものとする」(強調傍点引用者。第6 触法調査 7 質問 (2) 連絡及び立会い)との規定を置いている[11]。

しかし、こうした警察内部の規範が実際に遵守されていることを担保・検証する手段はない。家庭裁判所への事件係属後に少年が否認に転じ、非行事実認定が問題になった事例の多くでは、捜査段階で作成された調書の任意性や信用性が問題となっている。しかし、非行事実認定の適正化を目的として審判手続を改めた2000年の第一次改正でも捜査には全く手がつけられていない(⇒**15**)。問題を根本的に解決するためには、この問題を手つかずのままにしておくことはできない。

国際人権法でも、日本国憲法と同様に、自己負罪を強制されない権利とと

---

(11) 旧通達(平14・10・10警察庁乙生発第4号)で「留意する」とされていたものが「配慮する」という文言に改められるとともに、旧通達中の「やむを得ない場合を除き」との文言が削除されたのは、「調査の対象となる少年が低年齢であることをより一層踏まえた対応がとられるよう」にする趣旨であると説明されている。丸山直紀『注解少年警察活動規則』(立花書房、2008年)85頁。

もに（子ども条約40条２項（b）（iii））、自白を引き出すための拷問や、残虐で非人道的であったり品位を傷つけたりする取扱いの禁止（同37条（a））、その結果得られた自白を証拠として使うことの禁止が確認されている（拷問禁止条約15条）。「強制」の概念は、子どもの場合、「年齢や発達、尋問の期間、子どもによる理解の欠如、どうなるかわからないという恐怖や収監の可能性を示唆されることによる恐怖が、真実ではない自白への誘導につながる可能性」があるため、有形力を用いず暴力的ではない形態のものや誘導を含めて広く理解すべきものとされている（意見10号 para. 57）。これを実効化するためには、事情聴取中の弁護人などへのアクセスや保護者による立会いが保障されなければならず、「裁判所その他の司法機関は、子どもによる自認または自白の任意性や信頼性を検討するにあたって、その子どもの年齢、勾留および尋問の期間、ならびに子どもの弁護人その他の助言者、親または独立の代理人の立会いの有無を考慮に入れなければならない」（意見10号 para. 58）。同様の観点から、欧州レベルの規則では、「弁護士または子どもの両親のいずれか、もしくは、親が立ち会うことができない場合、子どもが信頼を寄せる他の者が立ち会うことなしに、身体拘束された子どもは、犯罪行為について尋問され、または犯罪行為への関与に関する調書を作成もしくはこれに署名するよう求められるべきではない」とされている（やさしい司法30条）。むしろ保護者や弁護人の立会いのない取調べが許容されるには特別な事情が必要であるというのが、国際人権法の要請であると理解すべきである。

この立会いがない取調べで得られた供述調書は、原則的に任意性がないものとして扱い、証拠能力が認められないがゆえに、非行事実の存在を裏づける証拠として用いることができないと解すべきである⑿。保護者の立会いがない取調べに基づく供述調書の任意性を否定して証拠能力を認めなかった裁判例として、高松家決平２・12・14大阪弁護士会少年問題対策特別委員会編『密室への挑戦』（1993年）40頁／少年法通信54号（1992年）24頁がある。窃盗の被疑事実で、少年の司法警察員に対する自白調書のみが非行と少年を結

⑿　この点で、要支援被疑者の供述任意性・信用性を確保することを目的としてイギリスで導入されている「適切な大人（Appropriate Adult）」の制度なども注目される。京・要支援89頁を特に参照。

びつける証拠として存在しているという事案で、この裁判例は、「少年には、前科前歴が無いことはもとより、補導歴、逮捕・勾留歴もないこと、少年警察活動要綱に反して取調に保護者の立会いを許していないことなどを総合すれば、少年が、ありもしない余罪を自白しなければ、いつまでも留置されると思い、虚偽の自白をしたことが十分認められる」と述べ、「記憶の喚起等に何ら役立つわけでもない盗難のあった場所の施設側の事故調書の写しをそのまま示し、1週間余りも身柄を拘束して、保護者の立会いも許さずに追求することは、一種の強迫行為にも類する方法」であり、「不当な取調べ方法というべきもの」と指摘して、自白の任意性に疑問を呈し、自白調書の証拠能力を否定している。

4　少年に対する「未決」段階の身体拘束処分にはどのようなものがあるか

205　身体拘束処分の概観　　少年事件に関して特に検討を要するのは、身体拘束処分である。刑事手続と対比する形で、少年手続における「未決」段階の身体拘束処分を概観してみる。

刑事裁判所への公訴提起後の刑事手続における身体拘束が勾留（被告人勾留）であるのに対し、家庭裁判所の事件受理後の少年保護事件におけるそれは少年鑑別所送致の観護措置（少17条1項2号）である（図1を参照）。しかし、その前の手続段階では、少年法に特則が置かれていないことと関係して、両手続ともに刑事事件として逮捕と勾留（被疑者勾留）が用いられる。ただ、少年法上明文で勾留の制限（少43条3項、48条1項）や、少年鑑別所を勾留場所とする制度（少48条2項）、「勾留に代わる観護措置」が制度化されている（少43条1項）。

5　少年に対する逮捕はどのように行われるべきか

[1] 逮捕の要件は何か。また、それは少年事件においてどのように理解されるべきか

206　問題の構造　　**逮捕**とは、被疑者の逃亡や罪証隠滅の防止を目的とする身体の自由の拘束のことをいう。逮捕に関して、少年法は特則を置いて

【図１】少年手続と刑事手続における身体拘束処分

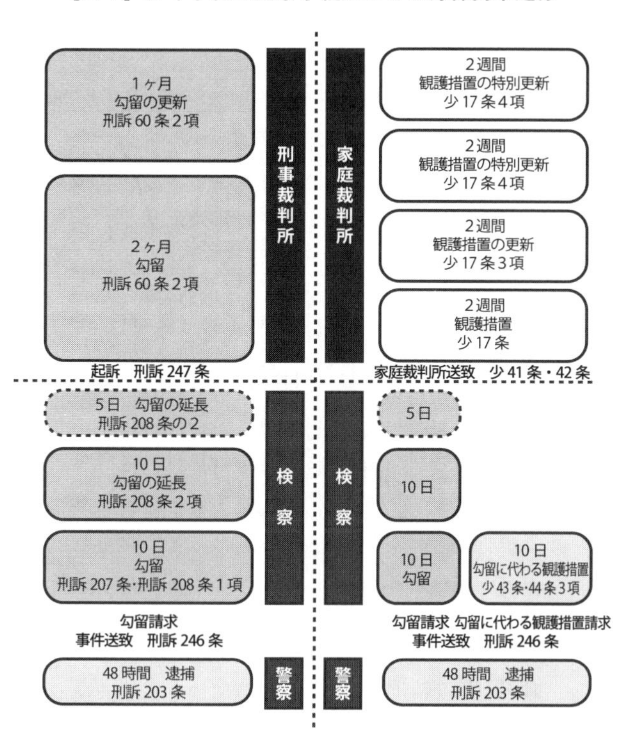

いない。そのため、形式上、逮捕の要件は成人事件と同じになる。しかし、傷つきやすさや社会との関係を遮断されることによる悪影響の大きさなど、成長発達の途上にある少年の特性を考えた場合、身体拘束処分である逮捕を成人の場合と同様に行ってよいということにはならない。むしろ、特則が存しない分、少年に対する逮捕に関しては、要件の理解が極めて重要になる。

207　少年に対する逮捕の要件理解　通常逮捕の実体的な要件は、㋐逃亡または罪証隠滅のおそれなど逮捕の理由（刑訴199条１項）と、㋑必要性（同条２項但書）である。

しかし、少年は未成熟である上、保護者に依存して生活していることが多く、㋐逃亡や罪証隠滅の能力は、類型的にみて低い(13)。少年事件は共犯率が高いことが特徴である。しかし、そのことを抽象的に罪証隠滅のおそれに直結すべきではない（⇒**69～70**）。また、刑事訴訟規則143条の３は、㋑必要性

【図2】逮捕 20歳未満

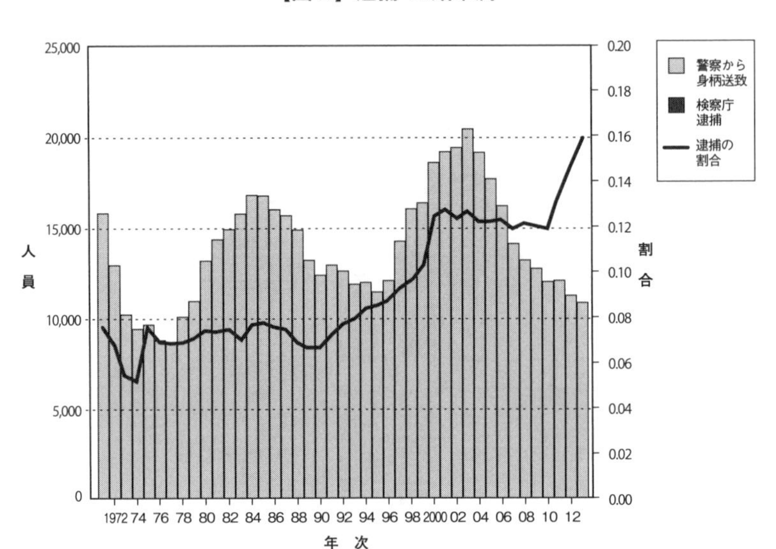

『検察統計年報』から作成

判断にあたって被疑者の年齢や境遇などを考慮することを求めている。若年であることや、通例保護者に依存して生活しているという少年の特性は、むしろ逮捕の必要性を減じさせる事情になると考えられる。

なお、必要性は相当性（利益衡量）を含む概念として一般に用いられている。国際人権法は、身体拘束を最終手段としてのみ許容している（⇒**61**）。そのため、少年の場合、逮捕理由のみならず、必要性の判断においても、成人の場合に増して厳格な判断が必要になる[14]。

⒀　柳瀬隆次「少年の逮捕」河村澄夫＝古川實編『刑事実務ノート第３巻』（判例タイムズ社、1971年）12頁、蜂谷尚久「一六才未満の少年と逮捕」判タ296号（1973年）307頁、猪瀬愼一郎「少年事件の捜査手続について」判タ287号（1973年）18頁。

⒁　共犯率が高いため、少年事件には口裏合わせなどによる罪証隠滅のおそれが肯定されやすい面がある。しかし、共犯であること自体が罪証隠滅のおそれに直結するわけではない。逮捕状請求書に添付される疎明資料により差し迫った危険が具体的に明らかにされないときには、これを肯定すべきでない。

[2] 逮捕の実務運用はどのようになっているか

208 逮捕の実務運用　検察統計年報では、検察庁受理人員総数のうち警察から身柄送致された者の割合が2000年に10％を超えた後、2013年には15％を超えている。国際人権法が要請する身体拘束の最終手段性（⇒**61**）からみれば問題が大きい運用である。より一層厳格な要件判断が必要になっている（図2）。

6 少年に対する勾留はどのように行われるべきか

[1] 勾留は少年に対してどのように制限されるか

(a) 少年に対して勾留を制限する制度はどのようになっているか。また、少年に対する勾留の制限にはどのような歴史があるか

209 少年に対する勾留（制限）の制度　**勾留**とは、被疑者の逃亡や罪証隠滅の防止を目的として被疑者または被告人を刑事施設に拘禁する裁判およびその執行をいう。少年法は、①勾留そのものの制限、②勾留の代替措置（**勾留に代わる観護措置**）、③勾留場所（**少年鑑別所における勾留**）に関して特則を置いており、勾留を制限している。こうした勾留の制限は、心身両面における傷つきやすさや身体拘束処分による悪影響の受けやすさ、社会との関係が断絶されることにより受けるダメージの大きさなど、少年の特性を配慮して設けられている措置である。

210 勾留制限の歴史　勾留制限規定は旧少年法67条を継承しており、その構想は旧少年法制定過程の最初期にまで遡ることができる[15]。刑事裁判所への起訴後についても適用があったこの規定の趣旨は、悪風感染などで心身発達に障碍を及ぼさないよう将来の教養保護を考慮することにある。反対に、「やむを得ない」場合に勾留の可能性が残されたのは、前述した財政事情から（⇒**201**）、「遺憾ながら（対象を少年に特化した――引用者）特別拘禁所の設置は之を他日に譲」る[16]という前提があったからであった。

現行法上の勾留制限に関する特則は、家庭裁判所による検察官送致決定後

(15) 詳細については、武内・構造44頁を参照のこと。
(16) 谷田・前掲註7）14頁、同71頁。

の手続段階では適用がないという考えも有力である。しかし、規定の文言からも、沿革からも、この段階における法の適用を排除することは妥当でない[17]（⇒**555〜556**）。

(b) 勾留の要件は何か。また、少年に対して勾留はどのように制限されるか。少年事件において加重要件となる「やむを得ない」事由はどのような場合に認められるべきか

211 勾留の要件と「やむを得ない」事由　①勾留そのものの制限は、検察官の勾留請求[18]と裁判官の勾留状発付の双方につき、「やむを得ない」事由（少43条3項、48条1項）の存在を求めることに体現されている。

まず、刑事訴訟法上の勾留の実体的要件を確認しておこう。勾留の実体的要件は、㋐罪を犯した相当な理由の存在、㋑勾留の理由（住居不定、罪証隠滅のおそれ、逃亡のおそれのうちいずれか）の存在（刑訴60条1項、207条1項）、㋒勾留の必要性（刑訴87条1項、207条1項）である。少年法は、これに㋓「やむを得ない」事由を加えて、勾留の要件を加重している。したがって、仮に㋐〜㋒の要件が満たされているとしても、㋓「やむを得ない」といえる事由がない場合には、勾留は認められないことになる。他方、㋐〜㋒の要件が満たされているのであれば、上記（⇒**209**）②勾留に代わる観護措置が認められる余地がある。そのため、実際上は、「やむを得ない」事由の有無が、勾留か勾留に代わる観護措置かの分水嶺となっているといえる。なお、勾留一般の要件である㋐〜㋒の要件理解にあたっても、逮捕の場合と同様に、少年の特性を考慮すべきことは、いうまでもない（⇒**70、201**）。

「やむを得ない」事由は勾留延長にあたっても必要である。勾留延長は、もとから「やむを得ない事由」を要件とするため（刑訴208条2項）、少年に対する勾留延長は二重に「やむを得ない」事由を必要とすることになる。少

---

(17) 加藤学「少年の勾留とやむを得ない理由」『警察基本判例・実務200』（判例タイムズ社、2010年）310頁、コンメンタール少年法524頁［葛野尋之］。裁判例として、東京家八王子支決平18・3・9家月58巻6号84頁、東京地決平17・9・13家月58巻6号75頁を参照。

(18) 勾留は検察官が請求を行うから、検察官を経由せずに警察から家庭裁判所に直接送致される罰金以下の事件（⇒**234**）について勾留を行うことはできない。

年に対する勾留期間延長請求を却下した裁判に対する検察官からの準抗告を却下した裁判例として、長崎地決平2・8・17最高裁判所事務総局編『勾留及び保釈に関する（準）抗告審裁判例集』（法曹会［刑事裁判資料259号］、1992年）93頁がある。

212 「やむを得ない」事由の解釈　それでは、どのような場合に、「やむを得ない」事由があるといえるであろうか。実務上、この概念は、①施設上の理由（少年鑑別所の収容能力や鑑別所が遠隔地にある場合）、②少年の資質（年齢・非行歴などから少年の情操を害するおそれが少ない場合や、鑑別所に収容することで他の少年に悪影響が及ぶおそれがある場合）、③被疑事件の性格（刑事処分の可能性の高い場合や事案が複雑な場合）、④捜査遂行上の理由（接見交通を制限する必要がある場合や、証拠物が多数あり少年鑑別所への持ち込みが著しく困難な場合）と広くとらえられている[19]。

しかし、④捜査遂行上の理由を仮に逃亡・罪証隠滅の防止ではなく取調べなどの必要性として認めるのであれば、勾留の制度理解自体が歪められる。③被疑事件の性格や②少年の資質も、捜査が開始したばかりで要保護性の調査が行われていない手続段階なのであるから、本来は判断が困難なはずである[20]。非行結果や前歴といった形式的な事項でこれを判断することには問題がある。これに基づくとしても、根拠の弱い推測であることに注意すべきであろう。

「やむを得ない場合」に勾留を残した歴史的事情や国際人権法上の評価、捜査官が法に定められた制限を受忍すべきことは当然であることを考えても、本来「やむを得ない」事由といえるのは、①少年鑑別所の収容能力のみであろう。捜査の必要性を考慮する前提に立つとしても、検察官に釈明を求め、疎明資料を提出させた上で、必要になる捜査方法と、少年の年齢や周辺の事実から窺われるその特性、事件の性質とを具体的に比較考量することが不可欠である[21]。

---

(19)　注釈少年法430頁。

(20)　少年の資質をこれに含める理解は旧少年法下の見解を継承した可能性が濃厚であるものの、捜査における調査の利用可能性に関してそもそも旧法と現行法には大きな違いがあることについては、武内・構造63頁を参照のこと。

213 実務上の工夫 もっとも、裁判実務（家）においても、上記①〜④を「やむを得ない」事由として基本的に承認しながらも、勾留を認める範囲に絞りをかけるいくつかの試みがある。まず、①〜④の事情を単独では「やむを得ない」事情としては認めず、少年の資質などに関連づけて、具体的な事件の中で細やかに事情の重なり合いをみていく試みがある[22]。また、手続レベルにおいて、勾留の必要性だけでなく、「やむを得ない」事情についても具体的に裏づけうる資料の提出を検察官に求めるという試みがある[23]。これは、少年法上の原則・例外関係に着目して、勾留請求者である検察官にいわば挙証責任を課す発想を徹底するものであるといえる。

「やむを得ない」事由の意義を明らかにした先例とされる横浜地決昭36・7・12下刑集3巻7＝8号800頁／家月15巻3号186頁の位置づけにも注意が必要である。この裁判例は、「やむを得ない」場合の意義に関して、確かに、「少年である被疑者が刑事訴訟法六十条所定の要件を完備する場合において、当該裁判所の所在地に少年鑑別所又は代用監獄がなく、あつても収容能力の関係から収容できない場合又は少年の性行、罪質等より勾留によらなければ捜査の遂行上重大な支障を来すと認められる場合等を指称するものと解するを相当とする」と述べており、その概念を比較的広く解していた。しかし、この裁判例は、事案の処理として、証拠隠滅・逃亡のおそれや「被疑者の身柄を拘束して捜査する必要のあること」を認めながらも、「本件記録によつてうかがわれる事案の全ぼうに照らすと、それらの事実だけでは、未だもつて被疑者らを勾留しなければ捜査の遂行に重大な支障を来すとは認められない」ことを理由として、勾留請求棄却の原決定に対する検察官からの準抗告を棄却している。

他方、「やむを得ない」事由を認めた例でも、少年の個人的事情と捜査遂行上の必要性との比較考量は、抽象的に行う手法から具体的なものへと変遷してきているといえる。例えば、福岡地決昭44・3・15最高裁判所事務総局

---

(21) 加藤・前掲註17）309頁、植村・実務と法理344頁、裁判例コンメンタール442頁［園原敏彦］。

(22) 加藤・前掲註17）309頁を特に参照。

(23) 木谷明「少年の勾留請求につき、観護措置を相当と認めた場合の措置」『増補 令状基本問題上』（一粒社、1996年）288頁を特に参照。

編『令状関係裁判例集（逮捕・勾留編）』（法曹会［刑事裁判資料236号］、1984年）234頁は、凶器の使用状況、その遺棄場所の捜査について被疑者を少年鑑別所に収容することで支障が生じるか否かということと、被疑者を成人と同様に扱ってもその心身に悪影響を与えるおそれがないか否かということとを記録によりながら抽象的に考量するにとどまっている。しかし、京都地決平2・2・13最高裁判所事務総局編『勾留及び保釈に関する（準）抗告審裁判例集』（法曹会［刑事裁判資料259号］、1992年）26頁は、セカンドバッグの所有関係およびその中にあった大麻草の所有関係に関する事実を確定するためには引当りを実施するなどの裏付捜査およびそれをもとにした取調べなどが必要であることを指摘しており、必要となる捜査の手法とその根拠を具体的に検討している(24)。

(c) 勾留に代わる観護措置とはどのような制度か。また、それは勾留と何が同じで何が違うのか

214 勾留との違い ②**勾留に代わる観護措置**（少43条1項）とは、本来家庭裁判所が事件を受理した後の手続段階で用いられる観護措置と同様の措置を、勾留に代えて、事件受理前にとる措置である(25)。勾留と勾留に代わる観護措置には、令状の種類や身体拘束場所、身体拘束期間、一般面会の禁止の可否において重要な違いがある（表1）。勾留に代わる観護措置の身体拘束場所は少年鑑別所であり、その期間も10日に限定され（少44条3項）、これまでの少年院法の下では一般面会の禁止もない(26)。

215 要件 勾留に代わる観護措置も身体拘束処分である。そのため、勾留と同様の実体的要件（上記㋐〜㋒）を満たす必要があると考えられる。大阪地決平10・5・28大阪弁護士会刑事弁護委員会編『接見・勾留・保釈・鑑定留置裁判例33選』（現代人文社、1999年）144頁は、事案の性質、被害の

---

(24) 新潟地決平2・5・14最高裁判所事務総局編『勾留及び保釈に関する（準）抗告審裁判例集』（法曹会［刑事裁判資料259号］、1992年）11頁、大津地決平2・5・18同書8頁も参照のこと。

(25) 調査官観護（少17条1項1号）（⇒**244**）も、ここでいう「観護措置」から排除されないものの、実際に問題となるのは少年鑑別所への収容観護（同条同項2号）である。

(26) もっとも、2014年に制定された少年鑑別所法によれば、面会が制限される可能性がある（新少鑑80条、82条、85条、87条、88条、90条、91条）。

【表1】勾留と勾留に代わる観護措置

	勾留（被疑者勾留）	勾留に代わる観護措置
令状	勾留状（刑訴207条4項）	観護状（少44条2項、刑訴規278条）
身体拘束の場所	少年鑑別所（少48条2項） 刑事施設（刑事施設処遇法3条3号） 留置施設（旧代用監獄）（刑事施設処遇法14条、15条）	家庭裁判所調査官の観護（少17条1項1号） 少年鑑別所（少17条1項2号）
身体拘束の期間	10日＋10日（＋5日）（刑訴208条、208条の2）	10日（延長なし）（少44条3項）
一般面会の禁止	あり（刑訴81条）	なし＊

＊新しい少年鑑別所法では面会の制限あり

程度、被疑者の非行歴、高校への通学状況、家庭の監護能力など考慮し、必要性があるとまでは認めがたいことを理由として、勾留に代わる観護措置を認めた原裁判を取り消し、勾留に代わる観護措置の請求を棄却した裁判例である。

216　勾留に関係する規定の準用　勾留に代わる観護措置も身体拘束処分であることを直視すれば、憲法33条と34条を受けた刑事訴訟法上の勾留に関する規定は、この処分の本質に反しない限り、準用ないし類推されるべきことになる。しかし、勾留の通知や取消し（刑訴79条、87条）、不服申立てのための準抗告（刑訴429条）が勾留に代わる観護措置時に準用されることに争いはないものの、勾留理由開示（刑訴83条）と勾留の執行停止（刑訴95条）については見解が分かれている。

勾留理由の開示については、この条項が人身の保護に関係するものであることを重視して準用を認める見解[27]もある。他方、勾留理由開示手続が公開で行われることや憲法34条の直接の要請に基づくとまではいえないことを根拠に、勾留に代わる観護措置の保護的な性格に反するとして、準用までは認めない考え[28]にも理由はある。手続の公開は、憲法上の適正手続保障の核心

---

(27)　團藤＝森田368頁。

(28)　平場・新版126頁。

である主体的な手続参加（憲13条、31条）を阻害するがゆえに認められるべきでない（⇒**91**、**109～110**、**338**）。しかし、身体の拘束がそれ自体として重大な処分であることを考えれば、実質的な形で勾留理由を開示する工夫が必要であろう。

勾留の執行停止は、旧少年法において仮処分が刑事手続でもとられうるものとされ（66条、37条）、少年審判所によりいつでもその取消し・変更が可能とされていたこと（66条、38条）との関係からも問題にされている。これに関して、現行法上は明文規定がなく、少年審判規則に観護措置の取消しが規定されているにすぎない（21条）。その準用を消極に解する見解(29)も有力であるものの、国際人権法上身体拘束処分を抑制すべきことが強く求められていることを重視すれば（⇒**61**）、積極に解する余地もあるであろう。

接見交通の制限（刑訴81条）は、認められるべきでない（⇒**285～286**も参照）。接見交通は、身体拘束を受けている者の重要な権利であり、その制限を明文規定なしに認めることは許されない。

(d) 少年鑑別所における勾留とはどのような制度か。また、少年の勾留場所としてどのようなことを考慮しなければならないか

217　少年鑑別所における勾留　上述の通り、勾留の許否を決する際には、「やむを得ない」事由の有無を判断することが必要である。それでは、いったん「やむを得ない」事情の存在が認定され、勾留が認められてしまえば、勾留場所に関して特別な配慮は不要になるのであろうか。少年法は、③裁判所が、勾留決定を行う場合でも、裁判所が、勾留場所として少年鑑別所を指定することができるようにしている（少48条２項）。

勾留の加重要件である「やむを得ない」事由の有無の判断と勾留場所の判断とは、完全に重複するわけではない。両者の考慮要素が重なっているとしても、勾留の許否と勾留場所とでは少年自身の事情や事件の属性を考慮する際の比重の置き方が違いうる。諸事情を考慮して勾留は認めざるをえないものの、その場所は少年鑑別所でなければならない場合がありうるわけである。

---

(29)　平場・新版126頁。

現在の実務のように「やむを得ない」事由が広く解釈され、かつ留置施設（旧代用監獄）での勾留が珍しくなくなっている状況では、なおさら、勾留場所の判断にあたり少年の特性、とりわけ生活全体を支配された上で行われる取調べへの耐性を強く考慮する必要がある。

218　裁判例　裁判例でも、少年や被疑事件の特性を考慮して取調べを慎重に行わせるために留置施設（旧代用監獄）は却ってふさわしくないことを指摘したものがある。例えば、福岡地決平２・２・16家月42巻５号122頁は、17歳の少年の誘拐・殺人被疑事件において勾留場所を少年鑑別所と指定した部分を取り消すことおよび勾留場所を代用監獄とすることを求めた検察官からの準抗告の申立てを棄却している。この裁判例は、「少年である被疑者の勾留場所については、少年法の法意を尊重しつつ、勾留場所が少年の成育に及ぼす影響や、被疑者及び弁護人の防禦権の行使と勾留後における捜査の必要との調和を考慮の上、個々の事案に則して決定すべきもの」との観点に立ち、刑事責任の有無・程度を確定するために、外形的行為（犯行の経緯・態様）のほか、動機、犯行前後の審理状況について捜査を尽くす必要があること自体は肯定している。しかし、その上で、①本件では殺害現場自体はすでに特定されており、多数の目撃者、自供が存在しており、少年鑑別所の協力を得ることが不可能なほどに広範囲かつ長時間にわたる実況見分が捜査上必要とまではいえないこと、②被疑者が少年であることや、特異な性格・心理構造を有している可能性があり、自白が強要されないように、十分に慎重な取調べが実施されるべきであり、被疑者に対し、夜間や長時間に及ぶ取調べを行うことは望ましくなく、必要もないこと、③面通しも捜査上不可欠とはいえず、写真を利用することが可能であることを指摘し、年齢・精神状態に照らせば、代用監獄に勾留した場合に成育に及ぼす悪影響が小さくないことをも考慮して、検察官からの準抗告の申立てを棄却している[30]。

また、大阪地決平3・5・31日本弁護士連合会刑事弁護センター編『逮捕・勾留・保釈と弁護』（日本評論社、1996年）186頁は、強盗致傷・窃盗の被疑

---

(30)　同様に、勾留場所を留置施設（旧代用監獄）から少年鑑別所に変更した裁判例として、浦和地決平３・５・12家月44巻11号106頁、浦和地決平３・11・30家月44巻11号108頁がある。

事実で、留置施設から拘置所に勾留場所を変えるよう少年側が求めた準抗告が認められた裁判例である。この裁判例は、一方で、事案の重大性や被疑者の年齢（18歳7ヶ月）、前歴関係、本件犯行場所と少年鑑別所との場所的遠隔性を考慮して、勾留場所を少年鑑別所とするのは相当でないと判断している。しかし、他方で、被疑者に対する被害者の面割りがすでに完了していること、被疑者に示すべき捜査資料が特に大量であるとはいえないこと、被疑者が事実を争っていること、被疑者を拘置所に勾留することから生じる被疑者立会いの上での実況見分の実施等の捜査の支障も著しいものとは認められないことを指摘し、少年の健全育成を目的とする少年法の趣旨をも考慮して、被疑者を拘置所に勾留するのが相当であると結論づけている。

なお、留置施設（旧代用監獄）への勾留中に行われた取調べに基づく供述の任意性と信用性の判断は、一層慎重に行われなければならない。浦和地決平3・11・11判タ796号272頁は、「法（少年法）は、人格の未熟な未成年者の身柄を拘束する場合には、身柄拘束の少年の心身に与える影響が大きいことにかんがみ、勾留に代わる観護措置（少年法四三条一項）により少年鑑別所へ拘束するのを本則とし」ているとの理解から、「やむを得ない」事情が存在したか否かを具体的に検討している。それを踏まえて、「少年を代用監獄に勾留することとした勾留の裁判が違法と考えられる場合であっても、そのことから直ちに、勾留期間中の自白の任意性に疑いが生ずるということにはならず、その間の取調べが、少年である被疑者の心身に十分な配慮をした懇切・丁重なものであった場合には、なおその任意性を肯定することが可能であるが（…）、少年である被疑者を代用監獄内で取り調べる場合には、捜査官の些細な言動でも被疑者の心理に重大な影響を及ぼすおそれがあることにかんがみ、任意性の判断は、被疑者が成人である場合と比較して、いっそう厳格にされなければならない」と指摘し、自白調書の一部の任意性を否定し、その証拠調べ請求を却下している。

219 理論的検討　留置施設（旧代用監獄）における勾留に関していえば、「刑事収容施設及び被収容者等の処遇に関する法律」（刑事施設処遇法）により、確かに留置と捜査の分離は法律上も明らかになっている（16条3項）。しかし、国際人権法の観点からみれば、ただでさえ特殊な状況である拘禁を、子どもの特性に見合った物理的環境で行わないこと自体に大きな問題があるというべきである（ハバナ12条。グライフスヴァルト59条も参照）。国連子どもの権利委員会（CRC）の総括所見に示されているように、前述した弁護人や保護者の立会いがない状態（⇒**203～204**）と相俟って、留置施設における少年の身体拘束自体が国際人権法規範と抵触する（⇒**64**）。そうした状況下で捜査が適法でありうる条件や、自白に任意性や信用性が認められる条件は、むしろ極めて限定されていると考えるべきであろう[31]。

220　立法的課題　立法論としては、歴史的な課題である少年に対する勾留制度の廃止（⇒**46**、**201**、**210**）や、少年に対する留置施設の使用の撤廃、勾留の裁判を地方裁判所や簡易裁判所ではなく家庭裁判所の裁判官、少なくとも少年事件の担当経験や教育能力・経験をもつ裁判官に行わせることが、検討されるべきであろう。確かに、予断排除を徹底しようとすれば、裁判官の配置との関係で、家庭裁判所の裁判官に令状審査を行わせることは現実的でないという問題はありうる。しかし、令状主義（憲33条）の趣旨が事件の個別具体的な事情に基づいて強制的な処分の許否を裁判官に決させることにあることに鑑みれば、家庭裁判所以外の裁判所の裁判官に少年事件の令状審査を許すとしても、少年の属性や少年事件の特質に通暁した者である必要があろう。

［2］勾留の実務運用はどのようになっているか

221　勾留の実務運用　実際の運用をみてみれば、勾留はむしろ原則化しており、かつ長期化の傾向がある（図３・４）。また、勾留場所が、少年に特化した少年鑑別所や法務省管轄の刑事施設（刑事収容法３条３号）ではなく、都道府県警察に設置される留置施設（旧代用監獄。同法14条・15条）とされることは少年事件でも珍しくない。

こうした運用は、少年法のみならず、身体拘束処分の最終手段性・最短性を求める国際人権法（子ども条約37条（a）、北京13条）にも違背している。

---

(31)　留置施設における勾留中、威迫・偽計・理詰めの尋問により作成された自白調書の一部の任意性を否定した裁判例として、浦和地決平３・11・11判タ796号272頁。

【図3】勾留と勾留に代わる観護措置

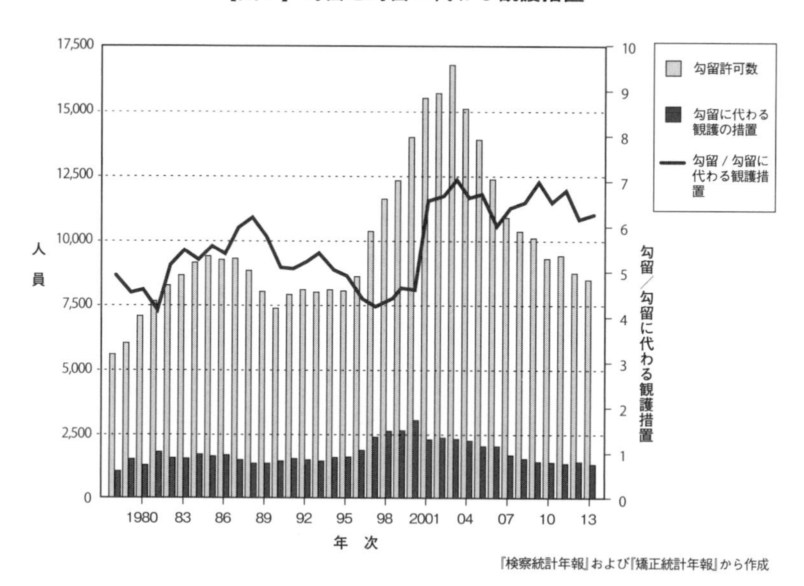

『検察統計年報』および『矯正統計年報』から作成

【図4】検察庁既済事件の勾留期間（処理時年齢20歳未満）

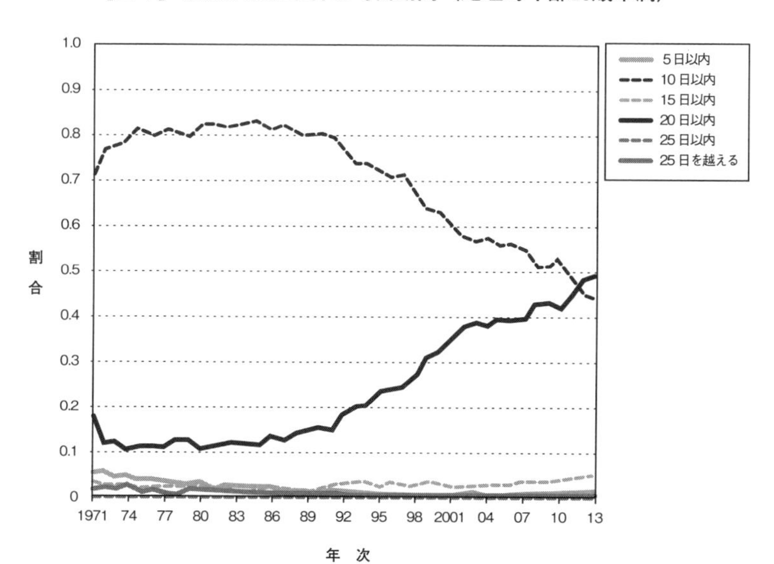

『検察統計年報』から作成

CRC も、日本政府に対して、身体拘束を最終手段とすることや審判前の身体拘束に代わる措置の不十分さ、審判前に成人と共に勾留される可能性があること、代用監獄のあり方につき懸念を示し、勧告を行っている（CRC/C/15/Add. 90, para. 27［第1回審査総括所見］、CRC/C/15/Add. 231, para. 54［第2回］、CRC/C/JPN/CO/3, para. 84、85（f）（g）［第3回］）（⇒**64**）。

[3] 検察官は勾留と勾留に代わる観護措置を択一的に請求することができるか。また、裁判官は勾留請求を受けた際に勾留に代わる観護措置決定を行いうるか

222　問題の構造　　令状主義（憲33条）の要請を受けて、勾留は、検察官による請求を受けて、裁判所または裁判官が勾留状を発付することで行われる。勾留に代わる観護措置の場合も、これと同様に、検察官の請求に基づいて（少43条1項）、裁判官が審査を行い、観護令状（観護状）を発付することにより行われる（少44条2項）。勾留状と観護令状とは、憲法33条の要請を受ける点で共通するものの、別物である。そのため、検察官は択一的請求や予備的請求を行いうるかが問題になる。択一的請求とは、勾留に代わる観護措置と勾留のうちのどちらかを認めるよう求めるものであり、予備的請求とは、勾留に代わる観護措置が認められない場合には勾留を認めるよう求めるものである。また、勾留請求を受けた裁判官は勾留に代わる観護措置決定を行いうるかが問題になる。

223　検察官による択一的・予備的請求　　検察官は、勾留と勾留に代わる観護措置とを択一的または予備的に請求することができるであろうか。

択一的な請求を認めれば、「やむを得ない」場合にのみ勾留を認めることにした少年法の趣旨にも反することになってしまう。そのため、択一的な請求は認められるべきでない。

問題は、予備的請求である。択一的請求とは異なり予備的請求であれば手続の安定性や明確性が害されないことや、より厳格な要式性をもつ刑事訴訟の訴因にも予備的記載が許されていること（刑訴256条5項）を根拠に、これを認める見解もある[32]。しかし、少年法43条1項は、「勾留の請求に代え」（強調傍点引用者）観護措置を請求できると規定しており、刑事訴訟法256条

5項のような体裁はとっていない。このことを考えれば、検察官は予備的な請求もできないと考えるのが素直であろう。

224　裁判所がとるべき措置　それでは、検察官が勾留を請求したものの「やむを得ない」場合にあたらないと判断される場合に、裁判所は勾留に代わる観護措置を決定することができるであろうか。勾留と勾留に代わる観護措置は、期間・場所・接見禁止の可否などの点で内容・効力が異なっているため、勾留状と観護令状は別物であり、前者が後者を包含する関係にはない（⇒**214**）。各々が別物として検察官の請求にかかっていることを考えれば、最も素直な裁判所の措置は、ⓐ直ちに勾留請求を却下することである(33)。しかし、裁判所が勾留請求を却下した場合に、検察官が勾留に代わる観護措置を再度請求することができると理解するのであれば、この結論は訴訟経済にもとり、効率が悪いだけのことになる。少年自身にとっても、身体拘束期間がそれだけ長くなる危険性が生じる。そこで、ⓑ検察官の意向をただした上で、勾留請求を勾留に代わる観護措置請求に改めさせて、決定すべきであるという考え(34)や、ⓒ勾留請求に対して直接観護令状を発することを認める見解(35)、ⓓ検察官に予備的または択一的請求を認めることを前提に、勾留請求後であっても逮捕の制限時間内であれば予備的に観護措置請求の追加を認める考え(36)が出てくることになる。

しかし、ⓑの考えは、勾留請求の撤回が認められないと一般に解されているにもかかわらず、実質的な撤回を認める点で問題がある。また、ⓒの見解は、いわば「大は小を兼ねる」というように、勾留請求が勾留に代わる観護

---

(32)　注釈少年法428頁。

(33)　團藤＝森田398頁、木谷明「少年の勾留につき、観護措置を相当と認めた場合の措置」『令状基本問題七五問』（一粒社、1969年）159頁（木谷旧説）。

(34)　角谷三千夫「少年に対する勾留の制限」司法研修所報28号（1962年）183頁。

(35)　熊谷弘編『逮捕・勾留・保釈の実務』（日本評論社、1965年）176頁［安西温発言］、猪瀬慎一郎「少年事件の捜査手続について」判タ287号（1973年）19頁。

(36)　四ツ谷巌「少年の勾留」『捜査法大系Ⅱ』（日本評論社、1972年）372頁、西村好順『勾留・保釈に関する準抗告の研究』（法曹会［法務研究報告書59集6号］、1972年）221頁、細川清「勾留の請求があった場合に観護措置が相当と判断した場合の措置」判タ296号（1973年）315頁。木谷・前掲註23）290頁（木谷新説）、裁判所職員総合研修所監修『令状事務［再訂補訂版］』（司法協会、2009年）196頁は、予備的請求に限定して認める。

措置請求を包含するとの理解を前提としており、その前提自体に問題がある。こうしたことから、現在多くの支持を集めているのは、ⓓの見解である[37]。この見解は、逮捕制限時間内であることから、勾留請求が却下された場合でも身体拘束上の難点がなく、検察官の意思も明確であり、少年の利益も害されないと指摘されている。

より重要なのは、この問題の背景を理解しておくことである。そこには、一方で、実体的には（少なくとも）「勾留に代わる観護措置」は認められるのに、検察官の請求の仕方により身体拘束できなくなることに対して裁判官が抱くであろう心理的抵抗への配慮がある。また他方では、実務上「やむを得ない」場合という要件が緩く理解されている現実を前にして、予備的請求を認めた方が却って勾留の制限に結びつくのではないかという狙いがある[38]。

しかし、検察官による予備的請求を認める見解や、裁判所がとるべき措置としてⓓの考えが有力化して長い年月が経過しているにもかかわらず、なお法の要請が十分に満たされていないことも考慮しなければならないであろう。この間、身体拘束処分の最終手段性に関するCRCからの度重なる勧告を受けていること（⇒**64**）も、事情の変化として重く受け止めるべきである。検察官からの身体拘束処分の請求に対する司法審査を厳格に行う観点から、ⓐの立場をとり、かつ検察官が勾留に代わる観護措置の請求を再度行うことを認めないと解することも、十分検討に値しよう。

---

(37)　ただし、前提として検察官による択一的請求は認めず、予備的請求のみを許容するのが通例である。

(38)　木谷旧説から木谷新説への変遷の背景には、こうした考えがある。

第13講　事件の送致と受理

●本講で考えること

非行事実に関係する捜査や「調査」が終了し、犯罪の嫌疑がある場合や虞犯として審判に付すべき事由がある場合、事件は捜査機関から家庭裁判所に送致されることになります（少41条、42条）。調査と審判が行われるのは、その事件を家庭裁判所が受理した後になります。

それでは、このような捜査機関からの事件の送致と家庭裁判所の受理という、いわば事件の「受け渡し」の局面には、どのような原則があるのでしょうか。また、その原則はどのような考え方に支えられているのでしょうか。さらに、どのような場合が例外となるのでしょうか。

本講では、捜査と調査・審判の間の手続段階にあたる事件の送致と受理の局面に焦点をあてて、少年保護のあり方を考えてみます。

● Keywords
不告不理の原則、全件送致主義、簡易送致、交通反則通告制度

1　不告不理の原則とは何か。また、それは少年保護手続で（どのように）適用されるべきか

[1] 不告不理の原則はどのような意義をもつか。また、それは（どのように）少年手続に適用されるべきか

225　不告不理の原則の意義と問題の構造　　刑事手続では、捜査の後、検察官による公訴の提起を受けて公判が始まり、裁判所は検察官が明示した訴因に限定して審判を行う。これは、裁判は原告の訴えによりはじめて開始できるという「訴えなければ裁判なし」の原則（**不告不理の原則**）の表れである。この原則には、形式的意義と実質的意義がある。形式的意義とは、裁判所は訴訟開始の契機を外から与えられるというものである。実質的意義とは、原告が訴え出た事物の範囲を超えて裁判所に審理を行わせないというもので

ある（**判断行為に対する事物拘束性**）[1]。

それでは、少年手続については、そもそもこの原則が妥当するのであろうか。妥当するとして何が「事件」の単位になるのであろうか。不告不理の原則は、歴史的沿革として、訴追機関と裁判機関を峻別した当事者主義に基づく弾劾訴訟と結びついている。しかし、少年審判手続は職権主義をとっている。また、検察官が原告官として審判に関与することも予定されていない（⇒**10**、**364**）。少年保護手続における不告不理の原則の適用が問題になるのは、そのためである。

226　少年保護手続における不告不理の原則の適用　確かに、不告不理の原則は、紛争を前提とした近代的な訴訟主義・弾劾主義の所産である。現代法として教育主義をとる少年司法制度が近代法の修正の上に立つことを考えれば（⇒**82**）、この原則が当然に少年手続にあてはまるというわけではない。また、旧少年法が行政機関である少年審判所による自庁認知を認めたように（31条）、ある種の「教育」的な思考がこの制度の適用を拒むことはありうることである[2]。

しかし、旧少年法において不告不理の適用がないものとされたのは、個人の尊厳という土台を欠くがゆえのことであったともいえる。個人の尊厳を礎石とする場合、教育主義はむしろ前近代的な糾問主義への回帰を拒む仕組みを求めるともいえる。他方、不告不理についても、訴訟主義を宣言する側面ではなく、受動性・中立性・公正性という司法機関を性格づける原理の側面に着目することが可能である[3]。この原理は、非行の有無の確認作用をもつ以上、個別主義・教育主義をとる家庭裁判所の少年手続でもむしろ不可欠のものとして適用されえ、またそうされるべきものである。

---

(1)　田宮裕『刑事訴訟法入門〔三訂版〕』（有信堂高文社、1982年）125頁。

(2)　もちろん、そうした「教育」の内実については吟味が必要である。旧少年法の自庁認知制度の前提には、「少年法に於ける積極的保護の精神の具現」として「少年審判所をして常に進んで（…）保護處分を加へしめんとする」考えがあった。森山51頁。

(3)　梶村太市「少年保護事件と不告不理」実務と裁判例109頁。学説の展開についても、本論文を参照のこと。

[2] 少年事件では何が事件特定の単位とされるべきか

227 考え方の分岐点 不告不理の原則が適用される「事件」は、少年手続では何を単位とするであろうか。少年の人格と非行事実のどちらを重視するかということ（⇒105）や、審判対象論（⇒117〜119）を反映して、ⓐ当該少年という人を単位とするのか、それともⓑ非行事実もが単位となるのか、ということが問題になる。α少年のＡ非行事実の調査・保護の過程でＢ非行事実が新たに発見された場合、ⓑ非行事実をも単位とする考え方では、Ｂ事実についても改めて送致や報告などの手続が必要になる。それに対し、ⓐ人を単位する説では、α少年に不告不理が適用されるから、Ｂ事実について改めてこれらの手続をとる必要はない。現行法施行直後の時期には、人格重視・要保護性対象説の立場からⓐ人を単位とする説が主張されたものの(4)、現在は、少年司法領域における適正手続保障や非行事実の重視傾向を背景に、ⓑ非行事実を単位とする説を支持する見解が多数を占める。

228 理論的検討 確かに、家庭裁判所の視点に立てば、当該少年に関係する非行事実が調査・審判の途中で新たに発見された場合に柔軟な対応をとりうる点で、ⓐ人を単位とする考えは長けている。しかし、少年からみればこの考えは「不意打ち」を許すことになる。非行事実ごとに裁判官に直接弁明する機会を形式的な手続で担保した方が少年の納得を得るのに優れていると考えられるから、家庭裁判所の受動性・中立性・公正性の担保は個々の非行事実について要請されると考えるべきである。捜査機関による送致書などに記載された事実（送致事実）と同一性をもたない事実は、認定替えの手続（⇒385〜386）で処理することが許されず、改めて送致などの手続が求められることになる。

[3] 少年保護手続では何を基準として事物拘束性や「立証のテーマ」を考えるべきか

229 問題の構造 不告不理の実質的意義である裁判官の判断行為に対

---

(4) 内藤文質「少年保護事件の概念について」警察学論集６巻５号（1953年）８頁、今中道信「少年保護事件における不告不理」家月４巻２号（1952年）73頁。

する事物拘束性（⇒225）は、少年手続における事実認定でも重要な役割を果たすべきものである。ところが、当事者主義をとる刑事手続では訴因で検察官の訴えが示されるため、立証と防禦の対象、「**立証のテーマ**」は明確であるのに対し、少年手続では職権主義がとられているばかりでなく、公訴を提起する訴追官の存在が予定されておらず、少年法は「立証のテーマ」を明確化するための方策を明示してもいない。そのため、少年保護手続では何を基準として事物拘束性や「立証のテーマ」と考えるべきなのかが問題になる。

230　理論的検討　少年保護手続において裁判官の判断行為に対する事物拘束性を認める必要性は、刑事手続と同等、あるいはそれ以上に高い。というのも、一般的には、職権主義は糾問主義に転じる危険性が高く、それだけ中立性や公正さを担保する仕組みとして「立証のテーマ」を明確化する必要があるからである。

それでは、その役割を担うのは何であろうか。少年手続でその役割を担うのは送致事実であり、これが事実の同一性の範囲内における認定替えや合理的疑いを差し挟む余地の有無の基準になると考えるべきであろう。また、受動性・中立性・公正性からの要請として、家庭裁判所での審理は、捜査機関が形成した嫌疑の引き継ぎではなく、その批判的吟味を主眼としなければならない[(5)]（⇒334）。これまで職権証拠調べの範囲や補充捜査の可否（⇒374～377）との関係で問題とされてきた「立証のテーマ」の問題は、以上の意味で不告不理とも体系上深いかかわりをもっている。

2　家庭裁判所に事件が係属するのはどのような経路によってか。また、家庭裁判所はどのように事件を受理するか

231　家庭裁判所への事件の係属とその経路　不告不理の原則からの帰結として、家庭裁判所に事件が係属するには外部からのもち込みが必要になる。

その経路には、①送致、②通告、③報告、④移送、⑤差戻しがある[(6)]。①送致、②通告、③報告は、事件を家庭裁判所にはじめて係属させるのに対し（原始的係属）、④移送と⑤差戻しは、すでに裁判所に係属している事件を裁

---

(5)　守屋・非行と少年審判251頁。

判所内部で移転させるものである（承継的係属）。原始的係属のうち、①送致がすでに権限ある官庁に係属している事件を家庭裁判所の係属に移し、その権限行使に委ねる行為であるのに対し、②通告と③報告は、非行少年の存在を通報し、その職権発動を促すものである。②通告は、家庭裁判所に対する、③報告は、裁判官に対する行為である。主体に着目すれば、①送致は、司法警察員（少41条）、検察官（少42条）、都道府県知事・児童相談所長（少３条２項、児福27条１項４号、27条の３）、②通告は、一般人（少６条１項、児福25条但書）、警察官（少６条１項・２項）、保護観察所長（虞犯通告。更生保護68条１項・２項）、③報告は、家庭裁判所調査官（少７条１項）、④移送は、他の家庭裁判所（少５条２項・３項）、高等裁判所・地方裁判所・簡易裁判所（少55条）、抗告裁判所（高等裁判所）（少33条２項）、⑤差戻しは、抗告裁判所（高等裁判所）（少33条２項）が行うものである。

232　実務運用　司法統計年報によれば、2013年の少年保護事件の新受人員の総数140920人のうち、検察官からの送致が105771人、司法警察員からの送致が7945人、知事・児童相談所長の送致407人（うち強制37人）、家庭裁判所調査官の報告142人、通告40人（うち一般人から20人、保護観察所長から20人）、抗告審等からの移送・差戻し９人、少年法55条による移送２人などとなっている。

233　少年法の特徴としての通告とその歴史　少年法の大きな特徴は、一般人による通告（少６条１項）を認めている点にある。沿革となる旧少年法29条は、少年保護事業への一般人の協力方法としてだけでなく、保護者が自分の子どもの非行を少年審判所に伝達する方法としても理解された(7)。ここには、少年審判所を一般人が悪印象を抱いている従前の裁判所とは質的に違ったものとし、それに非行相談の役割を担わせるという前提があった。少年審判所が刑罰ではなく保護処分のみを課し、かつ保護処分を受ければその後

---

(6)　家庭裁判所に事件が係属する経路には、その他、性質に反しない限り少年保護事件の例によるものとされている準少年保護事件にかかる保護処分取消し（少27条の２）、少年院への収容継続申請（少院11条、新少院138条、139条、少審規55条）、戻収容申請（更生保護71条、少審規55条）、保護観察の遵守事項不遵守時の収容処分申請（更生保護67条２項）がある。

(7)　岩村14頁、永田・講義⑧我か子１巻７号（1929年）26頁。

刑罰を科さない（＝一事不再理を認める）という仕組みを、通告と組み合わせることで、少年保護事業の推進が図られたわけである（⇒**456**）。しかし戦中期に入ると、その体制を人的・物的に下支えするために短期錬成と「原則矯正院送致・少年保護団体委託」政策を軸として少年司法制度が再編され、早期発見・早期保護の強調や、審判手続の簡略化、審判不開始の否定、保護処分の事後変更の積極化と密接な結びつきをもって、通告制度は積極的に活用された(8)（⇒**404**）。

こうした歴史が示唆するように、審判機関への事件のもち込まれ方は、その時代において審判機関が果たす役割や少年保護のあり方を反映する。個別の問題を検討する際にも、それが現在の少年司法政策の中でいかなる機能をもつのか、吟味が必要である。

3　犯罪少年事件と14歳以上の虞犯少年事件に関してどのような送致の原則があるか。全件送致主義とは何か

[1] 全件送致主義とは何か。また、それはどのような意義をもち、どのような考えに支えられているか。その考えは現在維持されるべきか

234　全件送致主義の意義とその趣旨　家庭裁判所への事件送致に妥当する原則は、少年の年齢により異なる。14歳未満の少年の場合、児童福祉機関先議主義が妥当するので、児童福祉機関が多様な児童福祉法上の選択肢のうち自らの裁量で家庭裁判所送致（児福27条１項４号）を選択し、家庭裁判所はそれを受けて事件を受理するのが、伝統的で原則的な形態になる（⇒**180**）。それに対し、14歳以上の少年の場合、捜査機関は、捜査を遂げた結果、犯罪の嫌疑がある場合、その嫌疑が認められない場合でも虞犯少年に該当する場合には、すべての事件を家庭裁判所に送致しなければならない（少41条、42条）。このような制度のあり方を、**全件送致主義**という。

家庭裁判所への事件送致は、罰金以下の罪の嫌疑がある場合には司法警察員が直接行わなければならないのに対し（少41条）、禁錮以上の場合には検

(8)　森山武市郎「少年保護制度の運用に關する諸問題」『少年保護論集』（司法保護研究所、1944年）78頁を特に参照。

察官から行われなければならない（少42条）。これは、禁錮以上の罪の場合には検察官送致決定が行われる可能性があることから（少20条1項を参照）、事前に法律家によるチェックを行わせるためである。

この全件送致主義から、捜査機関の不送致権限は否定される。そのため、刑事手続で行われている警察による微罪処分や検察による不起訴（起訴猶予）のような家庭裁判所が事件を受理する以前の手続段階でのダイバージョンの措置はとられえない。その趣旨は、軽微な非行でもその背後で子どもが様々な問題を抱えていることが多いために、家庭の問題を扱い人間行動科学の専門的調査機構を備える家庭裁判所に全事件を送致させることにある。微罪処分や不起訴（起訴猶予）を想起すれば分かるように、仮に捜査機関に事件処理権限を認めるとすれば、犯罪の重さや再犯の危険性がその基準の中心とされるであろう。また、一般予防の観点も加えられるに違いない。こうした制度のあり方が否定されているということは、それだけ、犯罪そのものではなく、その背景にある問題を個別的に解決することに強い関心が寄せられているということになる。この原則は、家庭裁判所先議主義と相俟って、刑罰よりも保護処分を優先する仕組み（保護処分優先主義）を担保してもいる（⇒**7**）。

235　全件送致主義をめぐる歴史　家庭裁判所先議主義と全件送致主義をとる現行法は、検察官先議主義をとった旧少年法と対照をなす（⇒**35〜37**）。しかし、旧法下でも、刑罰に対する保護処分の有効性を主たる理由に、一定の非行類型については少年審判所先議主義をとるべきことが、裁判実務家から主張されていたことには注意を要する[9]。その意味で、現行法の家庭裁判所先議主義と全件送致主義は、戦後になり突如出現したものではなく、旧少年法下の実務の蓄積をも地下水脈としているといえる。

もっとも、戦後は、全件送致主義を改めようとする動きがほぼ一貫してみられる。1970年の少年法改正要綱には、捜査機関の不送致権限を認める「司法前処理」構想が盛り込まれ、この構想は、1977年6月の法制審議会総会に

---

(9)　泉二新熊「少年法の使命遂行」徳風8号（1934年）16頁、『少年審判所長矯正院長會同議事録（昭和十七年四月二十三日－二十四日）』（司法保護資料第30輯、1942年）66頁［内村廉二発言］。

よる中間答申に継承された（⇒**41〜43**）。この動きは、当時アメリカで急速に展開をみせていたラベリング・パースペクティヴ（⇒**71**）を土台とするダイバージョンの促進を大義名分とした。しかし、その背後には現行法施行直後からみられた法務省＝検察を中心とする検察官先議主義の復活を図る主張と、少年警察による補導の積み上げがあった[10]。

236 全件送致主義の現代的意義 ここから示唆されるように、歴史の上で、全件送致主義の否定は、警察職員や検察官の処遇権限獲得、そして非行結果に着目した治安重視の発想と結びついてきたといえる。問題の核心は、行政機関、しかも治安維持活動との距離が近いそれが、司法的統制なしに事実認定の最終権限をもち、少年の処遇を行うことの是非にある。

確かに、全件送致主義を支えている「早期発見、早期治療」の考えには、現時点では、再吟味の余地がある。社会資源に恵まれており、社会関係資本が厚いがゆえに自己回復が可能である非行の場合、早期の公的機関の介入は却ってラベリングを生む危険性をもつ。また、国際人権法は、社会内の多様なプログラムの整備とともにダイバージョンの積極的活用を求める（北京11条）（⇒**61**）。ダイバージョンが手続経済のみならず早期迅速な手続からの解放に資することは否定できない。しかし、必ずしも公的機関の介入を必要としないという意味での非行からの自然治癒的な回復可能性は、非行のみならず少年を取り巻く社会資源や社会関係資本の厚薄、その調整手段の有無を科学的に調査して初めて判断しうる事柄であるといえ、非行結果という外形的事実から自ずと判明するものではない。国際人権法からのダイバージョンの要請にも、家庭裁判所への事件係属後に保護的措置（⇒**411**）や試験観察（⇒**415**）を積極的に活用することで応えうる。行政機関ではなく司法機関の事実認定を受けるという自由権保障の機会のみならず、司法的公正さの下で行われる科学的調査と個別処遇を与える機会は、少年の最善の利益を実現するためにも再非行予防のためにも、奪われるべきでない[11]。全件送致主義は、保護処分優先主義とともに今日なお維持されるべきものである。

---

(10) 澤登俊雄『犯罪者処遇制度論（上）』（大成出版、1975年）244頁、守屋・非行と教育272頁を特に参照。

しかし、現在、全件送致主義は純粋な形で貫徹されているわけではない。例外的な存在として、簡易送致制度と交通反則通告制度がある。前者は実質的な意味で、後者は形式的な意味でも例外として位置づけられうる。

[2] 簡易送致制度とは何か。また、それはどのような点で全件送致主義の実質的な例外となるのか

237　簡易送致　**簡易送致**とは、非行事実が軽微で要保護性の低い少年のうち一定の条件を満たした事件について、司法警察員が、毎月一括して検察官または家庭裁判所に送致できる手続のことをいう。この処理をとる場合、司法警察員は、微罪処分に準じて、被疑者への訓戒や、親権者・雇主その他被疑者の監督者などの呼び出し・将来の監督に関する注意などの措置をとる（犯捜規214条2項、200条）。他方、簡易送致を受けた家庭裁判所は、原則的にその事件を書面審理で処理し、問題がなければ審判不開始により終局させる。問題がある場合には司法警察員や検察官に関係書類の追送や補充捜査を求め、必要があれば調査、審判を行う（基準外の簡易送致事案につき審判不開始を決定した裁判例として、大阪家決昭45・11・16判時621号113頁）。

238　簡易送致制度の歴史　この措置は、元々、1950年に最高裁判所、最高検察庁、国家地方警察本部間の協定により定められたものである。その背景にあるのは、終戦直後の社会の混乱による「非行第1の波」の存在（⇒**65**）や家庭裁判所の人的・物的体制が未整備であったという事情である。

しかし、この制度は法令に根拠をもつものではなく、各家庭裁判所が地方検察庁や警察本部と協議して運用基準を定めているものであったがゆえに、地域較差が生じた。そこで、地域較差を解消することを名目として、1969年に改定が行われた。この改定では、まず、2つの観点から、対象となる軽微事件の範囲が限定された。その2つの観点とは、①罪種（窃盗・詐欺・横領・恐喝・贓物［盗品等］に関する罪、暴行・傷害・脅迫、賭博、その他長期3年以

---

(11)　まさに少年司法制度においてこうした制度枠組みがとられていることが、「刑事処分は、少年にとって、保護処分その他同法の枠内における処遇よりも一般的、類型的に不利益なもの」であるという最高裁判所の裁判例（最判平9・9・18刑集51巻8号571頁／家月50巻1号166頁［調布駅前事件］）の前提とされていることには、十分な注意を向けておく必要がある。

下の懲役もしくは禁錮および罰金、拘留または科料にあたる罪）と②被害（被害額・贓物［盗品等］の価額の総額がおおむね５千円程度［恐喝についてはおおむね千円未満］、傷害の程度がおおむね全治10日以内、その他法益侵害の程度が極めて軽微なもの）である。その上で、③除外例（凶器の使用、複数の被疑事実、前歴、被疑事実の否認、告訴・告発にかかる事件、逮捕事件、権利者に返還できない証拠品のある事件）を示す方式がとられた⑿。

この制度は、2005年に、再改定されている。そこでは、恐喝と傷害が対象から除外される一方で、対象となる財産犯の被害額または盗品等の価額の総額がおおむね１万円以下に引き上げられた。また、送致にあたって「少年事件簡易送致書」のみによるものとされていたものが、身上調査表、そして捜査の状況に応じて、少年の供述調書その他の捜査関係書類も添付するものと改められた。

239　簡易送致の運用とその問題性　現在、簡易送致による送致は、一般保護事件の30％を超えており（図１）、もはや例外的な措置とは呼び難くなっている。こうした実務上の定着の背景には、少年法改正論議後、最高裁判所の主導で「少年事件処理要領」が策定され、非行結果の軽重を基準に据える「同質事件の同質処理」が推進されたことがある⒀（⇒**44**）。ここには、個別処遇原則やケースワーク思想と緊張関係に立つ類型的・形式的な発想がある。

確かに、簡易送致は家庭裁判所への事件送致を求めており、形式上は全件送致主義を破るものではない。しかし、実態調査を踏まえた研究では、家庭裁判所における審査の形式化が指摘されており、簡易送致は実際上不送致に限りなく近いものとして機能しているといえる⒁。2005年の送致方式の見直しは「家庭裁判所において少年の要保護性をより的確に判断できるように」するためのもの⒂とされる。そうである以上は、それに見合う審査の実質化

⑿　1950年通達と1969年通達の対比、当時の議論の背景については、郡司宏「『簡易送致』について」青年法律家協会裁判官部会編『刑事実務の研究』（日本評論社、1971年）240-241頁を特に参照のこと。

⒀　服部朗「少年事件処理要領の検討」刑法33巻２号（1993年）310頁を特に参照。

⒁　服部・司法福祉の展開89頁。

⒂　最高裁判所事務総局『家庭裁判所60年の概観』（家庭裁判資料191号、2010年）164頁。

【図１】一般保護事件中の簡易送致人員・率

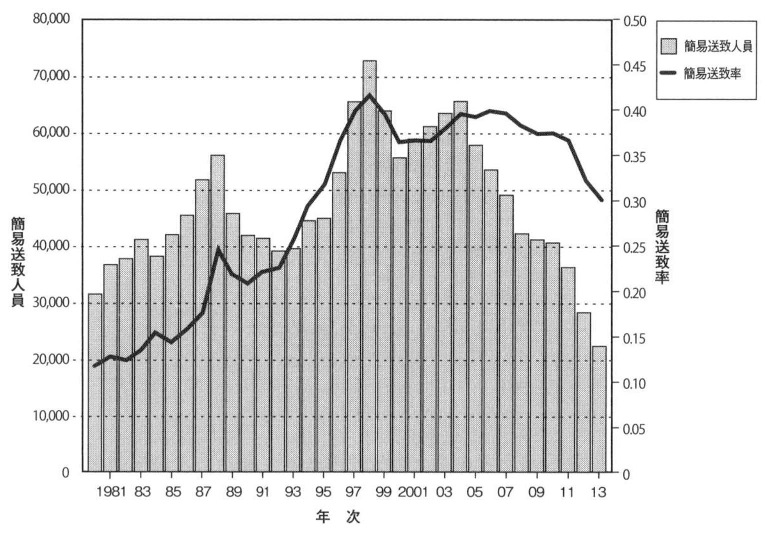

各年次の『家庭裁判月報』および『法曹時報』所収の「家庭裁判所事件の概況――少年事件」から作成

が当然に必要になるはずである。しかし、書面審査でどこまで的確な判断をなしうるのかには、本質的な問題が残る。

[3] 交通反則通告制度とは何か。また、それはどのような点で形式的にも全件送致主義の例外となるのか

240　交通反則通告制度の概要　交通反則通告制度とは、道路交通法違反行為のうち比較的軽微で定型的な「反則行為」を犯した者のうち、無資格運転や酒気帯び運転などを除く者に対し、警察本部長が一定の「反則金」の納付を通告し、その翌日から10日以内に反則金を納付すれば公訴が提起されず、家庭裁判所の審判に付されることもないという制度である（道交125条以下。いわゆる「青切符」制度）。

少年が適法な告知や通告を受けながら反則金を納付しなかった場合、家庭裁判所は審判を開始した後、相当と認めるときには期限を定めて反則金の納付を指示できる。この金額は道路交通法に定められた範囲内で家庭裁判所が定める（道交130条の２）。少年がその指示にしたがって反則金を納付した場

【図2】交通反則通告制度

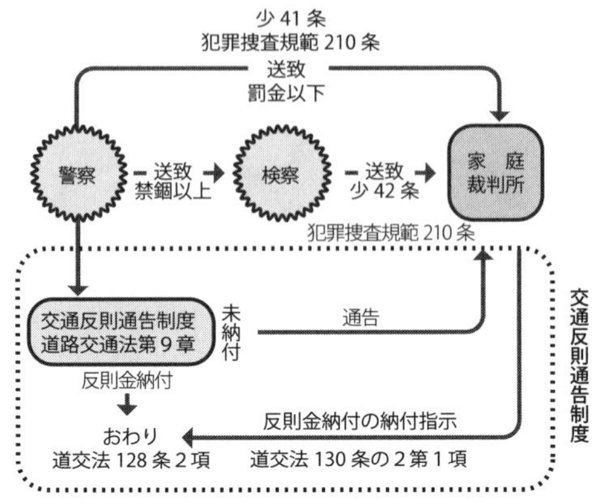

【図3】少年による道路交通法違反事件中の反則事件告知件数と非反則事件送致件数

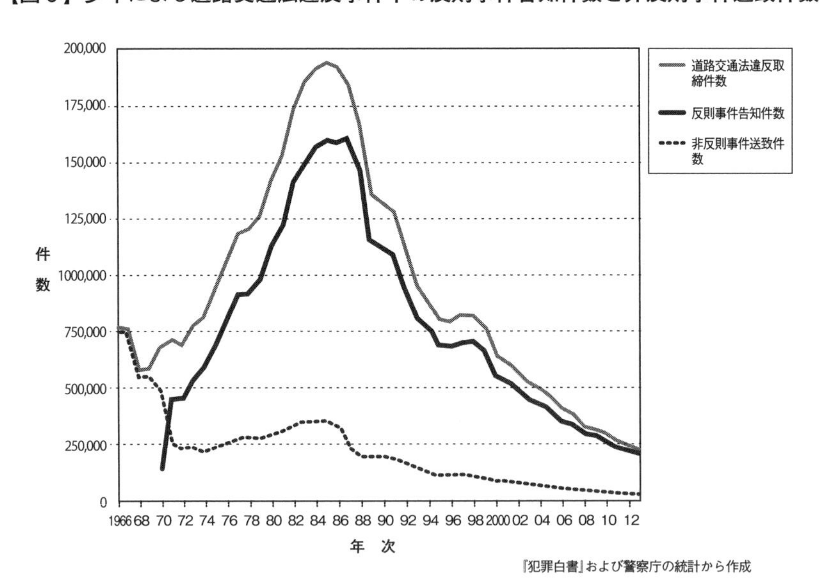

『犯罪白書』および警察庁の統計から作成

合には不処分決定で終局させるのが一般的であり、不納付時には改めて再度納付指示をするか、他の交通関係事件と同様の扱いがなされる[16]。反則金納付時に「審判に付さない」とは、家庭裁判所が調査・審判を行うための審判権を有しないという意味であり、事件受理が認められないと解されている[17]から、この制度は形式的な意味でも全件送致主義の例外にあたる。

241 交通反則通告制度の問題点 この制度は、1967年の道路交通法の一部改正で創設され、成人については翌年の7月1日から実施された。しかし、少年への適用に関しては批判も強く[18]、それが実現したのは1970年である。現在では、少年でも道路交通法違反事件の大半が、この制度で処理されている。

しかし、当初から批判があるように、この制度には原理的な問題が多く残る。まず、①保護処分は、刑罰とは異なり、犯罪人名簿記載の効果をもたない[19]。そのため、前科回避というこの制度の大義名分は、少年にはもとからあてはまらない。また、②刑事司法制度では元々財産刑（罰金・科料）が刑罰カタログの1つとなっているのに対して、少年司法制度ではそうではなく、少年に対して財産的な反作用を加えることは体系性を欠いている。③「金銭の支払いで解決」することの教育効果にも疑問がある。さらに、④裁判を受ける権利（憲32条）をはじめとする適正手続保障のあり方が問題になる。仮に、適正手続保障を受ける利益は反則金納付により自己決定に基づき放棄されたという論理が成人に妥当しうるとしても、この論理をそのまま少年に妥当させうるかは疑問がある。そもそも少年保護手続を受けることの利益は、適正な手続保障のみならず、刑事手続や刑罰のような画一的ではない、個別的な働きかけを受けることにもある[20]。形式的・画一的な処理は、実体と手続の両面において少年法の個別処遇原則（⇒**7**）と相反する。

---

(16) 実務講義案193頁。家庭裁判所における交通事件に対する処遇措置については、特に英良行「少年交通事件の現状と課題」判タ996号（1999年）294頁を参照。

(17) 家庭裁判所事務総局家庭局「少年に対する交通反則通告制度について」家月23巻3号（1971年）72頁。

(18) 当時の批判的議論については、田中昌弘「交通反則制度少年適用のその後」青年法律家協会裁判官部会編『刑事実務の研究』（日本評論社、1971年）247頁を特に参照。

(19) もっとも、道路交通法違反による罰金刑についても、1962年6月から、検察庁から市区町村長に対する既決犯罪通知が行われず、犯罪人名簿調製の対象犯歴から除く措置がとられている。

(20) 葛野尋之「少年審判と不利益変更禁止原則」法セミ504号（1996年）11頁、上記最判平9・9・18も参照。

[4] 軽微事件の扱いはどうあるべきか

242　軽微事件の処理と少年法の理念　軽微事件の扱いは、大量処理の必要性という独自的な性格をもつ一方で、結果重大事件と同様に、非行の理解や個別処遇原則との関係を問わせる。

非行は、身近な社会資源との結びつきや社会関係資本の調整で離脱可能なものであるということから、まず出発する必要がある（⇒**72〜73**）。その上で、一面では、交通反則通告制度のように簡便な手段の導入が、逆に、統制活動の拡大と処理すべき事件量の増加を招いていることが確認される必要がある。根源的には、権利保障を備えた手続による処理に耐えきれないほどに大量の「犯罪」を生み出している交通法令の整理と実体的な非犯罪化が不可欠である[21]。他面で、非行からの回復にとり社会資源や社会関係資本が重要であるとすれば、その調整を科学的かつ個別的に行うケースワークはむしろ拡充される必要がある。プライバシーの深い部分にかかわりながらコミュニティをも基盤として個々の少年の成長発達・非行回復支援を行うには、公正さを本質とする司法機関がその責任をもつことが望ましい。そのためには、旧少年法制定作業時から自覚されていたように、家庭裁判所の社会的性格（⇒**84**）が強化される必要がある。

---

(21)　吉岡一男『刑事政策の基本問題』（成文堂、1990年）244頁。

第14講　観護の措置

> **●本講で考えること**
> 　前々講（第12講）で検討したように、家庭裁判所が事件を受理する前の段階において少年の身体を拘束するための処分には、逮捕や勾留がありました。家庭裁判所が事件を受理し、事件が家庭裁判所に係属した後にも、新たに、あるいは継続して、少年が身体を拘束する処分を受けることがあります。この段階での身体拘束の手段となるのは、「観護措置」と呼ばれる処分です。
> 　それでは、この観護措置は何を目的としており、どのような場合にとられうるのでしょうか。また、この制度の運用にはどのような課題があるのでしょうか。
> 　本講では、まず、この観護措置の基本的な仕組みを確認します。それを踏まえて、観護措置の運用とこの制度をめぐる重要な法的問題について検討を加えます。

● Keywords
在宅観護、収容観護、少年鑑別所、観護処遇、観護措置の特別更新、観護措置に対する異議の申立て

1　観護措置とはどのような制度か

[1] 観護措置とは何か。また、なぜ観護措置が制度として必要になるのか。それはどのような機能をもつか

243　観護措置制度の必要性　「観護措置」は、「少年を観察しつつ保護する」ことや「保護しつつ観察する」ことから来ている言葉であり(1)、家庭裁判所が調査・審判を行うために、少年の身体を拘束するとともにその心身の鑑別を行うための措置のことをいう（少17条）。

刑事公判手続中の身体拘束手段は、勾留（被告人勾留）（刑訴60条）である。しかし、少年には、傷つきやすさ・変わりやすさ・影響の受けやすさという

---

(1)　柏木・概説80頁、豊田・実務69頁。

特性があり、家庭裁判所における調査や審判のための身体拘束処分も、この特性に見合ったものでなければならない。他方、少年保護手続は、「少年の健全な育成」（少１条）を目的としており、通説的理解にしたがえば、そこでは非行事実のみならず要保護性もが審判対象になる（⇒**120〜121**）。これを前提とすれば、審判より前の手続段階で、要保護性を確かめるための資料を得るために、少年を普段の社会環境と切り離して資質面を調べることは、制度としてありうるところである。こうした要請から、身体の拘束という勾留と共通する司法的な機能だけでなく、少年を保護し、またその資質面に焦点をあてた心身の鑑別や行動観察を行うという福祉的な機能を果たすために、成人に対する勾留とは違うものとして観護措置が制度化されているわけである(2)。少年の成長発達権を保障するための最善の利益実現のために、パーソナリティを中心とした情報の収集、身柄保全、そして適正手続保障をいかに調和させるかが、観護措置をめぐる重要な検討課題となる。

なお、観護措置執行時の少年鑑別所在所をめぐる権利義務関係は、施設法である少年院法（と少年鑑別所処遇規則）で規律される。これは勾留時の刑事施設在所関係が刑事施設処遇法で規律されるのと同じである。2014年には、新たに少年鑑別所法が制定されており、権利義務関係の明確化が図られている。

[2] 観護措置にはどのような種類があるか

244　在宅観護と収容観護　　観護措置には、①家庭裁判所調査官の観護（＝**在宅観護・調査官観護**。少17条１項１号）と②少年鑑別所送致（＝**収容観護**。同条同項２号）がある。①前者は、少年の身柄を拘束せずに自宅などに置き、少年と随時接触する家庭裁判所調査官の人格的な影響力で観護の目的を達成しようとするものである。それに対し、②後者は、少年鑑別所に収容することで物理的に少年の行動の自由を制限し、併せて行動観察や心身鑑別を行おうとするものである。家庭裁判所は、前者を後者に、また後者を前者に変更

---

(2)　被疑者勾留（刑訴204条ないし207条）は裁判官が決定を行うのに対し、観護措置決定は裁判所が行う点にも違いがある。

することもできる（少17条8項）。もっとも、実務上、前者が用いられることは稀であり(3)、「観護措置」という場合には後者を指すのが通例である（本書でも、単に「観護措置」という場合には収容観護を念頭に置く）。

245 通常更新と特別更新 収容観護の期間の更新は、**通常更新**と**特別更新**に分けることができる。原則2週間、特に継続の必要があるときには1回の更新、最長4週間までというのが原則形態の通常更新である（少17条3項）。それに対し、非行事実認定に関連して、さらに2回の更新、最長8週間までの観護措置を認めるのが特別更新（少17条4項）である。

[3] 観護措置はどのような歴史をもつか。またそれはどのように変遷してきているか

(a) 旧少年法下で鑑別と観護はどのように発展してきたか

246 鑑別と観護の沿革と制度の発展 旧少年法には、①条件付・なしで保護者に預けること、②寺院・教会・保護者団体・適当な者への委託、③病院への委託、④少年保護司の観察を内容とする「仮処分」制度があった。①～③の場合、少年審判所は少年を少年保護司の観察に付し、やむをえない場合には感化院や矯正院に委託でき、この措置をいつでも取消し・変更できるものとされた（37条、38条）。現行法の調査官観護は、この流れを汲んでいるといえる。

他方、旧少年法は、心身の状況などの調査に関する規定は置いたものの(31条)、収容観護にあたる制度をもたなかった。心身鑑別と身体拘束のための観護とは、事実上の措置として、かつ別々に、発展してきた(4)。

鑑別制度の沿革は、1924年に成田勝郎が東京少年審判所嘱託として医務所を開設し、精神医学の立場からの調査を実施したことに求められる。もっとも、「鑑別」が法制度に結実したのは、内務省所管の感化法を継承した1933年の少年教護法においてであった（4条。「少年教護院内ニ少年鑑別機關ヲ設ク

(3) 調査官観護後に収容観護が行われた例として、宮田百枝「在宅観護措置が少年を成長させた」刑弁31号（2002年）78頁。

(4) 詳細については、末永清ほか編『少年鑑別所50年の歩み』（矯正協会、1999年）所収の諸論文を参照のこと。

ルコトヲ得」)。この「少年鑑別機關」は、現在の児童相談所の基盤にもなっている。

その一方で、観護制度は、1928年に、少年審判所の審判のために身体拘束の必要性のある少年を収容する一時保護所として、矯正院出張所が少年審判所に隣接してつくられたことを沿革とする。旧少年法施行当初からアメリカのディテンションホームの制度に注意が向けられるなど、両制度の法制度化を望む声は裁判実務家からも強く寄せられていた。しかし、戦中期に入ると、財政事情の悪化もさることながら、戦時体制を下支えするために少年司法制度が短期錬成を軸に再編されたことから、科学的な鑑別はその維持・強化の文脈の外で意味をもたなくなった。

(b) 現行少年法下で鑑別と観護はどのように発展してきたか。また、少年鑑別所と少年観護所が統合されたのはなぜか

247　1948年法下の制度　このように、現行法における観護措置の法制度化の背景には、戦時体制に入るまでの旧少年法下における実務的要請の積み重ねがある。もっとも、現行の少年法と少年院法の制定時（1948年）においても、鑑別と観護とは物理的にも区別され、少年鑑別所は少年観護所に付設するものとして設置されながらも、別の機関として設計された。少年観護所は、家庭裁判所の審判決定前の少年を「警察の留置所、矯正院の出張所または拘置監等に収容して置くことは弊害が多い」ためこれを防止することを、少年鑑別所は、医学・心理学・教育学・社会学その他の専門的知識に基づいて少年の資質の鑑別を行うことで少年の科学的分類と矯正教育の基礎を確立することを、趣旨として設置された[(5)]。

観護措置の期間については、戦後改革時において日本側には「三か月」説と「二か月」説があったものの、終戦直後の物的条件と施設の収容能力を考慮して、最終的に原則２週間とされた[(6)]。

248　少年鑑別所と少年観護所の統合　少年鑑別所と少年観護所という２つの施設が少年保護鑑別所として統合されたのは、1950年の少年院法改正に

---

(5)　第２回国会衆議院司法委員会議録第42号（昭和23年６月26日）３頁［佐藤藤佐説明］。

おいてである。両機関の機能は全く別であるものの、鑑別所の職員の定員がごく少数に限定されている実情では、両者を統合することが「官庁機関としての運営上、当を得ている」というのがその理由とされた[7]。

身体拘束と鑑別という2つの機能の関係をどのように理解するのかは、制度理解や法解釈でも重要な問題であるが、これは、歴史の理解をも問う側面をもっている。

(c) 観護措置をめぐる近時の改革動向はどのようになっているか

249 第一次改正による特別更新制度の導入 観護措置の特別更新制度は、2000年の第一次改正（⇒**13**）により導入された。これは、非行事実認定が困難な事案において審判期間が長くなる可能性があることへの対応として、観護措置期間を長期化するものである。これは、2つの機能のうち身体拘束の機能（のみ）を強化したものといってよい。

観護措置期間は、当初147回国会提出の内閣提出法案では、最長12週間と構想された。しかし、学生であれば一学期中にも相当する期間は長すぎるとの批判を受け容れて、第150回国会提出案では8週間に短縮されている[8]。観護措置期間の長期化により、少年の不利益性が明確化したことから、観護措置に対する異議申立て制度（少17条の2）も併せて新設された（⇒**268**）。

250 少年鑑別所法の制定 戦後直後の時期に制定された少年院法には、少年鑑別所在所時の権利義務関係を規律する規定はほとんどなく、少年鑑別所処遇規則と通達によっていた。そのために、広島少年院事件を1つのきっかけとして、少年院法の全面改正とともに少年鑑別所法の制定作業が進められてきた。2014年の第180回国会では、少年院法とともに少年鑑別所法が成

---

(6) 来栖宗孝ほか「[座談会] 少年矯正五〇年」刑政84巻9号（1973年）45頁［山根清道発言］。「将来建物が充実したとき二か月に延ばすという条件で、さしあたり一か月、それを週になおして、五週間はハンパだから、四週間と、だんだん短くなり、それが最終的に、また半分の二週間にな」ったことも併せて指摘されている。

(7) 第7回国会衆議院法務委員会議録第12号（昭和25年3月6日）6頁［牧野寛索説明］。後述する在宅鑑別・依頼鑑別・一般少年鑑別という鑑別業務の柱が立てられたのもこの改正による。「少年鑑別所」という名称への変更は、1952年の法務府設置法等の一部改正による。

(8) 第150回国会衆議院法務委員会議録第5号（平成12年10月24日）19頁［麻生太郎説明］、同国会参議院法務委員会会議録第6号（平成12年11月14日）7頁［漆原良夫説明］。

立している。この少年鑑別所法は、権利義務関係の明確化を図っているほか、施設運営の透明化のために各施設に施設視察委員会を設置することとしている。

［4］国際人権法からみて観護措置はどのようにとらえられるか

251　国際人権法からみた問題と課題　観護措置は身体拘束を伴う。そのため、最終手段として、そしてまた使わざるをえないとしても最小かつ最短に用いるべきことが国際人権法規範から要請される（⇒**61**）。やむをえず身体拘束処分をとる場合には、弊害を最小限度に抑えるため、社会的・教育的・職業的・心理学的・医学的・身体的援助や法的援助といったあらゆる個別的援助が求められる（子ども条約37条（b）（d）、北京13条、意見10号 para. 11、23、79、82）。

国連子どもの権利委員会（CRC）は、第１回審査から一貫して、「最終手段としての身柄の拘禁および審判前の身柄の拘禁に代わる措置が不十分であること」に懸念を示し、審判前のものも含んだ拘禁に代わる措置を創設・強化すべきことを勧告している。また、観護措置の特別更新制度の導入に対して懸念を示している（CRC/C/15/Add. 90, para. 27, 48、CRC/C/15/Add. 231, para. 53, 54（i）、CRC/C/JPN/CO/3, para. 83, 85（f）（g））（⇒**64**）。その一方で、国際人権法は、司法機関による終局的な判断の前に少年の生活状況や背景事情の調査を適切に行うことも要請している（北京16条）。

これらの要請に同時に応えるには、調査官観護や在宅鑑別の積極的な活用が必要である。立法論としては、観護措置がとられた事件すべてに弁護士付添人選任を保障するなどして、社会資源との断絶を防ぐ必要がある。

2　少年鑑別所とはどのような機関か。また、鑑別はどのような機能をもつか

252　少年鑑別所とその機能　少年鑑別所は、通常、各家庭裁判所管内に１つ置かれている[9]。少年鑑別所の沿革からも明らかなように（⇒**246〜248**）、少年鑑別所は、①（収容）観護と②鑑別の機能をもっている（少院16条、新少鑑３条）。

253 収容観護　①（収容）観護の対象は、家庭裁判所から観護措置決定を受けた少年のほか、勾留に代わる観護措置の決定を受けた少年、勾留場所として鑑別所を指定された少年である（少43条、48条２項、新少鑑２条）。

収容観護には少年にふさわしい受容的な雰囲気が必要である。捜査で自白した少年が少年鑑別所在所時にそれを覆す事例が珍しくないのは、この受容的な雰囲気と無関係ではない。面会や通信などの局面では、施設運営上の規律秩序の維持が問題となるが、そのことを強調しすぎれば受容的雰囲気が損なわれることに注意が必要であろう。

他方、少年鑑別所への在所は、家庭裁判所が終局的な司法判断を出す前の「未決」段階にあるから、無罪推定原則が妥当する（子ども条約40条２項（b）（ⅰ）、意見10号 para. 42、80）。日本では、実務上、単なる身体拘束に尽きずに、少年の健全育成を図るための「**観護処遇**」が行われており[10]、新しい少年鑑別所法ではその根拠となる明文規定が置かれてもいる（１条、３条２号、19条〜22条）。しかし、無罪推定との関係で、非行事実があることを前提とした積極的な教育措置を行うことはできない。観護処遇は、成長発達過程にある少年が身体を拘束されることで受ける不利益や弊害、害悪を除去し、埋め合わせるためのものとして理解すべきであろう。

254 鑑別　②鑑別には、家庭裁判所の観護措置決定により鑑別所に収容された少年の鑑別（収容鑑別）のほか、在宅のまま家庭裁判所に事件が係属している少年の鑑別（在宅鑑別）、少年院・地方更生保護委員会・保護観察所等の依頼による鑑別（依頼鑑別）、一般市民や公私の団体等の求めによる少年の鑑別（一般少年鑑別）がある（少院16条の２、新少鑑16条〜18条）。少年鑑別所で受けつけられた鑑別業務の３分の１以上は、一般からのものである[11]。

収容鑑別は、少年鑑別所の法務技官による面接・心理検査・行動観察・心

---

(9)　例外的に、東京家庭裁判所管内には東京少年鑑別所と八王子少年鑑別所が、また分所として、福岡少年鑑別所に小倉少年鑑別支所が設けられている。

(10)　収容鑑別のあり方も含めて観護処遇については、國吉真弥「少年鑑別所における収容鑑別及び観護処遇の実際」家月62巻10号（2010年）１頁を特に参照。

(11)　新しい少年鑑別所法は、こうした従来の業務に明文根拠を与えており、「非行及び犯罪の防止に関する援助」を目的としても規定している（新少鑑１条。３条３号、131条も参照）。

【図１】少年鑑別所における収容鑑別の流れ

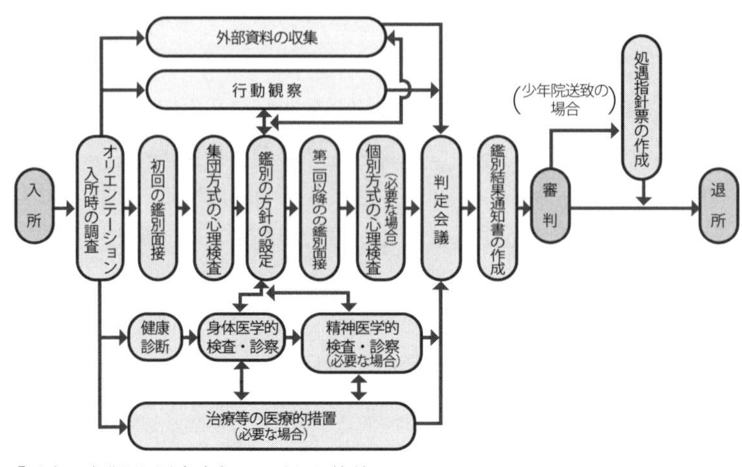

『平成26年版 犯罪白書』122頁から抜粋

身両面の医学的診察などを方法とし、少年法９条の科学主義を受けて、医学、心理学、教育学、社会学その他の専門的知識に基づいて少年との信頼関係に基づき行われるべきものとされている（その基準は「収容鑑別の基準について」平３・４・１矯医773矯正局長通達による）。この心身鑑別は、プライバシーの深部に分け入るものであるから、強制にはなじまない。社会調査と同様（⇒**311**）、その法的な性格は、任意による措置と理解せざるをえない。

鑑別結果は、判定会議を経て少年鑑別所長名で作成される**鑑別結果通知書**にとりまとめられ、家庭裁判所送付後（少鑑処規22条）、「少年調査記録」（社会記録）に綴られる。鑑別結果通知書は、判定・判定理由、精神状況（知能・性格・精神障がい）、行動観察、身体状況（一般的健康状態・疾病または障害・その他特記事項）、総合所見（問題点とその分析、処遇指針、社会的予後）の各欄から成る（「鑑別結果通知書の様式改正について」昭61・６・10矯医1090法務事務次官通達、昭61・６・10矯医1091矯正局長通達）。

鑑別判定と家庭裁判所の終局決定との一致率は高く、家庭裁判所の判断にも大きな影響を及ぼす（図２を参照）。それだけに、価値判断に左右されやすい「保護不適」が判定項目に含まれている点は、少年法９条の科学主義と強

【図２】鑑別判定の審判決定別内訳からみた鑑別判定と審判決定の一致率

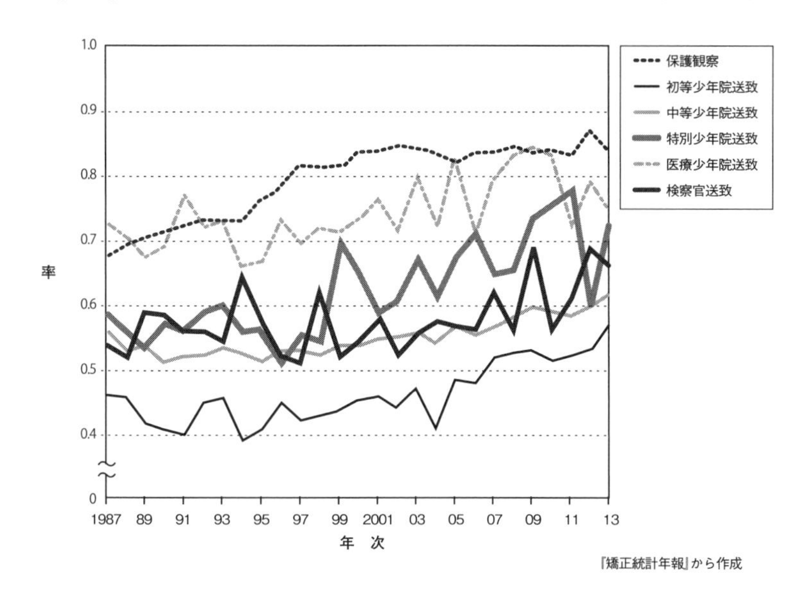

『矯正統計年報』から作成

い緊張関係に立ち（⇒**124**）、特にいわゆる「原則逆送」制度（少20条２項）と関連して重大な問題となる（⇒**533**）。

3　観護措置はどのように実務運用されているか

255　受理時身柄付率と観護措置率　家庭裁判所が新しく受理した事件のうち身柄が付けられていた者の割合（受理時身柄付率）と観護措置がとられた者の割合（観護措置率）とは、どの非行でも、相当に重なっている⑿。このことを少年の側からみれば、家庭裁判所の事件受理前に逮捕や勾留がとられている事件では観護措置もとられやすく、身体拘束が長期に及ぶことを意味している。観護措置決定は、同行や送致により家庭裁判所に到着したときから遅くとも24時間以内に行わなければならないとされている（少17条２項）。そのため、多くの場合、観護措置の決定は、記録検討を中心として家庭裁判所送致日に短時間のうちに行われている。上記の現象は、こうしたこととも

⑿　浜井浩一編『刑事司法統計入門』（日本評論社、2010年）181頁。

関係していると考えられる。しかし、安易な観護措置は、国際人権法規範と衝突するだけでなく、学校や職場といった社会資源との関係を断絶させ、却って非行からの回復を阻害する危険性をもつ。観護措置の要件理解や決定手続の厳格化のほか、観護措置の取消し・変更の積極的活用が必要である。

256　非行名別の観護措置率　観護措置率が高い非行には結果重大事件が多い（2013年の司法統計年報では殺人、傷害致死、強盗致死、強盗強姦が100%、強盗致傷95.4%、集団強姦86.9%、強姦84.5%、強盗82.5%など）。しかし、薬物関連の非行（覚せい剤取締法90%、麻薬・向精神薬取締法56.1%、毒物及び劇物取締法21.3%）や傷害や窃盗、虞犯の観護措置率（45.9%、17.2%、80.5%）も決して低くはない。観護措置人員総数の内訳をみた場合、窃盗が36.9%、傷害が24.6%を占めている。

257　観護措置の有無と終局決定　注意が必要なのは、観護措置の有無と終局決定との関係である。観護措置なしの場合、家庭裁判所の終局決定の内訳は、保護観察17.6%、児童自立支援施設・児童養護施設送致０%、少年院送致0.7%、不処分25.7%、審判不開始55.3%であるのに対し、観護措置ありの場合、順に58.7%、2.3%、31.6%、3.6%、0.7%となる（いずれも2013年の司法統計年報から算出）。

この説明としては、特に少年院送致が予想されるような事件は予め観護措置がとられているとの見方のほか、無援助のまま観護措置がとられているがゆえに環境調整が進まず、要保護性が解消されない結果として少年院送致が選択されているとのとらえ方も成り立ちうる。少年鑑別所在所者・少年院入院者ともに、教育程度でみれば中高在学より中学卒業や高校中退の方が、また保護者の状況では実父母より実父母以外の方が多い⒀。観護も鑑別も成長発達権保障の一環として行われるべきものであるから、社会資源や社会関係資本の厚薄や偏りを個人の負担に帰する矛盾の回避と、現存する資源の維持・調整（⇒**72**〜**73**、**78**〜**79**）は、観護措置の局面においても重要な課題になる。

2014年の第四次改正では、観護措置事件に対する裁判所の裁量による国選

⒀　浜井・前掲註12）186頁。

付添人制度の対象範囲が被疑者国選弁護制度の対象範囲まで拡大された。この措置で窃盗や傷害はその対象となったものの、虞犯が外されているなど、なお大きな課題が残されている(14)（⇒662）。社会資源の調整との関係においても、（弁護士）付添人が果たしうる機能を積極的に評価する必要があろう。

4 観護措置の要件は何か

[1] 観護措置の実体的要件は何か

258 観護措置の具体的要件とその根拠 観護措置の実体的要件に関して、少年法は、抽象的に「審判を行うため必要があるとき」（少17条1項）とだけ規定する。しかし、少年法の精神、そして観護と鑑別という観護措置の目的・機能から、①審判条件が存在すること、②非行事実の存在を疑う相当の理由があること、③審判を行う蓋然性があること、④観護措置の必要性の存在、を具体的要件として求めるのが一般的である。

④観護措置の必要性の存在は、㋐住居の不定、逃亡または罪証隠滅のおそれ(15)に具体化される。さらに、㋑心身鑑別の必要性と㋒暫定的な緊急保護の必要性（虐待が疑われる場合、自殺・自傷の危険性がある場合、悪環境から切り離す必要性が高い場合など）の存在を加える見解もある。①審判条件の存在と③審判を行う蓋然性の存在は、観護措置が「審判を行うため」のものであることから導かれる。また、②非行事実の存在を疑う相当の理由があることと、④観護措置の必要性の存在のうちの㋐住居の不定、逃亡または罪証隠滅のおそれの存在は、観護措置が身体拘束を伴うことに着目して、刑事訴訟法上の勾留（刑訴60条）との対比から導出される。④観護措置の必要性の存在のうち㋐住居の不定、逃亡または罪証隠滅のおそれ、㋑心身鑑別の必要性、㋒暫定的な緊急保護の必要性は、いずれか１つあればよいと理解されている。

259 実体的要件の内実 ②非行事実の存在を疑う相当の理由は、勾留の場合と同程度の心証で足りると考えるのが一般的である。しかし、身体拘

---

(14) さらに、この制度が検察官の審判関与制度と関連づけられている点には、極めて重大な問題がある（⇒655）。

(15) 審判対象を非行事実と要保護性と考える立場（⇒120～121）では、要保護性認定のための重要な証拠が隠滅されるおそれがある場合もこれに含まれる。

束が最終手段であるべきこと（⇒**61**）や観護措置が「未決」段階の身体拘束であり、この段階に無罪推定原則が妥当すべきことを考えれば、より高い程度の心証を求めることも不合理ではない。同様の理由から、④観護措置の必要性の存在のうち㋐住居の不定、逃亡または罪証隠滅のおそれには、それが差し迫ったものであることの具体的な裏づけが必要であると考えるべきである。逮捕や勾留の場合と同様、共犯事件であることがそのまま逃亡や罪証隠滅のおそれにつながるわけではないことにも注意を要する（⇒**70**）。

④観護措置の必要性のうちの㋑心身鑑別の必要性と㋒暫定的な緊急保護の必要性は、少年手続が保護的性格をもつことやそれが窮極的には「少年の健全な育成」（少１条）を達成する手段であることから導かれている。しかし、㋑心身鑑別の必要性については、観護措置が行動の自由の物理的な制限を伴うことから、そしてまた、㋒暫定的な緊急保護の必要性に関しては、少年法17条が明文で掲げる要件が「審判を行うため必要があるとき」であることから、㋐住居の不定、逃亡または罪証隠滅のおそれなしに、単独で認められるか否かが問題になる。

少年司法制度に児童福祉法制との親和性を認め、セーフティーネットや緊急保護の役割を期待する場合には（⇒**63**）、いずれも肯定するのが素直である。しかし、少年司法制度にそのような性格を認めたとしても、なお、身体拘束処分は最終手段としてのみ用いることが許されるべきものである（⇒**61**）。この観点からは、㋑心身鑑別の必要性は、在宅鑑別では足りずに、あえて少年の日常生活と切り離して意図的行動観察や精密な心身鑑別を行う必要性があり、かつその必要性が身体拘束による不利益を上回る場合に限定されるべきであろう[16]。㋒暫定的な緊急保護も、児童虐待対応で一時保護の活用が難しい面があるにしても、本来は児童福祉法上の措置で対処するのが筋であろう。この要件もまた、可能な限り、㋐住居の不定、逃亡または罪証隠滅のおそれの要件に引きつけて理解する必要がある[17]。将来的には、適当な団体や施設に委託できると理解されている調査官観護の枠組みを用いて、各

⒃　実務講義案128頁。

⒄　柴田雅司「観護措置に関する実務上の諸問題（上）」家月55巻６号（2003年）26頁。

地で設置が進んでいる子どもシェルターなどの民間の資源を積極的に活用することも考えられうるであろう(18)。

［2］観護措置を決定するためにはどのような手続によらなければならないか

260 観護措置の法的性格 観護措置の法的性格に関して、かつては保護の側面に着目し、観護措置は少年自身の福祉のための措置であり、公共の福祉を理由とする自由権の制約ではないとの理解(19)もあった。しかし、現在では観護措置も憲法34条にいう「拘禁」に当たると理解するのが一般的である(20)。そのため、観護措置を決定するためには、相応の適正な手続が不可欠である。

261 観護措置決定の手続 観護措置をとるためには、①人定質問、②供述を強いられることはないことの説明および付添人選任権の告知、③審判に付すべき事由の要旨の告知および少年の弁解の聴取（少審規19条の3）、そして決定の告知（少審規3条2項）が必要である。

これらは、適正手続保障の一環として従前から実践されてきたものであり、2000年の第一次改正に伴う少年審判規則の改正で明文化された(21)。

「当番付添人制度」や「全件付添人制度」がある地域で、付添人が選任されていない場合には、その説明も裁判官から行われる。明文規定はないものの、適正手続保障の観点から、異議申立ての権利（少17条の2）の告知も必要であろう。観護措置決定が行われたことは、速やかに保護者および付添人のうちそれぞれ適当と認める者に通知しなければならない（少審規22条）。

現在実務でとられている適正手続の履践は、収容観護と鑑別のうち前者に重点を置いたものといえる。しかし、観護措置が後者の機能をも含んでいる

---

(18) その際、調査官観護の委託は、少年および保護者の同意が必要であり、また委託費用を家庭裁判所が支払うことができないと解されていることがネックとなる可能性がある。運用を含めて再検討が必要な課題である。

(19) 市村70頁。

(20) 團藤＝森田138頁、平場・新版185頁、澤登・入門103頁。

(21) 明文はないものの、適正手続を担保するために「観護措置決定手続陳述録取調書」も陳述録取調書（少審規12条1項）の1つとして作成されている（「少年事件に関する書類の参考書式等について」平18・9・14最高裁家二第000949号家裁所長あて家庭局長・総務局長送付、家月58巻12号（2006年）194頁）。

以上（⇒**252**）、本来は、鑑別を行うことを観護措置決定の時点で少年本人に伝え、その納得を得ることも必要であるはずである。実務には、この点に大きな課題が残されている。

262　観護措置決定手続への付添人の立会い　観護措置決定手続への付添人の立会いの可否は、裁判所の職権により判断されるものの、観護措置決定手続は「審判」ではなく、家庭裁判所の後見的配慮も可能であることなどを理由に立ち会わせない運用が一般的である(22)。しかし、観護措置は、身体拘束を伴うというだけでも重大な処分である。また、観護とは別物である鑑別を行うには、本来裁判所からの鑑別請求が観護措置決定とは別に必要であるはずであるものの、実際には観護措置決定に当然含まれるものとしてこの請求の手続を別に行わない申し合わせが家庭裁判所と少年鑑別所の間で行われていることが多い。心身鑑別というプライバシーの深部に分け入る鑑別の任意性と必要性を客観的に担保するためにも、付添人からの申出がある場合にはむしろ原則としてその立会いが求められると考えるべきである(23)。

5　観護措置をとることができる期間はいつまでか。また、観護措置はどのような場合に更新されるか。特別更新とは何を趣旨とするどのような制度か

263　観護措置の期間　家庭裁判所は、観護措置を職権でいつでも取り消すことができ（少17条8項）、また必要がなくなったときは速やかに取り消さなければならない（少審規21条）。再度の観護措置も可能であるが、通じて4週間（特別更新を認める事由がある場合には8週間）を超えることができない（少17条9項）。

264　観護措置の更新　収容観護の期間は2週間であるが、「特に継続の必要があるとき」には1回の更新（最長4週間）が可能である（少17条3項但書）。実務上、家庭裁判所調査官による社会調査や少年鑑別所の資質鑑別は3週間を目処に行うともいわれており、更新が原則化している。しかし、こ

---

(22)　市川太志「少年審判と付添人」ケ研249号（1996年）46頁を特に参照のこと。
(23)　コンメンタール少年法217頁［武内謙治］。

うした運用は、身体拘束処分の危険性を過小評価しており憲法的価値や国際人権法規範と衝突する。少年自身やその環境は変化しやすいものであるから、収容鑑別の理由とその事由の継続の有無が個別事案の中で常に吟味されることが必要である。

265　観護措置の特別更新　こうした通常の更新制度に加えて、2000年の第一次改正により特別更新制度が非行事実認定のために設けられた（⇒**13〜14、245、249**）。これを認めるには、次の要件がすべて必要である。すなわち、①犯罪少年事件であること、②死刑、懲役または禁錮に当たる罪の事件であること、③非行事実の認定に関する証人尋問、鑑定または検証を行うことの決定が行われたこと、④少年を収容しなければ審判に著しい支障が生じるおそれがあると認めるに足りる相当の理由があること、である。

これはあくまで非行事実認定のための制度であるから、要保護性の調査に時間がかかることを理由として特別更新を行うことはできない。これとのかかわりで重要なのは、③の「非行事実」には、構成要件該当事実のほか「犯行の動機、態様及び結果その他の当該犯罪に密接に関連する重要な事実」（=「**密接関連重要事実**」）が含まれる（少17条４項但書）ということである。この定義は、検察官の審判関与（少22条の２）の要件理解にもかかってくる[24]（⇒**360**）。しかし、特に動機は要保護性と密接に関係しており、信頼関係を基礎として少年の内面に立ち入らなければ解明が難しい。動機解明を理由とする特別更新、そして検察官の審判関与は、非行事実と要保護性認定を区別するという制度の前提に反しかねないだけでなく、却って真実解明を難しくする危険性をもつ。密接関連重要事実に該当することがそのままこれらの措置を許容すると考える形式的な理解は避けなければならない。そもそも特別更新制度自体が、CRCからの厳しい批判が向けられている制度であること（⇒**64**）には注意が必要である。

④の「審判に著しい支障が生じるおそれ」は差し迫ったものでなければならず、「相当の理由」も具体的かつ積極的なものである必要がある。非行事

---

(24)　少年法17条４項但書は「非行事実」を定義した上で「以下同じ」と規定している。そのため、例えば、検察官の審判関与（少22条の２第１項）のように、これよりも後に位置する条項で「非行事実」の語が用いられる場合には、この定義がかかってくることになるわけである。

実認定のために審判期日が必要になる場合でも、在宅観護で対応できない理由が具体的に示される必要がある(25)。

6　観護措置はどのような方法で取り消されるか

[1] 観護措置を取り消すにはどのような方法があるか

266　家庭裁判所の職権による取消しと異議の申立ての異同　観護措置の取消しには、①家庭裁判所の職権によるもの（少17条8項）と②異議の申立てによるもの（少17条の2）がある。少年側からこれをみれば、①に対しては、裁判所の職権発動を促すための観護措置取消し申立てを行うことになる。それに対し、②に対しては、請求権として異議を申し立てることになる。この異議申立てが行われた場合、裁判所には応答義務が生じる。

なお、少年鑑別所における在所関係とそこでの処遇に関する不服申立ては、これまで、通達（「在所者による少年鑑別所長に対する苦情申立ての取扱いについて」平22・2・12矯少603号矯正局長通達）に基づいてきた。すでに成立している少年鑑別所法が施行されれば、この法律で規律される。新しい少年鑑別所法では、権利義務関係を明確化する観点から、法務大臣に対する書面による救済の申出（新少鑑109条～116条）と、監査官および少年鑑別所の長に対する口頭または書面による苦情の申出（新少鑑118条、119条）に関して、明文規定が置かれている。

[2] 家庭裁判所による職権による取消しとはどのような制度か

267　職権による取消し　法文上、家庭裁判所は、観護措置を「取り消し、又は変更することができる」ものとされている（少17条8項）。しかし、少年審判規則上、観護措置は「その必要がなくなつたときは、速やかに取り消さなければならない」ものとされている（少審規21条）。これを反対からみれば、実体的要件となる事由は、観護措置がとられている間は、継続して存在し続けなければならないということになる。観護措置決定は、家庭裁判所の事件受理直後の時期に行われることが多く、主に法律記録を判断資料とす

(25)　澤登・入門105頁も参照。

ることになる。そのため、審判官や付添人による法律記録の精査や、家庭裁判所調査官による社会調査、少年鑑別所による資質鑑別が進展すれば、新たな事情が発見、生起することが少なくない。国際人権法が要請する身体拘束処分の最終手段性・最短性（⇒**61**）に鑑みても、職権による取消しの積極的な活用が望まれる。

家庭裁判所の職権による取消しは、実務上も頻繁に用いられている。非行結果が比較的軽微で、前歴がなく、学校の処分など身体拘束に伴い重要な社会資源との関係で重大な不利益が及ぶ可能性が高い事案では、取消しが認められる可能性が高いことも指摘されている[26]。

[3] 観護措置に対する異議の申立てとはどのような制度か。また、審判に付すべき事由がないことを理由に異議を申し立てることはできるか

268 異議の申立ての制度的意義　従前、観護措置決定やその更新決定に対する不服申立ての手段は存在しなかった。観護措置決定に対して抗告（少32条）が申し立てられた事例があったものの、裁判例ではこれが認められてこなかった。その理由は、抗告が「保護処分の決定」に対するものであることのほか、収容鑑別が勾留とは異なり鑑別の機能をもつこと（⇒**252**、**254**）に求められてきた（大阪高決昭44・10・30家月22巻10号114頁を参照）。こうした状況で、2000年の第一次改正で観護措置期間が延長されたことに伴い、異議申立て制度が創設された（少17条の２）。この制度の立法上の意義は、「保護」手続上の措置であっても身体拘束処分の不利益性が完全には払拭されないこと、そして実体的な権利義務関係に変動をもたらさない措置に対しても不服申立て制度の構築が可能であることを明らかにした点にある[27]。

269 異議の申立ての対象　異議の申立ての対象は、少年鑑別所送致の観護措置決定（少17条１項２号）と、その更新決定（同３項但書）である（観護措置決定を取り消した例として、水戸家決平15・3・19家月54巻11号84頁、東京家決平13・７・27家月53巻12号108頁。観護措置更新決定を取り消した例として、

---

(26) 二弁・実務ガイド135頁。

(27) このことは、特に裁判例において同様に抗告の対象として否定されている検察官送致決定（少20条）に対する不服申立てのあり方を考える際に重要な意味をもつ（⇒**479**〜**480**）。

福岡家小倉支決平15・1・24家月55巻6号139頁。観護措置決定を取り消さなかった例として、東京家八王子支決平13・4・5家月53巻12号105頁)。

少年法には、勾留に代わる観護措置がとられた事件が家庭裁判所に送致されたときに、この送致された事件について観護措置がとられたものとみなすという「**みなし観護措置**」(少17条6項・7項)の制度がある。このみなし観護措置が異議の申立ての対象になるかどうかは、条文の文言上明らかでないものの、積極に解される(みなし観護措置を取り消した例として、札幌家決平15・8・28家月56巻1号143頁、これを取り消さなかった例として、那覇家決平16・7・14家月57巻6号204頁)。

270　申立て権者　異議の申立てを行いうるのは、少年、その代理人または付添人である(少17条の2第1項)。保護者が選任した付添人は、保護者の明示した意思に反して異議の申立てを行うことができない(同1項但書)。しかし、少年が選任した付添人は、抗告(少32条)の場合と同様に(⇒**477**)、少年や保護者の明示した意思に反しても異議の申立てを行うことができると解される。なお、異議の申立てに回数の制限はない。

271　申し立てられた異議の審理　異議の申立て先は、抗告の場合とは異なり(⇒**476**)、保護事件が係属する家庭裁判所であり、原決定に関与した裁判官が関与しない合議体で審理される(少17条の2第3項)。異議審は緩やかな事後審であるため、異議申立て事件の記録だけでなく保護事件の記録も検討されうる(少審規22条の2第1項および2項)。異議審は、抗告の場合と異なり、原決定取消しの上自判することもできる(少17条の2第4項、33条2項)。特別抗告もできる(少17条の3)[28]。抗告と同様に、異議申立てにより当然には執行が停止されず、停止のためには裁判所の決定が必要である(少17条の2第4項、34条)。

272　審判に付すべき事由がないことを理由とする異議の申立ての扱い

異議申立ては、審判に付すべき事由がないことを理由として行うことができ

---

(28)　もっとも、最高裁判所の裁判例によれば、観護措置更新決定による収容期間が満了している場合、この決定の効力はすでに失われたことになり、観護措置更新決定に対する異議申立て棄却決定に対する特別抗告の申立ては、その利益を失い、不適法となる(最決平24・10・17裁判所ウェブサイト掲載)。

ないものとされている（少17条の2第2項）。刑事訴訟法420条3項や429条2項と同様に、本来、それは審判手続において審理されるべき事項であるというのが理由とされている(29)。

しかし、刑事訴訟法学の分野では起訴前につき刑事訴訟法429条2項の準用はないという理解も有力に存在する(30)。また、その準用があると理解したとしても、準抗告審は職権で被疑事実の存否を判断できるというのが一般的な理解である(31)。観護措置に対する異議申立てについても、これと同様の扱いをしてよい。「審判に付すべき事由」のうち非行事実は観護措置決定の基礎とされているのであるから、少なくとも第1回審判までの間は非行事実がないことを理由とした異議申立てが可能であり、その必要性も高い。身体拘束処分の適正な運用を図るという本制度の趣旨からいえば、それはむしろ積極的に認められるべきものでもある。

7　観護措置は何を単位として1つと数えられるべきか

[1] 観護措置の単位が問題になるのはなぜか

273　問題の構造　観護措置は果たして何をもって1つと数えられるべきであろうか。少年法には、人（人格）を重視すべきなのか、それとも事件を重視すべきなのかという制度の本質にかかわる理論的問題がある（⇒**105**）。加えて、1人の少年による複数の事件が家庭裁判所に係属した場合にどのように処理すべきかが、実際にも問題になる。収容観護の期間は通じて4週間（特別更新が行われる場合には8週間）を超えることができない（⇒**263**）。そのため、この問題は、とることができる収容観護の期間の長さの問題に直結することになる。

274　人（少年）単位説と事件単位説　観護措置の単位として考えられるのは、ⓐ人（少年）を単位とする考え（人（少年）単位説）とⓑ事件を単位

---

(29)　法制審議会少年法部会第77回会議議事録（平成10年11月17日）。

(30)　三井誠『刑事手続法（1）［新版］』（有斐閣、1997年）28頁、上口裕『刑事訴訟法［第4版］』（成文堂、2015年）116頁。

(31)　後藤昭＝白取祐司編『新・コンメンタール刑事訴訟法［第2版］』（日本評論社、2013年）1061頁［後藤昭］、松尾浩也監修『条解 刑事訴訟法［第4版］』（弘文堂、2009年）1120頁を特に参照。

とする考え（事件単位説）である[32]。

α少年のA事件とB事件が家庭裁判所に係属している場合、ⓐ人（少年）単位説では、α少年に対して観護措置は1つに限定され、その期間も通じて4週間（特別更新時は8週間）を限度とすることになる。それに対して、ⓑ事件単位説では、複数個の観護措置をとることができ、その期間の限度は、原理上、通じて4週間（特別更新時は8週間）に事件数を乗じた期間となる。

かつては、人格重視説の立場をとることを前提として、少年事件の単一性は少年のみによって規定されることや、観護措置は非行事実調査のためではなく社会調査や心身鑑別のためにあること[33]を根拠としてⓐ人（少年）単位説が唱えられた。しかし、観護措置は法律上「審判を行うため」のものとされており、その審判の対象は要保護性と非行事実であると理解するのがその後通説的な地位を占めている。実務上、観護措置決定書には非行事実の要旨が記載されていることや、複数事件が係属した場合に4週間を超えて観護措置をとることが必要な場合があることなども理由に加えて、現在は、ⓑ事件単位説が通説的な考えとなっており、実務もこの考えによっている[34]（裁判例として、名古屋高決昭32・1・22家月8巻12号95頁）。

しかし、ⓑ事件単位説を形式的に理解すれば、事件の数だけ観護措置がとられることになる結果、身体拘束期間が長期化してしまうことになる。身体拘束期間を長期化させ、社会関係を断絶させ続ければ、却って少年の成長発達を阻害するおそれがある。また、この帰結は、身体拘束の最終手段性・最短性という国際人権法の要請（⇒**61**）にも抵触する危険性が高い。そのため、ⓑ事件単位説に立った場合でも、少年の身体拘束を最小限度に抑えるための工夫が必要になる。こうしたことから、現在では、できるだけ全部の事件について調査・審判を行うべきであるという併合審判の原則（少審規25条の2）（⇒**338**）をこの局面でも援用して、ⓒ複数事件が家庭裁判所に係属しているときには、できる限り1個の観護措置で処理すべきであり、同時処理が可能

---

(32)　この問題状況は、ちょうど刑事訴訟法学における逮捕や勾留の単位の問題と同様である。

(33)　内藤文質「少年保護事件の概念について」警察学論集6巻5号（1953年）10頁。菊田134頁も参照。

(34)　團藤＝森田156頁、平場・新版196頁、実務講義案144頁を特に参照。

な場合には複数個の観護措置はとりえないと考えるのが一般的となっている。この意味で、ⓑ事件単位説を貫徹する見解も、現在はみられない。

275 理論的検討 しかし、改めて考えてみれば、実は、このことは、「事件単位」を語りながら、ⓐ人（少年）単位と等しい理論構成である。元々ⓑ事件単位説は、より長期の観護措置期間を確保する問題関心を強くもっており、いわばアクセルを踏むための理屈しか内在させていない。そこで主たるブレーキとして考えられているのは、家庭裁判所の職権による取消し（⇒267）である。ⓒ同時処理が可能な場合には複数個の観護措置をとりえないとする考えも、身体拘束の最小化の要請からいわばブレーキとなる仕組みを備え付けようとするものであるものの、その理屈は必ずしも論理内在的なものになっていない。また、この考えもなお、アクセル（長期の観護措置期間の確保）とブレーキ（身体拘束の最小化の要請）の踏み加減を、観護措置の取消しを軸とした家庭裁判所の裁量判断に委ねる発想をとっているといえ、客観的な線引きが難しい（つまりは、少年など裁判所外の者にはみえにくい）という問題を抱えている。こうした問題性は、第一次改正により特別更新対象事件と通常更新対象事件が混在する状況が生じうるようになったことでさらに大きくなっているともいえる。こうした背景の前で、現在、ⓓ事件を含む人を単位とする「人＝事件単位」説も新たに唱えられるようになっており[35]、審判対象論との体系的なつながりも含めて、問題の再整理が必要な理論状況を迎えている。

［2］事件が再係属した場合、家庭裁判所は再度観護措置をとりうるか

(a) 家庭裁判所への事件の再係属時における再度の観護措置の可否はなぜ問題になるのか。そもそもどのようなときに事件が家庭裁判所に再係属するのか

276 問題の構造 以前に係属した事件が再係属した場合、家庭裁判所は再び観護措置をとりうるであろうか。最初の事件係属の際に観護措置期間が4週間または8週間という限度に達していなかった場合には、残された期

---

(35) コンメンタール少年法219頁［加藤学］。

間を使うという方法がありうる。しかし、それでは十分ではない場合や最初の事件係属時にすでに観護措置期間が上限まで達していた場合、再度観護措置をとることができるか否かが、問題になる。

家庭裁判所への事件の再係属が起こるのは、①家庭裁判所の検察官送致決定（少20条）後、事件が検察官から家庭裁判所に再送致された場合（少45条5号但書、42条）、②抗告審や再抗告審から事件が差戻しされたり、移送されたりした場合（少33条2項）、③刑事裁判所が家庭裁判所移送決定を行った場合（少55条）、④調査官報告（少7条）による再起事件の場合、である（⇒**231**）。少年法は、①の場合の扱いに関しては、明文規定を置いており、最初の事件送致の際に、少年鑑別所送致の観護措置がとられ、または勾留状が発付（被疑者勾留）されているときには、観護措置の更新ができないと規定している（少17条5項。したがって観護措置の決定自体はできると解される）。しかし、②③④については、明文規定が置かれていない。そのため、これらの場合に、再度観護措置決定を行うことができるかが問題になる。

(b) 抗告審・再抗告審から事件が差し戻されたり移送されたりした場合に、家庭裁判所は再度観護措置をとることが許されるか

277　裁判例　②抗告審や再抗告審から事件が家庭裁判所に差し戻された場合については、最高裁判所の裁判例（最決平5・11・24刑集47巻9号217頁／家月46巻2号192頁）がある。事案は、家庭裁判所による中等少年院送致決定に対する抗告を受けた高等裁判所が、法令違反のために原決定を取り消し、事件を家庭裁判所に差し戻した事件について、受差戻審である家庭裁判所が新たに観護措置を決定した、というものである。

この事実関係を前提として、最高裁判所は、「少年法一七条一項に定める観護の措置は審判を行うためのものであることに照らすと、家庭裁判所は、抗告裁判所から差戻しを受けた事件が先に同項二号の観護の措置が採られたものであったとしても、右事件については、更に審判をしなければならないのであるから、その審判を行うため必要があるときは、同条一項に基づき、同項二号の観護の措置を改めて採ることができ、その場合の少年鑑別所に収容する期間は先に採られた観護の措置の残りの収容期間に限られないと解す

るのが相当であ」ると判示している。

278 考え方の分岐点 しかし、この裁判例の論理は、「必要だから可能」と述べているに等しく、実質的な根拠づけを伴っていない。そこでありうる実質的な理屈を考えてみると、2つの対立的な考え方がありうる。1つは、ⓐ少年審判手続を家庭裁判所の終局処分ごとに1個ととらえ（つまり再係属事件は「別の事件」と考えて）、かつ少年法17条5項は上記①の場合に限らず再係属事件全般の扱いを示していると考えて、裁判例の結論を支持する方向性である(36)。もう1つは、ⓑ少年審判手続を終局処分の確定ごとに1個ととらえ（つまり再係属事件は「同じ事件」であると考えて）、かつ少年法17条5項のような規定が①の場合以外にないために、明文規定なくこれを認めることは適正手続保障の要請に反するという考える方向性である(37)。

279 理論的検討 理論上、ⓐの考え方は、一事不再理（二重の危険禁止）との関係で体系的に不透明な部分を残している（⇒**455**）。「事件」の単位を終局処分ごとに考えるのであれば、最初の審判における終局決定で少年にとっての危険が発生していると考えるのが素直であり、事実関係を同じくする事件の家庭裁判所への再係属はそもそも認められないはずである。それを「別事件」として扱うことは、便宜的かつ技巧的にすぎる。本質論としても、観護措置は身体拘束を伴う重大な処分であるから、これを法律上の明文なく認めることには大きな問題がある。ⓑの考えが妥当である。現行法の解釈としてはこれを否定せざるをえない。

この場合、明文規定で再係属時の観護措置の扱いが定められているのがなぜ上記①の場合に限定されるのか、その趣旨をどのように理解するかが、問題になる。家庭裁判所の検察官送致決定後に事件が検察官から家庭裁判所に再送致されなければならない事由として少年法45条5号但書が掲げるのは、「送致を受けた事件の一部について」公訴を提起するに足りる犯罪の嫌疑がないこと、犯罪の情状等に影響を及ぼすべき新たな事情の発見により訴追が相当でないと思料されること、または送致後の情況により訴追が相当でない

(36) 川口宰護「観護措置をめぐる問題」判タ996号（1999年）342頁を特に参照。
(37) 船山泰範「差戻し後の再度の観護措置」百選69頁を特に参照。

と思料されること、である（⇒**549**）。要するに、検察官から家庭裁判所への再送致は、類型的に非行事実の認定の問題を念頭に置いた制度であるといえる。立法者は、この場合に審判中の身体拘束処分として新たな観護措置決定の必要性を認める一方で、長期化を防止するためにその更新を禁止したと考えられる。それに対して、立法時に少年審判の主たる対象ととらえられていたのは要保護性であったから、抗告審裁判所から事件の差戻しを受けた後の審判において問題になるのは要保護性であると考えられていたと推測できる。要保護性については初度の係属時に時間をかけて調査が行われているはずであるので、再度の観護措置は必要ないと考えられたとしても不思議ではない。このように考えてみれば、立法者が、家庭裁判所に事件が再係属する場合のうちあえて上記①の場合についてのみ観護措置の扱いを定めていることが説明できる。確かに、こうした立法者の考えを推し進め、なおかつ、この間、少年審判の対象を要保護性に限定せず、非行事実をも加える考えが通説的地位を占めるようになっていること（⇒**120**）を強調すれば、②の再係属の場合でも再度の観護措置が認められうるようにも思われる。しかし、①と②の手続は明確に違っており、立法者が想定していない身体の自由に関係する処分を法解釈で認めることにも問題がある。

なお、裁判例の結論を支持する場合でも、本裁判例が新たな観護措置決定の可否のみを問題としており、更新決定（少17条3項但書）に触れていない点には十分注意しておく必要がある。CRC勧告の趣旨（⇒**64**）を考慮すればなおさら、裁判例を維持する前提であったとしても、身体拘束のさらなる長期化をもたらす更新決定は認められないと考えるべきであろう。

280　裁判例の背景事情　ところで、この裁判例の事実関係をみて、なぜ抗告中であるにもかかわらず少年が少年院に在院しているのか、読者は疑問を抱かないであろうか。また、反対に、受差戻審の審判中少年を少年院に在院させたままにすれば新たな観護措置は必要ないのではないかという疑問は生じないであろうか。本裁判例の背後には、原則として抗告に執行停止の効力を認めない制度（少34条）（⇒**475**）と、原決定取消し決定の確定時には施設在所少年が直ちに家庭裁判所に送致されなければならないという扱い（少審規51条）がある。そのため、一方において、家庭裁判所が少年院送致決定を行えば、抗告がなされていても、原則として少年は少年院に送られることとなり、他方において、それを取り消す決定が確定すれば少年は少年院に在院し続けることができないことになるわけである。後者の少年審判規則51条の取り扱いを前提とする場合、新たな観護措置をとることができなければ、家庭裁判所への再度の事件係属中、果たして誰が社会の中で少年の面倒をみるのかが切実な問題となってくる。反対に、仮に少年審判規則51条の規定に反して、少年を少年院に在院させたままにするとしても、少年院が受差戻審である家庭裁判所からかなりの遠隔地にあり、交通事情がよくないことも珍しいことではない（鹿児島地判平６・７・18家月46巻12号90頁も参照）。最高裁判所の裁判例が理屈抜きに必要性を強調した論理を押し通した背景には、こうしたジレンマの存在も窺われる。

もっとも、このような説明を目にして、さらなる疑問を抱く読者がいるかもしれない。少年審判規則上の措置を前提として少年法を解釈することは、まさに下位の法規範に基づき上位のそれを解釈していることとなり、許されないのではないか、と。実は、この疑問はもっともなものであり、本裁判例についていえば、その疑いは払拭できない。この問題に関する少年法の解釈は、まずもって、憲法や国際人権法規範といった上位の法規範を参照しながら行われる必要がある。

いずれにしても、法令違反による破棄・差戻し事案であるという事実関係も含めて、本裁判例が前提とした事情には、かなり極限的なものがあったといえる。したがって、そこでいう再度の観護措置の必要性は、相当に高度なものであると解すべきであり、再係属事件であるという形式だけに着目して、他事件において再度の観護措置の必要性が簡単に認められうるわけではない。

この問題の本質は、無罪推定が認められるべき「未決」の手続段階において少年の身体拘束はどのようにあるべきか、という点にある。根本的な問題の解決を図るためには、CRC が勧告しているように（⇒**64**）、立法を通して、社会内の拘禁回避措置を拡充することが不可欠であろう。

8　観護措置中に捜査機関が取調べを行うことは許されるか

281　余罪の取調べ　複数の非行に及んだ疑いが少年にあり、少年鑑別所在所中に余罪の取調べが必要になることがある。一方で、少年の要保護性を正確に把握するためにも、複数の事件はできるだけ併合して審判すべきであるという併合審判の原則（少審規25の2）（⇒**338**）があるため、余罪もできる限り明らかにすべきであると考えられる[38]。他方、こうした形での取調べを無限定に認めると、少年鑑別所在所中の少年が精神的に動揺するなどして鑑別や調査に支障が出る事態も考えられる。

そこで、現在、観護措置中は、少年に対する監督権を家庭裁判所がもつという理解を前提として、取調べには家庭裁判所の許可が必要であるとの考えが一般的となっている。実務でも、捜査機関が家庭裁判所に余罪の種類、内容、取調べの内容や所要時間を記載した書面を提出して、許可を受ける扱いになっているといわれる[39]。もっとも、この措置も、取調べの実施に応じることを少年鑑別所に義務づけるわけではない。また、当然のことながら、そもそも鑑別所在所中の少年に取調べ受忍義務はない。刑事訴訟法の解釈として被疑者に取調べ受忍義務を認めるとしても、余罪は別事件である上、家庭裁判所係属後にとられている観護措置は「逮捕又は勾留」ではないためである（刑訴198条1項を参照）。

282 家庭裁判所に係属中の事件の取調べ 家庭裁判所に係属中の事件の取調べについては、ⓐ原則として認められず、特別な事情がある例外的な場合にのみ認められるという考え（大阪地決昭36・7・4判時273号8頁、大阪高判昭43・7・25判タ223号123頁）と、ⓑ調査・審判や鑑別に支障を及ぼさない限り認められるという考え（大阪高判昭42・9・28高刑集20巻5号611頁／家月20巻6号97頁）がある。

ⓑ調査・審判や鑑別に支障を及ぼさない限り認められるという考えの根拠は、保護手続に移行しているとはいえ、事件自体が刑事事件としての性格を保持していることに求められている。しかし、家庭裁判所への事件送致は「捜査を遂げた結果」（少41条、42条）なされるべきものであり、家庭裁判所の事件受理により捜査は終了しているはずである（⇒**377**～**379**）。仮に家庭裁

---

(38) 非行事実を要保護性の排他的推定根拠ととらえる立場をとるのであれば（⇒**130**）、なおさらこの要請は強まる。

(39) 実務講義案147頁。

判所への事件送致後も捜査機関が補充捜査権限をもつことを認めるとしても（最決平２・10・24刑集44巻７号639頁／家月43巻１号146頁［福岡早良事件］）、公正な手続を保障する観点からは、無限定にその権限の行使が認められるわけではない。原則的に取調べを認めることになるⓑの考えには歯止めの論理が内在されておらず、不当である。ⓐの見解が妥当である。

第15講　観護措置中の外部交通

●本講で考えること

前講（第14講）で検討したように、事件の受理、係属後、家庭裁判所が観護措置として少年の身体を拘束することがあります。少年の特性に対する様々な配慮が行われているものの、観護措置が少年を社会から引き離す処分であることは否定できません。そこで重要になるのが、観護措置中に少年が外部とつながる手段の確保です。この外部とつながる手段のことは、一般に「外部交通」と呼ばれています。

それでは、この外部交通（権）は、一体どのように保障されるべきなのでしょうか。

本講では、面会と信書の発受を中心として、観護措置中の外部交通をめぐる基本的な問題を検討します。少年鑑別所における在所中の権利義務関係を規律する重要な法規範として、2014年に少年鑑別所法が成立していますので、本講では、この新しい法律の仕組み、解釈論上生じうる問題、そして課題も併せて確認することにします。

● Keywords
無罪推定原則、外部交通、面会、信書の発受

1　外部交通にはどのような意義があるか。また、外部交通権を保障することはなぜ重要なのか

283　外部交通権の重要性　　収容観護の場合、少年は、手続法（＝少年法）上の法的地位に加えて、少年鑑別所に在所していることによる処遇法・施設法（＝少年院法と少年鑑別所処遇規則。新法制では少年鑑別所法）上の法的地位をもつ。**外部交通**は、両者が重なる領域に位置しており、特に重要な法理論上の問題が生じる。それだけでなく、外部交通は、身体拘束中に社会とのつながりを保つための手段として、実際上も極めて重要な意味をもってい

る。

国際人権法も、身体を拘束されている少年に対して広範なコミュニティとの接触を保障するよう求めている。例えば、子どもの権利条約は、「特に、自由を奪われたすべての子どもは、成人と分離されないことがその最善の利益であると認められない場合に限り成人と分離されるものとし、例外的な事情がある場合を除くほか、通信及び訪問を通じてその家族との接触を維持する権利を有する」(37条(c))と規定する。また、ハバナルールズは、「少年が外部の世界と充分なコミュニケーションを保つことを確保するため、あらゆる手段が提供されなければならない。このようなコミュニケーションは、公正かつ人道的な取扱いに対する権利の不可欠な一部であり、かつ少年の社会復帰を準備するうえで必要不可欠である」と指摘している(ハバナ59条)。

2　これまで外部交通権はどのように保障されてきたか

[1] 信書の発受と面会はどのように保障されてきたか

284　信書の発受と面会　外部交通として特に重要なのは、通信(信書)の発受と面会である。

これまでの法制度において、少年鑑別所の長は、所内の規律に反しない限り通信(信書)の発受を許すものとされていた(少鑑処規40条)。また、面会の申出は、「近親者、保護者、附添人その他必要と認める者に限り」許すものとされていた(同38条)。付添人を相手方とする面会には少年鑑別所の職員の立会いはなく(同39条2項)、付添人になろうとする弁護士も同様である(「少年と附添人等との面会の際の職員の立会について」平成8・2・29矯保419矯正局長通達)。日本弁護士連合会と法務省との申し合わせにより、夜間は被告人の弁護人との面会に準じて、休日は被疑者の弁護人等との面会に準じて、面会が可能である(「夜間及び休日の未決拘禁者と弁護人等との面会等に関する申合せ」平19・3・20)。弁護士付添人による面会状況の録音や携帯型パソコンの使用、ビデオテープの再生は、施設の物理的条件などにより一定の条件が付されるとしても、刑事被告人に対する面会の場合と同様に認められると解される(「弁護人が被告人との接見内容を録音することについて」昭38・4・4矯正甲279矯正局長通達・昭45・10・8矯正甲944矯正局長通達、「弁護人が被告人との接見時に携帯型パソコン等の使用を願い出た場合の取扱いについて」平13・11・30矯保4001矯正局保安課長、「弁護人等が刑事被告人との接見時にビデオテープ等の再生を求めた際の対応について」平19・4・17矯成2501矯正局成人矯正課長通知)[1]。

[2] 家庭裁判所は接見（面会）禁止措置をとることができるか

285　問題の構造　　問題は、接見（面会）禁止の措置を家庭裁判所がとりうるかである。刑事訴訟法（80条、81条、39条）や刑事施設処遇法とは異なり、少年法や少年鑑別所処遇規則は、接見（面会）の禁止について明文規定を置いていない。そのため、家庭裁判所が少年法の解釈に基づき接見（面会）禁止の措置をとりうるかが問題になる。

286　理論的検討　　従前は、(弁護士) 付添人以外の者による面会を念頭に置いて、刑事訴訟法81条の準用や家庭裁判所の監督権[2]に基づきこれを認める議論が有力にあった[3]。近時は、さらに進んで、付添人による頻回面会が鑑別業務に支障をきたす例を引き、刑事訴訟法39条3項の「接見指定に類した監督権」行使の可能性を示唆する見解[4]まである。

しかし、身体拘束中の少年の外部交通権は憲法（34条）のみならず国際人権法上も強い権利性をもっており（子ども条約37条（c)、ハバナ59条、意見10号 para. 37)、これに対応する弁護士付添人による接見（面会）も憲法上保障された固有の権利であると考えられる。理由づけがどうであれ、強制的に身体拘束を行うがゆえに保障しなければならない重要な権利を法律上の明文規定なしに制限することは、それ自体で不当である。明確な法的根拠と限定のない議論の危うさは、観護措置を被告人勾留と対比した上で面会の相手方も

(1)　法務省矯正研修所編『少年院法［三訂版]』(矯正協会、2010年）227頁も参照のこと。

(2)　観護措置時の家庭裁判所の監督権については、櫻井秀夫「観護業務の現状と法令上の問題点」矯正研修所紀要23号（2009年）87頁を特に参照。

(3)　市村68頁、團藤＝森田146頁は、その上でも、慎重な考慮が必要であることに注意を促す。早川義郎「少年保護事件の手続（その一)」ジュリ324号（1965年）86頁は共犯者との通謀や罪証隠滅のおそれを念頭に置く。

(4)　柴田雅司「観護措置に関する実務上の諸問題（下)」家月55巻7号（2003年）8頁。注釈少年法177頁、丸山153頁も参照。

付添人以外の者を想定していた従前の議論が、いつの間にか被疑者勾留と類比させた弁護士付添人との接見（面会）制限に転化されていること自体に表れている。外部交通が少年（および付添人）の権利である以上、家庭裁判所の監督権を、旧来のパターナリズムで単純に根拠づけることはできない。この問題は、今日、もはや少年の権利保障の文脈を外れて語られるべき事柄ではなくなっている。頻回面会を問題にするとしても、そもそも身体拘束目的（観護措置の目的）を超えた自由の制約には根拠がない。社会内における身体拘束処分の回避手段と、身体拘束時の社会的な支援制度を公的に整備しないまま少年の身体を拘束するに至っている当の国家が、果たして外部交通権の「濫用」を主張しうる立場にあるのか、根本的な疑問もある。仮に少年自身の保護を目的として接見交通の制約を認めるとしても、当該面会が少年の成長発達権をどのように侵害するのか、最低でも、差し迫った危険の存在が具体的に示される必要がある。無罪推定原則の下で成長期にある少年の扱いにおいて果たして何が原則なのか、身体的自由を奪う措置をとる場合に何が必要なのか、議論の出発点を明確に自覚しておく必要がある。

3　新しい少年鑑別所法において外部交通権はどのように保障されるか

[1] 少年鑑別所法ではどのような外部交通の制度があるか

287　外部交通の種類　新しい少年鑑別所法では、外部交通として、面会、信書の発受、電話等による通信が規定されている。その規定形式は、刑事施設における在所関係を規律する刑事施設処遇法を踏襲しており、少年の法的地位により、許可される外部交通の形態と条件が異なってくる。

電話等による通信（新少鑑105条）は、改善更生または円滑な社会移行（復帰）を目的として「在院中在所者」を対象として、この法律で新設されたものである。

288　在所者の種類　外部交通のあり方を法的に規律する際に基本となるのは、少年の法的地位を反映した在所者の種類である。少年鑑別所法は、在所者を、①「**被観護在所者**」（＝観護措置または鑑定留置のために少年鑑別所に在所する者(5)。２条３号）、②「**未決在所者**」（＝勾留により少年鑑別所に在所する者。同条４号）、③「**在院中在所者**」（＝少年院在院者で少年鑑別所の鑑別を受けるために在所している者。同条５号）、④「**各種在所者**」（＝その他の在所者。同条６号）に区別して、外部交通の範囲と条件を異ならせている。

[2]　少年鑑別所法において面会はどのように保障されるか。また、どのような場合に面会は制限されるか

(a)　面会はどのように保障されるか

(i)　権利面会とは何か。また、裁量面会とは何か

289　面会の形態と条件　　面会には、少年鑑別所の長がそれを「許すものとする」権利的（施設側からみれば義務的）な形態（＝**権利面会**。新少鑑80条１項、88条１項）と「許すことができる」裁量的な形態（＝**裁量面会**。新少鑑80条２項、88条２項）がある。権利面会か裁量面会かの区別は、面会を申し出る者が誰かを基準としており、その範囲は在所者の種類により異なる。この区別は、即時的な外部交通手段である面会において起こりうる不適当な意思連絡を可能な限り事前にコントロールする意図に基づいていると考えられる。また、裁量面会の条件も、在所者の種類により違ってくる（表１）。

(ii)　在所者の種類により面会のあり方はどのように違ってくるか

290　被観護在所者と在院中在所者　　まず、①被観護在所者の場合に、権利面会として少年鑑別所の長が原則的に面会を許すものとされているのは、㋐保護者等と㋑「婚姻関係の調整、訴訟の遂行、修学又は就業の準備その他の（…）在所者の身分上、法律上、教育上又は職業上の重大な利害に係る用務の処理のため面会することが必要な者」から申出があったときである（新少鑑80条１項）。㋐「保護者等」からは「在所者に対し虐待、悪意の遺棄その他これらに準ずる心身に有害な影響を及ぼす行為をした者であって、その在所者の健全な育成を著しく妨げると認められるもの」が除かれる（新少鑑２条８号これにあたる場合でも裁量面会の対象にはできる）。また、付添人や付添人になろうとする者は、㋑「法律上（…）の重大な利害に係る用務の処理の

---

(5)　これには、勾留に代わる観護措置（少43条１項）として少年鑑別所に在所する者も含まれると解される。

【表1】権利面会と裁量面会

	権利面会の相手方	裁量面会の要件
被観護在所者	①保護者等 ②在所者の身分上、法律上、教育上または職業上の重大な利害に係る用務の処理のため面会することが必要な者	面会を必要とする事情（健全な育成を営むために必要な援助を受けることその他） ①少年鑑別所の規律および秩序を害する結果を生ずるおそれがないこと ④在所者の鑑別の適切な実施に支障を生ずるおそれがないこと ②証拠隠滅の結果を生ずるおそれがないこと ③在所者の健全な育成を著しく妨げるおそれがないこと
在院中在所者	③更生保護に関係のある者、面会により在所者の改善更生に資すると認められる者	②在所者の改善更生に支障を生ずるおそれがないこと
未決在所者	原則許可 （面会の禁止） ・犯罪性のある者 ・健全な育成を著しく妨げるおそれのある者	

ため面会することが必要な者」にあたる。③在院中在所者の場合、これに㋒「更生保護に関係のある者その他の面会により在院中在所者の改善更生に資すると認められる者」がつけ加わる（新少鑑88条1項）。その他の者から申出があった場合には、少年鑑別所の長の裁量により、面会が許されることになる。①被観護在所者と③在院中在所者に共通して、裁量面会が許されるための要件は、「健全な育成を営むために必要な援助を受けることその他面会を必要とする事情があり」、かつ㋐少年鑑別所の規律および秩序を害する結果を生ずるおそれがないことと、㋑在所者の鑑別の適切な実施に支障を生ずるおそれがないこと、である。その上で、①被観護在所者については、㋒証拠隠滅の結果を生ずるおそれがないことと㋓在所者の健全な育成を著しく妨げるおそれがないことが（新少鑑80条2項）、③在院中在所者に関しては、㋔在所者の改善更生に支障を生ずるおそれがないことが必要になる（新少鑑88条2項）。こうした①被観護在所者の場合と③在院中在所者の場合との書き分けは、未決段階と既決段階の違いを反映したものである。

291 未決在所者　それに対して、②未決在所者の場合、他の者から面会の申出があったときは原則的にこれを許すものとされている（新少鑑85条1項）。その上で、未決在所者の保護者等を除いて「犯罪性のある者その他未決在所者が面会することにより、その健全育成を妨げるおそれがある者」の場合に面会禁止の措置をとることができる仕組みがとられている（同条2項）。この仕組みは、刑事施設処遇法と同様の立場をとった上で（115条）、少年の特性への配慮を加えたものといえる。②未決在所者に関する規定ぶりが①被観護在所者や③在院中在所者の場合と違っているのは、②未決在所者は形式的にみれば狭い意味での少年保護手続にいまだのっていないか、すでにここから離れているからであると考えられる。このように考える場合、②未決在所者と①被看護在所者、③在院中在所者の差は、無罪推定原則が強く妥当するか否かにあるということになる。しかし、国際人権法でも確認されているこの原則（子ども条約40条2項（b）（ⅰ）、意見10号 para. 42、80）の強弱をいうことができるのか、原理的な疑問は残る(6)（⇒**253**）。

(b) どのような場合に面会は制限されるか

(i) 面会にはどのような制限があるか。また、新しい少年鑑別所法は家庭裁判所が接見（面会）禁止・制限の措置をとることを予定しているか

292　面会の制限　面会はどのような場合に制限されるであろうか。

面会の相手方の人数、場所、日および時間帯、時間および回数、態様などについては、法務省令で定めることになっている（新少鑑83条）。しかし、付添人等（付添人または在所者若しくはその保護者の依頼により付添人となろうとする弁護士）や弁護士等（弁護人または刑事訴訟法39条1項に規定する弁護人となろうとする者）との面会の日および時間帯に関しては、予め法定されており、日曜日その他政令で定める日以外の日の少年鑑別所の執務時間内とされ、面会の人数は3人以内とされている（新少鑑84条1項および2項）(7)。もっとも、付添人または弁護人等からそれ以外の面会の申出がある場合、少年鑑別

(6)　国際人権法からみれば、形式的な手続がどうあれ、あらゆる身体拘束処分は、無罪推定原則を及ぼしつつ子どもへのふさわしさが求められる。そのため、反対からみれば、何ら教育的な配慮を行わない、刑事手続中の刑事施設（拘置所）における身体拘束のあり方も、実は、問題になる（⇒**555**）。

所の長は、少年鑑別所の管理運営上支障があるときを除き、これを許すものとされている（同条３項）。

293　接見禁止・制限の可否　さらに問題になるのは、刑事訴訟法に規定のあるような接見（面会）の禁止や制限規定がとられることを少年鑑別所法が予定しているかどうか、ということである。少年鑑別所法は、①被観護在所者と②未決在所者の場合に、権利面会の例外として、（少年法において準用する場合を含めて）「刑事訴訟法（…）の定めるところにより面会が許されない場合」を挙げている（新少鑑80条１項但書、85条１項但書）。そのため、これがどのような場合を指すのか、果たして接見（面会）の禁止・制限規定がこれに含まれるのかが問題になる。

刑事訴訟法では、勾留時の接見交通を制限する明文規定が置かれている（刑訴80条、81条、39条）。そのため、法律の解釈として、勾留として少年鑑別所に在所している②未決在所者の場合に、この接見交通の制限が、「刑事訴訟法（…）の定めるところにより面会が許されない場合」の中に含まれることは不自然ではない。

それでは、①被観護在所者の場合はどうであろうか。「被観護在所者」には、観護措置（少17条１項２号）により少年鑑別所に在所する者のほか、鑑定留置（少14条２項、刑訴167条１項の準用）のために在所する者が含まれる。そのため、鑑定留置について勾留に関する規定を準用することを定める刑事訴訟法167条５項がこれに含まれることに争いは少ないであろう。問題は、観護措置により少年鑑別所に在所する者を念頭に置いて、刑事訴訟法81条や39条３項が「刑事訴訟法（…）の定めるところにより面会が許されない場合」に含まれるかどうかである。一般人との接見の制限を定める刑事訴訟法81条は「勾留されている被告人」（強調傍点引用者）を対象としている。また、弁護人などとの接見の制限を規定する刑事訴訟法39条３項は、制限の主体を

---

(7)　少年鑑別所法案をめぐる国会審議では、少年鑑別所における在所者と付添人・付添人になろうとする弁護士と面会につき、現在、平日の執務時間帯は面会時間に関する制限をしておらず、執務時間外の平日の夜間および休日についても、日本弁護士連合会と法務省との申合せに基づき面会を実施していることが紹介されている。その上で、「少年鑑別所法案の成立、施行後におきましても、付添人等との面会時間の確保については、引き続き適切に対応してまいりたい」と述べられている。第186回国会参議院法務委員会会議録20号（平成26年６月３日）23頁［西田博説明］。

「検察官、検察事務官又は司法警察職員」と記しており、「公訴の提起前に限り」との条件も明記している。そのため、これらの刑事訴訟法上の規定を、事件の家庭裁判所への係属後にとられる観護措置により少年鑑別所に在所する者に関連づけて、「刑事訴訟法（…）の定めるところにより面会が許されない場合」に含めることはできない。これが認められるとしても、せいぜい勾留により在所している少年が別件で観護措置をとられた場合など、同一の在所者が複数の身分を併せもっている場合に限定されると解すべきである。

先にみたように、これまでの法律の下では、少年院法と少年鑑別所処遇規則に面会禁止の規定がないことを前提として、家庭裁判所が刑事訴訟法81条や39条３項類似の措置をとりうることを解釈論で導こうとする見解がある（⇒**285～286**）。こうした見解は、新しい少年鑑別所法を前提としても問題がある。むしろ、面会の一時停止と終了（新少鑑82条、87条、90条）の範囲でのみ面会を制限するというのが少年鑑別所法の立法態度であり、その限定的な制限を解釈で拡大することは、国際人権法からも要請される人権保障を危うくするものといわざるをえない。

(ii) 面会への立会い等はどのような場合に行われるか。また、元付添人による面会に職員は立ち会うことができるか

294　面会への立会い等　　少年鑑別所法は、面会にあたり、少年鑑別所の長が職員による立会いまたは面会状況の録音・録画を行わせるものとしている。その上で、①被観護在所者と③在院中在所者の場合には、裁量面会を認めるための要件のいずれにも該当するときに、面会への立会いをさせないことができると規定している（新少鑑81条１項、89条１項）。また、②未決在所者の場合にこれが認められるためには、㋐少年鑑別所の規律および秩序を害する結果を生ずるおそれがないこと、㋑在所者の刑事事件に関する証拠の隠滅の結果を生ずるおそれがないこと、㋒在所者の健全な育成を著しく妨げるおそれがないこと、という要件のいずれをも満たす必要がある（新少鑑86条１項）。しかし、いずれの場合も、付添人等や弁護人等との面会は立会いの対象から外されている(8)。また、自己に対する少年鑑別所長の措置や観護処遇・鑑別などに関係する調査を行う機関の職員や弁護士の場合には、原則

的に立会い等をさせてはならないものとされている（新少鑑81条２項、86条２項、89条２項）。

法律の規定の仕方として、面接への立会いまたは面会状況の録音もしくは録画を行うことが原則とされていることには、立法上の問題がある。国際人権法に鑑みても、運用上は、少年鑑別所法81条１項但書、86条１項但書、89条１項但書に基づき立会い等を行わないことを原則とすべきであろう。

295　元付添人による面会への職員の立会い　立会いが特に問題となりうるのは、元付添人が面会の相手方となっている場合である。少年鑑別所法は、付添人等と弁護人等との面会には職員の立会いをつけないことを規定している。それでは、事件が確定し、付添人の法的地位を失った場合には、どのような扱いになるであろうか。少年が在院中在所者（新少鑑２条５号）として少年鑑別所に在所している場合に特に問題になる。このことは、同様の仕組みをとっている新しい少年院法でも（より一層）問題になるため、併せて検討しておくことにしよう。

法文を文理解釈すれば、元付添人の面会には、原則的に職員の立会いがなされることになるであろう。そして、このことは、少年院法でも同様の扱いになると考えられる（新少院93条１項）。しかし、元付添人であっても、被害者への謝罪や被害弁償の調整、就職先の調整といった社会移行（復帰）のための支援などの活動を継続して行っている場合が少なくない（⇒**653**）。運用上、元付添人による面会は、少年鑑別所法81条１項但書、86条１項但書、89条１項但書（少年院在所者については、新少院93条１項但書）に基づき、無立会面会とすることを原則とすべきであろう。

---

(8)　少年鑑別所法は、「少年鑑別所の長は、（…）面会（付添人等（…）又は弁護人等との面会を除く。）に立ち会わせ、又はその面会の状況を録音させ、若しくは録画させるものとする」（強調傍点引用者）と規定しており（81条、89条）、立会い等の対象となる「面会」の定義から予め付添人等または弁護人等との面会を除いている。そのため、立会いと面会状況の録音・録画のいずれも、付添人等または弁護人等との面会では行うことができない。

(iii) 面会はどのような場合に一時停止されたり終了されたりするか。また、付添人等との面会に際して職員は外部から視認することができるか

296 面会の一時停止と終了 少年鑑別所法では、在所者と面会の相手方の行為と発言の内容に着目して、行為・発言の制止と面会の一時停止措置がとられうる（新少鑑82条1項、87条、90条）。

一時停止の理由となる行為は、①83条により少年鑑別所の長が定める面会の相手方の人数、場所、日および時間帯、時間および回数、態様などの制限に違反する行為、または②少年鑑別所の規律及び秩序を害する行為、である。付添人等または弁護人等との面会の場合、一時停止措置は①によることができず、②に限られる。

一時停止の理由となる発言の内容は、①暗号の使用その他の理由によって、少年鑑別所の職員が理解できないもの、②犯罪または非行を助長・誘発するもの、③少年鑑別所の規律および秩序を害する結果を生ずるおそれのあるもの、④事件に関する証拠の隠滅の結果を生ずるおそれのあるもの、⑤被観護在所者の健全な育成を著しく妨げるおそれのあるもの（在院中在所者の場合、「健全な育成を著しく妨げる」は「改善更生に支障を生ずる」と読み替えられる（新少鑑90条））、⑥特定の用務の処理のため必要であることを理由として許された面会において、その用務の処理のため必要な範囲を明らかに逸脱するもの、⑦鑑別対象者である場合において、その鑑別の適切な実施に支障を生ずるおそれのあるもの（未決在所者の場合、⑥⑦は除かれる（新少鑑87条））、である。

面会が一時停止された場合で、それを継続させることが相当でないと認められるとき、少年鑑別所の長は、面会を終わらせることができる（新少鑑82条2項、87条、90条）。

297 外部からの視認の可否 これとの関連で、立会いが許されない付添人等との面会に際し職員が面会室の外部から内部を視認することができるかが問題になる。刑事施設処遇法の未決拘禁者の面会規定に関しては、秘密交通権の趣旨を「面会の際の意思連絡の内容を知られない」ことに求め、面会が行われている面会室の内部が視認できる状態にあることは、弁護人などとの秘密交通を侵害しないと理解する見解(9)も示されている。

確かに、少年鑑別所法は、これと同様に、付添人等や弁護人等が相手方になる場合でも、規律・秩序を害する行為があるときなどには面会の一時停止や終了措置をとることができることを規定している。そのため、職員が面会状況を窺うことを法が予定しているはずであるとの主張もありえないわけではない。しかし、少年鑑別所法は、「規律及び秩序を害する行為」（強調傍点引用者）を面会の一時停止・終了の理由にしているにとどまり、その「おそれ」がある行為を理由としているわけではない。「害する」行為の存否は、当該行為が起こった後であっても確認しうる。視認されているかもしれないと思わせること自体が少年を萎縮させ、秘密交通の趣旨を損なわせる危険性が大きい。面会室外からの視認を許すとしても、面会の一時停止や終了の理由となる事由の存在が外形上明確になっている場合に限定されると理解すべきであろう。

[3] 少年鑑別所法において信書の発受はどのように保障され、どのような場合に制限されるか

(a) 信書の発受はどのように保障されるか

298 信書の意義　**信書**とは、特定人から特定人に宛てられた意思や事実などを伝達するための文書図画のことをいう。発受の方法は問われず、郵便や信用便に限られず、電報やファクシミリで発受されるものや刑事施設に持参されるものも、信書に該当する[10]。

信書の発受については、被観護在所者、未決在所者、在院中在所者の間で大きな違いはない。しかし、在所者が信書を発する場合と受ける場合とでは、検査の方法に違いが生じる。

(b) 信書の発受はどのような場合に制限されるか。また、検査は何を基準としてどのように行われるか

299 信書の発受の原則　少年鑑別所法は、少年法において準用される

(9) 林眞琴ほか『逐条解説 刑事収容施設法［改訂版］』（有斐閣、2013年）599頁。
(10) 林ほか・前掲註9）639頁。

【表２】信書の検査

<table>
<tr><td colspan="4">発する信書 →</td><td rowspan="3">検査（93Ⅰ）</td><td rowspan="6">〈裁量〉
検査なし
（93Ⅲ）
（規律秩序を害する結果、証拠の隠滅の結果を生ずるおそれがない場合）</td></tr>
<tr><td rowspan="5">受ける信書</td><td colspan="3">①～③以外 →</td></tr>
<tr><td rowspan="2">措置または処遇に関し弁護士から（③）</td><td rowspan="2">規律秩序を害する結果、証拠の隠滅の結果を生じるおそれ</td><td>あり →</td></tr>
<tr><td>なし →</td><td rowspan="3">確認の限度での検査（93Ⅱ）</td></tr>
<tr><td colspan="3">付添人または弁護人から（①） →</td></tr>
<tr><td colspan="3">国または地方公共団体の機関から（②） →</td></tr>
</table>

場合も含めて刑事訴訟法の定めるところにより信書の発受が許されない場合を例外としつつも、在所者の信書の発受を原則的に許すものとしている（新少鑑92条、99条、100条）。これは、面会と違い、信書の発受が即時的な外部交通ではないからである。しかし、信書の発受は、検査（新少鑑93条）を前提としており、特定の場合には、発受の差止め、削除、抹消も認められている（新少鑑94条）。

300　信書の検査　信書の検査は、在所者が信書を発する場合と受ける場合とで、範囲が異なっている（表２）。在所者が発する信書は、すべて検査（新少鑑93条１項）の対象となる。それに対し、①付添人または弁護人、②国または地方公共団体の機関、③少年鑑別所の長の措置または処遇に関し職務を遂行する弁護士から在所者が受ける信書は、これらの信書に該当することを確認するために必要な限度で検査を行いうるにとどまる（新少鑑93条２項）。もっとも、③の場合、少年鑑別所の規律秩序を害する結果または事件に関する証拠隠滅の結果を生ずるおそれがあると認めるべき特別の事情がある場合には、この限りでないものとされている（新少鑑93条２項但書）。しかし、こうした検査も、少年鑑別所の規律秩序を害する結果を生じ、または事件に関する証拠隠滅の結果を生ずるおそれがないと認める場合には、行わないことができるものとされている（新少鑑93条３項）。

301　信書の内容による差止め等　少年鑑別所法は、こうした検査を踏まえて、信書の発受の差止めまたは該当箇所の削除・抹消を行うことができるよう規定している。その理由となるのは、信書の全部または一部が、①暗号の使用その他の理由によって、少年鑑別所の職員が理解できない内容のものであるとき、②発受により刑罰法令に触れる行為をすることとなり、または犯罪・非行を助長、誘発するおそれがあるとき、③発受によって、少年鑑別所の規律秩序を害する結果を生ずるおそれがあるとき、④威迫にわたる記述または明らかな虚偽の記述があるため、受信者を著しく不安にさせ、または受信者に損害を被らせるおそれがあるとき、⑤受信者を著しく侮辱する記述があるとき、⑥発受によって事件に関する証拠の隠滅の結果を生ずるおそれがあるとき、⑦発受によって、被観護在所者の健全な育成を著しく妨げるおそれがあるとき、⑧被観護在所者が鑑別対象者である場合において、発受によって、その鑑別の適切な実施に支障を生ずるおそれがあるとき（新少鑑94条1項。同98条、99条も参照）、である。もっとも、国または地方公共団体の機関との間で発受する信書でありその機関の権限に属する事項を含むものや、弁護士との間で発受する信書であって弁護士法3条1項に規定する弁護士の職務に属する事項を含むものの場合、理由とできるのは、①から③までと⑥のいずれかに該当する場合のみである（新少鑑94条2項）。

面会にしても信書の発受にしても、施設の規律秩序の維持を強調するのが日本の制度の特徴である。しかし、その強調は、常に独り歩きの危険性を内包している。施設の規律秩序の維持は、あくまで成長発達の主体である少年同士の共同生活の維持と、少年・職員間の教育的な関係性の中でとらえられる必要がある。その点で、2006年の欧州刑事施設規則（49条、50条）や2008年のグライフスヴァルトルールズ（88.3）（⇒**48**）が建築構造上の保安措置に代えて、人間同士の積極的な接触やつながりを発展させることを通して施設内の規律秩序の維持を図る「ダイナミック・セキュリティ」の考えを採用していることが注目される。

第16講　調査

●本講で考えること

家庭裁判所が事件を受理し、事件が家庭裁判所に係属すると、審判の前に調査が行われます。この調査は、一般には、非行事実に関係する法的な調査（法的調査）と要保護性にかかわる社会的な調査（社会調査）に区別されています。

それでは、これらの調査は、何を目的としてどのように行われるのでしょうか。また、そこにはどのような原則があり、課題が残されているでしょうか。

本講では、まず、調査の仕組みを確認します。その上で、関係する法的問題を検討することにします。

● Keywords
法的調査、社会調査、社会記録、調査前置主義、全件調査主義、科学主義

1　調査はどのように行われるか。また、それにはどのような意義があるか

[1] 調査には審判との関係でどのような原則があるか

302　調査と審判の分離　「家庭裁判所は（…）審判に付すべき少年があると思料するときは、事件について調査しなければならない」（少8条1項）との文言に表されているように、事件が受理された後の家庭裁判所における現行の手続は、調査過程と審判過程とに分かれ、かつ前者は後者に先行するものとされている（**調査前置主義**）。

両過程が二段階に分離される理由は、司法過程としての少年保護手続の特殊性から説明できる[(1)]。①少年保護手続は職権主義をとるから、当事者主義をとる訴訟手続のように事件受理後に外から証拠が提出されることが期待できない。手続を糾問化しないためにも、裁判所自身による資料収集の過程と

(1)　平場・新版209頁以下。

判断過程を分ける必要が出てくる。②非行事実とともに要保護性が審判の対象に含まれれば（⇒120〜121）、その資料を収集・吟味することが必要となり、保護を要する状態を専門的に診断・判断する段階が必要になる。③司法機関である家庭裁判所が非行現象に対応する際には適正手続保障が要請されるが（⇒107〜111）、その内容は非行事実を認定する局面と要保護性の有無や程度を判断する局面とで変わりうる。

303 調査前置主義 もっとも、調査過程と審判過程を分けるとしても、調査を審判に先行させることは必然ではなく、諸外国の（刑事司法制度の）判決前調査制度のように、事実認定を先行させる制度もありうるところである。にもかかわらず、現行法は調査前置主義をとる。

そのメリットとしては次のようなことが考えられる。①予め調査を尽くしておけば、そこで作成された資料に基づき審判の場で少年としっかり向き合うことができる。②教育過程でもある少年保護手続で、早期の段階から事実上の教育的な働きかけ（「保護的措置」）（⇒395、411〜412）を行いうる。③そのことで、少年自身や環境の反応・変化を要保護性判断の資料にでき、さらに審判を開いて少年をフォーマルな処分に付す必要があるか否かの見極めができる。他方、デメリットとして、非行の存在を十分に確認しないまま生育歴や社会環境などプライバシー領域に踏み込む危険性がある。

[2] 法的調査とは何か。また、社会調査とは何か

304 法的調査と社会調査の異同 調査前置主義のデメリットを最小化するための１つの方策になりうるのが、調査を法的調査と社会調査に区別し、非行事実の存在がある程度確かであることを前提として社会調査を行うようにすることである。この区別は、非行事実と要保護性を審判の対象とする通説的理解（⇒120〜121）にも対応する。

法的調査は、審判条件や非行事実の存否などにつき主に事件記録を用いて裁判官が行う。この調査では、強制力を伴う措置をとることも可能である（少14条、15条、少審規19条）。

それに対し、**社会調査**は要保護性判断のためのものであり、裁判官の調査命令に基づき家庭裁判所調査官が行うのが通例である。事柄の性質上強制的

な措置による担保はない。法律上は、「家庭裁判所は、家庭裁判所調査官に命じて（…）必要な調査を行わせることができる」（少８条２項）という文言がとられるものの、科学主義の要請（少９条）から裁判官自身が社会調査を行うことは許されず、人間行動科学の専門家である調査官に担当させる必要がある[2]。同じ理由から、調査官に非行事実の調査を命じることも許されないと解される。

法的調査を行って審判条件がない場合や、非行事実ありの蓋然的心証（⇒**10、409**）が得られない場合には、審判不開始の決定（少19条１項）が行われなければならない[3]。この蓋然的心証の形成後に調査命令が発されるから、形の上では法的調査が社会調査に前置されることになる。

それでは、少年が否認している場合、どうすべきであろうか。このような場合には、少年の納得からいっても、原則として社会調査を中断し、審判を開始した上で（少21条）非行事実認定を先行させるべきであろう。

2　社会調査はどのように行われるか

[1]　社会調査の制度にはどのような意義があるか

305　社会調査の意義　　組織形態に違いはあれ、どの国の少年司法制度でも社会調査の機構をもっている。このことは、一方では、近代化による社会矛盾の深まりを前に、犯罪現象を単純に個人の自由意思の所産とはとらえずに科学的知見を用いて解明する試みを、他方では、人道的博愛主義や社会（福祉）国家思想・社会改良思想の強まりを背景に誕生したという少年司法制度の「生育歴」（⇒**3、33、81**）を考えれば、ごく自然なことである。

犯罪・非行現象の原因や背景を科学的に探り、対応に生かす制度を少年司法制度に組み込むことの重要性は、子どもの成長発達を視点にもつとき一層高まる。一方で、発達犯罪学（ライフコース論）の知見によれば、人生行路

---

(2)　このことが問題になった事例の検討として、村井敏邦＝葛野尋之「浦安暴走族乱闘（中国残留孤児二世）事件・２」法時64巻７号（1992年）67頁。

(3)　調査段階も含めて捜査機関への補充捜査依頼（⇒**377～399**）に問題があることについては、葛野尋之「研究者から見た補充捜査」法時63巻12号（1991年）38頁、川﨑英明「補充捜査」法時67巻7号（1995年）18頁を特に参照。

の中で犯罪経歴からの離脱は可能であり、その鍵は社会資源や社会関係資本が握っている。そのため、非行から離脱させ、再犯を予防するためには、少年の生育歴を縦断的にみて周囲の人的・物的資源とのつながりで非行の継続・離脱要因を探ることが不可欠である（⇒**72〜73**）。他方、成長発達権を保障し子どもの最善の利益を実現するには、意見表明権を保障して「本人の全体的長期的な人生構想の促進と人格的統合の発達・維持に最も役立つ措置」[(4)]をとる必要がある（⇒**91**）。少年の言語表現能力の乏しさを考えても、本人の立場に立つ内在的判断のためには生育歴などに関する人間行動科学の調査が必要になる。

306　考え方の分岐点　もっとも、科学的な調査が少年司法の本質的要素として位置づけられるとしても、ⓐ個人の危険な資質の解明と効率的な社会防衛措置に結びつける場合と、ⓑ社会の中で生きづらさを抱える個人への個別支援に接合する場合とでは、その意味合いが違ってくる[(5)]。福祉機能の理解とパラレルに（⇒**104**）、ⓐのように理解する場合、調査は社会防衛と直結し、社会に対する危険性を判断するための資料収集に力点を置くことになる。それに対し、ⓑのようにとらえた場合の調査は（ソーシャル）ケースワークと一体化するのが自然であり、その働きかけで個人が抱える困難が軽減・払拭される結果、社会防衛が達成されると理解することになる。個の尊厳を基盤に置く成長発達権保障や少年法の個別処遇原則（⇒**7**）との整合性を考えれば、ⓑのとらえ方が妥当である。もっとも、仮にⓐのように社会防衛の達成を優先的に考えるとしても、非行から離脱させ再犯のリスクを下げるには本人の幸福追求を基盤として質量の両面にわたって社会資源や社会関係資本を厚くする支援が不可欠なのであるから、結局のところⓑのとらえ方が妥当になる（⇒**72〜73、78〜79、96〜97**）。

[2] 社会調査の機構にはどのような特徴があるか

307　現行制度とその特徴　旧少年法は、「身上調査」として「事件ノ関

---

(4)　田中成明『現代法理学』（有斐閣、2011年）183-184頁。

(5)　兼頭吉市「少年法における調査機能」家調協雑誌4号（1971年）9頁以下、同「少年保護における司法機関と福祉機関」刑法19巻3=4号（1973年）139頁以下も参照のこと。

係及本人ノ性行、境遇、経歴、心身ノ状況、教育ノ程度等」を少年審判所に所属する専任の少年保護司に調査させる制度をとった[6]（旧少31条、32条）(⇒**35**)。現行法は、実質的にはこれを継承する形で家庭裁判所調査官制度を採用しており、採用試験と研修制度で人間行動科学領域の高い専門性を担保している。人間行動科学の専門的な調査・支援機構を家庭裁判所の組織に組み込んでいることは、全件送致主義や保護処分優先主義などの重要原則（⇒**7**）の成立基盤にもなっている[7]。

308　裁判所内に調査機構を置くことの長所と短所　しかし、調査機構が組織上司法機関に組み込まれることは制度として自明のことではない。ドイツの少年審判補助者 Jugendgerichtshilfe やフランスの教育士 éducateur のように、裁判所外の機関や団体が社会調査を行い、裁判所に報告書を提出するとともに、少年の継続的な支援にあたる制度もある。日本でも、法務省の少年法改正構想（1966年）は、裁判所・検察官・弁護士・執行機関などの依頼に応じて少年の総合的調査を行う独立の機関を設け、家庭裁判所の調査機構や少年鑑別所の鑑別機構をこれに再編、統合することを構想した（⇒**41**)。

社会調査は、①人間行動科学の専門性に基づくために、調査者の良心にしたがい、他からの圧力による影響を排除して行われるべきである。また、②プライバシーの深部に分け入るため、被調査者との信頼関係の構築が不可欠で、そこで得られた資料は少年の教育的処遇以外に用いられてはならない[8]。調査機構を司法機関に組み込む長所は、こうした社会調査の特質を機構の上で担保できる点にある。反対に、その短所は、①対人支援としてみれば、かかわりが家庭裁判所への事件係属中という「点」に限定され、②司法官僚制の下では官僚的統制を受けやすく、③司法機関の役割として社会防衛が強調されると社会調査のあり方もその影響を受けることにある[9]。

---

(6)　それに対して、嘱託の少年保護司は、現在の保護観察の沿革となる観察業務を担った。

(7)　しかし、2014年度の家庭裁判所調査官の定員は1596人にとどまる。調査官は家事事件にも従事するため、その数は不十分である。

(8)　菊池和典「調査と調査機構論」家調協雑誌創刊号（1967年）10頁、守屋・非行と教育304頁を特に参照。

(9)　これらの問題については、全司法労働組合『家裁少年審判部』（大月書店、1984年）143頁、寺尾絢彦『家裁調査官が見た少年法50年』（現代人文社、2003年）95頁を特に参照。

現在の制度の問題を最小化するためには、旧少年法制定時から指摘されてきた審判機関の「社会性」[10]（⇒**84**）を推し進め、個別的にも人間行動科学や対人支援の専門性をもつ民間人の関与や協力を積極化する必要があろう。

［3］社会調査は何を対象として、どのように行われるか。また、それはどのような法的性格をもつか

309　調査の本質とその範囲　要保護性に関係する社会調査では、その要素である犯罪的危険性や矯正可能性（⇒**123**）の有無が明らかにされる。その本質は、予測や将来の可能性の洞察である。そのため、人権侵害を避けるためにも、社会調査は科学的知見に則って行われる必要がある（**科学主義**。少９条）。同様に、調査の本質が予測や将来の可能性の洞察にある以上、それは調査事項を限定しない**包括調査**である必要がある[11]。

逆に、「保護相当性」など人間行動科学の専門的判断が期待できず、却ってそれを歪める危険性がある概念は、そもそも要保護性要素として認めるべきでない（⇒**124**）。要保護性とは判断時点において保護を要する状態のことであるから、適切な処分決定を期すには、全事件で社会調査を行う必要がある（**全件調査主義**）。このことは、過去に家庭裁判所への事件係属歴がある少年についても妥当すると考えるべきである。要保護性として決定的に重要なのは、判断時点におけるそれであるからである。

現行法施行直後の時期には、少年保護司の調査を欠き裁判所の直接尋問によった決定を適法とした裁判例があった（東京高判昭25・３・16東京高刑判集昭25（其の2）39頁）。しかし、この判断は人的・物的整備が進んでいない歴史段階でのものである。調査（官）制度が整備された現在、こうした判断は違法になると考えるべきである。

310　調査の対象と方法　調査対象に関して、少年審判規則は、少年の家庭及び保護者との関係、境遇、経歴、教育の程度及び状況、不良化の経緯、

⑽　泉二新熊「少年法の使命遂行」徳風８号（1934年）６頁。

⑾　このことは、特に、実務上「原則逆送」と理解されている少年法20条２項による検察官送致決定の対象事件で先鋭化して問題になる（⇒**537**）。例えば、少年法20条２項但書への該当事項の有無のみに限定した、裁判官による調査命令は違法とされるべきであろう。

性行、事件の関係、心身の状況の「調査を行う」と規定する（11条1項）。また、家族及び関係人の経歴、教育の程度、性行及び遺伝関係などは「できる限り」調査すると規定する（同2項）。

調査の方法としては、面接調査（少年・保護者、事件関係者）、照会調査（戸籍照会、学校照会、職業照会など）、環境調査（家庭、学校などへの訪問、地域環境調査など）、各種検査（心理テスト、医学的検査など）、記録調査（事件記録調査、調査記録調査、日記、手記などによる調査）、少年の行動観察などが用いられている。

現在の実務では、こうした資料を踏まえて、「生物－心理－社会モデル」（BPSモデル［Bio-Psycho-Social Model］）と呼ばれる基本枠組みで要保護性評価が行われている。これは、少年の生活史や非行の行動場面を、生物的要因（遺伝、知能、発達、精神状況など）、心理的要因（性格・行動傾向、認知傾向、ストレス耐性など）および社会的要因（家庭・学校・職場関係、環境、交友関係、地域特性など）の相互作用でとらえ、非行後の変化もこの観点から考えていこうとするものである(12)。

少年鑑別所の鑑別が個人の資質面に着目するのに対し（⇒**254**）、社会調査は環境面を視野に入れ、同時にそれをも巻き込んでケースワーク的な働きかけと一体化して行われる点に特徴がある(13)。要保護性判断にとり重要な事項の調査を欠く保護処分決定は違法となりうる（違法とした例として、大阪高決昭31・6・14家月8巻7号71頁。なお、東京高決昭30・9・3家月8巻7号74頁、広島高決昭26・4・17家月3巻5号32頁も参照）。

311　社会調査の法的性格　　社会調査は、対象・方法ともにプライバシーの深部に分け入るものであるから、鑑別と同様に強制に馴染まず、法的には任意によると理解せざるをえない。また、この調査は、信頼関係（ラポール）の中で少年本人の離脱・回復・立ち直りのためにのみ情報を収集・使用

(12)　実際の調査の方法とそれを支える考え方に関しては、高井一臣「家庭裁判所調査官の役割」法セミ714号（2014年）25頁を特に参照。

(13)　原口幹雄「社会調査と資質鑑別」家月30巻8号（1978年）1頁以下を特に参照。また、ケースワーク的な個別支援は弁護士付添人など他の関与者によっても行われるが（⇒**653**）、人間行動科学の専門性による裏づけをもつ点に社会調査の特徴がある。

するという前提でのみ許容できる。したがって、この調査は、1対1、フェイス・トゥ・フェイスの関係を基本にする。複雑な事件などでは複数名の調査官による**共同調査**も行われる。そこでは、少年との信頼関係が保持できているか常に検証が必要である。

312 社会記録の使用方法 信頼関係を基盤とする調査過程で得られた情報は、少なくとも非行事実存在方向での認定に用いるべきではない（⇒**353**）。

国際人権法は、少年の記録が厳重に秘密を保持され第三者に対して開示されてはならないことと併せて、特に量刑を重くするために成人後の事件で使用されてはならないことを求めている（北京21条、意見10号 para. 66）。日本の実務運用は、この点で大きな課題を残している。

［4］社会記録はどのように用いられるか

313 社会記録への編纂 社会調査の結果は、調査官の処遇意見を付した上で（少審規13条1項・2項）、「少年調査票」の形で裁判官に報告される[14]。

少年事件送致書やその添付書類などが「**少年保護事件記録**」（**法律記録**）に編綴されるのに対して、少年調査票は学校照会回答書や少年鑑別所作成の鑑別結果通知書（⇒**254**）、さらに前歴がある場合には前件に関する社会記録や保護観察結果報告書などとともに「**少年調査記録**」（**社会記録**）に綴られる扱いになっている（⇒**122**）。

認定論としていえば、法律記録は主として非行事実の認定に、社会記録は要保護性の認定に、用いられる。両者を別個に編成するのは、出生から調査時までの生活事実に関する調査を同一少年について累加的に編綴しておけば、後に別事件が係属した際に調査の重複を避けることができるだけでなく、処遇の参考にするためにそれを保護観察所・児童相談所・少年院などの保護処分執行機関に送致する必要があるからである（少審規37条の2。「**社会記録は少年と共に動く**」といわれるのは、そのためである）[15]。少年が立ち直る可能性

⒁ 少年調査票にはA票・B票・C票があり、事案の軽重や処遇意見などを考慮して使い分けられている。

⒂ 実務講義案156頁。

とそれを後押しする条件に関する調査が、十分な専門性をもって十分に行われなければならない所以である。

[5] 社会調査をめぐる近時の問題としてどのようなものがあるか

314 「同質事件の同質処理」の問題　しかし、社会調査は、現在、制度の根幹にかかわる2方向からの問題に直面している。

1つは、少年司法運営における非行事実の重視とそれに基づく「同質事件の同質処理」傾向である。一方で、一般保護事件の30%以上が簡易送致されており（⇒**239**）、軽微事件の社会調査は形骸化している。少年の性格や環境などから要保護性に問題がない場合には調査命令を発さずに裁判官が直接事件処理する運用も現在あるといわれており[16]、全件調査主義も崩れつつある。他方で、いわゆる「原則逆送」（少20条2項）や裁判員裁判の対象になるような結果重大事件の社会記録では検察官送致の積極的な理由づけがみられない例が多いことが指摘されている[17]（⇒**533**、**537**）。

人間行動科学の知見を用いる意義は、外形的事実からは分からなかったり、判然としなかったりする問題を明らかにする点にある。そうであれば、この調査は、本来、非行事実が軽微であったり重大であったりする事件でこそ必要なはずである。この両極における形骸化は、社会調査の存在意義を没却する。裁判所組織内の調査機構に十分な役割を期待できないのであれば、外部の資源を積極的に活用せざるをえないことにもなろう[18]。

315 被害者への配慮措置の影響　もう1つの問題は、被害者への配慮である。実務では、従前から社会調査の一環として被害者調査が行われてきたが、2000年の第一次改正により、被害者等の申出による意見の聴取制度（少9条の2）が新たに導入された（⇒**13**）。その趣旨は、審判が被害者等の心情や意見をも踏まえて行われることがより明確になることや、少年審判に対す

---

(16) 実務講義案152頁。

(17) 近畿弁護士連合会子どもの権利委員会『少年を被告人とする裁判員裁判の諸問題』（2011年）85頁。

(18) 結果重大事件における対人支援専門職の当事者鑑定の活用例として、佐藤隆太「家裁送致段階の当事者鑑定等により、逆送を免れて少年院送致となった事例」刑弁74号（2013年）125頁を参照。

る被害者をはじめとする国民の信頼を一層確保できる点にある。その方法には、裁判所による審判期日・期日外での聴取と調査官に命じての聴取がある。

しかし、社会調査の一環として行われる**被害者調査**が少年への「投げ返し」を通して要保護性判断に用いられているのに対し、この意見聴取の目的と結果の用いられ方は、必ずしも明らかでない。

刑事手続において被害者等の意見陳述（刑訴292条の２）が量刑に反映することができるという理解とパラレルに、意見聴取の結果を要保護性認定の資料にできるという見解もみられるものの(19)、それがどの要保護性要素に関係するのかは明確でない。反面、要保護性のフィルターを通す以上は、被害者調査と同様に、被害者等の意見は少年への投げかけや働きかけを経て考慮される必要がある(20)。いずれにしても「生の声」を直に考慮することは理論上困難である（⇒**638**）。

3　社会調査において適正手続保障はどのようになされるべきか

[1] 社会調査の局面でなぜ適正手続保障が必要になるのか

316　問題の構造　　適正手続保障は、主に国家と個人が最も激しく対峙する刑事手続、その中でも特に非行事実認定手続の領域を念頭に置いて発展してきた（⇒**107**）。少年保護手続においても、非行事実認定は、過去の出来事を問題とする点で刑事手続と共通点をもつ。しかし、社会調査は、予測判断を本質とする要保護性に関係し、その基盤となる全生活的な事実は被調査者との信頼関係の上で収集され、刑事手続的な発想には馴染まない部分を多くもつ。そのため、少年保護手続の社会調査に適正手続保障の適用があるかが問題になるわけである。

317　理論的検討　　一方で、少年保護手続といえども、自由の制約を伴う保護処分は不利益性を完全に払拭しえない。そしてまた、保護処分を含む処分選択において要保護性は非行事実と同等以上の役割を果たしている（⇒**128〜131、406〜407**）。他方、にもかかわらず、全生活的な事実には伝聞情報

---

(19)　注釈少年法132頁。なお、刑事訴訟法292条の２第９項との関係からこれを非行事実認定に用いてはならないと考える点については一致がある。

(20)　藤原正範「苦悩する少年司法の現場から見えてくるもの」刑法43巻３号（2004年）504頁。

（「また聞き」の情報）も多く含まれている。したがって、社会調査の過程にも適正手続保障を及ぼす必要性は高い。

問題は、その実質的な根拠づけである。それは、処分の不利益性のみによるわけではなく、本人の納得や成長発達権保障の観点からも根拠づけられなければならない（⇒**110〜111**）。最善の利益の保障と、意見表明権を中核とする手続参加権保障のためには、公正さと受容的雰囲気をもったコミュニケーションが不可欠である。ケースワークと一体化している社会調査過程には、この意味での適正手続保障が妥当すべきである。その相互作用的なプロセスは、むしろ、少年に対する適正手続保障全般のあり方を考える際の基礎になるべき事柄でもある。

［2］社会記録を閲覧・謄写することはできるか。また、少年本人に対する社会記録の開示は認められるべきか

(a) 付添人による社会記録の閲覧と謄写はどのように保障されるべきか

318　社会記録の本質と閲覧・謄写　社会記録は、少年本人も知らないプライバシー情報を含む。そのため、第一次改正により創設され第三次改正で対象範囲が拡大された被害者等による記録の閲覧・謄写（少５条の２）の対象からは、明示的に除外されている（⇒**634**）。また、社会記録は、法律記録とともに少審規７条１項にいう「記録」に含まれ、付添人は審判開始決定後にこれらの閲覧・謄写の権利をもつ（少審規７条２項）（⇒**649**）。しかし、少年のプライバシー保護を十全に行う趣旨から、社会記録は謄写できない扱いが一般的である。

319　付添人による社会記録の閲覧　それでは、家庭裁判所が付添人に社会記録をそもそも閲覧させないことは許されるか。裁判例には、付添人に社会記録を閲覧させなかった家庭裁判所の措置を法令違反と判断しながらも、付添人の原審段階での振舞いや抗告審で閲覧・意見提出の機会が与えられたことなどを斟酌して決定に影響を及ぼさないと判断したものがある（大阪高決平元・12・26家月42巻10号74頁、大阪高決昭55・3・17刑月12巻３号125頁／家月32巻12号67頁）。

記録の管理状況を考慮して権利をいつでも無制限に行使できるわけではな

いとしても（東京高決昭58・7・11家月36巻3号177頁）、育ちの上での問題の解決や要保護性に見合った教育的な働きかけは手続過程でも不可欠である。一般的な付添人活動の中では環境調整が含まれているため（⇒**653**）、社会記録を閲覧するか否かで爾後の付添人活動は大きく変わってくる。付添人活動が変われば、少年の要保護性の状態が大きく変わる可能性も高い。社会記録の性質上、その閲覧の拒否は事後的な治癒が難しい瑕疵であり、原則としてそれ自体で決定に影響を及ぼす法令違反（⇒**481**）になると考えるべきであろう。

(b) 少年本人による社会記録の閲覧は認められるべきか

320　問題の構造　社会記録には少年本人も知らない自己情報（出生の秘密など）や第三者からの情報（学校照会など）が含まれる。そのため、少年本人が閲覧できるかが問題になる。

321　理論的検討　確かに、本人の閲覧を許すことで本人の成長発達が阻害されたり、第三者からの協力が得られなくなったりする事態は考えられる。しかし、この調査は法的には任意によるものであり（⇒**311**）、本人の回復や立ち直りを目的としている上、収集された情報には憲法上の権利である自己情報のコントロール（憲13条）が及ぶと考えられる。また、要保護性の基礎事実に誤りがないかどうかは、審判時の確認や抗告（少32条）による事後審査の可能性（⇒**476**）を残すだけでは不十分であり、社会調査の過程から少年との相互作用の中で確認されていく必要がある。全生活的な事実に伝聞情報が多く含まれているのであれば、なおさらその必要性は高い。そしてまた、この少年自身の主体的参加は、振り返りの機会を与えることになり、非行からの回復にもつながると考えられる。第三者からの情報も含めて、少年は社会記録を閲覧する権利をもつと解すべきである[21]。もっとも、出生の

---

(21)　前田忠弘「社会記録の閲覧」刑法32巻2号（1992年）291頁、佐野健吾「少年審判における少年の『知る権利』問題」山口県立大学社会福祉学部紀要3号（1997年）103、108-109頁、山口幸男「少年司法臨床とフェアネス」『社会福祉の思想と制度・方法』（永田文昌堂、2002年）416頁。菊地和典「法の公正手続の導入と『調査』の問題点」『家庭裁判所の諸問題 下巻』（法曹会、1970年）177-178頁も参照。

秘密など、短期的に少年の成長発達を阻害する可能性が高い情報が社会記録に含まれている可能性は否定できない。こうした情報については、付添人の取捨選択を媒介させるなど、伝え方に工夫をする必要である。付添人からみても、こうしたことは、少年の成長発達権に対応する配慮義務の範囲内にある事柄といってよいであろう。

[3] 社会調査において黙秘権の告知は必要か

322　問題の構造　過去の行為の罪責を問う手続では、黙秘権（自己負罪拒否特権）が、憲法上の基本的人権として保障される（憲38条1項）。この権利が少年保護手続において保障されるのか、そして果たして要保護性に関係する社会調査過程でもこの権利の告知まで行わなければならないのかが問題になる。

こうした事柄が問題になるのは、まず、理論上、少年保護手続は（少なくとも純粋には）過去の行為の罪責を問う手続ではなく、その点で刑事手続とは異なっていると考えられるからである。これは、少年保護手続において適正手続をどのように根拠づけるべきなのか、という一般的かつ基本的な少年法の理論問題に還元できる（⇒**107～111**）。次に、法律記録で触れられていない事実が少年の供述による形で社会記録中に記載されていることが実際にありうるからである。この場合に、社会記録記載の事実を非行事実認定で用いることが許されるかが問題になるわけである（⇒**350**）。社会調査において黙秘権を告知しさえすれば社会記録記載の事実を非行事実として認定してよいということにはならないものの、反対に事前に黙秘権告知を行わずに、供述に基づく証拠を非行事実認定で用いることはできないと考えられる。こうしたことから、少年の供述を書き留めた記録の事後的な使用の可能性があるか否かという問題を視野に入れて、調査における黙秘権告知が問題になるわけである。

323　理論的検討　この権利が刑事手続を念頭に置いていると一般的には理解されていることや、一律の義務づけは調査官との関係を硬直させるおそれがあることを理由として、消極的に解する見解[22]もある。しかし、社会調査の過程で得られた情報を非行事実認定で用いうるかという問題との関連性は措くとしても、犯罪少年（少３条１項１号）の場合には要保護性判断を踏まえて検察官送致となり刑事処分を受ける可能性がある。形式的にみて、過去の行為の罪責が問われる可能性がある以上、その判断につながりうる資料の収集に際しては、当初からいわば防禦の機会を尽くしておくべきであるという主張には説得力がある。

より実質的かつ本質的には、触法少年や虞犯少年をも含めて、少年と調査官との信頼関係を皮相的なものとしないためには、自身が置かれている状況と調査官の活動の意味を少年が理解することが不可欠である。社会調査の法的性格を任意のものと理解せざるをえないことを考えても、陳述を強要するものではないことを少年が理解可能な形で実質的に告げることが、最低でも必要である(23)。少年保護手続において黙秘権告知なしに少年が家庭裁判所調査官にした供述調書の証拠能力を否定した例として、東京高判昭47・11・21高刑集25巻５号479頁／家月25巻５号89頁がある。

---

(22) 中村護「少年審判制度の再点検」ケ研119号（1970年）９頁、大森政輔「少年の権利保障強化のための手続改善について」家月29巻9号（1977年）12頁。

(23) 原口幹雄「少年事件調査における適正手続についての研究」調研紀要27号（1975年）９頁、コンメンタール少年法159頁［加藤学］。

第17講　審判（1）
——審判の基本構造と適正手続保障

●本講で考えること

前講（第16講）でみたように、家庭裁判所が事件を受理すると、調査が行われます。この調査の後、家庭裁判所は審判を開かない決定（審判不開始決定）を行ったり、審判を開く決定（審判開始決定）を行ったり、他の機関に事件を送致するための決定（都道府県知事・児童相談所長送致決定、検察官送致決定）を行ったりすることになります。審判を開く場合、家庭裁判所は、調査を踏まえ、事実を認定し、法令を適用した上で、終局的な処分を決定することになります。

それでは、この審判はどのような仕組みと原則をもっているのでしょうか。また、そこにはどのような課題があるのでしょうか。

本講では、まず、審判の意義と基本構造、そして関与者を確認します。その上で、審判において適正手続保障がどのようになされるべきかについて検討を加えます。

● Keywords
職権主義、非公開原則、単独制、特例判事補、検察官の排除、予断排除

1　審判にはどのような意義があるか。審判が司法過程であるとともに教育過程であるといわれるのはどのような意味においてか

324　審判の流れ　**審判**とは、通例、裁判所による審理、判断過程、そしてその結果生じた結論についての意思表示のことをいう。少年保護事件に引きつけていえば、「審判」という言葉で、家庭裁判所において行われる手続のうち調査段階を除いた審判開始決定から終局決定に至る手続過程のことを指すのが一般的である。

審判は、大要、①人定質問、②供述を強いられることはないことの説明（少審規29の2）、③審判に付すべき事由の要旨の告知、少年および付添人の陳述の聴取（少審規29の2）、④非行事実の審理、⑤要保護性に関する事実の

審理、⑥決定の告知（少審規３条１項）、⑦決定の趣旨の説明および抗告権の告知（少審規35条２項）という流れで行われている。

325　司法過程としての審判と教育過程としての審判　各段階で告知と聴聞が行われることからも窺われるように、審判は、その対象である非行事実と要保護性の存否を確認した上で、終局的な処分を選択する司法過程である。事実認定・法令の適用・処分決定は、いずれも重要な司法作用の要素であるから、いずれか１つにでも誤りがあれば抗告の理由となる（少32条）。

他方、審判は、少年の成長発達を促すための働きかけを行い、それを経てもなお保護処分が必要であるときには定式的な処分を選択するという教育過程でもある。

現行法は、一方で、審判機関を行政機関（少年審判所）から司法機関（家庭裁判所）に改めた。他方で、現行法は、手続過程で要保護性が解消された場合などを念頭に置き、旧少年法では制度化されていなかった不処分の意義を正面から認め、制度化している（少23条）（⇒**36〜38**）。審判は、それまでの社会事実的な働きかけをも確認しつつ、必要な場合には専門的な処遇機関への橋渡しの役割をも担っているといえる。審判は、現行法で強化された審判機関中での司法過程と教育過程、双方のいわば「仕上げ」の段階に位置している。そのため、司法過程と教育過程のどちらも、おろそかにできない。

2　審判はどのような基本構造をとっているか。また、審判には誰が関与するか

[1] 審判にはどのような基本原則があるか

326　職権主義、単独制、検察官の排除　審判の基本構造を確認するにあたり、まずは1948年法がとった構造の特徴を確認しておこう。その上で、2000年以降の改正でそれがどのように修正されたのかを、みてみることにする。

1948年法における審判の特徴は、職権主義と単独制をとり、**検察官を審判から排除**して非公開でこれを行う点にある。

審判には、裁判官と裁判所書記官のほか、少年は必ず、家庭裁判所調査官は原則として、出席しなければならない。付添人はこれに出席することがで

きる（少審規28条）。審判期日には少年および保護者を呼び出さなければならず（少審規25条２項）、これは令状による呼出（少11条１項）と同行（同２項）で担保される[(1)]。審判は少年鑑別所や少年院、補導委託先といった裁判所外でも行うことができる（少審規27条）。

327　制度の歴史　　審判を**非公開**の**職権主義**で行うという基本構造は、旧少年法（旧少45条）を継承している。この採用は、「刑罰から離れて何處までも少年保護をなす」[(2)]精神の上にあった。現行刑事訴訟法が当事者主義の対審構造をとったにもかかわらず、少年保護手続が職権主義をとったのは、「少年の健全育成」のために「なごやか」な審判を通してプライバシーの深部にもかかわる非行の背景や原因を突き止め、それに見合う対応を模索する場を確保するためであったと考えられる。

審判官１人で審判を行う**単独制**も旧法（旧少19条）を継承している。しかし、審判機関と審判官の性格は、旧法と大きく異なる。旧法は、「保護」に着眼する少年事件が従来の司法の観念に適合しないことや一般人が「裁判所」に抱く悪印象のために少年に烙印押し（スティグマ）が起こることへの危惧から、あえて司法機関ではなく行政機関である少年審判所を新設するとともに[(3)]、審判官の資格も司法官に限定しなかった（旧少15条、21条）。それに対し、現行法は、戦後改革で新設された家庭裁判所に少年事件を管轄させ、審判官も裁判官に限定している（裁31条の４第１項）（⇒**36～38**）。

なお、日本では、参審制などを通して素人裁判官が審判に関与する制度が存在していない。もっとも、参与員制度や参審制度、レフェリー制度は、旧少年法制定時からその導入が繰り返し検討されてきた伝統がある。その導入は、現在なお真剣に検討するに値する。

---

(1)　呼出と同行は、調査に関しても用いられうる。

(2)　岩村通世ほか「［座談会］少年法を語る」少年保護１巻４号（1936年）６頁［山岡萬之助発言］。もっとも、家庭裁判所が従来の裁判所とは「処理の心構えでも、また形式におきましても、別個のもの」で「絶対に刑罰権は行使しない裁判所」であることは、現行法制定時にも強調されている。第２回国会衆議院司法委員会議録第47号（1948年７月１日）２頁［齋藤三郎説明］。

(3)　谷田三郎「少年法に就て」法曹記事31巻4号（1921年）６頁。

[2] 審判の基本構造はどのような場合に、どのように修正されるか

328 非行事実認定の観点　主として教育的理由に基づいた職権主義・単独制・非公開と検察官の排除は、2000年代の少年法改正で、非行事実認定と被害者等の利益保護の観点から「修正」されている。

前者の非行事実認定の観点は、①裁定合議制（裁31条の4第2項、同第3項）と②検察官の審判関与制度（少22条の2）、③検察官の審判関与時における国選付添人制度（少22条の3）の導入を内容とする2000年の第一次改正により、もち込まれた（⇒**13**）。それは、捜査で自白していた少年が調査や審判で否認に転じるような場合に、検察官を排除した単独制の少年審判では審判官は検察官（や時には弁護士付添人）の役割を果たさなければならないことから、真実の発見や司法機関としての中立性の保持が難しいとの主張（「**一人二役（三役）論**」）に基づく(4)。このうち②検察官関与は、2014年の第四次改正により、観護措置時の国選付添人制度と歩調を合わせて対象範囲拡大が決定されている（⇒**25**）。

329 被害者等の利益保護の観点　後者の被害者等の利益保護の観点は、第一次改正と2008年の第三次改正によりもたらされたものである。第一次改正は、記録の閲覧・謄写（少5条の2）、被害者等の意見聴取（少9条の2）や、審判結果等の通知（少31条の2）の制度を導入した（⇒**13**）。第三次改正は、その上で、故意の犯罪行為で死亡または重大な傷害結果が生じた場合などにおける犯罪被害者等の審判傍聴制度（少22条の4）を導入した（⇒**20**）。

2000年以降の法改正により導入された少年審判の基本構造を修正する一連の措置は、少年法の目的である「少年の健全な育成」との緊張関係を内包する内容をもっている。しかし、いずれの措置の導入にあたっても、この法目的は変更されないと説明されている。被害者傍聴については、重ねて「少年の健全な育成」の観点から相当性が求められているから（少22条の4第1項）、一層これと整合する制度理解と運用が必要になってくる。

---

(4)　こうした主張の歴史的文脈については、梶田英雄「適正手続の課題」犯刑14号（2000年）95頁を特に参照。

[3] 審判構造の改革にはどのような課題が残されているか

(a) 審判官にはどのような資格と資質が求められるか

330　問題の構造　他方、少年審判の基本構造をめぐっては教育・司法の両面にわたる伝統的課題があり、この課題が2000年以降の法改正によっても対処されていないことには、注意を向けておく必要がある。まず、裁判官の資質の問題である。職権主義の採用は元々教育的理由に基づいているから、審判官に相応の資質がなければその意義は没却される。そして、この問題は、審判を当事者主義的な構造に改めることによっても解決しない。

元々、旧少年法は、審判官の資格を司法官に限定しなかった。その理由は、「少年ノ心理ニ通暁シ少年ニ對スル同情ト理解トヲ有スル者」[(5)]が審判にあたるべきとの考えを容れたことにあった。それに対し、現行法は審判官の資格を司法官に限定している（⇒**102**、**327**）。しかし、要保護性が少年審判の対象に含まれることからしても、同様の要請は現行法にも妥当すべきであろう。

331　特例判事補制度　これとの関係で問題になるのは、裁判所法上の原則（裁31条の５、27条）から外れ、判事補が少年法20条の検察官送致決定以外の裁判を１人で行うことを認める少年法の規定（少４条）である。検察官送致決定にまで権限を拡張していないのは、この処分の重大性に鑑みてのことである。しかし、1948年制定の「判事補の職権の特例等に関する法律」に基づき、最高裁判所の指名で実務経験が５年以上の判事補（＝特例判事補）も判事と同等の権限を有することになるから（１条１項）、少年法４条の特別な扱いは、特例判事補の制度を媒介して、実質的には検察官送致決定についても拡張されていることになる[(6)]。この特例判事補制度が現在まで維持されている一方で、裁判官の資質に関する議論は置き去りにされたままである。第一次改正による裁定合議制（や検察官の審判関与）の導入にあたっても、この問題が積極的に検討されたわけではない。

この問題の核心は、少年と適正なコミュニケーションをとることができる能力の有無にある。この能力は、少年に対する適正手続保障の土台がケース

---

(5)　立法資料全集（上）406頁。これは内務省からの要請を受けての措置であった。

(6)　少年法４条の措置も特例判事補制度も、元々は判事の充足が実際上困難であったという終戦直後の時代状況を背景とする措置であった。柏木・概説64頁を特に参照。

ワーク的要素を含んだコミュニケーションにあると理解する場合（⇒110〜111）、一層重要になる。それを担保する意味で、ドイツのように裁判官に教育の能力と経験を法律上の明文規定で求めることも立法論として検討されるべきであろう（ドイツ少年裁判所法37条を参照）。少なくない数の大人が少年を取り囲むという問題はあるものの、少年司法の社会性（⇒84）の担保をも期待して、旧少年法制定時から議論されてきた参与員制度や参審制度、レフェリー制度の導入も併せて検討されてよい[7]。

(b) 少年審判ではなぜ糾問化の防止が重要な課題になるのか。少年審判の糾問化はどのようにすれば防止できるか

332　予断排除と伝聞証拠排除の問題　次に、糾問化の防止という課題がある。刑事手続では、予断を排除するために起訴状一本主義が採用されている（刑訴256条6項）。その上で、公判手続では、当事者主義がとられ、伝聞証拠排除法則が妥当している。そのため、公判廷外の供述を内容とする証拠を事実認定に用いることは、原則として許されない。

それに対し、少年保護手続では、事件送致とともに証拠が家庭裁判所に送付される扱いになっている（少審規8条2項）。審判官はこれに目を通し、非行事実ありの蓋然的心証が形成された場合に（⇒10、304、409）、審判開始を決定する（少21条）。反対からいえば、審判が開かれているということは、すでに審判官が証拠に触れた上で非行事実ありの蓋然的心証をもっているということになる。また、職権主義がとられていることから、少年審判では伝聞証拠排除法則も妥当しないと一般に解されている（⇒380）。

333　心証形成過程からみた審判　これを審判官の心証形成過程という観点からみてみれば、どのようになるであろうか。刑事公判手続におけるスタート時点の審判官の心証は、いわば「白」（＝予断の排除）である。それが「また聞き」の証拠（＝伝聞証拠）を排除しながら「黒」（＝合理的な疑いを超える程度）にまで心証が高まったときに初めて有罪認定されうることになる。

---

(7)　少年事件の処理にあたっての簡易送致（⇒237）や交通反則通告制度（⇒240）を多用する政策がとられたことも、これらの構想が実現しなかった背景として考えられる。

それに対し、少年保護手続では、出発時点の心証がいってみればすでに「灰色」（＝蓋然的心証）で、「また聞き」証拠を排除する枠組みもないわけである。

334　否認事件で生じる問題　こうした少年審判の弱さが顕在化するのが、少年が審判において非行事実を争う場合である。こうした場合に、検察官が審判に関与しないことを理由として、裁判官が「一人二役」（⇒**14**、**328**、**375**）を担わざるをえないと考え、非行事実の存在を積極的に認定するための活動を行うのであれば、手続は容易に糾問化する。そこで、「裁判官ヲ獨斷専行ニ陥ラシ」[8]める危険性をもつという旧法下から指摘されてきた職権主義の問題点を克服するためにはどのような方策をとればよいかが、重大な問題になるわけである。

1つのありうる処方箋は、1970年代から提案があるように、予断排除の仕組みを採用した上で、（非行事実認定と処遇決定とを手続的に区別する前提に立ち）少なくとも非行事実認定手続については刑事手続と同様の当事者主義を採用することである。しかし、成人を念頭に置いた権利保障の形式が少年の成長発達を阻害し、実質的な自由権保障にもならない事態が生じることは十分に考えられる。一般的・類型的にみた場合、攻撃防禦の弾劾的な手続は、少年が真実を語ることを困難にし、真実の発見を却って阻害する危険性が高い[9]。当事者主義をとる刑事裁判でも誤判が存在することを考えれば、この問題は手続構造に簡単に還元できず、裁判官の資質ともかかわっていることが分かる[10]。非行事実が争われる事例の典型が捜査で自白していた少年が審判で否認に転じることにあることを考えれば、弁護人の立会いや全面可視化などの捜査改革なしに根本的な問題の解決ができないことは明らかである（⇒**189**、**204**）。まずもって捜査の領域で改革を進める必要がある。

---

(8)　永田・講義⑤会報（日本少年保護協会大阪支部）昭和3年5月号（1928年）65頁。

(9)　もっとも、審判官の中立性の担保に主眼があるのであれば、「反対当事者」は別段検察官でなくてもよいということになる。反対に、「反対当事者」の役割を検察官に担わせる場合、その意味合いが必然的に問題になる。

(10)　刑事裁判官としての資質と少年係裁判官としてのそれとの重なり合いについては、木谷明『刑事事実認定の理想と現実』（法律文化社、2009年）193頁を特に参照。村井敏邦「少年司法における裁判官の役割」『刑事・少年司法の再生』（現代人文社、2000年）579頁も参照。

【図1】司法過程としてみた場合の少年審判手続と刑事公判手続

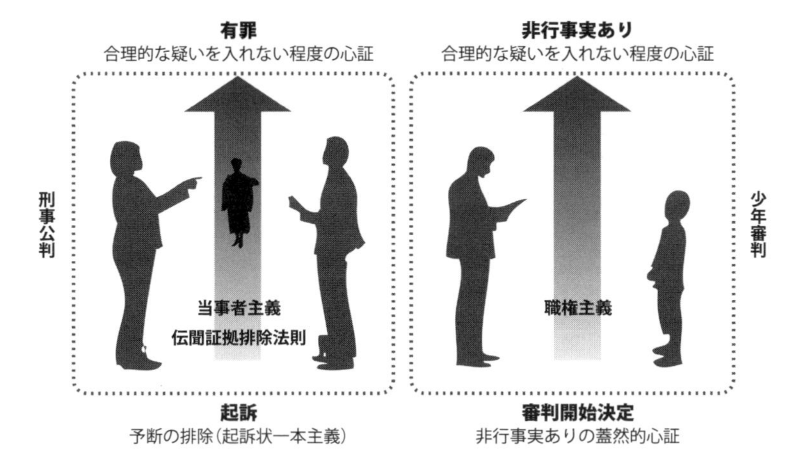

捜査の改革を前提としつつ、ありうるもう1つの処方箋は、職権主義を維持し、その審判運営として、少年に権利主体性を認めるとともに審判の場を非行の嫌疑（=「灰色」の心証）を洗い直していく場としてとらえ直す、ということである⑾。この方向性をとるにあたっては、ドイツなどの制度（運用）に学ぶべき点も多い。そこでは、職権主義をとりながら、口頭主義と直接主義が徹底されている。それとともに、予断排除との関連で、一件記録を原則的に訴訟指揮や証人尋問のためだけに使用したり、被告人に証拠調べ請求権を認めたりすることなどを通して糾問化を防ぐ努力が自覚的に展開されている⑿。

第一次改正法は、捜査の問題や予断排除の問題には一切手をつけず、職権主義的審問構造を変えないまま検察官関与を認めており、糾問化の危険性を高めているともいえる。公正かつ適正な手続を保障するための工夫が現在一層重要になっている⒀。

⑾ 川﨑英明「少年法と適正手続」法セミ517号（1998年）49頁。

⑿ 福井厚「少年法改正論議とドイツ刑事手続」『刑事・少年司法の再生』（現代人文社、2000年）609頁を特に参照。少年手続とも共通するドイツの刑事手続における職権主義を前提とした被告人側の証拠調べ請求権をめぐる議論については、田淵浩二『証拠調べ請求権』（成文堂、2004年）を特に参照のこと。

3　審判において適正手続保障はどのような根拠から、どのように行われるべきか。また、審判にはどのような原則があるか

［1］審判において適正手続はなぜ保障されなければならないのか

335　問題の構造　適正手続保障の発展の歴史は、市民と国家が最も峻厳に対峙する刑事手続を主たる舞台としてきたといえる。しかし、英米法圏で発展し、現行の刑事訴訟法の土台にもなっている起訴状一本主義による予断排除法則や伝聞証拠排除法則のように、適正手続の具体的保障として数えられるものの中には、当事者主義を前提としたものがある。そこで、適正手続を保障するためには、刑事訴訟法と同様の形式（当事者主義）と根拠づけ（例えば処分の害悪性）を前提としなければならないのかが、問題になる（⇒107）。

336　実質的な権利保障への関心　少年保護手続に刑事手続と同様の「適正手続」が形式的に適用されれば、却って少年の実質的な権利保障にはならないのではないかという問題意識（実質的人権論）は、少年審判の経験をもつ裁判官たちの間では、当事者主義の採否に焦点をあてた審判構造論を念頭に置き、遅くとも1970年代初頭からみられた⒁。「人権保障、真実発見および教育的、福祉的配慮の三つの理念のもとに少年保護のための適正な手続が確立されなければなら」ないとの問題関心から違法な捜査の結果得られた証拠を排除した裁判例（名古屋家決昭49・3・20家月26巻12号99頁、同昭49・3・7判タ316号304頁）や、少年保護手続における適正手続保障は憲法上の適正手続条項からだけでなく、少年法1条が宣明する少年法の基本理念から発するものであると理解した流山事件最高裁判所決定（最決昭58・10・26刑集37巻8号1260頁／家月36巻1号158頁）の團藤重光補足意見も、これと同様の問題

⒀　少年手続では捜査が先行するため、犯人と少年との同一性が争われる事案において、審判官は、供述を全体として観察でき、その変遷の分析を行いやすい側面があるとの指摘もある。守屋・非行と少年審判252頁。こうした職権主義の特質を踏まえた運用上の工夫を自覚的に積み上げることも必要であろう。

⒁　森田宗一「少年法の岐路と問題点」『刑法と科学 法律編』（有斐閣、1971年）935頁、多田元「少年審判の運営」『刑事裁判の現代的展開』（勁草書房、1988年）246頁、和田忠義「少年審判の運営について」法時46巻4号（1974年）124頁、團藤重光「適正手続の理念について」刑法18巻3号（1972年）233頁を特に参照。

関心をもつ（⇒**110**）。

337 成長発達権保障と適正手続保障　これまで「少年の実質的な権利」と表現されてきた事柄の核心は、この間発展を遂げてきた国際人権法を参照すれば「成長発達権」と言い表すことができる（⇒**56、99**）。この保障のためには、実体的には最善の利益原則（子ども条約３条１項）が、手続的には意見表明権保障（子ども条約12条１項）を中核とする手続参加権保障（北京14.２、意見10号 para. 46）が尽くされなければならない（⇒**55〜56、91**）。

審判の局面を念頭に置けば、この保障は、手続関与者、とりわけ裁判官による適正なコミュニケーションとケースワーク的な働きかけを求める[15]。これまで審判における裁判官のあるべき姿勢として指摘されてきた「事前に法律記録と社会記録を精読し、少年の顔を見ながら、少年の話を聴かなければならない」ことや「審判の場で、少年自身の言葉で語らせること」[16]は、手続参加権保障の土台となるわけである。

こうした視角は、あるべき審判構造について重要な示唆を与える。とともに、一方では、これまで教育的理由から刑事的な適正手続保障と対立的にとらえられてきた審判の原則を適正手続保障の脈絡で把握することを可能にさせ（⇒**110〜111**）、他方では、国親思想による根拠づけからは適用に慎重であった刑事的な適正手続保障を少年保護手続にふさわしく再構築した上で適用する道を開く。

［2］審判の原則にはどのようなものがあるか。また、それは手続参加権保障の観点からどのようにとらえられるか

338 審判の原則　審判には、①非方式性、②非公開・非公表、③個別審理、④併合審判、⑤直接審理、⑥迅速性という諸原則が妥当している。

①**非方式性の原則**は、「審判は、懇切を旨として、和やかに行」わなければならないというものである（少22条１項）。「少年及び保護者に対し、保護処分の趣旨を懇切に説明し、これを充分に理解させるようにしなければなら

---

(15) 葛野・再構築421頁、葛野・参加と修復20頁、中川・事実認定190頁、服部・司法福祉の展開130頁を特に参照。

(16) 近藤文子「少年審判運営の留意点、工夫について」家月57巻10号（2005年）26頁。

ない」ことを要請する少年審判規則35条も、これと通底する思想をもつ。少年の離脱・回復・立ち直りのために必要な措置を考えるため、少年審判は非行事実のみならず要保護性をも対象としており、家族間の葛藤や本人の育ちなどプライバシーの深部に分け入る調査・審判が行われる。そのため、形式ばって審判を行うことは問題の解決につながらない。第一次改正法は、「なごやか」との表現を「和やか」に変えたほか、「非行のある少年に対し自己の非行について内省を促すものとしなければならない」という文を付け加えている。しかし、従前から審判で少年に内省を促すことは当然のこととして行われてきた。むしろ、内省を促すためにも、懇切で和やかな雰囲気が必要である。

②**非公開・非公表の原則**（少22条２項、61条）は、①非方式性の原則と同様に、要保護性審理が公開に馴染まないことと並んで、将来長い間少年が不利益を受け続けることを避けるために要請される。第三次改正による被害者等の審判傍聴（少22条の４）（⇒**20**、**641**）はこの例外となる。しかし、旧法（旧少45条）下から模倣犯防止とともに指摘されてきた少年が事件の真相を語れなくなるおそれ(17)は払拭しがたい。

③**個別審理の原則**は、少年は原則的に各別に審理されるべきであり、異なる少年を併合して審理することは許されないというものである。この原則は非公開原則、そして少年法全体を貫く個別処遇原則（⇒**7**）から帰結される。

同様に、個別処遇原則からは、④**併合審判の原則**が導かれる。これは、同一少年につき複数の事件が家庭裁判所に係属している場合には、それらを併合して審理すべきであるというものである（少審規25条の２）。この原則が妥当するのは、事件ごとに審理を行うよりも、この方が個々の少年（が抱える問題状況）に見合った措置を考えるのに優れているからである。

⑤**直接審理の原則**は、少年の出席なしに審判は行いえないという原則である（少審規28条３項）。教育効果だけでなく審判官の正確な心証形成を期するには少年本人と顔を合わせる必要がある。これも、非公開・非公表と同様、旧少年法下から審判の原則に据えられてきた(18)。

---

(17)　鈴木・概説372頁。

以上の原則はいずれも伝統的なものである。今日では、これに加えて、⑥**迅速性の原則**（子ども条約40条２項（b）（iii）、北京20条、意見10号 para. 51、84）も審判の原則に数えられるべきであろう。処分の確定まで時間をかけて少年を不安定な地位に置くことは教育上望ましいことではない。日本のように少年年齢の基準が処理時に据えられ、家庭裁判所が事件を受理することで審判権が留保されない制度がとられる場合には（⇒**139**）、なおさら迅速な審理・処理が必要になる。「早期、迅速な処理が要請される少年保護事件の特質」は、従前から裁判例で重視されてきたし（例えば、少年法45条５号但書に関する京都家決昭56・10・21家月34巻３号90頁、浦和家決平４・６・30家月45巻４号132頁）、非行事実認定に関する裁判所の合理的な裁量行使にあたっても考慮すべき事項と考えられている（最決平20・７・11刑集62巻７号1927頁［大阪地裁所長襲撃事件］）[19]。

339　成長発達権保障からのとらえ直し　以上にみた原則の多くは、従前は教育的観点から把握され、時に適正手続保障と対立するものと考えられてきた。例えば、②非公開・非公表の原則に関して、裁判例は、市民的監視により公正な裁判の実現を図ろうとする憲法82条１項と緊張関係に立つものの、家庭裁判所における少年保護事件は訴訟事件に属しないからこれと抵触しないと考えてきた（高松高決昭29・８・５高刑集７巻８号1255頁／家月６巻８号84

---

⑱　永田・講義⑪我か子２巻８号（1930年）70頁、森山62頁。

⑲　もっとも、最高裁判所の裁判例には、行為時19歳３ヶ月であった少年につき、捜査に長期の日時を要したため家庭裁判所に送致して審判を受ける機会が失われたとしても、それのみをもって少年法の趣旨に反し、捜査手続を違法であると速断することはできないと判断したものもある（最判昭44・12・５刑集23巻12号1583頁／家月22巻１号135頁）。交通事犯という特殊性もあり、今日、再検討の余地のある裁判例である。また、行為時16歳の少年であった被告人が運転者として公訴提起されたものの、検察官への事件送致までに約２年11ヶ月を要した上、いったんは嫌疑不十分を理由に不起訴処分（家庭裁判所へ送致しない処分）とされたものの、被告人が成人に達した後被害者からの検察審査会に審査申立てがなされたことを契機に補充捜査が行われ、公訴時効完成の８日前に公訴提起された事案において、捜査などに従事した警察官及び検察官の各措置には、家庭裁判所の審判の機会が失われることを知りながら殊更捜査を遅らせたり、不起訴処分にしたり、特段の事情もなくいたずらに事件の処理を放置したりするなどの極めて重大な職務違反があるとは認められないため、これらの捜査等の手続に違法はなく、公訴提起が無効であるとはいえないとした裁判例もある（最決平25・６・18刑集67巻５号653頁）。この事案にも、被害者の記憶が本件事故の後遺症により回復しなかったことや事件が再起された経緯など、一般化することが難しい特殊な事情が含まれている。

頁)。しかし、ブルジャー事件欧州人権裁判所判決（1999年12月16日）にみられるように、実効的な手続参加を少年の公正な裁判を受ける権利の核心に据える場合、②非公開・非公表の原則はむしろこの権利保障を実効化するために不可欠のものと考えられる[20]。①非方式性の原則、③個別審理の原則、⑤直接審理の原則についても、同様のとらえ直しが可能であり、またこうしたとらえ直しは、国際人権法の展開を視野に入れても不可避なものと考えられる。

[3] 少年の手続参加の観点から刑事的な適正手続保障はどのようにとらえ直されるべきか

(a) 非行事実の存在を認定する際に求められる心証はどの程度のものか

340　問題の構造　反対に、刑事訴訟の分野で歴史的に確立されてきた適正手続保障も、「保護」処分による社会現実としての烙印押し（スティグマ）効果のほか、実効的な手続参加の観点からとらえ直される。例えば、非行事実の存在を肯定するには、刑事手続と同様に、**合理的な疑いを超える心証**が求められる。自由の制限を伴う処分を課す際に、合理的な疑いが残るにもかかわらず非行事実の存在を認定することは、少年の主張を徹底的に吟味せずに、コミュニケーションを尽くさず、対話を打ち切ることを意味する。これでは少年自身の納得を得ることは難しい。少年の最善の利益を考慮するためには意見表明権を保障することが必要であることを考えても、非行事実の存在を認定するためには、合理的な疑いを超える心証まで求められると考えるべきである。

なお、要保護性に関しては、人間行動科学の水準からみて、合理的疑いを入れる心証まで求めることは困難であるが、処分決定の際には要保護性判断も非行事実と同等もしくはそれ以上の重要性をもつから（⇒**128～131**、**406～407**）、可能な限り高い心証を求めるべきであろう（⇒**389**）。

---

(20)　葛野・再構築428頁。

(b) 少年審判手続において少年は忌避を申し立てることができるか

341 問題の構造 問題になるのは忌避申立て権の有無である。刑事被告人が、「公正な裁判所」による裁判を受けることは憲法上の権利とされている（憲37条1項）。それを実現するために、刑事訴訟法では、除斥・忌避・回避が制度化されている。**除斥**とは、法定の事由がある場合に、裁判官がその事件に関係する一切の職務から法律上当然に排除される制度である（刑訴20条）。**忌避**とは、除斥事由がある場合に、当事者の申立てによって裁判官を職務から排除する制度である（刑訴21条）。**回避**は、忌避されるべき原因があると思料するときに、裁判官が自ら所属裁判所に申し立て、裁判所の決定によって職務から退く制度である（刑訴規13条）。除斥が法律上当然に裁判官を排除する制度であるのに対し、忌避は当事者の申立てによる点に、回避は裁判官自身の申立てによる点に、特徴をもつ。

342 制度の歴史 日本の少年法制は、旧法の時代から、忌避申立て権を少年に認めず、回避を規定するにとどめる立法態度をとっている。すなわち、旧少年法は、「忌避ハ水臭」[21]いことを理由に回避を規定するにとどめたのであった（旧少22条）。現行法もこの立法態度を継承しており、刑事訴訟法に規定のある除斥・忌避の制度を認めず、少審規32条で裁判官の回避を置くにすぎない。このように回避は認めるものの、除斥や忌避を認めない立法態度の根底には、国が親に代わって子どもの教育を行う（べきである）という旧い国親思想の発想があるといえる。

343 裁判例と理論的検討 裁判例においては、東京高決平元・7・18家月41巻10号166頁以来、裁判例においては、回避のみならず除斥や忌避まで含む趣旨の規定として少年審判規則32条を理解し、少年側に裁判官の回避の措置を求める申立てができる権利を認める点では一致があるといえる（東京家八王子支決平5・10・8家月45巻12号116頁、福岡家決平元・11・20家月42巻3号116頁）。もっとも、その申立て方法に関してはなお見解が分かれており、その申立ては裁判官の職権発動を促すにすぎないと解する裁判例もある（東京高決平17・11・2東高刑時報56巻1〜12号85頁）。

---

(21) 立法資料全集（上）385頁［谷田三郎説明］。

審判官の公正さは手続参加権保障の大前提である。この観点から、忌避申立て権の保障は、適正なコミュニケーションを担保するための制度的保障としてとらえ直すべきである。そもそも、旧少年法を制定する際の説明でも、回避は「除斥忌避　（…）ヲ包容」[22]するという説明がみられる。ここから手続面で歩を進め、裁判所の応答義務を伴う除斥、忌避申立て権を少年は当然にもつと理解すべきである[23]。

(c)　少年審判において黙秘権は保障されるべきか

344　問題の構造　　黙秘権保障（自己負罪拒否特権。憲38条1項、刑訴311条）についても、従前は、ⓐ消極説やⓑ犯罪少年に限定して認める説が有力にあった。ⓐ消極説は、黙秘権保障で審判の教育機能が害されうることを、ⓑ犯罪少年に限定して認める説は、検察官送致決定（少20条）を経て刑事訴追の可能性があるのが犯罪少年（による禁錮以上の罪の場合）に限定されることを理由とする。

345　理論的検討　　第一次改正に伴い少年審判規則29条の2（少審規19条の3も参照）が新設され、「裁判長は、第一回の審判期日の冒頭において、少年に対し、供述を強いられることはないことを分かりやすく説明した上、審判に付すべき事由の要旨を告げ、これについて陳述する機会を与えなければならない」ものとされた。そのため、現行制度の理解として、ⓐ消極説は成立しがたい。問題は、ⓑのように黙秘権保障の対象を犯罪少年に限定すべきか否かである。子どもの権利条約40条2項（b）（iv）は対象に限定をかけていない。実質的に考えても、供述の強制は教育や適正なコミュニケーションのためにふさわしくない。そればかりか、構造を積極的に歪めるものでもある。黙秘権を告知せずに得られた供述を事後的に非行事実認定に用いることも、信頼に基づくべき少年との関係を損なうことになる。少年審判規則29条の2の対象も、犯罪少年に限定されないと解すべきである。

---

(22)　立法資料全集（下）660頁［山岡萬之助説明］。

(23)　村井敏邦「少年手続と除斥、忌避」刑法32巻2号（1992年）254頁、高田昭正「少年保護事件における裁判官忌避の問題」刑法33巻2号（1993年）325頁。

(d) 少年は法的援助を受ける権利をもつか

346 問題の所在　法的援助を受ける権利の保障も、国親思想や教育主義との関係で問題になりうる。少年と国とを擬似親子関係に立つものと理解すれば、国家機関が少年の面倒をみれば十分であり、弁護士による専門的な法的援助は不要であるということになりそうである。

しかし、手続参加を実質化するには、少年の立場からの専門的な法的援助が不可欠である。身体拘束処分時の弁護士付添人の選任は憲法34条と子どもの権利条約37条（d）からの要請でもある。通例子どもに資力がないことを考えると国選弁護士付添人制度が不可欠である。第一次改正から第四次改正まで、必要的な形態と家庭裁判所の裁量による形で、国選付添人制度は拡充した（⇒**655**）。しかし、身体拘束処分の割合が高い虞犯が対象から外される一方、検察官の審判関与と実質的に連動させられているなど、その基本構想には問題がある。国連子どもの権利委員会（CRC）は日本政府報告に対する第２・３回の審査の総括所見（CRC/C/15/Add. 231, para. 54（e）、CRC/C/JPN/CO/3, para. 85（d））で「法律に触れた子どもに対し、法的手続全体を通じて法的援助を提供すること」や「現行の法律扶助制度の拡大等により、すべての子どもが手続のあらゆる段階で法的その他の援助を提供されることを確保すること」を勧告している。子どもの権利条約など国際人権法規範に見合った国選付添人制度の構築が必要である（⇒**64**、**662**）。

第18講　審判（2）
――事実の認定

●本講で考えること

前講（第17講）で確認したように、審判は司法過程であると同時に、教育過程でもあります。両者は、いわば「車の両輪」として同時に稼働することが必要になりますが、司法過程としてみれば、審判では家庭裁判所が事実を認定し、法令を適用した上で、終局的な処分を決定することになります。

それでは、この審判のうち非行事実の認定はどのように行われるべきでしょうか。また、どのような場合に審判手続の「修正」が図られるのでしょうか。この問題は、前講で確認した審判の構造とも密接に結びついており、2000年の第一次改正の際に大きなテーマとして論じられもしました。

そこで、本講では審判のうち事実認定、なかんずく非行事実の認定に焦点をあてて、問題を検討することにします。

● Keywords

第一次改正、裁定合議制、検察官の審判関与、証拠調べ請求権、証人尋問権、伝聞証拠排除法則、自白法則、違法収集証拠の排除、補強証拠

1　非行事実の認定にはどのような意義があるか

[1] 非行事実の認定はなぜ必要なのか

347　審判対象論からみた事実の認定　通説的理解によれば、少年法上の処分の実体的要件（と審判対象）は非行事実と要保護性である（⇒120～121）。したがって、家庭裁判所が少年に処分を言い渡すためには、この各々を裏づける事実を認定する必要がある。非行事実の認定は、それ自体としてのみならず、要保護性の認定とのかかわりにおいても、重要性をもっている。要保護性は将来の犯罪危険性（累非行性）を中心的な要素としているため、非行事実と全く無関係と考えるべきではない、というのがその理由である（⇒131）。いずれにしても、非行事実についても要保護性に関しても、保護処分

決定という形でのさらなる国家的介入の根拠になりうるだけでなく、少年本人の納得を得るために不可欠であるから、非行事実の認定は厳格でなければならない。

もっとも、非行事実を認定する過程が、司法作用だけでなく教育作用の一環でもあることには、重ねて注意しておく必要がある（名古屋家決昭49・3・20家月26巻12号99頁、同昭49・3・7判タ316号304頁も参照）。刑事手続と同様の厳格な事実認定を行えば、自動的に教育的なものになるとは、考えるべきでない。

[2] 要保護性がないことが明白な場合に、非行事実を認定することは必要か

348 問題の構造 このことに関係して、要保護性がないことが明らかである場合に、家庭裁判所は心証を蓋然的なものから合理的疑いを超える程度にまで高めるために、非行事実認定のための証拠調べを行わなければならないかどうかが問題になる。この問題は、後述する（特に非行事実の存在を認定する方向での）証拠調べ義務の有無（⇒**374**）や余罪の考慮の問題（⇒**392**）にも関係する。裁判例には、「早期に心情の安定を図る必要」や「審判前調査の制度を採つている現行少年法制上、非行事実の存否が確定されるより前に要保護性の有無が確定されることが起こりうる」ことなどを理由に、これを否定したものがある（仙台家決昭60・10・22家月38巻9号117頁、千葉家決昭48・12・25家月26巻9号123頁、大阪家決昭47・3・31家月24巻10号138頁、福岡家決昭44・4・5家月21巻11号193頁）。

349 理論的検討 確かに、非行事実の存否の確認は重要な司法作用である。また、非行事実を要保護性認定の排他的推定根拠と考える立場（⇒**130**）をとる場合には、要保護性は非行事実からのみ認定されることになるため、この義務を否定しないことが整合する。しかし、そもそも、要保護性の考え方として非行事実をその排他的推定根拠と考える立場をとらざるをえないわけではない（⇒**131**）。また、成長発達過程にある少年の利益は、非行事実の存否の確認に尽きず、迅速に手続を終結し、社会生活を安定させることにもあるはずである（迅速性の原則）（⇒**338**）。一見して要保護性がない場合でも、少年が送致事実を否認しているような場合には、（消極的な意味で

の）実体的真実を発見する利益が、少年自身の納得性を考えても、軽視されるべきではない。しかし、少なくとも（非行事実を探知するような）積極的な実体的真実を発見する利益に対しては、少年の心情・生活の安定や迅速な事件処理の利益は、優越すると理解すべきであろう。

2　社会調査の結果を非行事実認定に利用することはできるか

350　問題の構造　家庭裁判所による要保護性認定の主たる資料は、少年調査記録（社会記録）であるが、この社会調査の過程では要保護性の基礎となる非行事実の内容やその背景についても調査が行われる（⇒**310**）。そのため、例えば、少年が調査官面接で初めて明らかにした事実が少年調査票に記載されているような場合、裁判官がこれを非行事実認定に用いてよいかが問題になる。

351　考え方の分岐点　この問題に関しては、まず、ⓐ専門性を生かせる事案では調査官が非行事実に関する調査を行いうるとの前提に立った上で、自白の任意性や信用性判断での利用を念頭に置いてこれを積極的に認める見解がある(1)。次に、ⓑ社会調査にあたって黙秘権告知が必ずしも行われていないことや社会調査が少年と調査官との信頼関係に基づいて行われていることを理由として、これを消極的に解する考え方がある(2)。そして最後に、ⓒ少年が進んで捜査におけるものとは異なる供述を行うような場合や非行事実不存在方向での認定に用いるような場合に、この使用を限定的に認める考え(3)がありうる。

この問題は、社会調査における黙秘権告知の問題（⇒**322**）とも関連しているため、議論はやや複雑な様相を呈している。しかし、本質的な問題は、①社会記録が少年と調査官との信頼関係に基づいて作成されていることをどのように考えるのか、②捜査機関による調書などを編纂する法律記録に記されていない事実が社会記録で出てきうる理由や機序をどのように考えるのか、

---

(1)　浜井一夫ほか『少年事件の処理に関する実務上の諸問題』（法曹会［司法研究報告書48輯２号］、1997年）226頁。

(2)　平場・新版226頁。

(3)　守屋克彦「社会調査と黙秘権、非行事実の認定」実務と裁判例156頁。

そして③検察官の審判関与が非行事実認定に関係してのみ許容され、要保護性認定には許されていない制度がとられていること（⇒**360**）をどのように考えるのか、という点にある。①信頼関係保持の観点からいえば、事後的に供述が非行事実存在方向での認定に用いられてしまえば、少年は裏切られたと感じることになるであろう。②社会記録中の「新事実」の存在については、捜査の圧力から解放された少年が調査官に対して自ら進んで捜査時とは異なる供述を行う結果であることが少なくない。こうしたことは、過去の冤罪事件をみても十分に考えられることである。③検察官関与の範囲の問題は、法律記録のみならず社会記録も検察官の閲覧対象として認めるか、という形で現れることになる（⇒**360、365**）。これを消極に解するのであれば、社会調査の結果を非行事実認定に用いることにも慎重な態度をとることになるであろう。

352　裁判例　裁判例には、その使用を認めないもの（東京高判昭47・11・21高刑集25巻5号479頁／家月25巻5号89頁）のほか、虞犯事由や虞犯性の認定（東京家決平7・6・29家月48巻9号80頁）や自白の任意性の認定に用いたもの（東京高決昭50・1・29家月27巻8号93頁、東京高決昭60・8・26家月38巻4号118頁）、自白の信用性の認定で用いたもの（名古屋高決昭50・3・27家月27巻10号91頁）がある。

逆に、非行事実否定方向で用いたもの（那覇家決昭59・5・2家月36巻10号120頁、札幌家決昭56・8・28家月33巻12号131頁、東京家決昭55・7・4家月33巻6号66頁［被害者の陳述の要旨を録取した調査官作成の調査報告書の利用］、東京家決昭54・10・8家月32巻10号111頁［共犯少年の陳述を録取した調査官作成調書の利用］）、自白の信用性の否定で用いたもの（静岡家沼津支決平3・10・29家月44巻3号103頁、東京高決昭53・8・3家月31巻5号125頁）、過剰防衛判断の一資料として用いたもの（千葉家決平元・7・21家月41巻11号123頁）がある。

353　理論的検討　少年の成長発達権を保障するためには、その生育歴をともに振り返り、その中で非行事実の意味をとらえる必要がある。その意味で、非行事実と要保護性とは明確に区別することが難しく、むしろ密接に関連しているといえる。しかし、そうであるがゆえに、社会記録の作成過程と事後的な利用にあたっては信頼関係の保持が不可欠である。また、人間行動科学の専門性をもたない者が非行事実の存否を追求するための前提として、閲覧に供することには慎重であるべきである。このように考えれば、ⓑの立場のように、これを非行事実認定の資料としないことが、体系的には最もすっきりする。しかし、過去の冤罪事件からの経験として知られている、捜査の圧力から解放された少年が調査官に対して自ら進んで捜査時とは異なる供述を行うこと（まさに相手が調査官だからこそ「新事実」を供述していること）の重大さは、正面から受け止める必要がある。その供述が社会記録中に存在する場合に、それを非行事実認定に利用する可能性を排除すべきではないであろう。こうした場合の社会記録の利用が、調査官との信頼関係の破壊につながるとも考え難い。少年の成長発達権を保障する義務を負う家庭裁判所の後見的性格と人権保障目的からの片面的利用として、ⓒ少年が進んで捜査におけるものとは異なる供述を行うような場合や、非行事実不存在での認定に用いるような場合に、社会記録を非行事実認定に用いる可能性を排除すべきでない。

3　非行事実認定のためにどのように審判は「修正」されるか

[1] 裁定合議制度は何を趣旨としたどのような制度か。また、この制度にはどのような課題があるか

354　裁定合議制　裁定合議制（裁31条の4）と検察官の審判関与（少22条の2）による審判の修正は、共に「多角的視点の確保」と「対峙状況の回避」を目的とする。そのうち**裁定合議制**は、一定の要件を満たす場合には必ず合議で裁判を行わなければならない法定合議（裁26条2項2号）とは異なり、裁判所の裁量判断で合議をとることができる制度である。

これは、2000年の第一次改正の際に、元々否認事件への対応を念頭に置いた議論から出発して、導入されたものである（⇒**13～14**）。しかし、最終的には対象に限定がかけられていない。つまり、どの少年についても、また（非行事実認定に限らず）要保護性認定や処分選択についても、この制度を用いることができる。

355　実務運用　2013年の司法統計年報によれば、合議決定人員は、総数30人、詐欺2人、傷害4人、傷害致死1人、殺人（死亡させた罪）6人、

殺人（その他）7人、強盗致死7人、強姦2人、わいせつ1人となっている。

実務運用上も、裁定合議制は多様に用いられているといえる。裁判例には、少年の精神状態の判断が問題となった事例（東京家八王子支決平15・2・12家月55巻7号98頁）や、検察官からの再送致事案（千葉家決平17・4・28家月57巻12号94頁）、少年補償事件（東京家決平18・3・2家月59巻3号88頁）、原原審では単独であったものの受差戻審で合議をとった事例（静岡家沼津支決平17・6・8［御殿場事件受差戻審］）などがある。

検察官の審判関与との関係はどのようであろうか。検察官の審判関与と併用する裁判例もみられるものの（横浜家決平26・5・2判例集未登載［正当防衛による非行事実なし不処分］、千葉家決平20・9・2家月61巻11号99頁、東京家決平20・1・22家月60巻10号102頁、名古屋家決平18・12・25家月59巻7号141頁、札幌家決平18・6・16家月58巻12号112頁、奈良家決平16・7・9家月58巻3号135頁［非行事実なし不処分］、東京家決平13・6・19家月54巻2号144頁）、一般的には検察官の審判関与よりも裁定合議を優先的に用いる傾向があるといえる（東京家八王子支決平17・6・8家月58巻8号94頁、千葉家決平17・4・28家月57巻12号94頁、長崎家決平15・3・6家月56巻10号72頁、東京家八王子支決平15・2・12家月55巻7号98頁、東京家決平14・1・29家月54巻6号121頁、東京家決平14・2・18家月54巻7号76頁、京都家決平13・10・31家月54巻4号110頁）。両制度は、「多角的視点の確保」と「対峙状況の回避」という目的を共通してもつものの、少年に与えうる精神的負担は異なると考えられる。それがより軽いのが裁定合議制であることを考えれば、これを優先的に用いている現在の運用傾向は、肯定的に評価できる。

356　裁定合議制の問題と課題　しかし、そもそも、多人数の大人が審判廷に登場すること自体が、少年の萎縮や主体的な手続関与を難しくする側面をもつことは否定できない。また、職業裁判官相互の責任が分散される危険性も制度に内在されていることには、十分な注意が必要である[4]。少年事件にかかわる裁判官には、それだけ一層、処遇の知識や教育能力が求められる（少審規38条1項も参照）（⇒**330〜331**）。

---

(4)　青沼潔「裁定合議制」課題と展望①47頁。

【表１】裁定合議の運用

	2001	2002	2003	2004	2005	2006	2007	2008	2009	2010	2011	2012	2013
総数	16	36	26	33	33	30	34	24	19	19	28	30	30
刑法犯総数	16	35	26	32	32	30	34	23	19	18	27	29	30
窃盗	0	2	0	1	1	1	0	0	0	0	2	0	0
強盗	0	0	0	0	0	1	0	0	0	0	0	0	0
詐欺	0	0	0	0	0	0	0	0	0	0	0	0	2
恐喝	0	0	0	0	0	0	0	1	0	0	1	0	0
傷害	0	2	3	4	3	4	1	2	2	1	2	7	4
傷害致死	3	23	9	4	8	0	2	0	5	6	3	7	1
暴行	0	0	0	0	0	0	0	0	0	2	0	0	0
殺人（死亡させた罪）	4	1	6	3	8	9	9	11	4	2	5	7	6
殺人（その他）	0	2	1	5	2	4	7	2	3	1	0	4	7
強盗致傷	2	0	2	1	0	1	1	0	0	1	0	0	0
強盗致死	2	3	1	7	5	1	10	1	1	1	2	0	7
強姦致死	1	0	0	0	0	0	0	0	0	0	0	0	0
強姦	0	1	3	4	3	2	0	4	1	2	4	1	2
集団強姦	-	-	-	-	0	0	3	0	1	0	0	0	0
わいせつ	1	0	1	1	0	1	0	0	0	0	2	1	1
住居侵入	0	0	0	0	0	0	0	1	0	0	0	0	0
放火	1	1	0	1	1	4	0	1	1	2	3	0	0
過失致死傷	0	0	0	0	0	0	0	0	0	0	0	1	0
業務上（重）過失致死傷	0	0	0	0	0	0	0	0	1	0	0	0	0
器物損壊等	1	0	0	1	0	0	0	0	0	0	0	0	0
その他	1	0	0	0	1	2	1	0	0	0	3	0	0
特別法犯総数	0	1	0	0	1	0	0	0	0	1	1	1	0
覚せい剤取締法	0	0	0	0	0	0	0	0	0	0	0	1	0
その他	0	1	0	0	1	0	0	0	0	1	1	0	0
ぐ犯	0	0	0	1	0	0	0	1	0	0	0	0	0

『司法統計年報』から作成

[2] 検察官の審判関与は何を趣旨としたどのような制度か。また、この制度にはどのような課題があるか

(a) 検察官の審判関与にはどのような歴史があるか

357 第一次改正による制度の導入　検察官の審判関与は、旧少年法でも1948年時の現行法でも、認められていなかった。また、1966年の少年法改正構想や1970年の少年法改正要綱で法務省から提案された検察官の審判関与構想も、強い批判を浴びた結果、立法としては結実することがなかった（⇒**41〜43**）。

検察官の審判関与が実現したのは、2000年の第一次改正によってである（⇒**13〜14**）。もっとも、関与できる範囲が非行事実認定に限定されている点、そして手続法上の当事者としてではなく、「対峙状況の回避」と「多角的視点の確保」を目的として非行事実認定のための審判の協力者として関与するにすぎない点で、現在の制度は改正構想や改正要綱とは異なっている。

358 第四次改正による対象範囲の拡大　検察官が審判関与できる事件の範囲は、第一次改正では、犯罪少年による「故意の犯罪行為により被害者を死亡させた事件」または「死刑又は無期若しくは短期2年以上の懲役若しくは禁錮に当たる罪」の事件とされた。2014年の第四次改正では、その範囲が、「死刑又は無期若しくは長期3年を超える懲役若しくは禁錮に当たる罪」まで拡大されている。この改正で、例えば、窃盗や傷害なども検察官の審判関与の対象に含まれることになった。これは、観護措置時の国選付添人制度の対象範囲が拡大されたのに伴い（⇒**25〜26、655**）、これと対象範囲を重ねようとするものである。観護措置がとられた事件で国選付添人が選任されたことにより、非行事実が争われる事態が生じた場合に検察官が関与できないのであれば、不都合が生じえ、納税者である国民の納得を得ることも難しい、ということがその理由とされている[5]。

359 少年の主体的な手続参加と検察官の審判関与　検察官の審判関与は、少年の主体的な手続参加と厳しい緊張関係に立つ。少年審判は、法目的である「少年の健全な育成」を達成するためのものである。今日、この法目的は

---

(5) 第四次改正法解説53頁。

成長発達権の保障ととらえ直されるべきであり、この成長発達権の保障は少年の主体的な手続参加を不可欠の要素としている（⇒**91**）。そのため、検察官の審判関与も、少年の主体的な手続参加を阻害しない範囲・様式で認められるにすぎない。そのためには、次の２つの事柄が重要になる。

第一に、少年審判に関与する検察官には、当然のこととして、教育経験や教育能力が求められる。また、検察官の関与は、裁定合議制と同様に（⇒**356**）、「多角的視点の確保」とともに少年と裁判官との「対峙状況の回避」を目的としている。このことからも、審判に関与する検察官には、相応のコミュニケーション能力が当然のこととして求められる[(6)]。

もっとも、第二に、そうした能力のある検察官が関与するとしても、それには本質的な限界がある。少年と検察官が対峙する形態での事実の認定は、外形に表れた範囲でのみ事実を把握させがちであり、少年の育ちの中で重要な事実の発見やその意味の把握を難しくする。その意味で、この措置が、却って真実発見を難しくすることにも注意しておく必要がある。換言すれば、検察官の審判関与は、少年司法における重要な事実の発見のための万能薬ではなく、形式的に外形的事実を把握する必要がある場合以外、真実の発見という意味に限定しても、大きな副作用をもちうるものである。形式的な要件を満たすからといって、安易に検察官の審判関与を認めることは慎まれるべきである（なお、裁定合議とともに検察官関与の上で正当防衛を認め、非行事実なし不処分とし、かつ抗告受理申立てがなされなかった例として、上記横浜家決平26・5・2がある）。

(b) 検察官が審判関与するための要件は何か。また、家庭裁判所は検察官関与決定を取り消すことができるか。検察官はどの手続段階に関与できるか

360　実体的要件　　検察官関与の実体的要件は、①犯罪少年による事件であること、②死刑または無期もしくは長期３年を超える懲役もしくは禁錮に当たる罪の事件であること[(7)]、③非行事実認定のための必要性があること、である（少22条の２第１項）。

---

(6)　中川・事実認定206頁。

②死刑または無期もしくは長期3年を超える懲役もしくは禁錮に当たる罪という要件の基準となるのは、法定刑である。これには教唆や幇助も対象に含まれるとも解されている。他方、1人の少年について複数の事件が家庭裁判所に係属していたとしても、検察官の審判関与を決定できるのは②の要件を満たす事件だけである（少審規30条の2も参照）。

③非行事実認定のための必要性の要件でいう「非行事実」には、構成要件該当事実のみならず、いわゆる「密接関連重要事実」（少17条4項但書）（⇒**265**）も含まれる。しかし、動機などは要保護性とも密接なかかわりをもっていることから、本来、少年の生育歴やその内面に立ち入らなければ解明が難しい。検察官の審判関与を安易に行うことは、外形的事実に基づく強引な事実の解釈と結びつきやすく、却って真実の解明を難しくする側面をもつ（⇒**359**）。

③非行事実認定のための必要性を判断する際には、検察官が審判に関与することに少年が耐えられるかなどといった許容性にかかわる事項の判断も、当然に併せて行われなければならない。制度導入時に念頭に置かれていたのは、非行事実の存否が激しく争われるような事態であった。にもかかわらず、非行事実認定に関する争いの顕在化が明文規定上求められているわけではない。しかし、少年自身の納得を考えればなおさら、争いの顕在化を要件とすべきであろう。いわば予防的な関与は控えられるべきである。

検察官が関与できるのは、③「非行事実を認定するための審判の手続」であるから、要保護性認定の手続に入れば退席すべきである。これを「要保護性を認定するためだけの手続に関与しない」趣旨ととらえ、証拠調べが非行事実認定と要保護性認定の両方に資するような場合にはあえて退席する必要はないと解する見解(8)もある。しかし、第一次改正法は、少年法17条4項但

(7)　第147回国会提出の政府案は、その要件を「死刑又は無期若しくは長期三年を超える懲役若しくは禁錮に当たる罪の事件」としていた。また、第一次改正法は、要件を㋐「故意の犯罪行為により被害者を死亡させた事件」または㋑「死刑又は無期若しくは短期二年以上の懲役若しくは禁錮にあたる罪」としていた。第四次改正により、「死刑又は無期若しくは長期三年を超える懲役若しくは禁錮に当たる罪」とされたことで、㋐はすべてこれに含まれることになり、㋐は削除されるに至っている。

(8)　第一次改正法解説143頁。

書に「非行事実」の定義をわざわざ置いていることからも分かるように（⇒**265**）、少年法改正構想や改正要綱（⇒**40～43**）とは異なり、要保護性認定や処分決定に検察官を関与させない立法態度を明確にしている。「非行事実」の意義は厳格に解される必要がある。要保護性認定手続に検察官を在席させるべきではない。

361　検察官の審判関与の決定手続　　検察官を審判に関与させるか否かの決定は、家庭裁判所の裁量による。その契機としては、検察官からの申出による場合と家庭裁判所からの求意見による場合とがある（少22条の2第2項）。

運用では、第一次改正法で要件とされた「故意の犯罪行為により被害者を死亡させた事件」にあたる事案の大半が検察官からの申出によっている。その一方で、「死刑又は無期若しくは短期2年以上の懲役若しくは禁錮に当たる罪」（第四次改正後は「死刑又は無期若しくは長期3年を超える懲役若しくは禁錮に当たる罪」）にあたる事案において申出はほとんどない(9)。結果重大事件で検察官の関心が高いことが窺われる。しかし、上記実体的要件からも明らかな通り、非行結果の重大性それ自体は、検察官を審判に関与させる理由にはならない。

362　審判関与決定の取消しの可否　　家庭裁判所が検察官の審判関与の決定を行った後に、実体的要件のうち③非行事実認定のための必要性がなくなった場合、その決定は取り消されうるであろうか。

検察官による抗告受理の申立て（少32条の4）のほか、検察官の審判関与時における必要的な国選付添人の選任（少22条の3第1項）、そして不処分決定に対する一事不再理効の付与（少46条2項）は、法文の上では検察官の審判関与を要件とするような規定ぶりをとる。こうした措置の法的な扱いに影響が及ぶために問題が複雑になることや手続の安定性が問題になることを重視すれば、検察官の審判関与決定の事後的な取消しはできないと考える余地も出てくる(10)。

しかし、そもそも検察官の審判関与決定は家庭裁判所の裁量によっている。

---

(9)　長岡哲次ほか『改正少年法の運用に関する研究』（法曹会［司法研究報告書58輯1号］、2006年）215頁。

(10)　動向と実務103頁。

③非行事実認定のための必要性が事後的に消滅したことに対応して、家庭裁判所が自らの裁量による決定を取り消しうると理解することは、何ら不自然なことではない。むしろ、検察官の審判関与が少年の主体的な手続参加を困難にすることや、③非行事実認定のための必要性を判断する際に許容性も併せて判断すべきことを考えれば（⇒360）、非行事実認定のための必要性が消滅したり、少年の主体的な手続参加を阻害するなど、検察官の審判関与が許容できない事態が生じたりした場合、家庭裁判所はむしろその事後的な取消しを行わなければならないと考えられる。法文上は検察官の審判関与を要件としている国選付添人選任や一事不再理の効力についても、取消しの効果は遡及効をもたずに将来に向かって生じると解すれば、理論上、これを肯定することに別段の支障は生じない[11]。家庭裁判所は、検察官の審判関与決定を事後的に取り消すことができ、また、少年の成長発達権を保障する義務を負うがゆえに、この関与決定を取り消さなければならない場合があると解すべきである。

363 検察官関与が行われる手続段階 検察官の審判関与は、審判手続だけでなく抗告審（少32条の6。大阪高決平17・1・12家月58巻3号110頁［上記奈良家決平16・7・9の抗告審］、東京高決平16・12・20刑集59巻2号105頁／家月57巻11号96頁［御殿場事件］）や保護処分の取消しの手続でも行われうる（少27条の2第6項）。

また、これは裁定合議制とは独立しているため、裁定合議をとらずに検察官関与を認めることも制度上は可能である（裁判例として、東京家決平23・1・12家月63巻9号99頁、千葉家決平15・6・27家月56巻8号71頁、東京家決平14・9・25家月55巻9号92頁。受差戻審の関与例として福島家いわき支決平17・1・20家月57巻6号198頁）。

⑾ 浜井一夫「少年審判における事実認定手続の一層の適正化」現代24号（2001年）40頁、斉藤・研究②83頁、コンメンタール少年法319頁［中川孝博］。もちろん、検察官関与のない不処分決定についても一事不再理効を認める理論的営為を放棄すべきではない（⇒472）。

(c) 検察官はどのような権限と義務をもつか。また、それはどのような法的地位から導かれるか

364 検察官の権限と法的地位　検察官は、事件記録・証拠物の閲覧（少審規30条の5）と謄写（少審規7条1項）、少年・証人その他の関係人への尋問（少審規30条の8）、証拠調べの申出（少審規30条の7）、意見陳述（少審規30条の10）の権限をもつ。

もっとも、検察官は、刑事手続におけるのと同様に、当事者としてこれらの権限をもつわけではない。検察官の法的地位は、当事者ではなく、あくまで非行事実認定の局面のみに立ち会う審判の協力者である。したがって、上記の権限も、検察官が当事者主義構造の下で当事者として当然にもっているわけではなく、職権主義構造の枠組みの中で、少年審判規則上の規定により初めて与えられているものである。

365 検察官による社会記録の閲覧　この法的地位と関連して、検察官が閲覧できる「記録」に社会記録（⇒**313**）が含まれるかが問題になる。検察官関与の範囲は非行事実認定に限定されているものの、社会記録にも非行事実認定に役立つ事実が記載されていることがありうることや、共犯関係の実態を解明するのに役立ちうることを強調すれば、社会記録も検察官の閲覧対象に含めてよいと考える余地が出てくる(12)。しかし、社会記録は、調査官が少年との信頼関係に基づき、少年自身の非行からの離脱・回復・克服に資するために作成しているものである（⇒**311**）。現在の日本の制度が、人間行動科学の専門性を求めていない以上、検察官に社会記録の閲覧を許すことは、調査官との関係性を前提とした少年の心理的・精神的機微に富む情報をゆがめて使用することにつながる危険性が高い。検察官による社会記録の閲覧は認められるべきでない（⇒**351**）。

366 検察官の成長発達権保障義務　他方、非行事実認定のための審判の協力者という法的地位に立つ以上、審判に関与する検察官は少年に対する成長発達権保障の義務を負うことになる。そのため、例えば、検察官は、少年

---

(12) もちろん、この場合には、社会記録を非行事実認定で用いることができると理解することが前提になる。

【表2】検察官関与の運用

	2001	2002	2003	2004	2005	2006	2007	2008	2009	2010	2011	2012	2013
総数	22	19	26	17	9	23	26	25	16	15	19	13	24
刑法犯総数	22	19	26	17	9	23	26	25	16	14	15	13	24
強盗	0	0	0	0	0	2	1	1	0	0	3	1	1
傷害	0	1	3	0	0	0	1	2	0	0	1	0	0
傷害致死	7	2	9	1	1	0	0	0	1	0	1	1	0
殺人(死亡させた罪)	3	1	6	0	0	7	7	6	2	0	1	2	2
殺人(その他)	1	1	1	1	0	3	3	3	2	1	0	1	0
強盗致傷	5	1	2	3	2	2	4	0	4	4	1	2	2
強盗致死	2	1	1	2	0	1	4	1	0	1	0	0	6
強盗強姦	0	0	0	0	0	0	0	0	0	0	1	0	0
強姦致死	3	0	0	0	0	0	0	0	0	0	0	0	0
強姦	0	11	3	9	6	4	3	8	2	6	6	3	7
集団強姦	-	-	-	-	0	0	2	3	3	1	0	3	5
わいせつ	0	0	1	1	0	1	0	0	0	0	0	0	0
放火	0	1	0	0	0	3	1	1	2	0	1	0	1
その他	0	0	0	0	0	0	0	0	0	1	0	0	0
特別法犯総数	0	0	0	0	0	0	0	0	0	1	4	0	0
覚せい剤取締法	0	0	0	0	0	0	0	0	0	1	4	0	0

『司法統計年報』から作成

に精神的打撃を与えるような尋問を行うことが許されない。成長発達権保障の観点からみて不適切な活動がある場合には、家庭裁判所には検察官関与決定を取り消す義務があると理解すべきである（⇒**362**）。

(d) 検察官の審判関与の運用はどのようになっているか

367 実務運用　2013年の司法統計年報によれば、検察官関与決定があった人員は総数24人、強盗1人、殺人（死亡させた罪）2人、強盗致傷2人、強盗致死6人、強姦7人、集団強姦5人、放火1人となっている。

強姦など性犯罪での関与数が例年多いのは、合意の有無などが争点となりやすいこの類型の特質を反映してのことであると考えられる。ここには被害者供述の信用性の問題も窺われる。そうであれば、必要なのはむしろ被害者等への早期の公的な弁護士選任制度などの整備（⇒**633**）であり、検察官関与がどれだけ本質的な問題解決に寄与するのかには疑問もある。

4　少年審判において証拠調べはどのように行われるか

[1] 少年審判において少年側に証拠調べ請求権は認められるか。また、証人尋問権は認められるか

(a) 職権主義における証拠調べはどのように行われるべきか

368　問題の構造　少年審判は、職権主義構造をとっている。そのため、少年審判における証拠調べは家庭裁判所の職権による。しかし、これを家庭裁判所の自由な裁量によるものと理解すれば、少年側が証拠を調べてもらいたいと考えている場合や、通例は裁判所が証拠調べを行うような場合であっても、家庭裁判所がその必要はないと判断しさえすれば、それを行わなくてもよいことになってしまう。そうなれば、少年の納得や人権保障の観点からも真実発見の見地からも、問題が生じうる。

369 「合理的裁量」による枠づけ　こうしたこともあり、最高裁判所の裁判例でも、少年の人権に対する配慮から、「非行事実の認定に関する証拠調べの範囲、限度、方法の決定も、家庭裁判所の完全な自由裁量に属するものではなく（…）これを家庭裁判所の合理的な裁量に委ねた趣旨と解すべき」ことが確認されている（最決昭58・10・26刑集37巻8号1260頁／家月36巻1号158頁［流山事件］）。つまり、非行事実の認定に関する証拠調べの範囲、限度、方法の決定は**羈束裁量**であることが示されたわけである。そのため、少なくとも適正手続保障に反する措置はこの裁量を逸脱するものとして、法令違反（⇒**482**）となることになる。もっとも、この裁判例がいう「合理」性の中身は、必ずしも明らかではない。そのため、「合理」性の線引きを明確化することが学理と実務の重要な課題となっている。

(b) 少年は証拠調べ請求権をもつか。また、証人喚問権をもつか

370　問題の構造　それでは、ここからさらに一歩進めて、少年審判で

も少年側は証拠調べ請求権をもつと理解すべきであろうか。当事者主義をとる刑事手続では、訴訟法上の当事者である被告人・弁護人と検察官が証拠調べ請求権をもつ（刑訴298条1項、刑訴規190条）。それに対し、少年審判は職権主義をとる。そのため、少年審判でも少年（や検察官）に証拠調べ請求権、殊に自己に不利益な供述証拠の原供述者を裁判所に喚問する権利（証人喚問権）が認められるかが問題になる。

371 考え方の分岐点 従前、この問題に関しては、消極説と積極説の対立があった。しかし、2000年の第一次改正に伴い、少年・付添人と検察官は、家庭裁判所に対し証人尋問・鑑定・検証その他の証拠調べの「申出」を行えることが、少年審判規則で規定された（少審規29条の3、30条の7）。

ここで「請求」ではなく「申出」という語が使われていることや証拠調べ請求権が通例は当事者主義を前提とすることから、証拠調べ請求権を否定した上で、少年審判規則29条の3と30条の7による「申出」を家庭裁判所の職権発動を促すにとどまるものとして理解する見解も有力に唱えられている[13]。その上で、この見解は、流山事件最高裁判所決定が示す合理的裁量論の延長線上で問題を把握し、家庭裁判所の職権証拠調べ義務の一環として問題のとらえ直しを図ろうとしている。しかし、特に証人を喚問する権利の保障は年齢によって変わらず重要性をもつ上、証拠調べを尽くすことは少年の納得や教育からも重要である[14]。手続構造という形式的理由からこれを否定することはには疑問がある。

372 理論的検討 そこで改めて審判構造にかかわる課題を確認しておけば、いかにその糾問化を防ぎ、公正さを保つのかが重要な課題なのであった（⇒**332**）。この課題に応えるためには、審判開始時点で審判官が抱いている非行事実ありの蓋然的心証を洗い直す方向で証拠調べを行う必要がある（⇒**10**、**304**、**334**、**409**）。このことに鑑みれば、少年側に証拠調べ請求権を認めるべきであるという見解にも、なお傾聴すべきものがある。公正な司法機関として手続の糾問化と冤罪発生を防止する必要があり、その意味で実体的

---

(13) 川出・入門講義⑧「審判過程（4）」法教344号（2009年）145頁。

(14) 中村護「少年審判制度の再点検」ケ研119号（1970年）9頁、鴨良弼『刑事訴訟法の基本理念』（九州大学出版会、1985年）204頁、澤登・入門167頁。

真実の発見についても積極的なものではなく消極的なそれこそが重要であること[15]や、人権保障が本質において片面的なものであることを考えれば、現行制度下でも少年側からの「申出」に限っては、請求と同視して扱う運用はありうる[16]。

373　証人尋問権　裁判所が職権または申出・請求を受けて取り調べた証人や参考人に対して尋問を行う権利（証人尋問権）も問題になる。この権利は、適正手続保障の基本的内容の１つであり（憲37条２項、子ども条約40条２項（b）（iv））少年の納得にとっても重要であるから、少年法14条２項による刑事訴訟法157条３項の準用を認めるのが通説である。最高裁判所の裁判例も、上記流山事件決定（最決昭58・10・26）でこれを認めている。

その前提となる事実関係の概要は次のようなものである。少年は、同級生数人と共同して、高校校舎内の黒板や壁、ガラス窓などに落書を大書し、消火剤を放出し、投石してガラス窓を割るなどして器物を損壊した事実（暴力行為等処罰に関する法律違反の事実［第一事実］）と、校舎内の廊下においてダンボール箱に所携のライターで火を放ったものの教員らにより発見、消火されたため未遂に終った事実（現住建造物等放火未遂の事実［第二事実］）を送致事実として家庭裁判所の審判に付された。家庭裁判所の審判廷において、少年は第一事実について認めたものの、第二事実については身に覚えがないとして否認した。附添人は、少年の審判廷の供述に沿う多数の関係者の供述書を提出したほか、目撃証人２名を含む合計11名の証人を申請した。家庭裁判所は、附添人申請の証人のうちアリバイ証人１名、共犯者たる証人３名を証人として取り調べたものの、目撃者２名（同じ高校に在学中の女子生徒）を少年・附添人に立会いの機会を与えないまま参考人として取り調べるにとどめ、その余の証人は取り調べないまま、第一・第二の両事実を非行事実として認定した上で、少年を保護観察処分に付した。なお、家庭裁判所が目撃者２名

---

(15)　ドイツの刑事訴訟法が、まさにこうした観点から、職権主義をとりながら被告人に証拠調べ請求権を認めていることについては、田淵浩二『証拠調べ請求権』（成文堂、2004年）を参照のこと。

(16)　日本の少年審判の職権主義が構造的に抱える問題を考えた場合（⇒**332**）、検察官による証拠調べの申出に関して少年側とは異なる扱いをすることは、当然ありうることになる。

を証人としてではなく、参考人として審判廷外で少年・附添人の立会いを認めないまま取り調べたことの背後には目撃者の保護者から「仕返しをされる虞がある」などの再三にわたる申入れがあったという事情があることが窺われる。また、家庭裁判所が附添人に参考人の取調べの調書を記録に編綴する方法で了知させていたことが窺われる。

この事実関係を前提として、最高裁判所は、少年側の主張は再抗告の理由にあたらないと判断しながらも、いわゆる「なお書き」として、「少年保護事件における非行事実の認定にあたつては、少年の人権に対する手続上の配慮を欠かせないのであつて、非行事実の認定に関する証拠調べの範囲、限度、方法の決定も、家庭裁判所の完全な自由裁量に属するものではなく、少年法及び少年審判規則は、これを家庭裁判所の合理的な裁量に委ねた趣旨と解すべきである」と判示した。「少年の人権に対する手続上の配慮」が強調されていることからも明らかな通り、この裁判例は、少なくとも非行事実存在方向で認定を行う場合には、少年側に証人尋問権の保障が必要であることを求めていると理解される。にもかかわらず、最高裁判所が再抗告理由にあたらないと判断して少年側の再抗告を棄却したのは、少年が第一事実を認めていたために、保護観察を選択した家庭裁判所の終局判断は甚だしく不当とまではいえず、これを取り消さなければ著しく正義に反するとはいえないと判断したからであると考えられる（⇒**510**）。

[2] 職権証拠調べや補充捜査は（どのような場合に）認められるべきか

(a) 家庭裁判所にはどのような場合に職権証拠調べ義務が生じるか

374 問題の構造 流山事件最高裁判所決定（最決昭58・10・26）が判示したように、「非行事実の認定に関する証拠調べの範囲、限度、方法の決定」を家庭裁判所の羈束裁量と理解すれば、一定の場合に一定の範囲・限度・方法で証拠調べを行わなければ違法となる事態が生じることになる。

そうすると、非行事実の否定方向だけでなくこれを裏づける積極方向で証拠調べを行う義務が、果たして家庭裁判所にあるのかどうかが問題になる。具体的に問題になるのは、例えば、少年が審判において捜査での自白を覆し、アリバイを主張している場合である。この場合に、それを弾劾する証拠を取り調べる義務を家庭裁判所が負うのかどうかが問題になるわけである。

375　考え方の分岐点　従前、有力であったのは、こうした場合に家庭裁判所の職権証拠調べ義務を否定する見解であった。その核心となる理由は、司法機関としての公正さにあった(17)。審判官は審判開始決定時に、すでに捜査機関から送付された証拠物（少審規８条２項）に触れた上で蓋然的心証を抱いている（⇒**10**、**409**）。その上でこうした場合に家庭裁判所に職権証拠調べ義務を認めるとなると、司法機関としての公正さが損なわれるというわけである。しかし、その後、流山事件最高裁判所決定（最決昭58・10・26）が用いた「合理的な裁量」という言葉をスプリング・ボードとして、司法機関としての真実発見義務を強調する肯定説が現れ、1990年代に有力化した(18)。近時は、検察官関与が立法で認められたことに伴い検察官による証拠調べの「申出」制度（少審規30条の７）が創設されたこともあり、この義務自体は肯定した上で、公正さを制約原理として証拠調べが許される範囲を限定し、探知的な職権証拠調べを否定する見解も示されている(19)。

376　理論的検討　しかし、少年側による証拠調べの申出（少審規29条の３）と検察官によるそれ（少審規30条の７）とを同じレベルでとらえる必要は必ずしもない。証拠調べの申出と即応させて職権証拠調べ義務の問題をとらえるとしても、家庭裁判所には前者に対応してのみ職権証拠調べ義務が生じ、後者は職権の発動を促すにすぎないと理解することも可能である。少年審判の構造（⇒**332〜334**）と司法機関としての公正さを考えれば、この場合の職権証拠調べ義務は否定すべきである。

---

(17)　長島孝太郎「少年審判における職権証拠調の範囲と程度」『家庭裁判所論集』（法曹会［家庭裁判資料115号］、1980年）356頁を特に参照。

(18)　この見解の前提には、少年審判には検察官が関与しない以上、審判官は検察官の役割も果たさなければならないという「一人二役（三役）」論がある。こうした見解が、立法論として、検察官の審判関与制度に結びついたと理解することもできる。その背景については、コンメンタール少年法296頁［斉藤豊治］。なお、木谷明「非行事実の認定に関する証拠調べの範囲、限度、方法の決定と家庭裁判所の裁量」ジュリ807号（1984年）73頁、同「最高裁判事としての團藤重光先生」刑ジ34号（2012年）69頁も参照のこと。

(19)　加藤学「否認事件の審判」課題と展望①113頁。

(b) 捜査機関は家庭裁判所への事件送致後に捜査を行えるか。また、家庭裁判所は事件受理後に捜査機関に対して補充捜査を依頼することができるか

377 問題の構造 家庭裁判所の職権証拠調べ義務の問題と密接にかかわっているのが、補充捜査の問題である。これは、捜査機関は家庭裁判所への事件送致後に当該事件の捜査を行う権限をもち、家庭裁判所は捜査機関に事実上または少年法16条に基づきこれを依頼しうるか、という形で問題になる。これが特に問題となるのは、捜査での自白を少年が調査や審判の過程で覆し、アリバイを主張しているような場合で、家庭裁判所の手元の判断資料が尽きているようなときである。こうした場合に、少年のいい分を裏づける方向でのみならずその主張を弾劾する方向でも、新たな証拠の収集を家庭裁判所は捜査機関に依頼できるか、そしてまた家庭裁判所の依頼がない場合でも捜査機関は自発的に捜査できるかが問題になる。

378 考え方の分岐点と裁判例の展開 職権証拠調べの義務の問題と同様に、従前はやはり司法機関としての公正さを根拠とする否定説[20]が一般的であった。しかし、最決平2・10・24刑集44巻7号639頁／家月43巻1号146頁［福岡早良事件］は、いわゆるなお書きにおいて「捜査機関は、少年の被疑事件を家庭裁判所に送致した後においても補充捜査をすることができ、家庭裁判所は、事実調査のため、捜査機関に対し、右捜査権限の発動を促し、又は少年法一六条の規定に基づいて補充捜査を求めることができると解すべき」と判示した。ここには、その根拠もそれを限界づける論理も示されていない。

その後、福岡早良事件最高裁判所決定を前提として、最決平10・4・21刑集52巻3号209頁／家月50巻9号151頁では、少年法16条に基づく捜査機関への援助協力依頼により得られた証拠の存在を付添人に了知させなかったことの手続上の適否が問題とされた。その事実関係は、次のようなものである。原原審である家庭裁判所は、恐喝・同未遂事件で犯人性が全面的に争われる事案において、捜査で非行事実を認めた1名の証人尋問を行った。その後、

---

(20) 「昭和三九年三月開催　全国少年係裁判官会同概要」家月16巻11号（1964年）33頁および「昭和四四年三月開催　少年係裁判官会同概要」家月21巻11号（1969年）51頁の家庭局見解を参照。川﨑英明「補充捜査」法時67巻7号（1995年）18頁も参照。

家庭裁判所は、少年法16条に基づきこの証人の捜査段階における取調べ状況などにつき報告をするよう警察署長および検察官に援助協力を依頼してその回答を得た。しかし、少年の付添人にはこの依頼をしたことも回答を得たことも知らせないまま、その回答の一部をも考慮して証人の捜査段階における供述の信用性を肯定し、他の証拠と併せて非行事実を認定した。こうした措置の是非について、最高裁判所は、「少年が非行事実の存在を争っている保護事件においては、その争点について、援助協力の依頼に応じた捜査機関から送付を受けた証拠は、附添人が選任されている場合には、特段の事情のない限り、その証拠の送付を受けた旨を附添人に通知するのが相当であり、附添人が選任されていない場合には、証拠の重要性に応じて、その内容の要点を少年に告げるなど少年に防禦の機会を与えるよう配慮した運用が望ましい」と述べた上で、本件の措置を「妥当性を欠いたもの」と評価している。しかし、最高裁判所は、送付を受けた回答が「証拠全体の中で重要な位置を占める性質のものとはいえ」ないことなどから、「回答の重要性の程度、性質、審判全般における少年の具体的な防禦の状況等に照らして考えてみると、原原審の措置をもっていまだ裁量の範囲を逸脱した違法なものということはできない」と結論づけている。

379　理論的検討　しかし、「証拠全体の中で重要な位置を占める性質のもの」か否かは、まさに証拠調べの結果として初めて判明する事柄である。補充捜査で得られた証拠の存在を付添人に了知させることは、事前に行ってこそ適正手続保障の考えに適うといえる（最決平10・4・21に付された尾崎行信意見も参照）[21]。この最決平10・4・21を受けて、審判開始決定後に証拠などの送付を受けた場合に家庭裁判所は速やかにその旨を付添人に通知しなければならないことを定める少年審判規則29条の5が設けられている。「速やかに」の語は字義通りに理解されるべきであり、事後的な了知は違法となると解すべきである。

そもそも、家庭裁判所への事件送致後に捜査機関が補充捜査権限をもつの

---

(21)　川出敏裕「少年法16条に基づく捜査機関への援助協力依頼により得られた証拠の存在を附添人に了知させないことの適否」法教220号（1999年）130頁を特に参照。

か、もつとして何ら限定がないものなのかも、改めて検討が必要である。確かに、少年審判規則29条の5は、「法第二十一条の決定をした後、当該決定をした事件について、(…)書類、証拠物その他参考となる資料の送付を受けたとき」との規定ぶりをとっており、補充捜査が行われることを前提にしているといえる。しかし、少年審判規則29条の5は「書類、証拠物その他参考となる資料」の送付主体として、捜査機関に限定せず、保護観察所長や都道府県知事・児童相談所長をも併せて明示している。少年審判規則29条の5は、被害届など重要な証拠が捜査機関のミスで欠落しているなど、他に重要な証拠が存在することが容易に予想されるなどの場合に、いわゆる一挙手一投足の範囲内にある証拠の追加的な送付を例外的に認める規定であると解釈できる(22)。また、そもそも、少年法41条・42条は「捜査を遂げた結果」事件を家庭裁判所に送致すべきことを、また少年審判規則8条2項はその際に証拠物などをあわせて送付しなければならないことを捜査機関に求めている。この前提で、事件送致後に捜査機関に補充捜査権限を安易に認めることは、杜撰な捜査の追認につながる(23)。福岡早良事件最高裁判所決定(最決平2・10・24)も、中立的ないしは非行事実不存在方向での認定が問題となった事案である。公正な審判の確保という観点から、否定説は今日一層重要性をもっている。検察官の審判関与が行われる場合でも、非行事実を裏づける証拠を、さしたるあてもなく探し歩くような探知的な補充捜査は認められないと解すべきである(24)。

---

(22) 平場・新版217頁も参照のこと。

(23) 葛野尋之「研究者からみた補充捜査」法時63巻12号(1991年)38頁。武内・構造107頁も参照のこと。

(24) 第一次改正前の段階で、裁判実務上、補充捜査の問題は「裁判所がいかに見識を発揮するかという点に尽き」、捜査機関が裁判所の申入れを無視した場合には「追送された供述調書を受け取らないとか、受け取った場合でも、明確に証拠排除決定をして、記録に綴るときにも袋に入れて封印してしまい、証拠排除決定を取り消さない限り、上級審の裁判官でも読むことができないようにするなど」の「断固たる措置を取る必要が」裁判所にあることも裁判実務家から指摘されてきたこと(松尾浩也ほか「[座談会]少年法と審判手続」ジュリ1087号(1996年)31-32頁[木谷明発言])には、十分な注意を払っておく必要がある。

5　少年審判において証拠法則は適用されるか

[1] 伝聞証拠排除法則は少年審判において適用されるか

380　刑事手続における伝聞証拠の排除と少年審判　刑事手続では、幾多の冤罪を産んできた苦い歴史を踏まえて、刑事裁判で用いる証拠に関するルール（＝証拠法則）がつくられてきた。その１つに、公判期日外供述を内容とする証拠（＝伝聞証拠）には原則として証拠能力が与えられない、というルール（＝**伝聞証拠排除法則**）がある。それは、確実性や信頼性に問題があるためである。それに対し、少年手続では、審判開始決定時点ですでに審判官が送致資料に目を通しており、非行事実ありの蓋然的心証をもっている（⇒**10**、**304**、**409**）。そうすると、（理論上は別問題といえるものの）そこで心証形成に用いた資料を事実認定の際に心証から排除することは実際には難しい。また、伝聞証拠排除法則は、沿革としては当事者主義をとる国で発展してきた。そのため、職権主義をとる少年審判では、伝聞証拠排除法則の適用はないと理解されるのが一般的である(25)（⇒**332**）。

381　証人尋問権の保障　しかし、日本において、「また聞き」の証拠の使用を原則として許すか否かは、捜査機関が作成した調書（とりわけ自白内容を記した自白調書）の利用の許否に直結する問題である。成人と径庭のない捜査に課題を抱えている少年保護手続で（⇒**189**）、審判廷外の「また聞き」証拠を非行事実認定に無限定に使用することを許すことは、少年の人権保障を危うくすることになる。そこで、伝聞証拠排除法則の適用を認めることによる実際上・実質的な意義を考えてみると、それは、公判期日外の供述を事実認定のための証拠として認めないこと、その裏返しとして、公判（審判）廷で供述証拠の原供述者に反対尋問を行うことを、犯罪や非行の疑いをかけられた者に保障することにある。そこで、少年審判手続では、形式的にみれば、伝聞証拠排除の適用はないものの、実をとって、供述証拠の原供述者への反対尋問を少年に実質的に保障することが考えられる。

実質的にみれば、職権主義をとる大陸法系の国で発展を遂げてきた直接主

---

(25)　少年審判における証拠法則の適用に関する裁判例の整理については、福井厚「少年審判における刑事証拠法」法学志林93巻２号（1995年）１頁、同「少年審判における非行事実の認定 上・中・下」法時67巻７号・10号（1995年）、70巻１号（1998年）を特に参照。

義や口頭主義を徹底させることでも、同様の効果を得ることができる。**直接主義**とは、裁判所が直接取り調べた証拠だけを裁判の基礎にできるという原則である。また、**口頭主義**とは、証拠調べを含む手続の進行に関し、書面などにより密室で処理できないように、口頭で行う原則である。直接主義には、公判裁判所は自ら証拠を取り調べなければならないという形式的直接主義のほか、裁判所が直接オリジナルな証拠に接しなければならず、そうでない証拠方法は供述証拠か非供述証拠かを問わず証拠能力が制限されるという実質的直接主義という２つの側面がある。この実質的直接主義は、公判期日における証人の口頭供述による立証を要求するため、口頭主義と重なり合い、かつ供述調書などの伝聞証拠の排除を求めることになる[26]。この直接主義と口頭主義の徹底は、旧法下から職権主義をとる少年審判の糾問化防止のために重要性が指摘されていた事柄である[27]。

伝聞証拠排除法則の実質的保障から出発するのであれ、直接主義・口頭主義を起点とするのであれ、法廷外の証拠の証拠能力を否定するとともに、供述証拠については原供述者に対する少年の反対尋問権を保障する必要があるという点には、ほぼ見解の一致があるといえる（なお、反対尋問を経ていない供述調書の「信用性」を否定した例として、東京高決昭53・８・３家月31巻５号125頁も参照）。

もっとも、以上の議論を踏まえてもなお、冤罪防止の観点と人権保障の本質的な片面性を根拠として、例えば少年の事件とのかかわりを否定する共犯者や被害者の供述を記した調査報告書などを片面的に非行事実不存在方向で用いることは、許容する余地があるであろう[28]（東京家決平元・９・12家月41巻12号185頁［綾瀬母子殺し事件］、札幌家決昭56・８・28家月33巻12号131頁、東京家決昭55・７・４家月33巻６号66頁、東京家決昭54・10・８家月32巻10号111頁）。

---

(26) 田宮裕『刑事訴訟法［新版］』（有斐閣、1996年）236頁、上口裕『刑事訴訟法［第４版］』（成文堂、2015年）248頁を特に参照。

(27) 「口頭審理主義」と「直接審理主義」を「審判ニ適用セラルベキ原則」と位置づけるものとして、永田・講義⑪我か子２巻８号（1930年）70頁。

(28) この問題は、社会調査の結果を非行事実認定に用いることができるかという問題（⇒**350〜353**）ともかかわりをもっている。

［2］違法収集証拠は少年審判において排除されるべきか

382 違法収集証拠排除の必要性　刑事手続では、違法捜査抑止の必要性や司法の廉直性を理由として、違法に収集された証拠は事実認定に用いられないと考えられている。この理は、手続構造にかかわらず、少年審判手続にも妥当する。のみならず、勾留場所も含めて少年事件の捜査は成人に対するものと現実にはほとんど違いがない（⇒**221**）。少年審判手続が司法過程であるとともに教育過程であることを考えても（⇒**325**）、違法捜査を抑止し、司法の廉直性を保持することは、少年事件では一層重要である。

違法収集証拠として典型的に問題になるのは、黙秘権（自己負罪拒否特権）を侵害して、身体拘束中の取調べにより得られた（特に自白を内容とする）供述内容を記した調書（供述調書）の扱いである。したがって、少年事件では、黙秘権（自己負罪拒否特権）の告知方法、身体拘束場所とその方法、取調べのあり方のいずれについても、細心の注意を必要とする（供述調書の任意性を否定した例として、上記名古屋家決昭49・3・20、名古屋家決昭49・3・7、なお大阪高判昭43・7・25判タ223号123頁、浦和地決平3・11・11判タ796号272頁も参照）。

［3］自白法則は少年審判で適用されるべきか。また、補強証拠は必要か

(a) 自白法則は少年審判で適用されるべきか

383 自白法則の意義と必要性　強制・拷問・脅迫による自白や不当に長い抑留・拘禁後の自白は証拠にできないものとされている（憲38条2項、刑訴319条1項）。こうした**自白法則**は、いうまでもなく、不当な手段を通して得られた自白により幾多の冤罪が起こされてきたという人類の苦い歴史の上で、憲法と刑事訴訟法が確認を行っているものである。

もっとも、その実質的な根拠づけについては、刑事訴訟法学上、虚偽排除説、人権擁護説、違法排除説など、理解が分かれている。しかし、いずれの立場をとっても、成長発達の過程にある少年の属性に鑑みて、この法則を適用する必要性が少年審判で減じることにはならない。むしろその必要性はより一層高まる。

裁判例においても、自白の任意性を否定したものがみられる（高松家決平

2・12・14大阪弁護士会少年問題対策委員会『密室への挑戦』（1993年）40頁、甲府家決昭45・12・19家月23巻9号133頁、仙台家決昭41・2・8家月18巻11号97頁）。もっとも、一般的にいえば、取調べ状況が可視化されていない現状で任意性を問題とすることが水掛け論となりやすいこともあり、裁判実務では、証拠能力の問題に直結する任意性よりも自白の信用性判断の方が重要視されているといえる（信用性を否定した例として、上記東京家決平元・9・12、盛岡家決昭57・5・7家月34巻10号121頁、上記東京家決昭54・10・8、長野家決昭35・4・2家月12巻6号200頁）。

こうした傾向の下で少年審判においても重要になるのは、自白の信用性評価に関する経験則である。それは、①自白に至るまでの経過や自白内容に不自然・不合理な点はないか、②自白の変遷があるか、ある場合には合理的な理由があるか、③自白内容に真犯人しか知らないような事実はあるか（秘密の暴露）、④自白の詳細性・迫真性はあるか、という点の審査に具体化される[29]。もっとも、この経験則自体が、調書裁判の定着という現実を前にして裁判実務上の工夫として発展してきた側面をもつことには、注意が必要である。根本的には調書裁判からの脱却が求められることは、いうまでもない。

(b) 少年審判における非行事実認定で自白に補強証拠は必要か

384　補強証拠の意義と必要性　憲法は、「何人も、自己に不利益な唯一の証拠が本人の自白である場合には、有罪とされ、又は刑罰を科せられない」と規定する（憲38条3項）。そのため、自白には**補強証拠**が求められることになる。自白だけで有罪の心証が得られても有罪認定することを禁じることが、この補強法則の意義となる。その根拠としては、裁判官により過度に信用される性質をもつ自白のみで有罪認定を行うことは誤判につながること（誤判防止）や、自白だけで有罪認定できれば捜査機関は自白を重視するようになり、被疑者・被告人に自白を強要する結果、人権蹂躙が起こるおそれがあること（自白強要の防止）が挙げられる。

---

(29)　裁判例の分析からこうした経験則を導いたものとして、守屋克彦『自白の分析と評価』（勁草書房、1988年）を特に参照。

憲法の文言が「有罪とされ、又は刑罰を科せられない」となっていることもあり、少年手続では補強証拠を必要としないと理解して、非行事実を認定した裁判例もある（捜査官に対する自白調書のみにより非行事実を認定した例として、大阪高決昭37・10・17家月15巻3号162頁。員面自白と審判廷における自白のみにより非行事実を認定した例として、宮崎家都城支決昭43・4・9家月20巻11号199頁）。しかし、自由の制限を伴うという意味での保護処分の不利益性からも本人の教育からも、誤判防止は不可欠である。自白の強要を防止する意味でも、少年手続の非行事実認定であるということでこれが必要でなくなる理由はなく、むしろ補強証拠を認める必要性は高い。補強証拠のない自白は、非行事実認定には用いることができないと解すべきである。

補強証拠がないことを理由として非行事実の存在を否定した裁判例も、多数存在する（員面自白しかない事案において自白の証拠能力を否定したものとして、福岡家決昭44・4・5家月21巻11号193頁、旭川家決昭41・8・12家月19巻6号123頁、員面自白と検面自白しかない事案として上記甲府家決昭45・12・19、審判廷の自白も存在した例として福島家決昭47・1・11家月24巻8号94頁、大阪家決昭46・4・22家月24巻1号102頁［触法事件］、福島家決昭39・7・13家月17巻1号170頁、高松高決昭35・10・20家月12巻12号106頁）。

関連して、少年事件では共犯率が高く、それだけ責任転嫁や巻き込み動機による共犯者の虚偽供述の危険性が大きいことに注意が必要である（⇒**69〜70**）。「少年と一緒にやった」というような共犯者の捜査官に対する自白（員面自白・検面自白）を少年の非行事実の認定に用いるには、少なくとも原供述者である共犯者に対する反対尋問権の保障が必要である。

6　家庭裁判所は送致事実と異なる事実を認定することはできるか。それはどの範囲において、どのような手続をとることでできるか

385　問題の構造　刑事手続における「立証のテーマ」は訴因である。これは、刑事訴訟法上の当事者であり、公訴官でもある検察官が訴えの内容として設定するものである。その訴因により、被告人側の防禦の範囲が画され、裁判所は事実の認定を行うことになる。しかし、手続は流動的であるため、その進行とともに、検察官が訴えの内容を起訴時点とは別のものに変更

したいと考える場合がありうる。この場合、被告人側の防禦権にも配慮して、実体的には公訴事実が同一性をもつ範囲内で[30]、手続的には告知を行うことで、訴因を変更することが制度上認められている（刑訴312条）。

それに対して、職権主義がとられていたり、訴追官としての検察官の関与が予定されていなかったりするということもあり（⇒**364**）、少年保護手続では刑事手続のような訴因制度がとられていない。しかし、何が「立証のテーマ」となっているのか分からないまま自分に関係する手続が進行していくことは、少年の手続参加、教育、防禦、いずれの観点からみても問題がある。また、少年保護手続においても不告不理の原則が妥当する（⇒**225～226**）。少年保護手続でも、「立証のテーマ」の明確化が必要であることに変わりはない。そのため、何を「立証のテーマ」とし、それを変えようとする場合にどのような条件でどのような手続を踏めばよいのかが、「認定替え」として問題になる。

386　理論的検討　少なくとも捜査機関から送致されてきた事件については、送致事実がその基準になると考えるべきである（⇒**230**）。そのため、審判で送致事実と異なる事実を認定する場合、実体的には、刑事手続における訴因変更と同様に、事実の同一性の範囲内にあることが、手続的には告知の上少年に反論の機会を与えることが必要になると考えるべきである。実体的に事実の同一性が必要になるのは、この同一性がなければ、裁判所は外部からの訴えを受けない事実について裁判を行ったことになり、不告不理の原則に実質的に反することになるからである。手続的に、告知を行い反論の機会を与えることが必要であるのは、いうまでもなく、少年に対する不意打ちを避けるためである。

福岡高決平18・3・22家月58巻9号64頁は、検察官から送致されていない窃盗の事実を、新たな立件手続（少7条）を経ないで認定するとともに、この窃盗の事実を虞犯とは別個独立の非行事実として取り扱う旨を少年に告知し弁解を聴いておらず、決定を言い渡す際にも虞犯から窃盗に関する部分を

---

(30)　刑事訴訟法学において、一事不再理（二重の危険禁止）の効果が及ぶのが公訴事実の同一性が認められる範囲内であると理解されているのは、潜在的な可能性も含めて、この範囲で攻撃防禦が行われるためである（⇒**459**）。

分離して認定したことを少年に告げずに少年院送致を言い渡した原審の措置を「少年事件における適正手続保障の趣旨に照らし、決定に影響を及ぼす法令の違反がある」ものとしている。

また、東京高決平25・1・25家月65巻6号121頁は、恐喝の送致事実を恐喝幇助の限度で非行事実認定した原審の手続を問題とした事案である。この裁判例は、原審が幇助にあたると認定した事実が送致書中に記載されておらず、関係証拠中にも見当たらないことを指摘し、この状況で原審のように幇助行為を認定するのであれば、「適正手続の要請に照らし、また、少年審判規則29条の2の趣旨に鑑み、少年及び付添人に対して、この事実を告知し、この事実につき陳述する機会を与えた上で、さらに、必要に応じて反論・反証の機会を与えて、審理を尽くす必要があったというべき」と述べている。「原裁判所が、そうした措置を講じることなく（…）少年の幇助行為を認定したのは、まさに不意打ちに当たり、適正手続の要請に反し、少年審判規則29条の2の趣旨にも反して違法であるといわざるを得」ないとして、法令に影響を及ぼす違法があったことを認めている。

認定替えは、非行事実同士だけでなく非行事実と虞犯事実との間でも問題になり、この場合虞犯の特別な属性の考慮も必要になる（⇒**169～170**）。

7　要保護性の認定はどのように行われるべきか

[1] 要保護性を認定するための手続はどのように行われるべきか

387　司法過程と教育過程　通例、審判期日において、家庭裁判所により、非行事実に関する審理が行われ、非行事実の存在に関する心証が得られた後に、要保護性の審理が行われる。少年保護手続では、法律記録と社会記録という2系統の記録が用いられ（⇒**122**）、要保護性は主として社会記録に基づき認定される。この記録によりながら審判期日前に一応の心証を形成した上で、審判期日において重要な事実を確認する形で心証が形成される[31]。

要保護性は、処分決定の際に決定的に重要な役割を果たすため（⇒**128～131、406～407**）、司法過程として、これを認定するための基礎となる重

(31)　コンメンタール少年法299頁［斉藤豊治］。

要な事実については、少年や保護者に内容を告知した上、確認することが必要である（大阪高決平6・3・18家月46巻5号81頁）。

他方、要保護性の基礎事実の中には、出生の秘密など少年自身も知らないようなプライバシーの深部にかかわるものも存在する。そのため、教育過程として、要保護性認定にあたっても、成長発達の途上にある少年自身の保護に細心の注意が必要になる。そのため、少年の情操を害するものと認める状況が生じたときには、少年を退席させることが考えられる（少審規31条2項）。

検察官の審判関与制度は、あくまで非行事実認定に関するものであるので（少22条の2第1項）（⇒**360**）、検察官が要保護性の認定手続に関与することはできない。被害者等の傍聴には、このような制限がないものの（⇒**643**）、「少年の年齢及び心身の状態、事件の性質、審判の状況その他の事情を考慮して、少年の健全な育成を妨げるおそれがなく相当と認める」ことが要件となっているから（少22条の4第1項）、要保護性の認定には、より馴染みにくいことが多いであろう。

［2］要保護性の基礎事実の認定にあたり証拠法則の適用はあるか。また、その認定に必要な心証の程度はどのようなものか

388 問題の構造　要保護性は、①犯罪危険性と②矯正可能性（離脱・回復・立ち直りの可能性）を中心的な要素としており、実務上はこれにさらに③保護相当性を付け加える考え方が有力である（⇒**123**）。しかし、特に①犯罪危険性と②矯正可能性には、将来どのようになるかという予測判断が含まれている。そのため、非行事実認定について妥当しているような証拠法則（⇒**380〜384**）や、合理的な疑いを超える心証（⇒**340**）まで果たして求められるかが問題になる。これについては、現在、将来の予測それ自体と予測の基礎となる事実とに分け、問題を考えるアプローチが有力となっている[32]。

その上で、問題になるのは、要保護性の基礎となる事実の性格である。一方で、処分決定にあたり決定的に重要な役割を果たす要保護性を基礎づける

---

(32) 川出・入門講義⑩「審判過程（6）」法教346号（2009年）106頁、コンメンタール少年法299頁［斉藤豊治］、三浦透「非行事実と要保護性の認定」50選179頁。

事実は、主として資質鑑別や社会調査を通して得られ、被調査者との信頼関係に基づき収集された全生活的な事実が多く含まれている（⇒**254**、**310**）。そのため、それをできるだけ正確に認定する必要性が高い。しかし、証拠法則を厳格に適用していくと、社会調査の場面で先を見越した萎縮が起こり、有用な情報が得にくくなり、社会調査が形骸化していかないか、という懸念が生じる。そこで、これをどのように考えるべきかが問題になる。

389　証明の程度　要保護性の証明の程度に関しては、ⓐ合理的な疑いを超える程度の心証まで必要であるという見解[33]、ⓑ証拠の優越で足りるという考え[34]、ⓒ証拠の優越よりも高度な心証も求める見解[35]の対立がある。将来の予測の部分について高い心証を求めることには無理がある。しかし、要保護性を基礎づける事実についても、可能な限り高い心証を求めるべきであろう。

390　自白の補強証拠　自白の補強証拠の要否は、余罪の取り扱いと関連して問題になる。典型的には、補強証拠なしに少年の自供のみによって非行を認定し、それを要保護性として考慮してよいか、という問題である。この問題に関しては、自白の補強証拠は適用されないと考える裁判例もある（東京高決平4・8・17家月45巻1号146頁、広島高決昭59・12・27家月37巻8号102頁）。しかし、要保護性の基礎事実については、厳格な認定が可能なはずであり、非行事実について補強証拠が求められる理由（⇒**384**）はここでもあてはまる。少年自身の納得を考えても、要保護性の基礎事実についても補強証拠を求めるべきであろう。

391　伝聞証拠の扱い　問題は、伝聞証拠の扱いである。伝聞証拠排除法則の適用は、非行事実の場合と同様（⇒**380**〜**381**）、形式的にはないと理解せざるをえない。その上で、要保護性認定の基礎となる事実に含まれる全生活的な事実が誤った認定を導きやすいことに鑑みて、非行事実認定の場合と

---

(33)　高山晨「保護処分決定の審理」司法研修所報30号（1963年）108頁、正田満三郎「少年審判における非行事実認定（確定）の法機能的意義」家月25巻10号（1973年）20頁、多田周弘「少年保護事件におけるデュー・プロセスの実現のための覚書（下）」判タ638号（1987年）42頁。

(34)　澤登・入門194頁、團藤＝森田224頁。

(35)　平場・新版264頁、注釈少年法248頁、草野隆一「少年審判の司法的性格」最高裁判所事務総局家庭局編『家庭裁判所の諸問題 下巻』（法曹会、1970年）78頁。

同様に、原供述者への反対尋問まで保障すべきかが問題になる。現在、これを肯定し、少年が求める場合には、原供述者に対する反対尋問の機会を付与すべきことを主張する見解も有力にある[36]。

この問題に関しては、調査過程における適正手続保障のあり方（⇒**316〜317**）を視野に入れて考察する必要がある。調査過程を通して、少年の手続参加と意見表明権を保障し、調査を通して得られた情報の開示を促進していけば、審判段階において深刻な事実の争いは回避できると考えられる[37]。反対からいえば、調査過程における手続参加権と意見表明権の保障なしに、審判においてのみ反対尋問の機会を与えても、実効性に疑問があるだけでなく、総体としてみれば却って調査制度の衰退を招くおそれがある。

[3] 要保護性判断において余罪はどのように考慮されるべきか

392 問題の構造　少年が調査や審判の段階で、家庭裁判所に係属していない別の非行（＝余罪）があることを申告することがある。このような場合、不告不理の原則があるために（⇒**225**）、本来、新たに立件することなく、この非行を家庭裁判所が取り上げて、処分を言い渡すことはできないはずである。しかし、要保護性は犯罪危険性に関する将来の予測判断を本質とするため（⇒**123**）、同じ少年に関係する非行であれば、できるだけそれを考慮すべきであるとも考えられる。実務上も、少年から余罪の申告があった場合、捜査機関に早期の送致を依頼するなどして併合して審理することが目標とされるものの、捜査機関が立件する見込みがない場合や、観護措置がとられており審判期日までに事件送致が間に合わない場合があることが指摘されている[38]。そこで、立件されていない余罪を、（非行事実としてでなく）要保護性として家庭裁判所がどれだけ考慮できるかが問題になる。

393 手続的制約と実体的制約　裁判例では、余罪を要保護性の資料とし

---

(36) 川出・入門講義⑩「審判過程（6）」法教346号（2009年）110頁。

(37) 佐野健吾「少年審判における少年の『知る権利』」問題」山口県立大学社会福祉学部紀要３号（1997年）99頁。同「少年審判例研究の方法」司法福祉の焦点130頁、前野育三「少年司法における事実認定」非行事実の認定162頁、葛野・参加と修復334頁を参照。

(38) 裁判例コンメンタール224頁［加藤学］。

て考慮できると考えられている（最近のものとして、東京高決平18・9・25家月59巻5号102頁、東京高決平12・5・26家月53巻5号196頁など）。問題は、余罪の考慮ができるとしてその限界を何によって画するかである。

重要なのは、余罪は立件手続を経ていないということである。そのため、実質的に適正手続保障を潜脱するような考慮の仕方は許されない。この点から、手続として告知と聴聞が不可欠であり、少年を不意打ちすることは許されないことになる。

立件手続を経ていないわけであるから、実質的に余罪を断罪するような考慮の仕方は、実体論としても許されない。非行事実と要保護性の関係について、前者を後者の（排他的）推定根拠と考える場合（⇒**130**）にはなおさら、余罪の考慮は厳格でなければならない。これらのことを考えると、時間が近接しており、非行事実と同類型で、内的関連性をもっている余罪に限り考慮できるにすぎないと考えるべきであろう（この点で、3年以上前の事件や異類型の余罪を要保護性判断で考慮している新潟家佐渡支決平11・7・28家月52巻1号120頁には疑問がある）。

なお、非行なしとした事実を要保護性判断において考慮することは許されない（東京高決昭52・2・4家月29巻9号127頁）。要保護性を基礎づける事実の存在についてできるだけ高い程度の心証を求めるのであれば（⇒**389**）、このことは当然の帰結となる。

第19講　処分（1）

——処分の選択、審判不開始・不処分に伴う保護的措置、試験観察

●本講で考えること

前々講（第17講）で確認したように、審判では、家庭裁判所が事実を認定し、法令を適用した上で、終局的な処分を決定することになります。その審判の対象を、非行事実と要保護性と理解するのが、通説的な立場でした。

それでは、家庭裁判所が終局的な処分を選択する際、何を基準とすべきでしょうか。ここではまず、処分を決定する際の基準について、理論的に検討してみます。その際、課そうとしている処分でどのような処遇が可能なのか理解しておかなければ、少年に対して適切な処分を選択することも難しくなるでしょう。そこで、本講と次講（第20講）では、少年保護手続で家庭裁判所が選択しうる処分について検討していきます。

本講では、終局決定に伴う措置を概観した上で、審判不開始や不処分に伴って行われている「保護的措置」と呼ばれる事実上の教育的な働きかけと、試験観察を取り上げます。それを踏まえて、次講では、保護処分について検討します。なお、少年保護手続から事件を離脱させ、刑事手続にのせるための検察官送致決定については、それが特別な性格をもつことから、「刑事司法制度における少年の保護」（第Ⅳ編）において検討することにします（第23講）。

● Keywords
処遇勧告、環境調整命令、処遇選択、保護的措置、試験観察、中間決定、終局決定

1　家庭裁判所による処分の選択にはどのような意義があるか

[1] 司法過程としてみた場合、処分選択にはどのような意義があるか

394　処分決定の意義　　少年保護手続は、司法過程であるとともに教育過程でもある（⇒325）。そのため、家庭裁判所は、司法作用に基づき、審判手続において事実の認定、法令の適用、処分の選択を行う。審判の対象は非行事実と要保護性であるから（⇒120〜121）、処分の選択は、この両者に関係

する事実の認定を踏まえて行う必要がある。

家庭裁判所による終局的な処分の決定は、それが確定する前であれば、抗告（少32条）や抗告受理申立て（少32条の4）による不服申立ての対象になる。その際、少年側による不服申立後の処分は当初の処分よりも不利益なものであってはならないという不利益変更禁止原則が妥当する（⇒**500〜503**）。また、終局決定が確定すれば、実体的に、具体的事件を解決するための法規範が形成されることになり、法を執行する効力が生じるとみることができる。こうした実体法的な効力の1つとしてみるか、それとも手続法的な効力として考えるかには争いがあるものの、確定した事件を国家機関がむし返すことができないことになる（一事不再理の原則または二重の危険禁止の原則）（⇒**455**）。こうした不服申立て権の行使や一事不再理の原則の適用にあたっては、その対象や範囲を明確にすることが必要であるから、保護処分を決定する際には、罪となるべき事実とその事実に適用すべき法令を示すことが求められる（少審規36条）。

いうまでもなく、家庭裁判所による終局的な処分の決定は、本人や保護者などの当事者にとって極めて重大な判断となる。したがって、少年の理解と納得が不可欠であり、「保護処分の決定を言い渡す場合には、少年及び保護者に対し、保護処分の趣旨を懇切に説明し、これを充分に理解させるようにしなければならない」ものとされている（少審規35条1項）。この少年の理解と納得は、適正手続との関連でも教育的観点でも、重要になる（⇒**110〜111**）。

[2] 教育過程としてみた場合、処分決定にはどのような意義があるか

395 処分決定の教育的意義 他方で、少年保護手続は教育過程でもあるので、手続過程では要保護性を解消させるべく、少年自身や保護者など周囲の環境に対して教育的な働きかけが行われる。特に家庭裁判所の調査・審判過程で調査官や裁判官が少年の抱えている問題性に応じて行う非定式的な事実上の教育的な働きかけは、「保護的措置」と呼ばれている。また、審判過程の途中で、要保護性の変化をみるために、一定の時間をかけて働きかけ方を変えることがある。これが中間的な処分である試験観察の決定である。これらの措置を通して要保護性が解消・縮減した場合、家庭裁判所は審判不

【図1】少年法上の中間・終局処分

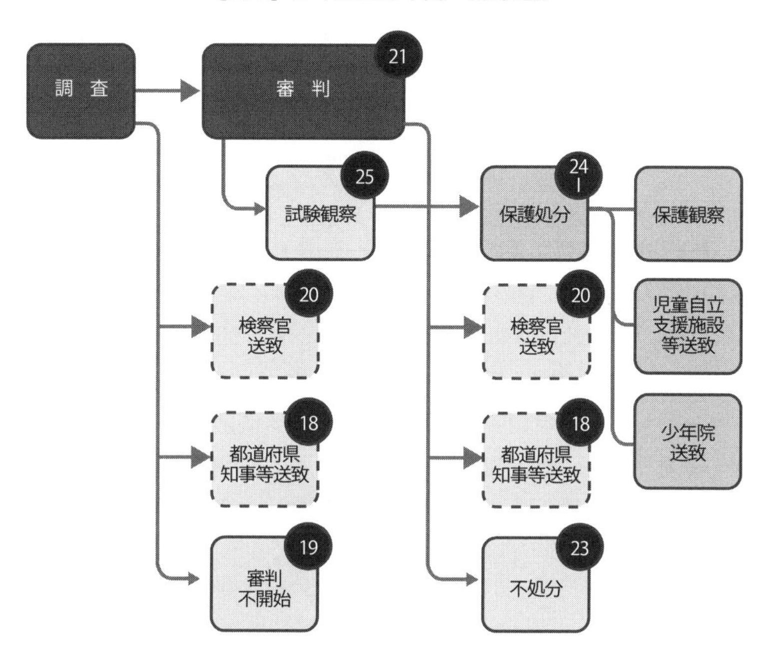

開始（少19条1項）や不処分（少23条2項）の決定を行わなければならない。

しかし、保護的措置や試験観察を通した教育的な働きかけを受けてもなお、審判終了までに要保護性が解消・縮減しないことがある。この場合、家庭裁判所は、事実上の措置にとどまらずに、法的意味をもち、教育的にも介入強度が大きい定式的な働きかけをさらに行うための処分を決定することがある。こうした場合、家庭裁判所は保護処分や他機関への送致を終局的な判断として行うことになる。これが終局処分の決定である。

2　家庭裁判所が選択しうる処遇にはどのような種類があるか

[1] 処分はどのような観点から、どのように分類できるか

396　法的性格　家庭裁判所が選択しうる定式的な処分は、いくつかの観点から分類することができる。まず、法的性格で分類すれば、**中間決定**と**終局決定**に分類できる。前者は、家庭裁判所の終局的な判断が留保されている判断である。後者は、文字通り家庭裁判所としての最終的な判断である。

前者には、試験観察（少25条）がある。後者には、①都道府県知事・児童相談所長送致（少18条1項）、②検察官送致（少20条）、③保護処分が属する。③保護処分には、㋐保護観察（少24条1項1号）、㋑児童自立支援施設・児童養護施設送致（同2号）、㋒少年院送致（同3号）がある。中間決定後に終局決定を行うことは、もちろん可能である。しかし、2つ以上の終局処分を併課することはできない。

397　実体的権利義務関係の変動の有無　その上で、終局処分のうち①都道府県知事・児童相談所長送致決定（少18条1項）と②検察官送致決定（少20条）は、他の専門的な機関に事件を送致し、最終的な実体的処分の決定を行うことをその機関に委ねる措置である。したがって、これらの決定は、家庭裁判所として終局的な判断ではあっても、その決定自体で実体的な権利義務関係の変動が生じるわけではない。それに対し、③保護処分決定は、家庭裁判所自身の権限と責任に基づく実体的な権利義務関係の変動をもたらす処分の決定である。

398　審判の要否　次に、条文のならびを手がかりとして、手続面に着目して終局処分を整理すれば、審判を経る必要があるものとそうでないものに分類できる。条文の上で、①都道府県知事・児童相談所長送致決定（少18条1項）と②検察官送致決定（少20条）は、審判開始決定（少21条）よりも前に置かれている。このことを考えれば、これらの決定は、必ずしも審判を開くことなくなしうる。それに対し、③保護処分決定（少24条）は、審判開始決定の規定（少21条）よりも後に置かれているから、その必要がある。

しかし、①都道府県知事・児童相談所長送致決定（少18条1項）と②検察官送致決定（少20条）の処分についても、確かに、それ自体で実体的な権利義務関係の変動がもたらされるわけではないものの、本人の重大な利益にかかわっており、手続や社会事実のレベルでは、不利益性を観念できる。本人の納得を考えれば、①都道府県知事・児童相談所長送致決定（少18条1項）と②検察官送致決定（少20条）も審判を開き、審判官が少年と直に顔を合わせる機会をもつ必要があると考えるべきであろう。

399　処遇内容　最後に、処遇内容から整理すれば、中間決定である試験観察と、③終局処分のうちの㋐保護観察（少24条1項1号）は、社会内での日常生活を維持しながら定期的に専門的な働きかけを受ける**社会内処遇**である。それに対し、③保護処分のうち㋑児童自立支援施設・児童養護施設送致（少24条１項２号）は厚生労働省所管の児童福祉分野の、㋒少年院送致（少24条１項３号）は法務省所管の（狭義の）少年司法分野の、**施設内処遇**であり、全生活を包摂した教育的指導を内容とする（⇒**442**）。

2013年度の司法統計年報によれば、一般保護事件の終局処分別内訳は（総数40987人）、検察官送致が0.4％、保護処分が34.5％（保護観察26.8％、児童自立支援施設・児童養護施設送致0.6％、少年院送致7.1％）、都道府県知事・児童相談所長送致が0.4％、不処分20.7％、審判不開始43％となっている。

[2] 家庭裁判所は、終局決定に伴いどのような措置をとりうるか

(a) 少年法上の没取はどのような制度か

400 没取　刑事裁判所が刑事処分を科す場合と同様に、家庭裁判所は、終局処分として①都道府県知事・児童相談所長送致（少18条１項）と③保護処分（少24条１項）、さらには審判不開始（少19条）、不処分（少23条２項）を決定する場合に、没取を行うことができる（少24条の２）。**没取**とは、犯罪事実または触法事実と一定の関係をもつ物の所有権を現所有者から剥奪して国庫に帰属させる行為のことをいう。

この制度は、旧少年法には存在せず、その点は制定当初の現行法も同じであった。しかし、法施行後、押収物件を事件終局後に少年本人に返却することが適当でない場合があることが認識され、1949年にこの制度が導入された。

刑法に規定される没収は付加刑であるから、刑罰の一種である（刑９条）。それに対し、少年法24条の２は規定こそ刑法19条１項を踏襲しているものの、その法的性格は刑法９条と異なり刑罰ではなく、「少年の健全な育成」を目的とする保安処分と解されている(1)。しかし、保護処分と保安処分とが、主として特別予防の目的をもつ刑罰以外の刑事的効果という点で共通しつつも、前者が少年の福祉の実現という福祉的要請から発展してきたことを考えれば(2)、この措置も、単なる保安処分としてではなく、広い意味で中長期的に

---

(1) 團藤＝森田255頁を特に参照。

少年の成長発達を促すための措置と理解する余地はある。

没取は所有権を奪う行為であるから、相応の事情が行為者になければならない。審判不開始・不処分決定の場合も、非行事実は存在するものの要保護性が軽微であるとか、解消・軽減されていることを理由とする場合にのみ没取を行いうる。非行事実の不存在を理由とする場合、没取はなしえない。

(b) 処遇勧告とはどのような制度か。また、環境調整命令とはどのような制度か

401　処遇勧告と環境調整命令の制度趣旨　他方、刑法や刑事訴訟法には存在しない少年法独自の制度として、家庭裁判所は、③保護処分（少24条1項）の決定に伴い、執行機関に対して処遇勧告（少審規38条2項）を行い、環境調整（少24条2項）を命じることができる。これは保護処分の教育的性格から出たものであり、いわば少年保護に携わる諸機関により構成される「オーケストラ」を前にした「コンダクター」としての家庭裁判所の役割[(3)]を明確にしているといえる。これらの制度は、保護処分の決定機関と執行機関が分離されている現行法の仕組み（⇒**38**）を前提として、決定機関の意向を処遇機関に伝え、処遇の一貫性を確保しようとするもの[(4)]であるといえる。社会記録が保護処分の執行機関に送付されること（少審規37条の2）や、保護処分決定を行った家庭裁判所が「当該少年の動向に関心を持ち、随時、その成績を視察し、又は家庭裁判所調査官をして視察させるように努めなければならない」（少審規38条1項）とされていることも、同様の考えに立つものといえる[(5)]。

402　処遇勧告　**処遇勧告**は、少年法改正論議を経た1977年に、少年院の種別を定めた通達（「少年院の運営について」）上の制度として生まれ、その後保護観察にも拡大された制度である。

---

(2)　前野育三『刑事政策論［改訂版］』（法律文化社、1994年）118頁。

(3)　森田宗一「少年審判十周年に思うこと」家月11巻1号（1959年）231頁を参照。

(4)　実務講義案236頁。

(5)　さらに、実務上行われている保護観察所や少年院からの成績報告や、処遇方法の変更に関する家庭裁判所への求意見なども、同様の考えに立っているといえる。

この法的性格は、法的拘束力をもたない事実上の措置であると理解されている。しかし、法務省の通達上、家庭裁判所が保護観察決定時に短期保護観察と交通短期保護観察の処遇勧告を行えば、各々の対象とすることとされている（「短期保護観察の実施について」平20・5・9保観第327号保護局長通達、「交通事件対象者に対する短期の保護観察の実施について」平20・5・9保観第328号保護局長通達）。少年院送致決定に伴う一般短期と特修短期の処遇勧告についても、同様に、執行機関側がしたがうべきものとされている(6)（「少年院の運営について」平3・6・1矯教第1274号矯正局長依命通達）。家庭裁判所による処遇勧告は社会事実としては強い拘束力をもっているといってよく、例えば不服申立ての局面で、その事実を法的に考慮する必要性も強い（⇒**490**）。

2000年の第一次改正以降、被害者死亡結果があるような非行で少年院送致が選択される場合に、3年や5年といった在院すべき期間を明記した「相当長期」や「超長期」の処遇勧告が行われた例も報告されている(7)（⇒**534**）。教育的理由に基づかず、刑事罰との「バランス」で在院期間を確保するためにこうした処遇勧告が行われるのであれば、処遇勧告制度の本来の趣旨から外れる運用といわなければならない。

403　環境調整命令　**環境調整命令**（少24条2項）とは、保護処分として保護観察決定または少年院送致を決定する場合に、保護観察中または少年院仮退院後に家庭その他の環境調整に関する措置を、家庭裁判所が保護観察所の長に行わせるものである。

更生保護法上、少年院の在所者について社会移行（復帰）を円滑にするため必要があると認めるとき、保護観察所の長は、自らまたは保護観察官もしくは保護司に、その者の家族その他の関係人を訪問して協力を求めることやその他の方法により、釈放後の住居、就業先その他の生活環境の調整を行う

---

(6)　その他、①「医療少年院に送致する少年の医療措置修了後の移送先少年院の種別」、②「長期処遇を実施する少年院に送致する少年で比較的短期間の矯正教育をもって足りる」こと、③送致決定した少年の少年院における処遇に関する特別の希望意見、に関する家庭裁判所の処遇勧告は、「勧告の趣旨を十分に尊重するもの」とされている。

(7)　藤原正範「苦悩する少年司法の現場から見えてくるもの」刑法43巻3号（2004年）498頁。

ものとされている（更生保護82条、84条。犯非処遇規112条も参照）。家庭裁判所による環境調整命令は、この制度とならんで、少年の社会移行（復帰）を円滑に進めるためのものである。すでに保護観察の開始時または少年院への入所時から、少年が抱える問題を踏まえた意向を決定機関である家庭裁判所が処遇機関に伝えることができることに、この制度の意義がある。そのことで早期から少年に対する「まわりの目」をも変化させ、「社会の『立ち直り』」（⇒**72**）に資する点にも、この制度の意義が認められる。そのためにも、資質鑑別や社会調査が適正かつ的確に行われなければならないのはもちろん、審判官自身も処遇（機関）に関して広く深い知識を有していなければならない（⇒**330**）。

[3] 終局処分にかかわる制度はどのように変遷してきているか

404　旧少年法の制度とその運用　旧少年法において少年審判所が言い渡しうる保護処分は9種類（①訓誡、②学校長訓誡、③書面による改心の誓約、④条件付の保護者引渡し、⑤寺院・教会・保護団体・適当な者への委託、⑥少年保護司の観察、⑦感化院送致、⑧矯正院送致、⑨病院送致・委託）あった。これは、先行して少年法制定作業を行っていた西洋諸国のモデルに「わが国の家族主義」の考慮（④⑤）を加えて[8]、策定されたものである。これらの保護処分は、併課できただけでなく、事後的に取消し・変更することができた（旧少4条・5条）。もっとも、②学校長訓誡は、学校長に非行が知られることで少年が退学させられるなど「却て保護が保護にならない結果」[9]を招くことが少年審判官たちに知られていたために、実際にはほとんど用いられなかった[10]。

旧少年法では、審判不開始や不処分が明文規定で制度化されていたわけではなかったものの（⇒**36**）、実務運用では事実的な教育的働きかけの重要性が指摘されており、「不良性微弱」を理由とする審判不開始や段階的な処遇

---

(8)　「［座談会］少年法の今昔物語」更生保護4巻4号（1953年）5頁［山岡萬之助発言］。

(9)　山森平成「少年の犯罪に就て」丁酉倫理會倫理講演集257輯（1924年）7頁。

(10)　旧少年法下の保護処分の運用の推移に関しては、安形静男『社会内処遇の形成と展開』（日本更生保護協会、2005年）164頁を特に参照。

選択が行われていた。しかし、戦中期には戦争を下支えする人的資源確保の必要性が高唱され、早期発見の強調、通告の積極化、審判手続の簡略化、「不良性微弱」による審判不開始の否定、保護処分の事後変更の積極化とともに（⇒233）、短期錬成を処遇内容とする矯正院や少年保護団体への「原則送致・委託」政策がとられた[11]。

405 現行法の基本枠組み 現行法では、司法機関である家庭裁判所が審判機関となったこともあり、保護処分の併課や事後的な取消し・変更は認められていない（⇒37〜38）。旧法のいわゆる「継続的保護」（⑤〜⑨）を再編し、保護処分を特に重大な利益侵害を伴う４つの処分に限定したことも、同様の理由に基づく。もっとも、旧少年法下で「一時的保護」（①〜④）と呼ばれた保護処分は、現行法下でも事実的な保護的措置として実質的に行われている。旧少年法下で存在した少年保護団体は、戦後改革期にGHQの意向で廃止されたものの、少年院や補導委託先に姿を変え、戦後も実際には重要な役割を担った[12]。

3 処分は何を基準として選択されるべきか。また、処分の決定はどのような手続によるべきか

[1] 処分の選択基準はどのようなものであるべきか

406 実体的な処分の選択基準と手続の保障 審判の対象となるのは、非行事実と要保護性である。そのため、処分決定をどのように行うべきかが問題になる（⇒128〜131）。個別処遇原則（⇒７）から出発すれば、決定的に重要な処分の選択基準は、当該処分がいかに少年の個別的なニーズに適い、要保護状態を解消できるかにあり（北京５条、17条、意見10号 para. 71）、社会のニーズは長期的ニーズとして考慮されるべきである（意見10号 para. 71）（⇒131）。「濫りに個人の自由が社会全體の爲に犠牲にさるべきものとすれば保護處分の發展は阻害さるゝ」[13]ことが旧法下においてすら少年審判官たちに認識されていたことには、十分な注意を払っておく必要がある。

---

(11) 森山武市郎「少年保護制度の運用に關する諸問題」『少年保護論集』（司法保護研究所、1944年）57頁は、こうした運用による「戦時少年法」の体系的転換を描いている。

(12) 安形静男「少年保護団体の生成と消滅」犯非145号（2005年）158頁を特に参照。

保護処分は、あくまで教育目的をもち、また教育的な手段を用いて要保護性の解消を図るものである。しかし、現実に国家が準備しえている処遇は、歴史的・環境的制約からなお全面的な利益処分にはなりえていない。そのため、最終的な処分選択にあたっては、有効性の検討に尽きずに、憲法や国際人権法規範に沿った価値判断を加えることが必要となる（⇒**131**）。そこで要請される実体的デュー・プロセス（憲31条）や謙抑性を満たすために、処遇選択のプロセスは少年にとって「反面の不利益のより少ない教育手段の発見と決定過程」[14]としてとらえられなければならず、そのための手続保障も尽くされなければならない。特に、家庭裁判所調査官が調査収集した要保護性認定資料の正確性を十分に吟味し、足りないところを少年の利益を保護するために補い、少年にとって不利益性の少ない教育手段に関する処遇意見を述べる付添人の選任の保障が、ここでは重要になる（⇒**650〜652**）[15]。

［2］少年法上の処分の軽重をいうことはできるか

407　処分の軽重　　もっとも、処分選択に際して謙抑性の考慮が不可欠であるとして、そもそも処分の軽重をいうことができるのかが問題になる。この問題は、処分の著しい不当を理由とする抗告（少32条）（⇒**488~489**）や、不利益変更禁止原則の適用（⇒**500**）との関係で、実践上も重要である。

要保護性は、量的概念としてではなく質的概念としてとらえられる必要がある（⇒**131**）。また、処分の選択は、少年が背負う問題への個別的な即応を基準にすべきである。そうであるとすれば、処分の軽重は語りえないと考えるのが、素直であるようにみえる。しかし、全件送致主義と家庭裁判所先議主義により担保された保護処分優先主義（⇒**7**）をとっている現行法の仕組みを前提とすれば、この手続から離脱させる検察官送致決定とその後の刑事処分は、保護処分と質的な違いをもつといえる[16]。また、保護処分や事実的な措置についても、自由剥奪の程度や、身体拘束による社会との断絶や烙印

⒀　齋藤法雄「少年審判制度論」少年保護６巻３号（1941年）48頁。反対に、戦中期には「個人主義的」であるとしてこの考えが否定されたことにも、併せて注意が払われるべきである。

⒁　守屋・非行と少年審判176頁。

⒂　守屋・非行と少年審判178頁、葛野・参加と修復319頁。

押し（スティグマ）など社会現実として存在する反面的効果を考慮に入れ、なおかつ一般的・類型的に考えれば、処分の軽重を語ることができる。「刑事処分は（…）保護処分その他同法の枠内における処遇よりも一般的、類型的に不利益」（最判平９・９・18刑集51巻８号571頁／家月50巻１号166頁［調布駅前事件］）であるという裁判例の考えは支持できる。同様の観点から考えてみると、保護処分（少24条１項）は事実上の措置である保護的措置よりも「重い」といえる。そしてまた、保護処分間でも、施設内処遇である児童自立支援施設送致・児童養護施設送致（少24条１項２号）は社会内処遇である保護観察（同１号）よりも「重い」といえる。

4　審判不開始と不処分はどのような処分か。またそれに伴って行われることがある保護的措置とはどのようなものか

[1] 審判不開始と不処分はどのような制度か。それにはどのような意義があるか

408　審判不開始・不処分制度の意義　旧法には審判不開始と不処分の明文規定が存在しなかった（⇒**36**）。そのため、特に事実上の教育的な働きかけを行ったという実質的理由に基づき行われる実質的審判不開始決定や実質的不処分決定にあたる類型（⇒**409〜410**）は、実務運用上の実体がありながらも、法的処理の難しさが指摘されていた(17)。現行法がこれらを法的に承認し、制度化を図ったことは、ケースワークを重くみる姿勢が体現されたものといえる。現行制度が「刑罰にかえて保護（処分）」の考えにとどまらずに「刑罰にかえて不処分」にまで歩を進めたと評される所以である(18)。

---

(16)　鈴木茂嗣「少年保護事件と不利益変更の禁止」百選175頁は、自由剥奪の不利益と少年特有の教育的処遇を受ける利益の剥奪という不利益という２つの側面から不利益変更禁止原則の適否を論じており、注目される。

(17)　内丸廉「審判の開始について（上）」少年保護１巻１号（1936年）41頁。「同（下）」少年保護１巻３号（1936年）26頁は、「非公式に事實上の保護を加へ又は間接に道義的な保護を爲したものも少なくな」く、「事件によりてはむしろ非公式的保護が却つて有効適當な場合もある」ことを指摘する。もっとも、それにもかかわらず、「謂ゆる審判不開始處分は（…）何等法律上の根據なく（…）法律上の效果を生じない」ものと理解された。森山60-61頁。この理解は、現在でも特に一事不再理の問題（⇒**465**）に影響を及ぼしている。

(18)　守屋・非行と教育171頁。

なお、審判不開始と不処分については、1959年の通達「不開始、不処分事件の取扱について」[19]（昭34・12・10最高裁家三第216号家庭局長通達）を受けて、審判不開始と不処分の実質的理由を把握することができるよう、その理由を「保護的措置」、「別件保護中」、「事案軽微」、「非行なし」、「所在不明等」、「その他」に分ける扱いになっている。審判不開始と不処分の決定書にもこれらの理由が付される運用となっている。

実質的審判不開始と実質的不処分は、ダイバージョンの機能を果たす点でも重要性をもつ。国際人権法規範はダイバージョンの積極的活用を求めている（北京11条）（⇒**61**）。しかし、現行法は全件送致主義をとっているため、捜査機関が自らの裁量で事件を処理することは許されない（⇒**234**）。そうすると、これらの要請を両立させるためには、家庭裁判所が事件を受理して以降の手続段階において、実質的審判不開始と実質的不処分、そして試験観察を積極的に活用するほかないということになる（⇒**419**）。

409　審判不開始決定の要件　**審判不開始**とは、文字通り、審判を開始しないことである。そこで、調査の後、**審判開始**決定を行うための要件から確認しておくと、法律上、「審判を開始するのが相当であると認めるとき」としか定められていない（少21条）。そのためどのような場合が「相当」といえるのかが問題となるが、一般には、①審判条件[20]が存在すること、②非行事実が存在する蓋然性があること（⇒**10**、**304**、**332**）、③審判が事実上可能であること、が審判開始決定の要件であると考えられている。

反対に、審判を開始しないという審判不開始の要件は、「調査の結果、審判に付することができず、又は審判に付するのが相当でないと認めるとき」（少19条１項）である[21]。「審判に付することができ」ないとき（＝**形式的審判**

---

(19)　この通達は、「いわゆる『不開始』、『不処分』につきましては、従来よりその呼称から受ける印象のために、いかにも安易、手軽な形式的処理方法であるかのように誤解され、またその数が極めて多いところから、家庭裁判所の少年事件処理全般に対する批判をも招く結果となつてお」る、との関心から発されたものである。

(20)　一般に審判条件とされるのは、①少年の生存、②日本国の裁判権の存在、③事件に関する管轄権の存在、④少年が20歳未満であること、⑤送致・通告などの手続に重大な違法がないこと、⑥一事不再理（⇒**362**、**458**）が及んでいないこと、⑦二重係属でないこと、である。

(21)　成人逆送（⇒**138**）の場合は、この例外となる。

不開始、審判開始不能）というのは、①審判条件が存在しない場合や、②非行事実が存在する蓋然性がない場合（＝非行事実の存在につき蓋然的心証に達しなかった場合。「非行なし」）、③少年の心神喪失や所在不明などにより事実上審判を行うことが不可能である場合（「所在不明等」）、をいう。それに対して、「審判に付するのが相当でない」とき（＝**実質的審判不開始、審判不相当**）というのは、形式的に審判を行うことは可能であるものの、実質的な価値判断を踏まえれば「相当でない」場合である。具体的には、事案が軽微である場合（「事案軽微」）（簡易送致事件（⇒**237**）もこれに含まれる）や、保護者などに十分な監護能力がある場合、調査以降の働きかけですでに要保護性が解消・縮減している場合（「保護的措置」）、別件で保護されている場合（「別件保護中」）などである。したがって、家庭裁判所は、審判を開くか否かを判断する際に、形式的な判断に尽きずに実質的な判断も行わなければならない。

410　不処分決定の要件　審判不開始決定と同様の事柄は、不処分決定にも妥当する。保護処分決定を行うための要件は、審判において、①審判条件が存在すること、②非行事実が存在すること、③要保護性が存在すること、である（少24条）。

反面、「審判の結果、保護処分に付することができず、又は保護処分に付する必要がないと認めるとき」には、家庭裁判所は保護処分に付さない旨の決定（＝**不処分決定**）をしなければならない（少23条２項）。「保護処分に付することができ」ない場合（＝**形式的不処分**）とは、①審判条件が存在しない場合や、②非行事実存在の蓋然的心証があっても、審判開始決定後に合理的疑いを超える心証に達しない場合である。それに対して、「保護処分に付する必要がないと認めるとき」（＝**実質的不処分**）とは、保護処分を必要としない程度に要保護性が小さくなっているなどの場合である。

[2] 保護的措置とはどのようなものか。また、それはどのような法的性格をもつか

411　保護的措置の目的　**保護的措置**とは、家庭裁判所の調査・審判過程で問題性に応じて少年や保護者に対して調査官や裁判官が行う非定式的な事実上の教育的な働きかけのことをいう。家庭裁判所は、調査までの保護的

措置を踏まえて審判不開始決定を行うこともできるし、審判までの働きかけとその結果を考慮して不処分決定を行うこともできる。

現在、保護的措置は多様化している。その目的とこの措置を用いることで解決すべき課題としては、①非行が社会に与えた影響や被害者に与えた被害の大きさなどに対する責任感や内省を十分に深めさせること、②非行の背景にある問題について改善を図ること、③自己理解を深めさせ、問題解決能力を高めること、④保護者に監督責任を自覚させ、少年の改善更生に向けて具体的に努力させること、が指摘されている[22]。

412　保護的措置の方法　　こうした目的を達成するために用いられている方法は、①個別面接、②体験学習、③社会資源に大別できる。

このうち中心となるのが、①個別面談である。個別面談を通して少年や保護者に非行の影響を考えさせたり、家庭・学校・職場・交友関係などの問題点を気づかせたり、訓戒・指導助言・支持・禁止などによる規範的な働きかけを行ったり、カウンセリング技法などを援用して少年の内的変化を促したりする活動が行われている。②体験学習は、①個別面接の補助手段として、少年に一定の作業を体験させたり、課題を与えたりするものである。③社会資源を活用した措置は、社会資源を積極的に活用することで、少年や保護者の社会性を養ったり、非行の背景にある問題の改善を図ったりするものである。補導委託先や少年友の会、特別養護老人ホーム、学校、病院、NPOなどとの連携が行われている[23]。②体験学習や③社会資源を活用した措置の例として、薬物教室、思春期教室、被害を考える教室、交通教室、社会奉仕活動、少年合宿、保護者の会がある。

社会資源が伝統的な補導委託先だけでなく少年友の会やNPOにまで拡がったこともあり、近時、保護的措置の態様は多様化している[24]。多様な担い手と連携を図り、多様な措置を準備できることは、少年のニーズや家庭裁判

---

(22)　竹内友二ほか「少年事件における保護的措置について」家月58巻10号（2006年）131頁。

(23)　竹内ほか・前掲註22）134-137頁。

(24)　佐々木譲ほか「少年事件における保護的措置について（1）」家月44巻4号（1992年）143頁、武政司郎ほか「同（2）」家月44巻5号（1992年）95頁、相澤重明ほか「同（3・完）」家月44巻6号（1992年）95頁。

所の社会性の保持を考えても望ましい。

413 保護的措置の法的性格とその限界 保護的措置は、法的にみれば事実上の措置である。そのため、少年や保護者の個別的な課題に応じて弾力的に働きかけを行うことができるという利点をもつ。その半面、この措置は終局的な司法判断の前にとられるものである。そのため、少年や保護者の心理的な負担などの点で、相当性と妥当性がなければならない(25)。事実上のインフォーマルな措置であるがゆえに、柔軟性をもち、教育的にも少年本人の自発性を引き出しうる点に、保護的措置は妙味をもっている。その長所を十分に引き出すためにも、実際上も強制にわたることがないよう、任意性の担保が不可欠になる。

なお、要保護性を解消・低減させるためには、(弁護士)付添人による保護的措置類似の調整や働きかけも重要となることは、いうまでもない(26)(⇒**653**)。

414 実務運用 2013年の司法統計年報によれば、一般保護事件において保護的措置は不処分中87.5%、審判不開始中85.5%を占めている。終局処分としてみても、例えば窃盗の18.7%、傷害の20.7%が保護的措置による不処分(審判不開始の場合は順に39.5%と9.3%)となっており、実際にも大きな役割を果たしている。

5 試験観察とはどのような処分か

[1] 試験観察とはどのような処分か。また、それにはどのような意義があるか

415 試験観察の意義 **試験観察**とは、少年に対する終局決定を留保し、家庭裁判所調査官による少年の行動などの観察を行うために、中間決定(⇒**396**)によってとられる措置である(少25条)。

この制度の意義は、審判機関が終局判断を行う前の手続段階で柔軟な処遇を行える点にある。これには、2つの重要な意味合いがある。第一に、審判

---

(25) コンメンタール少年法355頁[加藤学]。

(26) 前野育三「保護処分と保護的措置」『刑事法学の歴史と課題』(法律文化社、1994年)568頁。

機関の終局判断の法的安定性を確保しながら、その前段階で柔軟な処遇を行う仕組みをつくるという法的意義である。一方で、少年の要保護状態は、環境や働きかけの方法の変化に応じて容易に変化しうる。成長発達の途上にある少年の可塑性は大きい。様々な人との出会いや働きかけの変化により、少年の保護を要する状態は、手続が進行する中で劇的に変化しうる。しかし、こうした変化を見極めるためには審判期間では不十分で、ある程度の時間がかかることは考えられる。そのため、少年司法制度は、いったん手続を止めて、少年やその環境の変化を促し、またその変化に柔軟に対応できる仕組みを内在させておく必要がある。しかし他方で、一度確定した処分を事後的に変更したり取り消したりすることは、法的安定性を害し、対象者を不安定な地位に置くことになる。特に、現行法は、司法機関である家庭裁判所を審判機関とし、決定と執行を分離させている（⇒**38**）。このような制度の下でこの２つの要請を両立させるには、教育的な働きかけを柔軟に行える制度枠組みを終局決定よりも前の段階でつくる必要がある。

このことの意味は、旧少年法と照らし合わせると、より明確になる。旧少年法は、試験観察のようなものを制度化していなかった。旧少年法は、行政機関である少年審判所を審判機関とする一方で、保護処分（のうちのいわゆる継続的保護）の事後的な取消し・変更制度をもち（５条）、決定と執行を分離させていなかった（⇒**35**）。こうした制度をとったがゆえに、旧少年法は、そもそも試験観察のような制度をもつ必要がなかったと考えられる。

第二に、保護処分決定を慎重に行わせるという政策的な意義である。保護処分は少年の要保護性に対応すべきもので、教育的な目的をもち、教育的な手段を用いて選択されるべきものである。しかし、身体の拘束や自由の制限を伴い、社会事実としても烙印押し（スティグマ）の効果をもっているがゆえに、保護処分は少年にとって全面的に利益処分であるとはいえない状況にある（⇒**111**）。そうするとその選択は、慎重に行われなければならない。適切な保護処分の選択を行うための前提として、少年に様々な働きかけを行うことでどのような措置でどのような反応が出るのか（出ないのか）、要保護性を見極めるための資料を収集し、見通しをつけておく必要もある。

416　試験観察の機能　こうした意義から明らかな通り、試験観察は、資料を収集するという側面と、少年に教育的な働きかけを行い、環境を調整するという側面をもつ。

これを機能としてみれば、試験観察は、まず、①「試薬を与えて反応をみる」ための調査の機能をもつということになる。この調査は、静的なものではなく、少年を特定の条件の下に置いて、教育的な働きかけを行うことと並行する動的で積極的なものである。

教育的な働きかけを行う側面をももつことから、試験観察には、②プロベーション（probation）の機能も認められる。プロベーションとは、有罪を宣告された者に直ちに刑罰を言い渡さず、一定期間、主にはケースワークの専門性をもつ公的機関の観察下に置く措置のことをいう[27]（⇒**425**）。試験観察も、終局的な処分を留保していることから生じる心理強制の効果を利用しつつ、ソーシャル・ケースワークや人間行動科学の専門性をもつ家庭裁判所調査官の観察下に少年を置くものであるから、形式的には、プロベーションとしての特徴をもつといえるわけである。もっとも、教育的な働きかけの方法や程度、期間については、終局決定を留保した中間決定であるという試験観察の本質的性格（⇒**396**）からの限界がある。終局的な処分と同等の期間、同等の積極的な処遇措置をとりうるわけではない。

試験観察は、加えて、③定式的な手続から逸らすダイバージョンの機能をももつ。それは、試験観察の枠組みで教育的働きかけを行った結果要保護性が解消・縮減すれば、保護処分を課することなく不処分で終局させることができるためである。審判不開始・不処分に伴う保護的措置の場合と同様に、全件送致主義をとる日本の制度を前提にしつつ、ダイバージョンの積極的な活用という国際人権法規範の要請（⇒**61**）を満たすためには、この試験観察制度の活用を図っていく必要がある（⇒**408**）。

[2] 試験観察の要件は何か。また、試験観察にはどのような付随措置があるか

417 試験観察の要件　少年法25条１項は、試験観察の要件を「保護処分を決定するため必要があると認めるとき」とだけ規定する。しかし、中間

---

(27) 日本の制度では、刑法上の保護観察付執行猶予の制度（刑25条の２）が、この典型例である。

決定という法的性格と機能から、次の事項を要件と考えるのが一般的である。すなわち、①保護処分に付す蓋然性が存在すること、②直ちに保護処分に付すことができないか、付すことが相当でない事情があること、③観察活動の結果により、適切な終局決定ができる見込みがあること、④相当期間内に観察目的を達成する見込みがあること、である。

①については、非行事実と要保護性の存在が必要である。非行事実については、合理的疑いを超える心証が求められる(28)。要保護性が判断時に存在はするものの、それが近い将来に消失し不処分になる可能性がある場合も、当然に、要保護性が存在するといえる。試験観察は、中間決定とはいえ少年の自由を制限し、心理的にも圧力をかけるものであるから、審判官が少年と向き合う機会が必要であり、審判を開くことも手続として求められる。

418　試験観察の付随措置　家庭裁判所は、調査官の観察に併せた付随措置として①遵守事項の履行（少25条2項1号）、②条件付保護者引渡し（同2号）、③**補導委託**（同3号）の措置をとることができる。③補導委託は、さらに㋐身柄付補導委託と㋑在宅補導委託に分けられる。身柄付補導委託は、農業・飲食店などの民間篤志家や、更生保護施設・福祉施設などの公的社会事業施設に少年の補導を委託し、少年を居住・宿泊させ、就労などを含む生活全般の指導を行わせるものである。在宅補導委託は、少年を自宅など居住先で生活させたまま、生活指導などの補導のみを学校教師や雇主などに委託するものである(29)。

419　試験観察の近時の展開　伝統的な試験観察の方法には、担当調査官による直接的な観察を通しての継続的な面接、日記・作文指導や、職場の雇主・学校教師などの協力・援助を求めて行う観察、グループカウンセリング、集団討議、集団講習などがある。近時はさらに、特別養護老人ホームや地域清掃・野外体験教育を行うNPOに委託し、1日から数日という短期間に集中して特定の活動に参加させる「短期補導委託」の試みがみられる。

こうした取組みは、補導委託先が減少している現況で、少年司法の社会性

(28)　平場・新版236頁、澤登・入門131頁。

(29)　保護的措置によるものをも含めて補導委託については、第一東京弁護士会少年法委員会編『少年の帰る家』（2006年、ぎょうせい）を特に参照のこと。

を保持するために貴重であるといえるものの、地域社会に根差した補導委託先の開拓を、全国規模で頻繁に異動する首席調査官の職務とする体制自体に課題があるともいえる(30)。弁護士付添人が試験観察に積極的にかかわった事例も蓄積されてきており(31)、そうした取組みの継続的発展が必要であろう。

[3] 試験観察の実務運用はどのようになっているか。また、試験観察にはどのような課題があるか

420 実務運用 2013年の司法統計年報によれば、放火14.7%(10人)、虞犯14.3%(54人)、殺人(その他)13.3%(2人)、強姦12.2%(6人)、強盗11.9%(19人)、殺人(死亡させた罪)9.1%(1人)、わいせつ8.4%(34人)などの非行で試験観察率が高くなっている。また、試験観察に付された人員(総数1351人)の内訳は、窃盗40.4%(545人)、傷害26.2%(354人)、恐喝4.7%(63人)、虞犯3.9%(54人)などとなっている。試験観察が必ずしも非行名によらず、要保護性に着目して行われていることが窺われる。

試験観察の種類別でみた場合の内訳は、少年法25条1項24.6%(333人)、25条2項1号53.7%(725人)、同2号5.2%(70人)、同3号・補導のみ8.1%(109人)、同3号身柄付き8.4%(114人)となっている。全観察期間別でみれば、1月以内2.7%(36人)、2月以内5.7%(77人)、3月以内10.9%(148人)、4月以内20.6%(278人)、5月以内21.2%(286人)、6月以内14.1%(191人)、9月以内20.8%(281人)、1年以内3.1%(42人)、1年を超える0.9%(12人)となっている。

終局処分別の試験観察を経た人員の内訳は、検察官送致なし、保護観察70.4%(951人)、児童自立支援施設等送致0.6%(8人)、少年院送致12.5%(169人)、知事・児童相談所長送致0.8%(11人)、不処分14.4%(194人)、審判不開始(所在不明等)1.3%(18人)である。保護観察・少年院送致・不処

(30) コンメンタール少年法409頁[加藤学]も参照のこと。

(31) 例えば、五嶋俊信「試験観察に関わる活動」刑弁46号(2006年)98頁、福岡県弁護士会少年付添研究会「試験観察獲得に向けての活動および試験観察中の活動」刑弁55号(2008年)113頁、南川麻由子「試験観察の機会を少年の更生に活かす」刑弁63号(2010年)145頁、中畑真哉「約8カ月間の試験観察の末、保護観察となった事案」刑弁68号(2011年)99頁。

分の割合の大きさは、①不処分か保護観察か、②保護観察か少年院送致か、が問題となる事案で試験観察が用いられていることを示唆しているといえる。

421　試験観察をめぐる課題　試験観察は、終局決定を留保していることから、少年に少なからず心理的な負担をかける処分である。試験観察が長期に及ぶ場合には、少年を不安定な状態に置かないよう注意が必要である。他方で、ダイバージョンとしての機能（⇒**416**）と少年本人の納得性に鑑みれば、少年院送致などの反面的な不利益性が大きな処分が予測される場合には、その積極的な活用が不可欠である。再非行の場合も、それを形式的にとらえて試験観察を断念する理由とすべきではない。そのためにも、多様な活動を担いうる社会の中の担い手を拡充させていくことが求められる。

第20講　処分（2）
——保護処分

●本講で考えること

前講（第19講）では、家庭裁判所が終局的な処分を選択する意義、処分を選択する基準、そして終局処分に付随してとりうる措置について検討しました。また、少年保護手続で選択されうる処分として、審判不開始や不処分に伴って行われている「保護的措置」と呼ばれる事実上の教育的な働きかけと、試験観察を取り上げて、検討を加えました。これらの処分は、社会事実上の働きかけと連続性をもっており、社会資源を積極的に利用するという点で、どちらかといえば非定式的（インフォーマル）な処分であるといえます。それに対して、少年保護手続において何が定式的（フォーマル）な処分であるかといえば、それは少年法24条に定められている保護処分です。

それでは、この保護処分という処分は、果たしてどのような内容をもつのでしょうか。

本講では、少年法24条１項の１号から３号までに規定されている保護処分について検討を加えます。なお、保護処分の１つとして児童自立支援施設・児童養護施設送致という処分が規定されています。これと関係が深い処分として、児童相談所長・都道府県知事送致（少18条）という処分があります。これは保護処分ではありませんが、児童自立支援施設・児童養護施設への入所経路を理解する上で重要ですので、ここで併せて取り上げて検討を加えます。

● Keywords
保護観察、プロベーション、補導援護、指導監督、遵守事項、虞犯通告、施設送致申請、小舎制、交代制、個別処遇、集団処遇

1　保護処分とはどのような処分か。また、どのような内容をもっているか

[1] 保護処分にはどのような歴史があるか

422　旧少年法とその継承　　現行法は、①保護観察、②児童自立支援施

設・児童養護施設送致、③少年院送致を保護処分としている（少24条1項）。これは、旧少年法を部分的に継承したものである。

先に触れた通り、旧少年法では9つの処分が保護処分として数えられた（①訓誡、②学校長訓誡、③書面による改心の誓約、④条件付の保護者引渡し、⑤寺院・教会・保護団体・適当な者への委託、⑥少年保護司による観察、⑦感化院送致、⑧矯正院送致、⑨病院送致・委託）（⇒**35**、**404**）。そのうち、「一時的保護」と称された処分は（①～④）は、現行法の事実的な働きかけである保護的措置として行われている。また、「継続的保護」と呼ばれた処分のうち、⑤寺院・教会・保護団体・適当な者への委託と⑨病院送致・委託は、保護的措置や試験観察時の補導委託として再編されたとみることができる。現行法の保護処分に継承されたのは、⑥少年保護司による観察、⑦感化院送致、⑧矯正院送致である。保護処分に絞りがかけられたのは、審判機関が少年審判所から家庭裁判所に変わったことに伴い、行政機関ではなく司法機関が言い渡すにふさわしい利益侵害の重大性に着目されたためである（⇒**37**～**38**）。なお、現行法では、旧少年法とは異なり、保護処分の併課や事後的な取消し・変更が認められていない（⇒**37**～**38**、**405**）。

［2］保護処分にはどのような種類があるか

423　処遇内容による区別　　現行法上の保護処分を処遇内容でみてみると、①保護観察（少24条1項1号）が社会内処遇であるのに対し、②児童自立支援施設送致・児童養護施設（同2号）と③少年院送致（同3号）は施設内処遇である（⇒**399**）。

②児童自立支援施設・児童養護施設送致と③少年院とは、少年の生活全体を包摂しながら、個々の少年が抱える問題の解消に向けた個別的な処遇を行う点で共通している。しかし、③少年院が旧少年法下の矯正院の流れを汲む法務省所管の閉鎖施設であるのに対して、②児童自立支援施設と児童養護施設は、各々、感化院・教護院と孤児院・養護施設の伝統の上にある厚生労働省管轄の開放施設である。また、②児童自立支援施設では家庭的雰囲気の中での「育ち（育て）直し」が重視される。さらに、③少年院における処遇でも、近時同様の事柄がキーコンセプトとされてはいるものの、伝統的には集

団的規律と集団のダイナミズムを重視する傾向がある。両者が、各々、学校と家庭に喩えられてきた所以である[1]。

2 保護観察とはどのような処分か

[1] 保護観察にはどのような意義があるか。また、保護観察にはどのような歴史があるか

424 保護観察の概要　**保護観察**とは、身体拘束なしに社会内で通常の生活を送りながら、遵守事項を遵守するための指導監督と補導援護を受けることで更生を図る制度である。

保護観察の対象となるのは、本講で取り上げる①少年法上の保護処分（少24条1項1号）の対象者（1号観察。更生保護48条1号）の他、②少年院仮退院者（2号観察。同2号）、③刑事施設仮釈放者（3号観察。同3号）、④執行猶予者（4号観察。同4号）、⑤婦人補導院仮退院者（5号観察。売春防止法26条1項）である。現在、保護観察対象者のうちの60％程度を1号観察が占めている。

425 保護観察の歴史　歴史的・比較法的にみれば、保護観察は、プロベーション（probation）とパロール（parole）の基本的要素をなしている。**プロベーション**は、1840年代から英米で発展したものであり、施設への拘禁を条件付で猶予し、プロベーション・オフィサーの監督と援助のもと、社会内で処遇を行う措置のことをいう。日本の試験観察（⇒**415**）や、④執行猶予者を対象とした保護観察制度は、これと同じ機能をもつ。①少年法上の保護処分としての保護観察（少24条1項1号）は、終局決定によって行われるものであるから、形式的にみればプロベーションにはあたらないものの、ケースワークの専門家による社会内の処遇ではあるから、実質的にはそれと同様の機能をもっているといえる[2]。それに対し、**パロール**は、1820年代から

---

(1) もっとも、宮城長五郎「樂屋噺 反古の見直し（五）」保護時報20巻10号（1936年）19-20頁は、少年保護団体の処遇が「寺子屋式」、感化院のそれが「家庭式」であるのに対し、矯正院の処遇は「軍隊式」であると喩えている。旧法下の「軍隊式」から現行法下の「学校式」への移行は進歩といえるものの、「軍隊式」をいかに克服できるかは少年院処遇と少年矯正の歴史的課題であるといえる。

オーストラリアで行われていた放免状に由来しアメリカで発展した、刑期途中で仮に釈放された者に保護観察を付す制度である。日本では、②少年院仮退院者や③刑事施設仮釈放者、そして⑤婦人補導院仮退院者に対する保護観察が、この類型に入る。

日本の更生保護制度は、1880年代後半から金原明善ら民間篤志家により行われた「免囚保護」の伝統をもつ一方で、旧刑法下の刑事施設被釈放者に対する警察監視制度（1881年12月18日太政官布告67号刑法附則第２章）の歴史ももつ。そのような歴史の上で保護観察を最初に国家の法制度として整備したのは、旧少年法（1922年）である。旧少年法は、保護処分の一内容（４条１項６号）および執行猶予・仮出獄期間内に行うもの（６条１項）として少年保護司による観察制度を置いた（⇒**35**）。現行法の①１号観察は、直接にはこれを継承している。しかし、対象を成人にまで拡げ、保護観察制度を今日の形に近いところにまで「発展」させたのは、思想犯保護観察法（1936年）と司法保護事業法（1939年）であった。

戦後、こうした旧体制は一掃され、①少年法上の保護処分として保護観察を言い渡された者、②少年院仮退院者、③刑事処分仮釈放者に対する保護観察を規律する法律として、犯罪者予防更生法（1949年）が制定された。戦前・戦中期の歴史的理由から、④執行猶予者に対する保護観察は、これに遅れて、1953年の刑法改正により制度が創設されたことに伴い制定された執行猶予者保護観察法（1954年）で規整された。⑤婦人補導院の仮退院者に対する保護観察は、売春防止法（1956年）で婦人補導院が制度として創設されたことに伴い制定された婦人補導院法（1958年）で規律された。

現行の更生保護法（2007年）は、こうした体制をさらに整理・統合するものである。保護観察対象者による幾つかの重大事件が法改正の契機になったこともあり、法改正の中心は遵守事項の規範的性格の強化にある[3]。

更生保護法制は、刑法改正による刑の一部執行猶予制度や特別遵守事項と

---

(2)　この点が、終局決定を留保した中間決定として行われ、形式的にもプロベーションにあたる試験観察との大きな違いということになる（⇒**415**）。

(3)　保護観察制度の歴史の概観は、特に正木祐史「戦後の更生保護制度の動向と改革の視座」刑事立法研究会『更生保護制度改革のゆくえ』（現代人文社、2007年）20頁を参照。

しての社会貢献活動の導入（2013年）、電子監視導入の是非、さらには障がい者・高齢者問題への対応など、現在最も激しく議論されている領域の１つになっている。

［2］保護観察の担い手となるのは誰か。また、担い手にはどのような課題があるか

426 保護観察官と保護司　保護観察の軸となるのは、保護観察官と保護司による補導援護と指導監督である（更生保護49条、57条、58条）。

保護観察は、対象者の居住区を管轄する保護観察所が司る（更生保護60条）。実際にこれを行うのは、保護観察官と保護司である。保護観察官は、心理学や教育学などの専門的知識を有する、保護観察所に配置された公務員である（更生保護31条）。地域性の特色を活かしながらこれを助ける民間篤志家が、保護司（更生保護32条）である。

2006年現在、更生保護官署の定員は1429人（うち保護観察所職員は1169人）であり、保護司の定員は52500人、2006年４月１日現在の実人員は48509人である。

保護観察官が処遇を直接担当するのは処遇困難者などに限られており、保護観察は実際上保護司に依存するところが大きい。もっとも、その保護司も高齢化が進んでいる[4]。保護観察対象者の６割を超える少年（の多様なニーズ）とのマッチングの問題を考えても、できるだけ幅広い年齢層と職業構成を確保することが大きな課題になっているといえる。

［3］保護処分としての保護観察はどのように行われるか

427 保護観察の期間　保護処分として行われる１号観察は、少年が20歳に達するまで行われるのが原則である。もっとも、決定時から少年が20歳に達するまで２年に満たない場合、期間は２年とされる（更生保護66条）。ま

---

(4) 『保護司の活動実態と意識に関する調査』法総研報告26号（2005年）。2004年の数値でいえば、その平均年齢は63.3歳（1953年：53.2歳）である。1953年との対比では、女性比こそ大きくなっているものの（1953年：7.2%、2004年：24.9%）、職業別構成比では主婦を含む無職の割合が増えている。

た、期間中でも成績良好などで保護観察の継続の必要がなくなった場合、保護観察所の長は、保護観察を解除できる（更生保護69条）。「改善更生に資すると認めるとき」、保護観察所の長は一時的な解除を行うこともできる（更生保護70条1項）。

428　処遇分類　法務省の通達上、保護観察には一般保護観察と交通保護観察のほか、一般短期と交通短期という処遇分類が設けられている（「交通事件対象者に対する保護観察の効率的運用について」平20・5・29保観第436号保護局長通達、「短期保護観察の実施について」平20・5・9保観第327号保護局長通達）。これらの短期処遇については、家庭裁判所の処遇勧告にしたがう運用となっている（⇒**401～402**）。

これらの分類は、処遇の方法と実施期間に違いがある。一般保護観察は個別処遇により、おおむね1年間（特別な事情があるときは6ヶ月）の経過後解除されるのに対し、一般短期の実施期間はおおむね6月以上7月以内とされている。交通保護観察は、保護観察官・保護司ともに交通観察の担当にふさわしい者を選定するものとされており、解除の基準もおおむね6月の経過を目安とする。それに対し、交通短期は、保護観察官が直接集団処遇を行い、特別遵守事項も設定されない。その実施期間は原則として3月以上4月以内である。

429　指導監督と補導援護　保護観察は、指導監督と補導援護とを通して実施される（更生保護49条）。指導監督は、面接などにより対象者との接触を保ち、行状の把握や遵守事項の遵守などを方法とする（更生保護57条）。遵守事項には、すべての保護観察対象者に遵守が求められる**一般遵守事項**（更生保護50条）と、特性や状況に応じて個々の対象者ごとに定められる**特別遵守事項**（更生保護51条）とがある。特別遵守事項は、保護処分をした家庭裁判所の意見に基づき、変更できる（更生保護52条）。それに対し、補導援護は対象者が自立した生活を営めるようにするための措置であり、宿泊場所を得たり、医療を受けたり、就職、生活環境の改善・調整などを助けることなどを方法とする（更生保護58条）。

果たして、両者のうちどちらに軸足を置くべきか。この問いは、保護観察の原理のみならず制度の歴史理解（⇒**425**）にもかかわる根本的な問題であ

【図１】保護観察開始人員の居住状況（１号観察・２号観察）

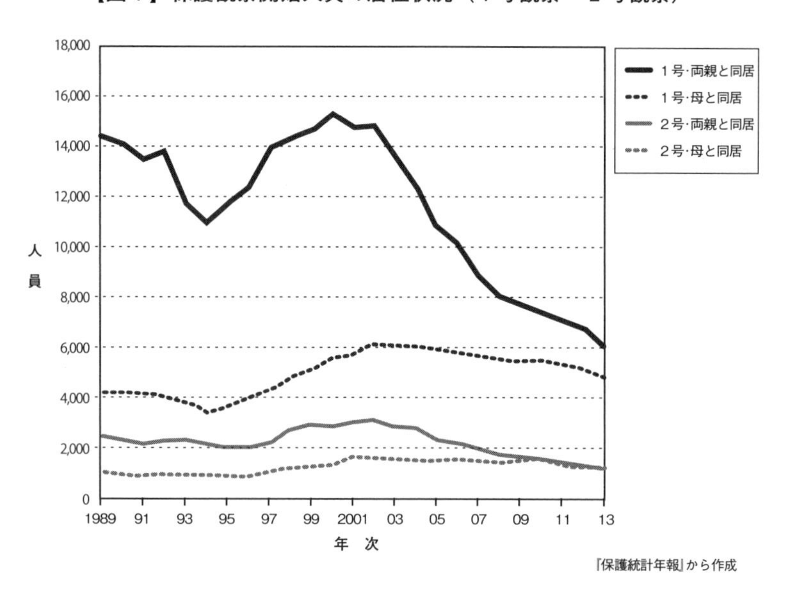

『保護統計年報』から作成

る。更生保護法は、遵守事項と区別された生活行動指針（更生保護56条）を設けたり、遵守事項違反時の対応を明確化するなどして、遵守事項の規範性を高めているという意味で、指導監督を重視した制度再編を行っている。しかし、更生保護法の目的規定（１条）で謳われている犯罪・非行の予防は「社会の一員として自立し、改善更生することを助ける」ことなしには難しい。近時の離脱・回復研究や立ち直り研究を踏まえても（⇒**72〜73**）、補導援護を軸に制度を理解しておく必要があるであろう。

[4] 保護観察はどのように実務運用されているか。また、どのような課題があるか

430 実務運用 2013年の司法統計年報によれば、麻薬及び向精神薬取締法等（63.4%）、失火（57.1%）、公務執行妨害（56.6%）、毒物及び劇物取締法（53.2%）、傷害（49.4%）、恐喝（46.2%）などの非行において保護観察率が高くなっている（以下、統計上の数値は同年のものである）。他方、保護観察の非行名別内訳をみてみれば、窃盗（45.5%）、傷害（22.1%）、恐喝

（3.8%）などの割合が大きい。

保護統計年報によれば、1号観察開始人員（総数13484人）の保護観察回数は、81.6%が初回、15.6%が2回、2.5%が3回などとなっており、初回が圧倒的に多い。また、教育程度別の内訳は、中学在学16.3%、中学卒業16.5%、高校在学26.8%、高校中退28.6%、高校卒業8.6%などとなっている。保護開始人員のうち有職者が40.2%、学生・生徒が42.8%を占めることをも考え併せれば、在学・在職関係の存在が施設内処遇ではなく社会内処遇である保護観察を選択させやすい要素になっていることが推察される。保護観察開始人員の居住状況をみてみれば、特に2000年代初頭から「両親と同居」が減少する一方で（44.4%（5987人））、「母親と同居」が増加している（36.3%（4893人））（図1）。保護観察の実施にあたっては、社会資源の維持・拡充とともに、家族支援の視点も必要になろう。

［5］遵守事項に違反した場合、どのような措置がとられるか

(a) 引致とはどのような制度か。また、虞犯通告とはどのような制度か

431　引致　　遵守事項の違反があったとき、少年院仮退院時の2号観察の場合、家庭裁判所は、少年院に戻して収容することを決定しうる（**戻し収容**。更生保護71条、72条）。保護処分としての保護観察を行う1号観察の場合、これへの対処として犯罪者予防更生法の制定当初から存在していたのは、引致制度（更生保護63条）と虞犯通告制度（更生保護68条）であった。

引致とは、保護観察所の長または地方更生保護委員会が裁判官により発された引致状に基づき一定の場所に同行させることをいう。その要件となるのは、保護観察の対象者が①保護観察所の長に届け出た住居に居住しないときと、②遵守事項を遵守しなかったことを疑うに足りる十分な理由があり、かつ、正当な理由がないのに出頭の命令に応ぜず、または応じないおそれがあるとき、である（更生保護63条2項）。引致には、性質に反しない限り、刑事訴訟法上の勾引に関する規定が準用される（同条7項）。

432　虞犯通告　　**虞犯通告**は、遵守事項違反となる振る舞い（やその他の行為）について新たに虞犯事由が認められる場合に、保護観察所の長が家庭裁判所に通告を行う制度である。この通告を受けた裁判所は、通常の虞犯事

件と同様に、事件を受理した後に調査と審判を行うことになる。したがって、再度の保護観察も含めた保護処分のほか（更生保護法施行後の裁判例として、東京高決平23・10・28家月64巻5号120頁、水戸家下妻支決平23・9・29家月64巻5号113頁、大阪家決平21・10・19家月62巻3号87頁）、審判不開始や不処分もありうる（更生保護法施行前の犯罪者予防更生法下において審判不開始決定を行った例として、青森家八戸支決昭45・3・6家月22巻10号118頁。不処分決定の例として、名古屋家決平7・2・16家月47巻6号86頁、仙台家決昭45・7・16家月23巻4号124頁［虞犯性なし］、大阪家決昭43・6・24家月21巻1号153頁［虞犯性なし］）[5]。観護措置や試験観察もとりうる。

(b) 施設送致申請とはどのような制度か。この制度にはどのような課題があるか

(i) 施設送致申請制度の趣旨はどのようなものか。また、この制度にはどのような特徴と課題があるか

433　制度の概要と趣旨　2007年の第二次改正と、同年制定の更生保護法は、こうした従前の制度に加えて、重大な遵守事項違反に対する保護観察所長による警告と児童自立支援施設・児童養護施設または少年院への送致申請制度を導入した（⇒**17**）。**警告**とは、遵守事項を遵守しなかったと認めるときに、保護観察所の長が1号観察の対象者である少年に対し、これを遵守するよう警告を発する制度である（更生保護67条1項）。この警告を受けた少年がなお遵守事項を遵守しない場合に保護観察所の長がとりうるのが、家庭裁判所への**施設送致申請**である（同条2項）。この申請を受けた家庭裁判所は、審判を行い、要件を満たす場合には、児童自立支援施設・児童養護施設送致か少年院送致の決定を行うことになる（少26条の4）。

これらの制度が新設された趣旨は、①遵守事項違反のある事例についてすべて虞犯通告で対処できるわけではないことから、虞犯通告でまかないきれない事例に対処する必要があることと、②遵守事項の重要性を保護観察の対

---

(5)　1980年代後半までの裁判例の分析については、上垣猛「犯罪者予防更生法第42条のぐ犯通告に関する裁判例の総合的分析」家月40巻8号（1988年）1頁。

象者に自覚させることにあると説明されている[6]。

434　制度の特徴　旧少年法には、保護処分の事後的な取消し・変更（5条）が存在した（⇒**35**）。また、1970年の少年法改正要綱も保護処分の変更制度の導入を提唱していた（「第二 少年の保護事件」中の「二 保護処分の多様化」の「9 保護処分の変更」）（⇒**42**）。さらに、1976年の「法制審議会少年法部会審議経過中間報告」は「保護処分執行中の行状を事由とする家庭裁判所への通告」を盛り込んだ[7]（⇒**43**）。

第二次改正により導入された施設送致申請制度は、形式的には、保護観察中の新たな事由の発生をとらえた措置である点で、保護処分の取消し・変更とは異なる。また、中間報告の「保護処分執行中の行状を事由とする家庭裁判所への通告」制度は、保護観察に限定せず保護処分すべてを対象とし、遵守事項違反なども虞犯性を示すメルクマールととらえて、虞犯通告と性質を同じくするものとして構想されたものであった。それに対して、施設送致申請制度は、対象を保護観察に限定し、虞犯通告とも性質を異にすると説明されている。この点に両制度の違いがある。

435　制度設計上の問題　しかし、施設送致申請制度には、次のような問題がある[8]。まず、実体的な謙抑性とケースワークにかかわる問題である。元々保護観察時の遵守事項違反に虞犯通告制度で対応するにとどまっていたことには、実体レベルで謙抑性を確保しようという発想が窺われる。この発想は、遵守事項違反時にこそケースワークの本領を発揮し、それを対象者の離脱・回復・立ち直りの契機にするという考えとも整合する。こうしたことを前提とすれば、虞犯事由を構成しないような遵守事項違反に対して施設送致を行う制度は、実体レベルにおいて謙抑性を担保し、ケースワークを深化させる契機を失うことにつながる。

---

(6)　川出敏裕「14歳未満の少年の保護処分の見直し等」ジュリ1286号（2005年）39頁、第二次・第三次改正法解説120頁。

(7)　法務省刑事局「法制審議会少年法部会審議経過中間報告の内容説明」家月29巻7号（1977年）154-158頁。

(8)　武内・構造72頁、高内寿夫「少年保護観察の課題」『刑事政策学の課題』（法律文化社、2008年）152頁、正木祐史「近年の法改正と少年保護観察」『刑事法理論における探求と発見』（成文堂、2012年）647頁。

次に、社会内処遇に引き戻し、虞犯通告制度では「まかないきれない事例」に対処するという制度趣旨の強調[9]には、本来教育的な施設であるべき児童自立支援施設・児童養護施設や少年院を威嚇の手段とする発想が窺われる。この前提を受け容れるとしても、制度設計として、これで説明できるのは警告までであり、事後的対応となる施設送致についてはそれが難しいであろう。

さらに、通達上、遵守事項違反が虞犯通告の事由と警告の理由の双方にあたる場合には、保護のために緊急を要する場合以外は警告を虞犯通告に優先させることとなっている（「犯罪をした者及び非行のある少年に対する社会内における処遇に関する事務の運用について」平20・5・9保観第325号保護局長依命通達［以下、「運用通達」と表記］第4－8－(1)－ウ）[10]。後述する「特別観察期間」の設定と併せて、通達上のものとはいえ、手続レベルで謙抑性が運用上担保されていることは積極的に評価できる。しかし、こうした運用自体が、施設送致申請と虞犯通告に対象の重なり合いがあることを前提としており、虞犯通告にまかないきれない事案に対処するという制度創設時の説明と相違しているともいえる。両制度の区別と棲み分けは、理論と実務の双方において今後も重大な課題であり続けるであろう。

そもそも、保護観察時に設定される特別遵守事項の設定や、更生保護法により可能となったその変更は、家庭裁判所の意見を聴き、その意見の範囲内で行われる（更生保護52条1項、犯非処遇規49条2項）。遵守事項のミスマッチを避ける意味でも、当初事件に関する家庭裁判所の調査や審判の段階から子どもの意見表明権と主体的な手続参加がより厚く保障される必要がある。

施設送致申請事件は、現在は、国選付添人制度の対象とされていない。しかし、これは、身体拘束処分が課されることが相当に切迫している類型である。また、実質的な処分の不利益変更の可能性は、必要的な国選付添事件と

(9) 川出・前掲註6）ジュリ1286号（2005年）39頁、第二次・第三次改正法解説120頁。

(10) 虞犯通告事件に関する大阪家決平21・10・19家月62巻3号87頁も、「本件では、保護観察の遵守事項違反を理由とする警告から入る施設送致申請の手続（更生保護67条）によらず、同法68条の手続によっているが、前記本人の状況によれば、再度窃盗等の犯罪行為に及ぶことを防止するための緊急の必要性があったといってよいと解される」と述べている。

されている検察官の抗告受理申立て受理時（少32条の5第1項）よりも高いといえる。弁護士付添人を国が必要的に選任する制度の対象とされるべきであろう（⇒**657**）。

(ii) 遵守事項違反による施設送致の要件はどのようなものか

436　保護観察所の長による施設送致申請の要件　この処分は、保護観察所の長による施設送致申請と、それを受けた家庭裁判所の施設送致判断という二段階からなる。

保護観察所の長が施設送致申請を行うための法律上の要件は、①遵守事項違反に対して警告が発されていること（更生保護67条1項）、②対象者がそれでもなお遵守事項を守らず、その程度が重いこと（同2項）である。さらに、③「保護観察によっては当該保護観察処分少年の改善更生を図ることができない」ことが、規則上の要件として付加されている（犯非処遇規79条）。それは、更生の余地が残っているにもかかわらず安易に保護観察を断念することがないようにするという趣旨から出たものである。なお、保護実務の運用では、警告が発された日から起算して3月間が「**特別観察期間**」として設定され、警告を受けた少年の保護観察を強化させる扱いになっている[11]（運用通達第4-8-(1)-カ）。

②「警告に係る遵守事項を遵守しなかったことの程度が重い」ことの判断に関して、通達は、㋐警告に係る遵守事項の内容、㋑警告に係る遵守事項を遵守しなかった理由及び態様、㋒保護観察所の長が実施した指導監督及び保護者に対する措置の内容並びにこれらに対する保護観察処分少年及び保護者の対応の状況、を考慮すべき要素として挙げている（運用通達第4-8-(2)-ア-(ア)～(ウ)）。

また、③「保護観察によっては、当該保護観察処分少年の改善更生を図ることができない」という要件に関しては、㋐警告に係る遵守事項を遵守しな

---

(11)　通達上、保護観察所の長は、少年がなお警告に係る遵守事項を遵守しないおそれがあると認める場合には、特別観察期間を延長でき、1回の延長は3月を超えてはならないものとされている。保護観察実務上の運用については、荒木龍彦ほか「更生保護法施行1年の運用の状況について」家月61巻12号（2009年）1頁を特に参照。

かった後の改善更生の意欲及び行状の変化、㋑警告に係る遵守事項を遵守しなかった後の環境の変化、㋒保護観察を継続した場合に期待できる効果、が考慮すべき要素として挙げられている（運用通達第4-8-(2)-イ-(ア)〜(ウ)）。

437 家庭裁判所による施設送致決定の要件 この保護観察所の長による申請を受けた家庭裁判所は、これを認容するか棄却するかを判断しなければならない。申請を認容して、家庭裁判所が児童自立支援施設・児童養護施設送致（少24条1項2号）または少年院送致（同3号）の保護処分を決定するための要件は、①警告（更生保護67条1項）を受けたにもかかわらず、なお遵守すべき事項を遵守しなかったと認められる事由が存在すること、②その程度が重いこと、そして③その保護処分によっては本人の改善及び更生を図ることができないと認められること、である[12]。

②遵守事項違反の程度が重いことの根拠づけは、個別具体的に行う必要がある。しかし、裁判例では、事実の羅列に終始し、この根拠づけが不明確なものが多い（仙台家決平24・10・18家月65巻6号126頁、新潟家決平23・3・24家月63巻10号75頁、名古屋家決平24・3・7家月64巻8号98頁、名古屋家決平21・10・22家月62巻3号91頁、広島高決平21・3・19家月61巻7号81頁）。

本制度は、保護処分の事後的な変更制度ではない（⇒**434**）。したがって、申請が容認される場合に家庭裁判所が言い渡すのは、新たな保護処分である。その基礎となる事実が当初の保護観察決定の前提とされたものと同じであれば、憲法の「二重処罰」の禁止や一事不再理（二重の危険禁止）（憲法39条）に抵触する。そのため、家庭裁判所は非行事実と要保護性を新規に認定しなければならない。これらの存在が認められず、実質的に審判不開始または不処分の結論に判断が至った場合、家庭裁判所は申請を棄却しなければならない（要保護性が解消したことによる棄却例として、上記新潟家決平23・3・24）。また、当然のこととして、試験観察の可能性も排除されない（試験観察を行った例として、上記広島高決平21・3・19の原審［中等少年院（一般短期）］、在宅試験観察により要保護性が解消されたとして申請を棄却した上で、併合して審

---

(12) 施設送致申請事件の裁判実務の現状に関しては、本間榮一「保護観察処分少年に対する保護観察及び施設送致申請事件について」『現代刑事法の諸問題 第1巻』（立花書房、2011年）495頁、鎌倉正和「施設送致申請事件をめぐる諸問題」家月63巻11号（2011年）1頁を特に参照のこと。

理された傷害保護事件につき改めて保護観察に付した例として、上記新潟家決平23・3・24。結論的に否定はしているものの、試験観察の可能性を検討したものとして、上記名古屋家決平21・10・22）。

裁判例集掲載の裁判例では、元々、資質面でハンディキャップを負っていたり、成育環境に恵まれていなかったりする少年が対象になっていることが多い（幼少期から身寄りのない事例として、名古屋家決平24・3・7家月64巻8号98頁、水戸家決平22・9・14家月63巻10号67頁、千葉家木更津支決平21・1・5家月61巻7号85頁。幼少期から福祉施設入所経験がある事例として、上記名古屋家決平24・3・7、上記水戸家決平22・9・14、金沢家決平22・3・17家月62巻10号106頁、上記千葉家木更津支決平21・1・5、虐待の存在が窺われるものとして、上記名古屋家決平24・3・7、上記名古屋家決平21・10・22）。試験観察を検討した例が少なくないことにも、少年の社会資源の調整をはじめとして要保護性を見極めたいという思考が窺われる。

上記要件は、非行事実および要保護性とどのような関係に立つのであろうか。有力なのは、施設送致申請事件を、犯罪少年事件・触法少年事件・虞犯少年事件に次ぐ第4の審判事由ととらえた上で、非行事実は遵守事項違反の事実を、要保護性は保護観察によって少年の改善更生が図れないという事実を基礎にする見解である[13]。現行法の説明としては、このように考えざるをえない側面がある。しかし、なぜこの「第4の審判事由」の場合にのみ、選択できる保護処分から保護観察が予め除外されているのか[14]など、体系的な不整合を説明できない問題も残る。ここからも窺われるように、この制度は、法の体系と相容れない無理のある立法と評価せざるをえない。

(iii) 施設送致申請事件をめぐってはどのような法的問題があるか

438　警告と施設送致事実の同一性　この制度の手続は、保護観察所の長

---

(13)　川出・前掲註6）ジュリ1286号（2005年）41-42頁。

(14)　この疑問に対するありうる回答は、施設送致申請事件の保護観察の遵守事項違反を前提としているから、というものであるが、家庭裁判所の事件受理後の保護的措置や試験観察などを通した働きかけにより、施設送致は相当でなく、保護観察相当となる事案も考えられる。上記新潟家決平23・3・24の背景には、こういった体系的な問題も窺われる。

による警告・申請と家庭裁判所による審判の二段階からなる（⇒**436**)。そのため、①「なお遵守すべき事項を遵守しなかったと認められる事由」の要件が保護観察所の長から警告を受けたものとどこまで同じでなければならないかが問題になる。

施設送致は同種の遵守事項違反について行わなければならず、異種のものについては新たな警告が必要であることに争いはない。それでは、同種の遵守事項違反にはあたるものの、警告された具体的内容とは異なる違反行為に及んだ場合、家庭裁判所は施設送致を行いうるであろうか。刑法上の罪名のレベルにおける同一性までは不必要と考える見解[15]もあるものの、制度が創設された趣旨（⇒**433**）を考えれば、その範囲はできるだけ厳格に解されるべきであろう。

439　遵守事項違反行為の縦断的（時間的）同一性　施設送致申請事件が家庭裁判所に係属した後に、少年が同種の遵守事項違反を反復した場合、この係属後の遵守事項違反も審判の対象となるであろうか。試験観察がとられており、その期間中に同種の遵守事項違反があるような場合、そしてさらに、次に検討するように、この遵守事項違反行為が犯罪を構成するような場合、このことが問題になる。これは、遵守事項違反事実を特定するための基準時をどこに求めて、どの時間的な幅で遵守事項違反の個数を数えるかの問題であり、虞犯事実の縦断的（時間的）同一性と理論的には相当程度重なることになる（⇒**165〜166**)。そのため、理論上は、ⓐ家庭裁判所の事件受理時を基準とする考えとⓑ家庭裁判所の終局決定告知時による考えがありうる。家庭裁判所におけるこの手続が形式上は保護観察所の長による申請を認容するか棄却するかの判断を行うためのものであることや、裁判所の外部、特に少年本人にとっての基準の明確性に鑑みれば、ⓑ家庭裁判所の終局決定告知時説によることが妥当であろう。

440　遵守事項違反と犯罪・虞犯事実との関係　虞犯通告のとき、虞犯事実が犯罪事実を構成する場合には、虞犯の補充性（⇒**168**）から犯罪として認定することになる（比較的最近の例として、大阪家決平12・4・28家月52巻11

---

(15)　鎌倉・前掲註12）11頁。

号70頁)。それでは、施設送致申請事件で、遵守事項違反行為が虞犯事実または犯罪事実と重なる場合、どのように考えるべきであろうか[16]。裁判例には、施設送致申請時事件と犯罪事件が並存した事例で、施設送致申請を容認した上で併合して審理した犯罪事実については不処分（別件保護中）としたもの（上記仙台家決平24・10・18、上記金沢家決平22・3・17）と、施設送致申請を棄却した上で併合して審理した犯罪事実に基づき保護処分決定を行ったもの（上記新潟家決平23・3・24［保護観察］）がある。いずれも、併合して審理された非行事実が遵守事項違反と無関係なのか、実質的にみて遵守事項違反行為の一部を構成する事実を別個の事実として立件したものなのか、判然としない。しかし、仮に遵守事項違反の事実が同時に虞犯事実または犯罪事実と重なる場合に、これを別個に評価するのであれば、二重評価の問題が生じる。どちらか1つのみを取り上げるとしても、恣意的に事実が拾い上げられる危険性が出てくる。

今後の理論的解明を待つべき部分が大きいが、可能な限り保護観察の枠内にとどめるために遵守事項違反に対して警告や特別観察期間が制度化されていることを重く考え、なおかつ、この制度が保護観察所の長の申請を認容するか棄却するかを家庭裁判所が判断するものであることを重視するならば、犯罪・虞犯事実を構成する場合であっても、可能な限り遵守事項違反としてとらえていくべきということになろう。それに対して、遵守事項違反が1つの継続性をもつことに着目するならば、虞犯と同様に同一性の幅を考えた上で、特に犯罪事実に対しては遵守事項違反の補充性を認める方向性もありえよう。この場合、事案の処理としては、形式上施設送致申請を棄却した上で、犯罪事実を認定することになろう。

(iv) 施設送致申請の実務運用はどのようになっているか

441　実務運用　施設送致申請は、各年次30件前後にのぼり、近時は、

---

(16) 「再び犯罪をすることがないよう、又は非行をなくすよう健全な生活態度を保持すること」は一般遵守事項となるから（更生保護50条1項1号）、保護観察時の犯罪行為や虞犯行状は、実質的には遵守事項違反ともなる。それに対して、すべての遵守事項違反が犯罪事実や虞犯事実を構成するわけではない。

【表 1】施設送致申請と虞犯通告

	施設送致申請												虞犯通告
	受理			既決									
	総数	旧受	新受	総数	児童自立支援施設等送致	初等少年院送致	中等少年院送致	特別少年院送致	医療少年院送致	回付	その他	未決	新受
2007	0	0	0	0	0	0	0	0	0	0	0	0	25
2008	3	0	3	1	0	1	0	0	0	0	0	2	27
2009	10	2	8	10	0	0	7	0	1	0	2	0	25
2010	27	0	27	19	0	1	11	0	0	3	4	8	31
2011	28	8	20	25	0	1	12	0	0	3	9	3	22
2012	18	3	15	11	1	0	4	0	1	1	4	7	15
2013	23	7	16	20	0	0	12	0	0	0	8	3	20

『司法統計年報』から作成

虞犯通告による受理数と同等か、それを上回るようになっている。

2007年11月から2009年５月までの運用に関する法務省保護局の調査によれば、措置件数124件のうち、警告99件、延長20件、施設送致申請５件となっている。警告後の施設送致申請の件数が非常に限られている要因としては、警告や特別観察期間において強化された保護観察の効果が効果を上げていることが指摘されている[17]。

他方、2007年11月１日から2010年７月末日までに終局決定があった施設送致申請事件21件を対象とした分析研究[18]は、事件処理の結果として、認容が16件（76.2%。うち試験観察が２件)、棄却が５件（23.8%、うち試験観察が２件）となっており、試験観察が比較的積極的に活用されていることを明らかにしている。また、①犯罪行為による「犯罪行為型」、②無断外泊、家出、深夜はいかいなどによる「無断外泊型」、③通学しないこと、あるいは就労しないことによる「不登校型」、④保護司等の指導に従わないことによる

---

(17) 荒木ほか・前掲註11）42頁。そこでは、制度の趣旨から通告（更生保護68条１項）を選択するケースがあることも指摘されている。

(18) 鎌倉・前掲註12）15頁以下。

「保護観察の指導拒否型」に遵守事項違反の行為を類型化した場合、②無断外泊型が2件、②無断外泊型＋④保護観察の指導拒否型1件、①犯罪行為型＋④保護観察の指導拒否型1件であった。保護観察処分から施設送致申請までの期間をみてみると、3か月未満が1件、3か月以上6か月未満が3件、6か月以上9か月未満が3件、9か月以上1年未満が5件、1年以上1年6か月未満が6件、1年6か月以上2年未満が3件であった。また、警告から施設送致申請までの期間は、1か月未満が3件、1か月以上3か月未満が6件、3か月以上6か月未満が6件、6か月以上9か月未満が5件、9か月以上1年未満が1件であった。内容面での特徴として、「その程度が重く」の要件の存在を否定した裁判例はない。「その保護処分によっては本人の改善及び更生を図ることができないと認めるとき」の要件に関して、施設送致申請を棄却した5件は、いずれも、決定時は少年の要保護性に関する事情が改善し、保護観察によっては少年の改善及び更生を図ることができないとはいえないことを理由にしていると分析されている。

3　児童自立支援施設・児童養護施設送致とはどのような処分か。また、知事・児童相談所長送致とはどのような処分か

[1] 児童自立支援施設・児童養護施設の特徴はどこにあるか。また、児童自立支援施設・児童養護施設にはどのような歴史があるか

442　児童自立支援施設・児童養護施設の特徴　**児童自立支援施設**と**児童養護施設**は、児童福祉法上の施設である。後者が主として保護者のない児童や虐待されている児童などを対象とする施設であるのに対し（児福41条）、前者は主に不良行為またはそのおそれのある児童を対象とする開放施設である（児福44条）（⇒**187**）。非行への対処も含めて、家庭的・家族的な人間関係の中で暮らしや育ちを支援する中で社会・資質上の問題の修復を図ることが、これらの福祉施設における処遇の特徴である。

特に児童自立支援施設に焦点をあてて、少年院との異同を確認すれば、両施設は、施設内処遇を行う点で共通する。しかし、①少年院が法務省所管の施設であり、そこでの処遇が少年院法により規律されるのに対し、児童自立支援施設は厚生労働省所管の施設で、そこでの処遇は児童福祉法に基づいて

行われる点（⇒**399**）、②少年院がすべて国立であるのに対して、児童自立支援施設のほとんどは都道府県立であり、地方自治体に基盤をもっている点、③少年院への在所は、少年院法上原則として20歳に達するまで、収容継続がなされる場合には23歳・26歳に達するまで可能である（少院11条2項、4項、5項［新少院138条、139条］）（⇒**451**）のに対して、児童自立支援施設への在所は、児童福祉法上原則として18歳に達するまで、必要な場合には20歳まで可能（児福31条2項）となっており、少年院よりも在所の上限となる年齢が低く、実際にも中学生が多くなっている点、④少年院の処遇の中心が擬似的な教師・生徒関係に基づく矯正教育にあるのに対して、児童自立支援施設のそれは擬似家族的な関係に基づく温かさをもった家庭的暮らしにある点、などに違いがある。

443　児童自立支援施設・児童養護施設の歴史　児童自立支援施設は、1900年の感化法下の感化院、1933年の少年教護法下の少年教護院、そして1947年の児童福祉法下の教護院を前身とする。

もっとも、こうした前身の描き方は、あくまで法的裏づけをもつ公的な制度としてみた場合のものである。その淵源は、1880年代からの民間人による篤志的な活動に遡ることができる。すなわち、1883年に大阪で池上雪枝が保護者のいない不良少年を自宅に引き取る事業を開始したとされる（⇒**33**）。1899年には留岡幸助が東京府北豊島郡巣鴨村に家庭学校を開き、不良少年を家庭に置き寝食を共にする家庭的生活に基づく感化事業を始め、1914年に留岡が北海道遠軽に開いた北海道家庭学校は、少年教護の原点として今日まで強い影響を与えている。

こうした民間の活動を受けて、公的な制度として感化院を創設した感化法が制定されたのは1900年のことである。しかし、それが全国的に拡がったのは、1907年の現行刑法の制定と1908年の監獄法の制定を受けた1908年の感化法改正を受けてのことであった。現行刑法は、刑事責任年齢を14歳に引き上げるとともに、懲治場留置制度を廃止した。また、監獄法は、懲治場を廃止するとともに、18歳未満の者をそれ以上の者と分界処遇し、特設少年監に収容することとした。こうしたことで、14歳未満の触法行為者や従来懲治処分を受けていた者の新たな受け入れ先として感化院を整備すべく、感化法が刑法施行に伴い改正されたわけである（⇒**34**）。

戦後の動きで特に重要なのは、1997年の児童福祉法改正である。これにより「教護院」は「児童自立支援施設」に名称変更された。また、「家庭環境その他の環境上の理由により生活指導を要する児童」も対象に加えられ、通所、家庭環境の調整、地域支援、アフターケアなどの機能充実が図られた。

児童養護施設の歴史も古く、その淵源は593年に聖徳太子が四天王寺四箇院（施薬院、療病院、悲田院、敬田院）を建立し、悲田院において孤児や棄児を保護したことにまで遡ることができるともいわれている。明治以降の動きをみれば、1874年に出された太政官達「恤救規則」は、13歳以下の貧困独身児童に年間米７斗を給与する規定を設けるなど、児童保護事業を規定した。しかし、それは「済貧恤救ハ人民相互ノ情宜ニ因」るという慈恵的・共同体的な救貧像に基づいていた。これと時期を同じくして、横浜の慈仁堂（1872年）、長崎の浦上養育院（1874年）、東京の福田会育児院（1879年）など、仏教やカトリックの思想を背景にもつ民間の篤志的な動きが、感化運動と交錯しながら活況を呈し、展開した。特に石井十次が1887年に設立した岡山孤児院は、1200人もの児童を収容し、小舎制や里親委託を導入するなど、先駆的な児童擁護の実践があったといわれている。1929年制定の救護法における孤児院と1947年の児童福祉法の養護施設、そして1998年の児童福祉法改正による児童養護施設は、こうした歴史的な実践の積み重ねの上で展開している[19]。

民間人による篤志的な支援が淵源となっていることからも窺えるように、児童自立支援施設も児童養護施設も、生きづらさを抱える児童に対する社会的な対応として極めて重要な役割を果たしている。もっとも、それを支えている考えが、戦前と連続性をもつ慈恵的・恩恵的なものから脱却しえているかは、常に検証が必要である。個々人の幸福追求権と成長発達権の保障の観点から、そのあり方を常に検討することが不可欠である。

⒆　児童自立支援施設と児童養護施設の歴史については、藤原正範「児童自立支援施設」小林英義＝小木曽宏編『児童自立支援施設の可能性』（ミネルヴァ書房、2004年）14頁、鈴木崇之「教護院からの伝承と改革」小林英義＝小木曽宏編『児童自立支援施設これまでとこれから』（生活書院、2009年）57頁、遠藤和佳子＝松宮満編『児童福祉論』（ミネルヴァ書房、2006年）31頁［福田公教］、野田正人編『施設における子どもの非行臨床』（明石書店、2014年）33-58頁［石原剛志・藤原正範・相澤仁］を特に参照。

［2］児童自立支援施設における処遇はどのように行われているか

444　児童自立支援施設における処遇　児童自立支援施設は、全国に58施設ある。そのうち、国立が2（武蔵野学院、きぬ川学院）、私立が2（北海道家庭学校、横浜家庭学園）、都道府県立・指定都市立が54となっている。

その伝統的な形態は、夫婦が家族的な人間関係の中で少人数の子どもと昼夜を共にする「小舎夫婦制」である。退所後の予後も優れているものの、この方式をとる施設の数は年々減少しており、交代制をとる施設が増えている[20]。その特徴は、保護・ケア、養育・教育、治療のいずれも日常的な生活の中で行われ、「育ち」を軸に子どもの自立を支援するための処遇が行われることにある（「育ちなおし」、「育てなおし」）。

445　実務運用　厚生労働省が5年ごとに行っている「児童養護施設入所児童等調査」の2007年度の結果によれば、児童養護施設における在所児童31593人の平均年齢は10.6歳（委託または入所時の平均年齢は5.9歳）であり、児童自立支援施設における1995人のそれは14.2歳（同様に13.1歳）となっている。12歳から17歳までの年齢別の構成割合をみてみると、児童養護施設は順に7.9%、7.8%、7.4%、7.5%、5.5%、5.0%となっている。それに対し、児童自立支援施設は5.8%、13.3%、28.2%、32.8%、8.6%、3.9%となっており、中学生が74.0%を占めている。委託期間または在所期間は、児童養護施設が4.6年、児童自立支援施設が1.1年となっている。委託または入所経路として家庭裁判所の保護処分決定を理由とするものは、児童養護施設で0.1%（41人）、児童自立支援施設で17.4%（347人）となっている。

家庭裁判所における一般保護事件の終局総人員をみてみれば、2013年に保護処分として児童自立支援施設・児童養護施設送致となったのは184人である。虞犯（11.9%、41人）、放火（5.7%、4人）、わいせつ（3.6%、20人）などの非行においてその割合が高くなっている。児童自立支援施設・児童養護施設送致の内訳でみてみると、窃盗（29.8%、68人）、虞犯（17.9%、41人）、傷害（16.7%、38人）、わいせつ（8.8%、20人）、器物損壊等（5.7%、13人）

---

(20)　国立武蔵野学院＝きぬ川学院『児童自立支援施設入所児童の自立支援に関する研究（第一次報告）』（2003年）131頁。夫婦制に関しては、小林英義＝小木曽宏編『児童自立支援施設の子どもと支援』（明石書店、2011年）も参照のこと。

が占める割合が高い。年齢でみてみると、年齢層別でみてみれば、児童自立支援施設・児童養護施設送致となったものの66.3%（122人）が行為時14・15歳の者であり、16・17歳と18・19歳でこの保護処分となったものはいない。

[3] 児童養護施設と児童自立支援施設への入所経路にはどのようなものがあるか

(a) 児童自立支援施設と児童養護施設へはどのような入所経路があるか。それにはどのような手続が必要か

446 入所経路による手続の異同 本講では、家庭裁判所が保護処分として児童自立支援施設・児童養護施設送致決定（少24条1項2号）を行う場合を念頭に置いて、児童自立支援施設と児童養護施設における処遇について検討を加えている。しかし、子どもが児童養護施設や児童自立支援施設に入所する経路は、実は、これに限定されない。ここでは、併せてその他の入所経路を確認しておこう（図2）。

児童自立支援施設・児童養護施設への入所経路としてありうるのは、①家庭裁判所が保護処分として児童自立支援施設・児童養護施設送致決定（少24条1項2号）を行う場合のほか、②特に児童が14歳未満の場合において、児童福祉機関先議主義（⇒**16、180**）から家庭裁判所に対し先議権をもつ知事が、家庭裁判所に事件を送致せずに、行政処分として直接施設への入所措置をとる場合（児福27条1項3号）と、③家庭裁判所が児童相談所・都道府県知事送致決定（少18条）を行い、それを受けて都道府県知事が②と同様の入所措置をとる場合、である(21)（⇒**185**）。

①保護処分としての施設送致と③家庭裁判所による児童相談所・都道府県知事送致決定を経由した知事の入所措置の異同は、どこにあるのであろうか。両者は、家庭裁判所の終局決定を介在させている点で共通する。しかし、次の点で相違がある（表1）。まず、家庭裁判所が決定を行うために審判を開く必要があるか否かである。①保護処分の場合、この必要があるのに対し、

---

(21) 少年が14歳未満の場合、児童福祉機関先議主義から、①と③の経路も、知事からの事件送致（児福27条1項4号）を受けることが前提となる。

【図２】児童自立支援施設・児童養護施設への入所経路

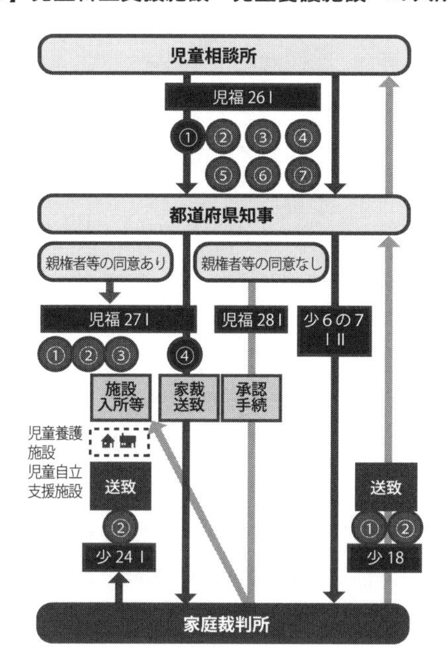

③児童相談所・都道府県知事送致決定の場合、その必要はないと理解されている。それは、前者が、条文上、審判開始決定（少21条）の後に規定されているのに対し、後者はその前に置かれているために、審判開始を前提としていないと解されるためである。少年法18条が要件として、「調査の結果、児童福祉法の規定による措置を相当と認めるとき」と表記していることは、この趣旨と解される。しかし、この場合でも、少年本人の納得を得るために、可能な限り審判を開き、審判官と少年が顔を見合わせた上で決定を行うことが望ましいであろう。次に、決定主体に違いがある。①保護処分としての施設送致では、家庭裁判所がその主体になる。それに対し、③家庭裁判所による児童相談所・都道府県知事送致決定を経由した知事の入所措置では、都道府県知事が施設入所決定の主体になる。さらに、施設入所にあたり親権者等による同意の必要性にも違いがある。①保護処分としての施設送致では、同意などが不要であるのに対し、③家庭裁判所による児童相談所・都道府県知事送致決定を経由した知事の入所措置では、それが必要である(22)。施設への

【表１】少年法18条と24条１項２号の措置の違い

	少18条	少24条１項２号
処分の内容	児童自立支援施設・児童養護施設送致に限られず	児童自立支援施設・児童養護施設送致のみ
決定主体	都道府県知事 児童相談所	家庭裁判所
手続	審判の必要なし	審判必要
親権者・後見人の同意	必要 （児福27条４項）	不必要 （児福27条の２第２項）
社会記録の送付	なし	あり （少審規37条の２）
強制的措置の指示 （少18条２項）	少６条７項による送致が必要	

社会記録の送付も、①保護処分の場合、それが行われるのに対し、③家庭裁判所による児童相談所・都道府県知事送致決定を経由した知事の入所措置の場合、それは行われない（少審規37条の２）。

(b) 強制的措置とはどのような制度か。また、強制的措置をとる場合どのような手続が必要か

447　強制的措置の手続　児童福祉施設入所中に施設長による親権代行行使（児福47条）を超えて自由を一時的に制限する措置（強制的措置）をとる場合、知事や児童相談所長は事件を家庭裁判所に送致しなければならない（児福27条の３、少６条の７第２項）。例えば、児童自立支援施設で精神科医による治療のために外から鍵をかけることができる個室で一時的に児童を生活させることがこれにあたる。福祉目的を達成するための例外的な手段であるとはいえ、自由を制約するためには、司法判断が必要である。そのため、家庭裁判所への事件送致が必要になるわけである。その際、家庭裁判所は強制的措置をとることができる日数と期限を決定することになる。

---

(22)　親権者等の同意が得られない場合、児童福祉法28条１項に基づき、家庭裁判所の承諾などを得ることで、それに代えることができる（⇒**185**）。

448　強制的措置の法的性格　最高裁判所の裁判例によれば、この送致の法的性格は、家庭裁判所に対する許可申請である（最決昭40・6・21刑集19巻4号448頁／家月17巻7号139頁）。そのため、通常送致事件に対して家庭裁判所が強制的措置を許可することも、理論上は可能である(23)（送致機関の意向を確認した上で強制的措置をとることを認めた事例として、新潟家高田支決平元・10・23家月42巻2号200頁）。「審判を行うため」必要があるときは、観護措置をとることもできる（例えば、新潟家決昭57・3・16家月34巻8号103頁）。

他方、強制的措置許可決定は、保護処分決定ではない。そのため、実務上は、抗告や特別抗告の対象とはならないと理解されている（上記最決昭40・6・21、最決平16・11・11集刑286号569頁／家月58巻2号182頁）。しかし、現在強制的措置をとりうるのは国立の2施設のみという体制となっており、この許可決定は、子どもの自由制約だけでなく家族などとの物理的距離を大きくする効果も生じさせる。社会資源や社会関係資本の保持・調整の観点からみても、慎重な判断を担保するために強制的措置決定を抗告対象に含める必要性は高い（⇒**479〜480**）。

4　少年院送致とはどのような処分か

[1] 少年院送致にはどのような意義があるか。また、少年院にはどのような歴史があるか

449　少年院の特徴と歴史　**少年院送致**は、矯正教育を行う法務省所管の閉鎖施設である少年院に少年を送致し、在所させる保護処分である（少24条1項3号）。少年院の処遇の特徴は、少年の生活全体を包摂しながら、集団的規律の中で、個々の問題の解消に向けた個別的な扱いを行う点にある。厚生労働省管轄の開放施設である児童自立支援施設や児童養護施設とは、多

---

(23)　他方、強制的措置許可申請には通常送致の趣旨が予備的に含まれていると解して保護処分を決定した裁判例（那覇家決平元・5・19家月41巻9号130頁など）もあるが、許可申請説からこれを説明することは難しい。許可申請説に立つとすれば、少年法25条1項の文言の問題を措くとしても、試験観察に付した事案（高松家丸亀支決平元・8・21家月42巻1号126頁など）にも疑問が残る。

くの点で違いがある (⇒**399**、**442**)。

少年院送致は、旧少年法の矯正院送致 (⇒**35**) を淵源とする。矯正院は、旧少年法の制定に伴って創設された閉鎖施設である。少年院での処遇措置や権利義務関係は、1922年の矯正院法を継承した少年院法によって規律される。

少年院法は、1948年の制定以来、大改正されることがなかった。しかし、2014年、広島少年院事件をも契機として、権利義務関係の明確化と施設運営の透明化とを目的とする新しい少年院法が、少年鑑別所法とともに成立している[24]。新しい少年院法は、矯正教育や外部交通、救済の申出などを法定しているだけでなく、施設視察委員会の設置も盛り込んだ内容になっている。

もっとも、これまでも、通達や少年法改正に伴う制度や運用の大幅な変更が、何度か行われてきた。すなわち、一方で、1977年に発出された法務省矯正局の通達「少年院の運営について」により、短期 (一般・交通) と長期の処遇区分が制度化された (⇒**402**)。このうち交通短期の処遇区分は1991年に廃止され、そのかわりとして特修短期処遇が設けられた。1997年には、社会の耳目を驚かせた結果重大事件を受けて、生活訓練課程の細分に「非行の重大性等により、少年の持つ問題性が極めて複雑・深刻であるため、その矯正と社会復帰を図る上で特別の処遇を必要とする者」を対象とし、「被害者の視点を取り入れた教育」を重点的に行う「G3」のカテゴリーが新設された。他方で、2000年の第一次改正により少年院収容受刑者制度 (少56条3項) が設けられ、2007年の第二次改正では少年院収容年齢の下限の引き下げ (14歳からおおむね12歳) と、1号観察の遵守事項違反に対する施設送致申請制度が導入された (⇒**433**)。時期を同じくして保護者に対する措置 (少院12条の2、新少院17条) も導入されている。しかし、特に少年院改革にかかわる2000年代における一連の少年法改正は、身体拘束の側面にのみ着眼しており、あるべき教育内容を明らかにしていない。かかる政策潮流の中で、2014年の新しい少年院法による措置がどれだけ国際人権法規範を踏まえて少年の最善の利益を実現するための仕組みを整えるものになっているか、その実務運用

---

(24)　新しい少年院法は、2014年6月11日に少年鑑別所法 (法律第59号) とともに公布されており (法律第58号)、この日から起算して1年を超えない範囲内において政令で定める日に施行されることとされている。

とともに検証していくことが、大きな課題になる。

450　少年院送致の二面性　少年院送致は、一方で、司法機関である家庭裁判所の終局決定である保護処分として強制力をもつ。少年の意思に反してでも移動の自由や行動の自由を物理的に制限できるという意味で、この処分が一般的・類型的、主観的、そして短期的に不利益性を帯びることは否定できない。他方、「保護処分」はあくまで教育的な目的と手段をとる（べき）ものである（⇒**108〜109**）。

こうした二面的な性格をどのように考えればよいであろうか。ありうるのは、少年院送致を完全に不利益処分と位置づける方向性と、何らかの形で2つの性格に折り合いをつける方向性である。前者の考え方をとれば、保護処分である少年院送致を刑罰と同質のものと考えていくことになるであろう。しかし、この方向性は妥当でない。後者の方向性で考えていくべきである。少年院送致の二面的な性格に折り合いをつけるためには、まずもって、自由の制限を自己目的化しないことが肝要である。少年の生活を丸抱えする処遇手段で解決が期待できる事柄をエビデンスの上で明らかにするとともに、反面的な不利益に留意しながら、人生行路（ライフコース）の中でこの処分が個々の少年自身にとって少なくとも中長期的には利益になる十分な見込みを得ることが必要である。そのためには、実体面では、最終手段でありながらも、この処分が少年の最善の利益になるといえなければならない。手続面では、処遇決定過程において、十分なマッチングを可能にするだけの少年の主体的な手続参加の保障が不可欠である（⇒**91**、**111**、**131**）。

同様の事柄は、「戒護＝保安」と「処遇＝教育」が相克する在所関係の理解にも当てはまる。これまでの制度の下でも、目的達成上の必要があるときには少年院外の適当な場所で矯正教育を行うことができるものとされており（少院処規23条の2）、収容がもつ意味自体は後退している。ここからも窺われるように、収容はあくまで教育手段にすぎない[25]。規律秩序の維持は物理的な方法によってではなく少年と職員との日常的な人的接触や人格的感化により達成されるというダイナミック・セキュリティの考えに立脚する必要が

(25)　コンメンタール少年法376-377頁［八田次郎］。

ある（グライフスヴァルト88.3を参照）。

[2] 少年院における処遇はどのように行われるか

451　在院期間　　少年院に在院できる期間は、原則として少年が20歳に達するまでである。もっとも、矯正の目的が達されたときには、仮退院が可能である（少院12条、新少院135条、136条、41条、更生保護46条１項）。反面、決定時に19歳を超えている場合には、送致時から１年間在院できる（少院11条１項、新少院137条）。

これらの場合以外でも、**収容継続**の制度により、20歳を超えても少年を少年院に在院させることができる。在院者の心身に著しい障がいがあり、または犯罪的傾向がまだ矯正されていないため少年院から退院させるに不適当である場合には23歳を超えない期間、また23歳に達する在院者の精神に著しい障がいがあり、公共の福祉のため少年院から退院させるに不適当であると認めるとき（新しい少年院法では、医療上の専門的知識および技術を踏まえて矯正教育の継続が特に必要なとき）は26歳を超えない期間、家庭裁判所の決定を経て、在院させることができる（少院11条２項、４項、５項［新少院138条、139条］）。

452　個別処遇・段階処遇・分類処遇　　少年院の処遇は、個々の少年の特性に見合った処遇を行いながらも集団のダイナミズムを活かして類似した問題を抱える少年の処遇を行う点に特徴をもっている。その柱となるのが個別処遇、段階処遇、分類処遇である。

個別処遇は、個別担任制度や個別的処遇計画（新しい少年院法では「個人別矯正教育計画」）に体現される[26]。**段階処遇制度**は、新入時・中間期・出院準備の三期に区分して、それぞれの期に応じた教育目標や教育内容を発展的に設定するものである。現行法の運用上は１級・２級・３級（１級と２級にはさらに上・下）の別を設けた上で、新入院者を２級下に編入し、進歩に応じて各段階に移行させることになっている。**分類処遇制度**は、共通の特性や教

---

(26)　これらの制度は、現在、少年刑務所においても取り入れられているものの、少年院におけるものとは質量ともに大きな差がある。

育上の必要性をもつ者ごとに集団を編成し、それぞれの集団に最も適切な処遇を行うものである。分類処遇を具体化するために少年院は種別と処遇分類で区別される。

これまでの制度では、少年の年齢・心身の状況・非行傾向を基準として、①初等・②中等・③特別・④医療少年院に、少年院の種類が分けられる（少院２条)。①初等少年院と②中等少年院は心身に著しい故障のない者を在院させる点で共通するものの、①初等少年院はおおむね12歳以上16歳未満の者を、②中等少年院はおおむね16歳以上20歳未満の者を対象とする点で異なる。③特別少年院は心身に著しい故障はないものの、犯罪的傾向が進んだおおむね16歳以上23歳未満の者を対象とする。それに対して④医療少年院が対象とするのは、心身に著しい故障のあるおおむね12歳以上26歳未満の者である。現在まで例はないものの、第一次改正により少年院収容受刑者制度（少56条３項）が設けられ（⇒**591**)、懲役または禁錮の言渡しを受けた少年でも16歳に達するまでは少年院に在院できる。この場合、③特別少年院への在院が予定されている。また、第二次改正により①初等少年院と④医療少年院の対象年齢は14歳以上からおおむね12歳に引き下げられた。これは下限を撤廃していた政府提出の原案に対する国会審議による修正を反映している。「おおむね」とは１歳程度の幅をいい(27)、11歳の小学生も対象になりうる。

新しい少年院法では、この種別が再編され、①保護処分の執行を受ける者であって、心身に著しい障がいがないおおむね12歳以上23歳未満のものを「第一種」、②保護処分の執行を受ける者であって、心身に著しい障がいがない犯罪的傾向が進んだおおむね16歳以上23歳未満のものを「第二種」、③保護処分の執行を受ける者であって、心身に著しい障がいがあるおおむね12歳以上26歳未満のものを「第三種」、④少年院において刑の執行を受ける者を「第四種」の少年院に収容するものとされている（新少院４条)。

453 処遇区分　種別とは別に、少年の特性・非行の進度・問題の程度・改善の難易により、短期と長期（収容期間は原則２年以内）の**処遇区分**が、通

---

(27) 第166回国会衆議院法務委員会議録第12号（平成19年４月18日）４頁［大口善徳説明］。国会では、「それ以下の少年の少年院送致は基本的には想定しがたい」とも説明されている。

達上設けられている（「少年院の運営について」平3・6・1矯教第1274号矯正局長依命通達）。短期はさらに一般短期（6月以内）と特修短期（4月以内）に区分される。このうち特修短期処遇では、開放処遇が行われる[28]。これまでの制度では、上記種別が①初等少年院と②中等少年院では短期処遇と長期処遇が実施され、③特別少年院と④医療少年院では長期処遇が行われてきた。その上で、少年の特性に応じて細分化を図り、個別的処遇計画を実効化するために処遇課程を定め、一般短期処遇には短期教科教育・短期生活訓練の、長期処遇には生活訓練・職業能力開発・教科教育・特殊教育・医療措置の処遇を行う仕組みがとられてきた。

このように、少年院の処遇は個別処遇と集団処遇とを組み合わせるものであるが、個々の少年の最善の利益の実現（⇒**91**）という視点が欠ければ、いずれも安易な統制手段に堕する危険性をもつことには十分な留意が必要である。その土台には個の尊厳がなければならない。

[3] 少年院送致の実務運用はどのようになっているか。また、そこにはどのような課題があるか

454 実務運用　2013年の司法統計年報によれば、少年院送致率が高いのは、殺人（その他）（77.2%）、強盗致傷（67%）、集団強姦（65.2%）、強姦（60.6%）、覚せい剤取締法（60%）、強盗致死（55.6%）、強盗強姦（50%）、強盗（45.8%）、殺人（死亡させた罪）（42.3%）、傷害致死（42.9%）などの非行である。他方、少年院送致の内訳において占める割合が大きいのは、窃盗（34.9%）、傷害（22.2%）、恐喝（5.5%）、詐欺（5.5%）、強盗致傷（4.5%）、わいせつ（3.6%）、虞犯（3.2%）、強盗（2.5%）、覚せい剤取締法（2.3%）である。非行結果の大きさだけで少年院送致を正当化できるわけではないことには、重ねて注意が必要である。

矯正統計年報に基づき少年院新収容者（総数3193人）の保護処分歴をみてみれば、保護観察経験者が54.8%、すでに少年院送致の経験をもつ者が

---

(28) しかし、特修短期処遇の在所者は現在減少傾向にあり、2007年には施設の集約化が行われている。

16.9%となっている。少年院送致を受ける少年の半数程度が社会内処遇である保護観察の経験をもつものの、多くは初めて少年院送致を受けていることになる。社会内処遇を踏まえて施設内処遇を段階的に選択することには合理性がある。しかし、反対に、保護観察経験をもつという形式的理由だけで少年院送致を正当化できるわけではない。少年院新収容者のうち試験観察歴のある少年が14.6%にとどまっていることからも窺われるように、再非行の場合でも社会内処遇を受けるチャンスを尽くす余地とその必要性はなおある。少年院新収容者の教育程度をみてみると、中学在学が14.5%、中学卒業が28.9%、高校在学が17.5%、高校中退が34.4%、高校卒業が3.6%である。また、２号観察対象者の保護者状況として近時は実母のみが実父母を上回って推移していること（図１⇒**430**）を考え併せてみても、社会資源や社会関係資本の不平等な分配が監護の問題として考慮され、少年院送致を選択させやすく作用している面があるのではないか、疑いが残る。

これをも踏まえて、なお、少なくとも中長期的に少年院における在院を少年の利益とするには、自己完結的な発想(29)を脱し、出院後の支援とつながりをもつ形での少年院における処遇の充実はもとより、少年に対する周囲の視線をも変える工夫が必要になる(30)。「社会の『立ち直り』」の視角（⇒**72**）をもって環境調整命令（⇒**403**）を活用することも、そのための重要な措置となる。

---

(29) 少年院教育の限界に関しては、広田照幸＝平井秀幸「少年院教育の可能性と限界」広田照幸ほか編『現代日本の少年院教育』（名古屋大学出版会、2012年）351頁。

(30) 中島学「保護処分としての施設内処遇の新たな在り方について」刑政122巻11号（2011年）32頁を特に参照。

第21講　一事不再理

●本講で考えること

司法機関が実体判断を行った上で終局的な処分を決定し、その処分が確定すると、通例、その処分を「むし返すこと」は許されないと考えられています。この「むし返し」を禁じる法的な効力やルールは、「一事不再理」であるとか「二重の危険禁止」と呼ばれています。

それでは、この効力やルールは家庭裁判所の終局的な処分決定にも認められるのでしょうか。また、家庭裁判所の終局的な判断の種類や少年の属性によって、何か変わることがあるのでしょうか。そもそも、一度確定した家庭裁判所の終局的な判断を「むし返すこと」が許されないのは、どうしてなのでしょうか。

本講では、少年司法における一事不再理や二重の危険禁止について、検討を加えます。

● Keywords
一事不再理、二重の危険禁止、審判不開始決定、不処分決定

1　一事不再理にはどのような意義があるか。また、一事不再理はどのような歴史をもっているか

[1] 裁判の「むし返し」の禁止にはどのような意義があるか

455　一事不再理と二重の危険禁止　近代的な刑事裁判には、実体に踏み込んだ司法判断が確定した場合に、同一事件の「むし返し」を許さない原則が妥当している。再度の訴追に怯えることなく、平穏な生活を送ることを市民に保障するこの原則は、日本では、刑事訴訟法によってのみならず（刑訴337条）、憲法上の人権としても保障されている（憲39条）。この原則は、大陸法では**一事不再理**（non（ne） bis in idem）として、英米法では**二重の危険禁止**（double jeopardy）として発展してきた。前者は、裁判が実体的に確定したことの効力に着目する。それに対し、後者は、被告人の手続負担に着眼す

る。しかし、こうした相違はあるものの、両者は、一度裁判で決着がついた同一事件のむし返し（＝再訴）を禁じる点で共通している。何を基準として「同一」事件といえるのかが刑事訴訟法上の主要問題の１つになるのは、それだけ刑事手続において個人と国家が厳しく対峙していることの表れである。

なお、最高裁判所の裁判例は、「元来一事不再理の原則は、何人も同じ犯行について、二度以上罪の有無に関する裁判を受ける危険に曝さるべきものではないという、根本思想に基くことは言うをまたぬ」との表現で、憲法39条を二重の危険禁止を定めた規定と理解している（最判昭25・９・27刑集４巻９号1805頁）。

［2］少年法上の一事不再理規定はどのような歴史をもっているか

456 旧少年法上の規定　それに対して、少年司法制度においては、この原則が（どの範囲で）妥当するのか、妥当するとしてその根拠は何か、ということ自体が、大きな原理的問題になる。

現行法の沿革となる旧少年法63条は、保護処分が取り消された場合を例外として、保護処分を受けた少年に関して、「審判ヲ経タル事件又ハ之ヨリ軽キ刑ニ該ルヘキ事件ニシテ処分前ニ犯シタルモノ」の刑事訴追を禁じた。また、処分の取消しの場合を例外として認めていた。「之ヨリ軽キ刑ニ該ルヘキ事件ニシテ処分前ニ犯シタルモノ」にまで一事不再理（類似）効が及ぼされたのは、刑事訴追の遮断と引きかえに一般人による少年審判所への通告を積極化し、少年司法制度を身近なものとして社会に定着させる狙いがあった[(1)]。少年審判所を「家庭が救はれる、皆困つて居る少年を家庭が抱いて居る、その相談相手」とするためには、「一ぺん保護處分を受けたならば懲治を受け」ず、「審判所が出來て保護を受けたならば警察は來ない」[(2)]仕組みが必要だったわけである（⇒**233**）。

457 現行法の規定と改正の動向　それに対し、1948年法は「罪を犯した少年に対して」保護処分がなされたときは、審判を経た事件について、刑事

⑴　詳細については、武内・構造168頁を参照のこと。

⑵　岩村通世ほか「［座談会］少年法を語る」少年保護１巻４号（1936年）37頁［岩村通世発言］。鈴木・概説371頁も参照。

訴追または家庭裁判所での再審判を禁じている（少46条）。旧法と比較した場合の特徴は、①対象を犯罪少年事件、そして現に審判を経た事件に限定したこと、②刑事訴追のみならず、家庭裁判所の再審判も併せて禁じたこと、③例外を認めなかったこと、にある(3)。

さらに、2000年の第一次改正法は、1948年法下で審判不開始と不処分の決定にこの原則の適用を認めなかった後述の最高裁判所の裁判例を前提に、検察官の審判関与決定を条件として不処分決定に一事不再理を及ぼす書きぶりをとる規定（46条2項）を新たに置いている。

2　現行法の一事不再理規定はどのような規範構造をとっているか。また、この効力の発生根拠は何か

[1] 一事不再理が認められるとどのような効果が生じるか。また、「審判を経た事件」とは何か

458　一事不再理の効果　まず、少年法上の一事不再理に関する明文規定から確認しておこう。1948年法の制定当初から存在する46条1項は、「罪を犯した少年に対して第二十四条第一項の保護処分がなされたときは、審判を経た事件について、刑事訴追をし、又は家庭裁判所の審判に付することができない」と規定する。また、2000年の第一次改正法で創設された同条の2項は、「第二十二条の二第一項の決定がされた場合において、同項の決定があつた事件につき、審判に付すべき事由の存在が認められないこと又は保護処分に付する必要がないことを理由とした保護処分に付さない旨の決定が確定したときは、その事件についても、前項と同様とする」と定めている。

「審判を経た事件について、刑事訴追をし、又は家庭裁判所の審判に付することができない」という少年法46条1項の文言から明らかな通り、少年事件における一事不再理の効果は、再審判と刑事訴追の遮断である。同一事件が送致されるようなことがあれば、家庭裁判所は審判条件の欠如を理由として審判不開始または不処分の決定をしなければならない。また、起訴されることがあれば、刑事裁判所は訴訟条件の欠如を理由として免訴（刑訴337条）

---

(3)　柏木・概説167頁。

を言い渡さなければならない。

459 「審判を経た事件」の基準　次に、一事不再理の基準となる「審判を経た事件」(少46条1項)とは、どのような事件であろうか。「審判を経た事件」とは、審判対象を非行事実と要保護性に据える通説的見解を背景として(⇒**120〜121**)、保護処分の対象となった決定書記載の犯罪事実(少審規36条)およびそれと同一性のある事件を指すと考えられている(最決昭36・9・20刑集15巻8号1501頁)。

[2] 少年法上の一事不再理は憲法上の規定とどのような関係に立つか。また、その効力はどのような根拠から生じるか

460 明文規定上の一事不再理の対象　問題は、一事不再理の効力が認められるのは誰に対するどのような司法判断なのか、ということである。少年法上の条文で明示されているのは、①「罪を犯した少年」(＝犯罪少年(少3条1項1号))に対する「第二十四条第一項の保護処分」(少46条1項)と、②検察官の審判関与(⇒**360**)を経て確定した不処分(同2項)の決定である。文理解釈すれば、触法少年(少3条1項2号)や虞犯少年(同条同項3号)の場合には、保護処分であってもこの効力が認められないことになる。また、犯罪少年であっても審判不開始決定や、検察官の審判関与を経ていない不処分決定については、この効力が認められないことになる。

461 憲法39条との関係　このような現行法の規範構造の中で、理論上の重要課題になるのが、上位規範である憲法39条と少年法46条との関係をどのように理解するかということである。㋐少年法46条が憲法39条の趣旨からみて法的に当然のことを注意的に規定しているにすぎないと理解すれば(注意(確認)規定説)、少年法46条が明示していない場合でも、憲法39条の解釈が許す範囲内で、一事不再理効が認められうる。それに対し、㋑少年法46条が憲法39条とは法的には無関係であると考えれば、この効力は少年法46条が存在することにより初めて認められるものとなる(創設規定説)。

462 効力発生の実質的根拠　この問題は、少年法46条が一事不再理(類似)効を認めている実質的な根拠とも関係している。㋐注意(確認)規定説では、「無罪」、「犯罪」、「刑事責任」という刑事事件を念頭に置いた言葉遣いをしている憲法39条との関係で、保護処分・少年保護手続のどの部分が刑罰・刑事手続と同質性をもっていると考えるのかが問題になる。㋑創設規定説でも、少年法46条の解釈の射程を明確にするために、その実質的根拠を明らかにする必要がある。

効力発生の実質的根拠について大まかにいえば、ⓐ保護処分であっても不利益処分性を払拭できないことや、審判機関である家庭裁判所が司法機関であることに着目する考え（不利益性説）と、ⓑ少年法46条は少年に心理的安定、安心感を与え、処遇効果を上げるために特別に規定されたものであり、明文で対象が保護処分に限定されたのもまさにそれゆえのことであると考える立場（教育説）がある。

ⓐ不利益性説は、少年法上に一事不再理規定が置かれた理由を法的にとらえる考え（法律説）と、ⓑ教育説は、それを政策的に把握する考え（政策説）となじみやすい。

また、ⓐ不利益性説は㋐注意（確認）規定説と、ⓑ教育説は㋑創設規定説と親和する。ⓑ教育説は旧少年法時代からの伝統をもっており、現行法下でも、審判対象を要保護性のみに据える見解に継承された[4]。近時、学理上は、適正手続や非行事実が重視される傾向の中で、ⓐ不利益性説が有力である。

少年の主観や短期的効果からみた場合に、保護処分の現実的な不利益性を完全に払拭することは難しい（⇒**111**）。その意味で、ⓐ不利益性説に立つことが妥当である。もっとも、現行法施行直後の時期にⓑ教育説に立った見解における政策判断の中心は、元々、「捜査機関への対抗」の必要性の有無にあった。この立場をとる見解が審判不開始決定や不処分決定にこの効力を及ぼさなかったのも、当時の状況では、これらの処分で「むし返し」が行われる現実的な危険性が認識されていなかったためである。特に教育説や政策説に立つ場合、現在の状況に関する価値評価を避けて通ることができないことには、十分に注意をしておく必要がある[5]。

---

(4)　より詳細な学説の分布は、白取祐司「少年審判と一事不再理効」法時67巻７号（1995年）25頁、齐藤・研究①225頁を特に参照のこと。

(5)　政策説の系譜と歴史的な文脈については、武内・構造161頁を参照のこと。

3 一事不再理の効力はどの範囲で認められるべきか

[1] 触法少年や虞犯少年の事件には一事不再理が認められるべきか

463 問題の構造 少年法は、「罪を犯した少年に対して」保護処分がなされたときに、刑事訴追または家庭裁判所での再審判が禁じられる規定の体裁をとっている。そのため、「罪を犯した少年」（＝犯罪少年）以外の触法少年や虞犯少年に対して保護処分がなされたときに、これらの効果が認められるかが問題になる。

464 理論的検討と裁判例 ⓐ不利益性説、ⓑ教育説のどちらの考えをとるとしても、人的対象として、犯罪少年に対して認められている一事不再理の適用を触法少年や虞犯少年には認めないというのは、合理性は乏しい。

裁判例でも、虞犯事実について少年法46条の趣旨が及ぶと判断したものがある（大阪家決平18・3・6家月58巻10号103頁、東京高決平11・9・9家月52巻2号172頁、広島高決平10・2・17家月50巻7号128頁、仙台家決昭59・7・11家月37巻4号68頁）。触法少年事件もこれと同様に解してよい。裁判例では、先行する処分である（保護処分ではなく）児童福祉法上の措置が行政処分であることを理由に、同一事実に基づいて司法処分である保護処分を課しても二重の危険に触れないと判断したものがある（上記東京高決平11・9・9）。14歳未満の少年に対する手続の特性を反映した判断ではあるものの、少年本人の手続負担に着目すれば、「二重の危険」の発生を考える余地はなお存在する。

[2] 審判不開始と不処分決定には一事不再理が認められるか

(a) 審判不開始決定と不処分決定の一事不再理効に関して最高裁判所の裁判例はどのように考えているか

465 問題の構造 少年法46条1項は、一事不再理効が生じる処分として「第二十四条第一項の保護処分」と規定している。それでは、保護処分以外の終局決定、殊に審判不開始と不処分の場合に一事不再理効は認められるべきであろうか。審判条件の欠如を理由とする形式判断に基づく審判不開始決定や不処分決定の場合にはこれが認められないと考えることには、争いがないといえる(6)。しかし、非行事実や要保護性の認定を踏まえた上で審判不開始や不処分が決定されている場合、実体的な判断が行われていることになる。その場合に一事不再理の効力が認められるかには、争いがある。

466　審判不開始決定に関する裁判例　家庭裁判所が審判不開始決定を行った事件の刑事訴追の遮断に関しては、最高裁判所の裁判例が存在する。最大判昭40・4・28刑集19巻3号240頁／家月17巻4号82頁の事実関係と最高裁判所判決に至るまでの経緯は、次のようなものである。19歳の少年は、自動三輪車の運転作業中後方確認の義務を怠って作業中の被害者の足首を轢過し、事故の内容を警察官に通報せず、また指示も受けないで現場を立ち去った。この事実について、旭川家庭裁判所は、業務上過失傷害の事実についてのみ検察官送致決定を行う一方で、報告義務違反についてはその義務を定めた道路交通取締法施行令の規定が自己負罪拒否特権を保障する憲法38条1項違反により罪とならず、その他警察官の指示にしたがわなかった点は事案軽微であるとの理由で、審判不開始の決定を行った。この決定から8日後、少年が成人年齢に達し、送致を受けた業務上過失傷害の事実とともに審判不開始となった事実も併せて検察官が公訴提起を行ったことに対して、旭川地方裁判所は、審判不開始決定の基礎となった事実については一事不再理効を認め、免訴の言渡しを行った。札幌高等裁判所の判断も、この判断をそのまま維持して検察官の控訴を斥けた。これに対する検察官の上告に対し大法廷の判断で応えたのが、最大判昭40・4・28であった。

この最高裁判所判決の多数意見は、憲法39条前段の「無罪とされた行為」を刑事訴訟における確定裁判によって無罪の判断を受けた行為と狭く解釈し、審判不開始決定はこれに含まれないと判断した。また、少年法46条を「保護処分が身体の自由を制約する場合がある点において刑罰類似の性質を有することや、対象となつた犯罪事実が特定されていること等を考慮して特別に設けられた規定」であると理解した。この理屈からは、少年法46条は、憲法39条とは無関係に特別に政策的に設けられたものである、ということになる。この観点から、最高裁判所は、結論として、家庭裁判所による審判不開始決定に刑事訴追遮断の効力を認めなかった。

467　不処分決定に関する裁判例　その後の最高裁判所の裁判例と立法は、

---

(6)　これは、ちょうど刑事手続における公訴棄却の場合と同様である。

この大法廷判決を前提として展開しているといえる。最決平3・3・29刑集45巻3号158頁／家月43巻8号78頁は、不処分決定が出された事件に対する刑事補償法の適用が問題となった事案において、刑事補償法の解釈問題に関連づけて、「不処分決定は、刑訴法上の手続とは性質を異にする少年審判の手続における決定であ」り、「刑事訴追をし、又は家庭裁判所の審判に付することを妨げる効力を有しない」と判示している。

468　第一次改正法による立法　第一次改正法は、こうした一連の最高裁判所裁判例を土台として、立法を行ったと考えられる。

第一次改正法は、少年法46条1項には全く手を付けずに、2項を新設し、検察官の審判関与決定を要件として、不処分決定に一事不再理を及ぼす規定ぶりをとっている。これは、少年法46条を憲法39条と関係しない政策的な規定とみた上記最大判昭40・4・28が一事不再理の発生根拠として「保護処分が身体の自由を制約する場合がある点において刑罰類似の性質を有すること」とともに掲げた「対象となつた犯罪事実が特定されていること等」の部分に着目して立法したものと評価できる[7]。要するに、検察官関与により、非行事実認定手続が刑事訴訟手続と近似するがゆえに、その関与を経た不処分決定に対しては一事不再理効を政策的に認める、という発想がとられているといえる。

(b) 一事不再理に関する最高裁判所の裁判例と第一次改正法による制度設計にはどのような問題があるか。また、その問題を踏まえて現行の規定はどのように解釈されるべきか

(i) 一事不再理に関する最高裁判所の裁判例と第一次改正法による制度設計にはどのような問題があるか

469　最高裁判所裁判例の批判的検討　しかし、そもそも上記最大判昭40・4・28は特殊な事案を前提にしており、その射程も短いと考えられる。

まず、この大法廷判決は、家庭裁判所による罰則規定の違憲無効判断を経た審判不開始事件を検察官が成人後に刑事裁判所に起訴したという特殊な事

---

(7)　川出・入門講義⑭「終局決定(3)」法教350号(2009年)111頁も参照のこと。

実関係を前提としている。検察官が本事件を起訴したことの背景には、抽象的違憲審査制ではなく付随的審査制がとられている前提で、検察官に審判の立会いを認めない構造をとる少年保護手続で家庭裁判所が出した違憲判決が司法判断として確定するのを防ぎたいとの意図も窺われる。

次に、この大法廷判決には、実体的判断を伴う審判不開始決定には一事不再理の効力を認めるべきであるとする３人の裁判官の反対意見が付されている。その上、この大法廷判決の直後の時期に、下級審レベルで、審判不開始決定や不処分決定に再審判を遮断する効果を認める裁判例が相次いで出されたことにも注目しておく必要がある（福岡家決昭45・４・３家月22巻10号120頁、大阪家決昭46・２・15家月23巻10号109頁）。これらの裁判例が明らかにしているように、最大判昭40・４・28は、あくまで訴追の遮断効が問題になった事案にすぎない。

さらに注意すべきは、最大判昭40・４・28が、家庭裁判所が実体的判断に踏み込んだような事件の起訴に関しては検察官が「十分考慮した上適切妥当な裁量」を行使するよう期待を寄せていた、ということである。しかし、この期待は、その後、調布駅前事件（⇒**502**）により脆くも崩れ去っている。現在、司法としての対応が新たに求められる段階に入ったというべきであり、この大法廷判決自体を見直すべき機は熟している[8]。

470　立法の批判的検討　　審判不開始決定に関する上記最大判昭40・４・28と不処分決定に関する上記最決平３・３・29を下敷きにしているはずの第一次改正法の設計にも問題がある。第一次改正法による立法措置の骨組みに関する代表的な説明は、次のようなものである。「検察官が、審判の手続に関与した場合においては、検察官も関与した手続で十分な事実認定がなされたこととなる上、検察官は事実誤認等を理由とする抗告受理申立てをすることができることも併せ考慮し、制度上、同一事件について検察官が公訴提起することができることとしておく必要はないと考えられる」[9]。しかし、46条１項と２項は、ともに刑事訴追の遮断のみならず家庭裁判所における再審

(8)　守屋克彦「不処分決定と一事不再理効」課題と展望①147頁。
(9)　第一次改正法解説213-214頁。

判の遮断を効果としているはずであるから、この説明は不十分なものである。問題を刑事訴追の遮断に限定するとしても、この説明は、刑事訴追の遮断という効果がもたらされる根拠を公訴提起の必要性に求めている点で、実質的には同語反復にしかなっていない。

こうした骨格の上にある第一次改正法による制度設計は、非体系的でアドホックな立法を行っているといわざるをえず、根本的な問題をもつ。第一次改正法は、1948年法から存在する46条1項において再審判と刑事訴追の遮断が認められる根拠を、最高裁判所の裁判例を土台として、「保護処分がなされた」ことという実体的な側面に求めていると理解できる。その一方で、同条2項ではこの効果の根拠を検察官の審判関与という手続的要素と関連づけていると考えられる。しかし、原理的に考えれば、46条1項の場合も2項の場合も、不処分決定は実体面においては同内容の司法判断であるはずである。遮断効の発生根拠が実体面にあるのであれば、本来、検察官関与の有無にかかわらず、遮断効の許否が決せられることになるはずである。

(ii) 現行法の一事不再理規定はどのように解釈されるべきか

471 新しい解釈の必要性 以上にみたように、第一次改正法を経た現行少年法の46条を素直に文理解釈すれば、非体系的な理解しかできないという問題に直面する。また、非行事実の存在が否定されて審判不開始や不処分が決定されても、検察官が審判に関与していない場合には、その「むし返し」が可能になるという実際上の問題も生じてしまう。ここに法解釈のレベルでも工夫が必要になる理由がある。

現行法を文理解釈する際の困難をもたらしている原因の淵源は、上記最大判昭40・4・28の多数意見にある。しかし、前述の通り、この裁判例を支える地盤はすでに揺らいでおり、第一次改正法の非体系的な立法によりその揺らぎは一層激しくなっている。

そこで、まずもって確認が必要になるのは、実体判断に踏み込んだ上でなされた審判不開始決定や不処分決定が少年司法の制度体系の中でもっている意義である。現行法は、全件送致主義と家庭裁判所先議主義をとっており、司法機関である家庭裁判所が検察官送致決定を行った場合にのみ、事件が刑事裁判所による手続にのる仕組みとなっている（⇒**7**）。これを裏からみると、家庭裁判所が検察官送致決定以外の処分を選択した場合、それは司法機関の意思として、刑事処分を選択しないことを含意していることになる⑽。このことの意味は、保護処分の決定であろうと審判不開始決や不処分の決定であろうと、実体に踏み込んだ判断が行われたのであれば、変わるものではない。ちょうど最大判昭40・4・28に付された田中二郎反対意見が指摘しているように、こうした司法判断に一事不再理、特に刑事訴追を遮断する効力を認めないことは、全件送致主義と家庭裁判所先議主義がとられた趣旨を没却し、ひいては少年司法制度の存在意義を実質的に否定することを意味することになるであろう。

472　解釈の方向性　この確認の上で、場当たり的な理解を最もよく回避できる方策は、少年法46条の1項、2項を、ともに二重の危険禁止を注意的に定めた規定であると解釈することである。つまり、少年法46条1項については、審判手続を経て要保護性が認定され、保護処分が課されるようないわば伝統的かつ典型的な形態の手続負担に着目して憲法39条で保障された二重の危険禁止を注意的に確認した規定と解釈するわけである。そして同条2項は、特に検察官の審判関与という少年側からみれば重大な、そして新しい形態の手続負担を例示して、不処分決定にも二重の危険禁止が及ぶことを注意的に確認した規定として、理解するわけである。

確かに、少年法46条1項は、一事不再理の対象を「第二十四条第一項の保護処分」と記している。これは、旧少年法63条の名残であると考えられる。しかし、旧少年法が審判不開始や不処分を制度としてもたず、それゆえにこれらの処分が何らの法律効果も生じないものと理解されていた⑾のに対し(⇒**36**、**408**)、現行少年法はそうではない。加えて、そもそも現行法の立法に携わった者からも「保護處分が少年の全人格を對象として科せられるもの

⑽　平野龍一「家庭裁判所の審判不開始と一事不再理決定」警察研究37巻10号（1966年）123頁を特に参照。

⑾　例えば、森山60-61頁は、「從來少年審判に於ては事件處理の實際的必要よりして審判を開始しない場合が頗る多く、斯かる場合を指して審判不開始處分と稱してゐるのであるが、謂ゆる審判不開始處分は終局處分と異り何ら法律上の根據なく、從つて法律上の效果を生じない事柄である」と述べている。

である以上、特に罪を犯した少年でしかも審判を経た事件についてだけこの効力を認めることは不徹底であ」り、「本條は、單に、憲法第三九條後段の趣旨に從つた審判を経た事件につき『刑事』的見地から問題になる部分だけを規定したものであつて、ここに規定した以外の事件について重ねて保護處分を加えるかどうかは理論と実務に委ねたもの」[12]と指摘されていたのであった。現在の裁判実務では、人的対象が明文で定められた「罪を犯した少年」以外にも認められており（⇒**464**）、「第二十四条第一項の保護処分」という文言のみを人権を制約する方向で厳格に理解する合理性は却って希薄になっている。今日、審判不開始や不処分の決定を受けた少年が裁判をむし返されることによって受ける不利益を、直視する必要がある。

また、調布駅前事件（⇒**502**）が示したように、要保護性の認定や処分の決定にではなく、非行事実の認定に関連づけて捜査機関により事件のむし返しが行われる危険性は、現在では高くなっている。少年法46条２項は、こうした現代的な危険を例示して、非行事実認定が行われれば危険が生じることを注意的に確認していると解釈すべきである。

⑿　柏木・概説167頁。

第22講　不服の申立て

●本講で考えること

家庭裁判所が決定した終局処分に誤りがあったり、少年が納得できなかったりする場合があります。検察官の審判への関与が認められた場合では、検察官についても、同様のことが起こりえます。また、確定した後に家庭裁判所の保護処分決定に誤りがあったことが判明することもありえます。

それでは、こうした場合、誰が、どの手続段階で、どのような事柄を理由として、誰に対して、どのように不服を申し立てることができるでしょうか。

本講では、まず、不服申立て制度の意義と歴史を確認します。その上で、保護処分が確定する前に行われる少年側による抗告・再抗告と、検察官による抗告受理の申立てを取り上げます。保護処分が確定した後に行われる保護処分の取消し制度についても検討します。

● Keywords
抗告、再抗告、抗告受理の申立て、保護処分の取消し

1　不服の申立てのあり方はなぜ少年保護手続で問題になるのか。また、不服の申立ての制度にはどのような歴史があるか

473　問題の構造　少年司法制度の中で不服申立てを（どのように）認めるべきかは、原理的には大きな問題を含んでいる。というのも、不服申立ては、処分が何らかの意味で不利益性をもつことを前提とする制度であるからである。少年司法制度は、少年の利益の実現を標榜する制度であるために、不服の申立てを組み入れようとすると制度の理念との関係で原理的な緊張が生じることになるわけである。

474　不服の申立て制度の歴史　少年法の歴史を振り返ってみれば、旧少年法は、審判機関を行政機関としたこともあり、抗告制度を設けておらず、職権による保護処分の事後的な取消し・変更制度（旧少5条）を後見的に活

用することで問題への対処を図っていた（⇒**36**）。「一方ニハ處分ノ變更ヲ許シアリ又一方ニハ審判官ノ威信ヲ重カラシムル爲ニ上訴ヲ許ササルカ適當ナルヘシ」、「監督官又ハ其他ノ者ノ申告ニ依リテ變更スル途尠ナシトセス抗告ノ必要ナシ」[1]という考えが抗告制度を不要とする制度を支えたのであった。

それに対し、1948年法は、終局処分の確定前の制度として少年側に抗告（少32条）と再抗告（少35条）を認めた。また、確定後の制度として処分が競合する場合の処分の調整（少27条の2）を制度化した。抗告と再抗告を認めたのは、司法機関である家庭裁判所が審判機関になるとともに（⇒**37**）、旧少年法の9種類の保護処分のうち、「継続的保護」と称された不利益性が高い処分と近似する3種類に保護処分が限定されたことによるものと考えられる[2]（⇒**404**、**422**）。その後、1950年に違法な保護処分の取消し（少27条の2）が制度化され、第一次改正では、検察官による抗告受理申立て（少32条の4）と保護処分終了後の保護処分の取消し（少27条の2第2項）が設けられた[3]。

このようにして現在まで不服申立てに関する法整備は徐々に進んできているものの、なお立法上の課題が残されている。それは、刑事訴訟法上の再審と完全に同視できる制度がなお欠けているということである。後述するように、少年法には違法に言い渡された保護処分の取消し制度が存在している（⇒**512〜513**）。しかし、この制度には多くの課題が残されている。また、検察官送致決定（少20条）に対する不服申立てが制度化されていないという問題も残されている（⇒**546**）。

475　迅速性の原則との緊張関係　法制度の整備に伴い、新たな原理的な問題が生じていることにも注意しておく必要がある。不服申立ては、少年自身の納得性を担保するために不可欠な制度である。その納得は、少年の成長

---

(1)「不良少年ニ関スル法律案主査委員会」の7回目の会合（1914年7月27日）における泉二新熊と小川温の発言（立法資料全集（上）385-386頁）。旧少年法の立法過程では、保護処分決定に対する抗告の制度が、審判官の忌避の問題とともに議論されており、忌避を認めずに回避規定のみを置く代わりに抗告を認める案も存在していた。結局は、「水臭」いことを根拠として見送られた忌避と、「審判官ノ威信」を理由として否定された抗告が、立法過程において一緒に議論されている事実が、両制度にまつわる原理的な問題を示唆している（⇒**341**）。

(2) 第2回国会衆議院司法委員会議録第47号（昭和23年7月1日）5頁［齋藤三郎説明］は、「新しい憲法の精神に即応いたしまして、抗告の制度を認め」たと説明している。

(3) そのほか、観護措置に対する異議申立て（少17条の2）も新設された。

発達に欠かすことができない。しかし、不服の申立ては手続への拘束を不可避的に長くするために、早期に教育的措置を受け、社会の中で安定した生活を送る少年の利益を損ねる危険性も併せもっている。つまり、不服の申立ては、国際法規範により求められた迅速性の原則（子ども条約40条２項（b）（iii）、北京20条、意見10号 para. 51、84）（⇒**338**）や最高裁判所裁判例が「少年保護事件の特質」として指摘する「早期、迅速な処理」（最決平20・７・11刑集62巻７号1927頁［大阪地裁所長襲撃事件］）と緊張関係に立つわけである。現在の通説・実務のように、少年年齢の基準を処分時に据える場合（⇒**138**）、この問題は成人逆送の危険性となっても表れることになる。

少年側の不服申立てをみてみれば、この問題の調整を図るために、現行法は抗告に原則として執行停止の効力を認めていない（少34条）。もっとも、この措置は、無罪推定原則と抵触しかねないものである。少年法は、無罪推定原則を一歩後退させることで、不服申立て権の保障と迅速性の原則の両立を図ったものといえる。いずれにしても、1948年法はこうした苦慮の上で制度設計を行っていたといえる。

それに対して、第一次改正により新設された検察官による不服申立てである抗告受理申立て制度について、少年の成長発達に配慮がなされた形跡はみられない。それだけに、この制度は、国際人権法上の迅速性の原則や最高裁判所裁判例がいう「早期、迅速な処理」への配慮の要請と極めて強い緊張関係に立っている。立法論としては、「被告人にとって不利な上訴は、特に慎重に行うことが必要である」ことを指摘するドイツの少年裁判所法の55条に関する準則のような規定を少年法または少年審判規則に置く必要があろう[4]。解釈論や運用論においても、抗告受理申立ての場合には、成長発達権への配慮を織り込む必要がある。

---

(4)　そもそも不処分決定に対する検察官の不服申立てが二重の危険禁止に抵触しないのかも、十分に問い直す価値のある問題である。

2 抗告は誰が何を理由として行いうるか

[1] 抗告とはどのような制度か

476 抗告制度 **抗告**とは、家庭裁判所の終局決定（保護処分）を対象として高等裁判所に対して行う、少年側の不服の申立てのことをいう（少32条）。刑事訴訟法のように「控訴」とされていないのは、その対象が家庭裁判所による「決定」であるからである(5)。少年法上、抗告は、検察官が非行事実認定に関連して行う抗告受理の申立て（少32条の4）（⇒**504**）と区別される。抗告審による自判制度がなく、抗告に理由がある場合には原決定取消しの上、差し戻される点に（少33条2項）、刑事手続の控訴と比した場合の特色がある。抗告の申立て期間は、原決定から2週間以内である。

[2] 抗告は誰が行いうるか

477 抗告権者 抗告権者は、少年、その法定代理人または付添人である（少32条）。

抗告期間中の者や収容継続決定（⇒**451**）の言渡しを受けた者は、成人年齢に達した後も「少年」に含まれると解されている。少年本人が理解できるよう決定書の表現に工夫している抗告審の実務もみられる。これは、少年が自ら抗告していることに鑑みてのことである（福岡高決平23・1・31家月63巻8号71頁、長崎家佐世保支決平22・12・24家月63巻8号76頁、福岡高決平20・2・8家月60巻8号66頁、福岡家久留米支決平20・1・15家月60巻8号68頁、東京高決平17・8・23家月59巻1号117頁、東京高決平17・7・26家月58巻4号114頁、水戸家土浦支決平17・6・29家月59巻1号123頁）。

付添人は、保護者に選任されている場合、その明示した意思に反して抗告できない（少32条但書）。しかし、少年に選任されている場合には、少年の明示した意思に反して抗告することができる(6)。

---

(5) 家庭裁判所が終局処分を「判決」ではなく「決定」として示すのは、審判制度がとられたことと関係していると考えられる。

(6) 第2回国会衆議院司法委員会議録第47号（昭和23年7月1日）5頁［齋藤三郎説明］も、「本人の意思に反してできるかという問題でありますが、本人は少年でありまして、十分思慮分別のないことが考えられますので、少年の意思に反してできるということになったわけであります」と説明している。

[3] 抗告の対象になるのはどのような司法判断か

478　問題の構造　　法律上明記されている抗告の対象は、「保護処分の決定」である（少32条）。しかし、家庭裁判所による司法判断は、保護処分に限られるわけではない。そこで、保護処分以外の決定に対して抗告が認められないか、認められないとすればそれはなぜかが、問題になる。

479　裁判例　　裁判例において、保護処分のほか、抗告の対象として認められているのは、収容継続決定（少院11条、新少院138条、139条）（⇒**451**）（広島高決昭38・10・16家月16巻2号102頁）と戻し収容決定（更生保護71条、72条）（⇒**431**）（大阪高決昭33・7・7高刑集11巻7号385頁）である。これらが抗告の対象として認められているのは、形式上、それぞれの処分の決定を行うための審理につき、その性質に反しない限り、少年の保護処分に係る事件の手続の例によるとされているからである（少審規55条）。実体的にも、これらの処分は保護処分決定と同質性をもっており、その内容を拡張するものといえる。

最高裁判所の裁判例では、（保護処分継続中における）保護処分取消しの申立てに対する不取消し決定も、抗告の対象として認められている（最決昭58・9・5刑集37巻7号901頁／家月35巻11号113頁［柏の少女殺し事件］）。保護処分を取り消さない決定は実質的に保護処分を継続することを意味するから、この決定に抗告が認められるわけである。

反対に、裁判例において、審判開始決定（名古屋高決昭46・10・27家月24巻6号66頁）、不処分決定（最決平14・7・19家月54巻12号77頁、最決平2・10・30家月43巻4号80頁、最決昭60・5・14刑集39巻4号205頁）、そして不処分決定に対する検察官からの抗告を棄却した決定に対する少年側からの抗告（最決平17・2・1家月57巻8号103頁）は、認められていない。その理由は、形式的には「保護処分」ではないことに求められている。さらに最後のものに関しては、実質的理由として、法律上の利益がないことが付け加えられている。

同様に、知事・児童相談所長送致決定（仙台高決昭40・3・23家月17巻7号152頁）と検察官送致決定（東京高決昭45・8・4家月23巻5号108頁。なお、特別抗告を否定した例として、最決平17・8・23刑集59巻6号720頁／家月58巻2号184頁も参照）も抗告の対象として認められていない。その実質的な根拠として考えられるのは、これらの処分は家庭裁判所からすれば終局的な判断ではあるものの、実質的には事件を他の機関に送致するだけの処分であり、少年に実体的な権利義務関係の変動を生じさせる処分ではない、ということである。事件が送致された先の機関で実体的な権利義務関係の変動をもたらす終局的な判断が示された場合に、その段階で不服を申し立てればよい、というわけである。

また、強制的措置決定（少6条の7第2項）も、申請に対する「許可」の性質をもつものであり、保護処分ではないために、裁判例上抗告の対象として認められていない（最決昭40・6・21刑集19巻4号448頁／家月17巻7号139頁）（⇒**448**）。異議申立て制度（少17条の2）が第一次改正法により創設されたために立法としては解決したものの、従前は、観護措置（収容観護）決定に対する抗告も認められてこなかった（大阪高決昭44・10・30家月22巻10号114頁）（⇒**268**）。

以上のように、裁判例の形式的な基準は、少年法24条1項各号に掲げられた保護処分、または本質的性格としてそれと同視できる処分であるかという点にある。その実質的な基準は、実体的な権利義務関係の変動をもたらす処分であるか否かという点にある。

480　理論的検討　しかし、こうした裁判例の基準が形式的にすぎないかどうかということは、検討を要する。

裁判例において抗告の対象とされていない審判不開始決定と不処分決定に対しては、その実質が問題である。審判不開始決定や不処分決定といっても実体は様々である（⇒**409〜410**）。争いがあるにもかかわらず、非行事実を認定した上で要保護性がないことを理由として審判不開始決定や不処分決定が行われた場合、非行事実の存否を争うことに少年の訴えの利益はあるといえる。同じ審判不開始決定や不処分決定でも、非行事実の存在が認定されているかどうかで社会的意味のみならず法的意味が大きく違っていることは、検察官の審判関与制度（少22条の2第1項）や検察官の抗告受理の申立て（少32条の4）が第一次改正法により創設されたことからも明らかである。検察官は非行事実なしの不処分決定に対して抗告受理の申立てを行うことができるのに対し（⇒**506**）、少年が非行事実を認定された不処分決定に対して抗告できないというのは、バランスを失しており、人権保障にもとる。

検察官送致決定は、確かに、実体的な権利義務関係の変動を生じさせるものではない。しかし、事件が検察官に送致され、刑事裁判所に起訴されれば、刑事裁判所が実体的な権利義務関係の変動を生じさせる終局的な判断を行う前の段階であっても、公開審理など社会事実として少年に重大な不利益を及ぼす措置がとられることになる。そもそも、検察官送致決定は保護処分決定よりも、一般的・類型的に不利益である（最判平9・9・18刑集51巻8号571頁／家月50巻1号166頁［調布駅前事件］。東京高決平17・2・14家月57巻10号104頁も参照）（⇒**502**）。このことを前提とすれば、保護処分決定に抗告を認めながら、一般的・類型的にはそれよりも不利益な検察官送致決定に不服申立てを認めないことは、理論的に説明できない。検察官送致決定に対する抗告が認められていないにもかかわらず、現行法上それが許容されうるのは、少年法55条による家庭裁判所への移送の制度が実質的に不服申立て制度の役割を果たすからにほかならない(7)。実際にそのような運用を行うのが難しければ、立法により解決すべきである。

［4］抗告の理由となるのはどのような事項か

(a) 抗告の理由となるのはどのような事柄か。また、それはなぜ抗告の理由となりうるのか

481　抗告理由とその根拠　　抗告理由となるのは、①決定に影響を及ぼす法令の違反（審判・決定手続の法令違反、適用法令の誤り）、②重大な事実の誤認、③処分の著しい不当である。これは、司法作用の基本要素（⇒**325**）に応じたものである。そのため、抗告裁判所が原決定を取り消す理由にもなっているわけである（少33条2項）。

①〜③のいずれも、「決定に影響を及ぼす」、「重大な」、「著しい」との表現が用いられている。これは、家庭裁判所の裁量を尊重しながらも、合理性

(7)　そうである以上、実質的な不服申立て機能を認めないような少年法55条による移送の運用は、現行法体系の下では許容できない（⇒**546**）。前記最決平17・8・23の調査官解説である山口裕之「少年法20条による検察官送致決定に対する特別抗告の許否」『最高裁判所判例解説 刑事篇 平成17年度』（法曹会、2006年）322-323頁も参照のこと。

をもつ枠組みを超える違法または不当な決定を是正しようとしたものと考えられる。そこで、特に問題になるのは、「決定に影響を及ぼす」、「重大な」、「著しい」といった言葉の意義である。

(b) 決定に影響を及ぼす法令の違反とは何か

482 「決定に影響を及ぼす」の意義　①「決定に影響を及ぼす」法令の違反とはどのようなものであろうか。これについては、ⓐ原決定の主文に影響を及ぼす法令違反に限定されるという解釈[8]と、ⓑ原決定の主文に限定せず、理由を含めるという考え[9]の対立がある。ⓐⓑ両説の分岐点となるのは、結論が相当ではあるものの、審判手続や決定理由中に誤りがあるような場合である。この場合にⓑの考えが、基本的に「決定に影響を及ぼす」と考えるのに対し、ⓐの理解は、結論が相当である以上「決定に影響を及ぼ」さないと考えることになる。

483 裁判例　裁判例でも判断は分かれている。比較的最近のものとして、大阪高決平16・4・20家月57巻1号167頁は、ⓐの立場から、強盗の非行事実認定の理由に不備ないし食い違いがあるものの、その他の認定事実を前提としても原審の中等少年院送致（一般短期処遇）は免れないことを理由として、少年側の抗告を棄却している。それに対して、福岡高決平18・3・22家月58巻9号64頁は、ⓑと考えられる立場をとっている。この裁判例は、検察官から送致されておらず、立件手続を経ていない非行事実を認定したり、認定替えの際に非行事実の告知と弁解の聴取を欠いたりした原審の手続上の問題を端的に取り上げ、原決定に法令の違反があったと判断している。

484 理論的検討　この問題の核心は、手続や決定理由中の誤りそれ自体を正すことの意義と、それらに誤りがあること自体で原決定を破棄した場合にかかる時間とのバランスをどのように考えるかにある。確かに、手続的正義の実現は、少年の納得やその後の処遇、そして成長発達にとって極めて重要である（⇒**110**）。しかし、現行法制度は、原決定を破棄する場合でも抗

---

(8) 特に近藤和義「少年保護事件における抗告」家月30巻4号（1978年）23頁を参照。
(9) 神作良二「抗告申立書における抗告の趣意の明示」実務と裁判例200頁を特に参照。

告審に自判を認めておらず、家庭裁判所に事件を差し戻す道しか残していない（⇒**498**）。こうした制度のあり方自体、立法論として検討すべきものをもっている。しかし、現行法を前提とすれば、ⓑの立場では、結論自体は相当なのであるから、受差戻審である家庭裁判所も再び同じ処分を言い渡すことが考えられる。そうすると、手続や決定理由を是正するためだけに少年がさらに手続に拘束されることになる。これでは、迅速性の原則（⇒**338**）にもとりかねず、可能な限り早期に少年が抱える問題に相応しい処遇を行うことが却って難しくなる危険性がある。結論としては、ⓐ「決定に影響を及ぼす」法令の違反とは原決定の主文に影響を及ぼす法令違反に限定されると理解すべきであろう。もっとも、この立場をとる場合でも、適正手続保障違反や手続参加権保障の阻害など、決定自体を無効とするような重大な手続違法がある場合には、「決定に影響を及ぼす」法令の違反があるというべきであろう[10]。この場合、手続違反自体が少年の教育にも多大な悪影響を及ぼすと考えられるからである。

福岡高決平17・3・10家月57巻9号62頁は、認定した犯罪事実を示さなかったり抗告権を告知しなかったりした原審の措置について、違法を個別に検討すれば決定に影響を及ぼすほどではないものの、それらを合わせてみると決定の有効性に影響を及ぼすほどのものに至っているというべきであるとして、原決定には決定に影響を及ぼす法令違反があると判断している。その理路と結果は、妥当である。

(c) 重大な事実の誤認とは何か

(i) どのようなものを「重大な」事実の誤認というべきか

485 「重大な」の意義　事実誤認における「重大な」の意義に関しても、法令違反における「決定に影響を及ぼす」の意義と同様に、ⓐ決定の主文に影響する場合に限定する説と、ⓑ事実誤認が主文または理由に影響を及ぼす場合をいうと理解する説が対立している。

⑽　コンメンタール少年法455頁［守屋克彦］、守屋克彦「抗告とその手続」『家庭裁判所事件の諸問題』（判タ臨時増刊167号、1964年）132頁。

法令違反の場合と同様の理由から、ⓐ決定の主文に影響する場合に限定する説が通説とされている。そのため、同一構成要件内の事実誤認はもとより、多数の非行のうち一部の非行について誤認があっても、原決定の主文に影響を及ぼさないと認められるならば、重大な事実の誤認にはあたらないことになる[11]。裁判例でも、例えば、大阪高決平11・1・13家月51巻6号76頁は、3件の窃盗と占有離脱物横領の非行事実により少年を医療少年院に送致した原決定に占有離脱物横領に関する事実誤認があることを認めながらも、その点を除いてもなお少年の要保護性が強いことなどを指摘し、原決定が処遇の理由として説示する内容は相当であるために、この事実誤認は原決定に影響を及ぼすような重要なものとはいえないとして、少年側の抗告を棄却している。

もっとも、近時、少年自身の納得や少年に与える心理的影響、非行事実の適正な認定の重要性を根拠として、ⓒ決定の主文に影響する場合に加え、構成要件的評価に誤りがある場合には、理由中の事実誤認も「重大な」事実とすべきであるという見解[12]も示されており、注目される。

(ii) 要保護性の基礎となった事実の誤認は事実誤認に含まれるべきか

486　要保護性の基礎事実の意義　　通説的な理解によれば、非行事実だけでなく要保護性も審判の対象に含まれる（⇒**120〜121**）。両者は、事実によって認定されなければならない。そうすると、要保護性の基礎となっている事実に誤認がある場合、これを「重大な事実の誤認」に含むべきか、それとも「処分の著しい不当」として考えるべきかということが問題になる。裁判例も含めて、従前から、ⓐ要保護性の基礎事実の誤認を事実の誤認に含めるべきであると考える積極説（大阪高決昭52・7・28家月30巻5号138頁）とⓑ消極説（大阪高決平6・3・18家月46巻5号81頁、大阪高決昭53・1・31家月30巻11号88頁）の対立がある。

487　理論的検討　　体系的に考えてみれば、要保護性のみを審判対象と

---

(11) 平場・新版358頁。

(12) 小林充「少年保護事件の抗告理由と決定への影響」『田宮裕博士追悼論集 上巻』（信山社、2001年）565-567頁。

考える見解が有力であった時代には、要保護性の存否や程度を処分不当で判断する一方で、要保護性の基礎となる事実の誤認を「重大な事実の誤認」ととらえる実益があったと考えられる(13)。しかし、現在では、非行事実をも審判対象に含めて理解するのが通説的な見解である（⇒**119〜120**）。また、第一次改正により、検察官の審判関与（少22条の2第1項）など、非行事実を要保護性と区別することを前提とする制度が導入されてもいる。後述するように、「重大な事実の誤認」は検察官による抗告受理申立ての対象にもなっている（⇒**507**）。要保護性の基礎事実の誤認がこれに含まれるとなると、少年法17条4項但書に定められている非行事実の定義（⇒**265**）が実質的に拡がる危険性が出てくる。この非行事実の定義は、検察官の審判関与（少22条の2第1項）の要件にもかかわるものであるから、厳格に解されなければならない。要保護性の基礎事実の誤認は、処分の当不当を判断する際に、必要な限度で判断すれば足りるということになる。

(d) 処分の著しい不当とは何か

(i) どのようなものを処分の「著しい」不当というべきか

488 「著しい」の意義　少年法上の処分選択は、個別処遇の原則（⇒**7**）に則り、要保護性の内容や程度に応じて選択されるべきものである（⇒**128〜131、406〜407**）。要保護性判断の本質が将来の予測判断であるという点を踏まえて考えても（⇒**123**）、その選択と決定は、事柄の性質上、裁判官の合理的な裁量に委ねられることになる。しかし、そうした保護処分決定も、合理的な裁量の範囲を著しく逸脱することがありうる。この場合に抗告審において原決定を取り消すのが、「処分の著しい不当」を理由とする抗告の制度である。

「著しい」という表現は、「決定に影響を及ぼす」法令違反や「重大な」事実誤認と同様に（⇒**482、485**）、家庭裁判所の裁量を尊重しながら、その合理的な限界を超える違法ないし不当な決定を是正しようとしたものである。

489 処分の著しい不当の態様　原因に着目すれば、家庭裁判所が処分の

---

(13)　コンメンタール少年法457頁［守屋克彦］。

選択を誤るのは、①要保護性の基礎となる事実の判断を誤った場合と②要保護性の評価を誤った場合、である。態様に着眼すれば、処分不当は、①保護処分の必要性がないのに保護処分を付した場合、②保護処分の種類の選択を誤った場合、③少年院の種類の選択を誤った場合、に大別できる。

その不当が「著しい」といえるのは、①原審が選択・決定した保護処分の不当性が具体的事案に照らして顕著であり、積極的に他の保護処分（少年院の類型・種別を含む）や不処分の相当性が認められる場合のほか、②その保護処分の可能性を全く否定できないまでも、他の保護処分または不処分の可能性の方が著しく勝っている状態にある場合、である[14]。

(ii) 少年院送致決定に短期処遇勧告が付されていないことを抗告理由とすることはできるか

490　短期処遇勧告がないことを理由とする抗告の許否　家庭裁判所が少年院送致を決定する際に、処遇勧告を付することがある（⇒**402**）。そのうち、一般短期と特修短期の処遇勧告がなされた場合には少年院での在院期間が事実上短縮されることになるため、この勧告がなされなかったことが処分の著しい不当にあたるかが問題になる。

実務上は、処遇勧告が運用上の工夫として行われている事実上の措置であることを理由として、それが付されていないことは形式的には抗告理由にはあたらないと理解されている。しかし、形式的にそれを不適法として却下せずに抗告を受理し、実質的に実体判断を扱う運用が定着している。処遇勧告を付するのが相当であると抗告審が判断する場合、原決定を取り消して事件を差し戻す運用はほとんどなく、ⓐ抗告を棄却しつつ、理由中で短期処遇相当であることを表明する方法（大阪高決平18・10・21家月59巻10号61頁）や、ⓑ抗告を棄却した上で、理由中で短期処遇相当であることを述べて、抗告裁判所が処遇勧告書を執行機関に送付する方法（東京高決平14・4・5家月56巻9号48頁）がとられている。

確かに、処遇勧告は法律上の制度ではなく、実務運用上の工夫として行わ

⒁　植村・実務と法理79頁、コンメンタール少年法458頁［守屋克彦］。

れている措置である。しかし、それは、事実上のものとはいえ、法務省の通達により執行機関を拘束している（⇒**402**）。裁判実務上の扱いも、このことを十分考慮するがゆえのものと考えられる。少年院在院期間は、少年からみて重大な関心事であるばかりでなく、処遇のあり方を左右することであるから、正面から抗告理由として扱うべきであろう[15]。

(iii) 抗告審は原決定後の事情を考慮することができるか

491　原決定後の事情の考慮の可否　家庭裁判所による終局処分決定後に、要保護性の変化など新たな事情が発生することがある。抗告審は、こうした事情を考慮することができるであろうか。

この問題には、後で取り上げる抗告審の性格や構造に関する理解も反映する（⇒**494**）。そこで抗告審を事後審査審ととらえるとしても、少年事件の抗告の申立てには原則として執行停止の効力がない（少34条）という特殊性（⇒**475**）を考慮する必要がある。成長発達の過程にあり可塑性に富む少年の要保護性は変化しやすく、保護処分もそれに対応するべきものであることを考えると、抗告審の判断時点を基準とするべきであろう。裁判例でも、東京高決平20・9・26家月60巻12号81頁は、中等少年院送致の原決定に対する抗告を結論としては棄却しながら、原決定後に生じた内省の深まりを検討している[16]。

(iv) 抗告審は共犯者との処分の均衡を理由に原決定を破棄することができるか

492　問題の構造　処分の選択は、個別処遇原則（⇒7）に則して、要保護性に見合うように、少年が背負う個別具体的な問題への即応を基準とすべきである（⇒**128～131、406～407**）。そうすると、犯罪行為の結果や態様に着目して、共犯者間で処分の均衡を考えることも難しくなるはずである。他方

---

(15)　条文解説228頁［船山泰範］も参照のこと。

(16)　刑事控訴審における量刑判断にあたっても、原判決後の事情を考慮できる運用が一般的であるといえる。このことを考えれば、少年事件の抗告審では、より一層、原決定後の事情の考慮は積極的であってよい。

で、処分の公平性は、少年自身が納得を得るために必要なものであり、その納得は処遇の効果にも影響を与えうる。保護処分が、自由の制限や身体拘束による社会との断絶や烙印押し（スティグマ）など、社会現実として反面的効果をもつのであれば、なおさら、これを全く無視してよいということにはならないであろう。

493 理論的検討 犯罪行為の結果や態様そのものを基準として共犯者との処分の均衡を考えることは、処分の不利益性を前面に押し出すことにもつながりかねず、望ましくない。しかし、少年本人の納得性に引きつけて問題をとらえることは、個別処遇原則からみても、許されよう。少年本人に不公正さを抱かせるような共犯者との著しく不均衡な処分は、処分の著しい不当となり、抗告（少32条）の対象になると理解すべきである。

裁判例でも、例えば、東京高決平21・4・2家月61巻9号179頁は、暴力行為等処罰に関する法律違反事件で、共犯者3名がいずれも不処分となっている一方で、少年のみが保護観察（一般短期処遇勧告）を言い渡された事案で、処分の著しい不当を認め、原決定を取り消している。その際理由とされているのは、「このような合理的な理由が明らかではない共犯者間の処分の不均衡は、少年に不公平感を与えるとともに、無用な不遇感を助長させ、かえってその更生を阻害することにもなりかねない面もある」ということである。支持できる理路である。

[5] 抗告審の手続はどのようになっているか

(a) 抗告審はどのような構造をとっているか

494 抗告審の構造 抗告審は、どの時点を基準とし、どのような資料に基づいて原決定を審査すべきであろうか。この問題は、抗告審の構造の理解と関連している。これについては、ⓐ覆審、ⓑ続審、ⓒ事後審の対立がありうる。ⓐ覆審と考える場合、原審とは独立に事実認定・法令の適用・処分の決定を行うことになるから、当然に、家庭裁判所による終局処分決定後の事情を考慮することが可能である。ⓑ続審ととらえる場合、原審の終局決定の直前の状態に立ち戻った上で、新たな証拠資料を付け加えることになるから、同様の結論に至る。それに対し、ⓒ事後審であると考えれば、申立人の主張する理由を中心に、原決定の当否を事後的に審査することになるから、これを認めないという結論になりそうである。

少年法は、まず「抗告裁判所は、抗告の趣意に含まれている事項に限り、調査をするものとする」（少32条の2第1項）と規定している。その上で、「抗告の趣意に含まれていない事項であつても、抗告の理由となる事由に関しては、職権で調査をすることができる」（同条2項）と定めている。これは、抗告審が第一次的には事後審の構造をとることを明らかにした上で、第二次的に抗告裁判所の後見的役割を明らかにしたものといえる。しかし、少年法は、「抗告裁判所は、決定をするについて必要があるときは、事実の取調べをすることができる」（少32条の3第1項）と明記した上で、その範囲を限定していない。また、多数説は、刻一刻と変化する要保護性（⇒**123**）を判断するにあたっては、原裁判後の事情をも考慮できると考えている(17)（⇒**491**）。そのため、少年事件の抗告審は、「原則的に事後審の枠を維持しながらも、具体的な問題についての合理的な解決を容れる構造」(18)をとっているといえる。

(b) 抗告審はどのような方法と範囲で事実の取調べを行うべきか

495　問題の構造　　抗告審は、原裁判所の審理資料だけでなく、自ら補充的に証拠資料を収集できる（少32条の3第1項）。その審理については、性質に反しない限り、家庭裁判所の審判に関する規定が準用される（少32条の6、少審規46条の5）。そのため、検察官関与（少22条の2）や国選付添人（少22条の3、少32条の5も参照。）に関する規定も準用されることになる。

性質に反しない限り家庭裁判所の審判に関する規定が準用されることから、抗告審は、職権主義の原則にしたがって、自らの裁量で必要な事実の取調べを行うことができる。しかし、家庭裁判所の審判に関する規定が準用されるということであれば、それは自由裁量ではなく羈束裁量と解され、その範囲・限度・方法は合理的な範囲になければならないことになる（最決昭58・

---

(17)　特に平場・新版363頁を参照。この問題について消極的ないしは慎重な見解を示すものとして、團藤＝森田321頁。
(18)　コンメンタール少年法468頁［守屋克彦］。

10・26刑集37巻8号1260頁／家月36巻1号158頁［流山事件］）（⇒**369**）。他方、事実の取調べは抗告審としての性格も踏まえる必要があると考えられるため、抗告審がどこまで事実調べをできるか、具体的事件において問題になる。

496 裁判例 この問題に関しては、検察官による抗告受理の申立てに基づく抗告審の措置に関する最高裁判所の裁判例がある。最決平17・3・30刑集59巻2号79頁／家月57巻11号87頁［御殿場事件］の事案は、次のようなものである。少年外9名との共謀による強姦未遂保護事件で事実が争われ、原々審である家庭裁判所は、検察官を出席させて審理した上、被害者の供述および少年の自白供述の信用性に疑いがあるとして、不処分の決定を行った。それに対し、検察官は重大な事実の誤認を理由として抗告受理の申立てを行った。これを受理した高等裁判所は、被害者の供述や少年の自白供述の信用性を消極的に評価した家庭裁判所の決定は家庭裁判所が取り調べた証拠を前提とする限り是認できないとした。その一方で、これを最終的に信用できるというためには、共犯者とされる者らのアリバイ供述などの信用性についてさらに審理を尽くす必要があるとして、抗告審の裁判所自ら、その点に関する事実の取調べを行った上で、家庭裁判所の決定を取り消し、事件を家庭裁判所に差し戻す決定を行った。少年側は、この抗告審の決定に対して再抗告を行った(19)。

この事実関係を前提として、最高裁判所は、「抗告裁判所による事実の取調べも、少年保護事件の抗告審としての性質を踏まえ、合理的な裁量により行われるべきものと解される」と判示している。その上で、非行事実の認定に関し、家庭裁判所が検討していなかった共犯者のアリバイ供述などの信用性を検討しなければ、被害者の供述や少年の自白供述について最終的な信用性の判断ができないというのであるから、抗告裁判所がアリバイ供述などの信用性に関して必要な事実の取調べを行い、家庭裁判所の決定を取り消し、事件を差し戻したことは、合理的な裁量の範囲内として是認することができる、と結論づけている。

---

(19) 御殿場事件の裁判の経緯については、田中薫＝正木祐史「御殿場少年事件」刑弁42号（2005年）116頁を特に参照。

497　理論的検討　「抗告裁判所による事実の取調べも、少年保護事件の抗告審としての性質を踏まえ、合理的な裁量により行われるべきもの」という本裁判例の判示内容は、問題の構造の把握としては間違っていない。問題は、「抗告審としての性質」と「合理的な裁量」の中身である。この点について、本裁判例は具体的に答えていない。

本件が検察官による抗告受理申立てを受けての手続であったことに着目すれば、抗告審としての性質から、迅速性の原則（⇒**338**）を考慮する余地はあったであろう。他方、家庭裁判所の審判に関する規定を準用することによる「合理的な裁量」の中身としては、職権証拠調べ義務の問題と同様に（⇒**376**）、心証を洗い直す方向でのみ証拠調べの義務を肯定することも理論上はありうる。いずれにしても、「抗告審としての性質」と「合理的な裁量」の双方において少年の成長発達権保障をどのように組み込むかが、大きな理論的課題として残されている。

(c) 抗告審の判断はどのように行われるか

(i) 少年事件で抗告審による自判が認められていないのはなぜか。それは合理的な制度か

498　自判制度の不存在　手続違反があったり理由がなかったりする場合、抗告は棄却される。反対に、理由がある場合には原決定取消しの上、事件は差し戻される（少33条２項）。刑事裁判と異なり、抗告裁判所は自判することができない。

自判できないのは、最終的な処分決定をその時点での要保護性判断を踏まえて行うためであると考えられる。抗告審である高等裁判所は人間行動科学の専門家を擁していないため、自判するのにふさわしくないと考えられているわけである。しかし、この考えは、処分不当や非行事実の一部誤認の場合に妥当するものの、抗告審で非行事実の存在が否定された場合にはあてはまらない。この場合を例外とすることは、立法論としてあってよい。少年法をモデルとしてつくられた医療観察法でも、同様の場合には自判が認められている（医療観察68条２項）。運用論としては、迅速性の原則（⇒**338**）に十分に留意しておく必要がある。

(ii) 事件を差し戻された家庭裁判所はどのような方法と範囲で事実の取調べを行うべきか

499 受差戻審の審理 事件の差戻しを受けた家庭裁判所は、その事件についてさらに審理をしなければならない（少審規52条）。その審理は、原決定に拘束されないものの、抗告裁判所による取消しおよびその理由の判断には拘束される（裁４条）。成長発達の過程にある少年を対象としている手続の特性を考えれば、迅速性の原則（⇒**338**）に配慮することが当然に求められる。

この点で重要なのが、抗告審が家庭裁判所の決定を破棄し、事件を差し戻した場合の受差戻審における審理のあり方に関する最高裁判所の裁判例である、最決平20・７・11刑集62巻７号1927頁［大阪地裁所長襲撃事件］である。この裁判例の事実関係は次のようなものである。家庭裁判所は、合議と検察官関与の上で、少年と共犯者の自白供述に信用性を認め、強盗致傷の非行事実があることを認定し、中等少年院送致決定を行った（第一次家庭裁判所決定）。少年側の抗告を受けた高等裁判所は、検察官関与の上で、少年たちによる自白の信用性に疑問を呈し、犯行現場付近の民家に設置された防犯ビデオの映像をも証拠として、事実誤認を理由にこの決定を取り消し、事件を家庭裁判所に差し戻した。受差戻審である家庭裁判所において、検察官は、防犯ビデオの映像に関係するDVDの証拠の取調べや、取調べにあたった警察官の証人尋問の申出を行った。しかし、受差戻審は、いずれも必要がないとして全く証拠調べを行わず、不処分決定を行った（第二次家庭裁判所決定）。これに対して、検察官は抗告受理の申立てを行った。高等裁判所（第二次抗告審）は、DVDを取り調べることによって検察官が主張するような事実が認められた場合には、第一次抗告審決定の重要な論拠について合理的な疑いが残るという判断が変更を迫られる蓋然性が高いことや、そうすると、必要に応じて少年らの取調べを担当した警察官の証人尋問を行うなどして少年らの自白の任意性・信用性を詳細に再検討することで第一次抗告審決定の結論が覆る蓋然性があることは否定できないことを指摘し、決定に影響を及ぼす法令違反があることを理由に、第二次家庭裁判所決定を取り消して原審である家庭裁判所に差し戻す決定を行った。これに対して、少年側は再抗告（少

35条）を行った。

こうした事実関係の中で、最高裁判所は、第二次家庭裁判所決定が検察官による証拠調べの申出を却下し、取調べを行わなかった措置は、合理的な裁量の範囲内（⇒**368～369**）のものと認められること、そして新たな証拠調べを行わない以上受差戻審は第一次抗告審の消極的否定的判断に拘束されることを指摘した。その上で、第二次家庭裁判所決定に事実誤認や法令違反はなく、第二次抗告審がこれを取り消して家庭裁判所に差し戻した措置には重大な法令違反があるため、これを取り消さなければ著しく正義に反するとして（⇒**510**）、これを取り消して、大阪家庭裁判所による不処分決定に対する検察官の抗告を棄却している。

最高裁判所が、第二次抗告審に至るまでの各裁判所による証拠調べの対象と内容、殊に第一次抗告審における証拠調べの内容にまで踏み込み、それを吟味しているところからして、この裁判例は、抗告裁判所が自判できないこと（⇒**498**）で少年が不利益を受けないよう配慮したものといえる[20]。加えて、この裁判例は、第一次抗告審決定を受けた受差戻審の措置が合理的な裁量の範囲内のものか否かを検討する際に、「本件の審理経過や早期、迅速な処理が要請される少年保護事件の特質」をも考慮している。この指摘は、国際人権法上の迅速性の原則（⇒**338**）と重なるといってよく、抗告審や受差戻審における非行事実認定、とりわけ非行事実存在方向でのそれのあり方を限界づける重要な制約原理になるといえる。

［6］少年保護手続において不利益変更禁止原則は認められるか

500　問題の構造　　刑事訴訟法は、「被告人が控訴をし、又は被告人のため控訴をした事件については、原判決の刑より重い刑を言い渡すことはできない」と明文規定を置き（402条）、**不利益変更禁止原則**が妥当することを明らかにしている。そのため、検察官がより重い刑を求めて控訴している場合は別として、被告人側だけが控訴している場合には、控訴裁判所は原審より

---

(20)　守屋克彦「少年事件の受差戻審における証拠調べ」『平成20年度重要判例解説』（ジュリ臨時増刊1376号、2009年）227頁を特に参照。

も被告人に不利益な量刑を行うことができない。その趣旨は、控訴審でより重い刑が科される可能性を払拭し、被告人に控訴をためらわせずに上訴の権利を実質的に保障することにある。

しかし、少年法はこうした不利益変更禁止原則が妥当することについて明文規定を置いていない。また、家庭裁判所が言い渡しうる処分に関して、刑の軽重を定める刑法10条のような規定も置かれていない。そのため、少年保護手続において不利益変更禁止原則が妥当するのかが問題になる。

501　考え方の分岐点　刑事訴訟法402条の準用または少年審判制度に内在するものとして不利益変更禁止原則を認めるⓐ積極説の主たる根拠は、これまで、次の点にあった。①抗告権者が少年側に限定され、抗告制度は少年により利益になるように変更するものと解されること、②不利益変更禁止原則は抗告権の行使を萎縮させないためにあるから、明文規定がなくても抗告権保障に当然に伴うべきものであり、その必要性も成人より少年に強く認められること、③抗告審の審査対象は少年側が主張する抗告理由に限定されているから、これを逸脱する不利益な判断はできないと理解できること、である。

それに対し、ⓑ消極説の根拠は、次の点にあった。①上訴のあり方は立法政策で左右され、不利益変更禁止を認めることは必然ではないこと、②最適な処遇を選択するという観点からは、抗告審の裁量を広く認めた方が望ましいこと、③少年法上処遇の軽重を定める規定がなく、処遇決定相互の不利益性の判断も類型化されていないこと、④少年保護手続は要保護性を重視しており、最新の処分時・判断時の要保護性を基礎に処分を決定すべきであり、この点で過去の一回的事実を対象とする刑事裁判とは異なること、⑤抗告審は事後審であるものの、原決定後の要保護性の変化を考慮できると一般に理解されていること（⇒**491**、**494**）、⑥抗告後に少年が成人年齢に達した場合に、原決定が取り消されると年齢超過による検察官送致とされ、実質的に不利益な変更となる場合があるものの、少年法にはこれを回避する規定がないこと、である[(21)]。

502　裁判例　この問題に一定の回答を与えたのが、調布駅前事件に関する最判平9・9・18刑集51巻8号571頁／家月50巻1号166頁である。

この事件の経過の概要は、次のようなものである。家庭裁判所は、傷害と暴力行為等処罰に関する法律違反の疑いのある少年７名のうち５人の少年について非行事実を認定した上で、中等少年院送致決定（一般短期）を言い渡した（残り２名のうち１名は試験観察を経て保護観察、もう１名は非行事実なし不処分の決定を受けた）。少年院送致決定を受けた被告人およびその共犯とされる少年４人による、事実誤認を理由とする抗告を受けて、抗告審の高等裁判所は、５人の少年たちが非行を行ったと認定するには合理的な疑問が残ると判断し、重大な事実誤認があるとして、家庭裁判所の決定を取り消した上で、事件を差し戻した。差戻しを受けた家庭裁判所は、１名につき非行事実なし不処分を決定したものの、１名に関して年齢超過による検察官送致を、被告人を含む３名について新たに実施した証人尋問の結果および捜査機関から送付された新たな証拠資料を評価に加えた上で、刑事処分相当を理由として検察官送致決定を行った。その後、刑事処分相当による検察官送致決定を受けた３名のうち被告人を除いた２名は成人年齢に達した。検察官は、これを受けて、すでに受差戻審により年齢超過を理由とする検察官送致を受けていた元少年１名と、非行事実なしを理由とする不処分決定を受けた元少年１名を含む４人の少年とともに、なお少年年齢にあった被告人の事件を地方裁判所に公訴を提起した。

第一審（東京地八王子支判平７・６・20家月47巻12号64頁）は、少年保護事件における保護処分決定に対する抗告にも刑事訴訟法402条と同様の不利益変更禁止の原則の適用があるとした上で、本件検察官送致決定は少年院送致決定を被告人に不利益に変更したもので、この原則に抵触する違法、無効な措置であり、これを受けてなされた公訴提起もまた違法、無効なものである

---

(21)　積極説として、伊藤政吉「少年保護事件の抗告」家月10巻３号（1958年）27頁、高田昭正「保護処分決定に対する抗告と抗告審決定の効力」法時67巻７号（1995年）34頁、同「少年保護事件における不利益変更禁止」判例時報1564号（判例時評449号）（1996年）227頁、葛野尋之「少年審判と不利益変更禁止原則」法セミ504号（1996年）８頁、同「少年司法における不利益変更禁止原則」静法２巻２号（1997年）79頁、斉藤・研究①248頁を参照。消極説の代表的な見解は調布駅前事件における検察官の主張であり、学理としてはみあたらない。実務上の問題意識の展開について、小泉祐康「少年保護事件と不利益変更禁止原則との関係」法の支配104号（1997年）85頁を特に参照。

と判断して、公訴棄却の判決（刑訴338条4号）を宣告した。

それに対し、検察官からの控訴申立てを受けた控訴審（東京高判平8・7・5高刑集49巻2号344頁／家月48巻9号86頁）は、少年審判手続にも不利益変更禁止の原則の適用があるとした第一審判決の判断自体は是認しながらも、検察官送致決定は手続上の中間的処分にとどまり、この段階での不利益性を見いだすことはできないことを指摘し、本件検察官送致決定には不利益変更禁止原則に反する違法はなく、これを受けた本件公訴提起も有効であるとして、第一審判決を破棄し、本件を第一審に差し戻す旨の判決を宣告した。

これに対する少年側の上告を受けて示されたのが、最判平9・9・18である。この裁判例は、少年法上の保護処分優先主義（⇒**7**）や教育的な法目的に言及し、「刑事処分は、少年にとって、保護処分その他同法の枠内における処遇よりも一般的、類型的に不利益」と解するのが相当であると判示している。その上で、少年側にのみ抗告権が認められているのは専ら少年の権利保護のためであることを指摘し、「少年側が抗告し、抗告審において、原保護処分決定が取り消された場合には、差戻しを受けた家庭裁判所において、少年に対し保護処分よりも不利益な処分をすることは許されない」と解するのが相当であると指摘している。こうした検討を踏まえ、家庭裁判所の少年院送致決定に対して少年が抗告を申し立て、抗告審の決定により事件が家庭裁判所に差し戻された場合に、家庭裁判所が検察官送致決定をすることは許されず、検察官送致決定は違法、無効となること、それを前提として公訴提起も違法、無効となると判断し、控訴審判決には法令解釈を誤った違法があるとして、これを破棄し、検察官の控訴を棄却している。

503　理論的検討　最判平9・9・18は、少年保護手続でも、保護処分と検察官送致決定との間で、実質的に不利益変更禁止原則がもたらすのと同様の事柄が妥当するという結論を示しはしたものの、第一審や控訴審とは異なり、刑事訴訟法と同様の不利益変更禁止原則が認められるかについては明らかにしていない。刑事訴訟手続の領域に関する最高裁判所の裁判例において、不利益変更の有無は、「具体的な刑を総体的に比較して実質的に考察すべき」ものとされている（最大判昭26・8・1刑集5巻9号1715頁、最判昭55・12・4刑集34巻7号499頁）。しかし、最判平9・9・18は、これと同じ踏み込みをみせずに、「一般的、類型的」な対比を行うにとどめている。こうした点にも、最高裁判所の慎重な態度が表れている。また、最判平９・９・18自体は、保護処分と刑事処分相当による検察官送致決定との関係を問題としており、保護処分同士や保護処分と事実的な措置との関係（⇒**407**）、そして年齢超過を理由とする検察官送致決定については射程に収めていない。この点にも注意が必要である。

反対に、最判平９・９・18による「刑事処分は、少年にとって、保護処分その他同法の枠内における処遇よりも一般的、類型的に不利益」であるとの判示には、必然的に、不服申立て権の保障のあり方が射程に収められてくる。保護処分決定に対しては抗告が可能であるにもかかわらず、それよりも「一般的、類型的に不利益」である検察官送致決定に対して不服申立てが制度的に保障されていないことは、制度の大きな欠陥である（⇒**479～480**）。これを補うには、運用上、家庭裁判所への移送（少55条）判断に実質的な不服申立て機能を認めるほかないことになる（⇒**546**）。

最判平９・９・18後の2000年に第一次改正が行われ、検察官も抗告受理の申立てを行いうることになったことから、不利益変更の可否が問題とされる状況にも変化が生じることが予測され、受差戻審における審理の合理的な裁量の内容の問題として議論が必要になっているとの指摘もある(22)。しかし、検察官による抗告受理の申立ての理由に処分不当は含まれておらず（⇒**506**）、検察官の審判関与などの措置が保護処分優先主義を否定するものでもないから、最判平９・９・18と上記ⓐ積極説の論拠が法改正によって崩れたわけではない。

そこで、今日でもなお、少年保護手続における不利益変更禁止原則の適否が問題になる。注目されるのは、自由剥奪の不利益と少年特有の教育的処遇を受ける利益の剥奪という不利益を区別する見解(23)である。この見解によれば、検察官送致決定は一種の中間処分であるとはいえ、後者の観点から、それ自体として少年特有の教育的処遇を奪う点で不利益処分である。また、前

(22)　コンメンタール少年法488-489頁［守屋克彦］。
(23)　鈴木茂嗣「少年保護事件と不利益変更の禁止」百選175頁。

者の観点から、処遇の利益という面ではその少年にとって最も適切な処遇が最も利益になる処分ではあるものの、自由制約の面には差があるため、不利益変更を語ることができるし、またそうすべきことになる。この見解をもとに、身体拘束による社会との断絶や烙印押し（スティグマ）など、社会現実として反面的効果が存在することを併せて考慮すべきであろう（⇒**407**）。

3　抗告受理の申立ては誰が何を理由として行いうるか

[1] 抗告受理申立ては何を趣旨とするどのような制度か

504　抗告受理申立ての制度趣旨　**抗告受理申立て**制度は、第一次改正により、検察官による不服申立ての方法として創設された。その趣旨は、非行事実認定にあたっての「多角的視点の確保」にある（⇒**14**）。

抗告ではなく、抗告受理の申立てとして制度が設計されたのは、検察官が法的に当事者の地位をもたないからである。検察官は、あくまで、職権主義の下で、非行事実認定のための家庭裁判所の協力者として審判に立ち会うにすぎない（⇒**364**）。そのため、当然には抗告権をもちえないと考えられたわけである。

そもそも、審判関与制度と同様、家庭裁判所の決定に対する検察官による不服申立て制度を設けること自体に対し、日本弁護士連合会のみならず学界からも大きな反対がみられたことには注意が必要である。検察官による不服申立ては、必然的に手続への拘束期間を長くする(24)。少年の成長発達権保障と緊張関係に立つこの立法措置のあり方を再考する必要性は高い。

505　抗告受理申立ての手続　抗告受理申立ての手続は、抗告とは異なり、検察官による受理申立て手続と高等裁判所の受理手続を必要とする。

抗告受理の申立てを行う場合、検察官は、家庭裁判所の決定から２週間以内に、受理申立て理由を記載した申立書を原裁判所に提出しなければならない（少32条の４第１項、少審規46条の３第１項）。申立てを受けた原裁判所は、速やかに申立書と記録を高等裁判所に送付しなければならない（少審規46条

(24)　このことは、上記最決平17・３・30［御殿場事件］（⇒**496**）や上記最決平20・７・11［大阪地裁所長襲撃事件］（⇒**499**）の経緯をみるだけでも明らかである。

の３第２項)。申立書と記録を受けた高等裁判所は、「抗告審として事件を受理するのを相当と認めるとき」に事件を受理する（少32条の４第３項)。この相当性判断にあたっては、迅速性原則や「早期、迅速な処理」への配慮（上記最決平20・７・11）も当然に考慮しなければならない。この決定は、原裁判所からの申立書の送付を受けた日から２週間以内に行わなければならない(少32条の４第５項)。事件の受理が決定されれば、抗告があったものとみなされる（少32条の４第６項)。

なお、抗告受理申立てを高等裁判所が受理する決定を行った場合に、少年に弁護士付添人がないときに、抗告裁判所は、弁護士付添人を付さなければならない（少32条の５第１項)。これは、処分が少年に不利益方向で変更される可能性が生じたことに着目した措置である（⇒**655、659**)。

［2］抗告受理申立ての理由となるのはどのような事柄か。それは、なぜ申立ての理由となりうるのか

506　処分不当の除外とその理由　抗告受理申立ては、「保護処分に付さない決定又は保護処分の決定」を対象とする。その理由となりうるのは、①決定に影響を及ぼす法令の違反と②重大な事実の誤認である（少32条の４第１項)。抗告とは違い、処分の著しい不当は理由とならない。これは、制度の前提になる検察官の審判関与自体が非行事実認定に限定した制度であり、要保護性認定には関係しないことからの帰結である（⇒**360**)。

507　決定に影響を及ぼす法令違反と重大な事実の誤認　「決定に影響を及ぼす」法令の違反と「重大な」事実の誤認は、抗告（少32条）と共通する理由となっている。しかし、この制度が少年を手続に拘束する期間を長期化し、成長発達権保障を危うくする側面をもっていることを考慮すれば、「決定に影響を及ぼす」や「重大な」の意義を抗告の場合（⇒**482、485**）よりも厳格に理解することは、解釈論としても十分にありうる。

特に問題になるのは、重大な事実誤認である。少年法17条４項但書は、括弧書の中で、非行事実を「犯行の動機、態様及び結果その他の当該犯罪に密接に関連する重要な事実を含む」と定義するとともに、「以下同じ」との文言を置くことで、この定義が17条４項以降の少年法上の条項にあてはまることを明らかにしている。少年法32条の4第1項にいう「事実」にも、この定義があてはまり、構成要件該当事実のみならず密接関連重要事実（⇒**265**）もが含まれると理解すべきかが問題になる。

少年法32条の4第1項は、「第二十二条の二第一項の決定がされた場合において」との文言で、抗告受理申立てが検察官の審判関与を要件とすることを明らかにしている。このことを考えれば、少年法22条の2第1項にいう「非行事実」と少年法32条の4第1項にいう「事実」は同義であると理解することもできる(25)。しかし、少年法32条の4第1項にいう「事実」に動機などの密接関連重要事実まで含まれるとすると、実質的には要保護性判断と重なる部分についてまで検察官が不服を申し立てることができることになる(26)。そうなれば、処分の著しい不当があえて抗告受理申立ての理由から除外された意味が、無に帰しかねない。法は、検察官の審判関与範囲については密接関連重要事実まで認める一方で、抗告受理申立てに関してはそれを認めず、そのために、あえて「非行事実」と「事実」とを書き分けている、と解釈することは十分可能である(27)。検察官関与も抗告受理申立てもともに「多角的視点の確保」を趣旨とする制度であるから（⇒**14**、**357**）、構成要件該当事実についてはその重なり合いを認める一方で、密接関連重要事実に関しては、その実質的性格や迅速性の原則に配慮して、それを認めなかったと解すべきである。

4 再抗告は誰が何を理由として行いうるか

508 制度の概要と歴史　**再抗告**とは、少年側が高等裁判所による抗告審の決定に対して行う、最高裁判所に対する不服の申立てである。抗告とは、申立て期間が2週間である点で共通しているものの（少35条1項）、申立てを行うことができる理由が異なっている。

---

(25) 第一次改正法解説195頁。

(26) 澤登・入門212頁。

(27) このように解する場合、少年法32条にいう「事実」に密接関連重要事実が含まれるかどうかということも、体系上問題にはなる。これを否定し、密接関連重要事実は「事実」誤認としてではなく、要保護性の基礎事実として（⇒**486〜487**）、処分不当の枠組みで考える途もありえよう。

再抗告は、抗告とともに1948年法で設けられた。1948年法は、少年側の抗告を棄却する決定のみを対象としていた。2000年の第一次改正で検察官による抗告受理申立て（少32条の４第１項）が設けられたことに伴い、その申立てを認めて原決定を取り消し、事件を原裁判所に差し戻す決定も対象に含められている。検察官は、抗告審の決定に対しては不服を申し立てることができない（少35条２項は、少32条の４を準用してもいない）。これは、検察官に上訴の受理申立てを２度認める必要性が乏しいと考えられたことによる[28]。

509　再抗告権者　再抗告をなしうるのは、少年、その法定代理人または付添人である。保護者であったとしても、法定代理人ではない少年の祖父（最決昭40・７・３家月18巻１号108頁）や、実父母と内縁関係にある者（最決昭35・５・17刑集14巻７号866頁）は、抗告権者に含まれない。

510　再抗告の理由　再抗告の理由となるのは、刑事訴訟法の上告理由（刑訴405条）にならい、原決定において、①憲法に違反し、もしくは憲法の解釈に誤りがあること、または②最高裁判所もしくは控訴審である高等裁判所の判例と相反する判断をしたこと、である。憲法解釈の誤りとは、原決定が憲法上の判断を示した場合に、それが誤りであることをいい、憲法違反とは、それ以外の原決定および原審の審理手続が憲法違反であることをいう[29]。

刑事訴訟法は、上告理由（刑訴405条）がない場合でも、判決に影響を及ぼすべき法令の違反があったり、刑の量定が著しく不当であったり、判決に影響を及ぼすべき重大な事実の誤認があるという事由があり、原判決を破棄しなければ著しく正義に反すると認めるときには、判決で原判決を破棄することができることを定めている（刑訴411条）。しかし、少年法には、明文規定が置かれておらず、同様の扱いをなしうるかが問題になる。最高裁判所の裁判例は、少年法32条所定の事由があり、これを取り消さなければ著しく正義に反すると認められるとき、最高裁判所は、その最終審裁判所としての責務に鑑み、職権により原決定を取り消すことができると判断している（上記最決昭58・９・５（⇒**513**、**515**）、最決昭62・３・24集刑245号1211頁［山梨交通冤

(28)　第一次改正法解説210頁。
(29)　近藤和義「少年保護事件における抗告」家月30巻４号（1978年）85頁を特に参照。

罪事件]、上記最決平20・7・11（⇒**499**））。

511　再抗告審の審理　再抗告審の審理のあり方については、少年法35条2項により、抗告審における調査の範囲（少32条の2）、事実の取調べ（少32条の3）、国選付添人制度（少32条の5第2項）、「その性質に反しない限り」での家庭裁判所の審理に関する規定の準用（少32条の6）が、準用される。そのため、検察官の関与（少22条の2第1項）も可能であると考えられている（⇒**363**）。

最高裁判所は、再抗告の手続が、法または規則に違反したとき、もしくはその理由がないときには、再抗告を棄却しなければならない（少35条2項、少33条1項）。再抗告の理由があるとき、または職権調査により原決定に取消事由があることが判明したときは、原決定を取り消さなければならない。この場合には、保護処分決定を取り消して、事件を家庭裁判所に差し戻し、または移送することができる（少35条2項による少33条2項の準用と読み替え）。

5　保護処分の取消しはどのような制度か

[1] 保護処分取消し制度にはどのような種類があるか。また、それにはどのような歴史があるか

512　競合する処分の調整と違法な保護処分の取消し　保護処分の取消しには、競合する処分の調整（少27条）と違法な保護処分の取消し（少27の2）がある。前者は、少年に複数の処分が言い渡された場合の調整方法を定めたものである。それに対し、後者は、違法に保護処分が言い渡された場合の取消しを規定する。これは、保護処分の継続中（1項）と保護処分の終了後（2項）とに分かれる。現在の1項は1950年の少年法改正で、2項は第一次改正で創設された。

保護処分の取消し制度は、形式上は、保護処分決定をした家庭裁判所の職権により行われる。実務上、少年側に申立て権が認められているのとほとんど変わらない運用があるといわれているものの、少年側に保護処分取消しの申立て権までは認められないとされている[30]。しかし、上記最決昭58・9・

---

(30)　第一次改正法解説172-173頁。

5は、保護処分の取消しを行わない決定に対して少年側が抗告できると理解している（⇒**479**）。申立て権を認めずに不取消し決定に対する抗告権のみを認めるのは不自然であるため、少なくとも非行事実不存在を理由としている場合、少年側に申立て権があると理解するのが素直である。家庭裁判所の職権の発動は、少年側のほか検察官も求めることができる（非行事実不存在を理由として検察官からの申立てに基づき保護処分を取り消した例として、津家決平15・12・12家月56巻6号165頁。年齢超過を理由とした例として、津家決平16・10・18家月57巻5号63頁を参照）。

513　歴史　旧少年法には保護処分の事後的な変更・取消し制度（5条）が存在したものの、刑事手続における再審と同視できる非常救済制度は存在しなかった（⇒**35**）。現行法下でも、「法制審議会少年法部会中間報告」（1976年）には「刑事訴訟法による再審に相当する非常救済手続の新設」が盛り込まれていたものの（⇒**43**）、現在まで立法に結実してはいない。

現行法の保護処分継続中の取消し制度は、元々、戦後の混乱期における年齢詐称への対応として創設された[31]。1948年法は、少年年齢を18歳未満とした旧少年法からの移行を猶予する措置として、施行時の適用年齢を暫定的に18歳未満とした。1951年1月1日から20歳未満の者に少年法が全面適用されるのを前にして、成人年齢に達している者が少年であるかのように偽って少年法の適用を受ける事態が生じることを想定して、保護処分の取消し制度が創設されたわけである。①審判権の不存在や②明らかな資料の新発見とならんで③保護処分の継続中であることが要件に据えられ、なおかつこの場合に一事不再理が否定された（少46条3項［旧46条但書］）のも、まさにそのためである。しかし、立法直後から、実務では、少年法に正面から規定されていない「再審」の機能をこの条項に営ませる試みが積み重ねられてきた。

こうした営為の意義と限界を明らかにしたのが、上記最決昭58・9・5と最決昭59・9・18刑集38巻9号2805頁／家月36巻9号99頁である。後述する

---

(31)　第7回国会衆議院法務委員会会議録第12号（昭和25年3月6日）6頁［牧野寛索説明］、同第18号（昭和25年3月25日）2頁［關之説明］、同国会参議院法務委員会会議録第11号（昭和25年3月13日）3頁［同説明］、同第12号（昭和25年3月14日）14頁［同説明］。少年法19条2項と23条3項も、同趣旨で、1950年の改正により、これと同時に設けられた規定である（⇒**139**）。

ように、前者の最高裁判所裁判例は、保護処分取消し制度が再審による非常救済措置と同じ機能を果たしうることを明らかにした。しかし、後者は、それが保護処分の継続中に限定されることを明確にした。

そのことを踏まえて、2000年の第一次改正法は、保護処分終了後の保護処分の取消しを明文で認める条項を創設した（少27条の2第2項）。しかし、第一次改正法は、この制度の適用対象に例外を設けており（少27条の2第2項但書、附則（平成12年12月6日法律第142号）2条4項）、なお問題をもっている。

［2］保護処分継続中の取消しとはどのような制度か

(a) 保護処分継続中の取消しは何を要件とするか。また、「審判権」がないとはどのようなことか。

514 保護処分取消しの要件　保護処分継続中の保護処分取消しの実体的な要件となるのは、①「本人に対して審判権がなかったか、又は14歳に満たない少年について都道府県知事若しくは児童相談所長から送致の手続がなかったにもかかわらず、保護処分をした」こと、である。手続的には、②そのことを認めうる「明らかな資料を新たに発見」することが必要になる。

515 審判権の不存在　歴史的にみて大きな争点とされてきたのは、「審判権がなかった」ことの解釈、特に非行事実の不存在がこれに含まれるか否かである。その背景には、保護処分取消し制度を再審と同様の非常救済制度として機能させることができないかという、実務上の問題関心があった。この問題に関しては、ⓐ「審判権」の内容を家庭裁判所が実体的な審判を行うための前提となる形式的な審判条件と理解する説（形式的審判条件説）、ⓑ「審判権」についてはこれと同様に考えた上で、要保護性のみを審判対象を考える一方で、非行事実の存在を実体的な審判条件と位置づける説（実体的審判条件説）、ⓒ「審判権」を家庭裁判所が保護処分を有効に課しうる権限（保護処分賦課の権限）とみる説（保護処分要件説）、ⓓ「審判権」をⓒ実体法規範に基づいて発生する保護処分に付することのできる国家の具体的権利（実体法上の保護権）と理解する説（保護権説）がみられた。ⓐでは非行事実の不存在を理由とする保護処分の取消しができないのに対し、ⓑ〜ⓓではこれができることになる。しかし、家庭裁判実務では、非行事実不存在の場合を含まないⓐではなく、ⓑ〜ⓓによる運用が蓄積されるようになり、非行事実を審判条件ではなく審判対象（の１つ）と考える見解が通説となるにしたがって（⇒**120**）、ⓒⓓが有力になった[32]。

こうした流れの中で、少年法27の２第１項にいう「審判権がなかったこと」には、非行事実の不存在が含まれることを明らかにし、その意味で保護処分取消し規定が再審同様の機能を営みうることを最高裁判所として明確にしたのが、柏の少女殺し事件に関する上記最決昭58・９・５である。この裁判例は、前提として、「少年保護事件の手続は、少年の健全な育成と保護を窮極の目的とするものではあるが（…）、保護処分が、一面において、少年の身体の拘束等の不利益をも伴うものである以上、保護処分の決定の基礎となる非行事実の認定については、慎重を期さなければならないのであつて、非行事実が存在しないにもかかわらず誤つて少年を保護処分に付することは、許され」ず、「誤つて保護処分に付された少年を救済する手段としては、（…）抗告権のみでは必ずしも十分とはいえないのであつて、保護処分の決定が確定したのちに保護処分の基礎とされた非行事実の不存在が明らかにされた場合においても何らかの救済の途が開かれていなければならない」と述べている。その上で、「現在、少年審判の実務においては、少年法二七条の二第一項にいう『本人に対し審判権がなかつたこと（…）を認め得る明らかな資料を新たに発見したとき』とは、少年の年齢超過等が事後的に明らかにされた場合のみならず、非行事実がなかつたことを認めうる明らかな資料を新たに発見した場合を含むという解釈のもとに、同項を保護処分の決定の確定したのちに処分の基礎とされた非行事実の不存在が明らかにされた少年を将来に向つて保護処分から解放する手続をも規定したものとして運用する取扱いがほぼ確立されており、同項に関するこのような解釈運用は、前記のような観点から、十分支持することができるというべきである」と判断したわけである。

---

(32)　学説および裁判例の分布と展開の詳細については、菊池信男「少年保護事件における『再審』(一)」家月14巻３号（1962年）３頁、肥留間健一「保護処分取消事件をめぐる諸問題」家月36巻８号（1984年）３頁、コンメンタール少年法428頁［守屋克彦］を特に参照。

現在の裁判例は、この理解を前提としている（近時の裁判例として、京都家決平24・10・10判例集未登載[33]。犯人の身代わりとなり受けた保護処分を取り消した例として、那覇家決平19・12・21家月60巻6号71頁、大阪家決平17・12・16家月59巻7号152頁、徳島家決昭49・4・1家月27巻1号175頁）。もっとも、保護処分の基礎となった非行事実の一部が不存在であったとしても、残りの事実を土台に保護処分を維持できる場合には、取消しの対象とはならないと理解されている（東京高決平2・11・20家月43巻9号87頁、東京家八王子支決平10・7・6家月50巻12号58頁、大阪家決昭39・2・14家月16巻7号92頁）。

(b)「保護処分の継続中」とは何を意味するか

516　裁判例　しかし、最高裁判所の裁判例は、保護処分取消し規定が無限定に再審と同様の機能を果たすものとは考えなかった。そもそも、上記最決昭58・9・5は、少年法27条の2第1項を、「保護処分の決定の確定したのちに処分の基礎とされた非行事実の不存在が明らかにされた少年を将来に向つて保護処分から解放する手続をも規定したものとして運用する」（強調傍点引用者）実務上の確立された取扱いと解釈運用を「十分支持することができる」と述べていたのであった。この点をより明確にしたのが、上記最決昭59・9・18である。この裁判例は、「保護処分の取消は、保護処分が現に継続中である場合に限り許され（…）処分の執行が終了した後はこれを取り消す余地がない」とした原審の判断は正当であることを明らかにした。この判断は後の最高裁判所の裁判例にも踏襲されている（最決平3・5・8家月43巻9号68頁）。要するに、最高裁判所の裁判例は、保護処分の取消しを、遡及効をもたず、少年を将来に向かって保護処分から解放することを趣旨とする制度と理解したわけである。

517　学説の展開　しかし、最高裁判所のこのような理解からは現実的な不都合が生じる。「保護処分の継続中」とは、保護処分の確定後執行終了までのことをいい[34]、その期間は通例短い。保護処分を取り消しうるのがそ

---

(33) 弁護士付添人の立場からのレポートとして、小嶋敦「集団準強姦保護事件 逆送無罪、保護処取消しがされた事例」刑弁76号（2013年）129頁。

の継続中に限られるとすれば、取消しを行う機会自体が実際上は極めて限定されることになってしまう。また、そもそも、非行事実の存否を確認する利益は「保護処分の継続中」に限らず存在するとも考えられる。そこで、学説は、こうした判例理論を強く批判し、取消しを「保護処分の継続中」に限定しない法解釈を展開してきた。

そのうちの１つは、保護処分終了後においても取消しの実益は存在していることや、1992年に成立した「少年の保護事件に係る補償に関する法律」（少年事件補償法）が少年法27条の２第１項により保護処分が取り消された場合も補償の対象にしていること（２条２項）を根拠としており、裁判例のように取消しの遡及効を否定することには、法体系上無理があることを指摘している。その上で、「保護処分の継続中」の文言を「保護処分の継続中においても」と解釈し、保護処分終了後の場合であっても少年法27条の２第１項の類推適用を認めるべきことを主張している[35]。一般的には保護処分の継続中の取消しは、処分の場面に混乱をもち込み、その意味では有害でありうる。しかし、実施中の保護処分が違法であることが判明したときには、これを取り消す利益の方が上回る。そこで、保護処分が継続中であるにもかかわらず、これを取り消さなければならないことを確認的に定めたものとして、少年法27条の２第１項の規定を理解したわけである。

また、少年法27条の２の元々の立法趣旨に光を当て、年齢誤認の場合と非行事実不存在の場合を区別し、「保護処分の継続中」の文言は前者の場合にのみかかる要件であると理解する見解もある。これには、一事不再理の扱いに着目するものと、職権による取消しという事項に着眼するものがある。前者は、少年法27条の２第１項により取り消された保護処分決定には一事不再理効が否定されること（少46条３項［旧46条但書］）に着目する。その上で、「保護処分の継続中」という文言は、不利益再審の側面をもつこの措置が憲法39条と抵触しかねないがゆえに、人権保障との調整を図り、保護処分終了後の不利益再審を禁止する趣旨で置かれたものと理解する[36]。したがって、

---

(34)　これには、少年院を仮退院中の者や、保護観察の仮解除中の者も含まれると一般に解されている。

(35)　斉藤・研究①152頁、196頁を特に参照。

この見解では、非行事実不存在の場合の保護処分取消しという少年にとっての利益再審の場合には、この要件を厳格に解釈する必要はないことになる。後者は、これと同様に立法過程の分析から、少年法27条の2第1項の規定が年齢誤認の場合における職権による調査と是正のための手続にかかわるものであり、少年に不利益を及ぼす可能性があることから、「保護処分の継続中」という時的限界を画する文言が盛り込まれたと理解する。したがってそれは、職権調査・是正が意図された場合に適用がある時的な限定として解釈・運用すべきもので、基本的に少年側が主張する非行事実の不存在の場合には事情が異なっていることを主張した(37)。

このように一連の最高裁判所の裁判例を受けて学説が展開をみせた。しかし、第一次改正が一連の最高裁判所の判断を土台として立法を行ったことで、再び新たな解釈が必要になっている状況にある。

[3] 保護処分終了後の取消しとはどのような制度か

(a) 保護処分終了後の取消しは何を要件とするか

518 「審判に付すべき事由」の不存在　第一次改正は、従前の最高裁判所の裁判例を前提にして、少年法27条の2第1項による保護処分継続中の取消し制度をそのまま据え置いた上で、保護処分終了後の取消し制度を創設している（少27条の2第2項）。

その実体的要件となるのは、①「審判に付すべき事由の存在が認められないにもかかわらず保護処分をした」ことである。手続的には、1項の場合と同様に、②そのことを認めうる「明らかな資料を新たに発見」することが必要になる。

ここでは、1項で用いられている「審判権」という言葉ではなく、「審判に付すべき事由」という文言が用いられている。「審判に付すべき事由」とは、少年法3条の要件の不存在と理解される。「非行事実の不存在」という

---

(36)　若穂井透「閉ざされた少年再審」法セミ371号（1985年）26-27頁、同『子どもたちの人権』（朝日新聞社、1987年）261-268頁。なお、田中輝和「少年保護事件と再審」東北学院大学論集・法律学48号（1996年）75頁も参照のこと。

(37)　大出良知「少年審判手続における『再審』」法時67巻7号（1995年）37頁。

表現が用いられているわけではないので、触法事実の不存在や虞犯性および虞犯事由の不存在も含まれる(38)。

最高裁判所の裁判例によれば、ここでいう「審判に付すべき事由」には、元の保護処分決定で認定された非行事実のみならず、これと同一性があり、構成要件的評価が変わらない事実をも含まれる（最決平23・12・19刑集65巻9号1661頁／家月64巻5号109頁）。もっとも、この場合、事実に同一性がある範囲内であるとはいえ、保護処分決定の土台になったものと異なる非行事実が、保護処分取消し申立て事件において認定されうることになるわけであるから、手続として、申立て人である少年に防禦の機会が十分に与えられていることが、当然に必要になる。この問題は、保護処分決定とその取消しの申立てを受けた審理との間に時間的な隔たりがある点で、通常の認定替えの問題（⇒**385**）とは異なっている。事実に同一性があるとはいえ、保護処分取消しの申立てを受けた家庭裁判所が、いってみれば「後出しジャンケン」のように、保護処分の基礎となった事実の認定を替えることは、司法機関としてはもちろんのこと、教育機関としても、問題がある。この裁判例の結論を前提とするとしても、防禦権保障が十分に尽くされたといえるのはごく限られた範囲にとどまるであろう。

(b) 保護処分終了後の取消し制度にはどのような例外があるか。また、それはどのような根拠に基づくものか

519　例外　この制度は、本人死亡の場合（少27条の2第2項但書）と、2001年4月1日より前に終了した保護処分の場合（附則（平成12年12月6日）2条4項）を例外として定めている。

前者の措置は、この制度が刑事再審のように名誉の回復ではなく、情操の保護を目的とすることを理由としている(39)。すなわち、①刑罰と異なり、保護処分は純然たるサンクションではなく、本人に対する保護・教育的な措置としてなされるものであることや、②少年審判は非公開で行われ（少22条2

---

(38)　コンメンタール少年法431頁［守屋克彦］。

(39)　第150回国会参議院法務委員会会議録第7号（平成12年11月16日）15頁［高木陽介説明］。同様の説明は、上記最決昭60・5・14でも述べられていたものであった。

項)、推知報道が禁止され（少61条)、少年が犯罪を行ったことが社会に知られないように配慮されていること、③刑罰は前科として法的に資格制限の原因となるのに対して、保護処分にはこうした制限がなく（少60条)、保護処分が終了すれば法的には何の効力も残らないことが、強調されている。

後者の措置に関しては、記録保存など裁判所の事務処理上の問題と「法的安定性」から説明されている(40)。

2001年４月１日より前に保護処分が終了していることを理由に、保護処分の取消しを認めなかった裁判例として、和歌山家決平15・12・２家月56巻６号164頁がある。

520　理論的検討　　しかし、こうした制度設計では、実際に不合理な結論が生じる。例えば、非行事実に争いがある事案で少年が検察官送致決定（少20条）を受けた後に、刑事裁判所における公開審理を経て家庭裁判所に移送（少55条）され、保護処分を言い渡されたものの、その終了後に死亡したような場合、どのようになるであろうか。先の説明では、本人の死亡という形式的理由から保護処分取消しの機会が与えられないことになる。保護処分が終了している時期の問題の場合も同様である。保護処分を取り消す利益は、それが2001年４月１日より前に終了しているか否かで変わりはないはずである。

先の説明には、体系上の無理もある。少年法27条の２第２項による保護処分終了後の取消しを、将来に向かう保護処分からの解放と理解することは無意味である。いうまでもなく、すでに保護処分は終了しているからである。そして、この取消しが遡及効をもつことは、2001年４月１日以前に終了した保護処分の場合が取消しの対象から除外された理由が「法的安定性」にも求められていることからも明らかである。取消しが遡及効をもたないのであれば、法的安定性が揺らぐことは考え難いはずだからである。

そして、執行の終わった保護処分を取り消すことは、裁判所の過去の判断が違法であったことの宣言とならざるをえず、その実質は名誉回復を除外して考えがたい。それを情操の保護というか名誉の回復というかは、保護処分

---

(40)　第一次改正法解説168-169頁、291頁。

の取消しを行う側からみるか行われる側からみるかの違いにすぎない[41]。

保護処分終了後の取消しは、保護処分の継続中の場合と同様に、少年事件補償法による補償の対象にもなっている（2条2項)。その際、少年本人が補償を受ける前に死亡した場合でも、死後60日以内に申し出れば、配偶者・子・父母などは補償の申出ができる（6条3項)。こうした少年事件補償法との整合性を考えても、先の説明には根本的な疑問が残る。

[4] 少年法27条の2第1項と第2項の関係はどのようにとらえられるべきか

521　問題の構造　体系的に考えてみれば、少年法27条の2第2項による保護処分終了後の取消しは、遡及効をもつと理解せざるをえない。そうであれば、「保護処分を取り消」すという表現を指して、少年法27条の2第2項が「前項と同様とする」と記している以上、同条1項の「取消し」も遡及効をもつと理解するのが自然である。しかし、2項はまさに1項が遡及効をもたないとの理解を前提として創設されたわけであるから、結局、1項と2項の意義と相互関係を新たに説明し、解釈する必要が出てくる。

一事不再理との関連でも問題がある。立法時の説明によれば、少年法27条の2第1項による継続中における保護処分の取消しは、一事不再理の扱いにおいて不処分決定と同視される。そのため、検察官の審判関与を条件に、確定した取消し決定の効力として、一事不再理が認められる（少46条3項)（⇒**457、468**)。それに対して、2項による保護処分終了後の取消しの場合には、すでに保護処分が終了していることから、保護処分取消し決定の効力としてではなく、元々の保護処分決定の効力として、取消手続に検察官が関与したか否かを問わず、確定した取消し決定に一事不再理の効力が認められる（少46条1項)[42]。しかし、両者は、保護処分決定が一度は確定している点で同じであるはずである。この説明を正当化しようとすれば、少年法46条にいう「保護処分がなされた」という文言は「保護処分の執行がなされ終了した」

---

(41)　守屋克彦「保護処分の終了後の取消し」課題と展望①158頁、川出敏裕「保護処分終了後の救済手続」ジュリ1152号（1999年）89頁、浜井一夫「少年審判における事実認定手続の一層の適正化」現代3巻4号（2001年）44頁。

(42)　第一次改正法解説217頁。

ことを意味すると解するほかなくなる[43]。しかし、そうすると、保護処分の確定後でも、執行が終わらないうちはいつでも「むし返し」ができるという結論が導かれることになる。これは、実際に不当な結論であるばかりでなく、旧少年法のような保護処分の事後的な取消し制度をもっていないはずの現行法（⇒**35**、**37**）で明文規定なしにそれを認めるに等しいものであり、理論的に承服しがたい問題を抱えている。

この問題は、立法時に少年の人権保障にとって不利な条件を強引に付して保護処分終了後の取消し制度と一事不再理規定を設計したことに端を発している。少年「再審」にふさわしい立法を速やかに行う必要が求められるだけでなく、新たな制度理解が必要とされる所以である。

522　新しい解釈の試み　それでは、現行法はどのように解釈されるべきであろうか。まず、法的性格として、少年法27条の２第１項・第２項ともに、遡及効をもつ取消しであると解すべきである。そうすると１項と２項の書き分けが問題になるが、これは、取消しが形式上は職権に（も）よると理解されていることから説明できる。職権による取消しはパターナリスティックな介入ともなる。１項は保護処分執行中という教育過程を、同２項は保護処分終了後の平穏な生活を、各々犠牲にしてでも、この介入を優先すべきこと（それだけ大きな不正義があること）を確認した規定と理解すればよい。そしてその際、１項は第一次的には年齢などの比較的形式的な「審判権」の問題に、そして２項は「審判に付すべき事由」にかかわる実質的な問題に、焦点をあてていると理解すればよい。

その上で、現代社会においてパターナリスティックな介入が無限定に認められるわけではないから、本人死亡や2001年４月１日より前に終了した保護処分の場合は、そのための時的限界として設けられたものと理解すべきである。職権を端緒としない少年側からの申立てがある場合、この時的制限はかからない。このように考えれば、少年法27条の２第１項と２項は、各々、比較的形式的な「審判権」と「実質的な審判に付すべき事由」に関して、職権調査・是正の時的限界を置いていると理解することになる。

---

(43)　川出・前掲註41）89-91頁を特に参照。

一事不再理の問題における検察官関与は、前講で論じた通り、特別な、そして新たな形態の手続負担を例示したものと解すべきである（⇒**472**）。少年法46条３項本文にいう「第二十七条の二第一項の規定による保護処分の取消し」とは、年齢誤認などの形式的な理由に基づく職権調査を経た取消しを指しており、その場合に適用される。同条の但書は、それとは事情が異なる「審判に付すべき事由の存在が認められないこと」を理由とする取消しについて一事不再理効が及ぶことを、特別に手続負担が重い検察官関与の場合を例示して、注意的に確認したものと解すべきである。

第Ⅳ編

刑事司法制度における少年の保護

第23講　検察官送致と家庭裁判所移送

●本講で考えること

本書の最初に（第１講）基本的な構造を確認したように、現行少年法は、まずもって事件を家庭裁判所に一元的に集める仕組みをとっています。この仕組みの下では、少年非行への対処として刑事処分よりも保護処分を優先させることになります。しかし、刑事裁判所で少年による事件の審理を行い、刑事処分を賦課する可能性を、少年法が完全に否定しているわけではありません。少年法は、そのために、家庭裁判所が検察官に事件を送致する仕組みをとっています。検察官がその事件を起訴すれば、成人の事件とほとんど同じように手続が進められることになります。しかし、検察官のもとに事件が送られてしまえば、その後、刑事裁判所は刑事処分しか賦課できないということではありません。いったん刑事手続にのった事件が家庭裁判所に戻される可能性も、実は、少年法は残しています。

それでは、どのような場合に、家庭裁判所は事件を検察官に送ることができるのでしょうか。そしてまた、どのような場合に刑事手続にのった事件が刑事裁判所から家庭裁判所に戻されるのでしょうか。

本講では、事件を少年保護手続から離脱させ、刑事手続に移行させるための検察官送致（逆送）と、刑事事件から少年保護手続に戻す移送について検討します。

● Keywords

一元説、二元説、刑事処分相当性、保護不能、保護不適、「原則逆送」、家庭裁判所移送、保護処分相当性、保護可能性、保護許容性、不服申立ての実質的保障

1　検察官送致とはどのような制度か。また、家庭裁判所移送とはどのような制度か

[1] 検察官送致と家庭裁判所移送制度は少年法の体系上どのように位置づけられるか

523　保護処分優先主義　　現行法は、旧少年法の検察官先議主義を改め、家庭裁判所先議主義と家庭裁判所への全件送致主義を採用した（⇒ **7**、

【図1】少年手続・刑事手続、保護処分・刑事処分の関係

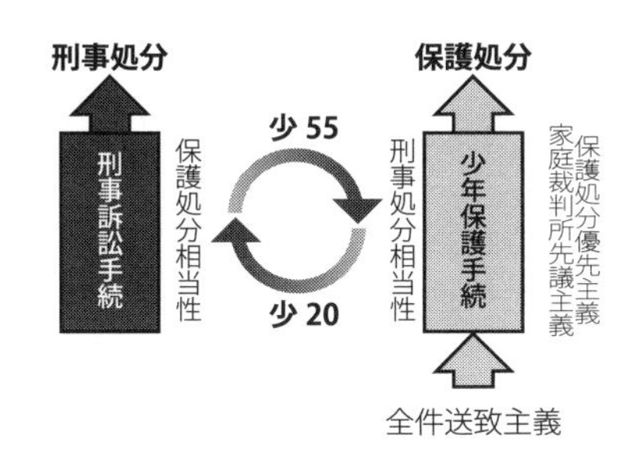

35〜38、234）。そのため、少年事件は、まずもって、そして（審判に付すべき事由がある限り）必ず人間行動科学の専門家である調査官を擁する家庭裁判所に一元的に集められることになる。刑事裁判所に事件を係属させ、刑事処分を言い渡すことは、少年保護手続から事件を離脱させる決定（**検察官送致＝逆送**。少20条）を家庭裁判所が行って初めて可能になる。このことから、現行法は、少年非行に対して刑事処分よりも保護処分を優先してのぞむ仕組み（保護処分優先主義）をとっていることになる（⇒7）。この仕組みの下において、少年保護手続から事件を離脱させることは、例外的な措置であるべきことになる。

刑事裁判所も、家庭裁判所による検察官送致決定を経て起訴された事件に必ず刑事処分を言い渡さなければならないわけではなく、家庭裁判所に事件を戻すこともできる（少55条。**家庭裁判所移送、55条移送**）。これを別の角度からみれば、少年に刑事処分が賦課されるのは、家庭裁判所が事件を少年保護手続から離脱させ、かつ刑事裁判所が事件を家庭裁判所に移送しない場合に限られるわけである。後述するように、家庭裁判所が検察官送致決定を行うためには「刑事処分相当性」の、刑事裁判所が家庭裁判所移送決定を行うためには「保護処分相当性」の判断が、行われなければならない。したがって、「刑事処分がふさわしい」（またはその裏返しとして「保護処分がふさわしくない」）という判断が家庭裁判所と刑事裁判所の双方により、二重になされた場合でなければ、少年には刑罰を科すことが許されない仕組みがとられているわけである。

524　一元説と二元説　もっとも、ⓐ少年保護手続・保護処分と刑事手

続・刑事処分とを質的に同じととらえるか（一元説）、ⓑ異なったものと考えるか（二元説）には、根深い対立がある。ⓐ一元説をとれば、刑事手続や刑事処分こそが教育的に必要・有効であるという場合に検察官送致が行われるべきであるということになる。それに対し、ⓑ二元説の立場では、少年保護手続や保護処分が適切ではない場合も、検察官送致の対象に含めるべきことになる。この理解の差は、検察官送致決定の実体的要件である刑事処分相当性の理解に反映してくることになる（⇒**530**）。

現在の制度を前提とすれば、保護処分・少年保護手続と刑事処分・刑事手続とでは、歴然とした差がある。実体面をみてみれば、保護処分とは異なり、刑事処分は純然とした不利益処分（＝制裁）である。日本では生命を剥奪する死刑までが刑事処分のカタログに残されていることからも、このことは明らかである。手続面をみても、刑事公判手続は検察官立会いのもと、公開で攻撃防禦が行われ、非公開で行われる少年審判とは質的な差がある。

しかし、問題は、理念としてどうあるべきか、ということである。理念のレベルで、両者に質的差異を認めないという議論は、十分ありうるところである。例えば、新社会防衛論の議論は、保護処分と同様に、刑罰を行為者の社会復帰手段として再構成すべきであるという立場をとっている（⇒**115**）。また、国際人権法規範は、子どもが関係する手続はあまねく、手続参加を可能にし、子どもの最善の利益に資するものでなければならないことを求めている（子ども条約12条、北京14.2）。ⓑ二元説の立場をとったとしても、今日刑事手続で成長発達権保障が不要になるわけではないことには、十分な留意が必要である。

なお、ⓐ一元説の主張に対しては、果たして刑事手続や刑事処分こそが教育上必要・有効であるということが本当にありうるのか、疑問が浮かんでくるかもしれない。実は、ここに（も）ⓐ一元説の狙いがある。ⓐ一元説は、少年法上の保護処分をすでに尽くしている場合や、少年個人の特性から刑事手続や刑罰に感銘力を期待できる場合を念頭に置いている。しかし、それらはいずれも極めて例外的な場合である。その根底には、保護が不能な場合など果たしてあるのか、という問題意識を窺うことができる。そのためⓐ一元説は、運用論としては検察官送致制度を抑制する考えと、立法論としては検察官送致制度廃止論（逆送廃止論）と結びつきやすいといえる。

[2] 検察官送致・家庭裁判所移送制度にはどのような歴史があるか

525 検察官送致制度が残されている理由 旧少年法は、そもそも検察官先議主義をとっていた（⇒**35**）。その上で、事件送致を受けた少年審判所が刑事訴追の必要を認めた事件を検察官に送致できる制度を採用していた（27条、47条）。現行法は、これを改め、家庭裁判所先議主義をとっている。それは、まさに保護処分を優先するためである（⇒**7**）。にもかかわらず、現行法で検察官送致制度が残されたのは、現行法制定過程の当初から16歳未満の少年に対して刑事処分を認めず、かつ少年保護手続から検察官の徹底した排除を求めたGHQと、治安維持に関する検察官の責任を主張した日本側とが妥協した結果である[(1)]。GHQが検察官のかかわりを認める線引きとした「重罪（felony）」の概念に日本側が「禁錮以上」という内容を盛り込んだことで[(2)]、現行法の基本構造がつくられた。

しかし、検察官送致制度が妥協の産物ということもあり、現行法施行後も、逆送廃止論や、執行猶予事案を念頭に置く形で少年の刑事事件に対する管轄権を家庭裁判所に移すべきことが、全国少年係裁判官会同などの場で裁判実務家から主張された。

526 第一次改正法による検察官送致の対象範囲の拡大 しかし、2000年の第一次改正は、反対に、「規範意識の覚せい」を目的として、①少年法20条１項による検察官送致（＝**１項逆送**）の対象年齢を16歳以上から14歳以上に引き下げただけでなく、②一般に「原則逆送」と理解されている同条２項による検察官送致（＝**２項逆送**）制度を導入した。また、現在、選挙権年齢を20歳以上から18歳以上に引き下げる公職選挙法改正と関連付けて、18歳以上の者が連座制の適用がある重大な違反に及んだ場合に２項逆送の対象とす

---

(1) 森田宗一『砕けたる心 下』（信山社、1991年）120-121頁、柏木千秋「少年法のできるまで」刑政70巻１号（1959年）23頁を特に参照。

(2) 中川衛ほか「［座談会］少年法50年を回顧して」ケ研126号（1971年）21頁［内藤文質発言］。禁錮上の罪の場合に、検察官から家庭裁判所に事件送致させる一方で（少42条）（⇒**234**）、少年審判機関が刑事裁判所に直接事件送致するのではなく検察官の起訴による方法がとられたのは、そのためである（⇒**548**）。

る構想がある。

さらに、2009年５月21日から裁判員裁判が実施に移された。裁判員裁判は、①死刑、無期の懲役・禁錮にあたる罪または②法定合議事件（死刑、無期・短期１年以上の懲役・禁錮）で故意の犯罪行為により被害者を死亡させた罪の事件を対象とし（裁判員２条）、少年事件を除外していない。そのため、２項逆送対象事件は、自殺関与・同意殺人（刑202条）と堕胎致死（刑213条、216条）を除いて、裁判員裁判の対象になる。反対に、１項逆送対象事件でも、強盗致傷（刑240条前段）などが裁判員裁判の対象になる。

しかし、国連子どもの権利委員会（CRC）は、日本政府の第２回報告書に対する審査の総括所見（CRC/C/15/Add. 231）において、第一次改正法を念頭に置き、刑事処分対象年齢が16歳から14歳に引き下げられたことを例示して、「改革の多くが、条約および少年司法に関する国際基準の原則および規定の精神にのっとっていないこと」や「成人として裁判を受けて拘禁刑を言い渡される少年が増えていること」に懸念を示している（para. 53）。その上で、「現在、家庭裁判所が16歳以上の子どもの事件を成人刑事裁判所に移送できることについて、このような実務を廃止する方向で見直しを行なうこと」を勧告している（para. 54（d））。さらに、第３回報告書に対する審査の総括所見（CRC/C/JPN/CO/3）では、「刑事処分の対象となる最低年齢との関連で法律を見直し、従前の16歳に引き上げることを検討すること」や「専門裁判所以外の裁判所で成人として審理されないことを確保するとともに、このような趣旨で裁判員制度を見直すことを検討すること」を勧告している（para. 85（b），（c））（⇒**64**）。

国際人権法との適合性をも含めて、２項逆送－裁判員裁判－家庭裁判所移送の関係に関する理論的・実務的課題は、文字通り山積している。

2　検察官送致とはどのような制度か

[1] 検察官送致にはどのような種類があるか。また、その実務運用はどのようになっているか

527　検察官送致の種類　　逆送には、年齢超過という形式的理由によるもの（少19条、23条）と「刑事処分相当」判断を経た実質的理由によるもの

（少20条）がある。少年年齢の基準を処分時に据える通説的理解（⇒**138**）では、家庭裁判所の事件受理後に少年が成人年齢に達した場合でも、年齢超過として検察官送致となる。

528 実務運用　2013年の実務運用では365人が年齢超過で逆送されている。刑事処分相当を理由とするものでは、傷害致死（50%、7人）や死亡結果のある殺人（50%、7人）などの結果重大事件のほか、道路運送車両法（2.9%、4人）なども刑事処分相当による逆送率が低くない。逆送されたもの（総数165人）の内訳では、窃盗（17.5%、29人）や傷害（16.3%、27人）、詐欺（7.9%、13人）などの割合が大きい。これは罰金や執行猶予見込みの検察官送致を反映したものといえる。この運用は、個別具体的な事案において、将来における保護処分選択の余地を残すことをも含めて、少年司法上の身体拘束処分を伴う保護処分よりも罰金や執行猶予といった刑事処分の方が、総合的にみて少年の利益になると考えられる場合があることから、実務に定着しているものである(3)。このように、検察官送致は一般的なイメージとは異なり、結果が重大な非行についてのみ用いられているわけではない。

［2］20条1項による検察官送致はどのような制度か。また、その実体的要件は何か。「刑事処分相当性」とは何か

529 実体的要件　実質的理由に基づく1項逆送の要件は、①14歳以上であること、②禁錮以上の刑が定められている犯罪であること、③非行事実があること、④「罪質及び罪状に照らして刑事処分を相当」と認めること（刑事処分相当性）である。①の年齢要件は、第一次改正により、16歳以上から14歳以上に引き下げられた。しかし、CRCは、この措置を国際人権法規範の精神に見合わない例として批判している（CRC/C/JPN/CO/3, para. 85 (b)［第3回審査総括所見］）（⇒**64**）。

530 刑事処分相当性に関する考え方の分岐点　④「刑事処分相当性」の理解については、伝統的に、ⓐ**保護不能**限定説とⓑ**保護不適**許容説の対立が

---

(3)　豊田建夫「道路交通事件において罰金を見込んでなされる検察官送致について」家月38巻7号（1986年）5-10頁を特に参照。

ある。ⓐ保護不能限定説は、少年司法上の措置で保護が「可能でない」場合や保護処分よりも刑事処分が処遇上有効である場合に検察官送致を限定する。それに対し、ⓑ保護不適許容説は、保護が可能ではあるものの社会感情や正義感情から「適切でない」場合にも、検察官送致を認める。ⓐ保護不能限定説は少年保護手続・保護処分と刑事手続・刑事処分との関係に関する一元説と、ⓑ保護不適許容説は二元説と馴染みやすい（⇒**524**）。

両説の決定的な違いは、判断要素を（人間行動）科学的判断が可能な範囲に限定するのか、それにとどまらずに、保護処分の不適切性という価値判断まで含めるのかにある。この対立は要保護性要素（⇒**123～124**）や処分の選択基準をめぐる議論（⇒**128～131、406～407**）とも関係する。ⓐ保護不能限定説は、現行法で検察官先議主義ではなく家庭裁判所先議主義がとられていること（⇒**7**）の意義を人間行動科学の専門的判断の重視という点に見出している。犯罪の結果や態様などを中心に判断するのであれば、起訴相当判断と径庭がなくなり、そうであれば検察官に判断させた方が制度として優れていることになるはずである。それにもかかわらず、現行法はこうしたあり方と馴染みやすい検察官先議主義ではなく、家庭裁判所先議主義を採用している。その意味は、調査に基づいた要保護性の把握とそれに見合った処遇の選択を制度的に担保することにある、というわけである[(4)]。それに対し、ⓑ保護不適許容説は、条文で「罪質及び情状に照らして」との文言が用いられていることや、少年司法制度への市民の信頼を確保するためにも社会感情や正義感情の考慮を捨てがたいことを強調する。実務では、ⓑ保護不適許容説の立場がとられている。

531　理論的検討　まずもって考えなければならないのは、保護が可能かどうかという保護可能・不能の判断は人間行動科学の知見を用いて解明できる事柄であるものの、保護が適切で社会的に許容されるか否かという保護許容・不適はそうではなく、価値判断を含まざるをえない、ということである。換言すれば、社会感情や正義感情は科学的に跡づけや検証が困難であり、これを強調することは、必然的に科学主義（少８条、９条を参照）との整合

(4)　澤登・入門190頁を特に参照。

性に疑問が生じることになる。この問題は、事実的・科学的判断が可能な保護不能を超えた保護「不適」判断に誰が責任をもつのかという問題にも密接にかかわる。保護「不適」判断を少年鑑別所や家庭裁判所調査官（も）が行う現在の実務は、科学的・専門的判断が不可能な事項についてあたかもそれを行ったかのように見せかける点で極めて問題が大きい(5)。この問題を避けるためには、法的調査と社会調査の書き分け（少８条１項・２項）に対応させ、少年鑑別所や調査官の役割を保護不能判断にいわば「純化」させる一方で（⇒**123**〜**127**）、保護不適判断を全面的に裁判官に担わせることが考えられる。しかし、この場合でも、裁判官が行う保護不適判断の検証や跡づけが難しいという問題はなお残ることになる。

少年司法に対する市民的信頼の確保はどうであろうか。処分の賦課を市民的信頼と直結するⓑ保護不適許容説では、司法に対する市民の信頼確保のために重要な地域社会との情報伝達のギャップを埋める努力を、却って引き出せないおそれが出てくる（⇒**106**）。こうしたことを考えれば、ⓐ保護不能限定説の立場が妥当である。もっとも、刑事処分相当性をめぐる従前の議論図式自体が実体論に限定されていたことは否定できない。刑事処分が相当かどうかは、必然的に、それを賦課するための刑事手続にのせることが相当かどうかを含めて考えざるをえない。公開裁判への耐性といった手続に関係する事実・科学的判断を踏まえた手続参加権保障の観点からの許容性に関する価値判断は、ⓐ保護不能限定説の立場をとったとしても、容れる余地があるであろう（⇒**131**、**407**）。

なお、家庭裁判所による検察官送致の決定書には、刑事処分相当の実質的理由を明示しなければならない(6)。その明示がなかったり、簡潔にすぎたりするようないわゆる三行半決定は、「理由」を決定書に記載すべき事項としている少年審判規則２条４項２号違反として、違法になると考えるべきである。

---

(5) その問題の大きさは、検察官送致後の刑事公判における鑑別結果通知書や少年調査票の取調べにおいて特に顕在化する（⇒**124**、**530**）。

(6) 現行制度下では、家庭裁判所による検察官送致決定に対する異議申立て機能を、家庭裁判所移送に担わせざるをえない（⇒**546**）。そうすると、このことは、より一層重要になる。

[3] 20条2項による検察官送致はどのような制度か

(a) 2項逆送に関する立法時の説明はどのようなものであったか。また、その実務運用はどのようになっているか

532　立法時の説明　20条2項は、1項逆送対象年齢の引き下げとともに、第一次改正で議員立法として創設された。法案提出者の説明で強調されたのは次の事柄である(7)。①「規範意識の覚せい」と「被害者保護」を目的としている20条2項の規定は、「故意の行為によって人を死亡させるという重大な罪を犯した場合には、たとえ少年であっても刑事処分の対象になるというこの原則をきちんと示す」という意味で「原則逆送」ではあるものの、「必要的逆送」ではなく、裁判官の裁量を否定しない（例外として、嬰児殺や付和雷同型の傷害致死が例示される）。②「原則逆送」という言葉は、通常の逆送と異なって社会調査を行わないということを意味しない。少年法20条1項・2項にいう調査は、ともに8条にいう調査と同じであり、「原則逆送」規定が設けられても、少年の性格、年齢、行状、環境等の事情を「きめ細かく」調査することは「いささかも変わるところでは」ない。そして、③家庭裁判所への移送（少55条）を積極的に活用すれば刑罰の賦課は避けられるから、「原則逆送」は、刑罰の対象を必然的に増加させるわけではない。

533　実務運用　一定の逆送率が確保されなければ再び政治的な動きが起こり、少年法20条2項但書が削除されたり、「必要的逆送」制度が導入されたりするのではないかとの憶測を呼んだこともあり、この「原則逆送」条項は、実務運用に大きな変化をもたらしている。

量的にみてみれば、第一次改正前10年間の検察官送致率の平均は、殺人（未遂を含む）が24.8％、傷害致死が9.1％、強盗致死が41.5％であったのに対し、2001年から2013年までのそれは順に22％（死亡させた罪49.7％）、40.9％、58.1％である。

---

(7)　第150回国会衆議院法務委員会会議録第2号（平成12年10月10日）10頁［漆原良夫説明］、15頁［松浪健四郎説明］、同第5号（平成12年10月24日）23-24頁［松浪健四郎・杉浦正健説明］、同第6号（平成12年10月25日）4-5頁［麻生太郎・杉浦正健説明］、第8号（平成12年10月31日）10頁［漆原良夫説明］、13頁、18頁［杉浦正健説明］、同国会参議院法務委員会会議録第5号（平成12年11月9日）5頁［同説明］を参照。

質的にみてみれば、殊に法案提出者が「いささかも変わるところでは」ないと説明していた資質鑑別や社会調査といった人間行動科学領域の実務には、大きな変化がもたらされている。調査実務の領域では、「検察官送致の処遇選択を原則とし、事案の内容を十分に検討した結果、少年について悪質性を大きく減ずるような特段の事情が認められる場合に限り、刑事処分以外の措置を選択することが許容されるという前提で、この許容性の有無を検討しなければならない」(8)と述べる見解が出現している。鑑別実務の領域でも「原則逆送対象者についての規定は、これまでの原則保護処分、例外逆送という判定の決め方を180度方向転換させることになった」(9)ことが指摘されている。審判決定とほぼ同様の形で、鑑別判定の結果が2001年を境にして、不自然かつ量的にみて著しい変化をみせているのは、その反映である（図２・３）。

また、 ほとんどの２項逆送事件が裁判員制度の対象となり、その裁判員裁判が「見て、聞いて、分かる裁判」を標榜していることと相俟って、社会調査や社会記録の簡素化・簡略化も、極めて重大な問題になっている(10)。

534　裁判例　裁判例をみてみると、親族間や親しい者の間で起こった嘱託殺人で保護処分を選択している事例が少なくない（静岡家決平23・12・１判例集未登載［中等少年院送致］、大阪家決平23・６・３判例集未登載［保護観察］(11)、那覇家決平21・4・28家月62巻６号81頁［中等少年院送致］)。しかし、特に近時は、立法時に、嬰児殺や付和雷同型の傷害致死が例外として例示されたことが影響してか、行為の結果や態様といった外形的事実に着目した判断を行っている裁判例が目につく（検察官送致決定を行った例として、東京家八王子支決平17・６・８家月58巻８号94頁［殺人］、千葉家決平15・６・27家月56巻８号71頁［凶器準備集合、傷害致死］、大阪家決平15・６・６家月55巻12号88頁

---

(8) 少年調査実務研究会「少年法20条２項該当事件の処遇選択における留意点」総研所報１号（2004年）78頁。山﨑朋亮「改正少年法の実務上の諸問題」調研紀要74号（2002年）41頁も参照。

(9) 岡本英生「少年法改正が実務に及ぼす影響と課題」課題と展望①215頁。石毛博『青少年犯罪の意味探求』（星雲堂、2010年）126頁も参照。

(10) 近畿弁護士連合会子どもの権利委員会『少年を被告人とする裁判員裁判の諸問題』（2011年）85頁。

(11) 弁護士付添人の立場からのレポートとして、斉藤豊治「『原則』逆送類型事件で、『特段の事情』を認めて、保護観察処分とした事例」刑弁71号（2012年）98頁。

【表１】

（平成13年～25年）

罪　名	年　次	終局処理人員	検察官送致（刑事処分相当）	保護処分	少年院送致 特別少年院	少年院送致 中等少年院	少年院送致 医療少年院	保護観察	不処分	不開始
総　数	13年	56	38 (67.9)	18 (32.1)	1	14	—	3	—	—
	14	83	44 (53.0)	39 (47.0)	7	25	3	4	—	—
	15	76	51 (67.1)	25 (32.9)	1	22	—	2	—	—
	16	79	45 (57.0)	34 (43.0)	—	18	2	14	—	—
	17	51	36 (70.6)	14 (27.5)	—	10	2	2	1 (2.0)	—
	18	35	17 (48.6)	16 (45.7)	1	12	1	2	1 (2.9)	1 (2.9)
	19	42	32 (76.2)	10 (23.8)	—	8	1	1	—	—
	20	28	21 (75.0)	6 (21.4)	—	4	2	—	1 (3.6)	—
	21	33	21 (63.6)	12 (36.4)	—	12	—	—	—	—
	22	29	23 (79.3)	5 (17.2)	—	3	1	1	—	1 (3.4)
	23	26	16 (61.5)	10 (38.5)	—	9	—	1	—	—
	24	28	19 (67.9)	9 (32.1)	—	7	2	—	—	—
	25	37	25 (67.6)	12 (32.4)	—	12	—	—	—	—
	計	603	388 (64.3)	210 (36.0)	10	156	14	30	3 (0.5)	2 (0.3)
殺　人	13年	8	4 (50.0)	4 (50.0)	1	3	—	—	—	—
	14	13	5 (38.5)	8 (61.5)	—	3	3	2	—	—
	15	20	13 (65.0)	7 (35.0)	—	7	—	—	—	—
	16	15	10 (66.7)	5 (33.3)	—	5	—	—	—	—
	17	18	10 (55.6)	8 (44.4)	—	5	2	1	—	—
	18	19	8 (42.1)	10 (52.6)	—	8	1	1	—	1 (5.3)
	19	13	10 (76.9)	3 (23.1)	—	2	1	—	—	—
	20	11	8 (72.7)	3 (27.3)	—	1	2	—	—	—
	21	9	6 (66.7)	3 (33.3)	—	3	—	—	—	—
	22	5	3 (60.0)	1 (20.0)	—	1	—	—	—	1 (20.0)
	23	7	3 (42.9)	4 (57.1)	—	4	—	—	—	—
	24	8	2 (25.0)	6 (75.0)	—	4	2	—	—	—
	25	12	8 (66.7)	4 (33.3)	—	4	—	—	—	—
	小計	158	90 (57.0)	66 (41.8)	1	50	11	4	—	2 (1.3)
強盗致死	13年	7	7 (100.0)	—	—	—	—	—	—	—
	14	13	6 (46.2)	7 (53.8)	4	3	—	—	—	—
	15	3	2 (66.7)	1 (33.3)	1	—	—	—	—	—
	16	20	15 (75.0)	5 (25.0)	—	3	2	—	—	—
	17	7	7 (100.0)	—	—	—	—	—	—	—
	18	3	3 (100.0)	—	—	—	—	—	—	—
	19	11	8 (72.7)	3 (27.3)	—	3	—	—	—	—
	20	3	3 (100.0)	—	—	—	—	—	—	—
	21	7	7 (100.0)	—	—	—	—	—	—	—
	22	1	1 (100.0)	—	—	—	—	—	—	—
	23	2	2 (100.0)	—	—	—	—	—	—	—
	24	—	—	—	—	—	—	—	—	—
	25	9	5 (55.6)	4 (44.4)	—	4	—	—	—	—
	小計	86	66 (76.7)	20 (23.3)	5	13	2	—	—	—
傷害致死	13年	40	27 (67.5)	13 (32.5)	—	10	—	3	—	—
	14	42	20 (47.6)	22 (52.4)	3	17	—	2	—	—
	15	46	29 (63.0)	17 (37.0)	—	15	—	2	—	—
	16	38	16 (42.1)	22 (57.9)	—	10	—	12	—	—
	17	23	16 (69.6)	6 (26.1)	—	5	—	1	1 (4.3)	—
	18	8	2 (25.0)	5 (62.5)	1	4	—	—	1 (12.5)	—
	19	17	13 (76.5)	4 (23.5)	—	3	—	1	—	—
	20	6	2 (33.3)	3 (50.0)	—	3	—	—	1 (16.7)	—
	21	16	7 (43.8)	9 (56.3)	—	9	—	—	—	—
	22	19	15 (78.9)	4 (21.1)	—	2	1	1	—	—
	23	11	6 (54.5)	5 (45:5)	—	4	—	1	—	—
	24	17	14 (82.4)	3 (17.6)	—	3	—	—	—	—
	25	12	8 (66.7)	4 (33.3)	—	4	—	—	—	—
	小計	295	175 (59.3)	117 (39.7)	4	89	1	23	3 (1.0)	—
危険運転致死	13年	—	—	—	—	—	—	—	—	—
	14	15	13 (86.7)	2 (13.3)	—	2	—	—	—	—
	15	7	7 (100.0)	—	—	—	—	—	—	—
	16	4	4 (100.0)	—	—	—	—	—	—	—
	17	3	3 (100.0)	—	—	—	—	—	—	—
	18	4	4 (100.0)	—	—	—	—	—	—	—
	19	1	1 (100.0)	—	—	—	—	—	—	—
	20	5	5 (100.0)	—	—	—	—	—	—	—
	21	1	1 (100.0)	—	—	—	—	—	—	—
	22	4	4 (100.0)	—	—	—	—	—	—	—
	23	5	4 (80.0)	1 (20.0)	—	1	—	—	—	—
	24	3	3 (100,0)	—	—	—	—	—	—	—

	25	4	4	(100.0)	—		—	—	—	—	—	—
	小計	56	53	(94.6)	3	(5.4)	—	3	—	—	—	—
保護責任者遺棄致死	13年	1	—		1	(100.0)	—	1	—	—	—	—
	14	—	—		—		—	—	—	—	—	—
	15	—	—		—		—	—	—	—	—	—
	16	2	—		2	(100.0)	—	—	—	2	—	—
	17	—	—		—		—	—	—	—	—	—
	18	—	—		—		—	—	—	—	—	—
	19	—	—		—		—	—	—	—	—	—
	20	—	—		—		—	—	—	—	—	—
	21	—	—		—		—	—	—	—	—	—
	22	—	—		—		—	—	—	—	—	—
	23	—	—		—		—	—	—	—	—	—
	24	—	—		—		—	—	—	—	—	—
	25	—	—		—		—	—	—	—	—	—
	小計	3	—		3	(100.0)	—	1	—	2	—	—
逮捕監禁致死	13年	—	—	—	—		—	—	—	—	—	—
	14	—	—	—	—		—	—	—	—	—	—
	15	—	—	—	—		—	—	—	—	—	—
	16	—	—	—	—		—	—	—	—	—	—
	17	—	—	—	—		—	—	—	—	—	—
	18	1	—	—	1	(100.0)	—	—	—	1	—	—
	19	—	—	—	—		—	—	—	—	—	—
	20	3	3	(100.0)	—		—	—	—	—	—	—
	21	—	—	—	—		—	—	—	—	—	—
	22	—	—	—	—		—	—	—	—	—	—
	23	1	1	(100.0)	—		—	—	—	—	—	—
	24	—	—	—	—		—	—	—	—	—	—
	25	—	—	—	—		—	—	—	—	—	—
	小計	5	4	(80.0)	1	(20.0)	—	—	—	1	—	—

注　1　最高裁判所事務総局の資料による。
　　2　「殺人」は、既遂に限る。
　　3　少年法55条により地方裁判所から移送された事件を除く。
　　4　年齢超過による検察官送致を除く。
　　5　平成13年は、4月1日以降の人員である。
　　6　「危険運転致死」は、平成13年12月25日以降の人員である。
　　7　(　) 内は、終局処理人員に占める比率である。

『平成26年版 犯罪白書』から作成

[殺人・道路交通違反]、金沢家決平14・5・20家月54巻10号77頁［危険運転致死]）。また、少年院に送致した例でも、いわゆる「超長期」や「相当長期」の処遇勧告（⇒**402**）を行う例が多く、そこには量刑的な思考も窺われる（京都家決平13・10・31家月54巻4号110頁［殺人保護事件、中等少年院送致（相当長期)］、さいたま家決平13・9・5家月54巻2号152頁［傷害致死保護事件、中等少年院送致（相当長期)］、秋田家決平13・8・29家月54巻3号96頁［傷害致死保護事件、中等少年院送致（相当長期)]）。

(b) 20条2項による検察官送致は何を要件とするか。また、この制度はどのように理解されるべきか

535　要件　　2項逆送の要件は、①行為時16歳以上であることと、②「故意の犯罪により被害者を死亡させた罪の事件」であることである。②「故意の犯罪により被害者を死亡させた罪の事件」には、殺人（刑199条）な

【図2】鑑別判定における少年院送致・検察官送致率（傷害致死）

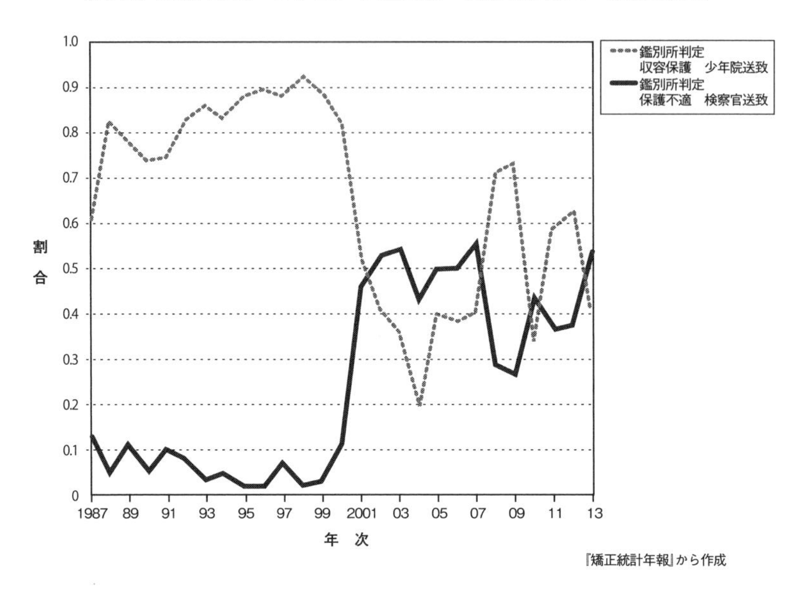

『矯正統計年報』から作成

【図3】審判決定における少年院送致・検察官送致率（傷害致死）

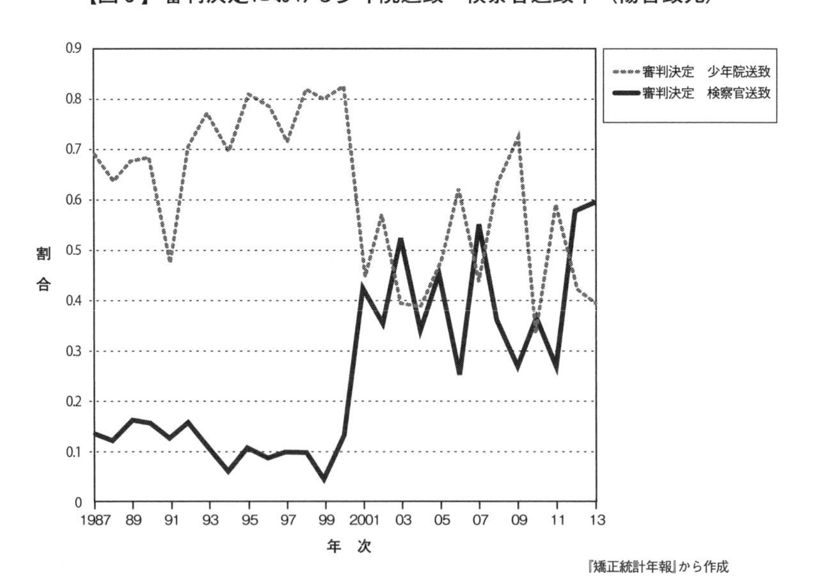

『矯正統計年報』から作成

どの故意犯だけでなく、傷害致死（刑205条）や危険運転致死罪（自動車の運転により人を死傷させる行為等の処罰に関する法律３条）など故意の犯罪を経由した結果的加重犯も含まれると解されている。

536　制度理解と考え方の分岐点　問題は、２項逆送の制度をどう理解するかである。立法時に強調されたように「原則逆送」と考えれば、この制度は、現行法の骨格とも呼べる大原則である保護処分優先主義（⇒**7**）を（少なくともこの要件に該当する事件については）否定することになる。そのため、そもそも「原則逆送」という制度理解を受け入れるかどうかという根源的なレベルで、学説は激しく対立している。代表的な見解として、ⓐ保護不能推定説、ⓑ保護不適推定説、ⓒ特段の事情＝犯情説（二段階構造説）、ⓓ特段の事情＝総合考慮説、ⓔガイドライン説、ⓕ説明責任説、ⓖ要保護性調査拡充説、がある。

内容を簡単にみておくと、ⓐ保護不能推定説は、事件の社会的影響の大きさを少年がすぐに社会移行（復帰）することの難しさに勘案することを前提として、保護不能の場合を類型化した規定であると理解する[12]。それに対して、ⓑ保護不適推定説は、２項が行為時年齢に着目していること（要件①）が行為責任を問うことと親和的であることから、これを保護不適を類型化した規定と考える[13]。以上の２つは「原則逆送」理解を受け入れるものであるが、特に保護不適型の「原則逆送」理解をより徹底するものが、ⓒ特段の事情＝犯情説（二段階構造説）である。この考えは、２項逆送の例外を認めるための要件として、法には書かれていない「特段の事情」を求める。その上で、２項逆送の判断として、まず犯罪の行為・態様・結果にかかわる（狭義の）犯情から「特段の事情」の有無を検討し、それにあたらない場合に１項逆送の基準で改めて刑事処分相当性を判断すべきことを主張している[14]。しかし、これでは「例外」として逆送から外される事件が余りに限定されすぎるとして主張されたのが、ⓓ特段の事情＝総合考慮説である。これは、２項

---

(12)　澤登・入門191頁。

(13)　川出敏裕「逆送規定の改正」現代３巻４号（2001年）57頁、同「処分の見直しと少年審判」課題と展望①165頁を特に参照。

(14)　北村和「検察官送致決定を巡る諸問題」家月56巻７号（2004年）69頁。

逆送の例外となる「特段の事情」の有無を、狭義の犯情に限定せず、諸事情を総合的に考慮する点に特徴をもつ[15]。

以上の「原則逆送」理解に対して、20条２項はそこから離れる場合に家庭裁判所に説明責任を発生させる事実上のガイドラインの機能を果たすにすぎないと考えるのがⓔガイドライン説であり[16]、実体的には法的意味をもたないと理解するのが、ⓕ説明責任説である。ⓕ説明責任説は、逆送しない場合にその理由を説明する責任を家庭裁判所に負わせているにすぎないと理解している[17]。それに対して、「原則逆送」理解を拒否する点ではⓔガイドライン説やⓕ説明責任説と問題意識を共有しつつ、規範の名宛人に着目して視点を転じるのが、ⓖ要保護性調査拡充説である。この考えは、少年法20条２項を、裁判官ではなく人間行動科学の専門家を名宛人として、非行結果の重大性に鑑みてより仔細で綿密な要保護性調査を求めた規定と考える点に特徴をもつ[18]。

以上の整理からも分かるように、ⓐ〜ⓓとⓔ〜ⓖとの最大の分岐点は、「原則逆送」理解を受け入れるかそれを拒否するか、２項逆送で保護処分優先主義が否定されたと考えるか否かにある。ⓐ〜ⓓは刑事処分の優位を認め、ⓔは並行であることを強調し、ⓕⓖは保護処分優位に変更を認めない。

537 理論的検討　実務では、ⓑ保護不適推定型ないしⓓ特段の事情＝総合考慮型の「原則逆送」理解が有力である。しかし、中にはⓒ犯情説に立ったと考えられる裁判例もみられる（上記東京家八王子支決平17・6・8）。

ⓒ犯情説から検討すると、少年法20条２項但書は、文言の上で犯情とその他の事情を区別していない。また、国会審理における法案提出者の説明でも犯情の悪質性を特別に重視するようなことは一切述べられていない[19]。ⓒ犯

---

(15) 加藤学「保護処分相当性と社会記録の取扱い」『現代刑事法の諸問題 第１巻』（立花書房、2011年）481頁。この説と保護不適推定説の関係は明瞭ではない。この考えは、「特段の事情」のとらえ方において特段の事情＝犯情説（二段階構造説）と対立しているものであり、刑事処分を優先的に検討するという点では、保護不適推定説と土台を同じくしていると理解できる。

(16) 時期により変遷があるものの、最新の説明として斉藤豊治「裁判員裁判と少年の死刑判決」『人権の刑事法学』（日本評論社、2011年）802頁。

(17) 葛野・再構築589頁、正木祐史「20条２項送致の要件と手続」検証と展望36頁。

(18) 本庄・刑事処分141頁、157頁、武内・構造367頁。

(19) 加藤・前掲註15）480頁。

情説は、法律の文言や法の成り立ちにおける説明を無視して保護処分優先主義を否定するものであり、根本的な問題がある。

ⓑ保護不適推定説やⓓ特段の事情＝総合考慮説では、これよりも考慮要素が広くはなるものの、非行の結果や態様といった外形的事実を重視して刑事処分を優先することには変わりがない。しかし、そうなれば、少年の資質や環境の問題を解決するために保護処分が最も必要であり、また有効でもあることが科学的な調査を通して明らかになっているケースでも、非行の結果や犯行態様が重大であるがゆえに教育的な処遇を選択できないという事態が生じる。この結論は、少年の最善の利益にそぐわず、個別処遇原則（⇒**7**）に反する。それだけでなく、結果的にではあっても、少年が抱える本質的な問題を手当てすることを優先しない点で非行からの離脱・回復やリカバリー、立ち直りの機会を奪うことにもなるから、却って将来の社会の安全を脅かすことにもつながる。内省についても、同様のことがいえる。被害者死亡結果があるような重大事件では、少年の内省が問題になることが少なくない。しかし、その資質・環境上の原因や、そうした状況に変化をもたらしうる個別的な働きかけのあり方を探ることをしないままに、審判段階において内省が不十分であるということ自体を形式的に評価してしまえば、却って少年が内省を深めることが難しい措置が選択されることになりかねない（内省を深める必要性を少年の資質・環境上の問題と関係づけた上で保護処分決定を行った裁判例として、上記那覇家決平21・4・28、上記京都家決平13・10・31、上記秋田家決平13・8・29、上記さいたま家決平13・9・5）。

ⓑ保護不適推定説やⓓ特段の事情＝総合考慮説における「推定」の意味も問題である。ここでいう推定の意味は明らかではない。しかし、相互作用的で動態的なかかわり合いの中でプロセスを踏んで行き、最終的には判断時の要保護状態をみて処分を決定するという少年法の体系の中で予め結論を「推定」するというのは、相当に異質なことである。保護不適が「推定」されると説明することは、この相互の動態的なかかわり合いの中で進んでいくプロセス自体を否定することにつながる。その上、この見解は、2項逆送で保護処分優先主義が覆されたと考えるわけであるから、立法時の説明でも従前通り行うと説明された社会調査や鑑別を形骸化させる危険性が極めて高い[20]。

ⓐ保護不能型の「原則逆送」理解はどうであろうか。この見解は、故意犯罪による被害者死亡事件では、被害者遺族や社会の感情が激しいことが多いために、少年の社会移行（復帰）を考えると刑事処分を受ける方がよい場合があることや、それだけ少年に非行性の深化がある場合があることに着目している[21]。しかし、こうした場合がありうること自体は認められるとしても、なぜこういった場合に原則的に刑事手続や刑事処分でのぞむべきなのか、説明は困難である。少年の社会移行（復帰）を考えれば、刑事手続の公開原則や刑事制裁は、原則的にはむしろそれを困難にするというべきであろう。

以上のように考えてみると、保護不能型であれ保護不適型であれ、少年法20条２項を「原則逆送」ととらえるⓐ〜ⓓは妥当でない。そうすると、少年法20条２項の実体的拘束力を否定するか弱いものにすぎないと考えるⓔガイドライン説とⓕ説明責任説の目指す方向性が基本的に支持されるべきであるように思われる。しかし、その上でさらに目を向けるべきなのは、少年事件では行為結果・態様と動機のギャップが大きく、その背景理解が非行予防の観点からも重要である一方で、結果重大事件では、外形的事実に着目して激しい社会感情に直面するのが通例である、ということである。この構造を考えれば、非行結果が重大な事件では、社会感情が峻烈であるにもかかわらず、否、それゆえに、慎重な判断が求められるのであり、通常の事件にも増して仔細で綿密な人間行動科学領域の鑑別・調査を行わなければならないことを法的に確保する枠組みが必要になる。しかし、ⓔガイドライン説とⓕ説明責任説では、少年法20条２項の法的拘束力が否定されるか、弱く理解されるがゆえに、こうした人間行動科学領域への特に仔細で綿密な調査の義務づけを、逆に、導き出すことができないことになってしまう。

そうすると少年法20条２項の法的意味を実体的な意味では否定しても手続

---

(20)　先に確認した２項逆送創設後における人間行動科学分野の不自然な変化（⇒**533**）は、この理解が実務上優勢であることの現実的な帰結である。２項逆送の対象事件で、調査命令自体が限定された事例も報告されており、この説が人間行動科学分野に及ぼす影響にははかり知れないものがある。例えば、三木憲明「富田林事件」裁判員裁判148頁が指摘するような、包括調査によらない、「特段の事情」のみに限定したような調査（命令）は、違法になるというべきである（⇒**309**）。

(21)　澤登・入門192頁。

的にはそうすべきでないことになる。この点で、少年法20条2項を人間行動科学の専門家を名宛人とした綿密な調査を義務づけた規定と考える⑨要保護性調査拡充説が妥当である。少年法20条1項が、「調査の結果、その罪質及び情状に照らして」と一般的抽象的な規定ぶりをとっているのに対し、2項が「調査の結果、犯行の動機及び態様、犯行後の情況、少年の性格、年齢、行状及び環境その他の事情を考慮し」との表現で、調査項目を詳細かつ具体的に明示していることは、このように理解してこそ説明できる。立法提案者が内実を明らかとしていない「規範の覚せい」や「責任の自覚」も、一般予防と同旨と考えれば、実証的根拠がないために（⇒**76〜77**）、科学主義に反することになる。そうであれば、これは少年本人の「規範の覚せい」や「責任の自覚」を意味すると理解せざるをえない。20条2項が「前項の規定にかかわらず」との文言を用いたのは、交通事犯の処理など広い目的から用いられている1項とは異なり（⇒**528**）、少年本人の将来における「規範の覚せい」や「責任の自覚」のために最もふさわしい処分の選択が求められるという絞られた目的をもつためであると理解できる。「原則逆送」という言葉にこだわるとしても、そもそも原則とは例外に該当しない限りにおいて消極的に適用されるルールのことをいうのであるから、そのことで必然的に例外判断のあり方を変えたり、より多くの事案を検察官送致しなければならなくなったりするるわけではない(22)。

3　家庭裁判所移送とはどのような制度か

[1] 家庭裁判所移送は何を要件とするか

538　家庭裁判所移送決定の要件　刑事裁判所から家庭裁判所への移送（少55条）は、①事実審理が行われていること、②犯罪事実が認定されていること、③「被告人を保護処分に付するのが相当である」（=「**保護処分相当性**」がある）ことを要件とする。

この措置は、第一審裁判所（地方裁判所・簡易裁判所）のほか、控訴審・上告審裁判所においても行われうる。

---

(22)　本庄・刑事処分166頁を特に参照。

539　保護処分相当性の類型　保護処分相当性があるとして移送が認められる類型には、①要保護性に関する事実の新発見・新評価、②逆送決定後の人格・環境、社会状況の変化、③起訴事実の一部不存在による刑事処分不相当、④少年の萎縮など刑事裁判への耐性の不存在、⑤家庭裁判所による逆送決定の瑕疵の存在、⑥執行猶予よりも保護処分が相当である場合、がある[23]。

[2] 検察官送致と家庭裁判所移送とはどのような関係に立つか。また、「保護処分相当性」とは何か

540　刑事処分相当性と保護処分相当性　実体的にみた場合、「保護処分相当性」は、検察官送致決定の要件である「刑事処分相当性」（少20条）と表裏の関係にあると解される。そのため、ⓐ１項逆送の刑事処分相当性判断につき保護不能限定説に立てば、保護処分相当性の内実を「**保護可能性**」に限定することになるのに対して、ⓑ保護不適許容説をとれば「**保護許容性**」判断が加わる。検察官送致に関して保護不適許容説をとっていることと相応して、実務では、ⓑ保護許容性判断を加える立場がとられている。

しかし、ⓑ保護許容性判断を付け加える立場には、検察官送致に関する保護不適許容説とちょうど同様の批判があてはまる（⇒**530**）。つまり、保護可能性は、少年司法上の措置で保護が可能・必要・有効かを問題とするわけであるから、人間行動科学の知見に基づいて判断することができる。保護許容性はそうではなく、科学的な跡づけや検証が困難である。その実質を社会感情や正義感情に求めるとしても、何を証拠としてそれを証明するのか自体が不明確である。理論的には、ⓐ保護処分相当性を保護可能性に限定する立場が妥当である。

ⓐ保護処分相当性を保護可能性に限定する立場に対しては、その判断の中心に据えられる少年の資質や環境、そして家庭裁判所の措置による対応可能性は、家庭裁判所による検察官送致後に変化しにくい事柄ではないか、との疑問があるかもしれない。そうであれば、刑事裁判所による家庭裁判所移送

---

(23)　コンメンタール少年法592頁［斉藤豊治］を参照。

の範囲もⓐ保護可能性限定説の方がⓑ保護不適許容説よりも狭く限定されてしまうのではないか、という疑問である。確かに、保護可能性判断は科学的判断に依拠するために、評価のあり方も含めて事後的に変化が起こりにくいといえる。この点、保護許容性判断の方が事後的な変化が起こりやすく、かつⓑ保護許容性を加える判断の方が、要素が増える分、家庭裁判所移送の範囲が広がるようにみえることは否定できない。しかし、理論的にいえば、ⓑ保護許容性をも認める場合における家庭裁判所移送の範囲の潜在的な広さは、検察官送致範囲の広さに対応するものであり、ⓐ保護可能性に限定する立場からみれば、そもそも検察官送致されるべき事件ではない類型である。

541 保護処分相当性と利益原則 刑事裁判所による家庭裁判所移送の判断の際には、疑わしい場合には被告人の利益に理解すべきであるという**利益原則**が働く。したがって、刑事処分を保護処分その他の少年法上の処遇よりも一般的、類型的に不利益であるものと理解している最高裁判所裁判例（最判平9・9・18刑集51巻8号571頁／家月50巻1号166頁［調布駅前事件］）（⇒**502**）を前提とすれば、ⓑ保護許容性をも認める立場に立つとしても、保護処分相当性の内容は「保護可能性がありかつ保護許容性があること」としてではなく、「保護不能ではなくかつ保護不適ではないこと」と解すべきことになる[24]。反対からいえば、保護が可能でなく、かつ許容されないことが検察官により積極的に証明されない限りは、保護処分相当性は否定されない。

裁判例でも、1項逆送された裁判員裁判において、「保護処分を選択することが、市民の正義感に照らし、許容されないとはいえない」ことを理由として、「少年法の原則のとおり、保護処分を選択すべきもの」として家庭裁判所移送決定を行ったものがある（福岡地決平24・2・9 LEX/DB：25481265［強盗致傷、強盗］、同平24・2・24LEX/DB：25480587［強盗致傷、強盗］を参照）。

542 保護可能性と保護許容性の関係 保護処分相当性の内実を、ⓐ保護可能性に限定せずに、ⓑ保護許容性をも加えて理解する場合、果たしてⓑ保護許容性を単独で判断しうるかが問題になる。社会感情や正義感情を考慮し

---

(24) 加藤・前掲註15）477-478頁。

た保護許容性判断は、非行に結びついた少年の問題や見込まれる処遇の有効性に関する事実的・科学的判断である保護可能性判断により変化しうると考えられる。反対に、保護可能性の検討を踏まえない社会感情や正義感情というのは、抽象的にならざるをえず、印象論を超えない空虚な内実しかもちえないものであろう。そのため、保護許容性を単独で判断することはできないと考えるべきである。

[3]　2項逆送された事件に対する家庭裁判所移送の判断はどのようにあるべきか

(a)　2項逆送に関する諸説から家庭裁判所移送はどのようにとらえられるか

543　問題の構造　以上にみた家庭裁判所移送の構造は、1項逆送を念頭に置いたものであった。それでは、2項逆送の場合に、この構造は（どのように）変化するであろうか。検察官送致と家庭裁判所移送の実体的要件とは表裏の関係に立つと考えられていることから、問題になる。そこで、2項逆送に関する諸説からの帰結を考えてみることにしよう。

544　理論的検討　まず、2項逆送を保護不能や不適を「推定」するものとして理解する立場（ⓐⓑⓓ）（⇒**536**）では、この「推定」が破られない限り、刑事裁判所は家庭裁判所に事件を移送できないという結論に至りそうである。しかし、「推定」が破られるとはどのような状態か、また、それを証明する責任を誰が負うのかは、実は、不明確である。少年側に「推定」を覆すための証明を行う責任を負わせることを意味するのであれば、刑事訴訟法上の原則の実質的かつ重大な例外となる。また、特に保護不適を「推定」することになれば、保護可能性にとどまらずに社会感情や正義感情をも含む保護許容性についても少年側に「推定」を覆すための証明を行う責任を負わせることになり、事実上証明不能な事柄の立証を強いるに等しい結論になる。そもそも、法律上の推知が認められるためには、形式的には、法律上推定が明記されているか法解釈上推定規定であることが明らかであることが、実質的には、①推知規定を設ける必要性が高いか特別の事情があること（必要性）、②訴追側にとって推知事実の立証が極めて困難であること（訴追側立証の困難性）、③前提事実の存在から推定事実の存在を推認することが合理的であるといえること（両事実の合理的関連性）、④推認が不当であれば、被告人としてその推認を破る、ないし推定事実が存在しないことを示す証拠を提出するのが困難でないこと（反証の容易性）が、必要であると考えられている[25]。特に保護不適を推定する考え方は、この条件のいずれからみても問題をもっている[26]。

次に、ⓒ特段の事情＝狭義の犯情説の場合、犯情に関係する犯罪の行為・態様・結果の事後的な変化は考え難い。そのため、犯罪事実の認定や評価が刑事裁判所で変わらない限り、移送できないことになる。しかし、このような結論は、改正されていない少年法55条まで実質的に改正するに等しく、20条２項創設時に刑罰賦課の弊害を回避するために移送を積極的に活用するとした立法提案者の説明にも明確に反している。

以上のように、「原則逆送」理解を受け容れる説は、少年法20条２項に実体的拘束力を認めるがゆえに、２項逆送の対象事件に関する家庭裁判所移送のハードルを１項逆送よりも上げることを帰結する。しかし、いずれも、刑事訴訟法上の原則を歪めたり、法の体系的理解を放棄するに等しい結論をもたらしたりする点で、極めて大きな問題を抱え込む。

それに対し、「原則逆送」理解を拒否するⓕ説明責任説とⓖ要保護性調査拡充説は、少年法20条２項の実体的拘束力を否定することになるから、検察官送致の実体的な基準は20条１項と同様ということになる。そのため、20条２項の対象事件において家庭裁判所移送のハードルが別段上がるわけではない。以上の検討によっても、少年法20条２項を実体的拘束力をもつ「原則逆送」と理解することは不当であるといわなければならない。

(b) 家庭裁判所による検察官送致決定は刑事裁判所を拘束するか

545　問題の構造　　これと密接に関連して、家庭裁判所の検察官送致の決定が刑事裁判所の判断を拘束するのか、ということも問題になる。これを肯定すれば、検察官送致決定時までに存在した事情の有無と評価につき刑事

---

(25) 三井誠『刑事手続法Ⅲ』（有斐閣、2004年）68頁を特に参照。

(26) 本庄・刑事処分177頁を特に参照。

裁判所は家庭裁判所の判断にしたがうことになる。反対に、これを否定すれば、家庭裁判所による刑事処分相当性判断そのものも刑事裁判所の審理の対象になる。

従前、裁判例では、移送判断は刑事裁判所の自由裁量であると解されてきた（最判昭25・10・10刑集4巻10号1957頁）。これを前提とすれば、家庭裁判所の検察官送致決定は法的拘束力をもたないということになる。しかし、近時、特に2項逆送が創設されたことと少年事件も裁判員裁判の対象になることを念頭に置き、法的拘束力は難しいとしても少なくとも事実上は家庭裁判所の逆送判断に拘束力を認めようとする見解が出てきている。その根拠は、①家庭裁判所と刑事裁判所との間を事件が何度も行き来する「キャッチボール」現象を避けるべきこと、②「専門機関」である家庭裁判所の判断は、刑事裁判所によっても尊重されるべきこと、③2項逆送制度創設の趣旨は55条の解釈・運用にも及ぶべきこと、にある[27]。

546　理論的検討　しかし、検察官送致決定は、保護処分決定よりも一般的・類型的に不利益である（上記最判平9・9・18。⇒**502**）。それにもかかわらず、形式上、検察官送致決定に抗告などの不服申立てが認められてこなかった（⇒**479**）のは、実質的に、移送制度がその役割を担うと理解されてきたからである[28]。国際人権法も「上級の機関に不服を申し立てる権利などの基本的な手続的保障は、手続のあらゆる段階で保障されなければならない」ことを求めている（北京7.1）。家庭裁判所による検察官送致の判断に拘束力を認めれば、実質的な不服申立ては不可能となってしまう。

家庭裁判所の逆送判断に拘束力を認めようとする見解の根拠になっている上記①の「キャッチボール」現象の回避は、迅速性の原則（⇒**338**）を考慮すれば、同様の結論に至ることができる。むしろ、これを理由に、少年側の

---

(27)　角田正紀「少年刑事事件を巡る諸問題」家月58巻6号（2006年）10頁、植村立郎「抗告審から見た少年調査票」ケ研311号（2012年）124頁を特に参照。

(28)　「昭和四十年三月開催 少年係裁判官会同概要」家月17巻12号（1965年）93頁の家庭局見解、最決平17・8・23刑集59巻6号720頁／家月58巻2号184頁の調査官解説［山口紀之］を参照。保護処分相当性判断が刑事処分相当性判断と表裏の関係にあると解されるのも、まさにそのためである。そのため、少年側が主位的に移送を、予備的に特定の長さ・重さの刑事処分を主張することは、不当なことではない。

実質的な不服申立てを遮断することの問題の方が大きい。そもそも、「キャッチボール」というのは、検察官送致と家庭裁判所移送とが複数回繰り返される現象を指す（実例として、最決平3・4・22家月43巻10号52頁［石神井事件］、名古屋地岡崎支決昭42・11・9家月20巻7号116頁）。家庭裁判所と刑事裁判所の各々が刑事処分の相当性を肯定しない限り刑事処分を認めない仕組み（⇒**523**）をとる現行法の枠内で、「キャッチボール」現象の回避を理由として家庭裁判所移送を抑制することは、筋違いであるともいえる。②の理由は、確かに、人間行動科学領域の知見を用いた保護不能・可能性判断に関しては妥当するというべきであろう。しかし、保護不適・許容性判断についてはそうではない（⇒**530**）。この保護不適の判断が「専門性」をもつというのであれば、科学的根拠が明示されなければならない[29]。③の根拠づけは、2項逆送制度創設時の説明（⇒**532**）とも明確に反している。

以上の事柄は、裁判員裁判でも変わるところがない。反対に、少年自身の成長発達に資す手続でなければならない少年に対する裁判員裁判が積極的に位置づけられうるとすれば、それは、職業裁判官が行った家庭裁判所の審判決定を、複数の一般人が実質的に再審査する機能を備える場合であろう。

なお、1項逆送事件につき裁判員裁判で移送を認めた例として、東京地決平23・6・30家月64巻1号92頁[30]、上記福岡地決平24・2・9 LEX/DB：25481265、同平24・2・24LEX/DB：25480587[31]、さいたま地決平25・3・11判例集未登載[32]が、2項逆送事件につき鹿児島地決平24・4・20裁判所ウェブサイト掲載／LEX/DB：25481266[33]がある。

成人事件における量刑判断は、一般に、まず、犯罪の種類や罪質、犯行の動機、態様・手段の悪質性、被害結果の大小・程度、数量といった犯罪行為

---

(29) 以上につき、正木祐史「逆送裁判員裁判における55条移送『保護処分相当性』の提示」刑弁57号（2009年）77頁を特に参照。

(30) 前田領「中国籍の少年が逆送された事例」刑弁69号（2012年）153頁、同「東京事件」裁判員裁判50頁。

(31) 阿野寛之「福岡事件」裁判員裁判82頁。

(32) 柴野和善＝岩本憲武「埼玉事件」裁判員裁判110頁、岩本憲武「連続通り魔事件について裁判員裁判で55条移送決定を得た事例」刑弁77号（2014年）106頁。

(33) 林宏嗣「鹿児島事件」裁判員裁判90頁。

自体に関する情状（＝犯情）から大枠を決定した上で、一般予防や特別予防、損害賠償の有無、示談の成否といった広い意味での刑事政策的な情状（＝一般情状）を考える、というプロセスをたどるといわれている(34)。検察官送致の判断や家庭裁判所移送の判断も、こうした成人事件における一般的な量刑判断プロセスと同質のものと考えるのか、ということが、本講で取り上げた議論の根底にある問題である。少年の責任のとらえ方や少年事件における量刑判断のあり方については、整理・検討を要する問題がなお多く残されている。しかし、常に議論の出発点に据えられるべきは、刑事手続や刑事処分のあり方についても、刑法や刑事訴訟法にではなく少年法に特則を置いているという現行制度の基礎的な仕組み（⇒**1**）である。こうした仕組みがとられている以上、検察官送致や家庭裁判所移送、さらには量刑や刑の執行の局面でも、少年法１条に定められる法目的（⇒**5**、**93**〜**99**）を実現することが当然に求められる。

---

(34)　原田國男『量刑判断の実際［第３版］』（立花書房、2008年）53頁、108頁。

【表2】通常第一審事件中家庭裁判所移送決定を受けた人員

	1999	2000	2001	2002	2003	2004	2005	2006	2007	2008	2009	2010	2011	2012	2013
総数	6	2	5	9	10	13	8	8	5	3	1	0	2	4	2
公文書偽造・同行使	0	0	0	0	0	0	0	1	0	0	0	0	0	0	0
わいせつ姦淫及び重婚	0	0	1	1	2	0	0	0	1	1	0	0	0	0	0
殺人	1	0	0	0	0	0	0	0	0	0	0	0	0	0	1
傷害	1	2	1	2	4	6	2	0	1	2	1	0	0	1	0
過失傷害	0	0	0	2	2	2	1	0	0	0	0	0	0	1	0
略取及び誘拐	0	0	1	0	0	0	0	0	0	0	0	0	0	0	0
窃盗	0	0	1	0	1	1	1	0	0	0	0	0	0	0	0
強盗	0	0	0	1	0	0	0	0	1	0	0	0	0	0	0
強盗致死傷	1	0	0	3	0	3	4	2	1	0	0	0	1	2	0
詐欺	0	0	0	0	0	0	0	0	0	0	0	0	1	0	1
恐喝	0	0	0	0	0	0	0	1	0	0	0	0	0	0	0
盗品等に関する罪	0	0	0	0	0	1	0	0	0	0	0	0	0	0	0
その他の刑法犯	0	0	0	0	1	0	0	0	0	0	0	0	0	0	0
覚せい剤取締法	1	0	0	0	0	0	0	0	0	0	0	0	0	0	0
道路交通法	1	0	0	0	0	0	0	4	1	0	0	0	0	0	0
自動車の保管場所の確保に関する法律	0	0	1	0	0	0	0	0	0	0	0	0	0	0	0

『司法統計年報』から作成

第24講　少年に対する刑事手続

●本講で考えること

前講（第23講）でみたように、現行法では、家庭裁判所の判断により事件を検察官に送致し、刑事手続にのせ、少年に刑罰を科す制度が残されています。しかし、成長発達の過程にある少年は、成人と異なる特性をもっています。その特性を考えれば、少年年齢にある者に対する手続が成人に対するものと完全に同じであってよいわけではないでしょう。

それでは、少年に対する刑事手続は、どのような点で独自性をもつべきなのでしょうか。そして、成人とは異なる特別な扱いが必要であるとすれば、それはなぜなのでしょうか。

本講では、少年に対する刑事手続のあり方について検討を加えます。

● Keywords
起訴強制、再送致、公開裁判、社会記録の利用方法、裁判員裁判

1　少年に対する刑事手続のあり方はどのような点で問題になるか

547　問題の構造　旧少年法が検察官先議主義をとったのに対し、現行法は、家庭裁判所先議主義と全件送致主義の制度枠組みを採用することで保護処分優先主義を実現している（⇒7）。その上でもなお、現行法は、検察官送致制度を媒介させて少年を刑事手続にのせ、また刑罰を科する途を残している。

しかし、少年に対する刑事手続や刑罰は、成人に対するものと同じであってよいわけではない。それは、まさに、少年が成長発達の主体であり、伝統的な刑事手続や刑罰制度はそれを脅かす危険性が極めて高いからにほかならない。成熟した成人とは異なり、成長発達の過程にある少年に対しては、それにふさわしいあり方が模索されなければならないわけである。

刑事手続に関して具体的に問題になるのは、①検察官による起訴、②身体

拘束、③公判審理のあり方である。裁判員裁判が実施に移されたことにより、近時、これらのあり方をめぐる問題状況は新たな局面を迎えている。

2　少年事件の公訴の提起に関してどのような特別な仕組みがあるか

[1] 少年事件に関する起訴強制とは何か。それはどのような趣旨から設けられたものか

548　起訴強制の趣旨　家庭裁判所から送致を受けた事件につき、検察官は、どのように公訴提起を行うべきであろうか。公訴提起に関する刑事訴訟法上の原則として、**起訴便宜主義**（=**起訴裁量主義**。刑訴248条）がある。そのため、検察官は、自らの裁量に基づき、裁判所に起訴せずに（不起訴）、事件を終局させることができる。しかし、少年法は、この原則に対する例外として、家庭裁判所から検察官送致された場合、検察官は、原則として公訴を提起しなければならないこと（**起訴強制**）を定めている（少45条5号）。

刑事訴訟法上の原則とされる起訴便宜主義の例外として起訴強制がとられたのは、少年事件の専門機関である家庭裁判所に実質的に起訴・不起訴の判断を行わせようという趣旨である[1]。それでもなお、直接刑事裁判所に移送するのではなく、検察官を経由させているのは、公訴維持の責任者である検察官に証拠を整備させるためである。

549　起訴強制の例外　もっとも、起訴便宜主義の例外としての起訴強制にはさらに例外がある。それは、①事件の一部について犯罪の嫌疑がないか、もしくは②犯罪の情状等に影響を及ぼすべき新たな事情を発見した場合、または③送致後の情況により、訴追を相当でないと思料する場合、である（少45条5項但書）。しかし、この場合でも、検察官は事件を家庭裁判所に**再送致**しなければならない。少年事件の専門機関である家庭裁判所による検察官送致の判断の前提にある事情に変化が生じているために、再度家庭裁判所に判断を行わせるということが、この再送致制度の趣旨である。

この検察官からの再送致が家庭裁判所からみて上記①〜③の要件を満たさない場合、家庭裁判所はどのような措置をとるべきであろうか。理論上は、

(1)　最高裁判所・概説85頁、市村157頁。

家庭裁判所が事件を再度検察官送致することも可能である。しかし、長期間手続に拘束しておくことは少年の成長発達にとり望ましくない。こうした事情をも考慮した上で、家庭裁判所が不処分とした裁判例も存在している（浦和家決平４・６・30家月45巻４号132頁、京都家決昭56・10・21家月34巻３号90頁）。国際人権法から要請されている迅速性の原則（⇒**338**）からみても、こうした判断は積極的に支持できる。

［2］家庭裁判所が送致した事実と同一性はあるものの事実の評価が変わる場合、検察官は公訴の提起を行うことができるか。また、刑事裁判所が罰金以下となる事実を認定する場合、どのような措置をとるべきか

550　問題の構造　現行少年法は家庭裁判所先議主義をとっており、年齢超過による場合を除けば、家庭裁判所が刑事処分相当性を認めた場合にのみ、事件は検察官に送致される（⇒**7**、**523**）。そして起訴強制は、実質的に家庭裁判所に起訴・不起訴の判断を行わせることを制度趣旨としていた。そのことから、検察官が公訴を提起する事件は、家庭裁判所が決定書に記載した「罪となるべき事実」と同一性をもたなければならない。これと同一性をもたない事実は、家庭裁判所が刑事処分相当性を認めていないはずのものである。そうした事実に基づく公訴の提起を認めれば、家庭裁判所先議主義の趣旨が、実質的に没却されることになってしまう。

551　理論的検討　しかし、事実の同一性があるとしても、事実の評価や認定が変わる場合に検察官の起訴を認めるべきではないことがありうる。まず、家庭裁判所が禁錮以上の罪にあたると判断して検察官送致決定を行ったものの、検察官が罰金以下の罪にあたると判断して起訴することは許されない。罰金以下の罪であれば、そもそも家庭裁判所が検察官送致決定を行うことはできないはずだからである（少20条１項を参照）。最高裁判所の裁判例も、家庭裁判所が禁錮以上の罪となる故意の犯罪を認定して検察官送致を行ったものの、検察官が、これと事実の同一性はあるものの罰金以下の罪となる過失による犯罪で略式命令を請求し、簡易裁判所が罰金の略式命令を発した事案で、「事実は、罰金以下の刑に当たる罪の事件であるから、少年法20条１項の趣旨に照らし、検察官が家庭裁判所から送致を受けた故意による通

行禁止違反の事実と同一性が認められるからといって、公訴を提起することは許されなかったものと解するほかはない」との判断を示している（最判平26・1・20裁判所ウェブサイト掲載／判時2215号136頁／判タ1399号91頁）。

これと同様のことは、事実の評価の変化が、検察官送致決定の要件である禁錮以上か否かという法定刑の重さに必ずしも結びつかない場合でも妥当しうる。例えば、家庭裁判所が殺人を認定した事件を検察官が過失運転致死で起訴するような場合はどうであろうか。こうした事件では、家庭裁判所の段階で殺人ではなく過失運転致死の評価がなされていれば、検察官送致されていなかった可能性がある。この場合にも、検察官の起訴は許されず、家庭裁判所への再送致が必要であると考えられる。

同じことは、起訴後にもいえる。家庭裁判所が殺人を認定した事件を検察官も殺人で起訴したものの、刑事裁判所が過失運転致死を認定するような場合、刑事裁判所は家庭裁判所に事件を移送（少55条）しなければならないと考えられる。刑事処分は、家庭裁判所と刑事裁判所により刑事処分相当であるとの判断が二重に行われた場合にのみ科されうるものであり（⇒**7**、**523**）、その基礎となる事実は当然に重なっていなければならないからである。

それでは反対に、家庭裁判所が過失運転致死を認定した事件を検察官が殺人で起訴するような場合や、刑事裁判所が殺人に認定を替えるような場合はどうであろうか。この場合、非行事実の重さに（のみ）着目すれば、過失運転致死を基礎として考えた場合ですら刑事処分相当性が肯定されている以上、家庭裁判所への再送致や移送は必要でないともいえる。しかし、刑事処分には罰金や執行猶予が含まれている。家庭裁判所による刑事処分相当性の判断が、罰金や執行猶予相当であることを意味しているのであれば、刑事処分相当性の内実は家庭裁判所と刑事裁判所とで齟齬をきたしているといえる。こうした場合には、再送致や移送が必要であると考えるべきであろう。

結局、事実の認定や評価の変化により法定刑が罰金以下となり、検察官送致の要件を満たさない場合には、それだけで形式的理由から、検察官の起訴や刑事裁判所の刑事処分の賦課は許されないと考えられる。その上で、実質的に重要なのは、内実を同じくする刑事処分相当の判断が家庭裁判所と刑事裁判所により二重に行われた場合にのみ刑事処分の賦課が肯定されるということである。この観点から、当該事実を前提とした場合に家庭裁判所による刑事処分相当性判断の実質が変わりえたかどうかが基準になると考えるべきであろう。

3　少年に対する刑事手続中の身体拘束はどのように行われるか

[1] 家庭裁判所が検察官送致決定を行った場合、観護措置はどのように扱われるか

552　問題の構想　少年に対する身体拘束処分のあり方は、2つの段階で問題になる。1つは、家庭裁判所が検察官送致決定（少20条）を行った場合の観護措置（少17条）の扱いである。もう1つは、検察官が刑事裁判所に事件を起訴した後の身体拘束処分のあり方である。

検察官送致決定の対象となる事件は、家庭裁判所による少年保護手続において観護措置がとられていることが多い。そのため、家庭裁判所が事件を検察官に送致（少20条）した場合、観護措置の扱いが問題となる。

553　在宅観護の扱い　在宅観護（少17条1項1号）（⇒**244**）は、検察官が10日以内に公訴を提起しなければ失効する（少45条1号前段）。その一方、公訴提起されれば、事件が終局するまで在宅観護の効力は存続する（刑訴規280条）。受訴裁判所は、検察官の請求または職権によりいつでもこれを取り消すことができる（少45条1号後段）。また、勾留状が発された場合、その効力は失われる（同条2号）。

554　収容観護の扱い　収容観護は、検察官送致決定時から勾留とみなされる（＝**みなし勾留**）。10日間の勾留の期間（刑訴208条1項）は、検察官が事件の送致を受けた日から起算される（少45条4号前段）。その延長は、刑事訴訟法上の事由による（刑訴208条2項、208条の2）。もっとも、家庭裁判所への送致前に勾留状が発された事件であるときには、勾留期間の延長はできない（少45条4号後段）。これは、観護措置を勾留とみなす措置であるから、勾留理由開示請求ができる。若年者の身体拘束はより慎重であるべきであるから、準抗告（刑訴429条）も認められるべきである。

[2] 少年に対する起訴後の勾留はどのように行われるべきか。この手続段階で少年鑑別所を勾留場所とすることはできるか

555　問題の構造　成人事件では、起訴後の勾留の身体拘束場所として刑事施設（拘置所）が用いられている。しかし、ここにおいて少年は成人と径庭のない扱いを受け、少年鑑別所のような教育的な配慮を受けることができない[(2)]。また、少年法は、勾留に関する規定において、家庭裁判所への事件送致前の段階と（⇒**209**）刑事裁判所に起訴された後の段階とを特に区別する文言形式をとっていない。そのため、勾留が「やむを得ない」場合に限られるのか（少48条１項）。また、少年鑑別所を勾留場所とできるか（同条２項）が問題になる。

556　理論的検討　裁判例には、「公訴提起された場合には、以後、少年の刑事責任を確定する手続が進行」し、「少年事件特有の保護的色彩は後退する」ことを理由として、「少年の勾留場所について、公訴提起後は、原則として拘置所に勾留し、少年鑑別所に勾留するのは例外である」と理解するものがある（東京地決平17・９・13家月58巻６号75頁）。

しかし、公訴提起後でも家庭裁判所移送（少55条）の可能性はなお残されている。また形式上刑事手続に移行したとしても、少年とかかわりをもつ手続である以上、成長発達権の保障は不可欠である。月単位、長い場合には年単位で公的機関から何ら教育的な働きかけが行われない刑事施設での身体拘束のあり方には大きな問題がある。勾留制限規定の沿革となる旧少年法67条の規定趣旨と運用は、刑事手続でもこの制限がかかることを当然の前提にしており、現行法が家庭裁判所への事件送致前と刑事裁判所起訴後の段階とを特に区別していないのも、これを継承した立法態度をとったがゆえであるとみるのが素直である[(3)]。公訴提起後であっても勾留は「やむを得ない」場合でなければならないし、少年鑑別所を勾留場所に指定することも積極的に考慮すべきである[(4)]。新しい少年鑑別所法も、「未決在所者」を少年鑑別所への在所者として認めており（新少鑑２条４号）、刑事裁判所に起訴された者の

(2)　そのため、刑事手続が長期にわたる場合、少年の内省が進まないなどの問題が生じる。
(3)　詳細は、武内・構造49頁を参照のこと。
(4)　コンメンタール少年法553頁［葛野尋之］。

在所を排除していないと理解できる。

この段階についても、身体拘束処分の最終手段性・最短性を担保するための代替措置の整備が、当然に求められる（北京13条、ハバナ17条、18条）（⇒**61**）。

4　刑事裁判所の公判手続は少年に対してどのように行われるべきか

［1］少年に対する刑事公判手続に関して少年法にはどのような特則があるか。また、国際人権法はどのようなことを要請しているか

557　問題の構造　少年事件の刑事公判手続のあり方に関する特則は、審理の方針に関する少年法50条と刑事訴訟規則277条を除いて存在していない。しかし、国際人権法は、少年に関係するあらゆる手続で手続参加権と成長発達権の保障を求めている。例えば、北京ルールズは、「手続は少年の最善の利益に資するものでなければならず、かつ少年が手続に参加して自らを自由に表現できるような理解し易い雰囲気の下で行われなければならない」ことを要請している（14.2）。また、意見10号は、これに関連して、「子どもの年齢および成熟度を考慮に入れるためには、審判廷における手続および慣行の修正も必要となる場合がある」ことを指摘している（para. 46）。また、意見14号は、子どもの最善の利益を保障すべき「『裁判所』とは――職業裁判官によるものか素人裁判官によるものかを問わず――すべての場合におけるすべての司法手続および子どもにかかわるすべての関連の手続をいうものであり、そこに限定はないことを強調する」（para. 27）としている。刑事手続もそこから排除されない（para. 28も参照）。このことに鑑みれば、形式上は刑事手続であったとしても、実質的には、少年へのふさわしさが担保されていなければならないことになる。この観点からは、少年の手続参加と緊張関係に立つ裁判の公開、被害者参加制度、そして少年法50条および刑事訴訟規則277条に直接関連する人間行動科学上の知見に基づく証拠の扱いが、特に問題になる。

[2] 少年に対する刑事裁判の審理は公開されるべきか。また、公開裁判の弊害を回避するためにどのような措置がとられうるか

558 問題の構造　憲法は、被告人が公開裁判を受ける権利を有することを明らかにした上で（憲法37条1項）、対審および判決を公開法廷で行うことを求めている（同82条1項）。しかし、少年非行の本質やその行為・振る舞いの社会的意味を理解するためには、少年本人の問題や生育環境、生育歴などのプライバシーに立ち入る必要が出てくる。また、傍聴人の目にさらされながら萎縮したり情操を害されたりすることなく、少年が主体的に手続参加を果たすことは、極めて難しい。多数の大人が法壇に座ることになる裁判員裁判の場合、問題はさらに深刻化することになる。こうしたことから、少年に対する刑事裁判の審理を非公開にすることはできないかどうかが、問題になる。

559 匿名措置　実務では、①期日簿・開廷表への記載や冒頭陳述・尋問・論告・弁論にあたっての匿名措置や、②入退廷時に被告人席と傍聴席との間に衝立を置く遮蔽措置をとった例のほか、③傍聴席から顔が見えないようにするため少年の着席位置に配慮した例がある(5)。実務の運用例はないものの、学理上は、ビデオリンクを活用する可能性も指摘されている(6)。

560 非公開の可否　しかし、こうした措置を用いてもなお、非行を本質的に理解できるようにするための審理や、少年の主体的な手続参加の保障を実現することは難しい。そのため、さらに一歩進めて、公開の全部または一部を停止することができないかどうかが問題になる。

近時、学理において、少年の被告人の重要な権利・利益が害されることは憲法82条2項にいう「公の秩序」を害するおそれがある場合に該当し、その審理では公開制限が可能であるとの見解(7)が示されている。少年手続におけ

---

(5) 角田正紀「少年刑事事件を巡る諸問題」家月58巻6号（2006年）27頁、川村・手引き244頁。

(6) 葛野尋之「少年事件の刑事裁判と公開原則」刑ジ21号（2010年）37頁、手﨑政人「少年の裁判員裁判について」判タ1353号（2011年）43頁を特に参照。

(7) 笹倉香奈「裁判員裁判と少年のプライバシー・情操保護」刑弁57号（2009年）50頁、葛野・前掲註6）36頁。この指摘は、ある利益が一定範囲の第三者に対して尊重を求めうる憲法上の基本的人権として承認される場合で、審理の公開によってその利益の侵害が定型的に予想されるときには、その法秩序が「公序」に当たりうるという理解を前提にしている。

る非公開・非公表原則は、今日、少年のプライバシー保護の観点からのみならず、公正な裁判を受ける権利の核心にある少年の主体的で実効的な手続参加の保障からも、実質的に根拠づけられるべきである（⇒**110〜111**）。このことからも、上の見解は積極的に支持できよう。

[3] 少年に対する刑事手続において被害者参加は認められるべきか

561 被害者参加制度の概要 2007年の刑事訴訟法改正により、犯罪の被害者等が公判手続に参加できる制度が新設されている。これは、被害者等から参加の申出がある場合に、被告人または弁護人の意見を聴き、犯罪の性質、被告人との関係その他の事情を考慮し、相当と認めるときに、裁判所が、被害者等の手続への参加を許す制度である。その対象となるのは、①故意の犯罪行為により死傷させた罪、②強制わいせつ・強姦、③過失運転致死傷、④逮捕・監禁、⑤略取・誘拐、⑥人身売買などである（刑訴316条の33第１項）。

562 被告人が少年である事件への被害者参加の問題 この制度には、そもそも「被害者参加人」という地位が不明確であるという問題のほか、過度の精神的負担を与えることで被告人の防禦権行使を難しくする可能性や、裁判員裁判において裁判員の事実認定・量刑に不適切な影響を及ぼす危険性があるがゆえに、立法論として再考の必要があり、運用としても、認容の要件である相当性判断（刑訴316条の33第１項、316条の34第４項）を厳格に行う必要があることが指摘されている(8)。敵対的な雰囲気をつくり出し、精神的な打撃も与えやすい被害者参加制度の問題性は、被告人が少年である場合、より一層強まる(9)。立法論としては、少なくとも被告人が少年である場合を被害者参加の対象から除外することが検討されるべきであろう。運用論としては、参加を許容するための相当性判断を極めて厳格に行う必要がある。その際、少年の資質などの個別事情を踏まえた手続参加権保障の考慮が不可欠である。

---

(8) 白取祐司『刑事訴訟法［第７版］』（日本評論社、2012年）309頁。上口裕『刑事訴訟法［第４版］』（成文堂、2015年）327頁も参照。
(9) コンメンタール少年法564頁［渕野貴生］。

[4] 少年に対する刑事手続において少年保護手続で作成された科学的調査の結果をまとめた記録はどのように利用されるべきか

(a) 少年法50条は法的にどのような意味をもっているか

563　問題の構造　少年事件の刑事公判手続のあり方に関する唯一の特則ともいえる少年法50条は、「少年に対する刑事事件の審理は、第九条の趣旨に従つて、これを行わなければならない」と定めている。また、刑事訴訟規則277条は「少年事件の審理については、懇切を旨とし、且つ事案の真相を明らかにするため、家庭裁判所の取り調べた証拠は、つとめてこれを取り調べるようにしなければならない」と規定している。「行わなければならない」、「しなければならない」との表現をとっているこれらの規定が、刑事裁判所に科学的調査を踏まえた審理を行うことを法的に義務づけているのか、問題になる。

564　通説的理解の前提　通説と裁判例は、少年法50条と刑事訴訟規則277条を訓示規定と解している。この理解は、現行法の淵源である旧少年法64条を訓示規定と解した最判昭22・4・17刑集2巻4号395頁を引き継いでいる。しかし、窃盗住居侵入未遂事件における裁判所による被告人への直接尋問が問題となったこの裁判例は、同時に、「(少年) 法の精神を蹂り事案の性質難易被告人の住居地又は其の家庭と裁判所との遠近、其の他諸般の條件を無視して (…) すべて安易の方法のみを施用して事足れと爲すが如きこと」に警鐘を鳴らすものであり、諸般の状況を考量して具体的事件では違法となる可能性を示唆するものであった。現行法下でのリーディングケースとなる最判昭24・8・18刑集3巻9号1489頁も、調査の範囲・方法などを「裁判官の良識とその妥当な裁量に一任され」たものと表現しているものの、違法となる可能性を排除していないといえる。少年法50条違反で違法となる余地が留保されつつも義務規定とまでは解されなかったのは、旧少年法下と同様、現行法施行当初、調査機構が未整備であったという事情による[10]。その後、違法の問題が生じうることが忘却されていったのは、調査機構の整備が進んだことに伴って社会記録全体を取り調べる運用が定着するとともに、立法論として判決前調査制度の導入が現実味を帯びて検討され、根本的解決を期待できる状況があったからである[11]。

565　規定の現代的意味　こうした前提的な事柄に鑑みれば、「事案の性質難易」からみて十分な科学的調査を活用した審理が行われていない場合、少年法50条違反で違法となる余地は、現在でもなお存在している。例えば、裁判員裁判の対象となるような結果重大事件では、それに見合った科学的調査を活用した審理が不可欠である。そもそも不十分な調査にしか基づいていない家庭裁判所の検察官送致決定は違法とされるべきであるが、不十分な社会記録をそのまま利用するようなことがあれば、刑事裁判所の措置も違法となる可能性があると理解すべきである。

(b) 科学的調査の結果をまとめた記録は刑事訴訟法の証拠法体系の中でどのように位置づけられるか。また、それはどのように利用されうるか

566　問題の構造　問題は、こうした少年法50条の要請をどのように具体的に満たすかである。刑事訴訟法は、証拠能力や証拠調べ方法を中心として証拠の扱いについて詳細な規定を置いている。しかし、それにしたがうと非行の背景事情の全容解明が難しくなったり、プライバシーにかかわる情報が公にされてしまったりする事態が生じうる。そのため、刑事訴訟法の証拠法体系の枠内に収めつつ、少年や関係者のプライバシーの公開を回避することが、法運用上の重要な課題になる。

なお、社会記録は被調査者である少年との信頼関係の上で作成されているため、少年保護手続の場合と同様（⇒**350〜353**）、刑事裁判においても犯罪事実を積極的に認定する方向では用いることができない。そのため実際上問題になるのは、家庭裁判所への移送や量刑を行うための判断資料としての利用ということになる。

567　従前の取り扱い　実務では、遅くとも1960年代後半に社会記録の利用が定着し、当事者の請求または職権により、刑事裁判所が、公判期日前

⑽　最判昭24・8・18は、旧法下で刑事裁判所に直接起訴された事案であり、少年法50条を訓示規定と解さなければ刑事裁判所が自ら新たに資料を作成しなければならなかったという事情もあった。この裁判例の特殊性については、内藤文質「判例に現れた新少年法の諸問題」判タ10号（1951年）15-16頁を参照のこと。なお、旧法には、刑事裁判所も少年保護司に調査をさせることができる旨の規定（64条2項）と運用があった。

⑾　歴史的展開の詳細は、武内・構造383頁を参照のこと。

に家庭裁判所から社会記録を取り寄せた上で、公判期日に証拠調べを行いながら（刑訴298条）、法廷への顕出を最小限にとどめる運用があった(12)。もっとも、そのための理路は複数ありうる。特にポイントとなるのは、証拠能力と取調べ方法である。

移送や量刑判断に関係する事実につき自由な証明で足りると考えれば、証拠能力は別段問題にならず、取調べ方法も厳格なものでなくてよいと解される。しかし、この場合、被告人に不利益な事実も無制限に許容されることになる。そこで、これを避けるために厳格な証明によると考えれば、証拠能力を有し、かつ法定の手続にしたがった取調べを経た証拠だけが、事実認定に使用されうることになる。

証拠能力に関して、社会記録は書証（証拠書類）にあたるから、少年・弁護側と検察側の同意があれば同意書面（刑訴326条）となり、これが肯定される。同意がない場合、社会記録を構成する個々の資料の証拠能力の吟味が必要になる。鑑別結果通知書に関しては、鑑別と鑑定の類似性や作成者の専門性を考慮して、刑事訴訟法321条４項が準用され、取調べが可能と理解するのが多数説である。調査官作成の少年調査票に関しては見解が分かれているものの、同様に刑事訴訟法321条４項の準用を認める説も有力化している(13)。この考えによる場合、作成者による真正作成供述を経れば、証拠の取調べが可能である。

取調べ方法に関して、書証は朗読によるものの（刑訴305条）、要旨の告知（刑訴規203条の２）をもってこれに代えることができる。これまでの実務では、告知内容を必要最小限度にとどめる形で、この制度が活用されてきた。そのことにより、少年のプライバシー情報がそのまま法廷に顕出することが

---

(12)　仲家暢彦「若年被告人の刑事裁判における量刑手続」『刑事裁判の理論と実務』（成文堂、1998年）336頁を特に参照。問題の総合的な検討として、斉藤豊治「社会記録と裁判員裁判」甲法51巻4号（2011年）173頁。

(13)　横田信之「刑事裁判における少年調査記録の取扱いについて」家月45巻11号（1993年）28頁、加藤学「保護処分相当性と社会記録の取扱い」『現代刑事法の諸問題 第１巻』（立花書房、2011年）491頁、コンメンタール少年法561頁［渕野貴生］は、同意または作成者の証人尋問を条件とする。同「裁判員裁判における社会記録の取調べと適正手続」『刑事法理論における探求と発見』（成文堂、2012年）566頁も参照。

回避されてきたわけである。

568　裁判員裁判と２項逆送の導入による問題状況の変化　こうした従前の扱いに新しい問題を突きつけているのが、2009年から実施に移されている裁判員裁判と2000年の第一次改正で創設された20条２項に基づく逆送である。①裁判員裁判では限られた日程で「見て、聞いて、分かる裁判」を実現するために直接主義と口頭主義を徹底することと、書証を制限することが強調される。また、②２項逆送は、実務上「原則逆送」と理解されているのみならず、そのほとんどが裁判員裁判の対象にもなる（⇒**526**）。こうした①②の事情が重なり合うことで、一方では、直接主義や口頭主義との関係をどのように考えるかが、他方では、少年の資質や育ちの問題に十分踏み込まずに簡素化・簡略化された社会記録が作成された場合（⇒**533、537**）にどのように対処すべきかが、科学的調査の結果をまとめた記録の取り扱い方として、検討すべき課題となっている。

569　理論的検討　まず考えられる方向性は、口頭主義・直接主義の方を重視し、全文朗読が可能なように証拠を簡素化することである[14]。具体的には、ⓐ社会記録を構成する鑑別結果通知書の鑑別意見や少年調査票の調査官意見のうち、処遇意見欄への記載事項を中心として、少年・弁護人と検察官とが各々自己の主張にとり重要な部分を抜粋した上で相互に同意を行い、同意書面（刑訴326条）とする方法や、ⓑ社会記録をもとに簡潔な合意書面（刑訴327条）を作成する方法がある。しかし、本来全体として意味をもつ社会記録をいわば「つまみ食い」する方法が果たしてどれだけ「科学的」で、少年の成長発達と真実の解明に資するものなのか、疑問がある。少年法50条の要請からみて、こうした措置が違法となる疑いも払拭できない。

そのため、プライバシー保護とともに社会記録全体の活用を図るべく、ⓒ証拠調べ方法を要旨の告知による形で、調査官意見や少年鑑別所の法務技官による総合所見の根拠となる資料を含めた社会記録の全体を書面で裁判員に読ませる方策も提案されている[15]。しかし、社会記録全体の「読み解き方」

⒁　司法研修所編『難解な法律概念と裁判員裁判』（法曹会［司法研究報告書61輯１号］、2009年）65頁。

⒂　加藤・前掲註13）492頁。

や専門的な事項について解説を行う必要性もある。さらに、問題の掘り下げが足りない社会記録が作成された場合、この方法で果たして十分に対応できるか課題が残る。

そこで、ⓔ少年鑑別所の法務技官や家庭裁判所調査官の証人尋問が問題になる。従前は、少年やその家族、学校関係者など調査対象者との信頼関係を守るために公務上の秘密を理由にこれを拒否できる（刑訴144条）と理解されてきた。しかし、鑑別結果通知書や少年調査票は、法的には少年本人のために任意の鑑別や調査に基づき作成されるものであるはずであり（⇒**254**、**311**）、なおかつそれが取り調べられる場合、その内容はすでに家庭裁判所に対して開示されてもいる。裁判所に対して「国の重大な利益を害する」秘密であることを主張して証言を拒否することは認められないとの見解(16)には説得力がある。

もっとも、以上のどの方法でも、公判前整理手続などに時間がかかる場合など、審判前に作成された社会記録には、その後の少年の変化が反映されていないという本質的な限界がある。そのため、単独または上記の方策と併せて、ⓓ専門家証人や情状鑑定の活用を図ることが考えられる。もっとも、これでもなおプライバシー保護については問題が残る。そのため、この問題に関しては、公開停止（⇒**560**）のほか、少年の退廷措置（刑訴304条の２）や期日外尋問（刑訴281条、281条の２）で対処することが考えられる。専門家証人や情状鑑定人による活動にはケースワーク的な働きかけが含まれることが多いため、少年に対する未決勾留時に教育的な働きかけが何ら予定されていないという問題（⇒**555**）も、この措置により軽減できる可能性がある。

専門家証人や私的鑑定を行う情状鑑定人が各種検査を実施する際に、面会の方法や時間、施設職員の立会い、アクリル板越しでのやりとりなどをどのようにするかなど、刑事施設（拘置所）での対応も含めた重要な課題が残されているものの、「裁判員裁判のための対人援助専門職ネットワーク」の活動など、注目すべき動きも出てきている(17)。

---

(16) 葛野尋之「少年事件の処遇決定と裁判員裁判」『少年法の理念』（現代人文社、2010年）183頁。
(17) 実際上の工夫や課題については、武内謙治編『少年事件の裁判員裁判』（現代人文社、2014年）所収の諸論攷を参照のこと。

第25講　少年に対する刑事処分

●本講で考えること

前々講（第23講）では、検察官送致と家庭裁判所移送の制度について検討しました。また、前講（第24講）では、少年に対する刑事手続をめぐる問題を取り上げました。そこでの検討でも触れたように、日本では、少年に刑事処分を科す制度が残されています。しかし、刑事手続の場合と同じように、少年年齢にある者に対する刑事処分が成人に対するものと完全に同じであってよいわけではありません。

それでは、刑事処分の賦課や執行にあたって、少年はどのように特別な扱いを受けるのでしょうか。また、少年に対する刑事処分はどのようにあるべきでしょうか。刑事処分の賦課に関係する問題として語られているのは、一般に、選択できる刑事処分の種類、量刑、刑事処分の執行や処遇、そして社会移行（復帰）の問題です。少年の場合、これらは、どのようなときに、どのように修正されるべきでしょうか。

無期刑の緩和や仮釈放要件を厳しくした第一次改正、少年に対する刑の上限を引き上げた第四次改正、そして裁判員裁判の実施や行為時18歳30日の者に死刑を言い渡した裁判例の出現により、特に2000年以降、少年に対する刑事処分をめぐる問題状況は、新たな局面を迎えているといえます。

本講では、少年に対する刑罰のあり方について検討を加えます。

● Keywords

刑の緩和、不定期刑、仮釈放の早期終了、死刑、総合判断基準、原則-例外基準

1　少年に対して刑事処分を科す場合、どのような特別な扱いがなされるか。また、そうした制度にはどのような歴史があるか

[1] 刑事処分に関する少年法上の特則はどのようになっているか。それが少年法に規定されていることにはどのような意味があるか

570　少年法上の特則と制度の概要　少年法は、刑事処分に関連して、死

刑と無期刑の緩和（少51条）、不定期刑（少52条）、換刑処分の禁止（少54条）、懲役・禁錮の執行場所（少56条）、仮釈放（少58条）、仮釈放期間の早期終了（少59条）、人の資格に関する法令の適用（少60条）について、特則を置いている。

少年に対する刑事処分の概要を、死刑と自由刑についてみておくと、まず、行為時18歳未満の場合、処断刑が死刑のときは必要的に無期に、無期のときは裁量により10年以上20年以下の範囲内にある有期刑に緩和される。また、年齢を問わず、処断刑が有期の懲役または禁錮である場合には、長期と短期を定める不定期刑が科される。そのため、現在の制度では、無期刑が緩和される場合以外で、少年に定期刑が科される可能性はないことになる。

その上で、自由刑の執行場所を成人と区別するとともに、刑法を修正して、仮釈放を可能にする期間の経過と、仮釈放の終了に必要な期間を早期化し、人の資格に関する法令の適用も制限するというのが、少年法の基本的かつ伝統的な立法態度である。

こうした少年の特別な扱いが刑法にではなく少年法に規定されていること（⇒**1**）の意味は小さくない。刑の賦課や執行の局面でも、少年法１条に規定されている目的と理念（⇒**5**、**93〜99**）を及ぼすというのが、その立法上の含意である。このことは、少年に対する刑事処分に関係する諸制度の制度理解にあたっても、議論の出発点に据えられるべき事柄である（⇒**546**）。

［2］少年に対する刑事処分の特則にはどのような歴史があるか

571　旧少年法における刑の緩和　　1948年法の刑事処分に関係する特則は、基本的にそのままの形で旧少年法を継承している。もっとも、刑の緩和については、比較的大きな変遷がある。旧法では、行為時16歳未満の者への死刑および無期刑が禁じられ、処断刑が死刑または無期刑の場合には10年以上15年以下の懲役または禁錮を科すべきものとされた（７条１項）。しかし同時に、皇室に対する罪と尊属殺人罪は刑の緩和の例外にあたるものとされた（同条２項）。

死刑と無期刑が緩和されるべきものとされたのは、次のような理由に基づいていた。「元來少年ハ思料分別十分ナラス又社會上ノ經驗乏キ爲メ犯罪ヲ爲スモノニ外ナラス全ク思料分別アリ且社會上各種ノ經驗ヲ有スル成年ノ犯罪ト同一視シ其ノ間刑罰ヲ區別セサルハ道義ノ觀念ヲ基礎トセル刑事責任ノ理論ニ適合セサルヤ言ヲ俟タス」、「少年ニ對スル自由刑執行ノ目的ハ其ノ犯罪性癖ヲ矯正シ之ヲ改善スル爲メ教養訓練ヲ爲スニアリ故ニ終身隔離ノ性質ヲ有スル無期刑ハ全ク其ノ目的ニ背馳スルモノト云フヘシ」[1]。皇室に対する罪と尊属殺人罪が例外とされたのは、それが「國家ノ基本ニ関スル重大ナル犯罪（…）又ハ人倫ノ大本ニ反スル」もので、「假令少年ト雖斯ル重大ノ犯罪ヲ敢テスル者ニ對シ之ヲ斟酌シテ刑罰ヲ軽減スルノ理由ナシト認メ」たからである[2]。

572　1948年法における刑の緩和　それに対し、1948年法は死刑および無期刑の緩和の例外をなくし、年齢を行為時18歳未満に引き上げている。例外が認められなかったのは、いうまでもなく、日本国憲法の成立により国家の法的価値体系が根本的に変わったからである。しかし同時に、無期刑の賦課自体は（2000年の第一次改正前までは死刑が必要的に緩和される場合に限定して）可能にしている。これは、少年法適用年齢自体の上限が20歳に引き上げられたことにより「相当兇悪な少年の事件が考えられ」[3]たことによる。こうした経緯に鑑みれば、まずもって行為時16歳未満の少年に対する無期刑の選択は、一層慎重であるべきことになる。

そもそも旧少年法が無期刑まで禁じたのは、先にみた通り、少年時の犯罪は思慮分別が十分ではなく社会経験も乏しいためにこの刑の賦課は酷に失し、「死刑無期刑ハ教養ノ精神ト全ク相容レ」ないからであった。成長発達の過程にある少年に対する無期刑適用の可能性を残すことに果たして合理性があるのか、検討の余地は十分にある。

573　第一次改正による措置　しかし、この歴史の方向性とは逆に、1948年法では死刑と同様に必要的なものであった無期刑の有期刑への緩和は、

---

(1)　草刈・詳解19-20頁。岩村32頁、森山109-110頁も同様の説明を行っている。立法資料全集（下）926頁も参照。

(2)　草刈・詳解20頁。岩村277頁は「何れも我が國情より申して天人倶に赦さざる犯罪であ」ることを、例外の理由として挙げている。こうした例外の存在は、当時の「道義」や「教養」の内実とその問題をも明らかにしている。

(3)　團藤＝内藤＝森田＝四ツ谷385頁［森田宗一］を参照。

第一次改正で裁量的なものに改められた。18歳未満の者でも「事実によっては（…）実際に無期刑を科すことの方が適当ではないかという場合も考え得る」ことがその理由とされる[4]。併せて、死刑が緩和されて無期が宣告される場合に仮釈放が可能となる期間が、７年から、刑法の規定通り（刑28条）、10年に引き上げられている（少58条２項）。死刑緩和時の無期刑の仮釈放要件が刑法上の10年の経過よりも短縮される「二重の緩和」は、「罪刑のバランス」や「被害者感情」、「国民感情」からみて問題があるというのが、その理由とされた[5]。

574　第四次改正による措置　　その上でさらに、2014年の第四次改正法は、無期刑を緩和して言い渡す有期刑の範囲を10年以上15年以下から10年以上20年以下に改め（少51条２項）、この場合の仮釈放要件を３年の経過から、刑の３分の１の経過に改めている（少58条１項２号）。また、有期の懲役・禁錮で処断すべき場合における不定期刑の長期の上限を10年から15年に、短期のそれを５年から10年に引き上げ、長期から５年を減じた期間（長期が10年を超えるときは長期の２分の１）を下回らない範囲内で短期を定めて言い渡すように改めている（少52条）。この背景には、裁判員裁判の実施により裁判員が量刑まで行うことになったために「分かりやすさ」が求められるようになったこと、そして2004年の刑法改正で有期刑の上限が15年から20年（死刑または無期刑を減軽して有期刑とする場合および有期刑を加重する場合の上限は30年）に引き上げられたことで成人と少年との間で大きくなった「較差」が大きくなったという問題がある[6]。しかし、成人に対する有期刑の上限の引き上げに平仄を合わせる発想自体が、子どもの成長発達権保障と大きな緊張関係に立っている。そこでは、それまで国家が成長発達権を十全に保障しえてこなかったことを顧みる視点（⇒**72〜75、83**）を窺うことができない。

⑷　第150回国会参議院法務委員会会議録第５号（平成12年11月９日）５頁［谷垣禎一説明］。

⑸　第150回国会参議院法務委員会会議録第５号（平成12年11月９日）５頁［谷垣禎一説明］。

⑹　特に八木正一「少年の刑事処分に関する立法論的覚書」判タ1191号（2005年）64頁、同「少年の刑事処分に関する立法論的覚書」『小林充先生 佐藤文哉先生古稀祝賀刑事裁判論集 上巻』（判例タイムズ社、2006年）632頁、角田正㓛「少年刑事事件を巡る諸問題」家月58巻６号（2006年）12頁、植村・実務と法理347頁を参照。

2　少年に対する刑の緩和はどのように行われるか

[1] 刑の緩和はどのような制度か。また、刑が緩和される実質的な根拠は何か

575　制度の概要　少年法51条1項は、処断刑が死刑である場合に必要的に無期刑を科すことを、同条2項では、処断刑が無期刑である場合に裁判所の裁量で有期自由刑を科すことができることを規定している。

刑の緩和の基準となるのは処断刑である。**処断刑**とは、法定刑に科刑上一罪の処理、刑種の選択、法律上の加重・減軽・酌量減軽の操作を経て得られた刑のことをいう。この刑の緩和は、刑法に規定された法律上の刑の減軽や酌量減軽（刑66条）とは趣旨を異にする。したがって、これらの減軽を行っても行わなくても、少年法上の刑の緩和は可能である。

無期刑の緩和の結果宣告される刑は、不定期刑ではなく、10年以上20年以下の範囲内にある定期刑である（最判昭25・11・9刑集4巻11号2227頁、最判昭27・12・11刑集6巻11号1294頁）。

576　刑の緩和の実質的根拠　少年に対し刑が緩和される根拠として考えられうるのは、①可塑性や教育可能性が高いこと、②人格の未熟さから責任の程度が成人より低いこと、③人道的見地から年少者に過酷な刑を科すことは避けられるべきであること、④年少者に対しては社会の寛容が期待できること、⑤年少者の情操保護の必要性が高いこと、⑥少年の被害者性から、国家による少年に対する非難可能性が減弱することなどである[(7)]。

もっとも、現行法は、死刑と無期刑の双方について、犯罪行為時に18歳未満であることを少年法51条の緩和の要件としている。そのため、この緩和規定は裁判時に被告人が成人年齢に達していても適用がある。旧少年法の説明として道義的観点が強調されていたことにも表れているように（⇒**571**）、年齢基準が行為時とされているのは、主には、②⑥行為責任の減弱に着目したからであると考えられる。成長発達権を保障されるべき少年と保障すべき国家の関係を考えても（⇒**83**、**91**、**99**、**114**）、このことは説明できる。しかし、特に無期刑の緩和に関連づけて改善更生や教養訓練の観点が旧少年法時代か

---

(7)　平場・新版443頁、注釈少年法463頁、コンメンタール少年法569-570頁［本庄武］。

ら指摘されてきたように、刑の緩和は、裁判時に被告人が若年であるということをも考慮に加えていると考えられる[8]。いずれにしても、この措置は恩恵的なものではなく、成長発達の過程にある少年の特性と固有の権利を考慮して、法理論的・政策的に説明されるべきものである。

[2] 18歳以上の少年に対して死刑や無期刑を科すことはできるか

577 問題の構造 刑の緩和の実質的根拠との関係で問題になるのは、18歳以上の少年に対する死刑や無期刑の賦課の是非である。少年法は、少年年齢を20歳未満としながら（少２条１項）、刑の緩和の対象を行為時18歳未満としている（少51条１項および２項）。そのため、形式的に考えれば、刑の言渡し時に20歳未満の「少年」であったとしても、行為時に18歳以上であったために、刑の緩和の対象にはならない事態が生じうるわけである。しかし、上記の緩和の実質的根拠に立ち返ってみれば、実質的にみて成人同様の成熟を果たしていない者に対して、形式的理由から死刑や無期刑を科することが許容されるか、疑問が生じることになる。

578 死刑 そもそもなぜ、少年法は少年年齢を20歳未満としながら、刑の緩和の対象を行為時18歳未満としたのか、その理由は立法資料からも明らかでない。少年年齢と刑の緩和の対象年齢の齟齬は、旧少年法時代からみられるものであり、現行少年法はそれを各々２歳ずつ引き上げた上で形式的に継承した可能性が高い。しかし、現行法の施行後２年間は暫定的に少年法の対象が18歳未満に据え置かれたために、その齟齬はいったん解消されたものであった。本来であれば、20歳未満の者を完全に少年法の対象とした1950年に、この齟齬は解消されて然るべきものであったといえる。

国際人権法に目を向けてみれば、子どもの権利条約は、非人道的なもしくは品位を傷つける刑罰を禁じ、18歳未満の者に死刑または釈放の可能性がない終身刑を科さないよう求めている（37条（a））。その趣旨が、18歳以上の者に積極的にこれらの刑罰を容認するものでないことには注意が必要である。むしろ、北京ルールズは、「死刑は少年が行ったどのような犯罪に対しても、

---

(8) コンメンタール少年法570頁［本庄武］。

これを科してはならない」と規定し（17.2）、「少年（juvenile）」を「各国の法制度の下で犯罪を理由として成人とは異なる仕方で扱われる児童（child）または青少年（young person）」と定義している（2.2（a））。国際人権法は、少年年齢にある者への死刑適用を一律に禁じていると理解するのが自然である。少年法51条1項の規定形式は、こうした国際人権法の要請にそぐわないものとなっており(9)（最判平24・2・20集刑307号155頁［光市事件第二次上告審判決］における宮川光治反対意見も参照）、早急に立法による見直しが必要である。国際人権法の要請は法運用の場面にも及ぶから、少なくとも少年年齢にある者に対する死刑適用は許されないと解すべきである。

579　無期刑　　無期刑についても、死刑と同様の事柄が妥当する。子どもの権利条約は、18歳未満の少年に対して釈放の可能性がない終身刑を禁じている（37条（a））。また、一般的意見10号は、「子どもに科されるあらゆる刑について、釈放の現実的可能性があるべきであり、かつ当該可能性が定期的に考慮されるべきである」ことを指摘し、「子どもに終身刑を科すことは、釈放の可能性があったとしても、少年司法の目的の達成を、不可能ではないにせよ非常に困難にする可能性が高いことを踏まえ、委員会は、締約国に対し、18歳未満の者が行なった犯罪についてあらゆる形態の終身刑を廃止するよう強く勧告する」と述べている（para. 77）。国連子どもの権利委員会（CRC）が、日本政府報告書の第2回審査の総括所見において、「少年に対する終身刑を廃止すること」を勧告していることからも（CRC/C/15/Add. 231, para. 54（b））、国際人権法が廃止を求める終身刑には日本の無期刑も含まれていると解するのが自然である(10)。

日本では、仮釈放の数からいっても仮釈放までの期間からいっても、無期刑が事実上終身刑化している(11)。立法論として、最低でも、第一次改正で裁量化した無期刑の緩和を必要的・義務的な形態に戻すことが求められる。

---

(9)　澤登・入門268頁、コンメンタール少年法571頁［本庄武］。

(10)　コンメンタール少年法571頁［本庄武］。

(11)　法務省は、2009年4月から、無期刑確定者について、刑執行開始から30年経過後とその後10年ごとに必要的に仮釈放の審査を行う運用を開始している（「無期刑受刑者に係る仮釈放審査に関する事務の運用について」平21・3・6保観第134号保護局長通達）。しかし、それでもなお30年経過後の仮釈放審査は遅きに失するものといわなければならない。

【図1】不定期刑

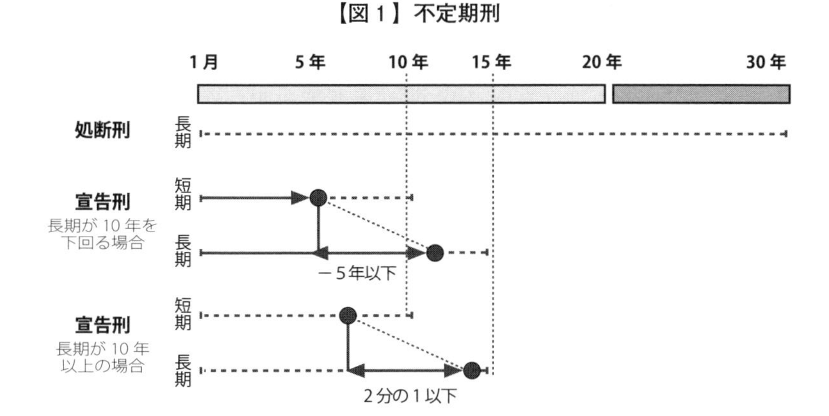

3　少年に対する不定期刑はどのような制度か

[1] 不定期刑はどのような制度か。また、それにはどのような歴史があるか

580　制度の概要　刑法上、不定期刑の制度は存在しない。しかし、少年法は、こうした刑法のあり方を修正し、少年に対する不定期刑の制度を採用している。その概要は、次のようなものである。①少年に対して有期の懲役または禁錮をもつて処断すべきときには長期と短期を定めた相対的な不定期刑を言い渡す。このとき、②長期は処断すべき刑の範囲内で、短期は長期の2分の1を下回らない範囲内で定められる。もっとも、③長期が10年を下回るときは、短期は長期から5年を減じた期間を下回らない範囲内で定められる。また、長期と短期、各々の枠づけとして、④長期は15年、短期は10年を超えることができないものとされている（少52条1項）。

もっとも、短期の設定には特則がある。⑤「少年の改善更生の可能性その他の事情を考慮し特に必要があるとき」は、処断刑の短期の2分の1を下回らず、かつ、長期の2分の1を下回らない範囲内において、短期を定めることができる（同条2項）。なお、刑の執行猶予の言渡しを行う場合には、不定期刑に関する規定は適用しないものとされている（同条3項）。

581　制度の歴史　不定期刑は、産業化・都市化による社会の近代化の歪みとして犯罪が爆発的に増加したことを受けて、刑法学においては近代学派（新派）の、犯罪学・刑事政策学においては特別予防に軸足を置く改善更生思想の強い影響の下で、各国で採用された。日本でも、同様の背景から、不定期刑が旧少年法で採用され、それが1948年法に継承されている。なお、成人に対しては、改正刑法草案（1974年）が常習累犯に対する相対的不定期刑の採用を提案したものの（59条）、責任主義との関係や教育上の有効性への疑問から、その構想は挫折している。

旧少年法で採用され、1948年法にそのまま継承された制度のあり方を変えたのが、2014年の第四次改正である。従前の制度は、①処断刑が長期３年以上の有期の懲役または禁錮である場合を対象とし、②短期は５年、長期は10年を越えることができず、短期が５年を越える刑をもって処すべきときには、短期を５年に短縮しなければならない、というものであった。

第四次改正法が、①を改め、対象に限定をかけずにすべての有期の懲役または禁錮を対象とすることにしたのは、特別予防重視の観点から不定期刑が制度化されていることからすれば対象を限定することは相当ではないと考えられたからであると説明されている。また、②のあり方を変えて、長期と短期の幅について制限を設けたことに関しては、不定期刑も刑であり、その全体が行為責任に対応するものであることを考慮すると、長期と短期の乖離が大きくなることは適当ではないからと説明されている。短期の設定に関し特則が設けられたことは、少年については可塑性から処断刑の下限を下回る期間で改善が可能であり、かつ、行為責任の観点からもそれが許容される事案がありうることが指摘されている⑿。

不定期刑に関しては、裁判員制度が開始され量刑にも分かりやすさが求められることや、成人との量刑較差が生じうること、現在の仮釈放実務が不定期刑の短期ではなく長期を基準としていることを理由として、その廃止を求める裁判実務家の声も強く存在した⒀。第四次改正がこうした不定期刑廃止論に与しなかったのは、少年の特性や特別予防を考慮したためであったと考えられる。しかし、その考慮は成人の場合と同じにまで刑の上限を引き上げ

⑿　第四次改正法解説61頁、檞清隆「少年法改正の経緯と概要」刑ジ36号（2013年）67-68頁、川出敏裕「少年に対する不定期刑の改正について」罪と罰50巻２号（2013年）92頁を参照。

⒀　特に八木・前掲註6（2005年）67頁、（2006年）639頁、角田・前掲註6）20頁、植村・実務と法理362頁を参照。

るという前提でのものであり、第四次改正による不定期刑改革の本質は厳罰化にある。そもそもこうした改革を支える立法事実が存在するのかということ自体にも疑問があり[14]、少年の成長発達権保障とそれへのふさわしさという観点から根本的な検討を行うことが必要になっている。

［2］不定期刑の長期と短期は責任とどのような関係に立つか

582 罪刑法定主義との関係　近代以降の国家では、「法律なければ刑罰なし」の標語で表される罪刑法定主義が、重要な法文化の１つとして妥当している。これは、事前に刑罰の対象となる犯罪のカタログが示されておけば人々はそれを回避するよう合理的に行動するはずであるという考えと、そうすることで恣意的な処罰が回避できるという考えに支えられている。ここから、遡及処罰の禁止、慣習刑法の禁止、類推の禁止、明確性の原則、実体的適正の原則とともに、絶対的不定期刑の禁止が派生的な原理として導かれる。

少年法上の不定期刑も、刑罰である以上、この原理に服することになる。少年法上の不定期刑の制度は、上限と下限を定めた相対的不定期刑である。そのため、罪刑法定主義違反とはならないと解されている。

583 責任刑との対応関係　それでは、不定期刑制度は、責任原則とどのような関係に立つであろうか。将来の危険性を介入根拠とする保安処分が日本で採用されていない以上、刑罰はあまねく責任による基礎づけを必要とする。しかし、不定期刑では短期と長期が定められるため、この両者が責任刑とどのような対応関係に立つのかが問題になる。

この問題に関して、現行法の施行直後の時期に、ⓐ短期が責任刑であるという考え（短期説）[15]が唱えられたことがあった。この説によれば、短期を超える部分は保護処分（または責任に基づかない保安処分）として理解されることになる。しかし、不定期刑も刑事裁判所が言い渡す刑罰であるはずである。短期を超える部分を安易に保護処分ということは保護処分と保安処分の質的な混同を招くことになる。そこで、ⓑ長期を責任刑と理解する立場（長期

⒁　本庄・刑事処分271頁を特に参照。

⒂　柏木千秋「少年」『刑事法講座第３巻 刑法（Ⅲ）』（有斐閣、1952年）644頁を特に参照。

説)[16]が考えられることになる。この立場は、少年が可塑性をもっているがゆえの矯正効果の高さや、人道的見地から刑を緩和すべきことを考慮して短期が設けられたと理解する。確かに、この立場は責任主義の要請を満たす。しかし、この場合でも、長期を根拠づける責任と短期を許す矯正効果・人道主義的見地との関係は明らかではない。実際に、行為責任と処分との均衡が重視されることになれば、それを破るような短期以前での刑の終了は認められなくなり、結局のところこの制度は画餅に帰すのではないかという疑問が残る。さらに、ⓒ短期と長期の中間を責任刑と理解する考え（中間位説）もありうる。この説は、予防的考慮から上下両方向に一定の幅を責任に認めることで短期と長期を根拠づける点に特徴をもっている。しかし、この考えは、中間位を超えて長期に達するまでの期間は責任に基づかないことになる点でⓐ短期説と同様の問題をもち、責任刑と予防的考慮の関係が不明確な点でⓑ長期説と同じ課題を抱える。

そこで、注目されるのが、ⓓ短期から長期にわたる期間全体が責任刑であるとともに教育的意味をもつと理解する説（全体基準説）[17]である。これは、近時、前提となる責任概念自体が少年に対しては変容し、展望的な内容も含むと考える見解からも主張されている。その議論の要諦は、刑罰の苦痛の甘受による受動的な責任の履行だけでなく、成長発達を遂げ自律的に犯罪を克服することによる能動的な責任履行が認められることで責任刑の程度の軽減を承認することにある[18]。ここには、少年に特有の責任を考える志向が窺われる。たとえ刑罰の賦課・執行の局面であったとしても少年の成長発達権を基盤に据えた対応が国家に求められることに変わりはないことを考慮すれば、この考えの基本的な方向性には正しいものが含まれているといえる（⇒**114**）。

⒃　松本一郎『戦後の量刑傾向と行刑の実際』（司法研究報告書14輯６号、1964年）110頁、城下裕二『量刑理論の現代的課題［増補版］』（成文堂、2009年）204頁、川出・入門講義⑰「少年の刑事裁判」法教353号（2010年）110頁。

⒄　山崎学「不定期刑と定期刑の軽重」実務と裁判例252頁、本庄・刑事処分249頁。

⒅　本庄・刑事処分249頁、262頁を特に参照。

［3］不定期刑が適用される少年年齢の基準はいつか

584 裁判時基準とその問題点 少年法52条１項は「少年に対して」と規定しており、51条１項および２項のように「罪を犯すとき」といった表現を用いていない。そのため、言渡し時を少年年齢の基準とするのが通説と裁判例である（最判昭24・９・29刑集３巻10号1620頁、最決昭34・７・３刑集13巻７号1110頁）。しかし、このように理解すると、公判前整理手続や、犯罪の成否・情状・量刑に関係する事実の取調べに時間がかかった場合に、刑事裁判所に事件係属時に少年であった者が成人年齢に達し、不定期刑を受けることができない事態が生じる。

少年法51条のように端的に緩和を定める規定ではないため、少年法52条の年齢基準を行為時と解するのは、確かに難しい。しかし、憲法上の権利である適正手続保障や本人に納得を得させるための権利を行使するがゆえに不定期刑を受ける利益が失われる危険性が生じるという不都合は看過できない[19]。現行法の短期の特則（少52条２項）は、不定期刑を受ける利益を端的に表している。この特則を適用するための「少年の改善更生の可能性その他の事情」の考慮は、形式的な線引きに馴染むものではなく、手続にかかる時間といった偶然的な要素に左右されてよいものではない。行為時を基準とする説や家庭裁判所または刑事裁判所が事件を受理した時点を基準とする説は、少なくとも立法論としては十分考慮に値する。

4 換刑処分はなぜ少年に対して禁止されているのか

585 労役場留置の禁止の趣旨 財産刑を完納できない場合、労役場に留置するのが刑法上の原則である（刑18条）。しかし、少年法はこの原則を修正し、少年に対してはこの言渡しをしないものとしている（少54条）。これは旧少年法（13条）を継承している。「改善には短いが悪風感染には十分である」という短期自由刑と同様の問題[20]をもつほか、不定期刑の採用とも相容れないというのが制度採用の理由として考えられる。

---

(19) 渕野貴生・検証と展望107頁。

(20) もっとも、短期自由刑の弊害として語られている問題の多くは自由刑一般にもあてはまることが、現在知られていることには、注意が必要である。

少年法が少年に対する労役場留置を禁止したことは、憲法上の平等原則（憲14条）に違反しない（大阪高判昭39・3・13下刑集6巻3＝4号162頁）。「少年が罰金等を完納しないからといってこれを労役場に留置することは、少年の育成教化上なんらの積極的価値をも見出し得ないだけでなくむしろ少年の心情に悪影響を与えるおそれさえあると考えられ」、合理的な措置といいうるからである。

586　財産刑不払いへの立法的対応　財産刑の不払い時の措置として、1970年の少年法改正要綱は、「少年監獄」に付設する「青少年の作業所」への留置を構想した（「第三 少年及び刑事事件」中の「四 刑事処分の特則」の「20 換刑処分」）。現在でも、社会貢献活動を活用する提案(21)がある。しかし、代替自由刑制度の根本的な問題は、支払い能力のない者に財産刑を賦課していることにある。そもそも、通例、少年は財力に乏しく、金銭的なサンクションは少年非行への対応としてふさわしくない(22)。現在財産刑を見込んだ検察官送致（⇒**528**）が実務運用で定着しているのは、審判不開始や不処分で終局するよりも強く不法を宣明する必要はあるものの、保護処分ほどの大きな自由拘束は必要ない事案が存在するというやや消極的な理由に基づいていると考えられる。こうした事案に関しては、本来、少年司法の枠組みにおいて、とりわけ社会内処遇を多様化する方向性で、対象者へのきめ細やかな処遇を可能とする人的・物的整備を進めることで、対応を図るべきであろう。

5　少年に対する刑事施設の処遇はどのように行われるか

[1] 刑事施設における少年行刑と少年院における少年矯正にはどのような違いがあるか

587　成人との分離　少年に対して自由刑が確定したとしても、その刑の執行と処遇のあり方が成人と同様であってよいわけではない。少年に対する自由刑は、未決勾留の場合と同様（少49条）、特に設けた刑事施設や刑事施設・留置施設内の特に分界を設けた場所で、成人とは区別して執行されな

(21)　注釈少年法471頁。

(22)　金銭を剥奪する処分が保護処分としては存在していないことも、こうした事情を考慮してのことであると考えられる。

【図２】少年新受刑者数

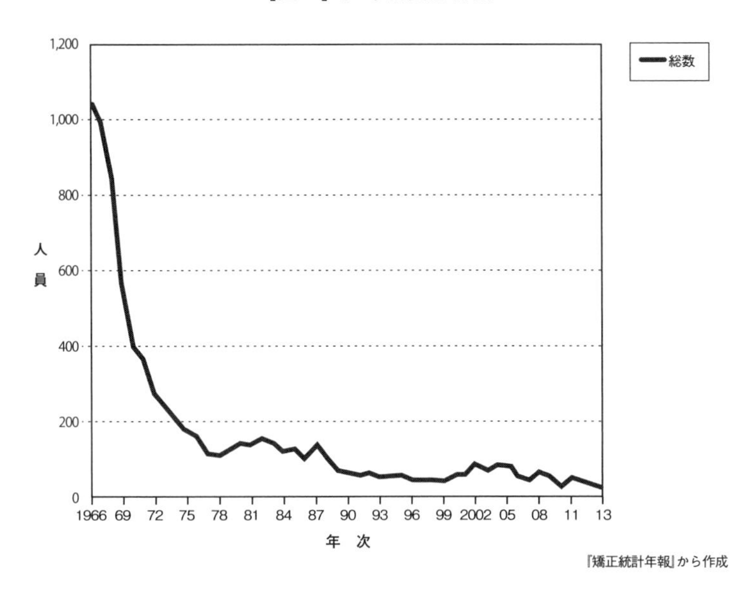

『矯正統計年報』から作成

ければならない（少56条１項）。これは、成人と接触することで、悪風に感染することを防ぐ趣旨から設けられている制度である。

現在、少年に対する自由刑の執行は、函館・盛岡・川越・松本・奈良・姫路・佐賀の各少年刑務所で行われている。この措置は、本人が20歳に達した後でも満26歳に達するまでは継続することができる。

588 実務運用 1966年に1045人を数えた少年の刑事施設入所受刑者数は、減少傾向にあり、1987年以降は100人を下回っている。その大きな要因は、少年矯正の主力が少年行刑から保護処分に移行したことにある[23]。しかし、2000年の第一次改正法により検察官送致の対象が拡大したことで、近時、この傾向は安定したものではなくなっている（図２）。そのため、一方では少年院における矯正教育との関係で、他方では成人行刑とのかかわりで、少年行刑の独自性や少年へのふさわしさをどう担保するかが、実際上・理論上の重大な課題となっている。

---

(23) 大芝靖郎『行刑上の諸問題』（行刑法の諸問題刊行会、1988年）109頁。

589　少年行刑における少年の特性への配慮　刑事施設における権利義務関係を規律する刑事施設処遇法にも、少年行刑に関する特則がなく、その法的な枠組みは成人と同様である[24]。もっとも、第一次改正法の施行に合わせて、通達（「少年受刑者等の処遇の充実について」平18・5・23矯成第3352号矯正局長通達）が発されており、個別担任制や個別面接、就業時間中の教育活動、義務教育年齢受刑者に対する教科教育の重点化、職業教育の積極化など、少年の特性に応じた一定の特別な配慮がなされている。しかし、こうした措置は、刑執行開始時において20歳に満たない者には20歳に達するまで、20歳に達するまで3年に満たない者には3年間を目処に実施されるにすぎず、極めて時間が限定されている措置であることには注意が必要である[25]（「受刑者の処遇要領に関する訓令」平18・5・23矯成訓第3310号法務大臣訓令）。

590　少年刑務所の処遇と少年院の教育の異同　上記通達に基づく少年受刑者に対する処遇は、名称や形式において少年院での矯正教育と近似した部分をもつ。しかし、そこでの「教育」は、刑罰執行中の一定時間内でのみいわば「点」で行われる点で、保護処分として生活を丸抱えして「線」や「面」として行われている少年施設における矯正教育とは基本的性格を異にしている。

その違いは、①収容定員などからみた施設規模、②法務教官や教員免許を有する職員の割合、③少年と職員との関係性、④成績評価の頻度[26]などの点に反映している[27]。さらに、少年刑務所に収容できる者の年齢の上限は、医療少年院への収容継続時（少院2条5項、11条5項、新少院137条～139条）と同様に（⇒**451**）、26歳であるものの（少56条2項）、26歳に達した場合、対象者は他の成人刑事施設に移送されることになる（**達年移送**）。したがって、

---

(24)　少年行刑の所管も、法務省矯正局少年矯正課ではなく、成人矯正課となっている。

(25)　花村博文「法制審議会少年法部会と少年受刑者処遇」刑政124巻6号（2013年）104頁。

(26)　「少年院成績評価基準について」平3・6・1矯教第1276号矯正局長通達が、少年院では月1回以上成績評価を行うべきことを定めているのに対して、上掲通達「少年受刑者等の処遇の充実について」は、成績評価時期を明記していない。

(27)　浜井浩一『実証的刑事政策論』（岩波書店、2011年）387頁、中島学「少年刑務所と少年院の処遇の違い」裁判員裁判436頁。武内謙治「少年の刑事施設被収容者の処遇と法的地位」コンメンタール少年法607頁。

刑が長期にわたる場合、いかに精神的成熟性が低くても、(仮) 出所に至るまでの社会移行 (復帰) に向けた処遇を少年刑務所において一貫して行うことはできない。

現状において、いかに個別化されたとしても、少年受刑者への「教育」は刑の執行の枠内で部分的に行われるにすぎず、そのことで刑事処分が保護処分に、そしてまた刑事施設が少年院になるわけではない。いわんや、少年刑務所に入所することで、少年が成人になるわけでは断じてない。

[2] 少年院収容受刑者とはどのような制度か

591 制度の概要と趣旨 懲役や禁錮の言渡しを受けた者は刑事施設に拘置されるのが、刑法上の原則である (刑12条2項、13条2項)。また、懲役を言い渡された者は、刑法上所定の作業を行う義務を負っている (刑12条2項)。少年法は、これを修正し、懲役または禁錮の言渡しを受けた16歳未満の少年に対しては、16歳に達するまでの間少年院において刑を執行できるものとし、この場合、懲役受刑者には所定の作業に代えて矯正教育を行うものとしている[28] (少56条3項)。懲役または禁錮の言渡しを受けた16歳未満の少年を少年院に在院させるのか刑事施設に在所させるのかという判断は、刑の執行を担当する矯正当局が行う[29]。

これは、第一次改正により検察官送致対象年齢が16歳から14歳に引き下げられたことに伴い、個々の少年の特質に応じた柔軟な対応をとるための仕組みが必要になったことから、導入された措置である。しかし、従前は刑事手続に相応の時間がかかったこともあり、現在までにこの制度を適用した例はない。法務省の通達では、保護処分在院者との分離処遇とその緩和、個別的処遇計画の策定、成績評価などのあり方について特別な配慮を行うものとされている (「少年院において刑の執行を受ける者の処遇について」平13・3・22矯教第672号矯正局長通達)。新しい少年院法でも、「受刑在院者」としての地位で権利義務関係の規律が規定されている (新少院2条3号)。対象者の年齢が

---

(28) そもそも「所定の作業」(刑12条2項) を行う義務は懲役受刑者のみにあるから (刑12条2項)、禁錮受刑者にこのことは妥当しない (刑13条を参照)。

(29) 第一次改正法解説227頁。

義務教育年齢と重なることを考えれば、その特性に個別的に配慮することは当然に必要なことではある。しかし、この制度が厳罰化政策の弥縫策であることは否めない。

592　近時の議論　近時、若年者に対する少年行刑の弊害を軽減することを目的として少年院収容受刑者制度の対象を少年一般にまで拡大すべきことを主張する見解[30]もみられる。しかし、法的地位の異なる者[31]を同一施設内に在院させ、刑罰と保護処分の執行を並行させることは、少年自身のみならず、施設職員の職務や意識を混乱させ、組織や施設運営のあり方を含めて、逆に、少年矯正の（少年）行刑化に拍車をかける危険性をもつ。前提として、少年に対して刑罰を科す制度（を拡充すること）の根本的な問題性を直視することが必要である。

6　少年に対する仮釈放にはどのような特則があるか

[1] 少年に対する仮釈放の特則はどのようなものか

593　現行法における仮釈放の特則の概要　刑法によれば、懲役または禁錮に処せられた者に仮釈放が認められるためには、無期刑については10年、有期刑については刑期の３分の１の経過が必要である（刑28条）。少年法は、一方で、この原則を修正し、①少年のとき懲役または禁錮の言渡しを受けた者について、無期刑の場合には原則的に７年（少58条１項１号）の経過により仮釈放を可能にしている。もっとも、②死刑の処断刑を必要的に緩和したことにより無期刑が言い渡された場合（少51条１項）はこの例外となり、刑法の原則通り10年の経過により仮釈放が可能になるものとされている（少58条２項）。他方で、③無期刑の処断刑を裁判所の裁量により緩和したときの有期刑（少51条２項）については、刑法にならい、刑期の３分の１（少58条１項２号）の経過を仮釈放の要件としている。④刑法上は存在しない不定期刑については、短期の３分の１の経過が仮釈放の要件となる（同条３項）。

---

(30)　川出敏裕「少年非行・少年犯罪」ジュリ1348号（2008年）161頁。

(31)　法的地位の違いは、保護処分による少年院在院者が少年院から逃走した場合に逃走罪（刑97条）は成立しないものの、少年院収容受刑者の場合にはそれが成立すると理解されていることにも表れる。

[2] 少年に対する仮釈放に関する特則にはどのような歴史があるか

594　旧少年法と1948年法　仮釈放にかかわる特則は、旧少年法10条を淵源とする。その内容は、①無期刑については７年、②死刑または無期刑を必要的に緩和して言い渡された有期刑に関しては３年、③不定期刑については短期の３分の１の経過により、仮出獄を可能にするというものであった。旧少年法の制定過程においては、特則を設けること自体に争いはなかったものの、その具体的なあり方には比較的多くの変遷があった(32)。こうした特則が設けられた理由は、少年が心身未熟であること(33)のほか、自由刑の執行の目的が「犯罪悪性」を矯正し「教養訓練」することにあるのであれば、「改過遷善」がなされ成績が良好である場合にはできるだけ早く仮出獄を許した方が少年本人のみならず国家社会の利益になること(34)にも求められた。不定期刑について、短期が仮出獄の基準とされたのは、「少年の利益の為め」であり(35)、すでに短期の３分の１が経過した時点で「改過遷善の情」が現れ、刑の執行を継続する必要がなくなっているにもかかわらず長期の３分の１の経過を待つことになることの不合理性も指摘されていた(36)。

1948年法はこうした旧少年法の規定をそのまま継承した。

595　第一次改正と第四次改正　旧少年法の制定以来変わることがなかった少年に対する仮釈放規定に大きな変化をもたらしたのは、2000年の第一次改正と2014年の第四次改正である。

第一次改正は、「第五十一条第一項の規定により無期刑の言渡しを受けた者については、前項第一号の規定は適用しない」と定める少年法58条２項を創設し、死刑が無期刑に必要的に緩和された場合の仮釈放は、刑法の原則通り、10年の経過が必要であるとした。こうした場合に無期刑に関する仮釈放の特則を適用するのは「二重の緩和」であり、被害者感情や国民感情との関連で問題があるというのが立法時の説明である(37)。

---

(32)　詳細については、コンメンタール少年法613頁［武内謙治］を参照のこと。
(33)　森山113頁。
(34)　草刈・詳解27頁。
(35)　森山114頁。
(36)　草刈・詳解28-29頁。
(37)　第一次改正法解説233頁。

【表１】仮釈放に関する特則の変遷

<table>
<tr><td rowspan="2"></td><td colspan="2">無期刑</td><td rowspan="2">有期刑</td><td rowspan="2">不定期刑</td></tr>
<tr><td>処断刑・宣告刑が無期刑</td><td>死刑の緩和による無期刑</td></tr>
<tr><td>刑法（28条）</td><td colspan="2">10年</td><td>刑期の３分の１</td><td>なし</td></tr>
<tr><td>旧少年法（10条）</td><td colspan="2" rowspan="2">７年</td><td rowspan="3">３年</td><td rowspan="4">短期の３分の１</td></tr>
<tr><td>1948年法（58条）</td></tr>
<tr><td>第一次改正（58条）</td><td rowspan="2">７年</td><td rowspan="2">10年</td></tr>
<tr><td>第四次改正（58条）</td><td>刑期の３分の１</td></tr>
</table>

その上で、第四次改正は、少年法58条１項３号を改正し、無期刑を裁量的に緩和して言い渡された有期刑の場合に３年の経過とされていた要件を、刑法の原則にならい刑期の３分の１としている。これは、一方では、第四次改正において不定期刑の短期の上限が５年から10年に引き上げられたこと（少52条１項）（⇒**581**）と関連づけられている。無期刑を裁量的に緩和して言い渡された有期刑の場合の要件を３年とすると、短期10年の不定期刑を言い渡された場合よりも、仮釈放が可能となる時期が早く到来することになるため、修正が必要になるというわけである。他方で、この措置は、第四次改正で、無期刑を緩和する場合における有期刑について10年以上15年以下において言い渡すべきものとされていたものが、10年以上20年以下において言い渡すべきものと改められたこと（少51条２項）（⇒**574**）からも根拠づけられている。裁判所が選択しうる刑期の幅が拡がったことで、特定の期間でもって仮釈放要件を定めることは相当でないと考えられたわけである(38)（表１を参照）。

596　国際人権法　国際人権法では、施設からの条件付の釈放はできる限り早期に許可されなければならないものとされている（北京28.1）。第一次改正と第四次改正は、刑の上限の引き上げと歩調を合わせて仮釈放要件も厳しくしており、国際人権法の要請に反している（⇒**64**）。立法による早急な見直しが不可欠である。

(38)　第四次改正法解説75頁、likelihood

[3] 少年に対する仮釈放は何を要件とするか。また、仮釈放の手続はどのようになっているか。その運用はどのようになっているか

597 対象となる「少年」 仮釈放の特則の対象となるのは、「少年のとき懲役または禁錮の言渡しを受けた者」である。「少年のとき」とは、執行すべき刑の言渡しを受けた時点で少年であったことをいうものと一般に解されている。そのため、刑の執行中に20歳に達しても本条の適用を受けることになる。

少年が有罪判決に対して控訴し、控訴棄却の判決時に成人に達した場合には、第一審判決言渡し時が基準とされ、本条の適用がある（「少年法第58条及び第59条の適用について」昭38・4・27矯正甲第367号矯正局長）（⇒**138**）。反対に、控訴審において少年時に言い渡されていた判決が破棄され、改めて刑が言い渡されるときに本人が成人年齢に達していた場合、「執行すべき刑が言い渡された時点」という適用基準からいえば、特則の適用はないことになる。しかし、少年側の不服申立てを萎縮させ、権利行使の結果不利益を被らせるような結論は妥当ではない。少年側の控訴による場合、「刑が言い渡された時点」の基準は、被告人の利益に解して第一審の時点に求められるべきであろう。そうでない場合、この不利益を折り込んで、改めて言い渡される刑の量刑を行う必要がある。

598 実体的要件 仮釈放の形式的要件は、少年法58条または刑法28条の法定期間の経過である。実質的要件は、規則に規定されている。これは、①悔悟の情および改善更生の意欲があること、②再び犯罪をするおそれがないこと、③保護観察に付することが改善更生のために相当であること、という要素からなっている（犯非処遇規則28条）。ただし、「社会感情が是認すると認められないとき」には、仮釈放は認められないものとされている(39)。仮釈放の許可の要件として「居住すべき住居」の特定が必要であることもあり（更生保護39条3項）、実務上は、仮釈放期間中の生活拠点となる「帰住予定地」と「引受人」の確保が、仮釈放を許す前提として必須のものとされてい

(39) なお、刑法は、仮釈放の要件として「改悛の状」を求めている（刑28条）。それに対し、少年法には、形式上、この要件が存在しない。

る。

599　仮釈放の手続　仮釈放の審理と決定は、全国８カ所に置かれた地方更生保護委員会が行う。仮釈放の審理は、①刑事施設の長からの申出か②地方更生保護委員会の職権により開始される（更生保護34条、35条）。

施設在所者本人の権利に基づく申請は認められていない。②地方更生保護委員会の職権による仮釈放の審理は、審理の開始前に行う調査（更生保護36条）の結果に基づき判断される。在所者本人に申請権を認めていないことについては、再考の必要がある。

仮釈放を許すか否かに関する審理は、地方更生保護委員会に所属する委員３名からなる合議体が行う（更生保護23条、24条）。合議体の審理にあたって必要がある場合には、審理対象者との面接や関係人への質問などによる調査が行われる（更生保護25条）。仮釈放の許否に関する審理においては、原則として、構成員である委員自身が審理対象者と面接しなければならない（更生保護37条１項）。

合議体は、これらの調査結果を踏まえて評議を行い、仮釈放の許否の裁決を行う。採決は、構成員の過半数による。仮釈放を許す決定が行われた場合、同時に、仮釈放の日、居住すべき住居の指定とともに、必要に応じて、仮釈放期間中に遵守すべき特別遵守事項が定められる。なお、仮釈放の許否に関する判断に際しては、被害者等の申出による意見の聴取が行われることもある（更生保護38条）。

国際人権法は、釈放された少年に十分な援助を行うことを求めている（北京28条、グライフスヴァルト100.1～102.3）。若年の被収容者の多くは収容以前や収容中に家族とのつながりを喪失してしまっているために、行刑当局が家族関係の再確立のために援助が必要な者をみつけ出し、特別の注意を払うとともに、協力依頼が可能な関係政府機関やNGOが存在するかどうかを調査することの重要性も指摘されている[40]。

600　実務運用　短期経過前に仮釈放された者と短期経過後に仮釈放さ

---

(40)　アンドリュー・コイル、赤塚康＝山口昭夫訳『国際準則からみた刑務所管理ハンドブック』（矯正協会、2004年）142頁。

れたものの割合をみてみると[41]、1986年で41.1%（37人）と58.9%（53人）だったものが、1996年で27.9%（12人）と72.1%（31人）、2001年で5.6%（1人）と94.4%（17人）、そして2012年では2.2%（1人）と97.8%（45人）になっている。2000年前後から仮釈放実務は長期基準の運用で固まってきており、短期を基準とした仮釈放はほとんど行っていないことが窺われる。法の理念に照らし合わせ、運用のあり方を再検討する必要がある。

[4] 少年に対する仮釈放期間の早期終了に関してどのような特則があるか

(a) 仮釈放期間の早期終了はどのような制度か。また、この制度にはどのような意義と歴史があるか

601 制度の概要　少年法は、①「少年のとき無期刑の言渡しを受けた者が、仮釈放後、その処分を取り消されないで十年を経過したとき」は、刑の執行を受け終わったものとすることを規定している（59条1項）。また、②無期刑の処断刑を緩和して有期刑が宣告刑となる場合（少51条2項）には、仮釈放後、その処分を取り消されないで仮釈放前に刑の執行を受けた期間と同一の期間と、51条第2項の刑期を比較して、いずれか早い時期で、刑の執行を受け終わったものとされる。さらに③不定期刑が言い渡された場合には（少52条1項、2項）、仮釈放後、その処分を取り消されないで仮釈放前に刑の執行を受けた期間と同一の期間と52条1項の長期を比較して、いずれか早い時期において、刑の執行を受け終わったものとされる（少59条2項）。

そのため、例えば、②㋐少年法51条2項により無期刑が緩和され12年の刑の言渡しを受けた者が5年で仮釈放になった場合、仮釈放前に刑の執行を受けた期間と同一の5年と12年の刑期の残刑期間である7年を比較し、より早い5年で刑の執行が終了できることになる。②㋑8年で仮釈放になった場合、同様に8年と4年を比較し、より早い4年で刑が終了する。また、③㋐少年法52条により5年以上10年以下の不定期刑の言渡しを受けた者が3年で仮釈放された場合、仮釈放前に刑の執行を受けた期間と同一の3年と不定期刑の

(41) 法制審議会少年法部会第1回会議（平成24年10月15日開催）配布資料4・統計資料・第4表を参照。

長期を基準とした残刑期間である7年を比較し、より早い3年で刑の執行が終了する。③㋑7年で仮釈放された場合、同様に7年と3年を比較し、より早い3年で刑の執行が終了する。

602　規定の意義　仮釈放制度に関して、刑法は、刑の期間とは無関係に一定期間を仮釈放期間として保護観察に付する**考試期間主義**ではなく、その期間を残刑とする**残刑期間主義**をとっている。そのため、刑法の原則からいえば、仮釈放期間は残刑期間と同一になるはずである。少年法に規定された仮釈放の早期終了制度は、この枠組みの中で刑の終了までの期間を短縮するようこれを修正した特則である。その趣旨は、少年に対する刑の緩和（少51条）の趣旨を仮釈放期間についても及ぼし、残刑期間を短縮し、刑の執行を終了させることにある。このように刑の執行の終了を早めることにより、例えば人の資格に関する法令の適用に関する特則（少60条1項）（⇒**608**）の適用を受けることができるようになる点に、現実的な意義をもつ。

603　規定の歴史　この制度は、旧少年法の11条とその運用を継承し、明文化したものである。旧少年法11条は「少年ニシテ無期刑ノ言渡ヲ受ケタル者仮出獄ヲ許サレタル後其ノ処分取消サルルコトナクシテ十年ヲ経過シタルトキハ刑ノ執行終リタルモノトス」（1項）、「少年ニシテ第七条第一項（死刑および無期刑の必要的な緩和――引用者）又ハ第八条第一項及第二項ノ規定（不定期刑――引用者）ニ依リ刑ノ言渡ヲ受ケタル者仮出獄ヲ許サレタル後其ノ処分取消サルルコトナクシテ仮出獄前ニ刑ノ執行ヲ為シタルト同一ノ期間ヲ経過シタルトキ亦前項ニ同シ」（2項）との規定を置いた。無期刑の対象者に関する旧少年法11条1項は、刑法上の残刑期間主義を適用すれば「一身上ノ地位ヲシテ不安全ナラシムルコトナリ將來發展ノ餘地ヲ阻害スルノ虞アル」がゆえに必要な規定と説明された。また死刑・無期刑から必要的に緩和された者と不定期刑の対象者に関する同条2項は、残刑期間の経過を待つことは「永ク不安全ノ地位ニ居ラシムルノミナラス既ニ善良ナル國民トシテ社會ニ活動シ得ルニ拘ハラス之ヲ刑餘ノ身ト爲シ之ヲ遇スルハ實ニ本人ノ不利益甚大」[42]であるがゆえに設けられたと理解されている。

---

(42)　草刈・詳解29-31頁。

旧少年法11条２項は、仮出獄前に刑の執行を受けた期間と同一の期間が経過した場合のみを規定していた。それに対し、現行法は、さらに51条２項の刑期または52条１項の長期が経過した場合を加え、これらの期間を比較していずれか早い時期において刑の執行を受け終わったものとしている。これは、旧少年法下において認められていた運用を明文化したものである(43)。

(b) 仮釈放期間の早期終了制度は何を要件とするか

604 「少年のとき」の意義　仮釈放期間の早期終了に関する特則の適用を受けるためには、「少年のとき」に刑の言渡しを受けていることが必要である。「少年のとき」とは、仮釈放に関する特則（少58条）と同様に（⇒**597**）、執行すべき刑が言い渡された時点を基準とする。そのため、被告人が第一審の判決言渡し時に少年であったものの、上級審の判決言渡し時には成人となっている場合、仮釈放に関する特則と同様の問題が生じる。ここでも、「刑の言渡し」の基準は、被告人本人の有利に解し、第一審の時点に求められるべきであろう。

605 「仮釈放前に刑の執行を受けた期間」の意義　「仮釈放前に刑の執行を受けた期間」とは、現実に刑の執行を受けた期間に限られるべきであろうか。実務上は、本刑に算入された未決勾留日数がこの期間に含まれないと理解されてきた（「少年法第59条の解釈について」昭28・６・30保護第1062号保護局長通牒）。しかし、旧少年法以来この制度の趣旨とされてきた事柄を考えれば、本刑に算入された未決勾留日数もこの期間に含まれるという理解も成立しうる。国際人権法を考慮しても、社会への移行（復帰）を早期に完全にするため、本刑に算入された未決勾留日数もこの期間に含めて解すべきである。

(c) 更生保護法にはどのような特則があるか

606 更生保護法上の特則　不定期刑の終了、なかでも不定期刑に処せられ仮釈放を許されている者についてのそれに関しては、少年法59条２項の

---

(43) 柏木・概説181頁、最高裁判所・概説122頁、市村174頁、團藤＝森田429頁。

ほか、更生保護法78条も、保護観察をめぐる問題関心から、特則を設けている。この特則は、保護観察所の長の申出を受けた地方更生保護委員会の判断に関するものである。これは、①「不定期刑に処せられ、仮釈放を許されている者」に対して、②仮釈放前または仮釈放中にその刑の短期が経過している場合で、③刑の執行を終了するのが相当と認められることを要件としている。この場合、地方更生保護委員会は、少年法59条２項の規定にかかわらず、刑の執行を受け終わったものとしなければならないものとされている。

この更生保護法上の特則は、前身となる犯罪者予防更生法48条に規定されていた不定期刑の終了に関する条項のうち、仮釈放を許されている者についての規定（１項）を独立させたものである。立法当初、犯罪者予防更生法48条１項において不定期刑の短期を刑の執行終了の基準とする規定が置かれたことを「相対的不定期刑の本質からみて当然」と理解する見解が示されていた。少年法に規定されている相対的不定期刑の本質が一般予防と特別予防の折衷にあるとすれば、犯罪行為に対する贖罪は短期で尽きており、相対的不定期刑の満期日は本来短期として言い渡された期間の満了日であるべきである、というのがその理由とされている(44)。この前提にある不定期刑の理解は責任主義との関係で疑問がある。しかし、成長発達の可能主体である少年について展望的要素を含んだ責任概念から不定期刑を理解する立場（⇒**583**）をとっても、同様の結論に達することができる。この立法態度と結論は、妥当というべきであろう。

先にあげた③の例（⇒**601**）でいえば、③㋐少年法52条により５年以上10年以下の不定期刑の言渡しを受けた者が３年で仮釈放された場合、短期５年が経過する２年間が経過した後に刑を終了させることができる。㋑７年で仮釈放された場合には、すでに短期５年が経過しているのであるから仮釈放が許された時点ですでに、刑の執行の終了の対象になりうる。

607　仮釈放を経ない不定期刑の終了　　なお、仮釈放を経ずに刑の執行を受け終わったものとする制度も、更生保護法に規定されている。不定期刑の執行のため刑事施設または少年院に収容されている者（少56条３項）（⇒**591**）

(44)　綿引紳郎『犯罪者予防更生法解説』（大学書房、1949年）95-96頁。

について、その刑の短期が経過している場合で、「刑の執行を終了するのを相当と認めるとき」[45]、地方更生保護委員会は決定で刑の執行を受け終わったものとしなければならない(更生保護43条、44条)。これは、刑事施設の長または少年院の長の申出を前提とする(更生保護43条)。

7 少年時に刑事処分を受けた者に対して人の資格に関する法令はどのように適用されるか

[1] 少年時に刑事処分を受けた者に対する資格制限排除はどのような制度か。また、この制度はどのような歴史をもっているか

608 制度の概要 有罪の言渡しを受けたことや刑に処せられた事実を理由として資格を制限している法令は数多く存在する[46]。しかし、その状態が長く続けば、本人の社会移行(復帰)や社会生活が阻害されるおそれが出てくる。そのため、対象者が再び社会生活を送るための環境を整える制度が必要になってくる。そのための制度として存在するのは、①恩赦による復権(恩赦法10条)と②刑法上の刑の消滅制度(刑34条の2)である。①恩赦による復権が有罪の言渡しの効果自体は残しつつ資格を回復させるものであるのに対し、②刑の消滅制度は、刑の執行終了・免除後または刑の免除の言渡し確定後、一定期間を無事に経過したものについて、法律上当然に有罪の言渡しの効力を失わせるものである。少年法上の資格制限排除制度は、この②刑の消滅の特則として、「少年のときに犯した罪」について、刑の執行終了・

---

(45) その相当性判断にあたって考慮すべき事項は、「犯罪をした者及び非行のある少年に対する社会内における処遇に関する事務の運用について」(平20・5・9保観第325号保護局長依命通達)の第3・2で具体的に定められている。そこで具体的に挙げられているのは、①本人の性格、年齢、經歴および心身の状況、②家庭環境および交友関係、③矯正処遇または矯正教育への取組みの状況ならびにその経過および効果等、④反則行為または規律に違反する行為の有無および内容その他の刑事施設または少年院における生活態度、⑤帰住予定地の生活環境、⑥釈放後の生活計画等、⑦犯罪の被害の実情についての認識、当該犯罪を悔いる気持ちおよび当該犯罪に至った自己の問題性についての認識の表れと認められる言動の有無および内容、⑧被害者等に対する慰謝の措置の有無および内容等、⑨犯罪の罪質、動機、態様、結果および社会に与えた影響、⑩被害者等の感情、⑪収容期間ならびに関係人および地域社会の住民の感情、⑫裁判官または検察官から表明されている意見、である。

(46) 人の資格制限に関係する具体的な法令名とその内容については、冨永康雄『前科登録と犯歴事務[4訂版]』(日本加除出版、2012年)250頁。

免除後または刑の免除の言渡し確定後、刑法上の刑の消滅期間を待たずに直ちに、将来に向かって刑の言渡しを受けなかったものとみなすものである（少60条）。

また、刑法上、刑の執行猶予の場合、その言渡しを取り消されることなく猶予の期間を経過したときに、刑の言渡しは効力を失うものとされている（刑27条）。少年法はこれにも修正を加え、「少年のときに犯した罪」については、猶予の言渡しを受けた時点から直ちに将来に向かって刑の言渡しを受けなかったものとみなしている（少60条２項）(47)。

609　規定の歴史　　この制度は、旧少年法の14条を継承している。もっとも、旧少年法は、死刑および無期刑をこの制度の適用対象から除外していた。この制度の趣旨は、資格の喪失・停止により自暴自棄となって再犯に及ぶことを予防することを趣旨としていた。執行猶予を対象に含んでいることも、本人を「不安全の地位」に置くだけでなく自暴自棄にさせ、「改善発奮」の機会を失わせることは少年保護の趣旨に違背することになると考えられたためである(48)。

犯罪や非行からの回復・離脱のために（愛着のある）仕事など身近な社会資源が果たす役割は大きい（⇒**72**）。現代の犯罪学の知見に照らしてみても、この制度がもつ意義は大きい。

［2］少年時に刑事処分を受けた者に対して資格制限排除制度が適用されるための要件は何か。また、「人の資格に関する法令」とはどのようなものか

610　要件　　この制度を適用するための要件は、「少年のとき犯した罪」であることである。「少年のとき」とは、犯罪行為時に少年であったという意味であり、裁判時に少年である必要はない(49)。

611　「人の資格に関する法令」の意義　　「人の資格に関する法令」とは、

---

(47)　そのため、刑の執行猶予の言渡しが取り消された場合（刑26条～26条の３、刑訴349条および394条の２）には、人の資格に関する法令の適用についてはそのときに刑の言渡しがあったものとみなされる（少60条３項）。

(48)　草刈・詳解36頁、岩村36頁。

(49)　團藤＝森田430頁、注釈少年法485頁。

人の資格を制限した特別法令の総称である。「人の資格に関する法令」には、①公職その他の業務に関する資格を制限するものと②選挙権・被選挙権をはじめとして公民権の喪失・停止を規定するものとがある。刑の執行猶予（刑25条）や累犯加重（刑56条）に関する規定はこれに含まれない[50]。したがって、少年のとき犯した罪による前科も、執行猶予（刑25条）や累犯（刑56条）の制度との関係では、通常の前科と同様に扱われる。

8　少年に対する死刑は（どのような場合に）許されるか

612　問題の構造　現行の少年法は、行為時18歳未満の者に対する死刑を禁じている（少51条１項）。これは、行為時16歳未満の者に対する死刑を禁じた旧少年法（７条）を継承しつつ、年齢を引き上げたものである。

しかし、少年年齢を20歳未満としている（２条１項）にもかかわらず、少年法が死刑の禁止を18歳で線引きしているために、行為時に18歳年齢以上の者については、少年であっても死刑適用の可能性が残ることになる（⇒**137**、**572**）。

613　永山基準　従前、（少年に対する）死刑適用の判断方法の先例として参照されてきたのは、永山事件第一次上告審判決（最判昭58・7・8刑集37巻6号609頁）であった。この裁判例は、「犯行の罪質、動機、態様ことに殺害の手段方法の執拗性・残虐性、結果の重大性ことに殺害された被害者の数、遺族の被害感情、社会的影響、犯人の年齢、前科、犯行後の情状等各般の情状を併せ考察したとき、その罪責が誠に重大であつて、罪刑の均衡の見地からも一般予防の見地からも極刑がやむを得ないと認められる場合には、死刑の選択も許される」（強調傍点引用者）と述べている。その意義は、上記の９つの事情に関する取調べを義務づけるとともに、被告人に有利・不利な事情を総合的に判断することを求めた上で（**総合判断基準**）、罪刑均衡と一般予防の観点から死刑が「やむを得ない」場合でなければならず、さらにその

---

(50)　團藤＝森田432頁、平場・新版451頁、注釈少年法486頁。累犯加重制度自体の合理性については、それ自体として検討が必要である。また、制度の根拠づけを人格の危険性に求めるとしても、それが固化しているとは考え難い少年期の非行・犯罪で累犯加重を基礎づけうるか、原理的な疑問が残る。

場合でも死刑選択が「許される」にとどまり、それでもなお更生可能性などを考慮して死刑回避の余地を認めたところにある[51]。実際にも、裁判実務は、この永山事件第一次上告審判決以降、死刑適用に慎重であったといえる。

614　新基準？　この裁判例との関係が問題になるのが、行為時18歳30日の少年に対する死刑適用が問題になった光市事件第一次上告審判決（最判平18・6・20集刑289号383頁）である。無期刑判決に対する検察官の上告を受けたこの判決は、最判昭58・7・8の上記引用部分の最後を「罪刑の均衡の見地からも一般予防の見地からも極刑がやむを得ないと認められる場合には、死刑の選択をするほかない」（強調傍点引用者）といい換えた上で、「被告人の罪責は誠に重大であって、特に酌量すべき事情がない限り、死刑の選択をするほかない」と結論づけている。

この判決は、形式的には、永山事件判決を判例として引用しながら、実質的にはこれとは異なり、特別な事情がない限り死刑を適用するという基準（**原則－例外基準**）を採用したものと理解できる。しかし、この裁判例は、判例変更手続（裁10条3項）を経ずに小法廷で出されたものである。また、本判決を受けた差戻審の判断を経た第二次上告審判決（最判平24・2・20集刑307号155頁）では、原則－例外基準は明確ではなくなっている。本判決後に出され、一審では無期刑であった共犯者2名をも含めて、行為時少年年齢にあった3名全員に対して死刑を選択した控訴審の判断を維持した木曽川長良川事件上告審判決（最判平23・3・10集刑303号133頁）でも、原判決の死刑科刑が「やむを得ないもの」であったか否かという観点から、判断が行われている。本裁判例が『最高裁判所刑事判例集』（刑集）ではなく『最高裁判所裁判集刑事』（集刑）に掲載されるにとどまっていることを考えても、本裁判例を死刑適用の判断枠組みを示した判例として扱うには多大な問題がある[52]。

---

(51)　本庄・刑事処分344頁。

(52)　平川・憲法的刑法学255頁、永田憲史『死刑選択基準の研究』（関西大学出版部、2010年）132頁。したがって、この判断枠組みを他事件で用いることには極めて大きな問題がある。もっとも、そうすると今度は、なぜ本事件でのみ実質的に死刑判断の枠組みを変えることが許されるのか、説明がつかなくなる。

しかし、実際には、裁判員裁判において少年に死刑を言い渡した石巻事件判決（仙台地判平22・11・25裁判所ウェブサイト掲載）とその判断を維持した控訴審判決（仙台高判平26・1・31判例集未登載）などにも光市事件第一次上告審判決の強い影響が窺われるようになっている。

615　成長発達権保障と死刑　少年による重大事件においては、行為の結果や態様といった外形的事実が少年の個別具体的な特性や資質、育ちの中でとらえられなければ、真実の解明自体が難しい（⇒**70**）。従前は、結論として死刑適用を肯定する場合であれ（例えば、木曽川長良川事件［名古屋地判平13・7・9 LEX/DB：28065269、名古屋高判平17・10・14高検速報平成17年270頁、前記最判平23・3・10］、千葉事件［千葉地判平6・8・8判時1520号56頁／判タ858号107頁、東京高判平8・7・2高検速報平成8年78頁／東高刑時報刑事47巻1〜12号76頁／判時1595号53頁／判タ924号283頁、最判平13・12・3集刑280号713頁］）、否定するときであれ（大高緑地事件［名古屋地判平元・6・28判時1332号36頁／判タ711号266頁（死刑）、名古屋高判平8・12・16高検速報平成8年148頁／判時1595号38頁（無期刑）］）、死刑が「やむを得ない」ものであるのかが、慎重に吟味されていたといえる。そして、その判断は、必要であれば人間行動諸科学の知見を用いて時間をかけて行われていたのであった。それが、迅速な審理の重要性が強調される裁判員裁判の開始と原則－例外基準をとる光市事件第一次上告審判決の出現により、今後どのように変化するのかが、極めて重大な問題となっている。

死刑は人間を成長発達の主体とみることと根本的に矛盾する。死刑存置を前提にするとしても、その適用には、回顧的には責任能力を[53]、将来に向かっては更生可能性を正確に判断することが不可欠である。死刑求刑事件であることを事前に検察官が明らかにし、それにふさわしく審理を尽くすことなどを内容とする「スーパー・デュープロセス」[54]も、そして量刑において科

---

(53)　アメリカ連邦最高裁判所の裁判例において、心理学や脳科学の新知見を基点として少年に対する死刑適用に関する判断が新たな展開をみせていることについて、本庄・刑事処分289頁、355頁を特に参照。

(54)　デイビッド・T・ジョンソン「死刑は特別か？」デイビッド・T・ジョンソン＝田鎖麻衣子『孤立する日本の死刑』（現代人文社、2012年）124頁。

学的知見を活用するための判決前調査制度もないままに、生命を奪う刑罰を適用することが許されるのか、正面から問うべき時期に来ている。

第Ⅴ編

社会からの保護と社会による保護

第26講　推知報道の禁止

●本講で考えること

犯罪が起こった後、それに関する報道が行われることがあります。しかし、犯罪報道は、一方で犯罪という社会的関心事に関する情報を社会の構成員で共有することを可能にする面をもつ一方で、個人に関係する情報を社会に与えるがゆえに、関係する個人が社会の中で平穏に暮らすことを難しくする面ももっています。

それでは、こうした特性を考えた場合、少年による非行や犯罪に関する報道はどのようにあるべきでしょうか。また、少年法は、推知報道を禁止する措置をとっていますが、それにはどのような意義と課題があるでしょうか。

本講では、未来に生きる存在である少年の成長発達権保障と、そうした少年の非行や犯罪に関する報道の関係を考えてみます。

● Keywords
推知報道の禁止、社会移行（復帰）、表現の自由、忘れられる権利

1　少年事件の推知報道禁止とはどのような制度か

[1] 少年法上の推知報道禁止はどのような制度か

616　制度の概要　　少年法61条は、「家庭裁判所の審判に付された少年又は少年のとき犯した罪により公訴を提起された者については、氏名、年齢、職業、住居、容ぼう等によりその者が当該事件の本人であることを推知することができるような記事又は写真を新聞紙その他の出版物に掲載してはならない」と規定し、推知報道を禁止している。

「推知」事実は、実名よりも範囲が広い。その基準は、「その記事等により、不特定多数の一般人がその者を当該事件の本人であると推知することができるかどうか」にある（最判平15・3・14民集57巻3号229頁／家月55巻11号138頁）。しかし、特定少数の者が少年を推知できる場合でも少年の（地域）社会における生活が阻害されることは十分考えられる。また、少年本人が自分のこと

と認識できる推知報道自体に接することで否定的な自己像を形成し成長発達を難しくすることも考えられる。この基準は、少年の成長発達権保障の観点からみれば、再考の余地を大きく残している。

こうした制度の趣旨や法的性格をどのように理解するか自体が、大きな問題である。しかし、少年保護の観点から、非公開原則（少22条２項）（⇒**326**）などとともに、将来社会生活を送る際に少年の負荷となってくる情報を社会に流通させることを制限する態度を少年法がとっていることは間違いない。

［2］推知報道禁止制度にはどのような歴史があるか。また、国際人権法の観点からこの制度はどのようにとらえられるか

617　制度の歴史　現行少年法の61条は旧少年法74条を沿革とする。この条項は、「少年審判所ノ審判ニ付セラレタル事項又ハ少年ニ対スル刑事事件ニ付予審又ハ公判ニ付セラレタル事項」を新聞紙その他の出版物に掲載することを禁じた上で（74条１項。強調傍点引用者）、その違反に対して「新聞紙ニ在リテハ編輯人及発行人、其ノ他ノ出版物ニ在リテハ著作者及発行者ヲ一年以下ノ禁錮又ハ千円以下ノ罰金ニ処ス」という罰則を設けていた（同条２項）。

現行法の制定作業における最初の案である少年法改正草案（1947年１月）は、90条１項において、「少年審判所の審判に付せられ、又は刑事訴追を受けた少年」の「本人の住所、氏名、その他その身元を明らかにし、又はこれを推知させるような事項」を新聞紙その他の出版物に掲載することを禁じる表現をとった。その一方で、２項で、「一年以下の禁錮又は一万円以下の罰金」と改められた以外は、旧少年法の規定がそのまま継承された。それが、少年法第三改正草案（1948年１月）では、「官に発覚した少年犯罪又は虞犯少年」に関する「住居、氏名、その他身元を明らかにし、又は、これを推知させるような事項」の掲載を禁じる表現に変化している（86条１項。２項の罰則は少年法改正草案をそのまま継承している）。これを、「少年審判所の審判に付せられた少年又は少年のとき犯した罪により公訴を提起された者」（25条）と現行法に近い表現に変え、罰則規定をなくしたのが、「少年刑事事件の特別処理及び成人起訴猶予者の保護に関する法律案」（1948年５月）である。こ

れが少年法案（1948年5月）を経て、現行法に至っている[(1)]。

こうした変遷からも明らかな通り、現行法の特徴は、「家庭裁判所の審判に付された少年又は少年のとき犯した罪により公訴を提起された者」（強調傍点引用者）との表記で、旧法のように「事項」ではなく「人」に着眼して推知報道を禁止し、かつ罰則を設けていない点に特徴をもっている。

618　国際人権法　国際人権法は、子どもの人権保障の観点から、少年法61条よりも広範かつ強力に報道規制を行うことを容認していると考えられる。北京ルールズ8.2は、「原則として、少年犯罪者の特定に結びつきうるいかなる情報も公開してはならない」（強調傍点引用者）と述べて、推知情報よりも広範囲に情報の公開を規制することを求めている。また、一般的意見10号は、北京ルールズ8.2と同様の文言を置いた上で、この種の情報が少年への烙印押し（スティグマ）の効果をもち、教育・仕事・居住へのアクセスや、安全の保持に影響を及ぼしうることを理由として、「法律に抵触した子どものプライバシー権を侵害するジャーナリストは、懲戒措置による制裁、および必要な場合には（例えば常習犯の場合など）刑法上の制裁の対象とされるべきである」（para. 64）とも記している。

2　推知報道禁止規定はどのような法的性格をもつか

619　問題の構造　このようにみてみると、少年法61条をめぐっては、いわば内在的な問題と外在的な問題がある。内在的な問題とは、この条文のつくりが限定的であるということである。そのため、「家庭裁判所の審判に付された少年又は少年のとき犯した罪により公訴を提起された者」以外の者、例えば、家庭裁判所への事件送致前の者について、この制度に適用があるのかということや、「記事又は写真を新聞紙その他の出版物」以外のメディアへの掲載も禁止されるのかといった問題が生じる。さらに、近時は、ソーシャル・ネットワーキング・サービス（SNS）の発達により、誰か一人が少年に関係する推知事実を発信するという形態だけでなく、個々人が断片的な情報を発信し、その情報が集積することにより、事後的にみれば推知事実が形

(1)　制定関係資料集32頁、60頁、117頁。

作られているという形態での情報伝達も問題になっている。これらは、少年法61条が禁止規範でありながら罰則をもっていないことをどのように理解するかということとともに、制度趣旨を掘り下げて、射程を検討することが必要な問題となっている。

外在的な問題とは、報道の自由との関係である。日本国憲法下では、表現の自由の一環として報道の自由が保障される（憲21条)。この憲法上の権利との関係で、推知報道禁止をどのようにとらえるべきであろうか。この問題は、理論上も実際上も、極めて重要であり、少年法61条の法的性格をどのように考えるかということと密接なかかわりをもっている。

620 政策説と権利保障説 そこで少年法61条の法的性格を考えてみると、ⓐ政策的理由からこの規定が設けられているという考え（刑事政策説）と、ⓑ少年の何らかの権利を保障するために設けられたとみる考え（権利保障説）がありうる。ⓐ政策説が、推知報道禁止は少年の権利保障とは無関係に政策的理由に基づくと考える[(2)]のに対して、ⓑ権利保障説は、特に憲法や国際人権法の裏づけをもつ人権を保障するためのものとして少年法61条をとらえる[(3)]。ⓐ刑事政策説とⓑ権利保障説とは、全く相容れないものではないものの、規定や制度の本質をどのように考えるかという点で、対立する考えである。

ⓑ権利保障説のように、少年法61条を少年の人権保障のための規定ととらえる場合、少年法61条で保障された権利の具体的な内容が問題になる。近時は、子どもの権利条約40条２項（b)（ⅱ）や北京ルールズ8.2、そして憲法13条に根拠をもつ、名誉権・プライバシー権をも含んだ総則的権利としての成長発達権や社会復帰権を保障したものとして少年法61条をとらえる説が有

---

(2) 田島泰彦「少年事件と表現の自由」田島泰彦＝新倉修編『少年事件報道と法』（日本評論社、1999年）12頁、松井茂紀『少年事件の実名報道は許されないのか』（日本評論社、2000年）132頁。

(3) 平川・憲法的刑法学382-383頁、渕野貴生「少年事件における本人特定報道禁止の意義」静法５巻３＝４号（2001年）315頁、戸波江二「人権論としての子どもの『成長発達権』」子どもの人権と少年法に関する特別委員会＝子どもの権利に関する委員会編『少年事件報道と子どもの成長発達権』（現代人文社、2002年）204頁、葛野・再構築542頁、山口・国際人権298頁、渋谷秀樹『憲法［第２版]』（有斐閣、2013年）110頁。服部朗「少年事件報道と人権」『少年法の展望』（現代人文社、2000年）265頁、酒井安行「少年事件報道」『刑事政策学の体系』（法律文化社、2008年）200頁も参照。

力化している。

621　裁判例　　裁判例でも、大阪高判平12・２・29判時1710号121頁［堺事件］がⓐ刑事政策説の立場を、名古屋高判平12・６・29民集57巻３号265頁／判時1736号35頁／判タ1060号197頁［木曽川長良川事件］がⓑ権利保障説の立場をとっており(4)、考え方が対立している。

大阪高判平12・２・29の前提となる事実関係は、行為当時19歳の少年であった者が、実名、顔写真などにより、本人であることが特定される内容の記事が全国販売の月刊誌に掲載されたことでプライバシー権などの人格権ないし実名で報道されない権利が侵害されたとして、記事の執筆者、雑誌の編集長、発行所に対し、不法行為による損害賠償と謝罪広告を求めた、というものである。第一審（大阪地判平11・６・９家月51巻11号153頁）は、少年法上の非公開・非公表原則の趣旨を確認した上で、「少年法六一条の趣旨も、推知報道を禁止することにより、非行を犯したとされる少年について、氏名、年齢、職業、住居、容ぼう等がみだりに公表されないという法的保護に値する利益を保護するとともに、公共の福祉や社会正義の観点から、少年の有する利益の保護や少年の更生につき優越的な地位を与え強い保障を与えようとするものと解される」としている。その上で、「成人の場合と異なり、本人であることが分かるような方法により報道することが、少年の有する利益の保護や少年の更生といった優越的な利益を上廻るような特段の公益上の必要性を図る目的があったか否か、手段・方法が右目的からみてやむを得ないと認められることが立証されない以上、その公表は不法行為を構成」すると判断し、損害賠償請求を容認した。

それに対し、控訴審である大阪高判平12・２・29は、少年法61条を「少年の健全育成を図るという少年法の目的を達成するという公益目的と少年の社会復帰を容易にし、特別予防の実効性を確保するという刑事政策的配慮に根拠を置く規定」と理解し、そのために「同条が少年時に罪を犯した少年に対し実名で報道されない権利を付与していると解することはできないし、仮に

(4)　本判決の上告審である、上記最判平15・３・14は、匿名性の問題に焦点をあてて別の結論に至っているものの、本判決が述べる権利性の部分には触れておらず、これを否定したわけではない。

実名で報道されない権利を付与しているものと解する余地があるとしても、少年法がその違反者に対して何らの罰則も規定していないことにもかんがみると、表現の自由との関係において、同条が当然に優先するものと解することもできない」と判断している。その上で「表現の自由とプライバシー権等の侵害との調整においては、少年法六一条の存在を尊重しつつも、なお、表現行為が社会の正当な関心事であり、かつその表現内容・方法が不当なものでない場合には、その表現行為は違法性を欠き、違法なプライバシー権等の侵害とはならない」と判断し、損害賠償請求を認めなかった。

名古屋高判平12・6・29の前提となる事実関係は、刑事被告人である原告が、週刊誌掲載の記事で原告を指すことを容易に推測することが出来る仮名を用いたことによって、名誉を毀損され、プライバシーを侵害されたと主張して、損害賠償を請求した、というものである。第一審（名古屋地判平11・6・30民集57巻3号254頁）は、少年法61条の趣旨を「未成熟な少年を保護し、その将来の更生を可能にする点にある」と理解した上で、仮名を用いたとしても本人を推知できる記事の掲載は少年法61条に違反するとして、損害賠償請求を認めた。被告の控訴を受けた名古屋高判平12・6・29は、憲法の人権条項と国際人権法を仔細に検討した上で、少年法61条の趣旨を「報道の規制により、成長発達過程にあり、健全に成長するためにより配慮した取扱いを受けるという基本的人権を保護し、併せて、少年の名誉権、プライバシーの権利の保護を図っているもの」と理解している。その上で、「憲法一三条及び二六条あるいは国際人権条約の理念に基づき、成長発達の過程にある少年が健全に成長するための権利、あるいは少年の名誉権、プライバシーの権利という、貴重な基本的人権」が対立する場合、これとの比較衡量で、表現の自由と報道の自由は一定の制約を受けざるをえない面があると判断し、結論として損害賠償請求を認めている[5]。

622　理論的検討　裁判例からも明らかな通り、少年法61条は憲法21条により保障された報道の自由を制限する側面をもつ。そのため、法的性格に関する理解は、少年法61条の合憲性やこの条項に違反した場合の法的効果の理解にも影響を及ぼすことになる。

少年法61条の法的性格を考えるにあたっては、まず、旧少年法74条との文言の違いに着目する必要がある。旧少年法の規定が「事項」に着目した表現をとったのは、少年自身の心理状態・自尊心・将来の教養改善への悪影響の予防もさることながら、模倣犯の防止を目的に据えるがゆえのことであった(6)。少年非行の手口には思いもよらない新奇なものが少なくない一方で、少年はこうした情報に敏感で影響を受けやすくもあるため、それに関係する情報の規制が必要になるというわけである。この考えから出発すれば、少年審判や刑事公判に付されたという「事項」を報道することは、犯罪の手口を広めることに手を貸すことをも意味する。旧少年法が罰則規定を置いたことは、この脈絡の上に（も）あったわけである。以上の意味で、旧法の規定はまさしく犯罪予防＝刑事政策的な理由に基づくもの（ⓐ刑事政策説）であった。

それに対して、現行少年法61条は「人」に着目した規定ぶりをとっている。旧少年法との明らかな文言形式の違いは、「人」の保護＝少年の人権保障を重視したもの（ⓑ人権保障説）として現行法61条を理解することと親和する。国際人権法との適合性を考えても、少年法61条は少年の人権保障のための規定と考えるべきである。具体的には、子どもの権利条約40条２項（b）（vii）や北京ルールズ8.2、そして憲法13条に根拠とした、名誉権・プライバシー権・社会復帰権をも含んだ総則的権利としての成長発達権を保障したものとして少年法61条をとらえるべきである。犯罪に関する報道が、（裁判員裁判で裁判員になる可能性をもつ一般人をも含んで）審判者の予断を招き、また手続参加をも難しくすることに着目すれば、少年に対する適正手続の実効的な保障の観点も、これに含まれていると解される(7)。

この違反に罰則が設けられていないのは、現行法制定過程において罰則規

---

(5)　差戻控訴審である名古屋高判平16・５・12判時1870号29頁／判タ1198号220頁は、結論として、損害賠償請求を認めていない。この裁判例は、名誉棄損につき公共性、公益目的、真実性・真実と信じる相当の理由の存在を認め、違法性が阻却されるとしている。また、プライバシー侵害に関して、情報の伝達範囲が限られること、伝達による具体的被害が比較的小さいこと、犯罪行為の内容が極めて凶悪・残虐・重大であること、本件記事公表当時の社会状況として少年犯罪に対する国民の関心が高まっていたことなどからすると、本件記事を公表する理由が、事実を公表されない法的利益に優越するとして、違法性が阻却されるとしている。

(6)　立法資料全集（下）948頁。鈴木・概説372頁は「審判不公開原則」の趣旨も同様に説明している。

定が削除された時期からいっても、日本国憲法において明文で基本的人権として承認された表現の自由（憲21条）を尊重して、自律的な少年の人権保障との調和を報道機関に期待してのことと考えられる。そのことが直ちに、表現の自由や報道の自由の無制限な優越を意味するものでないことは、いうまでもない。

3 少年法61条は合憲か。また、少年法61条に違反した場合、どのような法的効果が生じるか

［1］少年法61条は合憲か

623 問題の構造 少年法61条の合憲性につき、ⓐ刑事政策説の立場では、政府による直制規制の合憲性として議論され、憲法上の権利である表現の自由を制限するだけの刑事政策的配慮に合理性があるか否かが問われる。それに対して、ⓑ権利保障説の立場では、憲法・国際人権法上の権利保障のための規定として少年法61条がとらえられるから、憲法の私人間効力を問う側面をもち(8)、憲法上の権利同士が衝突することになる。

624 理論的検討 ⓐ刑事政策説の立場からは、表現の自由の規制に関する厳格審査基準を適用し、重大事件の場合など少年の氏名が公的関心の対象である場合があることから、少年法61条が一律に推知報道を禁止していることは憲法21条を侵害しているとの主張がなされている(9)。しかし、そもそも、犯罪に及んだと目される（少年）本人の特定・推知報道が公共性をもつものなのか、疑問を差し挟む余地がある。報道の自由の制限が最小限に抑えられなければならないのは、それが自己実現とともに社会の発展の民主的な契機をもつがゆえのことである。犯罪報道に引きつければ、少年・刑事司法制度が公正に運営されているか監視・検証するのに必要な事実や、犯罪現象にまつわる問題を検証・解決して社会が自省的な発展を遂げるのに必要な事実がこれにあたると考えられる。本人を推知させる事実は、必ずしもこのた

---

(7) 渕野貴生『適正な刑事手続の保障とマスメディア』（現代人文社、2007年）を特に参照。なお「両当事者対等報道モデル」についても、同書277頁を参照。

(8) 渋谷・前掲註3）110頁。

(9) 田島・前掲註2）12頁、松井・前掲註2）132頁。

めに不可欠なものではない[10]。また、ⓐ刑事政策説の立場も、報道の自由に公共の福祉による制約があることは承認せざるをえない。この立場をとったとしても、そこでいわれる「刑事政策的配慮」の妥当性は公共の福祉の内容を構成するパターナリズムに基づくものとして検討されるべきであると指摘する見解[11]があり、注目される。

ⓑ権利保障説の立場では、憲法13条に根拠をもつ幸福追求権を土台に据える未成年者固有の発達権、人格形成権を保障するものとして少年法61条をとらえることになるから、この規定が報道の自由を制限するとしても、即座に憲法違反となるわけではない。成長発達権は、個人の尊厳に根づく根源的権利であり、いったん侵害されると個としての自律的な主体性自体が奪われかねない。そのため、少年法61条による規制は憲法上も積極的に正当化されると考える見解も示されている[12]。

今日、少年司法制度のあり方は、成長発達権の観点からとらえ直される必要がある（⇒**99**）。推知報道の禁止も例外ではない。加えて、非行からの離脱や回復のためには、本人の幸福追求権保障を基盤として、社会資源や社会関係資本を調整することが不可欠である（⇒**72**、**97**）。再犯リスクを抑えるという政策目的を強調するとしても、結局のところ、少年の権利保障からこの制度を根拠づける必要があることになる。

［2］少年法61条に違反した場合、どのような法的効果が生じるか

625　刑事法上の効果　少年法61条違反の本人推知報道は「違法」ではあるものの、現行法には罰則がないため、報道機関や報道を行った機関や個人に対し刑事制裁を加えることはできない。しかし、その報道が少年の名誉を棄損する場合には、名誉棄損罪（刑230条）に問われることがある。この場合、免責規定（刑230条の２）の適用の可否が併せて問題になる。氏名などが市民自治のために不可欠である公人であることは、少年についてはほとんど考えられない。そのため、少年の氏名は、刑法230条の２第２項にいう

---

(10)　平川・憲法的刑法学390頁、葛野・再構築537頁。

(11)　渋谷・前掲註3）111頁。

(12)　コンメンタール少年法623頁［渕野貴生］。

「公共の利害に関する事実」には原則的には該当しないと考えるべきであろう[13]。

626 民事法上の効果 少年の本人推知報道を行った機関または個人の民事責任については、ⓐ刑事政策説とⓑ権利保障説で結論が分かれうる。ⓐ刑事政策説の立場では、少年法61条違反の本人推知報道そのものが即座に少年の権利侵害となるわけではなく、少年の名誉権やプライバシー権を侵害したといえる場合に、これらの少年の権利と報道の公共性が利益衡量されることになる。それに対して、ⓑ権利保障説では、少年法61条違反の本人推知報道自体が少年の権利の侵害となると考えるのが自然である。

両説の差は、報道が本人に関する推知事実を含んでいるものの、名誉権やプライバシー権の侵害にはあたらないような場合に生じうることになる。

4 少年法61条による推知報道禁止の射程はどこまで及ぶか。家庭裁判所の事件受理前の段階でこの規定の適用はあるか。出版物以外のメディアに関してはどうか。行為時少年であった死刑確定者についてはどうか

627 家庭裁判所の事件受理前の段階 少年法61条は、「家庭裁判所の審判に付された少年又は少年のとき犯した罪により公訴を提起された者について」(強調傍点引用者)推知報道を禁じる文言の体裁をとっている。そのため、家庭裁判所に事件が送致される前の段階にその射程が及ぶのかが問題になる。

少年法61条の趣旨についてⓐ刑事政策説に立つ場合であれ、ⓑ権利保障説をとる場合であれ、少年本人の社会移行(復帰)の観点から考えれば、家庭裁判所の事件受理前に本人推知報道を許容してしまえば、事件受理後にこれを禁止しても意味がないことになる[14]。したがって、少年法61条の趣旨は、(ⓑ人権保障説の立場をとるのであればなおさら)家庭裁判所の事件受理前の段階にも当然に及ぶ。この理解は、1958年12月16日の「新聞協会の少年法第61条の扱いの方針」[15]や「少年事件について、新聞その他の報道機関に発表す

(13) 平川・憲法的刑法学392頁、葛野・再構築538頁。
(14) そればかりか、この段階については予断排除とのかかわりで適正手続保障が重大な問題になる。渕野・前掲註7)18頁を参照。

る場合においても、当該少年の氏名又は住居を告げ、その他その者を推知することができるようなことはしてはならない」と規定する犯罪捜査規範209条にも共有されている。

628　出版物以外のメディア　同様の理由から、「新聞紙その他の出版物」以外のメディアにおける本人推知情報についても、少年法61条の趣旨が及ぶと考えられる。

特に問題になるのは、私人によるインターネット上の書き込みである。前述の通り、SNSの発達により、個別にみてみれば断片的である情報が、その集積により推知事実を形作っている現象が少なからずみられる。少年法61条は、そもそもこうした情報伝達の形態を想定しておらず、その規制は及ばないと考えられる。しかし、個々の行為が、名誉権・プライバシー権・社会復帰権・適正な手続を受ける権利・成長発達権を侵害し、民刑事法上の責任が生じる事態は、十分に考えられる。個人が社会生活を送る際の不利益情報およびそれへのアクセスについては、現在、「**忘れられる権利**」（right to be forgotten）などを通して問題提起が行われている。この問題については、今後の議論の蓄積に待つべきところも大きい。

629　行為時少年であった死刑確定者に対する法適用　行為時少年であった者に対して死刑判決が確定した場合、少年法61条は適用されるであろうか。過去には、こうした場合に実名や顔写真が報道された事例がある。それは、一方で、死刑確定により社会移行（復帰）の可能性がなくなるために少年法61条の対象からは外れるとの理解に基づいており、他方で、誰が死刑適用の対象となっているのか、その具体的な情報については社会的関心が高いという認識によっている。

確かに、死刑執行は国家権力発動の最たるものであり、死刑判決の確定から執行までのプロセスの監視は、市民と報道の重要な役割であるといえる。しかし、少年法61条は、「家庭裁判所の審判に付された少年又は少年のとき

---

(15)　もっとも、この「方針」は、20歳未満の非行少年の氏名、写真などは紙面に掲載すべきではないとしつつ、「逃走中で、放火、殺人など凶悪な累犯が明白に予想される場合」や「指名手配中の犯人捜査に協力する場合」など、「少年保護よりも社会的利益の擁護が強く優先する特殊な場合」を例外としている。

犯した罪により公訴を提起された者について」とのみ規定しており、例外を認めていない。また、死刑判決が確定したとしても、法的には、再審や恩赦の可能性がなお残されている。事実の問題として、仮に刑事施設から釈放される可能性がないとしても、それは「社会的な死」を意味せず、そのことで人間としての尊厳や成長発達の権利が否定されてよいわけでもない。

630　改めて考えるべき問題　現在、一方では、特定秘密保護法の問題に現れているように、公権力による公的情報の過剰なコントロールが、他方では、「忘れられる権利」の重要性が指摘されているように、情報収集・処理技術が高度に発展を遂げた社会の中で個人がよき生を全うするための私的な自己情報、とりわけ社会生活の阻害となる不利益情報のコントロールのあり方が、深刻な問題になっている。

この現況で少年法61条をめぐる問題が照らし映している根本的な問題は、国家や社会、そして報道（機関）と少年司法制度が、個人の抑圧や社会的な排除ではなく、個人の自由な人格の発展と相互の承認・信頼を土台とした共生社会をいかにすれば実現できるか、ということである。一方では、実名や顔写真、推知事実に頼らない、市民的信頼に支えられた「社会の公器」と呼ぶにふさわしい犯罪報道が促進される必要があるであろう。他方で、少年司法制度を社会に根ざした「開かれた」ものにしていく不断の努力が不可欠であることも間違いがない。しかし、何より求められるのは、表層にある行為や現象にとどまることなしに、その背後にある子どもの困窮や生きづらさこそを公共の問題としてとらえ、社会の中で共有と解決を図っていくことであるように思われる。その意味で、少年法61条をめぐる問題は、少年法全体をめぐる問題状況を象徴しているといえる。

第27講　少年司法の新たな課題（1）
――被害者の利益保護

●本講で考えること

例えば、薬物の自己使用など、刑罰法令に触れる行為のうち被害者がいない「被害者なき犯罪」や虞犯を除いて、非行の多くは被害をもたらし、被害者を生んでしまいます。

それでは、非行により被害を受けた者の利益は、少年保護手続でどのように保護されるのでしょうか。

実は、これまで少年法の世界だけでなく刑事司法の領域でも、犯罪被害者は「忘れられた存在」といわれてきました。しかし、1990年代の終わりから、その利益の保護の重要性が認識され、少年保護手続と刑事訴訟手続では急激な改革がもたらされています。この被害者の利益保護は、少年保護とどのような関係に立つべきなのでしょうか。

本講では、少年保護手続における被害者の利益保護について検討します。

● Keywords
和解、記録の謄写・閲覧、意見の聴取、結果の通知、審判傍聴、修復的司法

1　犯罪被害者に対する関心はどのように変化しているか。また、被害者関連の施策はどのように展開しているか。そこにはどのような課題があるか

631　刑事司法における被害者関連施策　　歴史的にみれば、刑事司法領域における被害者への関心は、被害原因論[1]から被害者の保護や支援へと移ってきている。

日本における被害者関連立法の先駆けとなったのは、三菱重工ビル爆破事

(1)　特に、①完全に有罪性のない被害者、②有罪性の少ない被害者、③加害者と同程度に有罪である被害者、④加害者よりも有罪な被害者に類型化した、メンデルゾーンによる「被害者の有罪性」の議論が有名である。

件などをきっかけとして創設された1980年の犯罪被害給付制度であった。その後しばらくの空白期間を経て、2000年に犯罪被害者保護二法（刑事訴訟法及び検察審査会法の一部を改正する法律、犯罪被害者等の保護を図るための刑事手続に付随する措置に関する法律）が成立し、①刑事訴訟手続における証人尋問の際の負担軽減措置の導入（証人への付添（刑訴157条の２）、遮蔽措置（刑訴157条の３）、ビデオリンク（刑訴157条の４））、②一定の親告罪の告訴期間の撤廃（刑訴235条）、③心情その他の意見陳述制度の導入（刑訴292条の２）が行われた。その後、2001年に犯罪被害給付制度が改められ、2004年には犯罪被害者等基本法が成立している。それを受けて、2007年に刑事訴訟法などが改正され、①犯罪被害者等の刑事裁判への参加、②犯罪被害者等の氏名等の情報保護、③犯罪被害者等による損害賠償請求について刑事手続の成果を利用する制度、④訴訟記録の閲覧及び謄写の範囲の拡大が実現することになった。

632　少年司法における被害者関連施策の展開　こうした背景の前で、少年司法の領域においても被害者の利益保護への関心が高まった。具体的には、第一次改正で、記録の閲覧・謄写（少５条の２）、被害者等の意見聴取（少９条の２）、審判結果等の通知（少31条の２）の制度が、第三次改正で、審判傍聴（少22条の４）の制度が、導入された。第一次改正におけるいわゆる「原則逆送」（少20条２項）や第二次改正における「原則家裁送致」（少６条の６第１項）の制度導入にあたっても、（当時はまだ制度として存在していなかった）被害者等が審理を傍聴する利益や、記録の閲覧・謄写の利益が強調された。

審判の結果少年が保護処分として少年院送致となった場合について、2007年12月に、保護処分の執行に関連した「加害者の処遇状況等に関する通知」制度が、法務省内部の取扱いとして、導入されている。被害者等は、少年院の長からは、少年が在所する施設名、教育状況、出院年月日、出院事由を、地方更生保護委員会からは、仮退院審理の開始と結果に関する、保護観察所の長からは、保護観察の開始、処遇状況、終了に関する情報の通知を受けることができる。

633　課題　以上にみたように、被害者の利益保護に関する施策は、2000年以降の各々の少年法改正における大きな柱として、急激に展開している。しかし、それゆえに、施策間の関係や少年法の理念との整合性について、十分に検証されているとはいい難い。また、事件発生直後からの専門的かつ継続的な法的支援や、物心両面にわたる民間による支援、さらには諸外国でみられる修復的司法（Restorative Justice）の取組みは、この間十分に発展したとはいい難い状況にある(2)。特にこれらの点で、理論・実践の両面で多くの課題が残されている。

2　被害者等の記録の閲覧・謄写は何を趣旨とするどのような制度か。また、それはどのように変遷してきているか

634　主体と対象　少年法は、利益保護の対象となる「被害者等」を「被害者又はその法定代理人若しくは被害者が死亡した場合若しくはその心身に重大な故障がある場合におけるその配偶者、直系の親族若しくは兄弟姉妹」と定義している（少5条の2第1項）。

この制度の対象となるのは、犯罪少年事件または触法少年事件で審判開始決定があった保護事件の記録である。しかし、この記録からは、「家庭裁判所が専ら当該少年の保護の必要性を判断するために収集したもの及び家庭裁判所調査官が家庭裁判所による当該少年の保護の必要性の判断に資するよう作成し又は収集したもの」が除かれ（少5条の2第1項）、社会記録に綴られる鑑別結果通知書や学校照会回答書、少年調査書、意見書などは対象に含まれない。その理由は、社会記録には少年およびその関係者のプライバシーに深くかかわる情報が記載されていることにある（⇒**309～313**）。被害者等またはその委託を受けた弁護士から申出がある場合、家庭裁判所は、「閲覧又は謄写を求める理由が正当でないと認める場合及び少年の健全な育成に対する影響、事件の性質、調査又は審判の状況その他の事情を考慮して閲覧又は謄写をさせることが相当でないと認める場合」を除き、閲覧・謄写をさせるものとされている（少5条の2第1項）。

---

(2)　日本では、千葉のNPO法人による「被害者加害者対話の会支援センター」、兵庫県弁護士会による「犯罪被害者・加害者対話センター」、岡山弁護士会による「岡山仲裁センター」の先駆的な取組みがある。山田由紀子「NPO活動としての被害者加害者対話」自正61巻9号（2010年）35頁を特に参照。

635　時的制約と禁止事項　　もっとも、終局決定の確定後３年を経過したときは、この申出を行うことはできない（少５条の２第２項）。また、記録の閲覧・謄写をした者は、「正当な理由がないのに閲覧又は謄写により知り得た少年の氏名その他少年の身上に関する事項を漏らしてはならず、かつ、閲覧又は謄写により知り得た事項をみだりに用いて、少年の健全な育成を妨げ、関係人の名誉若しくは生活の平穏を害し、又は調査若しくは審判に支障を生じさせる行為をしてはならない」ものとされている（同第３項）。この違反に対する罰則は少年法上存在していないものの、守秘義務違反により関係人に損害を与えた場合には民法上の不法行為が（民709条）、名誉を毀損した場合には刑法上の名誉棄損罪（刑230条）が成立しうる。弁護士については、懲戒事由ともなりうる[3]。

636　制度の変遷とその趣旨　　従前も、被害者等は少年審判規則７条１項を根拠に記録の閲覧および謄写を行うことが可能であった。第一次改正法は、被害者等が閲覧・謄写をより希望しやすくし、被害者等に対する配慮を徹底するために、これを、損害賠償請求に力点を置く形で、法律上明定したのであった（⇒**13**）。その上で、第三次改正は、対象範囲の拡大と要件の緩和を図っている。

すなわち、第一次改正法は、閲覧・謄写の対象を、密接関連重要事実を含めた「当該保護事件の非行事実に係る部分に限る」としていた。また、要件として、「損害賠償請求権の行使のために必要があると認める場合」を例示して、正当な理由があり、かつ「少年の健全な育成に対する影響、事件の性質、調査又は審判の状況その他の事情を考慮して相当と認めるとき」に、閲覧・謄写を「させることができる」ものとしていた。

第三次改正法は、これを改め、要保護性に関係するものを除いた記録を対象とする体裁をとっているから、法律記録に含まれている、少年の身上に関する供述調書や審判調書、少年の生活状況に関する保護者の供述調書なども対象に含まれることになる。また、これまで必ずしも「正当な理由」とは認められてこなかった、単に事件の内容知りたいという理由に基づく閲覧・謄

---

(3)　第一次改正法解説54頁。

写も、相当性を欠く場合を除き、認められることになった。さらに、閲覧・謄写を原則的に認める規定ぶりに改められてもいる。

そもそも閲覧・謄写の申出を行うことができる期間が終局決定確定後３年間とされたのは、その必要性が時間の経過とともに減少すると考えられることや、少年の生活の平穏や関係人の名誉などの利益保護の要請があることのほか、不法行為による損害賠償請求権の消滅時効の期間が３年とされていること（民724条前段）と関連づけられたがゆえのことであった[4]。第二次改正は、その要件を緩和したことで、記録の閲覧・謄写制度の趣旨を損害賠償請求から、少年に関する情報を知りたいという被害者等の心情保護に重心移動したとみることができる。しかし、法改正による原則・例外関係の逆転にもかかわらず、少年の健全育成の観点を踏まえた相当性判断が必要であることには変わりがない。少年の成長発達権保障を踏まえた家庭裁判所による裁量判断は、より一層重要なものになっているといえる。

3　被害者等の意見の聴取は何を趣旨とするどのような制度か

637　意見聴取の趣旨と法的性格　被害者等の意見の聴取は（少９条の２）、被害に関する心情や意見などを踏まえて審判を行うことを明確にし、被害者をはじめとする国民の少年審判に対する信頼を確保するとともに、被害者等の心情や意見を少年に認識させて更生に資するものにする趣旨から[5]、第一次改正で導入された。もっとも、被害者等をはじめとする国民の少年審判への信頼と、少年の更生という制度の目的ないし趣旨の相互関係は不明確である。被害者等の意見陳述が少年の更生に資するケースがありえないわけではないものの、それは自動的かつ必然的に帰結されるものではない。むしろ逆に作用する可能性にも注意が必要である。

この制度は、2001年の刑事訴訟法改正で導入された刑事訴訟手続における被害者等による意見の陳述（刑訴292条の２）と共通した法的性格をもつものと理解されている。そのため、この制度は立証上の必要性から証言を求める

---

(4)　第一次改正法解説52頁。
(5)　第一次改正法解説59頁。

証人尋問とは制度趣旨を異にしており、刑訴292条の２第９項との関係から、意見の内容を非行事実認定に用いることは許されない。また、法文上、意見は、被害者等の申出に基づき、「事件の性質、調査又は審判の状況その他の事情を考慮して、相当でないと認めるとき」を例外として、原則的に聴取するものとされている。しかし、意見聴取の法的性格は被害者等の権利に基づくものではなく、あくまで家庭裁判所の職権によるものである。

638 対象と聴取方法 その対象は、犯罪少年事件と触法少年事件である。聴取方法は、家庭裁判所が自ら聴取する方法と、家庭裁判所調査官に聴取させる方法がある。

調査に関連して検討したように（⇒**315**）、被害者等のカタルシスを超えて、聴取された意見を処分選択に反映させるためには、少年の要保護性のフィルターを通す必要がある。そのためには、被害者調査と同様に、少年への「投げかけ」や働きかけが必要になる。

4 審判結果等の通知と説明は何を趣旨とするどのような制度か

639 制度の趣旨 被害者等に対する審判結果等の通知（少31条の２）は、非公開とされている少年審判の結果などに関する情報を被害者等が得ることができるようにするよう、第一次改正法で創設された制度である。それに対し、被害者等に対する説明（少22条の６）は、審判期日における審判の状況を被害者等に伝える制度であり、第三次改正で創設された[(6)]。

640 制度の内容 通知は、「少年の健全な育成を妨げるおそれがあり相当でないと認められるものについては、この限りでない」との例外を留保しながらも、必要とする理由を別段問うことなく、被害者等の申出があった場合には、原則的に行われる。通知内容は、少年およびその法定代理人の氏名および住居や、決定の年月日、主文および理由の要旨などである。説明も同様に、被害者等の申出を要件として審判期日における審判の状況を伝えるものである。もっとも、説明に関しては、「少年の健全な育成を妨げるおそれ

---

(6) この制度は、法制審議会による審議を経た国会提出案には含まれておらず、衆議院における修正で導入された制度である。

がなく相当と認めるとき」と規定されているから、積極的な相当性判断が求められる。

通知も説明も、記録の閲覧・謄写と同様に（⇒**635**）、終局決定の確定後3年を経過したときには、申出は行うことができない（少31条の2第2項、22条の6第2項）。また、正当な理由なく少年の氏名その他少年の身上に関する事項を漏らすことや、少年の健全な育成を妨げ、関係者の名誉・生活の平穏を害し、調査、審判に支障を生じさせる行為が禁じられる（少31条の2第3項、22条の6第3項）。これへの違反により生じうる法的効果も、記録の閲覧・謄写の場合と同じである。

5　被害者等の審判傍聴は何を趣旨とするどのような制度か

641　制度の趣旨　従前、非公開の原則（少22条2項）（⇒**326**）から、少年審判では被害者の傍聴は認められてこなかった。しかし、2004年に犯罪被害者等基本法が成立したことを背景に、特に結果重大事件につき被害者等が審判におけるやりとりを直接見聞きし、具体的な状況について情報を得たいとの声が取り上げられ、第三次改正において審判傍聴制度（少22条の4）が導入された（⇒**20**）。

第三次改正の審判傍聴に関する国会提出法案は、次の点に関し、衆議院で修正されている。すなわち、①触法少年のうち12歳未満の者の審判について傍聴できないものとすること（少22条の4第1項）、②「少年の健全な育成を妨げるおそれがない」ことを傍聴の許否にかかる相当性判断の考慮要素とすること（同第1項）、③12歳以上の触法少年の事件について傍聴の許否を判断するにあたっては、触法少年が一般に精神的に特に未熟であることを十分に考慮しなければならないものとすること（同第2項）、④傍聴する被害者等の座席の位置や職員の配置などを定めるにあたって、裁判長は少年の心身に及ぼす影響に配慮しなければならないものとすること（同第4項）、⑤被害者等の傍聴を許すには予め弁護士付添人の意見を聴かなければならず、少年に弁護士付添人がないときは、少年および被害者がこれを必要としない旨の意思を明示した場合を除き、弁護士付添人を付さなければならないとしたこと（少22条の5）、である。

被害者等の審判傍聴の趣旨ないし意義としては、少年にとっても非行の重大さを認識し反省を深めることに資する場合があることも指摘されている[7]。しかし、衆議院における修正がちょうど逆から照射しているように、審判傍聴制度は、萎縮などをもたらすことにより、少年の主体的な手続参加自体を阻害する危険性を内包している。適正手続保障をも含めた成長発達権保障と緊張関係にあることが、常に念頭に置かれる必要がある。

642 要件　被害者等の審判傍聴が許されるためには、①犯罪少年事件または、12歳未満の少年によるものを除いた触法少年事件で、②故意の犯罪行為により被害者を死傷させた罪、刑法211条（業務上過失致死傷等）の罪、または自動車の運転により人を死傷させる行為等の処罰に関する法律４条、５条・６条３項・４項の罪に触れ（被害者を傷害した場合は、「生命に重大な危険を生じさせたとき」に限る）、③「少年の年齢及び心身の状態、事件の性質、審判の状況その他の事情を考慮して、少年の健全な育成を妨げるおそれがなく相当と認め」られること、が必要である（少22条の４第１項）。また、手続的要件として、被害者等による申出と、弁護士付添人の意見聴取（少22条の５）が必要である。

②被害者を傷害した場合の「生命に重大な危険を生じさせたとき」とは、医療措置を施しても被害者が死に至るような、被害者が死亡に至る蓋然性が極めて高い状態を意味する[8]。その判断は、医師の診断書や供述調書、写真撮影報告書などによって行われる。

③相当性判断について、触法少年の事件の傍聴では、「少年が、一般に、精神的に特に未成熟であることを十分考慮しなければならない」ことが加重的な要素とされる（少22条の４第２項）。相当性判断にあたっては、年齢や心身の状態などといった少年に関係する事情のほか、被害者等の人数や被害感情の強さ、審判廷の広さなどを考慮したきめ細かな判断が求められる。

家庭裁判所は、「傍聴する者の年齢、心身の状態その他の事情を考慮し、その者が著しく不安又は緊張を覚えるおそれがあると認めるとき」に、傍聴

---

(7)　第二次・第三次改正法解説76頁。

(8)　第二次・第三次改正法解説85頁。

者に付添いを許すことができる。付添いを行う者は「不安又は緊張を緩和するのに適当であり、かつ、審判を妨げ、又はこれに不当な影響を与えるおそれがないと認める者」でなければならない（少22条の4第3項）。

傍聴を行う被害者等やこれに付き添う者は、記録の閲覧・謄写や通知、説明の場合と同様に、正当な理由なく少年の氏名その他少年の身上に関する事項を漏らすことや、少年の健全な育成を妨げ、関係者の名誉・生活の平穏を害し、調査、審判に支障を生じさせる行為が禁じられる（少22条の4第5項）。これへの違反により生じうる法的効果も、記録の閲覧・謄写および審判結果等の通知の場合と同じである（⇒**635、640**）。

643　審判傍聴の対象、方法、法的性格　傍聴の対象となる手続は、法文上非行事実に関するものに限られていない。そのため形式の上では、要保護性に関する審理も傍聴の対象に含まれる。傍聴の対象となるのは「審判期日における審判」であるから、期日外の手続として行われる証人尋問や鑑定、検証、捜索、差押えなどは対象にはならない。抗告審に関しても、この制度の適用はないと解される。

審判傍聴は、被害者等の権利に基づき「許可しなければならない」ものではなく、家庭裁判所の裁量により「許可することができる」ものである。家庭裁判所は少年の成長発達権を保障する義務を負っているから、審判傍聴の許否も、その裁量に基づき、少年の様子や少年をめぐる事情の変化に鑑みて柔軟に行使する必要がある。そのため、審判期日の一部についてのみ傍聴を許可したり、いったん認めた被害者等の傍聴を取り消したり、被害者等を退出させたりすることもできると解すべきである。運用上、遮蔽措置をとることもできると解すべきであろう。傍聴事案の分析では、被害者等の被害感情が激しく、少年を激しく非難する意見を述べた例も紹介されており(9)、少年の成長発達権保障の義務を負う家庭裁判所が少年の手続参加権を保障するために審判中に積極的な対応をとるべき場面も多いと考えられる。

644　運用と課題　2008年12月15日から2010年12月31日までの期間にお

(9)　髙麗邦彦ほか『少年審判の傍聴制度の運用に関する研究』（法曹会［司法研究報告書64輯1号］、2012年）81頁。

ける運用を分析した研究[10]によれば、被害者等の審判傍聴制度の対象となった事件383件のうち被害者等から傍聴の申出があった事件は176件（45.9％）であり、そのうち傍聴が許可されたのが152件（317人）、不許可となったのが21件（51人）、現に傍聴が実施されたのが152件（306人）であった。傍聴人の人数は３人以内が90％以上を占めているものの（138件、90.1％）、４人（11件、７％）や５人（３件、２％）の傍聴人がいた事件も存在している。

審判傍聴の申出があったにもかかわらず不許可となった事例の理由の内訳は、相当性なしが11件、生命重大危険なしが７件、審判不開始が11件、申出資格なしが10件であった。相当性なしのうち８件は、共犯者多数事件で１人の被害者等を不許可としたものであり、１人も傍聴も認めなかったのは３件にとどまる。

傍聴が許可された事件の犯行時年齢別の内訳は、13歳が４件（３％）、14歳が18件（12％）、15歳が８件（５％）、16歳が17件（11％）、17歳が21件（14％）、18歳が42件（27％）、19歳が42件（28％）となっている。道路交通に関係する非行が含まれていることもあり、年長の少年の割合が大きいものの、年少の少年に対しても傍聴が行われていることが分かる。

審判傍聴が不許可とされることは少なく、相当性判断に基づく不許可も傍聴人の人数など比較的形式的なものが多くなっている。家庭裁判所が審判傍聴の許否にかかる相当性判断をきめ細やかに行うとともに、審判中柔軟な判断を行う必要性は極めて高い。

645　立法的課題　立法上の課題として、一方では、ビデオリンクの導入が主張されている。別室に控えた被害者等がビデオリンクで審判廷の様子を傍聴することが可能になれば、少年の萎縮などの弊害を小さくでき、なおかつ情報を知りたいという被害者等の希望をも叶えることができる、というわけである。しかし、それでもなお、傍聴されていること自体が少年、そして裁判官や調査官といった手続関与者の萎縮をもたらすことは考えられうる。少年に対する適正手続保障の核心が適正な相互作用とコミュニケーションにあること（⇒**110～111**）を考えれば、この問題を過小評価すべきではない。

---

(10)　髙麗ほか・前掲註9）24頁。

そのことでまた、却って審判傍聴の対象範囲が安易かつ無限定に拡大されるおそれもある。

他方で、審判傍聴の対象や時期の問題も指摘されている。現行制度は、被害者を死亡させたり生命を危殆化させたりした結果重大事件を対象としている。一面において、こうした事件の被害者等が審判におけるやりとりを直接見聞きしたいとの希望を強くもつことは、当然のことである。しかし、他面において、少年審判が通例は事件後余り時間を置かずに行われることと相俟って、こうした類型の事件の被害者等が傍聴時に少年に対して激しい処罰感情を抱くことも、自然なことである。そうすると、制度目的の１つに数えられる少年の内省を深めることが、却って難しくなるだけでなく、傍聴者の心情を傷つける事態が生じることも十分に考えられる。被害者等が少年と直面して事件に関する情報を得る仕組みの必要性は否定できないにしても、それが審判段階であるべきかどうかということは、対象事件の設定とともに、立法論として再考の余地が十分にある。

被害者等が被害から回復するために何より求められるのは、「点」としての施策（だけ）でなく、社会で生活を送るために人生行路（ライフコース）に付き添い、その中での最善の利益を実現するための継続性のある「線」や「面」として支援である(11)。そして、そうした支援の必要性と現実における課題の構造は、実は、非行からの回復と同質のものであるといえる（⇒**72**）。その意味で、社会の中の支援を拡充することが、被害者支援の裾野を拡げるためにも必要である。

---

(11)　交通犯罪被害者遺族へのヒアリングに基づき、その回復にとって情報提供やセルフ・ヘルプ・グループが重要な役割を果たしていることを指摘するものとして、佐藤恵「犯罪被害者の『回復』とその支援」犯社28号（2003年）96頁。

第28講　少年司法の新たな課題（2）
――付添人による援助

●本講で考えること

ここまで、（狭い意味での）少年司法と刑事司法における少年の保護のあり方について検討を加えてきました。少年保護手続や刑事訴訟手続では、警察官、検察官、裁判官、少年鑑別所の法務技官、家庭裁判所調査官、少年院の法務教官、刑務官、保護観察官、保護司、そして民間のボランティアなど、多くの人が少年の保護と成長発達のための活動を行います。その多くは、専門性に支えられており、各々のかかわりは少年の成長発達のために人生の１コマにおいて「点」として強いインパクトを与えうるものです。しかし、手続を通して、場合によってはそれが終わった後でも、一貫して少年とかかわる支援も重要です。そうした「線」や「面」としての支援をなしうる仕組みとして、付添人という制度があります。弁護士が少年保護手続で法的支援に携わる場合でも、多くの場合、付添人として活動します。そして、国が弁護士を付添人として付する「国選（弁護士）付添人」制度が、2000年以降の法改正で創設され、発展してきています。

それでは、この付添人制度とはどのようなもので、付添人はどのような役割を担うのでしょうか。また、国選弁護士制度にはどのような意義と課題があるのでしょうか。「弁護の問題は、まるで万華鏡のように、少年司法のすべての基本問題を明らかにする」[(1)]といわれます。

本書における最後の検討として、本講では、付添人による援助の意義と課題を検討することにします。

● Keywords
付添人、国選付添人、パートナーシップ、協力者的役割、弁護人的役割

1　付添人制度にはどのような意義があるか。また、この制度はどのような歴史をもつか

646　付添人制度の概要　少年法は、少年保護手続に関与する少年に近

(1)　*Horst Schüler-Springorum*, Zusammenfassende Überlegung, in: Bundesministerium der Justiz (Hrsg.) : Verteidigung in Jugendstrafsachen. Kölner Symposium, Bonn, S. 197.

しい民間の支援者に、「付添人」という法的地位を与える制度をもっている。弁護士が少年保護手続において少年のために法的支援を行う場合にも、刑事訴訟法上の「弁護人」という法的地位ではなく、この「付添人」という法的地位の上で活動することになる[2]。弁護士を付添人に選任するには、家庭裁判所の許可を要しないものの、それ以外の者を付添人として選任する場合には、家庭裁判所の許可を受ける必要がある（少10条1項）。付添人の選任は、審級ごとにしなければならない（少審規14条4項）[3]。また、保護者も、家庭裁判所の許可を受けて、付添人となることができる（少10条2項）。

実際に付添人として選任されることが多いのは、弁護士である。2000年以降、国が弁護士付添人を選任する制度（国選弁護士付添人制度）が構築、拡充されてきているものの、その多くは私選である。

647　制度の歴史　現行制度は、旧少年法の「附添人」制度を継承している。旧少年法は、「本人、保護者又ハ保護団体ハ少年審判所ノ許可ヲ受ケ附添人ヲ選任スルコトヲ得」（42条2項）、「附添人ハ弁護士、保護事業ニ従事スル者又ハ少年審判所ノ許可ヲ受ケタル者ヲ以テ之ニ充ツヘシ」（同3項）との規定を置いた。規定の表現も含めて、これが現行法につながっている。

他方、旧少年法は、「少年審判所審判ヲ開始スル場合ニ於テ必要アルトキハ本人ノ為附添人ヲ附スルコトヲ得」（同1項）という規定を置き、少年審判所の職権にかかる国選附添人制度を設けていた。しかし、この制度は1948年に制定された法律には継承されなかった。その理由は、なお定かではないものの、調査機構の大幅な整備と関係していることが窺われる。

1970年の少年法改正要綱（⇒**42**）が家庭裁判所の裁量によるものと必要的な国選付添人制度とを併存させる提案を行ったように、戦後の議論においても、特に弁護士を選任する形態での国選付添人制度の必要性は認識されてい

---

(2)　事件が家庭裁判所に送致、受理される前の手続段階である捜査について、少年法はほとんど特則を置いておらず、主に刑事訴訟法が適用されることになる（⇒**11**）。そのため、この段階において、弁護士は、弁護人または弁護人になろうとする者として手続にかかわることになる。

(3)　最高裁判所の裁判例によれば、原審における付添人とは別の弁護士が付添人選任届が提出されていないまま行った抗告の申立ては不適法であり、抗告申立て期間経過後にこの弁護士を付添人に選任する旨の届出が追加提出されたとしても、これにより本件抗告申立ては適法とならない（最決平24・5・1家月65巻4号56頁）。

た。しかし、それが立法に結実したのは、2000年の第一次改正法においてである[4]。その後の少年法改正を通して、国選付添人制度は拡充してきてはいるものの、その制度枠組みは検察官関与と関連づけられており、基本構想に大きな問題が残されている。

648 付添人制度の意義 旧少年法の制定過程から窺われるのは、少年に近しい民間の支援者から特に少年の要保護状態について情報を得るための仕組みとして附添人制度が設けられた、ということである[5]。もっとも、旧少年法下では、国親思想のもと、少年の利益を最もよく理解できるのは少年審判所であるという前提で、附添人と刑事手続における弁護人の違いが強調されていた。

今日でも、刑事手続と少年保護手続との異同を問う形で、付添人の役割論については激しい見解の対立がみられる。しかし、少年に近しい民間の支援者を手続に関与させるという制度の核心的な部分には、今日、新たな意義も付与されうる。人生行路（ライフコース）の中で非行や犯罪現象をとらえようとするアプローチ（⇒**72〜73**）が明らかにしているように、非行からの回復には、「点」としてのかかわりだけでなく「線」や「面」として関係をもつ者の存在が不可欠である。この役割を公的機関が担うことは難しい。少年に近しい民間の支援者として自身が手続に一貫してかかわりをもてるだけでなく、少年と社会資源とをつなぐ中継装置（ハブ）の役割や仲介者・コーディネーターの役目を担うことができる点にも、付添人制度の現代的な意義が認められる（⇒**79**）。

戦後、付添人活動は、弁護士による活動と、少年友の会の活動に代表される一般市民による保護者的・社会篤志家的活動の二系統で展開してきた。少年友の会は、家庭裁判所と連携して、少年事件の対象となった当事者への経済的援助、各種福祉機関への紹介、補導委託施設への援助のほか、保護的措置や試験観察にあたってのボランティア活動を行う組織である。1966年4月に東京が先駆けたこの組織は、2009年10月に佐賀に発足したことで、全国で

---

(4) その際、「附添人」の表記も「付添人」に改められている。

(5) 詳細は、武内謙治「戦前期における附添人論（1）〜（3・完）」法政78巻2号（2011年）85頁、78巻4号（2012年）178頁、79巻1号（2012年）166頁を参照のこと。

50を数えるようになっている。伝統的な保護者的・社会の代表者的役割、それ自体の充実とともに、弁護士付添人との連携が課題となっている。

2　付添人はどのような権限をもつか。また、付添人はどのような役割を担うべきか

［1］付添人はどのような権限をもつか

649　付添人の権限　付添人は、観護措置決定・更新決定に対する異議申立て権・特別抗告権（少17条の２、17条の３）（⇒**270**）、保護処分決定に対する抗告権・再抗告権（少32条、35条１項）（⇒**4778、509**）、記録・証拠物の閲覧・謄写権（少審規７条２項）（⇒**318**）、証拠調べ手続における立会い権・尋問権・証拠調べの申出の権限（少審規19条、29条の３）、審判出席・意見陳述権（少審規28条４項、29条の２、30条）、審判で少年に発問する権利（少審規29条の４）、審判書の謄本請求権をもつ。弁護士付添人は、加えて、少年鑑別所や少年院において施設職員の立会いなしに面会を行う権利をもつ（新少鑑81条１項、86条１項、89条、91条、新少院93条）（⇒**290～291**）。

［2］付添人はどのような役割を担うべきか。また、実際にどのような役割を果たしているか

650　付添人の役割　それでは、付添人は、具体的にどのような役割を果たすべきであろうか。歴史的な脈絡を踏まえて整理すれば、現在、学説は、ⓐ二面性論（協力者的役割論）、ⓑ弁護人的役割論、ⓒ最善の利益擁護者論、ⓓパートナーシップ論、ⓔ新弁護人的役割論に分かれている。

付添人論の古典的な対立図式は、その役割を家庭裁判所の協力者に据えるのか、それとも刑事弁護人と同様のものと考えるのか、という点にあった。戦後の議論は、協力者的役割を前面に出す形でその止揚を図るⓐ二面性論から出発したといえる。家庭裁判所の協力者としての役割が一次的なもので、弁護人的役割は第二次的な役割にすぎないと理解したこの説の主たる根拠は、「保護事件の手続は、全体として対立当事者間の訴訟的構造を有しない」ことや「少年は家庭裁判所に對して全く『受動的』地位に立つて」いることに求められた[(6)]。

1970年代に入ると、この説を批判する形で、付添人を少年のための代理人とみるⓑ弁護人的役割論が登場する(7)。ゴールト事件判決に代表されるようなアメリカ少年司法におけるデュー・プロセス革命の展開や、国選付添人制度の創設を盛り込んだ少年法改正要綱（⇒**42**）の存在を背景として、旧少年法から続く国親思想と「官選附添人」の発想から脱却し、付添人を家庭裁判所の協力者としてではなく少年の代理人として位置づけるべきことが主張されたわけである。

しかし、その主張は、非行事実認定手続に力点を置いたものであったといえる。その点に着目して、処遇決定過程においても適正手続を及ぼすことを企図して主張されたのが、ⓒ最善の利益擁護者論である。少年は、処遇決定過程において人間的発達を保障するための教育を受け、そのような教育が少年の最善の利益に沿ってなされることを確保する利益を保護されなければならないものの、現実的には保護処分の内容が歴史的・社会的制約からすべての少年について個別的に最善の利益に合致するものとはなっておらず、不利益性を払拭できない、というのが、この前提となる議論である。この認識の上で、付添人は少年の利益を擁護する立場から、不利益性のより小さい非行性解消のための処遇手段について意見を述べ、またそのための活動を行うべきであると考えるわけである(8)。

この見解と同様に、少年法の個別処遇原則（⇒**7**）から出発し、その視角を徹底するとともに、少年保護手続の全体、あるいはその終了後の活動まで視野に入れるのがⓓパートナーシップ論である。この見解は、弁護士付添人活動の活発化と子どもの権利に関する国際人権法の発展をも背景として、1980年代半ばに登場している。家庭裁判所との関係においてではなく端的に少年との関係で付添人の役割をとらえるべきことを主張し、「少年が固有の

(6) 團藤＝内藤＝森田＝四ツ谷132頁［森田宗一］、柏木・概説65頁。その他、市村53頁、最高裁判所・概説27頁も同様の考えに立つ。近時、協力者的役割を強調するものとして、三浦透「付添人の役割について」家月59巻4号（2007年）1頁。

(7) 的場武治「少年手続における附添人制度の検討」判タ287号（1973年）53頁、高井吉夫「附添人制度と適正手続について」判タ287号（1973年）54頁。

(8) 守屋克彦「少年審判における附添人の役割と機能」自正29巻9号（1978年）106頁、守屋・非行と少年審判179頁。

成長発達権に基づいて適正手続による最善の個別処遇を要求し、そのために審判において権利を行使するのを援助する『少年のパートナー』[(9)]であると考えるわけである。

こうした考えに対し、1990年代に入ると、ⓔ新しい弁護人的役割論とでも称すべき見解も登場している。これは、「弁護人としての付添人」と「補助者としての付添人」を明確に区別することを前提に、双方の役割が衝突する場面では、常に弁護人としての役割が優先されるべきことを主張する。この見解は、付添人の役割を弁護人選任権の脈絡でとらえている。その前提には、「適正手続保障」は幅のある概念であるとの理解がある。烙印押し（スティグマ）と自由の制約を少年に科すという意味での制裁機能をもつ点で少年保護手続が刑事手続と共通の性格を有するがゆえに、少年保護手続には刑事手続に準じた程度の適正手続保障が要求されるはずであり、そうであれば弁護人選任権を保障しなければならない、というのが議論の要諦である[(10)]。

651　考え方の分岐点　　このように、付添人の役割論は、現在、複雑な様相を呈している。その大きな原因は、「付添人」として弁護士付添人を念頭に置くか否かや、「弁護人的役割」として何を措定するのかが、時代と論者によって一致していないことにある。終戦直後の時期に二面性論（協力者的役割論）が説かれた際には、弁護士付添人のかかわり自体が稀であり、「弁護人的役割」としても弁論など公判廷における活動が念頭に置かれていたといえる。しかし、今日、「弁護人的活動」の中に情状弁護の一環として積極的な環境調整や「更生のための弁護」[(11)]が含まれるようになっている。

その上で、理論上の分岐点となっているのは、①付添人は（少なくとも第一次的には）少年の利益・権利の擁護のみを指針として活動すべきか、②擁

---

(9)　多田元「少年審判における附添人の役割」司法福祉の焦点96頁。

(10)　佐伯仁志「少年保護手続における適正手続保障と弁護人の援助を受ける権利」曹時48巻12号（1996年）1頁。この議論は、保護処分を侵害原理と責任原理に基づく応報としてとらえる考え方（⇒**108、115**）と結びついている。

(11)　例えば、坂本正幸ほか編『情状弁護ハンドブック』（現代人文社、2008年）、奈良弁護士会編『更生に資する弁護』（現代人文社、2012年）。城戸浩正「少年事件と弁護士の役割」宮川光治ほか編『変革の中の弁護士 上』（有斐閣、1992年）318頁が指摘する付添人活動と刑事弁護人の活動の共通性も、この点にかかわる。

護・保障されるべき少年の利益や権利は何か、またその利益や権利は家庭裁判所における手続にのみ関連づけられるか、③個別処遇原則を理念として重視するか、④保護処分を純粋な不利益処分と考えるか、という点である。

①付添人は少年の利益・権利の擁護のみを指針として活動すべきかどうかという問題につき、ⓐ二面性論（協力者的役割論）が否定するのに対し、それ以外の説は肯定する。

②少年の権利の内容に関して、ⓑ弁護人的役割論とⓔ新弁護人的役割論は、自由権的な防禦権を重視し、家庭裁判所における非行事実認定過程に力点を置いている。それに対し、ⓐ二面性論（協力者的役割論）、ⓒ最善の利益擁護者論、ⓓパートナーシップ論は、少年の処遇を受ける権利や利益を視野に入れ、処遇決定過程にも目を向けている。もっとも、ⓐ二面性論（協力者的役割論）は審判機関が少年の利益を最もよく理解できるとの前提に立っており、少年の処遇を受ける利益も権利としてではなく恩恵的なものとして理解する傾向をもつ。それに対し、ⓒ最善の利益擁護者論とⓓパートナーシップ論は最善の利益に適う処遇を受ける利益を権利、とりわけ成長発達権の脈絡で理解する。また、ⓐ二面性論（協力者的役割論）が、（少年の利益を最もよく理解しているはずのものとして措定される）家庭裁判所との関係で問題をとらえるために、その役割を家庭裁判所における手続に限定する傾向をもつのに対し、ⓒ最善の利益擁護者論とⓓパートナーシップ論は、少年との関係で役割を規定するため、その活動を家庭裁判所における手続のみに必ずしも限定しない。

③個別処遇原則に関し、ⓐ二面性論（協力者的役割論）、ⓒ最善の利益擁護者論、ⓓパートナーシップ論は、これを重く考える。もっとも、②の問題と同様に、ⓐ二面性論（協力者的役割論）が個別処遇原則を必ずしも少年の権利とは結びつけないのに対して、ⓒ最善の利益擁護者論とⓓパートナーシップ論は個別処遇原則を少年の成長発達権保障の観点からとらえている。ⓑ弁護人的役割論とⓔ新弁護人的役割論は、少年の自由権的権利保障や手続の公正さを重視する一方で、個別処遇の理念を強調しない傾向にある。

④保護処分の不利益性について、ⓐ二面性論（協力者的役割論）は保護処分の利益処分性を、ⓑ弁護人的役割論とⓔ新弁護人的役割論はその不利益性を強調する。それに対し、ⓒ最善の利益擁護者論、ⓓパートナーシップ論は、

理念として保護処分の利益処分性を擁護する一方で、現実的な不利益性を否定していない。

652　理論的検討　それでは、付添人の役割どのように考えるべきであろうか。弁護士付添人を念頭に置けば、出発点とされるべきは、②擁護されるべき少年の利益は何か、ということである。国際人権法の発展に鑑みれば、少年の自由権的権利や公正な手続を受ける権利に限定されず、それらをも内包する成長発達権が擁護されるべき利益であると考えるべきである。家庭裁判所における非行事実認定手続が、その保障にあたって最も問題になる重大な局面の1つであることは、確かである。しかし、成長発達権の保障は、非行事実認定過程のみならず処遇決定過程でも問題になる。この権利の保障は、家庭裁判所における手続に限定されて問題になるわけでもない。この観点からみれば、ⓐ二面性論（協力者的役割論）のように付添人をあえて家庭裁判所の協力者とみる必要性はなく、成長発達権を保障し、最善の利益を実現する義務を負う者・機関同士の協働ととらえれば足りることになる。また、ⓑ弁護人的役割論とⓔ新弁護人的役割論が前提とする少年の利益は、狭きに失する。

他方、少年司法の理念として、個別処遇原則は捨てられるべきではない。それは、成長発達権を保障する必要があるのはもちろんのこと、個々人のニーズと抱える問題に見合った処遇ができなければ、結局のところ再犯リスクを高めることになり、社会の安全を保つことが難しくなるからである（⇒**72、78、96**）。その意味で、保護処分は理念としては利益処分であるべきものである。しかし、教育目的から出た手段とはいえ保護処分が少年の自由を制限するのは事実であるし、社会現実としてレッテル貼りや烙印押し（スティグマ）の問題も残っている。少年の主観のレベルや短期的にみた場合には、それが全面的に利益処分とはいえずになお不利益性を残していることは否定しえない（⇒**111**）。このように考えると、ⓑ弁護人的役割論とⓔ新弁護人的役割論は、首肯されるべき側面をもってはいるものの、保護処分の理解が一面的にすぎるきらいがある。理論的には、ⓒ最善の利益擁護者論またはⓓパートナーシップ論の立場が妥当である。これらの説は、弁護士付添人とそれ以外の付添人の役割を統一的に説明できる可能性をもっている。

653 付添人の実際の活動　弁護士付添人による実際の活動をみてみると、少年と保護者、学校・職場、被害者などとの環境調整や、身体拘束処分の回避、身体拘束時の学校・職場・家庭との連絡など、社会的援助の色彩が濃い活動もが法的援助の一環として行われている点に特徴がある[12]。このようにして法的援助と社会的援助が一体化する部分が存在することは、非行事実のみならず要保護性をも審判の対象とする通説的理解（⇒**120〜121**）の必然的な帰結である。実際にも、その活動は、少年と社会をつなぎとめるセーフティーネットの側面（⇒**63**）をもっている。

もっとも、社会的援助の活動について、弁護士付添人が１人で担う必然性はない。本来その役割はソーシャル・ケースワークの専門家が担い、弁護士付添人と協働する体制をとることが望ましい。現在、弁護士付添人が、就労支援を行う「職親」活動や少年友の会の保護者的付添活動と協働するなど、注目すべき新しい動きもみられるようになっている。

3　国選付添人制度とはどのような制度か。また、それにはどのような課題があるか

[1] 国選付添人制度にはどのような歴史があるか。また、その歴史はどのように展開しているか

654 第一次改正までの展開　前述の通り、旧少年法は、少年審判所が職権により弁護士に限定せずに付添人を選任する国選附添人制度を設けていたものの（42条１項）、1948年法はこれを継承しなかった。1970年の少年法改正要綱（⇒**42**）は、弁護士を選任する形態での家庭裁判所の裁量によるものと必要的な国選付添人制度とを併存させたものの[13]、これも立法に結実することはなかった。

しかし、その後、実務では、弁護士による付添人活動が活発になる。それを制度として支えたのは法律扶助協会による付添扶助である。法律扶助協会は、1952年に日本弁護士連合会により設立され、資力の乏しい人に対する民

(12)　例えば、山﨑健一「付添人から見た少年事件実務の課題」家月63巻３号（2011年）１頁、岩佐嘉彦「付添人の活動と国選付添人制度の導入」課題と展望①70頁、法律相談122頁以下、福弁・マニュアル204頁以下を特に参照。

事訴訟上の援助を行っていた。この協会による扶助の制度を少年事件でも活用しようとする動きは、1972年12月に最高裁判所が保護付添に関して照会を行ったことがきっかけであった。これを契機として、1973年に東京都支部と愛知県支部で扶助付添が実施されている⒁。扶助の対象となる事件は、法律扶助協会の支部と各家庭裁判所の申し合わせにより異なっていたものの、①罪質、情状、非行性に照らし、刑事処分または少年院送致が予想される重大な事件、②非行事実の重大な部分に争いのある事件、③その他少年の利益のために特に必要と認める事件は対象に含まれていた。もっとも、財政的理由と平等性への配慮もあり、法律扶助制度を用いた付添人の選任は限定されていた⒂。2001年２月には、福岡県弁護士会で、観護措置事件を対象として法的支援を行う「全件付添人制度」が開始され、全国的な広がりをみせた。

655　第一次改正以降の展開　国選弁護士付添人制度が実現したのは、2000年の第一次改正法においてであった。その後、この制度は第四次までの少年法改正の度に拡充されてきている。すなわち、第一次改正は、①検察官関与事件（少22条の２第１項）と②検察官による抗告受理の申立て（少32条の４）を受理する決定があった事件を対象として、必要的な国選付添人制度（**必要的国選制度**）を創設した（少22条の３、32条の５）。2007年の第二次改正は、少年鑑別所送致の観護措置（少17条１項２号）をメルクマールとした家庭裁判所の裁量による国選弁護士付添人制度（**裁量的国選制度**）を導入した⒃。しかし、その対象は限定されており、少年法22条の２第１項に掲げられた罪（故意の犯罪行為により被害者を死亡させた罪と、死刑または無期もしくは短期２

⒀　少年法改正要綱は「国選付添人、必要的付添」として、①「家庭裁判所は、少年の保護のため特に必要があると認めるときは、少年のため弁護士である付添人を付することができるものとすること」、②「家庭裁判所は、死刑又は無期若しくは短期一年以上の懲役若しくは禁錮にあたる罪の事件については、少年に弁護士である付添人がなければ審判を行うことができないものとすること」、③「少年に弁護士である付添人がなければ審判を行うことができない場合において、弁護士である付添人が出頭しないときは、家庭裁判所は、少年のため弁護士の中から選出した付添人を付さなければならないものとすること」、という案を掲げていた。

⒁　1990年には、当番弁護士制度の誕生と歩調を合わせて、刑事被疑者弁護事業が開始されている。法律扶助協会は、2006年の日本司法支援センター（法テラス）の創設とそれへの事業引き継ぎに伴い、2007年３月に解散した。

⒂　守屋・非行と少年審判359頁。

年以上の懲役・禁錮に当たる罪）を基準として線引きされた（少22条の3第2項、32条の5第2項）。その上で、2008年の第三次改正は、被害者等により審判傍聴が行われる事件を対象とした必要的国選制度を創設した（少22条の5第2項）。そして、2014年の第四次改正は、第二次改正によって創設された観護措置時における家庭裁判所の裁量による国選付添人制度の対象範囲を、「死刑又は無期若しくは長期三年を超える懲役若しくは禁錮に当たる罪のもの」にまで拡大している。このことで、窃盗や傷害が新たに裁量的国選制度の対象に含まれることになるとともに、被疑者国選弁護制度(17)との（潜在的な）対象の齟齬が解消されることになった。

このように、第一次改正以降、国選付添人制度は、弁護士を選任する形態で、必要的国選と裁量的国選の両制度が構築、拡充されてきている。しかし、対象範囲から窺われるように、この制度は検察官の審判関与（⇒**357〜358**）と重ね合わされており、国選で弁護人が付された事件のほとんどで検察官が審判関与できるよう設計されている。この発想は、家庭裁判所の手続には調査官が関与するので国が付添人を選任する制度は不要であるという議論とともに、国選弁護士付添人制度の創設と発展を阻む役割を果たしてきたといえる。

656　国際人権法　2004年の国連子どもの権利委員会（CRC）による日本政府の第2回報告書に対する総括所見（CRC/C/15/Add. 231）は、自由剥奪が最終手段としてのみ用いられることを確保するため、身体拘束（審判前の

---

(16)　第一次改正後、2001年に公表された司法制度改革審議会意見書は、検察官が審判関与する場合以外の公的付添人制度についても、「少年事件の特殊性や公的弁護制度の対象に少年の被疑者をも含める場合のバランスなどを考慮すると積極的な検討が必要」と指摘し、「その検討に当たっては、少年審判手続の構造や家庭裁判所調査官との役割分担、付添人の役割なども考慮される必要がある」と述べていた。それを受けて、2004年2月から12月まで「公的付添人に関する意見交換会」が日本弁護士連合会・最高裁判所・法務省間で開催されたものの（全8回）、意見の対立が激しく、議論は頓挫していた。第二次改正においても、国選付添人制度の創設は、法制審議会に対する法務大臣の諮問事項には含まれておらず、2005年1月に開催された法制審議会少年法（触法少年事件・保護処分関係）部会の第5回会議で、法務省が突如「公的付添人制度」を導入する骨子案を提示したことで導入された。

(17)　被疑者国選弁護制度は、2004年の刑事訴訟法改正で導入されたものであり、2006年10月に実施に移され、2009年5月の裁判員裁判の開始に伴い、対象範囲を拡大している。

身体拘束を含む）に代わる手段の利用を増強すべきこと（para. 54（c））とならんで、法律に触れた子どもに対して、法的手続全体を通じて（throughout the legal proceedings）法的援助を提供すること（para. 54（e））を日本政府に勧告している。この主張は、2010年の第3回報告書に対する総括所見（CRC/C/JPN/CO/3）において、さらに「現行の法律扶助制度の拡大等により、すべての子どもが手続のあらゆる段階で法的その他の援助を提供されることを確保すること」と敷衍されている（para. 85（d））。

2007年にCRCが公表した一般的意見10号も、公正な審判を保障するための措置として、手続に実効的に参加する権利の保障（para. 46）とともに弁護人その他の適切な者による援助の保障（para. 49）を挙げている。また、2013年の一般的意見14号も、「子どもの最善の利益が裁判所またはこれに類する機関によって公式に評価・判定される場合、適切な弁護士代理人が必要になるであろう」（para. 96）と述べている。

こうした国際人権法の要請に鑑みても、日本における国選弁護士付添人制度は、なお不十分である。

[2] 必要的国選制度はどのような制度か。また、裁量的国選制度はどのような制度か

(a) 国選付添人制度にはどのような種類があるか

657　国選付添人制度の概要　　国が弁護士付添人の選任を行う国選付添人制度の類型には、①検察官が審判関与する場合（少22条の3第1項）、②検察官による抗告受理の申立てが受理された場合（少32条の5）、③被害者等の審判傍聴が許される場合（少22条の5第2項）、そして④観護措置がとられた場合（少22条の3第2項、32条の5第2項）がある。

このうち①②③は、少年に弁護士付添人が付されていなければ必ず国が選任を行わなければならない必要的国選制度である。それに対し、④は家庭裁判所の裁量によって付添人の選任を行う裁量的国選制度である。

なお、家庭裁判所への事件送致と受理の前に、勾留状が発されている場合には、少年による事件であっても**被疑者国選弁護制度**の対象となる（刑訴37条の2）。被疑者国選弁護制度は、被疑者の請求により、弁護人を付するも

のとされている。それに対して、家庭裁判所の事件受理後における国選付添人制度は、少年の請求に基づかない。こうした制度設計は、裁量的国選制度の抑制的な運用の原因となっており、再考の必要性が高い。

(b) 必要的国選制度はどのような制度か

658　必要的国選制度の趣旨　①検察官が審判関与する場合（少22条の3第1項）が必要的国選とされる理由は、法律家である検察官に審判への関与を認めることとのバランスに求められる。②検察官による抗告受理の申立てが受理された場合（少32条の5）のそれは、抗告審で少年に不利益方向に司法判断が変更される可能性が出てくることにある。③被害者等の審判傍聴が許される場合（少22条の5第2項）の根拠は、少年の主体的な手続参加と緊張関係にある被害者の手続参加とのバランスにある。

これらは、必要的・義務的に弁護士付添人を付さなければならないものであるから、要件を満たしているにもかかわらず弁護士付添人が選任されていない場合には決定に影響を及ぼす法令の違反（少32条1項）となる。

659　必要的国選制度の要件　①検察官の審判関与の場合における必要的国選制度は、家庭裁判所が検察官を審判に関与させる決定（少22条の2）を行っていること（⇒**360**）が要件になる（少22条の3第1項）。

②検察官による抗告受理の申立てが受理された場合における必要的国選制度は、高等裁判所が抗告受理の申立てを受理する決定（少32条の4第3項）を行っていること（⇒**505**）を要件とする。

③被害者等の審判傍聴が許される場合の必要的国選制度は、弁護士付添人からの意見聴取が被害者等に審判傍聴を許すための要件とされていること（少22条の5第1項）との関係で存在しているものであり、傍聴を認める決定の前に選任が必要である（⇒**642**）。

③被害者等の傍聴が許される場合の必要的国選制度は、①検察官の審判関与の場合や②検察官による抗告受理の申立てが受理された場合とは異なり、少年および保護者による不必要であるとする明示的な意思があれば、選任が不必要とされている（少22条の5第3項）。この意思の明示は、書面を家庭裁判所に提出することによる（少審規30条の3第5項）。少年および保護者の明

示的な意思がある場合に、国選付添人の選任が不必要とされている理由は、①②が非行事実につき厳密かつ正確な審理を行う趣旨に基づくのに対して、③は、少年に及ぼす影響をできる限り軽減するという観点から制度設計されているためであると説明されている[18]。

なお、①②③のいずれの制度も、すでに少年に付添人が選任されている場合には、国が選任を行う必要はないものとされている。

(c) 裁量的国選制度はどのような制度か

660　裁量的国選制度の趣旨　　裁量的国選制度は、④少年鑑別所送致の観護措置決定をメルクマールとしている。これには、家庭裁判所段階のもの（少22条の3第2項）と抗告審段階のものがある（少32条の5第2項）。

この制度の趣旨は、弁護士付添人を選任することにより、審判結果に対し少年の納得を得ることができたり、適切な処遇選択が期待できたりすることや、少年の行状や環境などに関する資料収集・環境調整が期待されることにある。弁護士付添人の選任を家庭裁判所の裁量としていることは、審判手続が職権主義をとっていることで根拠づけられている。また、対象事件の範囲を検察官関与と重ね合わせることの理由は、「これ以外の事件に弁護士付添人の選任を認めるということになると、非行事実の存在が付添人によって争われたとしても、検察官関与が不可能な事態が生じるといった、別個の問題が生じ得る」ことに求められている[19]。

661　裁量的国選制度の要件　　裁量的国選制度の要件は、①犯罪少年事件または触法少年事件であること、②死刑または無期もしくは長期3年を超える懲役もしくは禁錮に当たる罪の事件であること、③少年法17条1項2号の観護措置がとられていること、④少年に弁護士である付添人がないこと、⑤事案の内容、保護者の有無その他の事情を考慮し、審判の手続に弁護士である付添人が関与する必要があると認められること、である。

この制度でも、要件④により弁護士付添人の選任が家庭裁判所の裁量にか

---

(18)　第169回国会衆議院法務委員会会議録第14号（平成20年5月30日）15頁［倉田雅年説明］。

(19)　法制審議会少年法（触法少年事件・保護処分関係）部会第5回会議議事録（平成17年1月7日）。

けられている上、①により虞犯少年の事件が、②により共同危険行為（道交68条）などの非行が除外される。また、③⑤に関連して、必ずしも観護措置決定にあたって付添人の選任が必要なものとはされていない。その結果、従前法律扶助（⇒**654**）の対象とされてきた範囲を完全にカバーできていないことにもなっている。

662　裁量的国選制度の課題　この制度は、弁護士付添人による少年の環境などに関する資料収集や環境調整をも期待して創設されたものである。こうした制度趣旨からいえば、①②のような要件を設けて制度の対象に限定をかけることには、立法論として大きな疑問がある。虞犯の性格に鑑みても（⇒**151**、**157**）、これを国選付添人制度の対象から除外する合理的な理由は存在しない（⇒**257**）。

また、少年鑑別所収容も憲法34条にいう「拘禁」にあたる（⇒**260**）。このことを考えれば、観護措置がとられる場合には、本来、どのような事件であったとしても、その条件として弁護士付添人の選任が必要になるはずである。このことを考えれば、現行制度が収容観護という身体拘束処分に着目しながらも、弁護士付添人の選任を④家庭裁判所の裁量としていることにも、根本的な疑問が残る。憲法34条の趣旨からいえば、観護措置を決定する際、場合によってはその前からでも、弁護士付添人の選任が必要であろう。

観護措置決定は、多くの場合、事件が家庭裁判所に係属した直後に行われる。実務上、国選付添人の選任にかかる判断は、弁護士からの申入書が家庭裁判所に提出された当日中に行うこととされていることもあり、十分な社会調査を踏まえることが難しく、法律記録の検討を中心として判断されている。この前提に立てば、少年の環境などに関する資料収集や環境調整を行わせるという制度趣旨を満たすためには、法律記録に表れた外形的な事実からそれが不要であることが一見して明らかである場合以外は、原則的に、弁護士付添人を選任するという運用をとるほかないように思われる。その選任が裁量によっていることを強調すれば、弁護士からの申入書で積極的に国による選任が必要な理由が示されていない限り選任を行わないという運用もありえないわけではない。しかし、憲法34条の趣旨を考えれば、むしろ逆に、観護措置事件で弁護士を選任しないことには特別な理由が必要であり、それは家庭裁判所が具体的かつ積極的に示す必要があると考えるべきであろう。

4　付添人制度はどのように実務運用されているか。また、それにはどのような課題があるか

663　実務運用　2013年の統計によれば、一般保護事件の終局総人員40987人のうち付添人が選任された人員は8477人（20.7%）である。その内訳をみてみると、8366人（98.7%）には弁護士が、31人（0.4%）には保護者が、80人（0.9%）にはその他の者が付添人として選任されている。弁護士付添人のうち、圧倒的多数は私選であり（8046人）、国選の数はなおも少数である（320人）。長期的にみれば、弁護士付添人の選任数・率ともに増加傾向にあるものの、それでも一般保護事件の終局総人員の20%をわずかに越える程度にとどまっており、なお十分なものではない（図1を参照）。第四次改正による裁量的国選制度の範囲拡大に伴い、今後どの程度国選による弁護士付添人選任が広がりをみせるか、注目される。

弁護士付添人の選任率は、非行名によって大きく異なっており、結果が重大な非行では選任率が高くなる傾向がある（表1）。しかし、なお多くの非行において、観護措置率が弁護士付添人選任率を上回っている。

終局処分別にみてみると、2013年の統計では、検察官送致（刑事処分相当）では64.2%、保護処分で53.2%（保護観察で43.1%、児童自立支援施設・児童養護施設送致で73.7%、少年院送致で89.5%）、知事・児童相談所長送致で40.8%、不処分で5.9%（もっとも非行なしは56.8%）、審判不開始で0.6%（非行なしは17.4%）に弁護士付添人が選任されている。長期的にみれば、いずれの処分でも弁護士付添人選任率は上昇しており、特に検察官送致決定や保護処分など、短期的にみても中・長期的にみても少年の成長発達を左右する処分が行われる場合には弁護士付添人が選任される傾向が強くなっていることが窺われる（図2を参照）。しかし、それでもなお、こうした重大な処分の場合であっても弁護士付添人が選任されていない少年がいることに注意を向けておく必要があろう。

少年司法制度に取り込まれた少年は、いつか必ず地域社会に帰り、そこで生きていく存在である。在野（＝社会の中）の法曹である弁護士、そして地

【図１】弁護士付添人が選任された人員・率（1999-2013年）

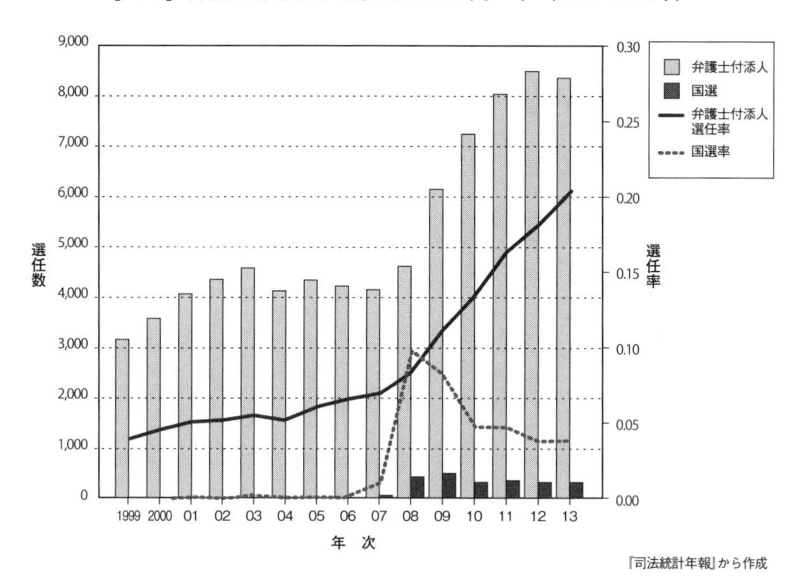

『司法統計年報』から作成

【図２】終局処分別弁護士付添人選任率（1999-2013年）

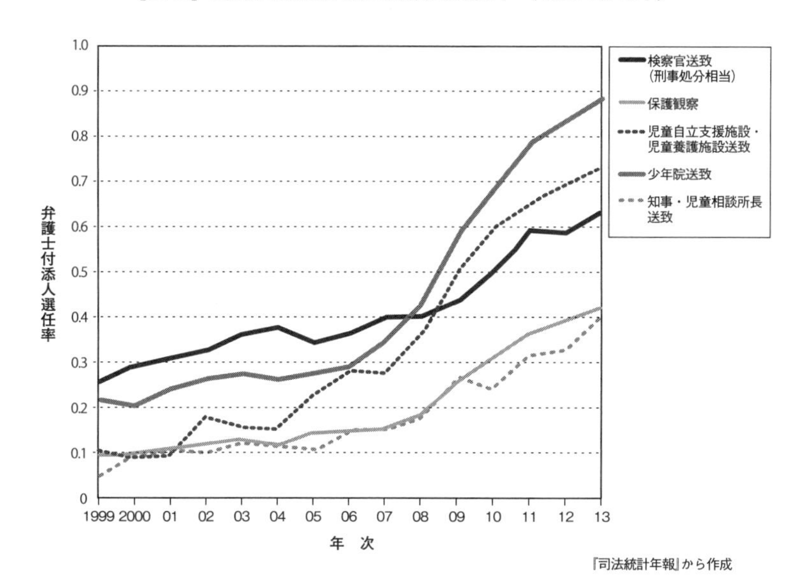

『司法統計年報』から作成

域社会の市民がどのような役割を果たしていくのか、付添人制度の運用は、間違いなく、今後の少年司法のあり方の鍵を握っている。

【表 1】観護措置人員・率と弁護士付添人選任人員・率（2013年）

	観護措置数	弁護士付添人選任数	観護措置率	弁護士付添人選任率
総数	9195	8366	22.4%	20.4%
刑法犯総数	8419	7648	23.2%	21.1%
窃盗	3394	3064	17.2%	15.5%
強盗	137	137	82.5%	82.5%
詐欺	349	304	60.8%	53.0%
恐喝	492	443	54.4%	49.0%
横領	2	2	16.7%	16.7%
遺失物等横領	53	50	1.8%	1.7%
盗品譲受け等	41	33	6.3%	5.1%
傷害	2262	2046	45.9%	41.6%
傷害致死	14	14	100%	100%
暴行	262	235	23.1%	20.7%
脅迫	51	51	41.8%	41.8%
殺人（死亡させた罪）	14	14	100%	100%
殺人（その他）	22	22	100%	100%
強盗致傷	188	188	95.4%	95.4%
強盗致死	9	9	100%	100%
強盗強姦致死	0	0	—	—
強盗強姦	2	2	100%	100%
強姦致死	0	0	—	—
強姦	60	66	84.5%	93.0%
集団強姦致死	0	0	—	—
集団強姦	20	23	87.0%	100%
わいせつ	277	271	50.0%	48.9%
賭博	1	1	14.3%	14.3%
住居侵入	238	192	13.4%	10.8%

放火	54	52	77.1%	74.3%
失火	1	0	14.3%	0%
過失致死傷	0	2	0%	0.5%
業務上（重）過失致死傷	1	4	2.2%	8.7%
往来妨害	3	6	13.0%	26.1%
器物損壊等	222	189	20.2%	17.2%
公務執行妨害	107	90	54.6%	45.9%
その他	143	138	23.6%	22.8%
特別法犯総数	500	478	11.4%	10.9%
暴力行為等処罰ニ関スル法律	96	80	32.1%	26.8%
道路運送車両法	10	7	7.1%	5.0%
銃砲刀類所持等取締法	26	18	14.5%	10.1%
軽犯罪法	11	17	0.9%	1.3%
売春防止法	11	8	37.9%	27.6%
風営適正化法	13	7	22.4%	12.1%
麻薬及び向精神薬取締法等	23	23	56.1%	56.1%
覚せい剤取締法	99	89	90.0%	80.9%
出入国管理及び難民認定法	6	3	7.5%	3.8%
毒物及び劇物取締法	10	9	21.3%	19.1%
その他	195	217	9.3%	10.3%
虞犯	276	240	80.5%	70.0%

『司法統計年報』から作成

事項索引

[さ行]

[た行]

[な行]

[は行]

[ま行]

[や行]

[ら行]

[わ行]

[アルファベット]

裁判例索引

［大正］
大判大4・2・5大刑集4-39…………………123

［昭和］
大判昭10・4・4大刑集14-381……………123
大判昭10・11・16大刑集14-1206…………123
大判昭15・10・31大刑集19-728…………123
最判昭22・4・17刑集2-4-395……………449
最判昭24・8・18刑集3-9-1489………449, 450
最判昭24・9・29刑集3-10-1620…………465
東京高判昭25・3・16東京高刑判集昭25（其の2）39……………………………253
最判昭25・9・27刑集4-9-1805…………363
最判昭25・10・10刑集4-10-1957…………436
最判昭25・11・9刑集4-11-2227…………458
広島高決昭26・4・17家月3-5-32…………254
最大判昭26・8・1刑集5-9-1715…………395
最判昭26・8・17刑集5-9-1799…………122
最判昭27・12・11刑集6-11-1294…………458
最決昭29・6・30家月6-7-89……………122
高松高決昭29・8・5高刑集7-8-1255／家月6-8-84……………………………273
東京高決昭30・9・3家月8-7-74…………254
大阪高決昭31・6・14家月8-7-71…………254
名古屋高決昭32・1・22家月8-12-95……226
最決昭32・6・12刑集11-6-1657／家月9-9-38……………………………122
大阪高決昭33・7・7高刑集11-7-385……378
盛岡家決昭34・5・19家月11-7-86………129
最決昭34・7・3刑集13-7-1110／家月11-9-124……………………………122, 465
長野家決昭35・4・2家月12-6-200………303
最決昭35・5・17刑集14-7-866…………400
高松高決昭35・10・20家月12-12-106……304
大阪地決昭36・7・4判時273-8…………232
横浜地決昭36・7・12下刑集3-7=8-800／家月15-3-186……………………………182
最決昭36・9・20刑集15-8-1501…………365
宇都宮家足利支決昭36・9・30家月14-1-145……………………………129
大阪高決昭37・10・17家月15-3-162……304
津家決昭38・5・31家月15-11-159………129
広島高決昭38・10・16家月16-2-102……378
大阪家決昭39・2・14家月16-7-92………405
大阪高判昭39・3・13下刑集6-3=4-162…466
松江家決昭39・4・21家月16-8-138………129
福島家決昭39・7・13家月17-1-170………304
新潟家長岡支決昭39・8・6家月17-3-79‥129
仙台高決昭40・3・23家月17-7-152………378
最大判昭40・4・28刑集19-3-240／家月17-4-82……………368, 369, 370, 371, 372
最決昭40・6・21刑集19-4-448／家月17-7-139……………………………355, 379
最決昭40・7・3家月18-1-108……………400
仙台家決昭41・2・8家月18-11-97………303
旭川家決昭41・8・12家月19-6-123………304
大阪家決昭42・3・13家月19-12-80………129
大阪高判昭42・9・28高刑集20-5-611／家月20-6-97……………………………232
名古屋地岡崎支決昭42・11・9家月20-7-116……………………………437
宮崎家都城支決昭43・4・9家月20-11-199……………………………304
大阪家決昭43・6・24家月21-1-153………339
大阪高判昭43・7・25判タ223-123…232, 302
福岡地決昭44・3・15令状関係裁判例集（逮捕・勾留編）［刑裁資料236］234……………………………182
福岡家決昭44・4・5家月21-11-193……………………………279, 304
大阪高決昭44・10・30家月22-10-114……………………………223, 379
最判昭44・12・5刑集23-12-1583／家月22-1-135……………………………273
青森家八戸支決昭45・3・6家月22-10-118……………………………339
福岡家決昭45・4・3家月22-10-120………370
仙台家決昭45・7・16家月23-4-124………339

東京高決昭45・8・4家月23-5-108………… 378
大阪家決昭45・11・16判時621-113……… 201
甲府家決昭45・12・19家月23-9-133…… 303
大阪家決昭46・2・15家月23-10-109…… 304
大阪家決昭46・4・22家月24-1-102……… 370
名古屋高決昭46・10・27家月24-6-66…… 378
福島家決昭47・1・11家月24-8-94………… 304
大阪家決昭47・3・31家月24-10-138…… 279
東京高判昭47・11・21高刑集25-5-479／
家月25-5-89……………………………… 261, 281
神戸家決昭48・1・19家月25-10-130…… 146
千葉家決昭48・12・25家月26-9-123…… 279
名古屋家決昭49・3・7判タ316-304
……………………………………98, 270, 279, 302
名古屋家決昭49・3・20家月26-12-99
……………………………………97, 270, 279, 302
徳島家決昭49・4・1家月27-1-175………… 405
東京高決昭50・1・29家月27-8-93………… 281
名古屋高決昭50・3・27家月27-10-91…… 281
最大判昭51・5・21刑集30-5-615
［旭川学力テスト事件］……………………87
東京高決昭52・2・4家月29-9-127………… 310
大阪高決昭52・7・28家月30-5-138……… 383
大阪高決昭53・1・31家月30-11-88……… 383
東京高決昭53・8・3家月31-5-125…… 281, 301
東京家決昭54・10・8家月32-10-111
…………………………………………281, 301, 303
大阪高決昭55・3・17刑月12-3-125／
家月32-12-67…………………………………… 258
東京家決昭55・7・4家月33-6-66…… 281, 301
最判昭和55・12・4刑集34-7-499………… 395
札幌家決昭56・8・28家月33-12-131
……………………………………………… 281, 301
神戸家決昭56・10・15家月34-7-101
……………………………………………… 129, 140
京都家決昭56・10・21家月34-3-90
……………………………………………… 273, 442
新潟家決昭57・3・16家月34-8-103……… 355
盛岡家決昭57・5・7家月34-10-121……… 303
最判昭58・7・8刑集37-6-609………… 481, 482
東京高決昭58・7・11家月36-3-177……… 259
最決昭58・9・5刑集37-7-901／
家月35-11-113［柏の少女殺し事件］
……………… 95, 378, 401, 402, 403, 404, 405
最決昭58・10・26刑集37-8-1260／家月
36-1-158［流山事件］…………95, 97, 270,
292, 294, 295, 296, 389
大阪高決昭59・4・25家月36-10-113…… 114
那覇家決昭59・5・2家月36-10-120……… 281
仙台家決昭59・7・11家月37-4-68………… 367
最決昭59・9・18刑集38-9-2805／
家月36-9-99…………………………… 402, 405
広島高決昭59・12・27家月37-8-102…… 308
東京家決昭60・1・11家月37-6-96………… 129
広島家尾道支決昭60・4・25家月
37-10-131………………………………………… 129
最決昭60・5・14刑集39-4-205…………… 378
東京高決昭60・8・26家月38-4-118……… 281
仙台家決昭60・10・22家月38-9-117…… 279
最決昭62・3・24集刑245-1211
［山梨交通冤罪事件］…………………… 400
長崎家決昭63・3・30家月40-9-144……… 128

[平成]

那覇家決平元・5・19家月41-9-130……… 355
名古屋地判平元・6・28判時1332-36／
判タ711-266［大高緑地事件］……66, 483
東京高決平元・7・18家月41-10-166…… 275
千葉家決平元・7・21家月41-11-123…… 281
高松家丸亀支決平元・8・21家月
42-1-126………………………………………… 355
東京家決平元・9・12家月41-12-185
［綾瀬母子殺し事件］……………… 301, 303
新潟家高田支決平元・10・23家月
42-2-200………………………………………… 355
福岡家決平元・11・20家月42-3-116…… 275
大阪高決平元・12・26家月42-10-74…… 258
京都地決平2・2・13勾留及び釈放に
関する（準）抗告審裁判例集
［刑裁資料259］26………………………… 183
福岡地決平2・2・16家月42-5-122……… 186
新潟地決平2・5・14勾留及び釈放に関する
（準）抗告審裁判例集［刑裁資料259］11
…………………………………………………… 183

大津地決平2・5・18勾留及び釈放に関する（準）抗告審裁判例集（1992）8……… 183
長崎地決平2・8・17勾留及び釈放に関する（準）抗告審裁判例集［刑裁資料236］93 ……… 181
前橋家決平2・9・5家月43-12-97……… 145
最決平2・10・24刑集44-7-639／家月43-1-146［福岡早良事件］……… 233, 297, 299
最決平2・10・30家月43-4-80……… 378
東京高決平2・11・20家月43-9-87……… 405
高松家決平2・12・14密室への挑戦40／少年法通信54-24……… 175, 302
大阪高決平2・12・17家月43-10-82……… 114
最決平3・3・29刑集45-3-158／家月43-8-78……… 369, 370
最決平3・4・22家月43-10-52［石神井事件］……… 437
最決平3・5・8家月43-9-68……… 405
浦和地決平3・5・12家月44-11-106……… 186
大阪地決平3・5・31逮捕・勾留・保釈と弁護186……… 186
静岡家決平3・10・29家月44-3-103……… 281
浦和地決平3・11・11判タ796-272……… 187, 188, 302
浦和地決平3・11・30家月44-11-108……… 186
浦和家決平4・6・30家月45-4-132……… 273, 442
東京高決平4・8・17家月45・1・146……… 308
福島家郡山支決平4・9・14家月45-7-86……… 129
東京家八王子支決平5・10・8家月45-12-116……… 275
最決平5・11・24刑集47-9-217／家月46-2-192……… 228
大阪高決平6・3・18家月46-5-81……… 307, 383
東京家決平6・5・11家月46-9-96……… 148
鹿児島地判平6・7・18家月46-12-90……… 231
千葉地判平6・8・8判時1520-56／判タ858-107［千葉事件］……… 483
大阪家決平7・2・10家月47-7-206……… 129
名古屋家決平7・2・16家月47-6-86……… 339
岡山家決平7・3・27家月47-7-196……… 129
東京家決平7・5・23家月47-8-97……… 148
東京地八王子支判平7・6・20家月47-12-64……… 394
東京家決平7・6・29家月48-9-80……… 281
静岡家決平7・9・19家月48-1-144……… 145
静岡家決平7・12・15家月48-6-75……… 129
徳島地判平8・3・15判時1597-115……… 49
東京高判平8・7・2高検速報平8-78／東高刑時報刑事47-1～12-76／判時1595-53／判タ924-283［千葉事件］……… 483
東京高判平8・7・5高刑集49-2-344／家月48-9-86……… 395
名古屋高判平8・12・16高検速報平8-148／判時1595-38［大高緑地事件］……… 66, 483
最判平9・9・18刑集51-8-571／家月50-1-166［調布駅前事件］……… 123, 201, 205, 321, 380, 393, 395, 433, 436
福島家いわき支決平9・12・24家月50-6-114……… 148
広島高決平10・2・17家月50-7-128……… 367
最決平10・4・21刑集52-3-209／家月50-9-151……… 297, 298
大阪地決平10・5・28接見・勾留・保釈・鑑定留置裁判例33選（1999）144……… 183
東京家八王子支決平10・7・6家月50-12-58……… 405
大阪家決平10・12・14家月52-10-102……… 129
大阪高決平11・1・13家月51-6-76……… 383
大阪地判平11・6・9家月51-11-153……… 490
名古屋地判平11・6・30民集57-3-254……… 491
新潟家佐渡支決平11・7・28家月52-1-120……… 310
東京高決平11・9・9家月52-2-172……… 367
大阪高判平12・2・29判時1710-121［堺事件］……… 490
大阪家決平12・4・28家月52-11-70……… 146, 345
東京高決平12・5・26家月53-5-196……… 310
名古屋高判平12・6・29民集57-3-265／判時1736-35／判タ1060-197［木曽川長良川事件］……… 49, 53, 87, 490, 491

浦和家決平12・9・20家月53-2-166……… 145
東京家決平12・10・3家月53-3-106……… 141
金沢家決平12・10・18家月53-3-100……… 129
山口家決平13・1・9家月53-6-126………… 146
東京家決八王子支決平13・4・5家月
53-12-105…………………………………… 224
東京家決平13・5・8家月53-11-137……… 148
東京家決平13・6・19家月54-2-144……… 283
名古屋地判平13・7・9LEX-DB：28065269
［木曽川長良川事件］ ……………………… 483
東京家決平13・7・27家月53-12-108……… 223
秋田家決平13・8・29家月54-3-96…. 425, 429
さいたま家決平13・9・5家月54-2-152
………………………………………… 425, 429
京都家決平13・10・31家月54-4-110
…………………………………… 283, 425, 429
最判平13・12・3集刑280-713［千葉事件］
…………………………………………………… 483
東京家決平14・1・29家月54-6-121……… 283
東京家決平14・2・18家月54-7-76………… 283
東京高決平14・4・5家月56-9-48………… 385
松山家西条支平14・5・14家月54-10-72
…………………………………………………… 141
金沢家決平14・5・20家月54-10-77……… 425
最決平14・7・19家月54-12-77…………… 378
東京家決平14・9・25家月55-9-92………… 289
横浜家決平14・10・23家月55-4-74……… 146
福岡家小倉支決平15・1・24家月
55-6-139…………………………………… 224
東京家八王子支決平15・2・12家月55-7-98
…………………………………………………… 283
和歌山家決平15・2・12家月56-6-164…… 409
長崎家決平15・3・6家月56-10-72………… 283
最判平15・3・14民集57-3-229／家月
55-11-138……………………………… 87, 486
水戸家決平15・3・19家月54-11-84……… 223
大阪家決平15・6・6家月55-12-88………… 423
千葉家決平15・6・27家月56-8-71…. 289, 423
札幌家決平15・8・28家月56-1-143……… 224
津家決平15・12・12家月56-6-165………… 402
大阪高決平16・4・20家月57-1-167……… 381
名古屋高判平16・5・12判時1870-29／
判タ1198-220……………………………… 492
奈良家決平16・7・9家月58-3-135…. 283, 289
那覇家決平16・7・14家月57-6-204……… 224
津家決平16・10・18家月57-5-63………… 402
広島高岡山支決平16・11・8家月58-2-187
…………………………………………………… 114
最決平16・11・11集刑286-569／家月
58-2-182…………………………………… 355
東京高決平16・12・20刑集59-2-105／
家月57-11-96［御殿場事件］…………… 289
大阪高決平17・1・12家月58-3-110……… 289
福島家いわき支決平17・1・20家月
57-6-198…………………………………… 289
最決平17・2・1家月57-8-103……………… 378
東京高決平17・2・14家月57-10-104……… 380
福岡高決平17・3・10家月57-9-62………… 382
最決平17・3・30刑集59-2-79／家月
57-11-87［御殿場事件］…………… 389, 397
千葉家決平17・4・28家月57-12-94……… 283
東京家八王子支決平17・6・8家月
58-8-94……………………………… 283, 428
静岡家沼津支決平17・6・8
［御殿場事件受差戻審］ ………………… 283
東京家八王子支決平17・6・8家月58-8-94
…………………………………………………… 423
水戸家土浦支決平17・6・29家月59-1-123
…………………………………………………… 377
新潟家決平17・6・30家月57-11-140……… 114
東京家八王子支決平17・7・4家月58-7-76
…………………………………………………… 120
東京高決平17・7・26家月58-4-114……… 377
最決平17・8・23刑集59-6-720／家月
58-2-184……………………………… 378, 436
東京高決平17・8・23家月59-1-117……… 377
東京家八王子支決平17・9・9家月
58-7-82…………………………………… 120
東京地決平17・9・13家月58-6-75…. 180, 445
名古屋高判平17・10・14高検速報
平17-270［木曽川長良川事件］………… 483
東京高決平17・11・2東高刑時報
56-1～12-85………………………………… 275
東京家決平17・11・17家月59-1-126……… 145

大阪家決平17・12・16家月59-7-152……405
東京家決平18・3・2家月59-3-88…………283
大阪家決平18・3・6家月58-10-103………367
東京家八王子支決平18・3・9家月
58-6-84…………………………………………180
福岡高決平18・3・22家月58-9-64
……………………………………146, 305, 381
札幌家決平18・6・16家月58-12-112……283
最判平18・6・20集刑289-383……………482
東京高決平18・9・25家月59-5-102………310
大阪高決平18・10・21家月59-10-61……385
名古屋家決平18・12・25家月59-7-141…283
東京家決平19・2・23家月59-9-54………114
長崎家決平19・9・27家月60-3-51…114, 125
那覇家決平19・12・21家月60-6-71………405
福岡家久留米支決平20・1・15家月60-8-68
……………………………………………………377
東京家決平20・1・22家月60-10-102……283
福岡高決平20・2・8家月60-8-66…………377
最決平20・7・11刑集62-7-1927
［大阪地裁所長襲撃事件］…………172, 273,
376, 391, 397, 398, 401
千葉家決平20・9・2家月61-11-99………283
最決平20・9・18家月61-2-309………141, 143
東京高決平20・9・26家月60-12-81………386
東京高決平20・11・17家月61-2-310……165
千葉家木更津支決平21・1・5家月
61-7-85…………………………………………344
広島高決平21・3・19家月61-7-81………343
東京高決平21・4・2家月61-9-179………387
那覇家決平21・4・28家月62-6-81…423, 429
東京家決平21・7・29家月62-4-113………165
横浜家決平21・7・31家月62-2-151………148
大阪家決平21・10・19家月62-3-87
……………………………………………339, 341
名古屋家決平21・10・22家月62-3-91
……………………………………………343, 344
大阪家決平22・1・20家月62-8-97………114
金沢家決平22・3・17家月62-10-106
……………………………………………344, 346
東京家決平22・6・10家月63-1-149………114
水戸家決平22・9・14家月63-10-67………344
仙台地判平22・11・25裁判所
ウェブサイト…………………………………483
長崎家佐世保支決平22・12・24家月
63-8-76……………………………………114, 377
東京家決平23・1・12家月63-9-99………289
福岡高決平23・1・31家月63-8-71………377
最判平23・3・10集刑303-133
［木曽川長良川事件］………………482, 483
新潟家決平23・3・24家月63-10-75
……………………………………343, 344, 346
大阪家決平23・6・3判例集未登載………423
東京地決平23・6・30家月64-1-92………437
水戸家下妻支決平23・9・29家月
64-5-113………………………………………339
東京高決平23・10・28家月64-5-120……339
静岡家決平23・12・1判例集未登載………423
最決平23・12・19刑集65-9-1661／家月
64-5-109………………………………………408
福岡地決平24・2・9LEX/DB：25481265
……………………………………………433, 437
最判平24・2・20集刑307-155［光市事件
第二次上告審判決］……………50, 460, 482
福岡地決平24・2・24LEX/DB：25480587
……………………………………………433, 437
鹿児島地決平24・4・20裁判所ウェブ
サイト掲載／LEX-DB：25481266……437
最決平24・5・1家月65-4-56………………510
京都家決平24・10・10判例集未登載……405
最決平24・10・17裁判所ウェブサイト…224
名古屋家決平24・3・7家月64-8-98
……………………………………………343, 344
仙台家決平24・10・18家月65-6-126
……………………………………………343, 346
東京高決平25・1・25家月65-6-121………306
さいたま地決平25・3・11判例集未登載
……………………………………………………437
最決平25・6・18刑集67-5-653……………273
最判平26・1・20裁判所ウェブサイト
掲載／判時2215-136／判タ1399-91……443
仙台高判平26・1・31判例集未登載………483
横浜家決平26・5・2判例集未登載……28, 286

著者紹介

武内謙治（たけうち・けんじ）

1971年　熊本県に生まれる
1995年　九州大学法学部卒業
1997年　九州大学大学院法学研究科修士課程修了、博士（法学）
2000年　九州大学大学院法学研究科博士後期課程修了。九州大学大学院法学研究院助手、日本学術振興会特別研究員を経て
現　在　九州大学大学院法学研究院准教授
専　攻　少年法学、刑事政策学、刑事法学

主要著作
（単著）『少年司法における保護の構造――適正手続・成長発達権保障と少年司法改革の展望』（日本評論社、2014年）、（編著）『少年事件の裁判員裁判』（現代人文社、2014年）、（訳書）ドイツ少年裁判所・少年裁判補助者連合『ドイツ少年刑法改革のための諸提案』（現代人文社、2005年）ほか。

少年法講義（しょうねんほうこうぎ）

2015年3月30日　第1版第1刷発行

著　者　武内謙治
発行者　串崎　浩
発行所　株式会社日本評論社
〒170-8474　東京都豊島区南大塚3-12-4
電話　03-3987-8621（販売）　-8592（編集）
FAX　03-3987-8590（販売）　-8596（編集）
振替　00100-3-16　http://www.nippyo.co.jp/
印刷所　精文堂印刷
製本所　難波製本
装　幀　林　健造
検印省略　©　K.TAKEUCHI
ISBN 978-4-535-52111-7　Printed in Japan